L'HISTOIRE DU MONDE

DE 1918 À NOS JOURS

AFRIQUE - AMÉRIQUES
EUROPE - EXTRÊME-ORIENT - OCÉANIE

L'HISTOIRE DU MONDE

DE 1918 À NOS JOURS

AFRIQUE - AMÉRIQUES
EUROPE - EXTRÊME-ORIENT - OCÉANIE

direction scientifique et préface de Jean-Pierre Rioux
inspecteur général de l'Éducation nationale

LAROUSSE

17 Rue du Montparnasse 75298 Paris cedex 06

CONCEPT

Jacques Marseille

DIRECTION DE COLLECTION
ET CONTRÔLE SCIENTIFIQUE

Anne-Marie Lelorrain

ÉDITION

Catherine Ritchie
assistée de Christelle Javary

CONCEPTION GRAPHIQUE

Frédérique Longuépée

DIRECTION ARTISTIQUE

Jean-Pierre Fressinet

MISE EN PAGES

Jehanne-Marie Husson
Catherine Boutron
Christine Godefroy

COUVERTURE

Gérard Fritsch
Simone Matuszek

CORRECTION-RÉVISION

Service de lecture-
correction de Larousse

ICONOGRAPHIE

Nathalie Lasserre
Monique Trémeau / Immédiate 2
Marie-Annick Réveillon

CARTOGRAPHIE

Calliscope

FABRICATION

Jeanne Grimbert

ONT COLLABORÉ À LA RÉDACTION DE CET OUVRAGE :

Chantal ANTIER,
professeur d'histoire ;

Pascal BALMANT,
maître de conférences
à l'Institut d'études politique de Paris ;

Régis BÉNICHI,
professeur agrégé d'histoire ;

Alain BROSSAT,
maître de conférences à l'université de Paris-VIII ;

Paul DUMONT,
professeur à l'université des sciences humaines de Strasbourg ;

François GÉRÉ,
docteur en histoire et maître de recherches au CREST ;

Jean-François GOURNAY,
professeur à l'université de Lille-III ;

Catherine GOUSSEFF,
historienne ;

Philippe JACQUIN,
maître de conférences à l'université de Lyon-III ;

Claude LARQUIÉ,
maître de conférences à l'université d'Amiens ;

Sophie LE CALLENNEC,
chercheur en sciences sociales et africaniste ;

Anne-Marie LELORRAIN,
professeur agrégé d'histoire ;

Philippe MASSON,
professeur d'histoire ;

Pierre MIGNAVAL,
professeur d'histoire ;

Dominique MONGIN,
docteur en histoire ;

Rémy RIOUX,
agrégé d'histoire ;

Delphine ROGER,
professeur d'histoire.

ISBN 2-03-209005-8

PRÉFACE

PAR JEAN-PIERRE RIOUX, INSPECTEUR GÉNÉRAL DE L'ÉDUCATION NATIONALE

Ce XXe siècle, le nôtre, né dans le sang de la Grande Guerre de 1914-1918, est mort avant son terme, entre 1989 et 1991, avec l'effondrement spectaculaire, médiatisé, si peu violent et si peu pleuré, de sa dernière idéologie mortifère, le communisme. Depuis lors, nous sommes en quelque sorte orphelins, jetés sans soutiens ni repères dans une fin de siècle numérique qui n'en est plus une, transis dans l'attente d'un 2001 qui remettra peut-être à l'heure la pendule de l'histoire. Or cette incertitude d'un présent envahissant et trop peu signifiant, cette latence du temps nous taraudent, entretiennent l'impuissance et brouillent l'espoir. C'est donc elles qu'il faudra bien apprendre à surmonter. Et l'histoire devrait être alors – elle l'est déjà – d'un vrai secours pour renouer le fil entre passé et avenir, pour faire taire la cacophonie d'un actuel si irrésolu.

Cette conviction court tout au long de ce dernier volume de *l'Histoire du monde,* dont les auteurs ont su fort bien déplier toute la trame et décrire les déchirures de notre temps. Il donne, je crois, à chacun d'entre nous tous les éléments utiles à une réflexion active. Car il ne s'agit plus d'exhumer des valeurs mortes ou de chercher des racines douteuses, de suivre avec nostalgie le jeu des références : c'est plutôt une prise en charge et une mise en compte lucides de ce siècle qui importent. En un mot : faisons une lecture à la hache, qui élague le bois mort mais laisse aussi perler la sève des rameaux vifs.

De quelles constantes historiques du XXe siècle faudrait-il à la fois nous imprégner et nous départir pour relancer le cours du temps ? J'en vois quatre, présentes à toutes les pages de ce livre : le tragique inouï, le progrès unificateur, l'inégalité chronique et la déraison affichée.

Le tragique ? C'est l'évidence la plus affreuse. La violence collective a prospéré comme jamais depuis 1914, avec deux guerres déchaînées sur l'ensemble du globe, qui ont tué, mutilé, violenté et broyé d'une manière sans égale dans toute l'histoire de l'humanité. Notre siècle a inventé la planète en feu et l'Apocalypse en suspens, avec engrenage fatal des crises, industrialisation de la mort, centaines de millions d'hommes jetés dans la tourmente, massacre des civils innocents, cumul des vieilles haines nationales et des nouveaux racismes, jusqu'à la double angoisse inédite de 1945, celle d'Hiroshima puis des « équilibres » de la terreur nucléaire, puis celle qu'a laissée la solution finale, crime des crimes contre l'humanité. Cette singularité guerrière et bestiale n'a d'ailleurs pas suffi à l'économie séculaire de la tragédie : des drames permanents ont sous-tendu les paroxysmes de 1914-1918 et de 1939-1945. Voilà que les idéologies sont devenues folles sous le choc insurmontable de 14-18 et qu'elles ont nourri, de 1920 à 1990, ces destructions programmées de l'homme qu'il a fallu apprendre à nommer les totalitarismes. Voilà aussi les économies déréglées, bousculées deux fois par des crises mondiales dans les années 1930 et depuis le début des années 1970, qui engendrent elles aussi la violence du chômage et du doute. Voici l'inépuisable vague des nationalismes, « révolutionnaires » ou simplement tueurs de l'Autre, habillés de tous les oripeaux du racisme, du progressisme, du populisme ou de l'intégrisme. Voici encore les famines périodiques, les carences chroniques, les nuisances dévoreuses d'ozone et d'environnements qui ajoutent à la longue liste des sources constantes de tensions promptes à dégénérer. Comment pourrions-nous demain désarmer cette vocation tragique, sinon d'abord en connaissant historiquement et intimement ses ravages ?

Nonobstant, ce fut aussi un siècle de progrès en spirale tout aussi inouïs. Cette constante, il est vrai, est de lecture moins évidente, car notre culture et nos enseignements ont mal intégré la rapidité et la complexité des avancées du savoir et du mieux-être, car les médias en parlent peu ou mal, alors qu'elle a tant marqué notre vie de tous les jours. Dès lors aussi que la science et les techniques ont été mises au service de tant de destructions, jusqu'à la bombe comprise, elle reste marquée au sceau de la tragédie du siècle et le doute s'est ainsi insinué dans nos esprits. Il faudra bien pourtant mesurer l'étonnante explosion et la croissance exponentielle des savoirs qui ont nourri l'âge contemporain et dont témoignent, en bel exemple, les domaines aussi divers que la physique théorique, la génétique ou les sciences humaines. Et comment ne pas penser fièrement à tout l'aval, quand les victoires des techniques ont transformé le travail, bouleversé le train-train quotidien et donné à la vie tant de capacités à triompher ? Quelles qu'aient pu être les désillusions de ces progrès, si légitimes que soient les questions qu'il faut poser depuis Orwell aux sociétés techniciennes, si forte qu'ait été la cascade des défis nouveaux engendrés par la science, on ne peut guère se lasser de découvrir le cheminement irrésistible de ces progrès-là, si proches, qui ont réchauffé et élevé l'homme moderne.

Ce relatif optimisme scientifique et technique mérite qu'on s'y attache aussi parce qu'il fut le plus puissant facteur d'unification de la très belle orange bleue qu'ont contemplée les astronautes. Sans victoires scientifiques sur la mort, sans développement des techniques de santé, notre monde ne serait pas aussi « plein comme un œuf », après une explosion démographique sans précédent dont le rythme a décollé après 1940 et s'est fixé dans les années 1960 aux alentours de ces 2 p. 100 annuels qui conduisaient mathématiquement à un doublement de la population du globe tous les trente ans, soit à chaque génération. Sans focalisation des progrès et du mieux-être d'abord dans les villes, le monde urbain n'aurait jamais attiré tant de ruraux en quête d'une autre vie et son explosion nous eût sans doute été épargnée. Sans techniques enfin, l'unité du monde ne se serait pas faite sous le signe de la vitesse vibrionnante, qui a aboli les distances, facilité l'échange et bousculé tous les modes de la communication entre les hommes : plus que les transports physiques eux-mêmes, ce sont les messages écrits, parlés et imagés, fruits d'une sophistication technicienne et véhiculés par les médias, multipliés par la télématique, l'informatique ou, demain, les « autoroutes de l'info », qui ont hâté l'unification de la planète, l'ont inondée de produits et de sensations communes, et l'ont peut-être promise ainsi au rajeunissement.

Et pourtant, ce monde a engendré en continu le privilège et la soumission, sans que son ardeur communicative ait pu réduire ses inégalités foncières. Des hommes, des collectivités, des nations en ont ressenti l'humiliation, et le sentiment d'une injustice permanente a joué un rôle majeur dans le déroulement des drames, des crises et des progrès. Qu'il s'agisse de produit national brut, d'espérance de vie, de patrimoine ou d'accès au savoir et à la culture, l'échange inégal perdure tout en étant de plus en plus mal supporté. On s'en convaincra en lisant tout ce qui est dit ici sur la question lancinante du sous-développement, fût-elle rhabillée en contraste Nord-Sud ; sur les dominations et les impérialismes des Grands, plus ou moins défaits par la décolonisation, la chute du dollar et la déliquescence de Moscou ; sur les situations d'injustice qui pullulent toujours dans un pays développé comme la France. Aujourd'hui, sous l'apparente unification du monde par le libéralisme du marché et de l'argent depuis la chute du mur de Berlin et l'échec de Gorbatchev, se dissimulent encore ou se manifestent déjà les très vieilles frustrations nées du mauvais partage de tous les gâteaux, qui a sans cesse enrichi les riches et fait payer les pauvres. De ce vice de répartition aussi il faut prendre la mesure exacte et la claire conscience à travers un rappel historique.

Enfin, faire un bilan du siècle nous oblige à quelque retour sur ses usages, si inégaux eux aussi, de la raison et de la déraison, au point de devoir conclure que la seconde l'a sans doute emporté sur la première. Ce panorama culturel, qui signale tout ce qui a armé ou désarmé les cœurs et les esprits, doit peser le rôle des avant-gardes et des masses, opposer les cultures des grandes interrogations sur l'avenir à la monotonie de la culture de grande consommation inlassablement médiatisée, dire le poids exact des valeurs revendiquées qui ont jeté l'homme dans des combats collectifs aux objectifs et au dénouement incertains ou fatals et le rôle de celles qui n'ont pas cessé de retrouver l'individu et la personne broyés par les pouvoirs sans âme et les idéologies de fer. C'est le cheminement chronologique même de ce siècle qui doit être alors questionné, dans sa kyrielle de trahisons et de dénégations. Pourquoi la modernité multiforme qu'exprimèrent superbement les années 1920 a-t-elle été impuissante, occultée puis négligée ? Pourquoi restons-nous si entêtés des décennies suivantes, où l'ombre des totalitarismes a failli tuer la pensée ? Et comment ne pas saluer cette culture de l'homme et de ses droits, fille de l'Europe, qui affronte à armes si inégales depuis les vingt dernières années les retours offensifs et intégristes du religieux, tandis que la culture de masse et les modes de consommation universels brisent tant de particularismes ?

Décidément, le XXe siècle n'a pas cessé d'enterrer l'homme occidental. Ses techniques et des drames ont fait éclater les patrimoines, les communautés et les groupes sociaux. À nous de dire, dès à présent, si ses décombres bien explorés et soigneusement triés pourront servir à des reconstructions.

Jean-Pierre RIOUX

SOMMAIRE

GÉOGRAPHIQUE

L'EUROPE ENTRE LES DEUX GUERRES

La guerre d'Espagne : affiche républicaine contre les nationalistes. *Musée des Deux Guerres mondiales, Paris.*

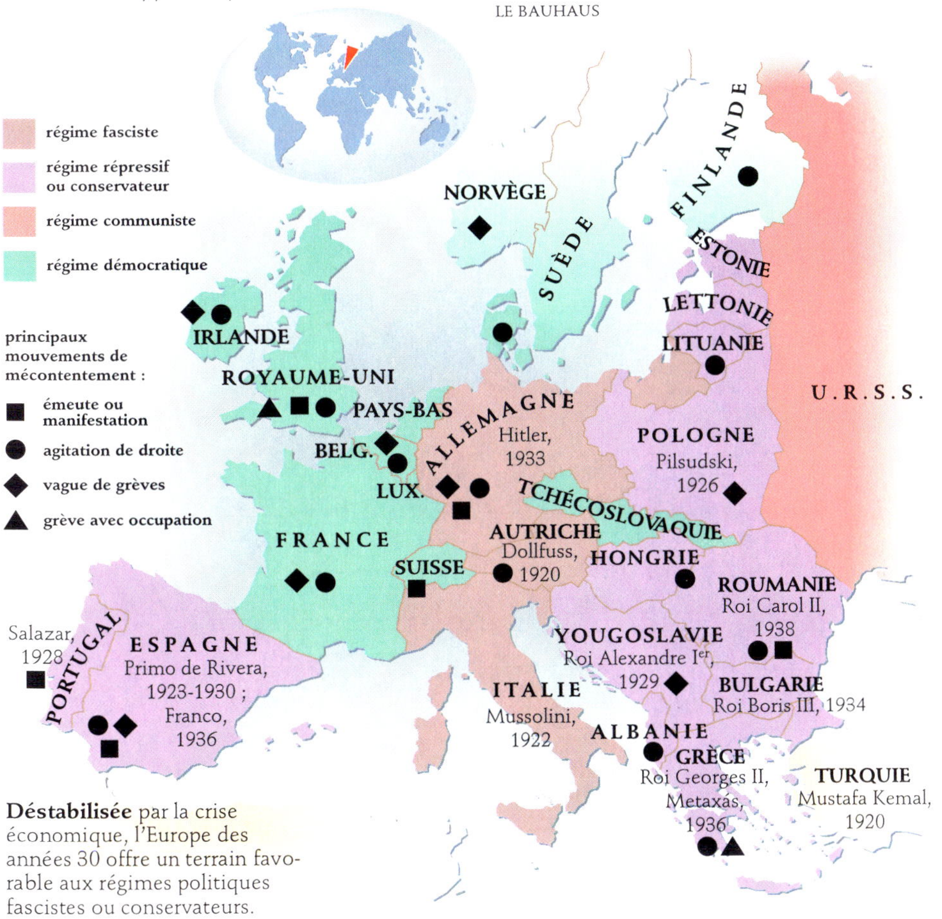

Déstabilisée par la crise économique, l'Europe des années 30 offre un terrain favorable aux régimes politiques fascistes ou conservateurs.

LA SECONDE GUERRE MONDIALE

X .

La mobilisation industrielle : affiche américaine. *1942. Garrett Price.*

SOMMAIRE GÉOGRAPHIQUE

La Libération. *1944. Paul Colin.*

À l'été 1942, les puissances de l'Axe sont à leur apogée : l'Allemagne nazie contrôle près de 90 p. 100 du continent européen ; le Japon a établi sa « sphère de coprospérité asiatique » sur une bonne partie du gigantesque espace pacifique.

GÉOGRAPHIQUE

L'EUROPE CONTEMPORAINE

Caricature de la guerre froide : le général Marshall chasse la Paix du paradis du dollar. 1951.
Krokodil. Institut d'études slaves, Paris.

La DS de Citroën au Salon de 1955.

Terrain privilégié de la guerre froide, l'Europe a vécu coupée en deux jusqu'au début des années 1990, avec un double système d'alliances militaires et de liens économiques.

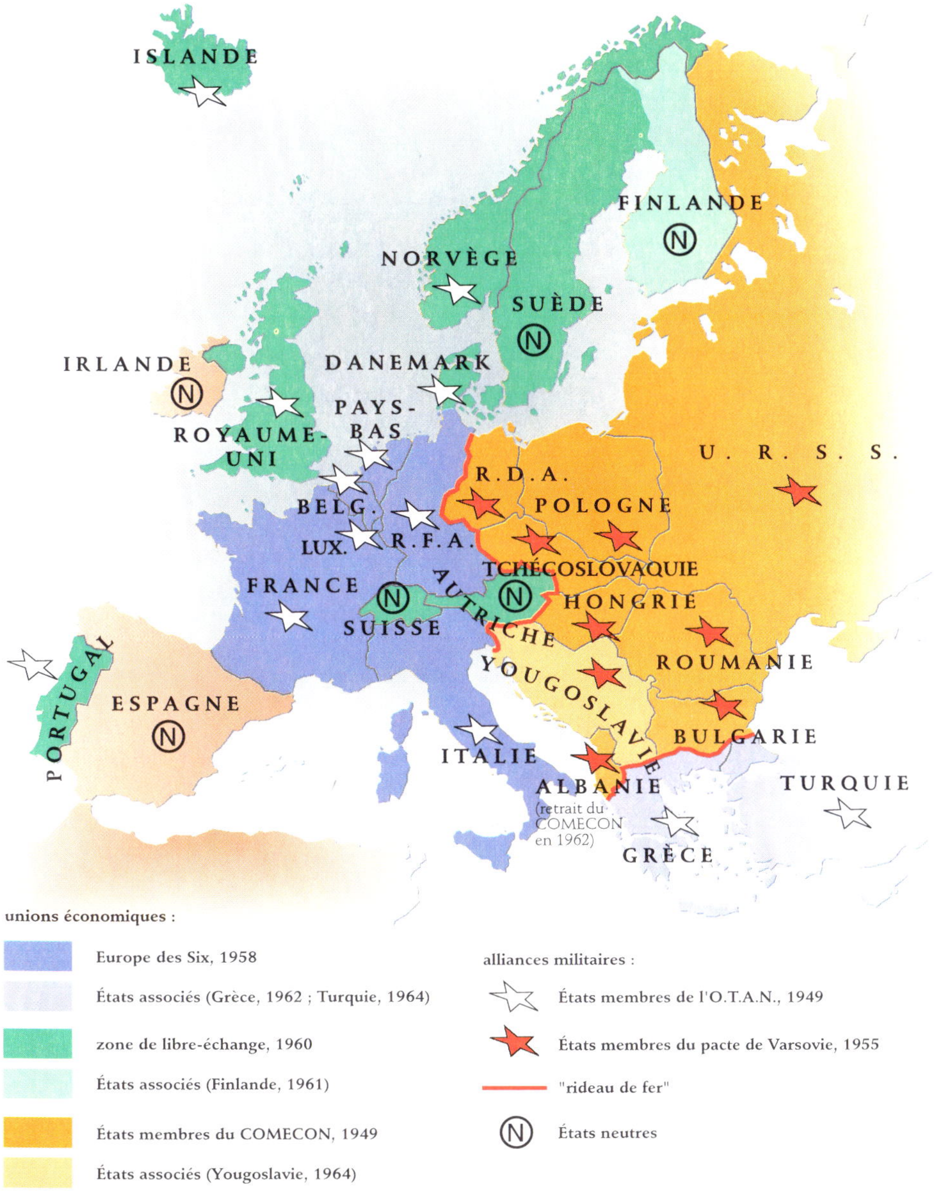

Les revendications des femmes : manifestation à Paris, en 1979.

GÉOGRAPHIQUE

L'AMÉRIQUE

Au Chili, manifestation hostile à Pinochet. *1988.*

Les États-Unis continuent de veiller sur leur « chasse gardée », n'hésitant pas à intervenir pour installer ou préserver des régimes conformes à leurs vœux.

L'AFRIQUE

Caricature hongroise sur la décolonisation : « L'adieu est dur ! » *1960. I. Hegedus.*

Ensemble hétérogène, le tiers-monde ne se réduit pas à un continent. Cependant, la plupart des pays africains décolonisés en font partie.

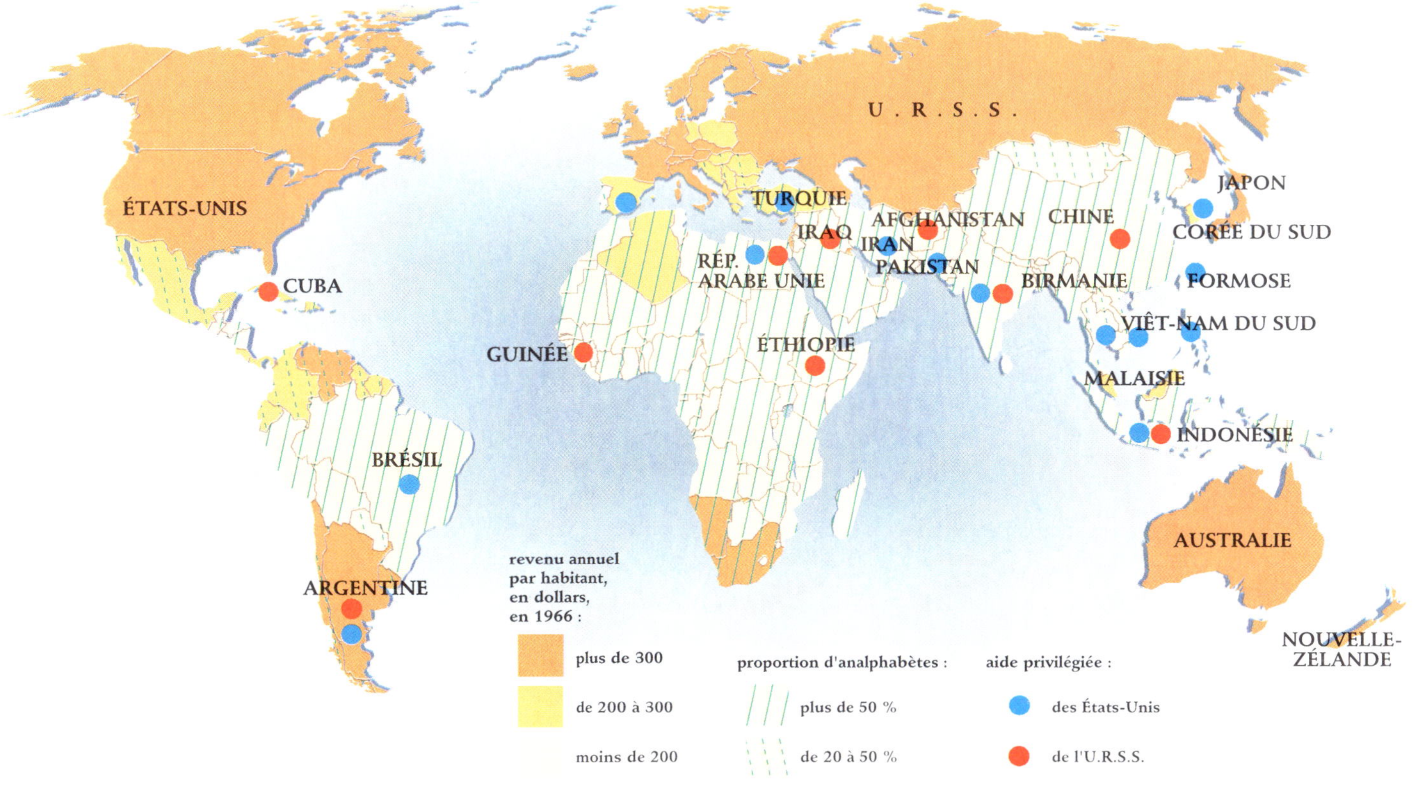

SOMMAIRE GÉOGRAPHIQUE

L'ASIE

Affiche de la révolution iranienne : l'ayatollah Khomeyni chasse le shah.

La décolonisation de l'Asie, densément peuplée, fait accéder des centaines de millions d'hommes à la liberté, mais dans des circonstances souvent tragiques.

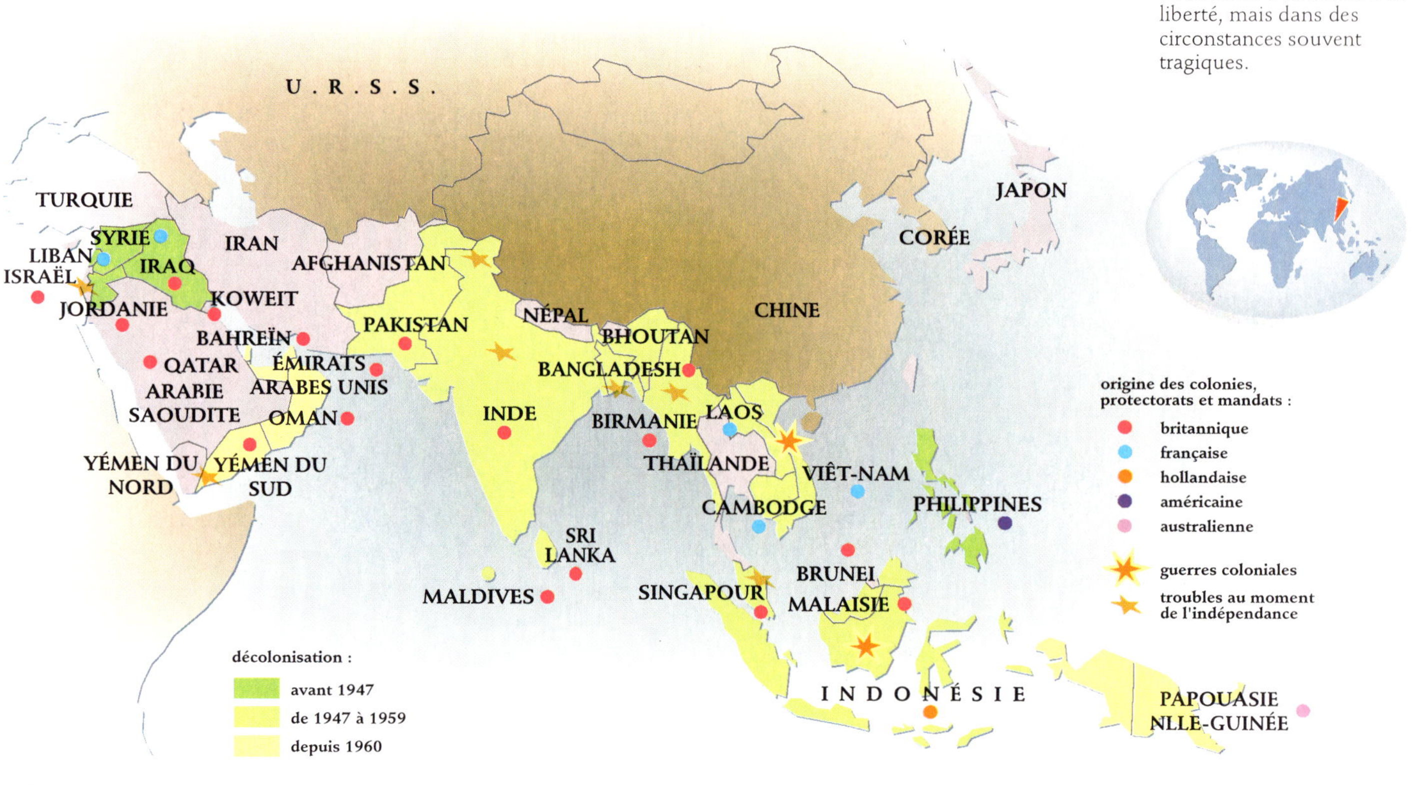

1918 - 1921

Aucun traité de paix n'a été aussi vivement critiqué que celui de Versailles. Il est vrai qu'une paix remise en cause vingt ans plus tard est forcément un échec. Mais les défenseurs du règlement de 1919 font valoir que ce dernier est le fruit d'un compromis difficile entre les représentants de nations aux intérêts et aux motivations divergents : la France de Clemenceau veut mettre l'Allemagne à genoux pour préserver sa sécurité ; le Royaume-Uni de Lloyd George est attentif à préserver l'équilibre des forces sur le continent ; enfin, les États-Unis de Wilson ont un poids important, mais ils ne sont pas directement concernés par les questions européennes. Au total, personne n'est content : l'Allemagne n'a pas assez payé, dit-on volontiers en France ; c'est un diktat honteux, réplique-t-on outre-Rhin. Paix maladroite, excessive, bancale... pouvait-on faire autrement ? « Le traité n'est pas fameux ; je suis tout prêt à le reconnaître. Mais et la guerre ? A-t-elle été fameuse ? » (Clemenceau).

Défilé de la victoire, 14 juillet 1919. 1919. François Flameng. Musée de l'Armée, Paris.

LE BILAN DE LA GRANDE GUERRE

Après l'explosion de joie ou de soulagement à la signature de l'armistice du 11 novembre 1918, les pays belligérants subissent les conséquences désastreuses d'une guerre totale de quatre années. L'Europe a perdu ses forces vives au profit des États-Unis.

La personnalité la plus attendue à la conférence de la paix est le président américain Thomas Woodrow Wilson ; fort de ses initiatives diplomatiques et militaires tout au long du conflit, il jouit d'une grande popularité. Les Allemands comptent sur sa volonté de conciliation et sur sa modération pour se garder des exigences françaises ; les Anglais veulent retrouver leurs intérêts économiques d'avant-guerre et la puissance militaire de la France les inquiète. Les Français auront-ils les moyens de faire prévaloir leur point de vue intransigeant ?

La conférence de la paix

Inaugurée le 18 janvier 1919 par les représentants des principales nations alliées ou « associées », c'est-à-dire Clemenceau, Lloyd George, Orlando et Wilson, la conférence réunit tous les États touchés par la guerre, y compris ceux qui se trouvaient sous domination des empires centraux.

Les diplomates ont la charge d'élaborer une Europe nouvelle et d'installer une Société des Nations, instance internationale qui devra édicter des règles de droit pour protéger les pays les plus faibles. Ils

2.

◁ **« Les trois** grands ouvriers du monde nouveau », Clemenceau, Wilson et Lloyd George, ne sont pas des diplomates. Ils bouleversent l'Europe au mépris de ses équilibres traditionnels et des réalités.
1919. *J'ai vu.*

Signatures et sceaux ▷ des délégués des dominions britanniques – Canada, Australie, Afrique du Sud, Nouvelle-Zélande et Inde – précèdent les cinq paraphes de la délégation française sur l'exemplaire unique du traité de Versailles.
1919. *L'Illustration.*

doivent aussi rédiger des traités pour satisfaire les vainqueurs ; sous l'influence américaine, la diplomatie secrète laisse la place à des réunions spectaculaires, dont les conclusions sont souvent trop vite connues des opinions publiques, à cause d'une presse qui a retrouvé sa liberté. Aussi les déceptions apparaissent-elles au grand jour.

LE SORT DE L'ALLEMAGNE

Première nation visée, l'Allemagne évite le démembrement et conserve une grande part de son intégrité territoriale et politique. Elle est néanmoins privée de 88 000 km² à l'est pour reconstituer la Pologne. Elle perd ses colonies, administrées par les vainqueurs sous mandat de la Société des Nations. À l'ouest, la France récupère l'Alsace-Lorraine, mais souhaite établir un glacis protecteur contre une nouvelle invasion : elle réclame la Sarre, un retour partiel à ses frontières de 1814 et la proclamation d'une république indépendante de Rhénanie. Cette idée du maréchal Foch est soutenue par Poincaré, mais vigoureusement combattue par Wilson et Lloyd George, qui ne veulent pas cristalliser des désirs de revanche d'une Allemagne agitée par le spectre du bolchevisme. De plus, les Anglais sont hostiles à une possible hégémonie française en Europe.

Un compromis est trouvé : la Sarre revient à la France, qui exploitera son charbon au titre des réparations ; en 1935, son statut sera soumis à un plébiscite. La Rhénanie est démilitarisée ainsi qu'une bande de 50 kilomètres sur la rive droite du Rhin. Les Alliés occupent Duisbourg, Cologne, Coblence. Enfin, une aide militaire américaine est garantie à la France si elle est attaquée ; les Britanniques subordonnent leur appui à la ratification du traité par les États-Unis.

Ce projet final est soumis au ministre allemand des Affaires étrangères,

◁ **Le traité** de Versailles est signé dans la galerie des Glaces, lieu symbolique où Bismarck avait consacré l'unité allemande en 1871. Mais malgré la victoire et les sacrifices de la France au cours du conflit, les États-Unis ont imposé leurs vues aux Alliés.

1919. Sir William Orpen. Imperial War Museum, Londres.

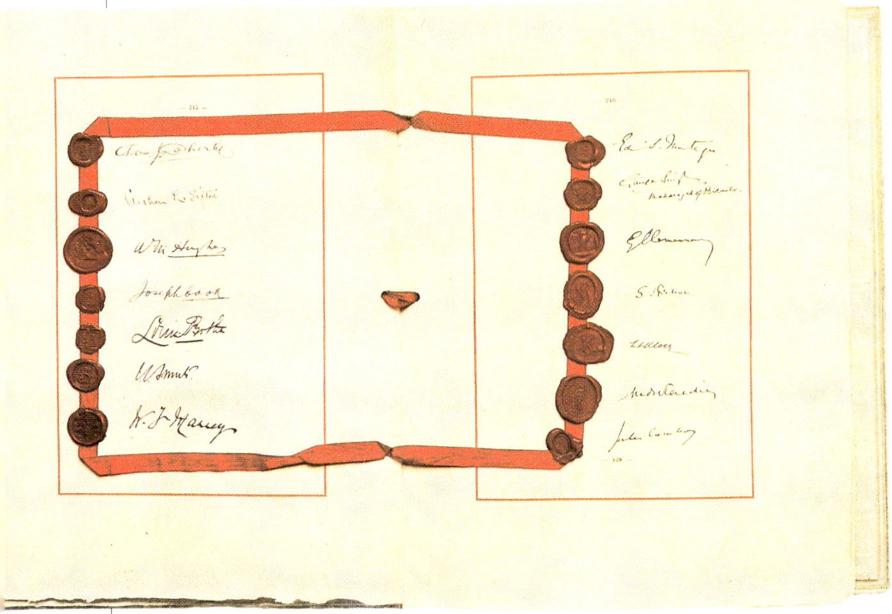

Les pertes militaires européennes atteignent 10 millions de tués, plus les civils frappés par les épidémies : la grippe espagnole fait 1 million de victimes.

1914-1918 : LA SAIGNÉE

Pays le plus touché, la France pleure 1 400 000 morts, soit 11 p. 100 de la population masculine active. Agriculteurs et intellectuels ont été décimés. Déjà faible avant 1914, la natalité s'effondre. En 1921, malgré le retour de l'Alsace-Lorraine à la France, celle-ci a 400 000 habitants de moins qu'en 1911. Par ailleurs, 760 000 orphelins doivent être pris en charge. L'Allemagne n'est proportionnellement guère plus épargnée avec 2 millions de morts, mais sa forte natalité d'avant-guerre la préserve du déclin démographique qui menace sa voisine. L'Italie et le Royaume-Uni accusent des pertes moindres. Chaque pays compte 2 à 3 millions de blessés, dont un quart d'invalides (en France : 740 000 mutilés). Ces conséquences démographiques et économiques vont gravement perturber l'Europe d'après-guerre.

le comte von Brockdorff-Rantzau, le 6 mai 1919. Celui-ci n'obtient que de minimes arrangements et préfère démissionner pour ne pas avoir à signer ce que les Allemands nomment déjà un « diktat ». Sous la menace d'une reprise des opérations militaires, le gouvernement provisoire du Reich accepte les conditions le 22 juin, car la situation intérieure est trop chaotique.

Le traité de Versailles

Il est signé dans la galerie des Glaces le 28 juin 1919, jour anniversaire de l'attentat de Sarajevo. Il comporte 200 pages et 440 articles. L'Allemagne perd 13 p. 100 de son territoire et 10 p. 100 de sa population ; l'annexion de l'Autriche lui est interdite. Son armée est réduite à 100 000 hommes, sans aviation ni haut état-major. La conscription est supprimée. La flotte de guerre doit être livrée ; elle se saborde peu après à Scapa Flow.

L'article 231 du traité exaspère les Allemands : il les rend responsables de la guerre, « imposée par l'agression de l'Allemagne et de ses alliés ». Un concept juridique nouveau apparaît : le crime de guerre. Nommément désigné, Guillaume II s'est réfugié aux Pays-Bas, qui refusent de l'extrader.

La Belgique et le Danemark, ainsi que deux nouveaux États, la Tchécoslovaquie et la Lituanie, bénéficient de rectifications de frontières aux dépens de l'Allemagne. La Pologne renaît après une éclipse de 124 ans : un couloir maritime lui est attribué, qui sépare la Prusse-Orientale du reste de l'Allemagne. Cette dernière n'aura de cesse de dénoncer cette clause, nouvelle pomme de discorde.

Enfin, l'Allemagne est contrainte de payer une indemnité de 20 milliards de Marks-or, au titre d'avance sur les réparations, qui seront fixées en 1921 à 132 milliards de Marks-or, dont 69 milliards pour la France. D'autres traités conclus en 1919 et 1920 avec les anciennes puissances centrales achèvent de redéfinir les frontières.

Une Europe remodelée

Victime de la vindicte de certaines factions politiques françaises, de l'incompréhension américaine et des

4.

Le principe d'honorer un soldat anonyme mort pour la France est décidé à l'occasion du 11 novembre 1920 et l'Arc de Triomphe est choisi comme lieu du souvenir.

LE SOLDAT INCONNU

Le 10 novembre 1920, le ministre André Maginot, lui-même ancien combattant, charge Auguste Thin, du 132e R.I., plus jeune engagé volontaire de 1918, de désigner le « soldat inconnu » parmi huit cercueils de militaires français non identifiés, symbolisant chacun un secteur du front occidental. Un peu hésitant, Auguste Thin additionne les chiffres de son régiment et dépose avec émotion le bouquet d'œillets tricolores sur le sixième cercueil. Au mois de janvier 1921, ce Soldat inconnu est inhumé sous une dalle de l'Arc de Triomphe. La flamme du souvenir résulte de l'initiative d'un journaliste, reprise par le gouvernement. Elle est solennellement allumée pour la première fois le 11 novembre 1923 par André Maginot, au milieu des maréchaux et de plusieurs personnalités françaises et alliées, encadrés par les drapeaux et étendards des régiments dissous.

pressions de quelques exilés tchèques comme Beneš ou Masaryk, le vieil Empire catholique austro-hongrois vole en éclats. En plus de l'Autriche et de la Hongrie, deux États nouveaux seront recréés – Pologne et Tchécoslovaquie –, mais ils ne suffisent pas à combler un vide dangereux à terme : ces minorités multipliées au nom de l'autodétermination n'offrent pas le même équilibre que les Habsbourg face à une Allemagne vaincue et humiliée, mais restée unie et puissante.

Le traité de Saint-Germain-en-Laye réduit l'Autriche à ses possessions germaniques. Le Trentin, le Haut-Adige et Trieste sont attribués à l'Italie. Les territoires balkaniques sont annexés par la Serbie, qui forme un « royaume des Serbes, Croates et Slovènes » (la future Yougoslavie). Peuplée de Tchèques, la Bohême-Moravie accède à l'indépendance. Le traité de Trianon limite la Hongrie aux zones de peuplement magyar. Elle perd la Croatie, la Vojvodine et le Banat au profit de la Serbie. La Slovaquie se joint à la Bohême-Moravie pour former la Tchécoslovaquie. La Roumanie récupère la Transylvanie, peuplée de Hongrois.

Le traité de Neuilly dépouille la Bulgarie de sa façade sur la mer Égée, donnée à la Grèce, et modifie sa frontière occidentale au profit de la Serbie.

« L'HOMME MALADE » RESSUSCITE

Très affaibli par les menées russes et balkaniques au XIXe siècle, l'Empire ottoman est démembré par le traité de Sèvres en 1920 : réduit à la seule Turquie d'Asie, plus Constantinople et sa banlieue, il perd toutes ses possessions arabes, sa suzeraineté sur l'Égypte et Chypre. La Grèce gagne Andrinople et la Thrace, ainsi que Smyrne – en Asie Mineure. Cette capitulation révolte les Turcs : à l'appel du général Mustafa Kemal, ceux-ci tiennent une assemblée à Ankara, refusent le traité et rompent avec le sultan. De 1921 à 1922, ils refoulent les Grecs hors d'Asie Mineure au cours d'une guerre féroce. Le traité de Lausanne de 1923 redonne à la nouvelle République turque tous les territoires attribués aux Grecs trois ans plus tôt. Celle-ci regagne même une partie du Kurdistan et de l'Arménie.

Français et Britanniques se partagent le Proche-Orient sans tenir les

△
La guerre a marqué dans leur chair des millions de soldats, mutilés ou défigurés. Invalides et « gueules cassées » défilent le 14 juillet 1919 devant une foule recueillie.

1919. Jean Galtier-Boissière. Musée d'Histoire contemporaine, Paris.

◁
Verdun en ruine. La reconstruction des dix départements envahis et des villes détruites grève lourdement les budgets de l'après-guerre, période de crise financière.

1919. François Flameng. Musée de l'Armée, Paris.

Des millions d'hommes démobilisés retrouvent leurs foyers. Parmi ceux-ci, 500 000 prisonniers de guerre français repassent enfin le Rhin.

LE RETOUR DU FRONT

« Le hideux cauchemar dans lequel nous vivons depuis plus de quatre ans s'achève enfin », écrit l'un d'eux. Leur rapatriement s'avère long et délicat à travers une Allemagne secouée par les convulsions spartakistes. Les hommes constatent bien des changements depuis leur départ : les femmes dirigent les exploitations agricoles, les ateliers d'usines ou occupent des fonctions diverses. Faute de bras, des terres sont retombées en friche. Le chômage menace : les usines d'armement ferment peu à peu, l'économie stagne. Rentiers, retraités et petits propriétaires voient leurs revenus s'effondrer à cause de l'inflation et de la volatilisation des créances à l'étranger. Dès 1920, des associations d'anciens combattants et mutilés de guerre apparaissent. Nombre d'entre eux se sont fait élire députés : la Chambre de 1919 gardera le surnom de « Chambre bleu horizon ».

promesses faites aux Arabes révoltés contre les Turcs. Sous mandat anglais, la Palestine se peuple de Juifs après la déclaration Balfour. La région devient une poudrière, à cause des gisements pétroliers de Mossoul et d'Arabie.

La Société des Nations

Initiative de Wilson, la Société des Nations est une assemblée libre d'États souverains, mais n'accueille que les pays vainqueurs ou neutres. Elle a pour but de prévenir tout genre de conflit et d'améliorer les rapports entre les nations ; l'esprit est basé sur la conciliation, la solidarité et inclut un désarmement général. Tout agresseur est l'objet de sanctions. La S.D.N. privilégie les négociations ouvertes entre chefs d'État. Toutefois, elle ne possède aucun moyen organique pour faire respecter ses décisions.

Un discours de Léon Bourgeois, l'un des fondateurs français de la S.D.N., le 30 janvier 1920, illustre bien le sens de l'institution : « Et quelles qu'en soient encore les lacunes, le pacte a scellé entre les peuples libres l'engagement solennel de l'union pour tous pour la sûreté et pour l'indépendance de tous. » La S.D.N. traîne néanmoins le poids des traités qu'elle ne peut désavouer : « Le traité de paix doit être exé-
6 . cuté non dans un esprit de persécution et de haine, mais dans celui de la plus stricte et impassible justice ; l'Allemagne doit sentir l'impuissance de tout sursaut de révolte. »

Une paix maladroite

Justifié quant au principe, mais rédigé de façon à humilier l'Allemagne, le maladroit traité de Versailles ne satisfait personne. La France n'obtient que de belles paroles et la concession du charbon sarrois, maigre compensation à ses terribles pertes humaines et financières. Le Royaume-Uni, fidèle à sa politique d'équilibre continental, conteste l'écrasement territorial et économique du Reich, jugé trop sévère. Confronté aux dures réalités, l'idéaliste Wilson voit s'envoler son rêve de paix universelle ; pire, son Sénat lui inflige une suprême humiliation en refusant de ratifier le traité de Versailles et d'adhérer à la Société des Nations.

La France perd donc la garantie militaire américaine promise ainsi que l'appui britannique qui lui était habilement subordonné. Quant à l'Italie, qui a déjà reçu d'anciennes possessions autrichiennes, ses revendications sur les « terres irrédentes » (Fiume et une

Les Alliés se sont surtout acharnés contre l'Autriche, suggère cette caricature allemande du traité de Saint-Germain. La tête tranchée fait allusion à l'interdiction de l'Anschluss. ▽

1919. Werner Hahmann. Bibliothèque nationale de France, Paris.

Une première liste de soldats « morts pour la France » paraît le 8 octobre 1914. Pour garder la mémoire des combattants tués, des livres d'or sont créés.

LES LIVRES D'OR DU SOUVENIR

Deux lois relatives à la commémoration des militaires morts pour la France sont votées en octobre 1919 et un concours est ouvert l'année suivante pour orner les éditions des livres d'or. Mais ce n'est qu'en 1935 que le ministre des Pensions institue une Commission des livres d'or : on prévoit de déposer ceux-ci au Panthéon ; les communes recevront les extraits qui les concernent. Comme le coût de fabrication des 120 volumes dépasse les maigres crédits alloués, le projet est abandonné en 1936. Toutefois, les communes ont pu compléter les listes de tous leurs morts au champ d'honneur qui diffèrent parfois des « plaques du souvenir » apposées à l'intérieur des églises. Par ailleurs, une loi de 1920 autorise les familles qui le désirent à rapatrier les corps de leurs défunts tombés au combat, mais elle a suscité une sérieuse polémique témoignant de la montée du pacifisme.

partie de la côte dalmate) ont été fort mal accueillies par des alliés oublieux de leurs promesses. Déchirée par de graves problèmes sociaux que ses hommes politiques continuent d'ignorer, la péninsule remâche sa rancœur. Le coup de main sur Fiume, mené par les partisans du poète Gabriele D'Annunzio, le 12 septembre 1919, entraîne une brutale tension avec la Serbie, mais soulève l'enthousiasme des Italiens.

La mauvaise volonté allemande à payer les réparations n'améliore pas ses rapports avec la France. Des pourparlers interminables réduisent les clauses financières à la portion congrue, avant de les supprimer, malgré le « leitmotiv » des hommes politiques français de tous bords : « l'Allemagne paiera », facile exutoire aux déceptions de l'opinion publique.

Premiers craquements

Les traités sont donc bien loin d'avoir réglé tous les problèmes ; la Société des Nations est impuissante à résoudre les difficultés provoquées par la guerre et par une paix que les contemporains jugent eux-mêmes incertaine.

Deux pays restent à l'écart. Le premier, exclu d'office et isolé par un « cordon sanitaire », la Russie bolchevique, est en proie à la guerre civile. Le second, gorgé d'or et de créances sur l'Europe, retourne à son isolationnisme traditionnel : les États-Unis ne songent plus qu'à leur prospérité.

La terrible saignée subie par la France l'incite à croire que cette guerre est bien « la der des ders ». Ses élites ont été fauchées par le conflit et elle est confrontée à sa plus grave crise financière depuis le Directoire ; elle a perdu son ressort moral et sa politique générale sera victime de ces fragilités.

Enfin, la participation des troupes indigènes et le spectacle des déchirements européens amènent une perte de prestige des puissances coloniales : les peuples colonisés commencent à revendiquer le droit à l'autodétermination. Mais ni le Royaume-Uni ni la France n'oseront aller au-delà de quelques timides réformes. □

La France accuse ses △ alliés de se liguer avec l'Allemagne pour l'affaiblir et nuire aux dispositions du traité de Versailles. La légende du dessin suggère d'employer la pâte « Magnerforte »...

1923. R. Jouenne. *Le Rire.*

La mauvaise volonté ▷ de l'Allemagne à payer les réparations conduit la France à occuper la Ruhr en 1923, comme le dénonce cette caricature.

1923. Werner Hahmann. Bibliothèque nationale de France, Paris.

LES MONUMENTS AUX MORTS

Tous les discours officiels alliés de 1914 à 1918 présentent le conflit comme une « guerre du droit », lui donnant ainsi le caractère d'une croisade religieuse. D'ailleurs, l'une des conséquences de la guerre est un retour aux valeurs du sacré, favorisé par les horreurs des combats et la séparation d'avec les familles. Trois personnages religieux féminins servent donc de thème aux artistes qui conçoivent les monuments aux morts : la Sainte Vierge ; Jeanne d'Arc, libératrice de la patrie, béatifiée en 1909 ; et la carmélite Thérèse de Lisieux, qui fait l'objet d'une procédure de béatification. En 1916, le sculpteur J. Ajalbert écrit *Comment glorifier les morts pour la patrie,* où il conclut sur la nécessité de « redire l'union sacrée [...] du riche et du pauvre, du curé et de l'instituteur, du châtelain et du bouvier ». La guerre a mis fin à l'anticléricalisme sectaire. Les monuments aux morts fleurissent dès 1919. Ils sont très variés : de la simple stèle avec palmes et croix de guerre jusqu'aux panoramas avec personnages drapés à l'antique. D'autres évoquent la silhouette du fantassin français ou le combat du coq gaulois contre l'aigle des Hohenzollern. Les maires ou les parlementaires en inaugurent 35 000 jusqu'en 1924. De plus, cinq ossuaires sont érigés sur les lieux des grandes batailles comme Verdun ou la Somme. Enfin, l'est et le nord de la France se couvrent de nécropoles militaires.

Une moderne Victoire ▽ ailée précède un char d'assaut, hommage aux armes nouvelles, accompagné de fantassins sur le monument aux morts de Cambrai.

▽ **La France** d'outre-mer et coloniale paie aussi un lourd tribut à la victoire, comme l'indiquent ces nombreux noms des morts pour la patrie.
Le Lorrain, Martinique.

Les monuments aux ▷ morts allemands sont d'un style plus retenu. Le conflit fut qualifié de « guerre civile européenne » par le général Lyautey en 1914.

Laubach, Hesse.

La foi catholique △ bretonne s'allie au sacrifice des 250 000 soldats et marins qui sont morts pour la France.

Île Molène, Finistère.

◁ **Le sculpteur** a représenté les femmes, mères, sœurs, épouses ou fiancées pleurant les morts au champ d'honneur.

Paul Dardé, Lodève.

Un soldat mourant ▷ consolé par la Vierge. Les thèmes souvent religieux des monuments aux morts réconcilient les Français sur l'autel de la patrie, mettant fin aux luttes anticléricales du début du siècle.

1921. F. Cogné. Nangis, Seine-et-Marne.

LA VICTOIRE DES BOLCHEVIKS

Quelques mois après la révolution d'Octobre, le gouvernement bolchevique impose une politique économique draconienne pour sauver le régime. Ce « communisme de guerre » doit d'abord venir à bout de la guerre civile qui déchire la Russie de 1917 à 1921.

A LA SUITE DU DÉSASTREUX traité de Brest-Litovsk (3 mars 1918), qui a amputé la Russie de ses régions les plus productives, les bolcheviks sont confrontés à une coalition hétéroclite : partisans du tsar, membres du parti S.-R. et officiers qui accusent le nouveau régime de brader la patrie. Il est vrai que la Russie a perdu 25 p. 100 de sa population, 25 p. 100 de ses terres cultivables et presque 75 p. 100 de sa production sidérurgique et de ses ressources en charbon ! Les opposants au traité sont soutenus par les Alliés, furieux que la défection russe ait permis aux Allemands d'acheminer 40 divisions supplémentaires sur le front occidental. Enfin, certaines régions de l'empire, comme le Caucase, l'Ukraine, la Russie blanche, se sont détachées du pouvoir central ; d'autres, comme la Sibérie et l'Oural, sont aux mains des ennemis de la révolution. Dès lors, les dirigeants bolcheviques prennent des mesures impitoyables.

DÉFENDRE LA « CITADELLE ASSIÉGÉE »

La création de l'Armée rouge par Trotski, au début de l'année 1918, a permis d'envisager une riposte militaire, grâce au rétablissement de la discipline. Sur le plan politique, la mise en place de la dictature du prolétariat doit aller de pair, estiment les bolcheviks, avec la poursuite des opposants : la police politique, la Tcheka, succède à l'Okhrana tsariste en décembre 1917 et devient bientôt aussi tristement célèbre que la précédente. De décembre 1917 à fin 1918, ses effectifs passent de 120 à 31 000. En janvier 1918, des tribunaux spéciaux sont institués pour juger les opposants – S.-R., mencheviks, libéraux, « ennemis de classe » divers – qui sont jetés en prison, sommairement jugés et exécutés. Le parti bolchevique, qui deviendra parti unique en 1922, fait le plein d'adhérents pour prendre le contrôle de tous les leviers de la société : il comptait 125 000 membres lors de la révolution d'Octobre et 250 000 à la fin de 1918 ; il en aura 600 000 à la fin de la guerre civile.

L'ÉCONOMIE ÉTATISÉE

L'économie, désorganisée et ruinée, passe entièrement sous la coupe de l'État : en juin 1918, les grandes entreprises industrielles sont nationalisées. Les banques, le commerce intérieur et extérieur subissent le même sort. Pour nourrir la population, des pouvoirs extraordinaires sont attribués au Commissariat du peuple au Ravitaillement. Seul producteur et distributeur de la richesse nationale, l'État conquiert un tel monopole par la terreur. En effet, Lénine veut faire disparaître la monnaie, symbole capitaliste, au profit du troc (des céréales contre

Les délégués au △ VIIIe Congrès du parti communiste russe au Kremlin se regroupent autour de Staline, Kalinine et Lénine, assis au milieu. Ce congrès voit la naissance de la IIIe Internationale, appelée aussi *Komintern*.

1919. Coll. part.

◁ **Défilé** d'ouverture à l'occasion du congrès du parti communiste en juillet 1920. Les participants brandissent des icônes d'un nouveau genre.

B. Koustodiev. Musée russe, Saint-Pétersbourg.

La Tcheka, « Commission extraordinaire de lutte contre le sabotage et la contre-révolution », est confiée à un révolutionnaire aguerri.

FELIKS DZERJINSKI

D'origine polonaise, Dzerjinski se signale à partir de 1895 par une opposition résolue au régime autocratique, ce qui lui vaut de nombreux séjours au bagne ou en exil. Très proche de Rosa Luxemburg, il rencontre Lénine en 1906. Celui-ci ne tarit pas d'éloges sur cet homme jeune, aux convictions éprouvées, qu'il qualifie de « pur-sang des plus ardents ». Dzerjinski participe à la révolution de 1917 avant de montrer son zèle et son efficacité redoutables à la tête de la police politique, la Tcheka. Une loi de septembre 1918 l'autorise à appliquer la peine de mort, pourtant abolie en avril 1917, à « toutes personnes affiliées aux organisations de gardes blancs, coupables d'avoir ourdi des complots et des révoltes ». Ce régime de terreur frappe les opposants de tous bords. En 1922, la Tcheka est remplacée par la Guépéou, toujours dirigée par Dzerjinski, qui meurt en 1926.

des produits industriels). Il envoie donc des « comités de paysans pauvres » *(bedniaks)* réquisitionner les récoltes. Mais la paysannerie s'oppose à ces prélèvements forcés en dissimulant les grains, voire le bétail. Les surfaces cultivées diminuent. De plus, l'échange avec des produits industriels est un échec, car l'industrie russe désorganisée n'atteint pas 15 p. 100 de son niveau d'avant-guerre.

Cette centralisation abusive pèse sur les populations. Le rationnement tient compte du principe de lutte des classes et privilégie les ouvriers aux dépens des bourgeois et des intellectuels, jugés oisifs. À son tour, la classe ouvrière déchante : les « samedis socialistes » – activité bénévole et en principe volontaire – et le travail pendant les jours fériés deviennent vite obligatoires. Le climat politique se durcit : le gouvernement bolchevique ne cache pas sa volonté de « répondre à la terreur blanche par la terreur rouge ».

Une société nouvelle

Les mesures prises par les bolcheviks ne sont pas seulement motivées par le souci de sauver le régime. Il s'agit aussi de manifester la rupture avec l'ordre ancien. Le calendrier grégorien est adopté, les dettes et les emprunts – comme les fameux « emprunts russes » – sont rayés d'un trait de plume, la séparation de l'Église et de l'État est proclamée. En septembre 1918 est promulgué le code de la famille. Il a été préparé par Alexandra Kollontaï, première femme à devenir commissaire du peuple. Soucieuse de briser le cadre traditionnel de la famille et de libérer la femme, elle introduit le divorce par consentement mutuel, organise le partage de l'autorité parentale, abolit toute différence entre enfants naturels et légitimes. Si Lénine la soutient sur cette voie – car la femme libérée des obligations domestiques est dispo-

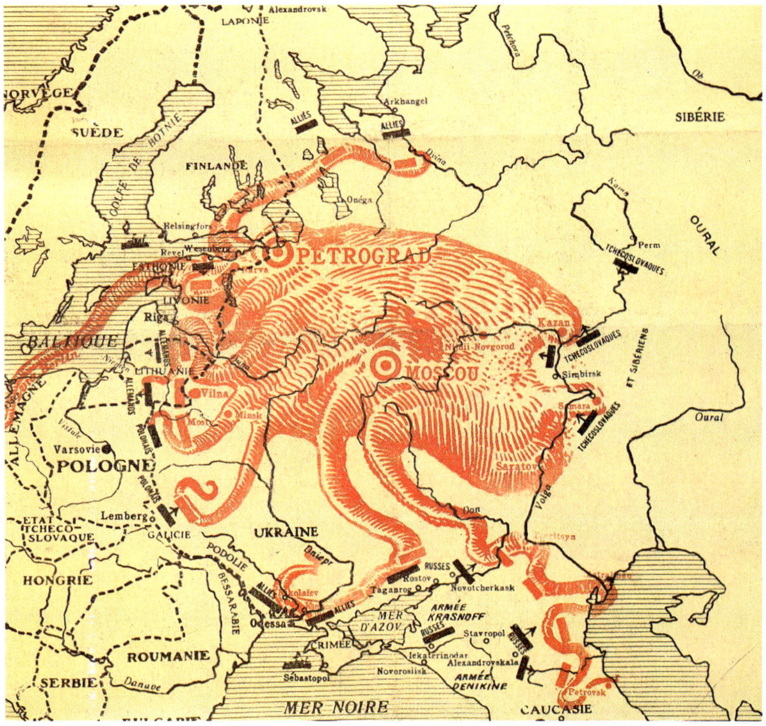

> **Bouleversée par la famine, les épidémies et la guerre civile, l'ancienne capitale de Pierre Ier est désertée par ses habitants. Elle passe de 2,5 millions en 1917 à 720 000 en 1920.**
>
> ### PETROGRAD DÉPEUPLÉE
>
> **D**échue de son rang de capitale le 12 mars 1918 au profit de l'orientale Moscou, qui était moins exposée et liée à un passé prestigieux, la ville voit fuir ses habitants : fonctionnaires tsaristes, aristocrates et bourgeois, dont les vies sont menacées par les bolcheviks, se réfugient au sud de l'Ukraine et en Crimée, fiefs des contre-révolutionnaires. Une offensive des armées blanches, menées par le général Youdenitch, provoque une nouvelle vague de départs en 1919. Fort défectueux et, de surcroît, sélectif, le ravitaillement entraîne des départs massifs vers les campagnes ou les pays limitrophes, Finlande ou Estonie. Les conditions d'hygiène et d'alimentation se dégradent et causent de graves épidémies : le typhus décime le reste de la population. Désormais symbole d'une époque révolue, la ville se meurt loin des zones de combats et du centre du pouvoir.

La zone d'influence △ des bolcheviks est représentée par une pieuvre rouge dont les tentacules se heurtent aux armées alliées ou blanches.
1919. *Excelsior.*

« **Soldats** rouges, ▷ en avant » clame cette affiche de Budapest. En mars 1919, le bolchevisme s'installe en Hongrie, mais une intervention roumaine renverse la dictature de Béla Kun le 1er août suivant.
1919. Béla Uitz. Musée allemand de l'Affiche, Essen.

nible pour construire l'économie socialiste – il est en revanche très hostile à la théorie de l'amour libre que prône Alexandra Kollontaï. Celle-ci finit par démissionner en mars 1918.

La Russie épuisée

À la fin de l'année 1920, les armées blanches, mal soutenues par les Alliés, sont refoulées sur tous les fronts. Cependant, la Pologne, reconstituée par le traité de Versailles, profite des troubles qui agitent la Russie pour récupérer des territoires. Les troupes polonaises parviennent jusqu'à Kiev en mai 1920, mais une contre-offensive russe les repousse jusqu'à Varsovie. Soutenu par la France et la Roumanie, le général Pilsudski contre-attaque sur la Vistule. Le traité de Riga, signé en mars 1921, déplace la frontière russo-polonaise de 250 kilomètres plus à l'est. La guerre révolutionnaire ne s'est pas propagée en Europe, comme Lénine l'espérait.

Certes, le prestige du chef bolchevique est renforcé par les épreuves, mais les difficultés s'accumulent : les récoltes tombent de 74 millions de tonnes en 1916 à 18 millions en 1920. Une terrible famine tue 5 millions de personnes. La misère est générale ; les révoltes ouvrières succèdent aux mouvements paysans. Même les marins de Kronchtadt, premiers artisans de la révolution, se soulèvent contre les bolcheviks en 1921. Trotski noie cette mutinerie dans le sang, mais Lénine comprend qu'il doit adoucir sa ligne de conduite : le « communisme de guerre » compromet la survie du régime, alors que l'ennemi extérieur a disparu. Le 21 mars 1921, il proclame la NEP : Nouvelle Politique économique. □

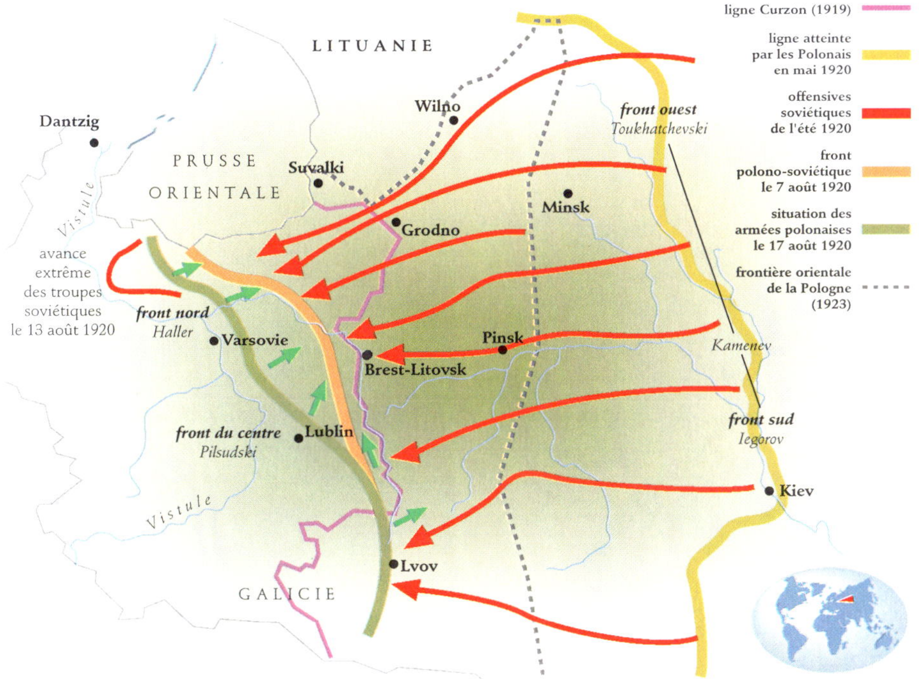

L'Ukraine est devenue le microcosme de la guerre civile en 1918. Trois factions s'y disputent le pouvoir : les nationalistes, les blancs et les bolcheviks.

L'UKRAINE ET LA RÉVOLUTION

L'Ukraine proclame son indépendance en janvier 1918, alors que les bolcheviks viennent de constituer à Kharkov une république des soviets. Les Allemands occupent la province après le traité de Brest-Litovsk : un gouvernement à leur dévotion s'installe, mais il est chassé au moment de leur départ (fin 1918). Les nationalistes reprennent le pouvoir, combattant à la fois les bolcheviks et l'armée du général blanc Denikine, qui refuse de composer avec des « séparatistes ». Les Ukrainiens distinguent mal les factions, maîtres d'un jour au hasard des combats : « Les habitants de Kiev estiment qu'il y a eu dix-huit changements de pouvoir, écrit M. Boulgakov. Certains mémorialistes sédentaires en ont compté douze. Moi, je vous dis qu'il y en a eu exactement quatorze. »

Le général Wrangel, ▷ chef des armées blanches, succède à Denikine en avril 1920. Il lutte victorieusement contre les bolcheviks jusqu'en novembre puis, vaincu, doit quitter la Russie.
1920. *L'Illustration.*

L'EUROPE DE L'APRÈS-GUERRE

Quatre années d'une guerre totale ont modifié en profondeur l'économie européenne. La reconstruction s'annonce délicate à cause des bouleversements territoriaux et démographiques intervenus après la signature des traités de paix.

Alors que les diplomates s'attachent à redéfinir la carte du continent, les populations essaient de survivre dans une économie délabrée. Ruinées, les classes moyennes sont séduites par la démagogie de certains « sauveurs » tandis que la classe ouvrière est troublée par les événements qui ont lieu en Russie.

UN TRISTE ÉTAT DES LIEUX

Les zones de combats ou d'occupation allemande ont subi des dégâts considérables : les riches plaines à blé sont

△ **Un corbeau** sur un képi symbolise tous les profiteurs que la guerre a favorisés. Ces « nouveaux riches » tiennent le haut du pavé durant les « années folles » de 1919 à 1929.
1916. Gallo. *La Baïonnette.*

◁ **1 005 milliards** de francs-or, telle est l'estimation du coût exorbitant de la guerre pour les seuls Alliés, dont les finances sont irrémédiablement perturbées.
1919. *Le Petit Journal.*

dévastées, des villages entiers n'existent plus, d'autres ont perdu leur population masculine jeune. Les mines de charbon du nord de la France et de la Belgique ont été noyées par les Allemands lors de leur retraite de 1918. Afin de permettre à nouveau la circulation des marchandises, il faut reconstruire 54 000 kilomètres de routes, 8 000 de voies ferrées, 2 000 de canaux, environ 5 000 ponts. Plus de 300 000 immeubles sont détruits et plus de 500 000 autres sont endommagés. Rien que pour la France, le coût de la reconstruction est estimé à 130 milliards de francs-or ; la réintégration de l'Alsace-Lorraine dans la communauté nationale oblige à de gros investissements administratifs et scolaires. Certaines colonies se sont appauvries : le départ de colons et d'indigènes est parfois cause de l'abandon de quelques secteurs développés.

Les empires centraux, Allemagne et Autriche-Hongrie, ne connaissent pas toutes ces destructions ; en revanche, ils souffrent toujours de la famine et du blocus allié. En 1919, on évalue à 100 millions le nombre d'Européens qui ne mangent pas à leur faim. Le gouvernement américain envoie la mission Hoover, qui approvisionne les populations civiles en produits alimentaires variés et en combustible. Vingt millions de tonnes de houille font défaut pour l'hiver, et des grèves éclatent chez les mineurs au début de l'année 1919.

Le désarroi des civils

Les mouvements sociaux se propagent à travers l'Europe et frappent tous les secteurs d'activité : mines, transports urbains et presse écrite en France, où la C.G.T. appelle à la cessation du travail pour revendiquer de meilleurs salaires ; la Belgique est affectée par une longue grève de la distribution du gaz.

L'armistice de 1918 surprend un peuple qui « commence à se rebeller contre la faim, l'hécatombe et l'état de siège ».

L'ALLEMAGNE EN ÉTAT DE CHOC

Si l'armée accuse un peu vite les hommes politiques de lui avoir donné un « coup de poignard dans le dos », la misère, aggravée par la prolongation du blocus allié jusqu'à la signature du traité de Versailles, amène les civils à prêter une oreille attentive aux sollicitations des mouvements spartakistes encouragés par la révolution russe. Le déficit budgétaire est comblé par la « planche à billets », qui altère la valeur du Mark et ruine les épargnants. Les grèves, le chômage et la paupérisation obligent les autorités à ouvrir des soupes populaires. La pauvreté de la classe moyenne frappe tous les étrangers de passage en Allemagne jusqu'en 1925.

Pour rétablir ses ▽ finances publiques délabrées, la France choisit de recourir à l'emprunt, dont l'inconvénient majeur est d'hypothéquer l'avenir. Les créances étrangères compromettent l'indépendance économique du pays. Et le « Boche » n'est pas près de « payer ».

1920. Musée des deux guerres mondiales, Paris. BDIC / Université de Paris.

Le « débrayage » des cheminots anglais paralyse le Royaume-Uni. L'Italie et l'Allemagne sont au bord de l'explosion sociale. Aux États-Unis même, les sidérurgistes manifestent à cause de la fermeture des usines d'armement.

Ces obstacles à la reprise de l'économie s'ajoutent au drame des personnes déplacées, dans des conditions dramatiques. Une commission de tri expulse 110 000 Allemands d'Alsace-Lorraine. Par ailleurs, 650 000 Russes blancs fuient la révolution bolchevique et 200 000 Hongrois émigrent pour échapper à la sanglante et éphémère dictature de la « république des conseils » du communiste Béla Kun. Un million d'Allemands doivent évacuer les territoires nouvellement attribués à la Pologne et à la Tchécoslovaquie (15 p. 100 de la superficie de l'ancien Reich), ainsi que leurs anciennes colonies. L'Europe centrale et, dans une moindre mesure, l'Empire ottoman deviennent des pôles de mouvements migratoires et servent aussi de réservoirs de main-d'œuvre bon marché aux pays vainqueurs, quoique celle-ci augmente le nombre de chômeurs, estimé à 15 millions en Europe, en 1919. Chamberlain s'inquiète : « l'Angleterre s'oriente vers la banqueroute économique si les dépenses de l'État ne sont pas réduites de façon draconienne et si nous ne réussissons pas à augmenter la production ». Il encourage même des soldats démobilisés à s'installer en Australie.

La France manque de bras, malgré le travail féminin : elle fait appel à la main-d'œuvre russe pour son agriculture, belge, italienne ou polonaise pour ses mines. Sous-production et déficit de personnel sont les deux problèmes économiques majeurs.

L'économie dirigée

L'intervention de l'État dans l'économie s'est imposée peu à peu, depuis le début des hostilités, à la faveur d'une situation exceptionnelle. Elle a maintenu le cap durant le conflit et certains la jugent indispensable à la reconstruction : « D'où qu'elles viennent, les idées qui sont susceptibles d'apporter par leur réalisation la solution des problèmes financiers d'après-guerre doivent faire l'union de tous ceux qui veulent faire taire leurs préférences

△ **Ses pertes** humaines obligent la France à faire appel à la main-d'œuvre étrangère. La ville de Puteaux accueille ici des ouvriers italiens.

L'importance du rôle social joué par les femmes au long de la guerre les incite à revendiquer une liberté accrue et l'exercice des droits civiques.

LA FEMME S'ÉMANCIPE

Plusieurs pays européens comme l'Allemagne, l'Italie et la Grande-Bretagne accordent aux femmes le droit de vote ; plus restrictive, la Belgique ne l'octroie qu'aux veuves de guerre et aux mères des soldats tués au combat ; la France reste à la traîne. Les femmes font une entrée remarquée dans les sports : Suzanne Lenglen triomphe au tennis, à Wimbledon, tandis que ses consœurs demandent à participer aux jeux Olympiques. La mode conserve son importance, mais, à présent, ce sont des femmes comme Coco Chanel ou Maggie Rouff qui la créent. Grâce aux achats à crédit, les mères de famille améliorent leur confort ; elles prennent aussi conscience de leur responsabilité dans l'éducation de leurs enfants et approuvent la création de mouvements de jeunesse comme le scoutisme.

Les mineurs britanniques votent pour la grève en 1920. Une profonde dépression industrielle affecte le Royaume-Uni, dont la monnaie trop forte pénalise les exportations. Le chômage touche un million de personnes. ▷
1920. A. Beltrame.
La Domenica del Corriere.

pour ne servir que les intérêts de la France. Les chambres de commerce, les conseils généraux, l'opinion publique tiennent par-dessus tout à la liberté individuelle et n'en laisseront sous aucun prétexte violer le principe », constate un député dans le journal *l'Homme libre* du 16 janvier 1918.

Les services de taxation et de réquisition ne sont dissous en France qu'en 1920, et même 1921 pour celui du blé. Les offices et consortiums s'effacent, signe d'un retour « à la normale », mais la dette publique pèse de façon démesurée sur le budget et atteint la somme colossale de 170 milliards de francs-or en 1920. Les hommes politiques et l'opinion publique comptent sur les hypothétiques réparations allemandes pour combler ce gouffre.

Certains désordres économiques nouveaux, qui tranchent avec la stabilité de la Belle Époque, provoquent des bouleversements sociaux : ainsi l'inflation, née de la pénurie de certains biens et d'une certaine création monétaire excessive (la « planche à billets »), ruine les épargnants et enrichit au contraire spéculateurs et emprunteurs. Choquées par ce renversement des valeurs, les classes moyennes ne sont pas loin d'approuver le dirigisme, prôné par des idéologies nouvelles : le programme du parti fasciste de Mussolini donne une emprise totale à l'État sur la vie économique et sociale. Un Allemand inconnu, d'origine autrichienne, ne dit pas autre chose à travers les vingt-cinq revendications d'un obscur parti ouvrier dont il vient de prendre la direction et qu'il rebaptise Parti national-socialiste allemand des travailleurs ; il se nomme Adolf Hitler. Quant au programme léniniste, il passe par la mainmise totale de l'État sur tous les moyens de production. Les germes du fascisme et du communisme pénètrent ainsi peu à peu dans l'Europe de l'après-guerre. □

La télégraphie sans ▽ fil, perfectionnée par Branly et Marconi, est commercialisée après la guerre pour les particuliers. Ce poste américain encore cher et volumineux représente déjà une révolution technique.

1923. Coll. part.

La guerre a permis le progrès de nombreuses techniques. Elles sont étendues au domaine civil avec succès et contribuent au relèvement rapide du niveau de vie.

LES TECHNIQUES NOUVELLES

La médecine a beaucoup progressé au contact des blessures, mutilations et intoxications dues aux gaz. Les soins orthopédiques et psychiatriques bénéficient de recherches importantes, et le traitement des maladies consécutives à la sous-alimentation ou aux chocs psychologiques est amélioré. Autrefois réservés aux armées, les vivres en conserve deviennent des produits de consommation courante. Les usines d'armement se reconvertissent dans la production de biens d'équipement : André Citroën retourne à l'automobile. L'aviation civile profite des progrès militaires ; les appareils sont plus sûrs, plus rapides, et les premières lignes commerciales voient le jour en 1919. La vente à crédit, la place de la presse, de la radio et de la publicité facilitent l'essor de la consommation.

LA GUERRE, SOURCE D'INSPIRATION

La fin de la guerre libère la créativité des artistes par désir d'oubli, cynisme, souci de libération ou témoignage de l'horreur. Le plus spectaculaire reste l'expressionnisme allemand de 1919 à 1933. La Nouvelle Objectivité rejette les valeurs traditionnelles qui ont mené à la guerre et à la défaite ; Otto Dix, Georg Grosz ou Max Beckmann sont obsédés par la férocité morbide des visages des soldats blessés ou des cités angoissantes. Walter Gropius construit le Bauhaus à Weimar, en 1919, école d'architecture et d'art décoratif. En accord avec lui, Paul Klee et Wassily Kandinsky essaient d'associer architecture, peinture et sculpture avec les moyens techniques modernes. Les peintres « métaphysiques » italiens, comme Giorgio De Chirico, lancent une revue où la détresse et la folie du monde apparaissent à travers des objets insolites. En France, fauves et cubistes comme Picasso, Braque ou Léger rompent avec le passé. Si le mouvement dada s'étiole, le surréalisme n'est pas loin. Mal acceptée avant-guerre, la musique de Mahler et de Schönberg réjouit un public avide de nouveauté. Les films comiques américains de Buster Keaton et de Charlie Chaplin sont bien éloignés des morbides longs-métrages allemands de Fritz Lang ou du lyrisme révolutionnaire soviétique de Serge Eisenstein. Le *J'accuse* d'Abel Gance montre une France pacifiste qui ne veut pas oublier les morts.

Invalides *de guerre jouant aux cartes.* △
Les tableaux expressionnistes allemands résument souvent une critique sociale. Les horreurs de la guerre sont dénoncées de façon corrosive et donnent une vision de cauchemar de l'Allemagne vaincue.
1920. Otto Dix. Coll. part.

Bois gravé pour une édition de *Voyage au bout de la nuit.* ▽
La conduite héroïque de L.-F. Céline au combat diffère toutefois de la lâcheté de son personnage Bardamu.
1935. C. Serveau.

***À l'ouest,** rien de nouveau,* roman pacifiste de l'Allemand E. M. Remarque (1928). Interdit par les nazis, il est porté à l'écran aux États-Unis en 1930 et 1964. ▽
1930. Universal.

Le Feu d'Henri Barbusse relate la vie fraternelle et collective d'une escouade au milieu des misères de la guerre. Paru en 1916, l'ouvrage reçoit aussitôt le prix Goncourt. ▷

La Guerre. Les teintes froides utilisées par le peintre, lui-même blessé en 1917, traduisent l'âpreté du conflit avec une sobriété très éloignée de l'expressionnisme allemand. Les tenues bleu horizon retiennent prisonniers ces soldats aux visages creusés. ▷

1925. Marcel Gromaire. Musée d'Art moderne de la Ville de Paris.

Papillons faits de taches d'aquarelles. Jeu de salon. *Fin XIXe siècle. Bibliothèque des Arts décoratifs, Paris.*

SUISSE

Les tests de Rorschach

■ Le psychologue suisse Rorschach élabore de nouveaux moyens de cerner la personnalité de ses patients. Il réalise des planches comportant dix taches d'encre obtenues par pliage, donc symétriques, et construit à partir de celles-ci tout un système d'interprétations. Le praticien demande d'abord au patient de dire à quoi ces taches le font penser, puis mène une enquête plus précise qui permet de faire une cotation des résultats. Le sujet peut ainsi être situé par rapport à une norme, et l'on détermine son type de résonance intime après une analyse qualitative, clinique, qui a donné lieu à de nombreuses interprétations. Le travail permettrait de repérer le mode de travail du « moi », « oscillant entre un pôle de plaisir, archaïque, et un pôle plus adaptatif ». □

ÉTATS-UNIS

Astrophysique et relativité

■ En 1913, Einstein avait publié le premier ouvrage où il énonçait la théorie de la relativité générale. Pour la vérifier, le Britannique Eddington organise, à la faveur de l'éclipse solaire de 1919, une expédition qui confirme ce qu'Einstein avait pressenti : les rayons lumineux des étoiles sont déviés par le Soleil lorsqu'ils passent à proximité de celui-ci. Les travaux d'Einstein vaudront à celui-ci le prix Nobel de physique en 1921, non pour ses recherches sur la relativité, encore controversées, mais pour sa contribution à l'étude de l'effet photoélectrique. L'année précédente, l'Indien Saha avait fondé l'astrophysique en trouvant la formule qui établit un lien entre la composition chimique d'une étoile, son apparence et la température de la source lumineuse. □

GRANDE-BRETAGNE

L'énergie de l'atome

■ En 1919, le Britannique Rutherford brise un noyau d'atome et transforme de l'azote en oxygène, provoquant ainsi la première transmutation. Ernest Rutherford, né à Nelson en Nouvelle-Zélande, a pris la direction du laboratoire Cavendish à Cambridge et a travaillé sur la constitution de la matière, la radioactivité et l'ionisation du gaz. Il a découvert en 1899 la radioactivité du thorium, puis distingué les rayons alpha et bêta dans le rayonnement des radioéléments. Avec Geiger, il mesure, dès 1908, la quantité d'énergie libérée dans les transformations radioactives. La première transmutation est obtenue par un bombardement au moyen de rayons alpha du radium. Avec Chadwick, de 1921 à 1924, il observe le même type de transmutation sur tous les éléments du bore au potassium. Dès 1911, il avait imaginé que l'atome ressemblait au système solaire avec un noyau et des satellites. Tous ces travaux valent à leur auteur les plus hautes distinctions. □

AFRIQUE NOIRE

Prophétisme et unité

■ Dans tout le bas Congo, une nouvelle religion se répand. Simon Kibangou, catéchiste protestant, fils d'un magicien réputé, prêche une foi nouvelle, incitant ses adeptes à détruire les fétiches et à lutter contre la polygamie. Il s'entoure de douze apôtres et interdit à ses disciples de payer l'impôt à la puissance colonisatrice, répondant à ses contradicteurs : « Toi, tu n'as qu'à te taire, ce n'est pas l'administrateur qui me donne la grâce. » Très vite, la nouvelle religion prend une coloration anticoloniale. On ne sait si ce sont les disciples de Kibangou ou le « prophète » lui-même qui ont annoncé que le feu céleste viendrait pulvériser les Blancs le 21 octobre 1921, mais il est certain qu'ils récitent des litanies anti-impérialistes. Ils prônent aussi l'union de tous les Africains, à l'instar de Garvey qui disait, dès 1897 : « Si un Noir devait un jour jouer un rôle mondial, ce serait grâce à un mouvement pan-nègres. » Ce type de prophète semble plus dangereux aux colonisateurs que les opposants traditionnels. Kibangou, arrêté, condamné à mort puis grâcié, mourra en 1951 à Élisabethville après trente ans de prison. □

Décor de l'Opéra de Budapest pour *le Mandarin merveilleux. 1919. Miklós Bánnfy.*

HONGRIE

Le Mandarin merveilleux

■ En 1921, Bela Bartók écrit une suite symphonique intitulée *le Mandarin merveilleux*. Une prostituée, aidée de trois bandits, séduit des voyageurs que ses compères dévalisent. Elle entraîne chez elle un mandarin, que ses complices criblent de coups, mais ce dernier continue d'avancer malgré ses blessures, auxquelles il semble insensible. Quand il touche enfin la jeune femme, ses plaies se mettent à saigner et il meurt. L'allégorie poétique séduira de nombreux chorégraphes. □

BELGIQUE

Les jeux Olympiques

■ Les VIIes jeux Olympiques modernes ont lieu à Anvers en 1920 et ce sont les derniers que présidera le baron Pierre de Coubertin. Le rituel olympique se met progressivement en place : il n'y a pas encore de flamme, mais, depuis 1914, les athlètes prononcent un serment devant les cinq anneaux entrelacés, symbolisant les cinq continents. Le héros de ces jeux est le coureur de fond finlandais Paavo Nurmi, qui décroche les médailles du 1 500 m et du 10 000 m. □

ÉTATS-UNIS

La T.S.F.

■ Le 20 novembre 1920, les Américains peuvent écouter « en direct » la première émission radiodiffusée. À Pittsburgh, la nouvelle de l'élection de Harding, 29e président des États-Unis, est connue avant la parution des premiers journaux. Peu nombreux sont les auditeurs qui ont pu profiter de ce « scoop » : il n'y a que 50 000 récepteurs aux États-Unis. Néanmoins, la radiodiffusion ne cesse de progresser et les animateurs se demandent comment meubler le temps d'antenne. Les auditeurs apprécient la musique, mais surtout le sport : la BBC diffuse en direct le match de boxe qui oppose Dempsey à Carpentier. À Paris, la première station privée, Radiola, est fondée en novembre 1920. Le pouvoir politique comprend très tôt l'importance de ce nouveau moyen de communication, et, dès 1925, la BBC devra se battre pour son indépendance, quand Churchill voudra l'utiliser contre les grévistes. □

1921 - 1925

Les Américains vivent-ils sur une autre planète ? Le contraste entre la situation des États-Unis et celle de l'Europe au lendemain de la guerre pourrait le laisser croire. Le Vieux Continent pleure huit millions de morts, l'Amérique pleurera Rudolph Valentino ; l'Europe est ruinée alors que 50 p. 100 du stock d'or mondial se trouvent désormais outre-Atlantique. L'Amérique vit ses *roaring twenties ;* et, si les années 20 sont également « rugissantes » en Europe, par exemple en Italie, c'est d'une manière bien différente : la révolution gronde dans la péninsule, alors que l'U.R.S.S. de la NEP semble s'éloigner des idéaux socialistes, au grand dam des bolcheviks zélés. Mais, après la guerre, le monde entier aspire à la prospérité et au « retour à la normale ». Autre point commun : la vague de libéralisme n'est souvent qu'une écume. Aux États-Unis comme en Europe, une large fraction de l'opinion reste conservatrice : c'est elle qui applaudit à la prohibition et au procès des adeptes de Darwin ; qui se scandalise de la garçonne et approuve la répression de l'avortement.

Danseurs de jazz.
Paul Davis. Coll. part.

L'AMÉRIQUE DES ANNÉES FOLLES

La Grande Guerre est finie. Elle a enrichi les États-Unis, qui ont fourni les Alliés en armement pendant quatre ans. Après une crise violente au lendemain du conflit, l'Amérique s'enivre de sa puissance nouvelle, mais, effrayée par sa réussite, elle redevient aussi frileuse et puritaine.

De 1919 à 1929, les États-Unis connaissent leurs *roaring twenties,* leurs « années 20 rugissantes ». Au lendemain du premier conflit mondial s'ouvre, pour les Américains, une décennie de prospérité économique. La guerre les a enrichis, car, pendant quatre ans, ils ont vendu aux Alliés les armes qui ont vaincu l'Allemagne. Alors que l'idéologie américaine du début du siècle était plutôt progressiste, l'argent facile, le développement du banditisme et la nouvelle vague migratoire provoquée par la prospérité entraînent une forte réaction conservatrice et puritaine.

Une publicité pour ▽ Coca-Cola : « Rafraîchissez-vous ! » Les origines de la fabrication à Atlanta de ce symbole du mode de vie américain remontent à 1886.

1924. A. Loowis. The Granger Collection, New York.

L'optimisme de l'avant-guerre

Au début du siècle, l'opinion publique avait été émue par les révélations des journalistes sur la misère et la corruption et certains Américains s'étaient tournés vers le socialisme. Chez la plupart d'entre eux, cependant, dominait la foi dans les vertus réformatrices de la démocratie américaine. Qu'il s'agisse du président républicain Theodore Roosevelt ou du démocrate Thomas Woodrow Wilson, élu en 1912, les gouvernants américains se réclamaient alors de l'esprit de réforme. Roosevelt avait utilisé les ressources du pouvoir fédéral pour limiter les abus des grandes compagnies, allant jusqu'à intervenir en faveur des mineurs de Pennsylvanie en conflit avec un patronat archaïque. Pour lutter contre les grands trusts, Wilson avait lancé en 1912 le programme *New Freedom,* qui avait abouti à la loi Clayton de 1914, interdisant les différences de tarifs entre acheteurs d'une même marchandise.

Ces mesures marquaient une ferme volonté interventionniste de la part de l'État fédéral, qui voulait réguler les rouages de l'économie américaine. L'accomplissement de cette politique avait été marqué par l'adoption, en 1913, d'une loi organisant le *Federal Reserve System,* ou *FED.* Douze banques fédérales de district fixaient le taux d'escompte pour tout le pays et le bureau fédéral de réserve jouait le rôle de banque centrale. En 1913 encore était apparu l'impôt sur le revenu à titre fédéral, alors que, jusque-là, le gouvernement et l'Administration des États-Unis ne subvenaient à leurs besoins que par les impôts indirects et les droits de douane. Ces lois de réorganisation du système bancaire, en même temps qu'elles confirmaient les tendances centralisatrices de l'État américain, avaient permis de financer les

Couverture du magazine *Life* représentant l'automobile comme une menace. En 1930, on compte déjà 23 millions de véhicules, soit un par famille. ▷

1925. The Granger Collection, New York.

L'équipement électroménager n'est pas aussi développé que la publicité le laisse penser. Le réfrigérateur reste encore un luxe. ▽

1925. The Granger Collection, New York.

Journaux à scandale ou d'investigation, premiers *news magazines* : les États-Unis inventent la presse du XXe siècle.

LA NAISSANCE DE LA PRESSE MODERNE

Joseph Pulitzer est l'inventeur, avec le *New York World,* d'une formule journalistique à succès, reprise par ses concurrents : affaires criminelles, enquêtes sur des scandales et sur la corruption politique, titres accrocheurs sur cinq colonnes à la une. La dernière page, consacrée à des bandes dessinées, ou *comics,* étant de couleur jaune, on donne le nom de *Yellow Press* à ces journaux qui se livrent une concurrence acharnée. À la même époque, une presse plus sérieuse voit le jour. Le *New York Times* et le *Christian Science Monitor* sont rejoints par le *Washington Post* pour donner naissance à la grande presse d'investigation. Fondé en 1922, le *Reader's Digest* condense ce qu'il faut lire et savoir pour suivre l'actualité américaine, tandis que l'hebdomadaire d'information *Time,* créé l'année suivante, inaugure une formule pleine d'avenir : un abrégé de l'actualité agrémenté de photos.

deux tiers des emprunts accordés aux Alliés. Dopée par la guerre, qui avait fait tripler les exportations de produits alimentaires, réorganisée et socialement paisible, l'économie américaine semblait au beau fixe.

L'Amérique en crise

Mais la période de l'après-guerre tranche avec l'optimisme wilsonien. Depuis 1914, beaucoup de prix ont doublé. La fin des commandes militaires fait grimper le nombre des chômeurs. Les anciens soldats sont nombreux à ne pas trouver d'emploi et, par dizaines de milliers, les Noirs sans travail affluent vers les villes du Nord-Est. Les grèves, les émeutes raciales, les manifestations de xénophobie à l'égard des nouveaux immigrants se succèdent au cours de l'été 1919. Le retour au pouvoir d'une majorité puis d'un président républicains, proches des milieux du *big business,* ajoute à cette agitation une nouvelle donne politico-économique : l'État fédéral se retire de la vie des affaires et revient au vieux principe de non-intervention.

L'après-guerre américain, après un temps de progrès social et d'ouverture au monde, est une période de peur et de refus. À tout point de vue, l'isolationnisme refait son apparition. Non seulement les États-Unis renoncent à prendre part au règlement final du conflit mondial (ils ne ratifient ni le traité de Versailles ni les accords sur la S.D.N.), mais c'est à toute forme d'altérité qu'ils commencent à s'opposer. En ce sens, l'arrestation et la condamnation à mort, en 1927, sans preuve manifeste, des deux anarchistes italiens Sacco et Vanzetti traduisent bien le changement d'attitude de l'opinion publique. Celle-ci est excédée par l'agitation des « rouges », par la violence des grèves et par l'arrivée des nouveaux immigrants issus de pays trop « exotiques » pour les Américains blancs, anglo-saxons et protestants.

La peur de l'immigrant

Entre 1900 et 1920, plus de 14 millions de personnes ont débarqué aux États-Unis. Pour la plupart, ces immigrants sont russes, italiens, Juifs polonais. Tous viennent de pays pauvres. Tous sont d'une culture différente de celle des anciens immigrants de l'Europe de l'Ouest. Ils ont plus de mal à se fondre dans la société américaine que leurs

▽ **Couverture** du journal anarchiste *Il Martello* de l'Italien Carlo Tresca, publié à New York après l'exécution de Sacco et Vanzetti. La statue de la Liberté est remplacée par la chaise électrique.

1927. The Granger Collection, New York.

IL MARTELLO

Inviare le rimesse: Station D, Box 92, New York, N. Y.

Settimanale di battaglia diretto da CARLO TRESCA

5 SOLDI LA COPIA

UFFICI: 77 EAST 10th STREET — Vicino la Quarta Avenue

NEW YORK, N. Y. SABATO 27 AGOSTO 1927

ABBONAMENTI: Un anno $2.00 — Sei mesi $1.00.

LA TRAGEDIA E' TERMINATA

...Addio o mia compagna, o miei figli o miei amici! ...Addio mamma!... ...Viva l'Anarchia!... N. SACCO

Desidero ripetere a voi che io sono innocente... Giammai mi macchiai di alcun delitto... Grazie a voi per tutto quello che avete fatto per me. Perdono a quegli uomini per cio' che in questo momento mi si fa... B. VANZETTI

La statua della Liberta' nel Massachusetts

UNA PLUTOCRAZIA INFAME
UN GIUDICE ASSASSINO
UN POPOLO INCOSCIENTE
LI DANNARONO A MORIRE SULLA SEDIA ELETTRICA
REI SOLTANTO D'ESSERE ANARCHICI

MA IL LORO SANGUE E IL LORO MARTIRIO
LA FERMEZZA DEL CARATTERE
IL LORO SACRIFICIO
SONO AUREOLA DI LUCE SPLENDENTE
CHE' LORO GLORIA E VITTORIA

O SACCO E VANZETTI
O FULGIDI MARTIRI
O COMPAGNI
L'ANARCHIA — VOSTRA VITA E VOSTRO CALVARIO —
E' VIVA E VIVRA'
ETERNAMENTE

NICOLA SACCO

BARTOLOMEO VANZETTI

prédécesseurs, d'autant plus qu'ils sont sans métier ni qualification. Concentrés dans les grandes villes, ils se regroupent par quartiers et fournissent à l'industrie une main-d'œuvre bon marché. Beaucoup d'Américains identifient alors ces nouveaux venus à la pègre. Le banditisme, les grèves, les attentats..., toute la face noire de l'Amérique des années 20 est imputée à ces immigrés récents, dont l'arrivée menace les valeurs traditionnelles de la société américaine. Le Ku Klux Klan compte un million et demi de membres en 1920. Sans renoncer bien sûr à ses persécutions contre les Noirs, il s'en prend désormais aux nouveaux venus. L'antisémitisme devient ainsi son autre cheval de bataille.

Le climat est aux affrontements et à la violence. L'Amérique a peur. C'est donc avec satisfaction que l'opinion accueille la politique des quotas migratoires, décidée par le Congrès en 1921 et en 1924. Prenant pour base le recensement de 1890, la nouvelle loi fixe l'immigration annuelle à 2 p. 100 du nombre d'individus d'une même nationalité déjà présente sur le sol des États-Unis. La loi vise directement les nations du sud et de l'est de l'Europe, encore peu représentées en Amérique. Faute de main-d'œuvre étrangère non qualifiée, les patrons font alors appel aux Noirs du Sud. La « grande migration » des Noirs s'accélère, et de vastes ghettos urbains se constituent dans les grandes cités industrielles. Harlem, à New York, Watts, à Los Angeles, où les Noirs vivent dans la misère, accusent des taux de mortalité sans commune mesure avec le reste du pays.

Bandits et puritains

Comme toute nation repliée sur elle-même, l'Amérique part à la recherche de la morale de ses pionniers, que n'avaient pas pervertis la modernité urbaine et l'immigration. Des baptistes et des méthodistes tentent de faire interdire l'enseignement de la théorie évolutionniste de Darwin dans

◁ **« Quand** nous rencontrerons-nous à nouveau tous les trois ? » Caricature parue dans un journal américain après le procès sur l'enseignement de la théorie évolutionniste dans les écoles publiques.

1925. The Granger Collection, New York.

Agnes O'Laughlin ▷ exhibe une jarretière porte-flacon, qui connaît son heure de gloire pendant la prohibition, car elle permet de dissimuler l'alcool lors des fouilles tout en étant à la pointe de la mode.

1926. The Bettmann Archive, New York.

En marge de l'Amérique blanche, le gangstérisme est un moyen d'ascension sociale pour les Noirs ou les fils d'immigrés. Mais non sans risques.

LE MASSACRE DE LA SAINT-VALENTIN

À Chicago, le 14 février 1929, jour de la Saint-Valentin, sept hommes du gang de Bug Moran attendent la livraison d'une cargaison d'alcool. Soudain, une automobile surgit en trombe. Ses occupants – probablement des hommes d'Al Capone – ouvrent le feu à la mitraillette, éliminant tous leurs adversaires. C'est l'épisode le plus célèbre de la guerre des gangs, mais, depuis la prohibition, de telles pratiques sont monnaie courante. Pour s'adjuger une partie d'un marché juteux ou pour « régler leurs comptes », les gangsters s'assurent les services de tueurs sans scrupules. La police laisse faire, quand elle ne ferme pas les yeux moyennant finances. Ainsi, lorsque Al Capone est jugé, en 1931, ce n'est pas à cause de ses activités crapuleuses, mais pour... fraude fiscale !

les écoles. En 1925, à Dayton, dans le Tennessee, un professeur de biologie est poursuivi et condamné, à grand renfort de citations bibliques, à une amende de 100 dollars pour avoir enseigné que l'homme « descend du singe ». Ce procès est révélateur de l'existence d'une Amérique qui dénonce les influences perverses du cinéma, de l'automobile et de l'alcool.

La plus grande victoire du conservatisme est d'ailleurs le vote, en janvier 1919, du dix-huitième amendement à la Constitution, qui interdit la vente de l'alcool. Jusqu'en 1933, la prohibition enflamme le pays. Son principal résultat est la naissance, l'affirmation et l'enrichissement exceptionnel de la pègre américaine. C'est le temps des *bootleggers,* qui doivent leur nom aux bouteilles qu'ils cachent dans leurs bottes. Venant du Canada, des Antilles et du Mexique, l'alcool de contrebande (parfois frelaté) fournit les innombrables bars clandestins du pays. Ce commerce illégal est monopolisé par les gangs qui alimentent la corruption urbaine, se livrent une guerre impitoyable et font les gros titres de la presse. Italien, Juif, Irlandais ou Noir, le gangster devient une nouvelle figure des États-Unis d'Amérique. Dans les années 30, Al Capone, Dion O'Banion et Dillinger sont immortalisés sur les écrans, et certains n'hésitent pas à les comparer aux grands patrons de l'industrie : ils ont la même audace, le même esprit d'entreprise, la même volonté de réussir. Le climat de plaisir et d'argent facile justifie le banditisme, qui passe désormais souvent pour un *business* comme un autre.

Les citoyens-consommateurs

Après la brève crise de l'immédiat après-guerre, la tendance est en effet de nouveau à l'optimisme économique et à la prospérité. Jusqu'en 1929, les États-Unis connaissent une période faste, sans précédent dans leur histoire. Les Américains découvrent alors, fascinés, les nouveaux produits que leur offrent les industries de pointe en expansion. L'énergie électrique se généralise. Elle transforme la vie quotidienne en introduisant l'usage des cuisinières, des réfrigérateurs, des machines à laver le linge, des aspirateurs, des grille-pain et des ventilateurs. Grâce aux progrès de la conservation frigorifique, on mange toute l'année les abricots de Californie et les légumes du Texas. Le taylorisme réduit les coûts de production par le travail spécialisé à la chaîne, et une grande variété de biens, hier inaccessibles, sont fabriqués en série à des prix modiques. L'automobile devient ainsi un produit courant.

L'Amérique invente la consommation de masse. Grâce à l'administration républicaine qui ferme les yeux sur la constitution de trusts, des groupes géants dominent les marchés. Ford, Chrysler et General Motors se partagent le secteur de l'automobile, Colgate-Palmolive contrôle les produits d'hygiène et les cosmétiques. La distribution, avec la généralisation des

◁ **Les agriculteurs** se sont endettés pour répondre à la demande extérieure durant la guerre. Au lendemain du conflit, alors que les prix demeurent bas, le commerce se restreint, obligeant certains petits propriétaires à abandonner leurs terres.

1938. The Bettmann Archive, New York.

△ **Times Square,** sur Broadway, à New York, doit son nom au quotidien *The New York Times,* qui s'est installé au numéro 1 en janvier 1905. Dans les années 1920, on n'y compte pas moins de 71 théâtres.

1925. H. Thain. Historical Society, New York.

drugstores, est entièrement entre les mains de la chaîne de magasins Atlantic and Pacific Woolworth.

S'affirme alors la nouvelle figure emblématique des États-Unis : l'entrepreneur exemplaire. Henry Ford en est l'incarnation. Il paie bien ses ouvriers, résiste aux syndicats et à l'État, gère parfaitement son entreprise et mène une vie sans reproche. Philanthrope du XXe siècle, le businessman a remplacé le prêtre et le politicien. Il doit sa fortune à l'augmentation de la consommation et, grâce à lui, les Américains ont le plus haut niveau de vie de la planète. Leurs villes se transforment. Les centres deviennent d'orgueilleuses forêts de gratte-ciel, et l'automobile permet aux classes moyennes de résider dans des banlieues vertes, où les maisons individuelles sont regroupées autour de centres commerciaux, de parcs, de piscines et de golfs. Le cœur des villes est abandonné aux pauvres, Noirs et immigrants, tandis que le monde rural, endetté par l'achat des machines modernes, reste en marge de la prospérité.

Les débuts de la révolution des mœurs

Même si cette prospérité n'est pas partagée par tous, même si les Noirs souffrent du manque de formation scolaire et de la ségrégation, l'opinion commence à croire au progrès et à la possibilité d'améliorer le sort de chacun. La morale évolue et le nombre des divorces augmente. La femme obtient le droit de vote dans toute l'Union en 1920. Elle investit certaines professions – avocat, médecin –, jusque-là largement masculines. Cheveux courts, robe moulante, bas de soie, escarpins et rouge à lèvres, les femmes de la classe moyenne découvrent la mode. Certaines d'entre elles n'hésitent plus à s'afficher avec un fume-cigarette dans une main et un whisky dans l'autre : c'est le temps du charleston, qui répugne tant aux puritains.

Corruption et facilités de crédit, spéculation boursière et prohibition, soirées enfiévrées, mirages hollywoodiens, racisme et violence..., étourdie de prospérité et de contradictions, l'Amérique savourent pleinement son rang de première puissance économique. En 1929, elle sera aussi la première à subir la plus grave crise du capitalisme moderne. □

Construction de l'Empire State Building, à New York, en 1931. En pleine dépression, il représente un défi typique du capitalisme américain. Au second plan, le Chrysler Building. ▽

1930. The Bettmann Archive, New York.

Concentrer le maximum de bureaux et de commerces dans un espace minimal, tel est le but du gratte-ciel.

LE TRIOMPHE DU GRATTE-CIEL

La maîtrise de l'acier et l'invention de l'ascenseur ont rendu possible le gratte-ciel. Le premier a été construit à Chicago en 1875 par William Le Baron Jenney. Mais c'est Louis Henri Sullivan, l'un de ses collaborateurs, qui donne l'impulsion décisive en développant une architecture colossale dont l'un des exemples les plus fameux est l'arche de la Bourse de Chicago. Dans son sillage naît le groupe d'architectes baptisé « École de Chicago ». Un des élèves de Sullivan, Frank Lloyd Wright, se consacre à l'architecture domestique. La prospérité aidant, chaque ville veut avoir « sa tour la plus haute ». Après le Chicago Tribune Tower et les 52 étages du Terminal Tower à Cleveland, le gigantesque Empire State Building domine Manhattan de ses 102 étages à partir de 1931. Le centre des grandes villes américaines prend alors son aspect caractéristique de bouquet de gratte-ciel.

HOLLYWOOD, USINE À RÊVES

En 1920, le cinéma américain représente 85 p. 100 de la production mondiale. L'arrêt de la production européenne pendant la Grande Guerre lui a permis ce développement exceptionnel. Les profits générés, la démesure des coûts de production et des cachets des vedettes aboutissent à une concentration de type industriel. Les grandes compagnies voient le jour : Paramount en 1914, la Metro-Goldwyn-Mayer en 1924. Elles sont concurrencées par les compagnies plus modestes que sont la Fox, Universal et Warner Bros. Pour résister à l'emprise des *major companies,* David Griffith, Charlie Chaplin, Mary Pickford et Douglas Fairbanks fondent la United Artists Corporation en 1919. La typologie des genres hollywoodiens se met également en place. Le mélodrame des théâtres populaires donne naissance au film social. Cecil B. De Mille confirme la popularité du film historique. Le western, grâce à John Ford, véhicule la mythologie des origines américaines. Les plus célèbres acteurs du moment sont les comiques burlesques : Buster Keaton, Charlie Chaplin, Laurel et Hardy, Harry Langdon. Mais, en 1927, le cinéma américain change de face. Les producteurs se dotent d'une organisation syndicale chargée de surveiller la moralité des films : la censure apparaît. La même année, la naissance du cinéma parlant annonce la fin du grand art de la pantomime filmée.

◁ **Douglas Fairbanks** dans *le Masque de fer.* Star légendaire de la fin du cinéma muet, il interprète le chevalier sans peur et sans reproche. Le cinéma parlant marquera la fin de sa carrière.
1929. The Bettmann Archive, New York.

Rudolph Valentino. ▽ Sa mort en pleine gloire a donné lieu à des crises d'hystérie collective, témoignant ainsi de l'emprise du cinéma sur les foules.
The Bettmann Archive, New York.

◁ **Harold Lloyd** dans *Monte là-dessus.* Le personnage qu'il interprète – chapeau de paille et lunettes d'écaille – a subi l'influence de Charlie Chaplin.
1923.

▽ ***The Kid,*** le 67e film de Charlie Chaplin. Il est le seul des grands comiques à avoir une vision du monde et à donner plus d'importance à la signification du comportement humain qu'à la mécanique du gag.
1921. Collection PROD/DB.

◁ **Buster Keaton** dans *l'Opérateur.* Son comique mécanique et cérébral s'oppose à celui, plus sentimental, de Chaplin : on le surnomme « l'homme qui ne rit jamais ».
1929. Collection PROD/DB.

▽ **Mary Pickford.** « La Petite Fiancée de l'Amérique » incarne l'éternelle petite fille innocente en proie à la méchanceté du monde et des hommes.
Collection PROD/DB.

LA PRISE DU POUVOIR PAR MUSSOLINI

Au lendemain de la guerre de 1914-1918, et bien qu'elle fasse partie du camp des vainqueurs, l'Italie affronte des difficultés sans nombre. De ces troubles, peu à peu, va naître une force inquiétante qui menacera de s'étendre à toute l'Europe : le fascisme.

◁ **Agitation politique** en Italie. La crise sociale prend une orientation révolutionnaire : la multiplicité des partis favorise l'effervescence idéologique.

1921. *Le Petit Journal.* Bibliothèque nationale, Paris.

DANS LES ANNÉES 1920, l'Italie, à peine sortie de la Première Guerre mondiale, semble devoir devenir la proie de la révolution. Dans les rues et dans les campagnes, communistes et fascistes s'affrontent les armes à la main. Enfants de la société de l'après-guerre, les acteurs de ces troubles vont bientôt engendrer le premier État totalitaire de l'Europe et du monde.

L'ITALIE EN CRISE

L'État italien unifié ne date que de 1870. Il est donc fragile. Victor-Emmanuel III est roi d'une monarchie parlementaire qui n'a reconnu le suffrage universel qu'en 1912 et ne bénéficie pas, comme la République française, d'une légitimité populaire. Le pape, dépossédé de ses États, ne reconnaît pas l'État italien et le prive d'une partie de ses appuis conservateurs « naturels », en interdisant aux catholiques de se rallier au nouveau régime. Enfin, l'unité du pays souffre des particularismes locaux exacerbés du sud de la péninsule : région de Naples, Pouille, Calabre et surtout Sicile. L'économie est exsangue, l'agriculture souvent archaïque, les matières premières et les sources d'énergie manquent cruellement. Le sous-emploi inquiète la population, qui fuit le pays : chaque année, 900 000 Italiens font le choix douloureux de l'émigration, la plupart vers les États-Unis, mais aussi vers la France, qui manque de main-d'œuvre. L'inégalité menace la stabilité sociale de l'Italie. Les richissimes propriétaires dominent une classe moyenne trop peu nombreuse, un prolétariat industriel confiné au nord et, au sud, des journaliers agricoles sans culture politique.

Dans l'Europe que vient de ravager une guerre sanglante, l'Italie, arriérée économiquement, souffre de l'amère « victoire humiliée » que les Alliés lui ont réservée. Malgré sa contribution à la défaite de l'Allemagne, ses quelque 500 000 morts, ses 950 000 blessés et des dépenses militaires considérables, l'Italie n'a obtenu qu'une petite partie de ses revendications territoriales. On lui a donné Trieste et le Trentin, puis l'Istrie en 1920, mais la Dalmatie (les « terres irrédentes ») et l'Albanie lui échappent, au nom du principe des nationalités, et malgré les engagements pris par les Alliés au traité secret de Londres (avril 1915). Les hommes semblent avoir donné leur vie pour peu de chose : c'est le thème très populaire de la « victoire mutilée ». Les survivants, démobilisés, sont confrontés au chômage. Déçus, meurtris, ils sont prêts pour la violence.

L'AGITATION SOCIALE

La dépression économique du début des années 1920 est particulièrement grave et l'agitation sociale, vive. Le mécontentement ouvrier gronde. Le syndicalisme a le vent en poupe et, en 1919, une vague de grèves avec occupation d'usines submerge le pays. Les campagnes s'agitent. Certaines usines

Le caractère théâtral, enflammé et violent de Mussolini s'est formé au cours d'une jeunesse tumultueuse qui l'a vu passer du socialisme à l'extrême droite.

BENITO MUSSOLINI

Mussolini est né le 29 juillet 1883 en Romagne, d'un père forgeron socialiste et d'une mère institutrice. Il connaît une jeunesse difficile, braconne, vagabonde, se querelle, mais il a pour lui une intelligence très vive et de l'ambition. Instituteur, socialiste et pacifiste, il fuit en Suisse pour ne pas faire son service militaire. Amnistié, il rentre en Italie où il est alors rédacteur en chef du journal socialiste *Avanti!* En 1914, Mussolini tourne casaque et devient un fervent interventionniste. Après une guerre obscure, il est blessé au cours d'un exercice. De retour à la vie civile, il fonde *Il Popolo d'Italia* et les premiers faisceaux. L'itinéraire de cette personnalité complexe fascinera en particulier Hitler.

Après la marche sur ▽ Rome, 35 000 fascistes se réunissent à Naples pour acclamer Mussolini. Il va rassurer l'opinion en se proclamant chef d'un gouvernement parlementaire de coalition et en faisant entrer dans son cabinet des représentants de tous les partis.
1922. *L'Illustration.*

sont dirigées par des conseils ouvriers élus, les paysans occupent les terres incultes et réclament le partage des latifundia. Les propriétaires arment des milices, et une véritable guerre civile enflamme la Sicile et la plaine du Pô. Le spectre d'octobre plane sur l'Italie. Effrayées par cette révolution qui se profile, les classes possédantes et la petite bourgeoisie sont prêtes à suivre le premier homme qui sauvera leur monde. En proie aux troubles, l'Italie est mûre pour la dictature.

Le 13 mars 1919, Benito Mussolini fonde les Faisceaux italiens de combat, dont les débuts sont difficiles. Il a peu d'adhérents (moins de 20 000) et aucun député fasciste n'est élu aux élections de novembre 1919. L'homme n'est alors rien d'autre que le chef d'une bande de briseurs de grèves, mais l'Italie de 1919 est propice aux aventures politiques. L'idéologie de Mussolini est confuse : mélange composite de nationalisme, d'autoritarisme et d'anticapitalisme, elle avance cependant quelques idées simples qui séduisent une partie de l'opinion, désorientée. Le nationalisme fasciste vante la splendeur de la Rome antique, rêve d'un État fort et unifié, méprise la démocratie et les valeurs humanistes du XIXe siècle. Ennemi implacable du communisme, il exalte le culte du chef, *il Duce,* incarnation de la nation. Affirmant l'inégalité naturelle entre les hommes, sûr que la guerre est la seule activité honorable pour un peuple, Mussolini offre à ses fidèles la possibilité de manifester leur puissance, leur violence et leur esprit d'aventure.

▽ **Défilé** des « fils de la Louve », embrigadés dès l'âge de 6 ans. À 8 ans, ils deviennent « balillas », puis à 14 ans, « avant-gardistes ». Le fascisme veut former un homme nouveau.

Vers 1934. National Archives, Washington.

La marche sur Rome

En deux ans, les effectifs du parti fasciste passent de 20 000 à 320 000. Mussolini livre l'Italie à la violence de ses partisans, portant matraques et chemises noires. Organisés en une milice paramilitaire, les *squadristi* sèment la terreur parmi les ennemis politiques du Duce. Les exécutions sommaires succèdent aux humiliations publiques, les grèves sont brisées, les sièges des syndicats et des partis de gauche sont saccagés. Les autorités locales, effrayées, parfois complices, laissent faire. En 1921, Mussolini réorganise

« La France et l'Italie ▽ sont faites pour s'entendre » déclare Mussolini, soucieux de respectabilité.

1927. *Le Petit Journal.* Bibliothèque nationale, Paris.

La doctrine de Mussolini intègre des influences politiques très diverses, glanées au fil de lectures hétéroclites.

LES LECTURES DE MUSSOLINI

Mussolini est un grand dévoreur de livres. Il se forge une culture politique au gré de ses lectures et de ses rencontres en exil. Il interprète souvent mal certains penseurs, se préoccupant surtout d'en tirer une synthèse personnelle adaptée à sa volonté de pouvoir et de puissance. Mussolini mêle philosophes et théoriciens socialistes, italiens ou étrangers, classiques ou contemporains : Machiavel, Kant, Babeuf, Proudhon, Schopenhauer, Nietzsche, Sorel, Gabriele D'Annunzio... Il s'intéresse également au Risorgimento de Garibaldi et au courant futuriste de Marinetti. Il se berce surtout dans la nostalgie anachronique de la splendeur de l'Empire romain et retient certains de ses symboles, notamment le faisceau du licteur.

les faisceaux en « Parti national fasciste », dont les mots d'ordre, de moins en moins « révolutionnaires », rassurent les classes possédantes. Ayant canalisé le mécontentement des chômeurs et des anciens combattants tout en prenant en charge les peurs de la petite et de la grande bourgeoisie, rendu maître de la rue et des campagnes par sa violence, le parti fasciste ne rencontre qu'hésitation et division de la part de la gauche et des libéraux. Désormais, Mussolini peut envisager de s'emparer du pouvoir.

Aux élections législatives anticipées de 1921, Mussolini et 31 autres députés fascistes entrent à la Chambre. Plus rien n'arrête la progression du fascisme. En juillet 1922, pour endiguer la « marée noire », les socialistes tentent d'organiser une grève générale. Elle est étouffée dans l'œuf. Le 26 octobre, Mussolini lance un ultimatum : il réclame le pouvoir et ses troupes marcheront sur Rome pour appuyer ses exigences. Effrayé, Victor-Emmanuel III cède, et les Chemises noires défilent victorieusement dans la capitale italienne sans avoir livré le moindre combat. L'Italie est devenue fasciste.

L'ÉTAT FASCISTE

Dès lors, Mussolini construit l'État dont il rêvait. Il apaise la classe ouvrière en lui accordant quelques avantages sociaux et en fournissant du travail aux chômeurs. Il se concilie une grande partie de l'opinion catholique en résolvant la « question romaine » par la signature, en 1929, des accords du Latran, qui donnent au pape l'État du Vatican. Fort de cette paix intérieure, Mussolini met en place, selon sa propre expression, « l'État totalitaire », modèle des dictateurs qui emprunteront cette voie. L'Italie est gouvernée par un parti unique auquel les syndicats, rebaptisés « corporations », sont affiliés ; les enfants sont membres des organisations de jeunesse fascistes ; et l'ancien citoyen doit devenir une simple pierre de la pyramide parfaite que rêve d'être l'État fasciste. À la tête du pays, le Duce ordonne ; l'opposition est muselée ou physiquement éliminée. Sur les affiches, à la radio, par l'architecture, dans les arts, le fascisme tente de contrôler tous les domaines de la vie des hommes. □

Mussolini prend part ▷ au battage du premier blé de Littorva, ville créée dans les marais Pontins en 1932.
Le régime entretient le culte de la personnalité du Duce.
Collection Viollet, Paris.

Signes, symboles, attitudes, pédagogie de masse et manipulation des foules : le fascisme est aussi un langage et un décor.

VOCABULAIRE DU FASCISME

Le mot fascisme se réfère aux *fasci*, associations d'anciens combattants créées par Mussolini au lendemain de la guerre 1914-1918. Ces derniers doivent leur nom aux faisceaux de verges que les licteurs de la Rome antique portaient sur l'épaule. Ce symbole du pouvoir romain est devenu l'emblème du régime mussolinien. C'est encore à Rome que les fascistes ont emprunté le signe de ralliement qui sera adopté par tous les partis fascistes d'Europe : la main tendue vers le ciel, qui rappelle en effet le salut du légionnaire romain. La chemise noire, enfin, est une évocation à rebours des chemises rouges de Garibaldi. Antilibérale et antirévolutionnaire, elle est un défi à la mort et le signe de la soumission absolue au Duce.

Lénine. En mettant en ▽ place la NEP, le chef de la révolution russe inaugure l'opportunisme, dont son successeur, Staline, fera le principe de sa politique.
1924. I. Brodski. Musée Brodsky, Saint-Pétersbourg.

L'U.R.S.S. AU TEMPS DE LA NEP

Épuisée par l'intervention étrangère et une terrible guerre civile, l'U.R.S.S., qui succède à la Russie à partir de décembre 1922, a besoin d'une pause : la « nouvelle politique économique » (NEP) de Lénine restaure en partie le capitalisme. Dans l'ombre, l'ascension de Staline commence.

En 1921, l'Armée rouge réprime l'insurrection des ouvriers et des marins de Kronchtadt. Au moment même où une partie du peuple russe est confrontée à ce « désenchantement », Lénine énonce la nouvelle politique de l'U.R.S.S. au Xe Congrès du parti. Après sept années de conflits ininterrompus, après le communisme de guerre, le pays est au bord de la ruine. Lénine reconnaît l'état d'épuisement de la société et propose de relever le niveau économique grâce à une « nouvelle politique économique », la NEP, qui renoncera un temps au communisme.

La NEP

Lénine présente la NEP comme un « recul tactique » destiné à renforcer la position de l'U.R.S.S. dans l'attente de la révolution mondiale. Cette nouvelle politique rompt en effet avec certains des principes les plus affirmés du communisme bolchevique. Si les moyens de production les plus importants restent entre les mains de l'État collectiviste, le commerce et la petite industrie privée sont désormais tolérés. Les réquisitions forcées de la production paysanne sont abandonnées au profit de la mise en place d'un impôt en nature. Beaucoup de communistes critiquent cette nouvelle orientation du régime qui fait renaître dans le droit soviétique les disparités sociales.

Indiscutablement, la NEP permet au pays de se relever. En outre, cette pause économique et politique favorise une relative ouverture sur l'étranger. Les échanges économiques s'intensifient avec l'Allemagne, qui devient le partenaire privilégié des Soviétiques. L'isolement diplomatique de l'U.R.S.S. est moins affirmé. En 1924, la France et la Grande-Bretagne reconnaissent le gouvernement soviétique.

Les nouveaux riches

La société soviétique se stabilise et se développe ; le jeune État trouve enfin ses assises, mais c'est au prix d'une situation paradoxale. Alors qu'il voulait supprimer les différences de classe, le régime bolchevique favorise l'essor des inégalités. Les nouveaux riches, baptisés « nepmen » parce qu'ils ont profité

À partir de 1922, un ambitieux programme d'instruction et d'alphabétisation est mis en place, témoignant de la volonté civilisatrice du nouveau régime.

LES RUSSES APPRENNENT À LIRE

En 1926, 51 p. 100 de la population soviétique – hommes et femmes – savent lire et écrire, contre probablement 25 p. 100 en 1917. Ce résultat spectaculaire a été obtenu par un vaste réseau scolaire et la création de « centres de liquidation de l'analphabétisme ». Un effort particulier est consacré aux régions reculées de l'Asie qui n'ont jamais connu de système éducatif. Les responsables de la création de ces infrastructures favorisent la fixation des langues locales et leur développement littéraire. Les Soviétiques ont encore le souci de préserver les identités minoritaires. Bientôt, celles-ci seront nivelées par Staline.

◁ **Réforme agraire** au Kazakhstan : confiscation de la propriété des féodaux et partage des terres. Assis au premier rang, le président de l'Assemblée.

Vers 1920. Collection Viollet, Paris.

« **Souviens-toi** ▷ des affamés ! » En 1921, les steppes et les terres noires sont dévastées par le vent chaud, les incendies et les sauterelles. La famine fera périr 5 millions d'habitants.

I. Simakov. Bibliothèque nationale, Paris.

de la libéralisation des échanges, semblent narguer les ouvriers censés être l'avant-garde de la société. Tandis que la spéculation bat son plein et permet aux plus audacieux de s'enrichir contre les règles de la morale communiste, les prolétaires ne voient guère venir le fruit des conquêtes pour lesquelles la révolution a versé tant de sang.

Mais, plus que la naissance des « nepmen », c'est le développement du groupe social des fonctionnaires qui va jouer un rôle prépondérant dans l'histoire de l'Union soviétique. Anciens héros de l'Armée rouge, nouveaux citadins en quête d'assise sociale, fraîches recrues du parti et même anciens fonctionnaires du tsar, ils jouissent d'un statut relativement privilégié. Comme ils doivent tout au parti, ils comptent parmi ses plus fidèles sujets. Mais c'est la puissance et la stabilité du nouvel État, et non son idéologie, qui leur valent cette promotion sociale : ils seront donc aussi un facteur d'immobilisme et de conservatisme.

Le socialisme à l'œuvre

Pourtant, la NEP est également un temps d'innovation et de mise en acte des utopies. Les clubs ouvriers se développent, offrant à leurs membres des cours d'instruction, des bibliothèques, des centres de formation et des activités artistiques. Dans les usines, on débat du statut de la femme et des nouvelles libertés de l'individu. L'avènement du communisme a encore des partisans actifs qui créent des « communes », ces appartements collectifs où s'applique la règle du « chacun pour tous ». Aux yeux des communards, la disparition de la conscience de propriété constitue une aspiration fondamentale et déjà mise en action.

Trotski et Staline

Symbole vivant de la révolution, autorité suprême et incontestée du parti et de l'État, mais malade, Lénine ne participe plus au gouvernement depuis 1922. Son retrait favorise les intrigues et les spéculations sur sa succession. C'est alors que s'amorce, de son vi-

En 1921, une terrible famine frappe la basse Volga, l'Ukraine et le nord du Caucase. Du monde entier, des secours affluent vers l'U.R.S.S.

LE MONDE AIDE L'U.R.S.S.

La grande famine de 1921 est à l'origine d'un vaste mouvement de solidarité, d'abord national puis international. En juillet, le chef de l'Église orthodoxe « oublie » ses griefs contre le gouvernement pour soutenir, aux côtés de Maxime Gorki, l'appel lancé à tous les « honnêtes gens » du monde entier. Faute de moyens, la commission gouvernementale qui coordonne l'aide aux zones sinistrées décide de s'adresser à la nation américaine. Celle-ci envoie des vivres et des médicaments en grand nombre. Puis c'est au tour de la Croix-Rouge d'intervenir. Partout, en France en particulier, les campagnes de solidarité se multiplient. Le malheur a paradoxalement permis à l'U.R.S.S. de sortir pendant quelque temps de son isolement.

L'industrie légère connaît innovations et progrès. Les usines d'État entreprennent la fabrication d'équipements modernes. Dans le même temps, la condition ouvrière s'améliore avec l'instauration de la journée de 8 heures et les congés payés.

1927. A. Deïneka. ◁ Coll. part.

vant, la lutte pour le pouvoir suprême. Trotski et un membre du parti encore inconnu des foules soviétiques, Joseph Staline, briguent la direction du parti et de l'État soviétique. Trotski a pour lui l'immense prestige que lui a conféré son rôle à la tête de l'Armée rouge. Ses talents de stratège, de politicien et de théoricien font de lui le membre le plus brillant du parti. Mais la prudence et la patience de Staline lui ont déjà donné un réel pouvoir. Secrétaire général du parti, il domine l'appareil bureaucratique. Militant obscur, Staline est avant tout un organisateur de génie qui s'est hissé au sommet en se chargeant des tâches qui rebutaient le plus ses camarades révolutionnaires. En montant les factions les unes contre les autres, avec son goût immodéré pour les intrigues, cet homme, qualifié en 1925 par Trotski de « plus éminente médiocrité de notre parti », va s'emparer en quelques années de l'un des plus grands empires de la planète.

STALINE S'EMPARE DE L'U.R.S.S.

En janvier 1924, Lénine meurt. Le pays prend le deuil, et Staline donne un aperçu de ce que sera sa politique en orchestrant une véritable sanctification du héros disparu. En même temps, il s'affirme comme le premier disciple de Lénine. Fort de cet héritage, il dirige ses attaques contre Trotski, qui veut mettre fin à la NEP et reprendre la construction du socialisme : trois ans plus tard, ce dernier est expulsé. Ayant ainsi frappé à gauche, Staline reprend à son compte les thèses de Trotski et fustige ceux qui prônent la poursuite de la NEP. La droite est à son tour éliminée. Staline rallie alors la majorité du parti à son programme : industrialisation massive du pays et collectivisation accélérée des terres. C'est pour cette dernière opération que Staline inaugure l'ère des grandes purges : plusieurs millions de paysans, riches et pauvres, récalcitrants ou non, sont tués par les armes et par la famine.

En 1929, l'U.R.S.S. organise des manifestations grandioses en l'honneur du cinquantième anniversaire de Staline, le *Petit Père des peuples*. Le culte de la personnalité a commencé. □

La NEP constitue △ une transition entre le capitalisme et le socialisme, où coexistent économie familiale, petite production marchande, capitalisme privé et capitalisme d'État.

1920. B. Koustodiev. Coll. part.

◁ **Dans les campagnes,** la propriété individuelle domine, et la NEP profite surtout aux paysans qui possèdent des terres. Cependant, le régime pousse à la collectivisation : « celui qui exploite seul » (à gauche) est dans une situation difficile.

V. Kozlinski. Coll. part.

En 1922, plusieurs centaines d'intellectuels sont brutalement expulsés d'U.R.S.S. Sous peine de mort, ils ont prêté serment de ne jamais revenir dans leur patrie.

L'EXPULSION DES INTELLECTUELS

Alors que la NEP a suscité un climat de détente politique qui favorise le renouveau de multiples cercles de réflexion ou d'enseignement et l'expression d'une relative pluralité d'opinions, le décret d'expulsion d'un certain nombre d'intellectuels, signé par Lénine, surprend et témoigne des limites auxquelles se heurte l'ouverture. Les personnalités concernées sont, pour la plupart, des progressistes qui, à l'instar de Nicolas Berdiaev, ont combattu le régime tsariste et manifesté leur sympathie au socialisme. Mais on compte aussi des intellectuels liés à la religion, comme le théologien Serge Boulgakov. Ces expulsions massives suscitent tensions et révoltes, et contribuent au départ spontané de plusieurs personnalités, comme Maxime Gorki qui manifeste alors ouvertement son désaccord avec le régime. La même année, la mise en place de la censure limite encore la liberté d'expression.

UTOPIE ET ENGAGEMENT

La NEP constitue, par l'extraordinaire inventivité et l'enthousiasme des artistes, un âge d'or de la création. Engagé mais libre, radical et nouveau, l'art issu de la révolution manifeste une rupture et un défi aux règles classiques et normatives. Dès le lendemain de la révolution, des metteurs en scène comme Meyerhold, des écrivains et des poètes comme Maïakovski, des peintres comme Chagall, promu commissaire aux beaux-arts de Vitebsk, s'engagent corps et âme dans l'avènement du monde nouveau. Les artistes décorent les tableaux de propagande et cherchent à représenter les aspirations que l'immense bouleversement a fait naître. La période de la NEP marque donc la poursuite de ce mouvement de régénérescence et d'engagement. Meyerhold et Foregger cherchent à faire participer les « arts mineurs » au théâtre, en promouvant sur la scène les techniques du cirque et du music-hall. Le cinéma, art neuf destiné à la multitude, fait son apparition avec les premiers films d'Eisenstein et de Dziga Vertov. Malgré la mise en place de la censure en 1922, la production littéraire reste diversifiée et critique. Les architectes et créateurs manifestent dans leur conception de l'urbanisme le caractère utopique de l'époque : projets de villes vertes, maquettes d'ensembles architecturaux ou de bâtiments – comme la célèbre spirale de Tatline conçue pour la IIIe Internationale.

◁ ***La Grève.*** Considéré comme le réalisateur le plus important du cinéma soviétique, Serge Eisenstein est l'auteur du célèbre *Cuirassé Potemkine.*
1924. Coll. part.

▽ ***Ville.*** Aristakh Loutulov fait partie avec Malevitch du groupe « Valet de carreau », qui se réfère à Cézanne. S'intéressant aussi au fauvisme et au cubisme naissants, il va participer à la création de l'abstraction.
1920. Musée russe, Saint-Pétersbourg.

◁ ***Mystery Bouffe.*** « L'écrivain révolutionnaire, écrit Vladimir Maïakovski, est un homme qui prend part à la vie ordinaire, quotidienne, et à la construction du socialisme. » C'est pourquoi ce grand poète soviétique a aussi bien rédigé des œuvres lyriques et épiques que des slogans politiques et des textes de propagande.

1919. Memorial Museum, Moscou.

◁ ***Suprématisme** en jaune et noir, n° 58.* Le suprématisme, mouvement d'avant-garde russe, affirme la souveraineté de la forme abstraite, limitée au carré, au rectangle, au cercle, au triangle et à la croix.

Kazimir Malevitch. Musée russe, Saint-Pétersbourg.

◁ **Affiche** de Dimitri Orloff, dit Moor. Il dirige de 1909 à 1917 la revue satirique *Budiljnik,* puis devient caricaturiste à la *Pravda.*

1920. *À l'aide!* Musée russe, Saint-Pétersbourg.

Projet pour la tribune de Lénine. ▷ Contrairement à Malevitch, El Lissitzky est convaincu que l'art doit se placer au service de l'humanité et de la révolution.

1920. Galerie Tretiakov, Moscou.

FRANCE

Cinéma et abstraction

■ Après avoir collaboré, en 1921, au film *la Roue,* d'Abel Gance, le peintre Fernand Léger réalise lui-même *Ballet mécanique,* un film abstrait. Cette œuvre est la somme de ses observations sur l'insertion de la machine dans la vie quotidienne. Le film n'a pas de scénario et il est fondé sur la démultiplication rythmique des objets, intégrant des photos de Man Ray et de Dudley Murphy. « Un lyrisme tout neuf de l'objet transformé vient au monde, une plastique va s'échafauder sur ces faits nouveaux, sur cette nouvelle vérité », affirme l'artiste. □

JAPON

Catastrophe naturelle

■ Raz de marée, séismes et éruptions volcaniques rythment l'histoire du Japon. Paradoxalement, ces risques naturels sont d'autant plus graves que le pays se modernise. Les grandes agglomérations ont des maisons construites en « dur », plus vulnérables que l'habitat traditionnels, et elles abritent d'importantes concentrations humaines. Le 1er septembre 1923, Tokyo et Yokohama sont frappées par un séisme. 500 000 maisons sont en ruine ; elles seront reconstruites très rapidement, dans un chaos que les destructions de la Seconde Guerre mondiale ne feront qu'aggraver. □

FRANCE

Automobile et endurance

■ La première course des Vingt-Quatre Heures du Mans a lieu les 26 et 27 mai 1923. Charles Faroux, journaliste sportif, a lancé l'idée d'une nouvelle forme de compétition, basée sur l'endurance autant que sur la vitesse pure, qui confronterait des voitures de tourisme sur des routes ordinaires. Trente-trois voitures prennent le départ sous la pluie, 31 terminent la course. La meilleure performance est accomplie par une Chenard et Walker, pilotée par Lagache et Léonard. Elle parcourt 2 209 km à une moyenne de 92 km/h. L'année suivante, une Bentley battra les françaises. □

ESPAGNE

La dictature de Primo de Rivera

■ Le 13 septembre 1923, Miguel Primo de Rivera y Orbaneja mène à bien un coup d'État qui met fin au régime parlementaire espagnol. Né en 1870, Primo de Rivera a fait ses études à l'Académie militaire. Capitaine général de Catalogne en 1921, il s'oppose au gouvernement en place sur le traitement de la question sociale en Catalogne, province constamment agitée par des grèves et des manifestations. Primo de Rivera y proclame l'état de siège, avant de lancer un appel à la nation et d'attaquer le gouvernement parlementaire dans la nuit du 12 au 13 septembre 1923. Il est soutenu par l'armée et le roi, instaure un gouvernement militaire, dissout la Chambre, nomme des gouverneurs militaires dans les provinces et établit la censure. Une fois le calme rétabli, il tente d'assainir les finances, d'améliorer les communications et met en place un système corporatiste qui nie la lutte des classes. □

L'homme futur contrôle l'univers par la technologie. *Détail :* Les hommes se fermant les oreilles à l'appel révolutionnaire. *1934. Diego Rivera. Palais des Beaux-Arts, Mexico.*

ÉGYPTE

Quelle malédiction?

■ Le 5 novembre 1922, l'archéologue Carter et lord Carnarvon, accompagnés par la fille de ce dernier, découvrent la tombe inviolée de Toutankhamon. La veille, le «petit oiseau d'or» de Carter – un canari – avait été avalé par un cobra. Fallait-il y voir, selon l'avis des ouvriers égyptiens, un mauvais présage ? L'année suivante, Carnarvon meurt au Caire de fièvres provoquées par des piqûres de moustiques, au moment même où toutes les installations électriques de la ville sautent. Peu après, les égyptologues français et américains qui avaient été les premiers à visiter le tombeau meurent, suivis par le frère et l'infirmière de Carnarvon, puis par le secrétaire de Carter. Virus, substance toxique, malédiction ou simple coïncidence ? En fait, Carter et Evelyn Carnarvon, présents à l'ouverture de la tombe, vivront très longtemps ; la plupart des décès s'expliquent parfaitement, et seule la disparition de Carnarvon, âgé de 57 ans, a été prématurée. □

ÉTATS-UNIS

Rhapsody in Blue

■ Avec Gershwin, qui compose en 1924 son œuvre la plus célèbre, *Rhapsody in Blue,* le jazz devient un genre musical à part entière. Né à New York en 1898, il est un enfant pauvre de Brooklyn avant de connaître, très jeune, la célébrité grâce à ses dons de pianiste et de compositeur. Il écrit des shows pour Broadway et des opérettes liées à l'actualité. Ses succès lui permettent de composer ensuite une musique plus ambitieuse, brillante, où les formes classiques rejoignent le jazz. Il continuera, en 1928, avec *Un Américain à Paris* et, en 1935, avec *Porgy and Bess,* opéra inspiré du folklore noir. □

CHILI

Pablo Neruda

■ Après un premier recueil, la *Canción de la fiesta,* marqué par le symbolisme, Pablo Neruda publie *Crépusculaire.* Fils d'un cheminot et d'une institutrice, Neftalí Ricardo Reyes, né en 1904, a fait ses études dans un collège du sud du Chili, puis à Santiago, où il est professeur de français. Il choisit le pseudonyme de Neruda par admiration pour le poète tchèque Jan Neruda. La deuxième période marquante de sa vie commence quand il publie, en 1924, *Vingt Poèmes d'amour et une chanson désespérée.* Ces poèmes à la gloire du corps féminin obtiennent très vite un grand succès. Il obtient le prix Nobel en 1971. □

MEXIQUE

L'art muraliste

■ Diego Rivera rentre au Mexique en 1921, après un voyage en Europe. Il devient, dès cette époque, le pionnier de la renaissance artistique mexicaine. Lors d'un séjour en Italie, en 1920-1921, il a découvert Giotto, le décor mural et la fresque. De retour au Mexique, il s'inspire de la vie des Indiens et adopte le décor monumental précolombien pour brosser des fresques gigantesques. Il décore écoles, ministères, musées et amphithéâtres. Ses premières œuvres sont relativement stylisées, mais Diego Rivera opte vite pour un réalisme vigoureux, qui exalte dans le même temps le terroir et le machinisme. □

1925 - 1927

Lorsque le général espagnol Silvestre décide de lancer, le 21 juillet 1921, à Anoual, une offensive contre les rebelles du Rif, il ignore qu'il va au-devant d'une retentissante défaite. En quelques jours, les hommes d'Abd el-Krim s'emparent d'une centaine de postes militaires et accumulent un butin impressionnant. En Espagne, l'émotion est vive. Elle ne l'est pas moins chez les colonisés, alors qu'Abd el-Krim proclame, le 19 septembre, la république du Rif : « Cette victoire éclatante fait trembler l'Europe et la chrétienté. Elle sert d'exemple et constitue un encouragement pour tous les peuples musulmans opprimés », écrit ainsi l'Algérien Ahmed Messali Hadj, qui milite également pour l'indépendance de son pays. Sans doute Abd el-Krim finit-il par être vaincu, en mai 1926, mais il a fallu pour cela d'énormes concours de troupes. Cela explique que l'apôtre du nationalisme maghrébin ait été reconnu bien au-delà de l'Afrique du Nord : Hô Chi Minh l'appelait « le Précurseur ».

Défense du poste d'Aoulay durant la guerre du Rif. 1925. Le Petit Journal. Coll. part.

LA FRANCE DES ANNÉES 20

« L'Allemagne paiera », disent les Français. Ils pensent retrouver la Belle Époque une fois relevées les ruines de la guerre, mais vont de déception en désillusion.

Mal remis de cinq ans d'une terrible guerre et sûrs de leur bon droit et de leurs valeurs, les Français refusent de voir que le monde a changé. La relative prospérité du pays ainsi que le choc des modes nouvelles masquent une certaine stagnation.

Les illusions de la victoire

Blessés, gazés, traumatisés, les poilus ont le sentiment d'avoir vécu une expérience impossible à faire partager à ceux qui n'ont pas connu la boue des tranchées. Dès leur retour, ils se regroupent en associations d'anciens combattants. Chaque commune, chaque quartier, chaque famille politique a la sienne, où les hommes tentent de retrouver la fraternité du front. Rien, pensent-ils, ne pourra jamais les dédommager pour ces années d'horreur. Leur haine va aux « embusqués », aux profiteurs qui ont su s'enrichir pen-

◁ **La France** croit à la paix, acquise par le sacrifice de 1 400 000 soldats. Aristide Briand parvient, en 1925, à réintégrer l'Allemagne au sein des nations européennes.

1929. *Le Petit Journal.* Coll. part.

dant la guerre. Seule consolation, seule certitude, cette victoire, qui leur vaut la reconnaissance de la patrie. Le 14 juillet 1919, Barrès s'écrie : « Foch commande à toutes les armées du monde. »

Mais le prix de la victoire est très lourd. 60 000 km de routes ont été détruits, une grande partie des voies ferrées est inutilisable, de nombreuses villes du Nord et de l'Est sont en ruine, les mines du Pas-de-Calais, inondées. Les rentiers ont perdu la moitié de leurs placements à l'étranger, l'inflation menace le franc. La population, saignée par la mort de 1 500 000 hommes jeunes, stagne ; les élites ont été décimées. Après la Première Guerre mondiale, il n'y a pas de reprise démographique, et si le nombre des Français passe de 39,2 millions à 41,8 millions entre 1919 et 1939, c'est grâce à l'immigration polonaise, italienne, espagnole, juive d'Europe centrale. Faute de pouvoir stimuler la natalité, le gouvernement réprime sévèrement l'avortement par la loi de 1920. Les journaux, tels *le Petit Parisien* et *le Petit Journal,* montrent une France frileuse, en béret basque et charentaises, peuplée de petites familles qui rêvent de petits pavillons de banlieue et de bons petits plats mitonnés par une gentille petite femme. Les fêtes de Montparnasse, les recherches surréalistes et les échos du jazz lui parviennent comme d'une planète lointaine et scandaleuse. Raymond Radiguet suscite l'indignation : à vingt ans, il ose conter, dans *le Diable au corps* (1923), les amours d'un très jeune homme et d'une femme dont le mari est au front.

Grâce à leur rôle essentiel dans les industries d'armement, les ouvriers ont bénéficié de quelques mesures sociales ; la C.G.T. popularise ses revendications pour la journée de huit heures, votée en 1919. Mais la peur du bolchevisme et de l'étranger explique le succès électoral du Bloc national, coalition de partis du centre et de droite. En novembre 1919, le nombre d'anciens combattants élus députés justifie l'expression de « Chambre bleu horizon ». Cependant, Clemenceau, « le Père la Victoire », n'est pas élu président de la République en 1920 : en dépit de son prestige, on redoute son autoritarisme et son anticléricalisme.

Le Cartel des gauches △ dénonce le « mur d'argent », mais sa politique financière ruine petits et gros porteurs. La dépréciation du franc n'est enrayée qu'en 1926.

Boussay. Musée des deux guerres mondiales, Paris.

◁ **Le congrès** de Tours aboutit à la scission définitive de la S.F.I.O. ; la subordination systématique du nouveau parti communiste à la Russie bolchevique lui sera beaucoup reprochée, y compris par les socialistes.

1920. Coll. part.

Fondée en 1905, l'Action française joue un rôle original dans la vie politique, fascinant de nombreux intellectuels.

« VIVE LE ROI »

Le mouvement nationaliste et monarchiste de Charles Maurras flétrit la République, accusée de trahir la France éternelle et de lui faire oublier ce qui a fait sa grandeur. « Quarante rois ont fait la France, répète le quotidien *l'Action française,* elle se défait sans roi ». La monarchie et le catholicisme, fondements traditionnels de la France, doivent être défendus contre les attaques de la « juiverie internationale » ; la « Gueuse », la République, doit être abattue à tout prix. Pourtant, le culte de la force amène les sympathisants du mouvement à nier les valeurs chrétiennes d'humilité et de justice sociale. En 1926, le Saint-Siège condamne l'Action française, dont les membres, excommuniés, sont désormais exclus des sacrements. Cela semble stimuler l'ardeur des partisans les plus jeunes, les « camelots du roi », dirigés par Maurice Pujo, qui n'hésitent pas à faire le coup de poing contre leurs homologues communistes.

Le Congrès lui préfère le modéré Paul Deschanel, dont la santé mentale se révélera chancelante. Les autorités sévissent contre tous les fauteurs de troubles, répriment les grèves, mobilisent les élèves des grandes écoles pour remettre en route les tramways. Les manifestations du 1er mai font plusieurs morts. En 1923, l'armée française occupe la Ruhr en attendant le paiement des réparations.

DU BLOC NATIONAL AU CARTEL DES GAUCHES

C'est dans ce contexte que se tient le congrès de Tours, durant lequel la Section française de l'Internationale ouvrière doit définir sa position par rapport à la révolution bolchevique. La IIIe Internationale communique 21 conditions aux partis qui veulent adhérer : entre autres, une discipline de fer, la condamnation du réformisme, l'obligation de faire de la propagande. Réunis à Tours du 25 au 30 décembre 1920, les socialistes français se divisent définitivement : le centre, mené par Longuet, le gendre de Marx, hésite ; Blum et les réformistes veulent continuer d'adhérer à la IIe Internationale et « garder la vieille maison » ; mais la majorité (68 p. 100 des mandats), derrière Frossard et Cachin, décide d'adhérer au Komintern et de s'appeler désormais parti communiste. Ce parti conserve le journal fondé par Jaurès, *l'Humanité ;* il entraîne dans le schisme une partie de la C.G.T., qui devient la C.G.T.U.

En dépit de ses divisions, la gauche remporte les élections législatives de 1924 grâce à une coalition électorale fragile dominée par les radicaux, qui, dit-on, sont « comme des radis : rouges à l'extérieur, mais blancs à l'intérieur ». Le président du Conseil Édouard Herriot, lyonnais, normalien agrégé de lettres, domine la vie politique de l'en-

◁ **Les attaques** de la livre sterling et du dollar déprécient le franc, fragile depuis la guerre. Mécontents de l'occupation de la Ruhr, les Anglais jouent en Bourse contre la monnaie française, qui perd 50 p. 100 de sa valeur en 1923. Poincaré démissionne en mars 1924.

1924. *Le Petit Journal.* Coll. part.

Le développement de ▽ l'industrie automobile a d'heureux effets sur le tourisme. Apparus avant 1914, les guides Michelin contribuent beaucoup à l'amélioration de l'infrastructure routière et hôtelière de la France.

1921. H. Grand-Aigle. *Omnia.* Coll. part.

Malgré l'anticléricalisme militant du Cartel, le catholicisme se réconcilie avec les valeurs républicaines.

L'OUVERTURE CATHOLIQUE

L'Union sacrée et l'unanimité patriotique ont mis fin en 1914 aux divisions entre l'Église et l'État. Le Vatican montre sa bonne volonté envers la France en canonisant Jeanne d'Arc en 1920, le curé d'Ars et Thérèse de Lisieux en 1925. La crise éphémère provoquée par le Cartel des gauches se résout très vite, et le gouvernement de la République entretient des relations diplomatiques avec le Vatican. Des catholiques s'engagent dans le syndicalisme : en 1919 est fondée la C.F.T.C. (Confédération française des travailleurs chrétiens). Les mouvements d'action catholique s'ouvrent aux ouvriers ; Francisque Gay, journaliste et chef de file de la démocratie chrétienne, fonde en 1924 *la Vie catholique,* destinée aux familles populaires. Un des porte-parole de cette évolution est le philosophe Jacques Maritain : converti par Léon Bloy, promoteur d'une relecture de saint Thomas, il influence nombre de catholiques engagés.

tre-deux-guerres. Tribun convaincant et chaleureux, il mène une politique opposée à celle du gouvernement précédent : alors que le Bloc national avait fait placer au Panthéon le cœur de Gambetta, héraut de la Défense nationale, le Cartel organise en grande pompe le transfert des cendres de Jaurès, le 23 novembre 1924. La harangue de Marcel Cachin est applaudie par 50 000 militants qui effraient les beaux quartiers en chantant *l'Internationale.* Herriot combat pour l'élargissement de l'enseignement secondaire, fait réintégrer les cheminots grévistes licenciés, reconnaît les droits syndicaux des fonctionnaires et tente, en vain, de faire appliquer en Alsace-Lorraine la loi de séparation entre l'Église et l'État au nom de la laïcité de l'enseignement. La France reconnaît l'U.R.S.S. et Aristide Briand, ministre des Affaires étrangères, bientôt président du Conseil lui-même, met en place une politique de « sécurité collective » concrétisée par les accords de Locarno, signés en octobre 1925 : les anciens belligérants reconnaissent les frontières issues du traité de Versailles, l'Allemagne cessant ainsi de le considérer comme un diktat. À la même époque se manifestent les premiers refus de la domination coloniale, avec la révolte du chef rifain Abd el-Krim au Maroc et l'agitation en Syrie et au Liban, puis en Indochine. Mais la politique d'Herriot, plus symbolique que réellement réformatrice, suscite des oppositions redoutables sans pour autant rallier les couches populaires.

Le « mur d'argent »

Herriot ignore les mécanismes économiques et ne s'intéresse guère qu'aux finances ; il effraie les possédants, qui redoutent un impôt sur le capital, après l'impôt sur le revenu institué en 1917. Le crédit de l'État s'effondre du fait de réactions de crainte, dont on a souvent dit qu'elles étaient orchestrées par les milieux de la haute finance. Comme les radicaux eux-mêmes, de nombreux petits porteurs ont « le cœur à gauche, mais le portefeuille à droite ». Échaudés par les dévaluations précédentes, ils demandent le remboursement immédiat de leurs créances, que l'État parvient à honorer en émettant toujours davantage de papier-monnaie. Il faut pour cela dépasser le plafond légal du nombre de billets que la Banque de France a le droit d'émettre. Or, celle-ci est encore un organisme privé, dirigé par 200 actionnaires cooptés, appartenant aux grandes familles de l'industrie et de la haute finance. Quand les régents de la Banque de France veulent en finir avec le gouvernement Herriot, il leur suffit de publier leur bilan pour que le président du Conseil démissionne, le 10 avril 1925. La coalition au pouvoir survit un an encore, mais le franc ne cesse de baisser par rapport à la livre, qui vaut 200 francs en 1925 puis 240 en 1926, au moment où Herriot redevient président du Conseil. Désormais, la gauche accusera rituellement les « deux cents familles » d'étrangler les gouvernements favorables aux réformes.

Le sauveur du franc est Raymond Poincaré, président du Conseil en 1912

Les années 1920 sont un « âge d'or » ferroviaire : les capitales européennes sont reliées par un réseau rapide, sûr et luxueux. Mais la concurrence aérienne apparaît déjà.
Vers 1925. Collection Compagnie internationale des wagons-lits, Paris. ▷

L'antiparlementarisme, la peur provoquée par le Cartel des gauches expliquent le succès d'organisations remuantes.

LES LIGUES

Les transformations de la société, la rancœur des anciens combattants, la xénophobie suscitent, dès le début des années 20, des formations qui se développent en marge des partis traditionnels : les ligues. La ligue de la République, formée d'anciens combattants, est fondée en 1920 ; Ybarnegaray et Pierre Taittinger parrainent en 1924 les Jeunesses patriotes. L'année suivante, tandis que le général de Castelnau crée la Fédération nationale catholique, Georges Valois lance le Faisceau, sur le modèle mussolinien, qui aura plus de 20 000 adhérents en 1926. En 1927, la plus importante des ligues, les Croix-de-Feu du lieutenant-colonel de La Rocque, regroupe des anciens combattants décorés au combat. Le mouvement sera ouvert aux fils de ces derniers en 1931. Des industriels, comme le parfumeur Coty, financent plus ou moins ouvertement les ligues, souvent antisémites, qui se posent en champions de la lutte antibolcheviste.

puis président de la République de 1913 à 1920. Hostile à tout nouvel impôt, il rassure la droite. Dès qu'il accède au pouvoir, la confiance revient, les capitaux rentrent, le franc remonte. En 1928, après avoir remporté les législatives, Poincaré fixe définitivement la parité or du franc au cinquième de sa valeur de 1914, avec l'accord des industriels, car la faiblesse relative de la monnaie française facilite les exportations. Cette stabilité du « franc Poincaré » symbolise pour les Français la prospérité retrouvée.

Un îlot de prospérité

La France des années 20 est fière de son industrie : elle est, entre autres, le deuxième producteur mondial d'automobiles. André Citroën, adepte des méthodes de production mises au point par l'Américain Ford, fait traverser à ses automobiles l'Asie, puis l'Afrique (Croisière jaune et Croisière noire) ; il illumine la tour Eiffel, gigantesque panneau publicitaire, proche de ses usines du quai de Javel. Il est talonné par Berliet à Lyon, par Peugeot à Sochaux et par Renault, installé à Billancourt. Les découvertes des chimistes français font le succès des firmes Ugine et Pechiney ; l'Air liquide s'allie à Saint-Gobain. La distribution de masse progresse grâce aux établissements à succursales multiples, les consommateurs affluent dans les magasins « à prix unique », où les produits sont rangés non par catégories mais par prix. Les industriels rêvent de diriger le monde : Étienne Mercier, magnat de l'électricité, fonde un mouvement appelé *le Redressement français,* qui prône l'instauration d'un gouvernement technocratique, capable de réglementer la production et les rapports sociaux.

Cependant, malgré de spectaculaires réussites industrielles, malgré la concentration des entreprises, les structures de la production restent traditionnelles. La loi Loucheur fonde en 1928 les premiers H.L.M., mais le nombre des citadins n'a dépassé celui des ruraux qu'en 1931, la France restant un grand pays agricole, où des paysans produisent de façon archaïque, à l'abri de solides barrières douanières. La plupart des entreprises sont de type artisanal, dans la tradition de « la belle ouvrage » (ébénisterie, passementerie, sellerie, orfèvrerie, haute couture, mécanique de précision).

△
Constructeur génial, André Citroën habille la tour Eiffel de sa publicité lumineuse, qui assure la renommée de la « marque aux chevrons ».
1925. Coll. part.

***La Revue** nègre* au ▷ Music-hall des Champs-Élysées fait découvrir aux Parisiens le talent « exotique » de Joséphine Baker. La musique est influencée par le jazz, apport des Américains en 1917.
1925. Paul Colin. Musée de l'Affiche, Paris.

Seules 40 entreprises dépassent les 5 000 ouvriers. Restée à l'écart du marché mondial, la France est tout d'abord épargnée par la crise qui ébranle les États-Unis en 1929, tandis que son prestige moral et culturel semble reconnu par le monde entier. L'Exposition des arts décoratifs, en 1925, est un succès éclatant ; pour les Américains, pour les artistes, pour les écrivains, « Paris est une fête ». Aristide Briand reçoit le prix Nobel de la paix en 1926, avec G. Stresemann ; Henri Bergson, celui de littérature en 1927.

Mais, quand en septembre 1931 les exportations françaises sont touchées par la chute de la livre sterling, le retard accumulé par l'économie française devient évident. Il est impossible de résister aux importations, malgré les barrières douanières ; agriculteurs et industriels ne peuvent écouler leurs excédents ; le chômage augmente. Il s'agit plus d'un marasme que d'une crise, mais les difficultés de la vie quotidienne rendent dérisoires le jeu politique et la valse des ministères où les mêmes hommes s'échangent les portefeuilles ministériels sans trouver de solution. L'usure des institutions et les scandales, comme celui de « la banquière » Marthe Hanau, sapent dangereusement le crédit de la République. □

Sur la scène et dans les livres, la nouvelle image de la femme, émancipée et provocante, fait scandale.

JOSÉPHINE ET LA GARÇONNE

Le rôle économique et social croissant des femmes déconcerte les Français, étonnés de les voir montrer leurs jambes et revendiquer le droit de vote. Veuves de guerre devenues chefs de famille, femmes d'affaires, ouvrières, paysannes, les femmes sont nombreuses à gagner leur vie, mais deux d'entre elles défraient la chronique. Paru en 1922, le livre de Victor Margueritte *la Garçonne* décrit l'évolution d'une jeune femme, Monique, qui porte jupe et cheveux courts, et qui mène sa vie sentimentale, sans souci des convenances, dans le Paris de l'après-guerre. Cependant, la fin du roman est « morale » : l'héroïne se marie avec un homme compréhensif, après de multiples expériences. Le succès et le scandale sont tels que l'auteur est radié de l'ordre de la Légion d'honneur. Trois ans plus tard, les Parisiens ne parlent que d'une autre femme : Joséphine Baker, vedette de *la Revue nègre,* qui se déhanche, sur la scène du Casino de Paris, avec pour tout vêtement une ceinture de bananes... Mais l'exotisme excuse tout, et le scandale est bien moindre.

△ **« Elle** s'était fait couper les ch'veux »... à la « garçonne » : nuque rase, chapeau cloche, ventre en avant, la silhouette de la femme 1925, libérée de ses entraves vestimentaires et morales, scandalise d'abord. Mais, en France, tout finit par des chansons !

◁ ***Hommage*** *aux artistes de Montparnasse.* Le poète Max Jacob, les peintres Kisling, Rivera, Soutine, Marevna et Zborowki, l'écrivain Ilya Ehrenburg entourent Modigliani. Ces exilés contribuent au rayonnement culturel de la France.

Marevna. Coll. part.

LES ARTS DÉCO

L'Exposition internationale des arts décoratifs et industriels modernes se tient à Paris, le long de la Seine, en mai 1925. Sur un air de charleston, les Parisiens y admirent les péniches décorées par le couturier Paul Poiret et le peintre Raoul Dufy, *Amours, Délices* et *Orgues*. Toutes les formes de la création artistique et artisanale y sont représentées. Autour de l'ébéniste Ruhlmann, héritier de l'école de Nancy, les décorateurs Leleu et Bruhns, Louis Sognot, l'ébéniste Dominique représentent toute une tradition française, faite d'élégance et de haute qualité. Les lignes sont épurées, mais les matières – bois, tissu, pâte de verre, porcelaine de Sèvres – sont précieuses. Une tendance plus moderne, dans la ligne du Bauhaus allemand, s'intéresse aux objets de la vie quotidienne, aux cuisines et aux salles de bains. Ses représentants dessinent des articles destinés à être reproduits en centaines d'exemplaires et qui sont ainsi les ancêtres du *design*. En architecture, Le Corbusier veut fabriquer des « machines à habiter », utilisant, à l'exemple des frères Perret, le béton armé. Quelques critiques avertis déplorent l'absence de Braque, de Picasso, de Léger, à qui on a préféré Tamara de Lempicka ou Van Dongen. Pourtant, l'exposition est à l'origine du style « Arts déco », qui s'impose pour le graphisme, la mode, les bijoux, l'orfèvrerie et même, chez Guerlain, pour le flacon du parfum *Shalimar*.

△ **Architecte,** Robert Mallet-Stevens s'attache aussi à la décoration intérieure de ses maisons comme en témoigne ce tapis d'un immeuble, rue Méchain.

1930. R. Mallet-Stevens.

△ **Les tenants** de la tradition créent des pièces de prestige et privilégient la qualité. Ils s'opposent aux modernistes, partisans des objets « rationnels » fabriqués en masse pour un large public, comme le mobilier très fonctionnel ici représenté.

1925. F. Jourdain. Musée des Arts décoratifs, Paris.

▷ **La poignée** de cette soupière-légumier en argent est une pièce de jade. Le concepteur n'a pas hésité à mélanger le métal et le minéral.

1925. Jean Puiforcat. Musée des Arts décoratifs, Paris.

◁ **Corail,** nacre et or se marient au jade blanc sculpté et à l'onyx sur cette pendule, manifestement influencée par l'art chinois.
1926. L. Cartier. Musée des Arts décoratifs, Paris.

▽ **Devant** de robe au masque chinois. Le créateur de ce bijou original n'a pas craint les contrastes des brillants, de l'onyx et de l'émail.
Vers 1925. G. Fouquet. Coll. part.

△ **Bureau** de dame à abattant : son aspect gracile évoque les meubles à cylindre de la fin du XVIIIe siècle. Marqueteries et bronzes ciselés ont cédé la place à l'ébène de Macassar et à l'ivoire.
1923. J.-E. Ruhlmann. Coll. part.

LA GUERRE DU RIF

Au Maroc, la région montagneuse du Rif, placée sous l'autorité de l'Espagne, est le théâtre d'un des premiers grands soulèvements nationalistes du Maghreb.

La conférence d'Algésiras, en 1906, a confié à la France et à l'Espagne la police des ports marocains, un partage que l'Allemagne n'a admis qu'en 1912, en échange d'une portion de territoire au Congo. La France s'est alors taillé la part du lion, ne laissant à l'Espagne que le Rif montagneux, au nord, proche de ses côtes, et une large zone désertique au sud. Elle promet aussi d'aider le gouvernement marocain à mettre en pratique les réformes dont il a besoin. Les frontières des deux protectorats sont définitivement arrêtées par le traité de Madrid, le 27 novembre 1912.

▽ **Lyautey** et le sultan visitent l'exposition franco-marocaine de Casablanca. La prospérité est un gage de paix alors que la guerre fait rage en Europe.
1916. Mahut.
Le Monde illustré.

Le Maroc de Lyautey

En avril 1912, à la suite de graves incidents à Fez, la capitale marocaine, le gouvernement français nomme le général Lyautey résident général de France auprès du sultan. Lyautey développe une politique habile qui concilie les traditions et le progrès, rehausse le prestige personnel du souverain chérifien, symbole de l'État, faisant revivre autour de celui-ci, avec une pompe exceptionnelle, le cérémonial coutumier. Treize années d'un labeur acharné modernisent le Maroc : les institutions sont réformées, une administration marocaine est mise sur pied ; des villes nouvelles sortent de terre, des routes sont percées, des ponts lancés, des ports creusés ou élargis ; les gisements de phosphate sont exploités par des colons – en nombre restreint –, le commerce et l'artisanat sont encouragés, l'agriculture est protégée, la médecine développée. Enfin, Lyautey, « animal d'action », pacifie le pays avec des moyens dérisoires : son sens du panache et de la diplomatie séduit les seigneurs rebelles de l'Atlas, qui « demandent l'aman » au sultan Moulay-Youssef. Homme sage, pieux et pondéré, celui-ci appuie l'œuvre du résident général. Toutefois, de nombreuses tribus demeurent dissidentes : on distingue ainsi le *Bled el-Maghzen,* où l'autorité du sultan n'est pas contestée, et le *Bled el-Siba,* pays insoumis.

Révoltes dans le Rif

L'intervention militaire, même relativement limitée, le choc culturel entre le Maghreb et l'Europe attisent l'animosité des insoumis à l'égard des nouveaux venus. Placé sous protectorat espagnol, le Rif est peuplé de tribus belliqueuses, souvent d'origine berbère. Au contraire de la rapide pacification française, l'occupation espa-

◁ **Le Maroc** est l'étape obligée des Latécoère de l'Aéropostale, de Paris à Dakar. Les vols sont risqués, mais des pilotes tels que Guillaumet, Mermoz ou Saint-Exupéry luttent avec héroïsme pour construire la « Ligne ».
1924. Coll. part.

▽ **L'émir** Abd el-Krim. Après 1945, cet indépendantiste rifain devient un symbole pour tous les mouvements nationalistes d'Algérie et du Maroc.
Coll. part.

Afin de préserver les intérêts britanniques au détroit de Gibraltar, Tanger, ville du protectorat espagnol, doit se soumettre à un statut international.

UNE SITUATION PARTICULIÈRE

Signée le 18 novembre 1923, la convention de Tanger reconnaît l'autorité du sultan sur cette ville : le *Mendoub* gère la vie des sujets marocains. Les ressortissants européens dépendent d'un administrateur français, nommé pour six ans et assisté d'un Espagnol et d'un Britannique. Les intérêts étrangers sont représentés par une assemblée où siègent quatre Français, quatre Espagnols, trois Britanniques, deux Italiens, un Belge, un Portugais, un Hollandais et neuf Marocains (six musulmans et trois juifs). Les pouvoirs de cette assemblée sont contrôlés par un comité. Zone démilitarisée sur 378 km^2, peuplée de 70 000 habitants, Tanger et son port cosmopolite deviennent le symbole des trafics louches, de l'espionnage ou d'un monde interlope propre à exciter l'imagination.

gnole est très progressive : elle est même suspendue durant la guerre de 1914-1918, quoique l'Espagne ne participe pas au conflit européen.

Abd el-Krim, l'ambitieux chef de la puissante tribu des Beni-Ouriaghel, se rebelle soudain contre la tutelle hispanique. Le 22 juillet 1921, il inflige le désastre d'Anoual au général Silvestre. De là, il oblige les garnisons à se replier sur la côte et rallie un grand nombre de tribus rifaines. Il se déclare contre le sultan du Maroc, proclame des désirs d'indépendance et consolide sa position face au protectorat français. Inquiet, Lyautey réclame des renforts.

En Espagne, les désastres du Rif contribuent à aggraver la crise sociale et politique ; le général Miguel Primo de Rivera finit par imposer, en septembre 1923, à la place du régime parlementaire, une dictature qui a tout le soutien de l'armée et du roi Alphonse XIII lequel le nomme alors haut-commissaire du Maroc espagnol.

À L'ASSAUT DU MAROC

Abd el-Krim, encouragé par ses succès, force les Beni-Zeroual, restés fidèles au sultan, à le suivre. Le 12 avril 1925, il s'empare de plusieurs postes français, menace Fez et Taza. Des colonnes mobiles parviennent à bloquer son avance. Renforcé par d'autres tribus, le chef rifain ordonne une nouvelle attaque, mais celle-ci est jugulée le 6 juillet.

À la demande de Lyautey, le gouvernement Painlevé lui adjoint un commandement supérieur des troupes, confié au général Naulin. En outre, Painlevé charge le maréchal Pétain, en juillet 1925, de monter une opération conjointe avec l'armée espagnole pour réduire la dissidence. Le vainqueur de Verdun met en ligne 160 000 hommes ; Primo de Rivera y adjoindra 140 000 soldats.

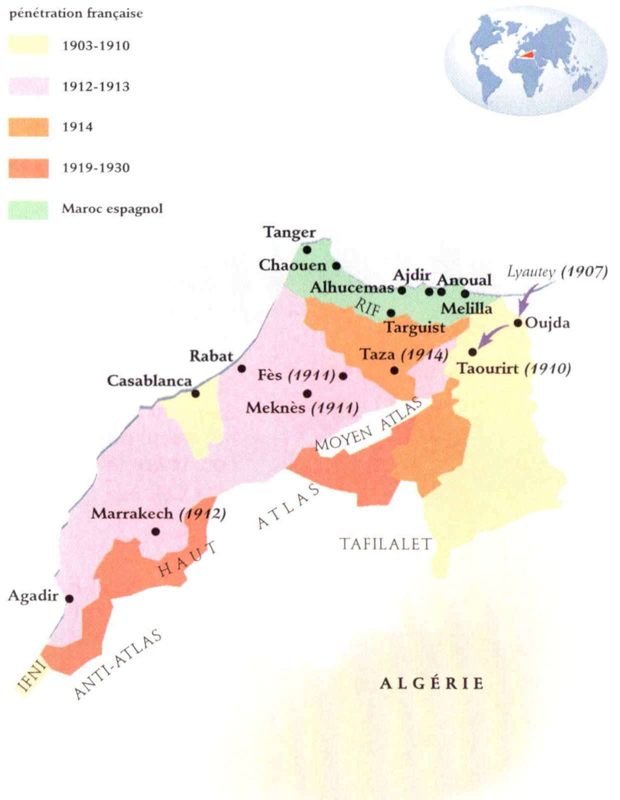

Image de propagande ▽ rifaine. Abd el-Krim et ses cavaliers chargent des légionnaires français curieusement affublés d'uniformes espagnols et déjà mis à mal par des Turcs, qui n'intervinrent d'aucune façon dans ce conflit.
1925. Coll. part.

Ami de Charles de Foucauld et d'Isabelle Eberhardt, ce Lorrain monarchiste trouve sa voie lors d'un séjour en Algérie.

HUBERT LYAUTEY, MARÉCHAL DE FRANCE

« Mon point de direction, c'est toujours le soleil et les pays de lumière qui m'attirent comme l'aimant… », écrira-t-il. Il rédige *Du rôle social de l'officier* en 1891, puis s'illustre sous les ordres de Gallieni au Tonkin et à Madagascar de 1894 à 1902. Général en 1903, il rétablit l'ordre aux confins algéro-marocains. Premier résident général de France au Maroc, il applique loyalement le protectorat de 1912 à 1925. Un passage au ministère de la Guerre en 1917 le dégoûte des luttes politiques. Lyautey est promu au maréchalat en 1921. La gauche lui reproche ses allures de proconsul et profite de la guerre du Rif pour lui expédier Pétain, avec lequel il ne s'entend pas. Il préfère démissionner. Il meurt en 1934, à 80 ans. D'abord inhumé à Rabat, dans un pays qu'il a passionnément aimé et servi, son corps est déposé aux Invalides en 1961.

Voyant que Pétain reçoit des moyens qui lui avaient été refusés, le maréchal Lyautey s'estime désavoué et demande à être relevé de ses fonctions. Le 10 octobre 1925, il est remplacé par un civil, le radical Théodore Steeg, ancien gouverneur de l'Algérie.

Tandis que les Français reprennent le terrain perdu depuis avril, les Espagnols débarquent à Alhucemas et s'emparent d'Adjdir, principale base d'Abd el-Krim. De mauvaises conditions climatiques interrompent les opérations jusqu'au printemps 1926 et des négociations s'ouvrent même à Oujda bien que les Rifains ne cèdent sur rien. Une offensive combinée franco-espagnole contraint finalement Abd el-Krim à la reddition à Targuist, le 27 mai 1926. Ce n'est qu'au mois d'août que le général Capaz réunit le Rif par la prise de Chaouen, et la région n'est définitivement pacifiée qu'après 1927. La défaite d'Abd el-Krim accélère néanmoins le ralliement des rebelles, et l'œuvre de reconstruction peut commencer.

Un écho inquiétant

Certes, la guerre du Rif est un échec pour Abd el-Krim. Hostile au sultan, tenu pour un aventurier par les notables marocains, celui-ci n'a pas réussi à soulever le Maroc français, plus prospère que le Maroc espagnol. Sa révolte n'en reste pas moins la plus grave survenue au Maghreb ; elle a reçu l'appui officieux de plusieurs pays européens ou celui de certains partis politiques : le communiste français Jacques Doriot a même appelé les troupes du corps expéditionnaire à déserter. □

Caricature du général △ espagnol Primo de Rivera. Au pouvoir de 1923 à 1930, il défait Abd el-Krim dans le Rif, puis redresse l'économie espagnole. L'hostilité des milieux industriels et financiers l'oblige à se retirer.

1924. Barrère. *Fantasio.*

Un chef de tribu charismatique ébranle la stabilité du Maroc et sert de modèle aux nationalistes d'Afrique du Nord.

ABD EL-KRIM

Après avoir étudié le Coran à Fez et le droit à Grenade, il sert l'Espagne comme *cadi* (juge) à Melilla. Dès la Grande Guerre, il noue des intrigues avec l'Allemagne et, en 1921, se révolte contre les Espagnols. Ses guerriers ne sont que quelques milliers, mais ils sont équipés d'armes automatiques et sont bien commandés. Le journaliste britannique Ward Price décrit Abd el-Krim comme un homme « dont l'intelligence éclate dans le regard de ses petits yeux vifs et dans la finesse de sa conversation ». Maître incontesté du Rif jusqu'à l'intervention du maréchal Pétain, il fait fusiller des officiers prisonniers pour infléchir les pourparlers de paix. Sur le point d'être capturé par les Espagnols, il préfère se rendre aux Français. Déporté à la Réunion, il s'évade en 1947 et se réfugie au Caire, où il meurt en 1963, âgé de 81 ans.

LA CRISE DU ROYAUME-UNI

Le Royaume-Uni vit entre les deux guerres mondiales une crise économique grave, doublée de la seule période d'instabilité parlementaire de son histoire.

Jusqu'en 1922, le Royaume-Uni de Grande-Bretagne et d'Irlande, dont le souverain est également empereur des Indes, est gouverné par une coalition conservatrice, conduite par le libéral David Lloyd George, à la tête du pays depuis 1916. Le système britannique, vanté dans le monde entier, n'est stable que si une majorité absolue se dégage du scrutin à un tour qui sert à désigner les députés aux Communes. Jusqu'au début du XXe siècle, grâce à ce système très défavorable aux petits partis, seuls les conservateurs et les libéraux ont pu se maintenir sur la scène politique. En 1906, la fondation du *Labour,* le parti travailliste – représentant politique des syndicats, les *trade-unions* –, compromet l'équilibre du système. Le parti qui remporte les élections n'a pas forcément la majorité. La scission des libéraux, provoquée en 1916 par les divergences de vues entre Asquith et Lloyd George, complique encore la situation, en faisant naître, de fait, un quatrième parti.

◁ **La guerre** de 1914-1918 a gravement affecté l'économie britannique. Le chômage sévit déjà à l'état endémique, surtout dans la classe ouvrière, comme le suggère cette affiche du parti travailliste.
Vers 1919. S. Pryse.

La première expérience travailliste

Le bilan du gouvernement de coalition n'est pas brillant : l'économie se trouve gravement affaiblie par la guerre, dans un climat social très lourd. Les ouvriers n'ont accepté l'effort de guerre que grâce à des hausses de salaire, accrues par le paiement d'heures supplémentaires. Les syndicats comptent en 1919 plus de 8 millions d'adhérents ; ils ont su renforcer leur influence en intégrant les *unskilled,* travailleurs peu qualifiés, exclus jusqu'à la guerre de l'aristocratie ouvrière militante. L'arrêt des industries d'armement et la démobilisation font 2 500 000 chômeurs, mais la résolution des ouvriers est telle qu'en 1921 les mineurs se lancent dans une grève très dure qui désorganise la production. À la même époque, la politique étrangère de Lloyd George vis-à-vis de l'U.R.S.S. et du Moyen-Orient lui vaut la haine des conservateurs.

La question la plus grave est celle de l'Irlande, où le *Home Rule,* proclamé en 1914, n'a pas satisfait les nationalistes. La répression de l'insurrection de 1916 renforce l'anglophobie ; les députés irlandais proclament la république en 1919, le gouvernement britannique doit envoyer des troupes contre l'*Irish Republican Army* (IRA). En 1922, Lloyd George accorde une indépendance de fait à la partie sud de l'Irlande ; les conservateurs exigent sa démission, laquelle entraîne aussitôt la dissolution des Communes. La majorité conservatrice menée par Baldwin ne se maintient qu'un an : une nouvelle dissolution a lieu en décembre 1923. Les élections donnent un tiers des voix à chacun des trois grands partis ; les libéraux, arbitres de la situation, appuient le travailliste Ramsay MacDonald dans un cabinet « lib-lab », libéral et travailliste. Mais les difficultés économiques mécontentent les ouvriers, peu sensibles à la politique étrangère novatrice du gouvernement : Dawes, ministre des Affaires étrangères, contribue au règlement de la question des réparations allemandes ; les travaillistes reconnaissent l'U.R.S.S. Une nouvelle dissolution de la chambre

Winston Churchill △ adopte une politique monétaire de prestige, qui rassure les milieux financiers mais affecte gravement la balance commerciale britannique.
1917. Coll. part.

◁ **Autobus** londonien conduit par un chauffeur volontaire protégé par un agent de police, au cours de la grève générale de 1926. Les syndicats échouent dans leurs revendications d'un salaire minimum national.
1926. Coll. part.

La liberté de ton des écrivains anglais tranche avec le conformisme hérité de l'époque victorienne.

HARDIESSES LITTÉRAIRES

Joyce, le premier, rompt avec le bon goût quand il décrit dans *Ulysse* (1922), en temps réel et de « l'intérieur », la journée de Bloom, prosaïque et banale mais construite comme *l'Odyssée.* Le scandale est si grand que le livre sera publié à Paris. Appartenant à la haute bourgeoisie intellectuelle, respectable et bien mariée, Virginia Woolf vit de brûlantes amitiés féminines et démonte les mécanismes du « flux de conscience », dans des romans-poèmes comme *Promenade au phare* (1927), dont l'absence d'intrigue déconcerte les lecteurs. Éditeur avec son mari, elle publie Katherine Mansfield et T.S. Eliot, avant de se suicider en se jetant dans la rivière qui coule au bas de son jardin, les poches remplies de cailloux. Dans *l'Amant de lady Chatterley,* le plus sulfureux et le plus célèbre de ses romans, D.H. Lawrence raconte les amours d'une aristocrate frustrée avec son garde-chasse et exalte une sexualité libérée des contraintes et des tabous.

entraîne d'autres élections en 1924. L'affaire de la fausse lettre de Zinoviev, président du Komintern, publiée quatre jours avant le scrutin et appelant les soldats britanniques à la révolte, explique le raz de marée anticommuniste qui porte aux Communes 419 conservateurs contre 151 travaillistes, tout en laminant les libéraux.

SAUVER LA LIVRE

Les conservateurs, enfin unis, ont pour Premier ministre Baldwin et pour chancelier de l'Échiquier Winston Churchill, qui revient sur le devant de la scène politique après le cuisant échec des Dardanelles. Ce dernier acquiert une popularité nouvelle en restaurant la parité de la livre avec l'or, sur les mêmes bases qu'en 1913, par le *Gold Standard Act* du 13 mai 1925. Initiative excellente pour le prestige britannique, pour les milieux financiers qui voient revenir dans la City les capitaux étrangers, mais catastrophique pour l'industrie, dont les produits, très chers, ne peuvent plus s'exporter. Les importations deviennent au contraire si bon marché qu'elles dépassent de 40 p. 100 les exportations. Le malaise économique aggrave la crise sociale : la grève générale de mai 1926 pour l'instauration d'un salaire minimum national est suivie par 4 millions de personnes ; mais la riposte brutale du gouvernement et des patrons, qui veulent des accords locaux et une baisse des salaires, oblige les ouvriers à abandonner la partie. Seuls les mineurs, qui avaient commencé la grève, la poursuivent pendant six mois. Leur échec se confondra avec celui de l'ensemble du mouvement syndical : les lois de 1927 interdisent les grèves de solidarité, la collecte de fonds, la grève générale et les piquets de grève. Ce sont les conservateurs qui prennent l'initiative historique de faire intervenir l'État dans l'économie en créant le *Central Electricity Board* et dans la communication avec la *British Broadcasting Corporation* (BBC) en 1926. Mais leur politique étrangère est moins brillante : ils dénoncent les accords conclus entre les travaillistes et l'U.R.S.S., se heurtent au nationalisme indien, tandis que les accords de Locarno et le pacte Briand-Kellogg omettent de garantir les frontières orientales de l'Allemagne.

La romancière britannique Virginia Woolf contribue de façon décisive au renouvellement des formes littéraires ainsi qu'à l'analyse de la condition féminine.

◁ Coll. part.

Le comportement du prince de Galles fait vivre au Royaume-Uni une spectaculaire crise dynastique.

HISTOIRE D'UN ROI

George V est un digne petit-fils de Victoria, mais le public se délecte des frasques de son fils, futur Édouard VIII, qui s'est toujours montré proche des Britanniques. Malgré ses supplications, le prince de Galles ne peut obtenir de partager la vie des soldats dans les tranchées, mais se montre dans tous les « points chauds » de l'empire, de l'Inde des nababs aux pays noirs peuplés de grévistes. Sa vie privée défraie la chronique jusqu'à sa rencontre avec une Américaine divorcée, Wallis Simpson. À la mort de George V, en 1936, il devient évident que le nouveau souverain souhaite épouser sa maîtresse, ce qui cause un immense scandale. Sous la pression du gouvernement, le roi abdique au profit de son frère George VI. Cette crise a permis aux politiques de se débarrasser d'un monarque aux sympathies politiques gênantes, bien décidé à ne pas « régner sans gouverner ».

Affiche en faveur des ▽ produits de l'Empire britannique ; leur consommation favorise la balance commerciale mise à mal par le Gold Standard Act.

1927. MacDonald Gill. Lords Gallery, Londres.

La grande-Bretagne dans la crise

Les élections de mai 1929 portent au pouvoir les travaillistes, appuyés par quelques libéraux, ils devront gérer la crise économique, sans choisir entre la relance prônée par l'économiste Keynes et la déflation génératrice d'austérité et de misère. La coalition d'Union nationale, formée en 1931, n'aboutit pas davantage, tandis que les partisans de sir Oswald Mosley entretiennent une agitation chronique dans l'*East End* de Londres. Ancien travailliste, ce dernier se fait l'apôtre de la *Plus Grande Bretagne :* il fonde un mouvement xénophobe, raciste et antisyndical, sur le modèle du fascisme italien. La situation économique, il est vrai, justifie toutes les critiques : la toute-puissance de la Grande-Bretagne est remise en cause dès 1923, au moment où les autres États recommencent à produire. Le chômage ne touche jamais moins de 10 p. 100 de la population active, car la production industrielle stagne autour du niveau de 1913. Le pays de Galles, le Northumberland, le Lancashire sont très touchés : les infrastructures industrielles y sont vétustes ; la productivité du textile, des charbonnages, des chantiers navals et de la sidérurgie y est trop faible. Les productions britanniques sont concurrencées par le charbon sud-africain, par le coton égyptien, par les navires canadiens et australiens. Seule la City conserve son rôle international, mais il faut pour cela maintenir la livre à un niveau élevé, en laminant le volume des exportations.

La situation s'aggrave avec la crise, qui sévit dès 1930 et rend plus criantes les inégalités structurelles de la société britannique : la *gentry* possède toujours les leviers de commande de l'économie ; elle perpétue ses privilèges en envoyant ses fils dans de prestigieuses *public schools,* tandis qu'un ouvrier sur cinq, un mineur sur trois et un sidérurgiste sur deux sont au chômage. Même contraste dans la production : alors que les industries traditionnelles déclinent, les constructions électriques progressent (410 000 aspirateurs sont produits en 1935) et les industriels perfectionnent la production de textiles artificiels. À la même époque, la BBC expérimente la télévision, les chercheurs britanniques mettent au point les premiers ordinateurs, le radar, le moteur à réaction et, surtout, la pénicilline, découverte par sir Alexander Fleming en 1928. Ce dynamisme explique en partie pourquoi le Royaume-Uni sera la première puissance d'Europe à se relever de la crise et pourra aussi résister à Hitler. □

△ **Le Premier** ministre Stanley Baldwin, « l'homme qui arrêta le bolchevisme, mais qui n'arrêta pas la livre », est caricaturé en policier londonien.
1926. Barrère. *Fantasio.*

L'économiste Keynes est le premier à remettre en cause le dogme du libéralisme, qui était né en Grande-Bretagne.

L'ÉTAT ET L'ÉCONOMIE

John Maynard Keynes est né en 1883 à Cambridge, où il enseignera, après y avoir lui-même suivi les cours d'Alfred Marshall. Celui-ci professe les théories classiques, énoncées par Smith et Ricardo, mais il étudie la succession des phases conjoncturelles de l'économie et, quoique libéral, il est partisan de réformes sociales. Keynes est souvent chargé de missions gouvernementales. En 1919, il est expert auprès des diplomates qui négocient le traité de Versailles. Il démissionne pour manifester son hostilité aux réparations imposées à l'Allemagne, qu'il analyse dans *les Conséquences économiques de la paix.* Mis à l'écart, il ne cesse de protester contre la politique déflationniste des conservateurs. Il publie en 1936 sa *Théorie générale de l'emploi et de la monnaie,* qui le rendra célèbre, où il prône l'intervention de l'État en faveur de la relance. En 1944, il sera à l'origine des accords de Bretton Woods et de la naissance du F.M.I.

LE VOTE DES FEMMES

Le 14 décembre 1918, quand les électeurs britanniques sont appelés aux urnes, les femmes de plus de 30 ans votent pour la première fois. En 1928, le scrutin devient vraiment universel puisque sont électrices toutes les femmes âgées de plus de 21 ans. En 1931, Margaret Bonfield est, au sein du gouvernement travailliste, la première femme ministre. Ainsi se termine la longue lutte des suffragettes anglaises, entamée à la fin du siècle précédent par Emmeline Pankhurst. Celle-ci avait su populariser sa cause par des actions spectaculaires, de la grève de la faim à l'utilisation d'engins explosifs. La Chambre des communes avait plusieurs fois voté en faveur des suffragettes, mais aucun gouvernement n'avait eu le courage de faire appliquer une telle mesure. Le rôle des femmes pendant la Grande Guerre a contraint les hommes politiques à leur accorder ce droit, mais les partis se méfient d'elles : la charge de Mrs. Bonfield – le Travail et l'Emploi – est typiquement « féminine ». L'égalité civique ne leur suffisant pas, les femmes vont désormais se battre sur un autre terrain, pour se libérer dans leur vie quotidienne. Alors que Mrs. Pankhurst, mariée et mère de famille, avait attendu la mort de son mari, en 1903, pour fonder son propre parti, *Women's Social and Politic Union,* sa fille Christabel refuse « l'esclavage sexuel » et affirme que le célibat est un choix politique.

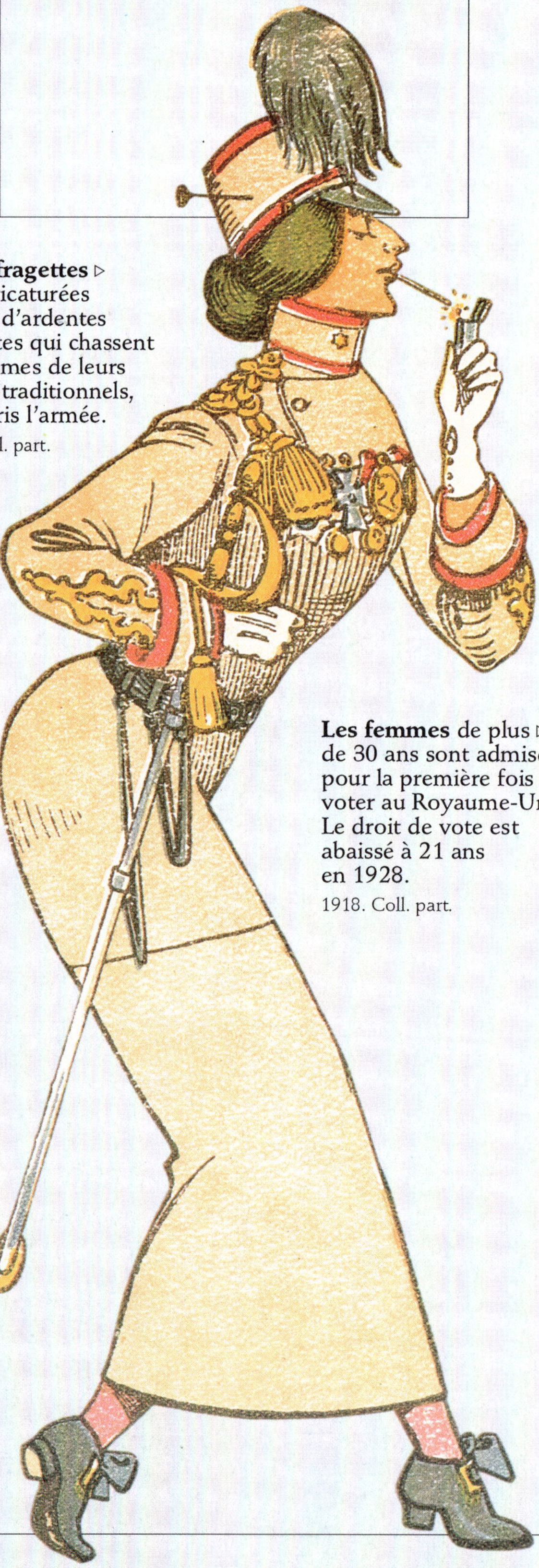

Les suffragettes ▷ sont caricaturées comme d'ardentes féministes qui chassent les hommes de leurs métiers traditionnels, y compris l'armée.
1910. Coll. part.

Les femmes de plus ▷ de 30 ans sont admises pour la première fois à voter au Royaume-Uni. Le droit de vote est abaissé à 21 ans en 1928.
1918. Coll. part.

Les suffragettes accueillent triomphalement deux des leurs, Edith New et Mary Leigh, qui viennent de purger une peine de prison pour violences diverses : le mouvement se fait ainsi connaître.
1908. *Le Petit Journal.* Coll. part.

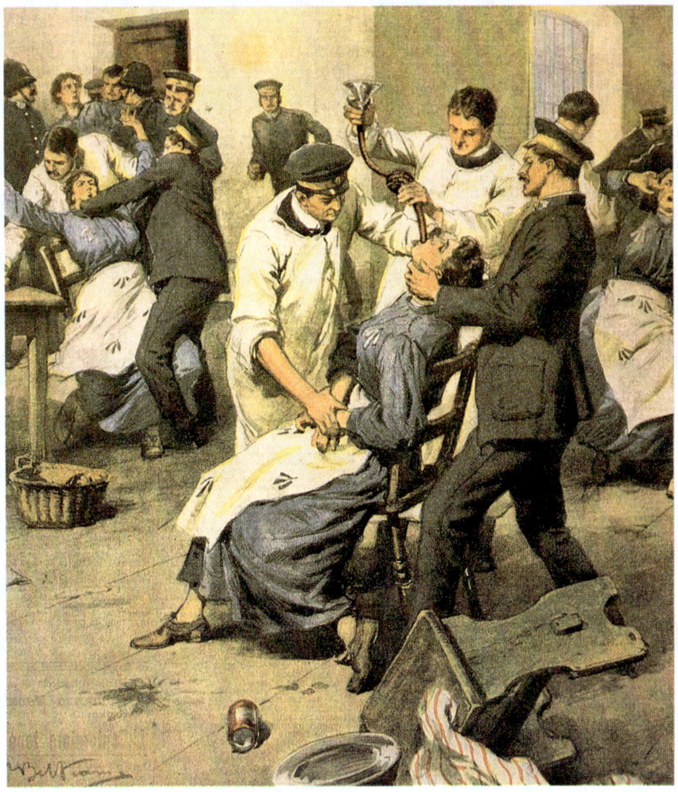

Les mesures coercitives du cabinet Asquith conduisent les suffragettes à la grève de la faim. Peu désireux de fabriquer des martyres, le gouvernement les fait nourrir de force dans leurs prisons.
1913. Coll. part.

Le vote féminin est préconisé dès 1840, mais Gladstone et la reine Victoria y sont hostiles. Le premier mouvement de suffragettes est alors fondé en 1865.
Vers 1910.

Trois femmes élues à la Chambre des communes. Emmeline Pankhurst milite au parti conservateur, mais les femmes sont dans toutes les formations politiques.
1923. *L'Illustration.*

Arrivée de Charles Lindbergh au Bourget. *1927*. Le Petit Journal. *Bibliothèque nationale, Paris.*

ÉTATS-UNIS

Lindbergh

■ Le 20 mai 1927, les Parisiens se précipitent au Bourget pour y acclamer un Américain de 25 ans, qui vient d'effectuer sans escale la traversée de l'Atlantique nord en avion. Forte tête, Lindbergh quitte l'armée en 1925 pour entrer au service d'une compagnie qui assure le transport aérien du courrier entre New York et San Francisco. Avec le concours de ses concitoyens de Saint Louis, il construit un monoplan de 1 025 kg, propulsé par un moteur de 120 chevaux, auquel il donne le nom de *Spirit of Saint Louis,* en hommage à sa ville. Ayant décollé de Roosevelt Field, il atterrit au Bourget le lendemain soir à 22 h 19, après avoir couvert 5 800 km en 33 h 27 min. □

FRANCE

Étoffes et papiers peints

■ Matisse opte en 1925 pour une plus grande plasticité avec *Figure décorative sur fond ornemental.* Né en 1869, l'artiste a travaillé tout d'abord avec Moreau, avant de devenir impressionniste et d'opter pour l'austérité cézannienne. Les années 1900-1904 sont une période de déchaînement coloré *(Luxe, calme et volupté).* En 1905, il est le chef de file du fauvisme. Mais, après avoir rencontré Renoir en 1917-1918, il retourne à ses thèmes de prédilection : odalisques, fenêtres, modelés légers, en contrepoint avec des effets d'étoffes et de papiers peints. □

MEXIQUE

Les luttes sociales

■ Après le départ de Villa, le Mexique est toujours ravagé par la guerre civile. En 1920, le général Obregón renverse Carranza et le fait assassiner. Il rallie à la fois les ouvriers, dont la puissante confédération syndicale le soutient, les militaires et les agrariens, et est élu président. Jusqu'en 1924, il met en œuvre son programme de paix, tente d'achever la réforme agraire, toujours promise, toujours remise, et propose un ambitieux plan d'instruction rurale. Il souhaite aussi que le Mexique retrouve ses traditions indiennes. Un nouveau soulèvement militaire ranime la guerre civile, remportée par Calles, qui reste au pouvoir jusqu'en 1928 et s'efforce d'instaurer un autre ordre culturel. Sa campagne antireligieuse lui vaut l'hostilité de la hiérarchie catholique qui, en 1926, suspend le culte public. Privés de sacrements, les paysans se lancent dans une insurrection qui durera trois ans et ne s'achèvera qu'en 1936, avec l'avènement de Cárdenas. □

ITALIE

Le pôle Nord en dirigeable

■ L'Italien Nobile, à bord du dirigeable *Norge,* survole le pôle Nord en 1926, au cours d'une première expédition menée par Amundsen. Né en 1885, le général Nobile a conçu un engin entièrement nouveau, dont il a dessiné les plans et qu'il a construit lui-même. À son retour du pôle, il enseigne à l'université, avant de conduire une autre expédition à bord du dirigeable *Italia,* qui se perd au large du Svalbard. Nobile et ses compagnons sont sauvés par l'aviateur suédois Lundborg et par un brise-glace soviétique, mais Amundsen mourra en tentant de leur porter secours. En désaccord avec le gouvernement italien fasciste, Nobile quitte l'armée en 1929 pour devenir expert auprès du ministère de l'Aéronautique soviétique, où il travaillera jusqu'en 1936, date à laquelle il partira pour les États-Unis. De retour en Italie en 1946, sympathisant du parti communiste, Umberto Nobile y sera élu député. □

JAPON

Réforme électorale

■ Depuis 1923, le Japon, perturbé par les mutations économiques et sociales, traumatisé par le tremblement de terre de Tokyo, se donne des gouvernements autoritaires, qui imposent le retour à la loi martiale et pratiquent une politique xénophobe. Le plan Tanaka exprime d'ailleurs les ambitions d'un Japon impérialiste. Seule concession à la démocratie, le suffrage universel masculin est instauré de façon à resserrer le consensus autour du gouvernement. □

BELGIQUE

Chrétiens et syndiqués

■ En 1925, le pape Pie XI approuve l'Organisation de la jeunesse ouvrière chrétienne, fondée l'année précédente par l'abbé Cardijn. Né en 1882, ce prêtre belge se rend à Londres en 1908 pour étudier les *trade-unions,* puis, nommé vicaire dans une paroisse de la banlieue de Bruxelles, il fonde des cercles d'études pour les jeunes ouvriers. En 1915, il est chargé de l'aumônerie des syndicats chrétiens, où il se convainc de la nécessité de mener une réflexion chrétienne au sein du monde du travail, tout en défendant les intérêts des ouvriers. Désigné par Jean XXIII comme expert au concile de Vatican II, Cardijn sera fait cardinal en 1965. □

Le dirigeable *Norge* survole le pôle Nord en 1926. *1930.* *Bibliothèque nordique, Paris.*

OCÉAN PACIFIQUE

Margaret Mead à Samoa

■ C'est en 1924 que Margaret Mead peut enfin réaliser son rêve : élève de Ruth Benedict et de Franz Bos – le père de l'anthropologie moderne – à l'université de Columbia, elle s'est toujours intéressée aux rapports entre les techniques d'éducation et la culture, mais elle a eu bien du mal à se faire envoyer à Samoa (archipel de Polynésie) pour étudier les problèmes de l'adolescence. Alors que, dans sa famille, les femmes sont traditionnellement de fortes personnalités – sa mère se passionne pour la philosophie et l'anthropologie –, Margaret enfant est impressionnée par un tableau qui représente une petite fille en train de coudre, la tête penchée sur son ouvrage, tandis que son frère regarde le monde par la fenêtre. Les travaux de Margaret Mead, partiellement contestés aujourd'hui, intègrent les découvertes de Freud à l'anthropologie ; prônant une meilleure entente entre les sexes, il font de leur auteur le porte-parole de la libération sexuelle. □

PÉNINSULE ARABIQUE

Les Saoudites et La Mecque

■ En 1924, le prince ibn Saoud s'empare de La Mecque et en chasse le chérif Husayn ; l'année suivante, le fils de celui-ci, Ali, est à son tour chassé de Djedda. C'est néanmoins Riyad, centre du wahhabisme, qui reste capitale de l'Arabie. Né vers 1880, le prince Abd al-Aziz III ibn Saoud est émir du Nadjd et imam des wahhabites depuis 1902. Il a tout d'abord repris Riyad, dont sa dynastie avait été chassée en 1891. Autour de leur capitale, les Saoudites organisent les neuf districts du pays, avec l'aide de la confrérie des Ikhwan (frères), qu'ils établissent en colonies agricoles et qui leur fourniront l'essentiel de leur armée. En 1926, ibn Saoud se fait proclamer roi du Hedjaz ; il deviendra en 1932 roi de l'Arabie saoudite, qui comprend les provinces du Hasa, du Hail, du Hedjaz et qui revendique la Transjordanie et le Yémen. À sa mort, en 1953, ibn Saoud aura jeté les bases de la Ligue arabe. □

1927 - 1929

Parce qu'elle a accouché du nazisme, la république de Weimar est considérée a posteriori comme un échec. Il est vrai que ce régime a souvent donné l'image d'une impuissance pathétique face à l'agitation politique, à l'effondrement du Mark dans les années 20 puis aux conséquences de la crise mondiale des années 30. Pourtant, en 1926, l'Allemagne est la deuxième puissance industrielle du monde. Sur le plan scientifique, elle révèle une fécondité extraordinaire : de 1918 à 1933, les savants allemands reçoivent deux fois le prix Nobel de médecine, cinq fois celui de physique et huit fois celui de chimie ! Enfin, dans le domaine artistique, l'Allemagne est alors le pays de toutes les audaces, dans des disciplines aussi variées que l'architecture, la peinture, le cinéma, la musique ou le théâtre. Cependant, de nombreuses œuvres de cette période portent la marque du pessimisme, voire de l'angoisse devant l'avenir : créateurs et artistes pressentent la décomposition d'un régime privé de soutiens.

Sans titre. 1920. George Grosz. Coll. d'Art de Rhénanie du Nord et de Westphalie, Dusseldorf.

LA RÉPUBLIQUE EN CHINE

Ballottée entre le Guomindang et le Parti communiste, la Chine s'engage sur la voie du renouveau, mais l'ouverture au XXe siècle ne se fait pas sans douleur.

Manifestation d'étudiants chinois, membres du Guomindang, aux États-Unis. Leur nationalisme est d'autant plus prononcé ▽ qu'ils constatent lucidement le retard de leur pays.
Coll. part.

Tandis que la guerre fait rage en Europe, la jeune République chinoise est confrontée à de multiples problèmes. Les campagnes sont soumises aux exactions des « seigneurs de la guerre », petits chefs militaires locaux, dont la richesse est basée sur des revenus illégalement collectés et sur le trafic de l'opium ; les puissances étrangères (Japon, Grande-Bretagne, France) continuent à s'immiscer dans la vie politique chinoise et soutiennent plus ou moins ouvertement ces seigneurs, dans le but d'entretenir l'instabilité. Le président Yuan Shikai, qui gouvernait en dictateur, meurt en 1916, laissant la Chine désorganisée, déchirée entre un Nord conservateur, à la solde des étrangers, et un Sud révolutionnaire.

LE CHOC DU 4 MAI 1919

Le règlement du premier conflit mondial provoque le sursaut nécessaire à un réveil de la conscience nationale. Le 4 mai 1919, les Chinois apprennent avec stupéfaction les dispositions prises à leur sujet par les grandes puissances réunies à Versailles : loin d'être restituées à la Chine, les possessions chinoises de l'Allemagne vaincue sont confiées au Japon ! À Pékin, les Chinois descendent dans la rue pour manifester leur colère. De cette journée de protestation naît un courant intellectuel nouveau, le Mouvement du 4 mai. L'agitation née dans la capitale se propage dans toutes les grandes villes du pays. Le boycott des produits étrangers, les grèves successives ne réussissent pourtant pas à faire évoluer la situation politique. Les puissances occidentales et le Japon continuent à mener leur propre jeu en Chine, tout comme les seigneurs de la guerre. Mais la journée du 4 mai n'en reste pas moins primordiale en amorçant un mouvement qui, bientôt, va redonner vigueur au Guomindang, le parti nationaliste créé par Sun Yat-sen en 1912.

L'IMITATION DU MODÈLE SOVIÉTIQUE

Après son exil forcé de 1913, Sun Yat-sen revient en effet en Chine, où il réorganise le Guomindang, dissous par Yuan Shikai. Dès 1923, il est obligé, pour lui donner des bases plus solides, d'y admettre des communistes. Cette alliance lui assure l'aide de l'U.R.S.S., désireuse de contrer les influences occidentales dans le pays. Un agent du Komintern arrive bientôt pour aider Sun Yat-sen à mettre en place le nouveau parti, sur le modèle centralisé et hiérarchisé du Parti communiste soviétique. L'un des premiers soucis du

Près des côtes chinoises, l'île de Formose – aujourd'hui Taïwan – est un enjeu économique pour les grandes puissances.

FORMOSE, ENTRE CHINE ET JAPON

Depuis toujours, les Chinois utilisent Formose comme étape sur la route du Japon. Mais, au XVIIe siècle, lorsqu'ils décident de s'y implanter pour y cultiver le riz, ils se heurtent à la concurrence des Portugais, des Espagnols et des Hollandais, avides de s'approprier de nouvelles colonies et des points stratégiques. L'île est cependant rattachée à l'empire Qing en 1683, puis devient japonaise à l'issue du conflit qui oppose la Chine au Japon en 1894. L'Empire nippon y développe les plantations de sucre et de riz pour sa propre consommation. Le japonais devient la langue officielle de l'Administration et du système éducatif. Formose connaît une forte croissance démographique grâce aux progrès apportés dans le domaine médical et grâce à une importante immigration japonaise. L'île sera le dernier refuge de Tchang Kaï-chek et du Guomindang à l'issue de la Seconde Guerre mondiale.

Français et Britanniques pâtissent du droit des peuples à l'autodétermination, qu'ils ont pourtant réclamé pour les nations européennes.
1925. Th. Heine. *Simplicissimus*. Bibliothèque nationale, Paris.

Guomindang est de créer sa propre armée. Pour cela, Sun Yat-sen fonde en 1924 une académie militaire à Whampoa. L'U.R.S.S. fournit les fonds nécessaires, les armes et les instructeurs militaires. Sun Yat-sen place à la tête de l'institution Tchang Kaï-chek, son beau-frère. L'armée révolutionnaire nationale devient rapidement opérationnelle. Dès 1926, elle compte environ 100 000 hommes.

Une alliance fragile

Le Parti communiste chinois, contemporain du renouveau du Guomindang, est fondé par les membres du Mouvement du 4 mai, attirés par le marxisme après le succès de la révolution russe et se sentant très proches des thèses anti-impérialistes de Lénine. L'U.R.S.S. offre rapidement son aide pour « rejeter les impérialistes étrangers hors de Chine et restaurer le pouvoir du peuple chinois ». Des agents du Komintern prennent donc des contacts à Pékin et à Shanghai afin d'organiser un Parti communiste, affilié au « grand frère » de Moscou. Chen Duxiu et Li Dazhao, professeurs à l'université de Pékin, recrutent de jeunes socialistes et fondent des cellules communistes dans différentes villes. Le Ier Congrès du Parti se réunit à Shanghai en 1921 et compte une cinquantaine d'adhérents. Parmi eux se trouve Mao Zedong, fils de paysans aisés, qui a découvert le communisme à l'université de Pékin, où il travaillait comme aide-bibliothécaire.

Les communistes reçoivent des directives du Komintern. L'envoyé de Moscou leur conseille de rejoindre le Guomindang pour hâter la révolution, même si une alliance avec le parti de Sun Yat-sen, libéral mais bourgeois, paraît contraire à leur éthique. Sun Yat-sen, de son côté, sait bien que, pour vaincre, il a besoin de toutes les forces révolutionnaires. En 1923, malgré ces réticences réciproques, le IIIe Congrès du Parti communiste chinois entérine cette stratégie. S'il accepte que le Guomindang soit, pour l'instant, à la tête du mouvement révolutionnaire, il n'abandonne pas l'idée d'une révolution prolétarienne future et se fixe comme tâche de propager ses idéaux au sein des masses populaires. L'alliance entre le Guomindang et le Parti communiste se révèle donc fragile dès le départ, chacun cherchant à accroître sa propre influence.

Pour une révolution paysanne

Le schéma idéologique imposé par l'U.R.S.S. correspond assez peu à la réalité chinoise. Rapidement, de nombreux membres du Parti communiste chinois s'écartent de l'orthodoxie soviétique, qui prône une révolution prolétarienne, pour se préoccuper en priorité du sort de la paysannerie. Mao Zedong est de ceux-là. Il connaît bien la terre et ceux qui la travaillent ; il sait que la révolution ne peut venir que du monde rural, plus vaste et plus misérable, en Chine, que le prolétariat urbain. En effet, les conditions de vie des paysans chinois – qui représentent les trois quarts de la population – sont très difficiles : une seule et même charrue sert souvent pour quatre ou cinq familles ; quand les paysans louent leurs services, ils sont traités comme des serfs ; ceux qui manquent de terres doivent en acquérir à des taux prohibitifs.

Des intellectuels réussissent peu à peu à les convaincre de créer des asso-

La « Longue Marche » ▽ (12 000 km) et ses terribles épreuves déciment les troupes de Mao Zedong, poursuivies à travers la Chine par les soldats nationalistes.
1934.

ciations de défense. Les paysans s'organisent donc et se lancent dans des combats parfois violents contre les propriétaires terriens et les pouvoirs locaux. Une telle situation effraie les membres modérés du Guomindang, qui ne veulent surtout pas d'une révolution de type communiste.

L'EXPÉDITION DU NORD

Sun Yat-sen meurt en 1925, laissant Tchang Kaï-chek à la tête du Guomindang. Le parti nationaliste, organisé, doté d'une armée efficace et renforcé par les communistes, peut enfin agir. L'armée révolutionnaire nationale se met en route pour la conquête de Pékin en juin 1926. Tchang Kaï-chek s'est fixé un double but : éliminer les seigneurs de la guerre et instaurer le gouvernement nationaliste au Nord, c'est-à-dire réunifier la Chine.

Les étrangers commencent à craindre l'avance de l'armée nationaliste, qui prend Hankou en septembre 1926, puis Shanghai en mars 1927. À Nankin, qu'ils atteignent peu après, les nationalistes se livrent à des actes de violence contre les résidents étrangers : la mort de sept personnes, le saccage de villas et de plusieurs consulats décident Britanniques et Américains à répondre à coups de canon, faisant dix-neuf victimes parmi les Chinois. Cela ne freine ni l'ardeur ni l'avancée de l'armée qui, pourtant, est en crise : l'alliance du Guomindang et des communistes arrive à son point de rupture lorsque Tchang Kaï-chek comprend le dangereux ascendant qu'exercent ses alliés communistes sur les populations. Pour se débarrasser de ceux-ci, Tchang Kaï-chek, en avril 1927, ordonne une véritable purge à Shanghai, où le Parti communiste est très puissant, et renvoie l'ensemble de la mission soviétique. Pourchassés, les communistes se

Le général Tchang ▷ Hiue-leang et son état-major entourent Tchang Kaï-chek. Ils signent peu après une trêve avec les communistes.
Vers 1928.

▽
Mao Zedong, à la différence de Lénine, comprend l'intérêt de s'attacher les paysans chinois plutôt que le prolétariat urbain, très minoritaire.
1928.

Né des manifestations de mai 1919, le Mouvement du 4 mai se fixe comme objectif la modernisation du pays.

POUR LE RENOUVEAU DE LA CHINE

Le Mouvement du 4 mai est né à Pékin, dans les rangs de la prestigieuse université de la capitale. Les nouvelles idées nationalistes sont défendues et diffusées par les professeurs qui connaissent la civilisation occidentale pour avoir étudié à l'étranger ou traduit des ouvrages. Détachés de la culture traditionnelle chinoise, qu'ils considèrent comme en partie responsable du retard de la Chine, ces enseignants encouragent leurs étudiants à écrire en langue populaire, et non plus dans le chinois des lettrés. Les plus radicaux d'entre eux sont tentés par les idées des révolutionnaires russes. Ils créent des journaux, des clubs et essaient de familiariser le peuple avec leurs idées. Certains d'entre eux, comme Chen Duxiu, doyen de l'université de Pékin à partir de 1919 et l'un des maîtres à penser de Mao Zedong, seront à l'origine du Parti communiste chinois.

réfugient dans la clandestinité ; après une ultime offensive contre les seigneurs de la guerre, Tchang Kaï-chek entre à Pékin le 4 juin 1928.

L'échec de la « Nouvelle Vie »

Le 10 octobre 1928 naît officiellement le gouvernement national chinois, avec Tchang Kaï-chek pour président et Nankin pour capitale. Le nouveau pouvoir ne fait pas l'unanimité : quelques seigneurs de la guerre, ignorant le changement qui s'est accompli, se comportent toujours en despotes dans certaines provinces ; les communistes, présents dans toutes les villes et les campagnes, continuent à propager l'idée d'un monde égalitaire, idée d'autant mieux perçue que la population reste toujours aussi pauvre. Pour lutter contre l'influence communiste et s'attacher le peuple, Tchang Kaï-chek lance le Mouvement de la Nouvelle Vie, qui remet en honneur les valeurs traditionnelles de la Chine. Bien accueillie par les milieux d'affaires et les grands bourgeois, que les réformes économiques du nouveau gouvernement favorisent, l'initiative de Tchang Kaï-chek est un échec auprès du peuple.

L'empire fantoche de Puyi

Au début des années 1930, le gouvernement de Nankin doit faire face à un nouvel ennemi : le Japon. L'extrême droite au pouvoir à Tokyo prône une politique expansionniste qui aboutit à l'annexion de la Mandchourie, vaste territoire au sous-sol riche. La Chine en appelle à la Société des Nations, qui se contente d'un rapport défavorable sur le Japon. En signe de protestation, le Japon quitte la S.D.N., mais maintient son annexion. En 1932, la Mandchourie devient officiellement indépendante de la Chine ; rebaptisée Mandchoukouo, elle est placée sous l'autorité de Puyi, dernier empereur Qing, aux mains des Japonais. Lignes de chemin de fer, mines et industries se développent grâce aux capitaux japonais : le Mandchoukouo n'est qu'une première étape dans la conquête de la Chine. Occupé à pourchasser les communistes, Tchang Kaï-chek semble se désintéresser du problème mandchou. Chinois et Japonais se livrent une guérilla sans merci, qui aboutira à un véritable conflit en 1937.

Le taoïsme, l'une des plus anciennes traditions philosophiques chinoises, repose sur l'opposition de deux principes.

À LA RECHERCHE DE LA VOIE

Le tao est le chemin qui mène à la sagesse, la voie qui fait le lien entre le Ciel et la Terre. Cette doctrine conçoit l'Univers comme partagé entre deux pôles qui s'équilibrent mutuellement : le yang, symbole du Soleil, de la force, du masculin ; et son opposé, le yin, image de l'inertie, de la Lune, de l'obscurité, du féminin. Les sages taoïstes cherchent l'immortalité par diverses méthodes : la méditation, le contrôle du souffle et de l'énergie intérieure. Les plus intrépides se livrent à l'alchimie pour fabriquer des pilules d'immortalité, cause de nombreux empoisonnements. Les prêtres taoïstes font des sacrifices publics pour assurer la prospérité des communautés, pour le repos des morts, pour combattre les démons ou les maladies.

Puyi, dernier empereur de Chine, est proclamé chef du nouvel État du Mandchoukouo. Mais les Japonais détiennent seuls le véritable pouvoir. △
1932. L'Illustration.

◁ **La guerre** sino-japonaise éclate en juillet 1937. Les Nippons occupent très vite les grandes villes du littoral chinois : malgré ses défenses, Shanghai tombe le 9 novembre.
1937.

LA «LONGUE MARCHE»

Depuis 1927, les communistes, chassés par les nationalistes, sont obligés, pour la plupart, de se réfugier dans des zones isolées ou de se cacher en ville. Mao Zedong, entouré d'une poignée de fidèles, s'installe dans les montagnes du Jinggang puis dans le Jiangxi. Là, il recrute de nouveaux membres. Des soldats nationalistes déserteurs et des paysans pauvres forment la base de la nouvelle armée communiste, dont Mao confie l'organisation à Zhou Enlai. Des soviets d'ouvriers, de soldats, de paysans sont créés. Mao entreprend des réformes agraires, au grand soulagement des paysans : les gros propriétaires voient leurs terres confisquées et redistribuées ; les dettes sont annulées ; un impôt unique, calculé en fonction des revenus de chacun, remplace les taxes multiples. En novembre 1931, la République soviétique chinoise du Jiangxi est proclamée.

C'en est trop pour Tchang Kaï-chek : après plusieurs tentatives pour réduire la poche de révolutionnaires, il envoie 750 000 soldats contre les communistes de Mao en 1934. Ceux-ci évacuent le Jiangxi au mois d'octobre et se lancent dans un périple qui durera un an. Fuite à l'origine, cette marche se transforme bientôt en voyage héroïque à travers la Chine, sous les assauts répétés des nationalistes. Les vivres sont rares ; il faut parcourir près de trente kilomètres par jour... Sur les 130 000 fidèles qui ont suivi Mao dans sa course, 30 000 seulement arriveront au Shaanxi, où la troupe s'arrête en octobre 1935.

Là, Mao Zedong, comprenant que la première urgence est de repousser le péril japonais, lance à Tchang Kaï-chek un appel à la solidarité. Celui-ci finit par accepter une trêve, et c'est une Chine unie qui fait front contre l'assaillant nippon. La guerre sino-japonaise dure huit ans, au bout desquels la Chine sera à nouveau déchirée entre communistes et nationalistes. □

«**Derrière** le drapeau ▽ de Lénine, pour une Chine des soviets.» Après le renvoi de la mission de Borodine par les nationalistes en 1927, les Soviétiques soutiennent Mao Zedong.
Vers 1930. Coll. Serpente.

Peu préoccupés par cette île rocheuse située loin du cœur du pays, les Chinois cèdent Hongkong aux Britanniques.

LE PARADIS DU COMMERCE BRITANNIQUE

Le Royaume-Uni annexe Hongkong lors du traité de Nankin, en 1842, puis la péninsule de Kowloon peu après. En 1898, il prend en bail, pour 99 ans, les «nouveaux territoires», composés des îles voisines et d'une bonne portion du littoral, et en fait une importante place commerciale et financière. C'est aussi un des hauts lieux de la contrebande de l'opium et un centre universitaire, où Sun Yat-sen étudie la médecine. Absorbée par ses affaires et peuplée surtout d'Occidentaux indifférents au renouveau nationaliste chinois, Hongkong participe de très loin aux événements qui secouent la Chine au début du XXe siècle.

L'OPÉRA CHINOIS

Très éloigné de la tradition occidentale, l'opéra chinois s'apparente plutôt à une forme de théâtre qui mêlerait le chant, la danse et certaines techniques du cirque, comme l'acrobatie. C'est un art pétri de conventions, souvent fort anciennes, et qui tourne radicalement le dos au réalisme. Ainsi, les personnages sont distribués en types, selon leur sexe, leur âge (jeune premier, homme mûr, vieillard) et leur statut social (guerrier, servante...). Ils sont identifiables par les spectateurs au premier coup d'œil grâce à leur costume et à leur maquillage soignés – si bien que l'interprète du rôle peut être indifféremment un acteur ou une actrice. Le répertoire est formé de pièces classiques, écrites sous les dynasties mongoles et Ming, ainsi que d'épisodes tirés de la littérature populaire.

L'histoire est mise à contribution, mais l'exactitude des faits n'a pas grande importance. Les dialogues, qui permettent d'exposer l'intrigue, sont entrecoupés de chants accompagnés de musique et de ballets, qui représentent, par exemple, l'affrontement de deux armées. La gestuelle est capitale et fait partie du rôle au même titre que le texte. L'opéra chinois compte plusieurs écoles et traditions selon les régions, mais celui de Pékin est le plus renommé, quoique plus récent (milieu du XIXe siècle).
Il se caractérise en particulier par l'importance accordée aux ballets guerriers et par la variété des maquillages.

Un comédien chinois ▷ costumé. Pays d'une grande richesse littéraire, la Chine possède un répertoire théâtral étendu, parfois fort ancien.
1930.

◁ **Le théâtre** chinois met en scène des personnages historiques, surtout les grands souverains de l'empire du Milieu.

▽ **Le *tcho*,** personnage comique du théâtre chinois, est incarné ici par un soldat couard. Le geste et le mime symbolique accompagnent fréquemment le langage.
Vers 1930.

◁ **Cette évocation** de la prestigieuse dynastie des Tang, qui régna sur la Chine aux VIIe et VIIIe siècles, est mise en valeur par de somptueux costumes, propres à chaque personnage.

Le général barbare ▽ reste le traditionnel ennemi du vieil Empire confucéen, en proie à de perpétuelles invasions au long de son histoire.
Opéra de Pékin.

Triomphe du roi ▷ des singes. Les intermèdes dansés s'achèvent souvent en tableau vivant, où tous les acteurs gardent la pose.
Opéra de Pékin.

L'IRAN DES PAHLAVI

Le coup d'État d'un officier modernise l'Iran mais établit un régime policier et dictatorial. Les premiers opposants sont les religieux, favorables aux traditions islamiques.

Depuis 1906, suite à la révolution de juin, l'Iran est une monarchie constitutionnelle. Son souverain, Ahmad Chah, a remplacé à l'âge de douze ans son père, déposé ; il appuie son pouvoir sur un parlement dont les membres, tous proches ou parents de la famille régnante, sont issus de l'élite iranienne. La Première Guerre mondiale a des conséquences fâcheuses pour le pays. Bien que neutre officiellement, celui-ci est envahi par les Britanniques et les Russes, qui se partagent rapidement le contrôle du territoire. Du moins, la rivalité entre les deux puissances, inaugurée dès la fin du XVIIIe siècle et concrétisée en particulier par l'exploitation des gisements pétroliers, permet-elle à l'Iran de survivre en tant qu'État : en effet, aucun des deux concurrents ne réussit à imposer son hégémonie. La situation favorise l'anarchie dans certaines provinces, où des chefs locaux se conduisent en véritables seigneurs indépendants.

◁ **Reza Khan**, chah d'Iran. Énergique général de la brigade des Cosaques, cet ardent nationaliste dépose Ahmad Chah, dernier souverain Qadjar, et fonde sa propre dynastie.
1926.

L'éveil du sentiment nationaliste

Lorsqu'ils se retirent du conflit en 1917, à cause de la révolution, les Russes laissent le champ libre aux Britanniques. Dès 1919, la Grande-Bretagne établit sur le pays un protectorat de fait, accepté par un gouvernement ostensiblement probritannique. « Conseillers » militaires, financiers, administratifs et techniques arrivent en nombre de Londres. Poussés par un sentiment nationaliste croissant, les Iraniens laissent éclater leur colère quand est publié le traité conclu entre l'Iran et la Grande-Bretagne. Les Britanniques, qui ne s'en soucient guère, entament leurs réformes et dessinent les plans du chemin de fer destiné à relier Téhéran et Bagdad... Pendant ce temps, les critiques se font de plus en plus vives contre un gouvernement incapable, corrompu et à la solde des étrangers. Des « patriotes » tentent de prendre le pouvoir : Shaikh Muhammad Khiyabani en Azerbaïdjan, Miraza Kuchik Khan à Tabriz... Ce dernier, personnage à la Robin des Bois, reçoit l'aide de l'Armée rouge et établit en 1920 la République soviétique de Gilan.

La fondation d'une nouvelle dynastie

Le régime subit alors le coup d'État d'un autre opposant : le colonel Reza Khan, de la brigade des Cosaques. Dans la nuit du 21 février 1921, ce brillant militaire de 42 ans marche sur Téhéran avec 4 000 soldats environ et oblige le chah à choisir un nou-

Dès le XIXe siècle, la situation stratégique de l'Iran a attiré les puissances étrangères. La découverte du pétrole au début du XXe siècle attise encore les convoitises.

L'OR NOIR IRANIEN

La région la plus riche en pétrole se trouve au sud-ouest du territoire, à la frontière avec l'actuel Koweït. En 1909, une société anglaise, l'Anglo-Persian Oil Company, obtient un droit d'exploitation. Dès 1913, la compagnie produit 83 000 tonnes. En proie à des difficultés financières en 1914, elle reçoit l'aide du gouvernement britannique : l'Amirauté, commandée à cette époque par le jeune Winston Churchill, achète la majorité des actions de la compagnie, qui peut alors continuer l'exploitation pétrolière sur une grande échelle. En 1932, Reza Chah décide la nationalisation de l'Anglo-Persian Oil Company, mais il doit finalement céder à la pression des Britanniques et n'obtient de leur part qu'une augmentation des royalties versées en échange de leur concession.

Exécution de rebelles à la mitrailleuse. Seule force militaire organisée du pays, la brigade d'élite des Cosaques est aussi la dernière ossature du régime des Qadjar.

Le Petit Journal. ▽

◁ **Les vieux** fusils Martini-Henry côtoient les modernes Mauser à répétition : cet armement disparate donne à l'infanterie iranienne une puissance plus apparente que réelle.

Vers 1910.

veau Premier ministre, lui-même devenant commandant en chef de l'armée. Le traité humiliant avec la Grande-Bretagne est abandonné, et les conseillers britanniques sont renvoyés. Cependant, Reza Khan prépare le terrain pour sa propre prise du pouvoir en réorganisant l'armée et en réprimant tous les mouvements sécessionnistes, à Tabriz, dans le Gilan et chez les Kurdes. En octobre 1923, il cumule les fonctions de commandant en chef, de ministre de la Guerre et de Premier ministre. Il se rend maître du pays lorsque le chah commet l'imprudence de partir pour l'Europe.

La série des réformes commence : service militaire obligatoire, réorganisation fiscale, construction du chemin de fer transiranien, uniformisation des poids et mesures... Ces changements, comparables aux bouleversements introduits par Mustafa Kemal en Turquie, sont profondément influencés par l'Occident. Le Premier ministre va même jusqu'à obliger ses concitoyens à porter des noms de famille, à la mode européenne. Il se choisit celui de Pahlavi, en souvenir du passé glorieux de l'Iran des souverains sassanides (IIIe-VIIe s. apr. J.-C.). À la fin de l'année 1925, l'Assemblée vote la fin de la dynastie Qadjar et, tandis qu'Ahmad Chah prend le chemin de l'exil avec sa famille, elle offre le trône à Reza Khan et à ses héritiers. Celui-ci prend alors le nom de Reza Chah Pahlavi et inaugure une nouvelle dynastie.

La modernisation de l'Iran

Durant son règne, Reza Chah continue les réformes commencées alors qu'il n'était que Premier ministre. Il crée une armée moderne, dont les cadres sont privilégiés, et une police efficace afin d'étouffer toute opposition à son régime. La modernisation du pays passant par le développement

Selon le dogme chiite, depuis la disparition des douze premiers imams du parti d'Ali, le gendre de Mahomet, aucun pouvoir ne s'exerce de manière légitime.

CHIISME ET POUVOIR

Pour gouverner de la façon la plus juste possible, les souverains doivent suivre les conseils des docteurs de la foi, les ulémas. Détenteurs du savoir religieux, ceux-ci sont les seuls à pouvoir interpréter le Coran et la tradition des *hadiths* (paroles attribuées au Prophète), et leur enseignement doit être suivi par tous les croyants. En Iran, ce sont eux qui rendent la justice et ils estiment avoir un droit de regard sur l'« islamité » des lois. Les souverains légitiment donc leur gouvernement en s'entourant d'ulémas. Dès le règne de Reza Chah, la monarchie des Pahlavi remet en question leur autorité et les écarte du pouvoir politique. En réaction, certains ulémas se radicalisent, allant jusqu'à concevoir un État révolutionnaire. Les ayatollahs – « signe de Dieu » – se mettent à rêver d'une république islamique gouvernée par un imam tout-puissant, conseillé par des experts religieux.

Reza Chah bouscule ▽ rudement les traditions islamiques, inchangées depuis des siècles : les femmes iraniennes quittent le voile, s'habillent et se coiffent à l'occidentale, et sortent même de leur foyer pour travailler, comme cette jeune secrétaire de bureau.
Coll. part.

des transports et de l'industrie, routes et chemins de fer sont construits, tandis que l'État s'octroie le monopole de nombreuses industries, dont celles du tabac et du ciment. En l'absence d'un capitalisme local puissant, l'État prend donc en charge la plupart des réformes économiques. Le système judiciaire bénéficie, lui aussi, de changements : les tribunaux traditionnels, fondés sur la loi islamique, soumis aux docteurs religieux, sont remplacés par des tribunaux modernes, sécularisés. Enfin, Reza Chah encourage l'éducation, même si celle-ci reste l'apanage d'une élite de privilégiés, et fonde, en 1935, l'université de Téhéran.

Les premières contestations

Sous l'influence de son nouveau maître, l'Iran amorce un changement spectaculaire et brutal de mœurs et de mentalité. Cependant, Reza Chah se révèle un despote : il ne supprime pas le Parlement, mais lui enlève tout pouvoir réel et se rend tristement célèbre par sa violence. Personne n'échappe à son arbitraire : ni les tribus rebelles, cruellement châtiées pour avoir refusé de se soumettre ; ni les populations paysannes, déplacées, contraintes à cultiver de nouvelles terres pour accroître le rendement agricole ; ni les pauvres des villes et des campagnes, véritables laissés-pour-compte d'un pays qui se modernise trop vite. Les opposants sont exilés, emprisonnés voire même exécutés. De plus, le régime se heurte souvent au pouvoir traditionnel des ulémas, les docteurs de la foi, qui désapprouvent l'occidentalisation du pays, faite au mépris de la tradition islamique. Le choix des vêtements et des noms à l'européenne, la justice à l'occidentale, le nouveau calendrier non islamique, l'obligation faite aux femmes, en 1935, d'ôter leur voile sont autant d'éléments de contestation qui annoncent les difficultés futures de la dynastie des Pahlavi. □

△ **Une réunion** politique iranienne. L'opposition s'exprime surtout à travers la hiérarchie religieuse chiite, mécontente de se voir évincée du pouvoir.
Coll. part.

◁ **Le bazar** (marché) de la ville de Qom. La vie quotidienne de l'Iran de Reza Chah est un mélange de modernisme parfois agressif, mais souvent superficiel, et d'archaïsme insouciant.
Coll. part.

Au début du XXe siècle, une grande partie de l'Asie centrale se trouve englobée dans la jeune U.R.S.S., à la frontière de l'Iran.

ENTRE ISLAM ET BOLCHEVISME

Selon les principes de respect des nationalités formulés par Lénine, chaque peuple de l'ancien Empire russe se voit doté d'un territoire national : les frontières des nouvelles républiques doivent en principe coïncider avec les limites dialectales. En fait, en Asie centrale, réorganisée administrativement après 1924, de nombreux groupes se trouvent agglomérés pour composer un État ou doivent se fondre au sein d'une ethnie majoritaire. Ils forment des Républiques socialistes soviétiques (Ouzbékistan, Turkménistan), des républiques autonomes (Tadjikistan, Kazakhstan) ou des régions autonomes (régions des Karakalpaks, des Ossètes du Sud). Des nations se constituent là où n'existaient souvent que des groupes formels. Tatars, Ouzbeks, Kirghiz, Tchétchènes prennent alors conscience de la faiblesse de leurs effectifs et y répondent par un comportement nataliste. Musulmans pour la plupart, de langue d'origine turque ou iranienne, ils se sentent souvent très étrangers à la nouvelle Union soviétique.

LA RÉPUBLIQUE DE WEIMAR

La première république allemande, qui naît à Weimar en février 1919, sous de sombres auspices, est un échec pour la démocratie : elle prépare le terrain à la dictature la plus brutale de l'histoire.

NÉE DE LA DÉFAITE, la jeune démocratie allemande doit assumer la responsabilité du « diktat » de Versailles, qu'elle a accepté et qui, outre l'article 231 sur la responsabilité allemande et les sanctions territoriales et financières, limite la souveraineté du nouvel État par les nombreuses commissions de contrôle dont celui-ci est l'objet. Mais s'il se sent humilié, le peuple allemand ne se considère pas comme vaincu. Menacée par l'insurrection de Berlin et soucieuse de rompre avec le passé, la république s'installe à Weimar, patrie de Goethe, et tente d'asseoir son autorité.

L'affiche des communistes du KPD ne dissimule pas ses visées contre le régime parlementaire issu de la république de Weimar. ▷
1920.

Le danger bolchevique menace la jeune république allemande. Appuyé par l'armée, le gouvernement d'Ebert réprime l'insurrection. ▷
1919. Musée de l'Armée, Bruxelles.

La république répressive

Le gouvernement socialiste dirigé par Ebert s'impose difficilement dans un pays déchiré par des extrémismes. Dès le départ, son attitude ambiguë lui attire la méfiance des Allemands. En effet, les socialistes, héritiers par force du traité de Versailles, ne désavouent pourtant pas la légende du « coup de poignard dans le dos », développée par les nationalistes : aux yeux de ces derniers, l'armée n'a pas été vaincue, et ce sont les républicains, assimilés à des traîtres, qui sont responsables de la capitulation de l'Allemagne.

De plus, lorsque les communistes du mouvement spartakiste déclenchent une grève générale à Berlin, en janvier 1919, le gouvernement réagit avec une rare violence, lançant l'armée contre eux : au cours de la « semaine sanglante », les révolutionnaires sont massacrés et leurs chefs, Rosa Luxemburg et Karl Liebknecht, sont assassinés. La chasse aux communistes se poursuit au printemps, en Bavière, avec l'écrasement de la république spartakiste de Munich (mai 1919). Cette brutale répression, menée par les socialistes et avec l'appui d'officiers et de soldats de l'armée impériale, regroupés en corps francs, va peser lourd sur l'avenir du nouveau régime. Le jeune Parti communiste allemand (KPD), favorable à un régime de type bolchevique, ne pardonnera jamais cette collusion aux socialistes, scellant irrémédiablement la division de la gauche, fatale à la République.

L'éclosion du national-socialisme

Ces ambiguïtés initiales attisent la haine de l'extrême droite nationaliste et nostalgique du régime impérial, ainsi que celle de l'extrême gauche communiste. Assassinats politiques, grèves révolutionnaires, tentatives de coups d'État se succèdent : de 1919 à 1922, 376 meurtres sont perpétrés, dont ceux de Erzberger, l'un des signataires du traité de Versailles, et du démocrate Rathenau. Le Mark est dévalué. Les milieux ouvriers – urbain et agricole – sont durement touchés par la misère et la famine. Certains soldats revenus du front, désemparés par une Allemagne qu'ils ne reconnaissent

Des enfants jouent ▽ avec des piles de billets après la terrible inflation de 1923. À la fin de cette année-là, il faut plus de 4 milliards de Marks pour obtenir un dollar. Seul le troc permet de commercer. 1923.

C'est une haute figure, incarnation de l'Allemagne traditionnelle, qui prend la décision d'appeler Hitler au pouvoir le 30 janvier 1933.

PAUL VON HINDENBURG

Originaire d'une famille aristocratique du Brandebourg, Hindenburg suit un parcours classique d'officier prussien jusqu'au grade de général. Il est retraité en 1911, mais la Grande Guerre lui offre une seconde carrière : « sauveur de l'Allemagne » sur le front oriental en 1914, maréchal, il prend le commandement suprême de l'armée après Verdun, restant à la tête de l'armée jusqu'en juillet 1919. La défaite n'entame pas son prestige : il laisse le gouvernement endosser la responsabilité du traité de Versailles et s'affirme comme le symbole de l'armée invaincue. Monarchiste convaincu et candidat victorieux à la présidence de la République en 1925 puis en 1932, il porte, par sa pratique autoritaire, une responsabilité certaine dans l'échec de la république de Weimar.

plus, se regroupent en corps francs qui veulent lutter à la fois contre la subversion communiste et le régime en place. Munich est la plaque tournante de ces organisations paramilitaires.

C'est là, le 24 février 1920, qu'Adolf Hitler prononce son premier discours public, dans lequel il expose les points du programme de son parti, le Parti ouvrier allemand national-socialiste, qui sera officiellement créé au mois d'août suivant. Dès 1921, Hitler dote son mouvement d'une section paramilitaire, la *Sturmabteilung* (section d'assaut), ou SA, sur laquelle il s'appuiera tout au long de son ascension politique, jusqu'à son élimination en 1934. De tous les groupuscules qui fleurissent en Allemagne à cette époque, le parti nazi est d'emblée le mieux organisé.

L'« ANNÉE INHUMAINE »

L'année 1923 débute par une humiliation supplémentaire : l'Allemagne ayant cessé de verser les réparations, les Français occupent la Ruhr. Le gouvernement du Reich organise la « résistance passive » (grève des mineurs et des cheminots), mais l'économie est durement touchée. À cela s'ajoute une crise monétaire sans précédent : l'effondrement du Mark et l'hyperinflation prennent de graves proportions. Le chômage est en progression constante ; la malnutrition et le manque d'hygiène fauchent les enfants des milieux les plus défavorisés. Durant cette « année inhumaine », où l'État n'est d'aucun secours, s'exaltent le nationalisme de l'extrême droite et les espoirs de révolution bolchevique. À Munich,

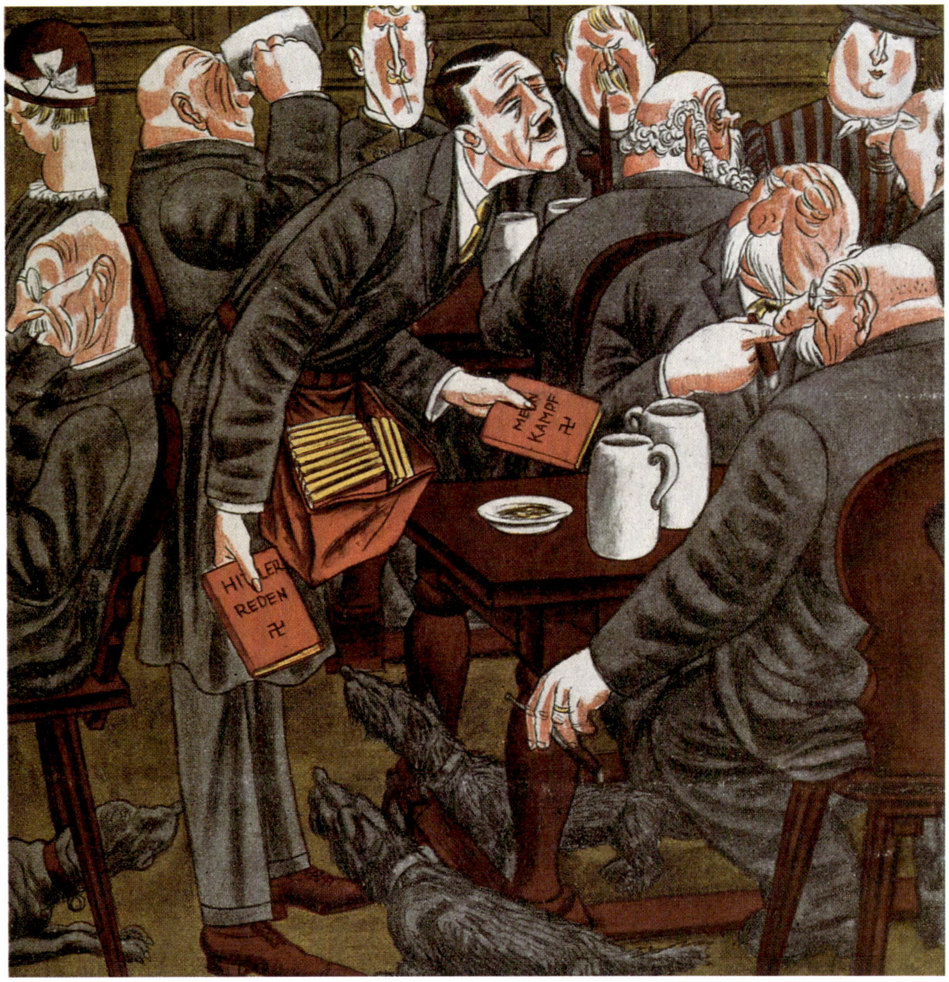

△ **Adolf Hitler** vend *Mein Kampf* dans une brasserie munichoise. Il n'est encore qu'un pâle agitateur inconnu, mais son audience monte à la faveur de la crise mondiale.

1925. E. Schilling. *Simplicissimus*. Bibliothèque nationale, Paris.

Funérailles du président Ebert à Berlin. Il est remplacé par le maréchal Hindenburg, fervent monarchiste, élu au suffrage universel. ▷

1925.

Est-il réaliste, légitime et opportun d'exiger que l'Allemagne paie des sommes énormes pour les dommages de la guerre ?

LES RÉPARATIONS

L'Allemagne étant considérée comme seule responsable du conflit, le principe des réparations est énoncé dès le traité de Versailles. Le montant, dont la France doit recevoir 52 p. 100, est arrêté, en janvier 1921, à la somme de 132 milliards de Marks-or. Mais, dès la fin de 1921, l'Allemagne freine le paiement ; malgré l'opposition britannique, la France fait occuper la Ruhr en janvier 1923, mais doit accepter, sous la pression financière des Britanniques, un assouplissement des réparations, concrétisé par les plans Dawes (1924) et Young (1929), qui échelonnent les paiements jusqu'en 1988 ! Mais la crise économique mondiale entraîne leur suppression définitive en 1932. L'Allemagne a finalement versé 22,8 milliards de Marks.

Hitler croit le moment venu pour lui de prendre le pouvoir. Il tente de renverser le gouvernement du Land de Bavière, mais il échoue. Condamné à la prison, il profite de ce repos forcé pour rédiger un programme politique, qu'il expose dans son ouvrage *Mein Kampf* («Mon combat»). Analysant les causes de son échec, il se résout à conquérir le pouvoir par des moyens légaux.

Les nouveaux maîtres de l'Allemagne

Dès février 1925, Hitler a reconstitué le parti nazi et l'a doté d'une police militarisée, la SS. En mai 1926 sont créées les Jeunesses hitlériennes. Douze membres du parti sont élus députés au Reichstag en 1928. Deux ans plus tard, leur nombre s'élève à 107 : le nazisme profite des dissensions de la gauche et des retombées de la crise économique mondiale de 1929, qui a replongé l'Allemagne dans le chaos. Chômeurs, petits-bourgeois ruinés et gros industriels craignant le bolchevisme se tournent vers le seul homme qui semble être capable de sauver un pays qui compte, en 1932, six millions de chômeurs (17 p. 100 des actifs).

Aux élections présidentielles de 1932, Hitler est battu par le vieux maréchal Hindenburg, malgré un score plus qu'honorable. Conscient de la popularité du chef du parti nazi, Hindenburg appelle donc ce dernier à la chancellerie en janvier 1933. Abandonnée par le prolétariat – qui est divisé sur l'éternelle querelle socialo-communiste et dérouté par le manque de réformes –, par les classes moyennes – qui rallient l'extrême droite parce qu'elle leur offre une explication simpliste de la crise et une alternative au marxisme –, la république de Weimar meurt sans susciter aucun regret. □

◁ **Les démocrates** veulent débarrasser le Reich des nazis et des communistes.
1928. T. Matejko.

Le tragique désordonné de la vie des Allemands pousse les cinéastes à réaliser des œuvres étranges et angoissées.

L'EXPRESSIONNISME AU CINÉMA

En 1919, un jeune réalisateur, Robert Wiene, lit un scénario délirant, dû à Carl Mayer : *le Cabinet du docteur Caligari*. Celui-ci révèle au monde l'existence du cinéma allemand, qui se développe grâce à la compagnie UFA, fondée en 1917. Dans cette œuvre, le réel et le surnaturel se mêlent dans un foisonnement de trucages ; les ombres et les lumières jouent avec les nerfs des spectateurs ; le jeu des acteurs est outré, les costumes, dépouillés et les décors, stylisés. Le film marque le début de l'expressionnisme. En 1921, Fritz Lang réalise *les Trois Lumières* et, en 1922, Murnau tourne *Nosferatu le Vampire*. Metteurs en scène et scénaristes s'inspirent de Dostoïevski et de Shakespeare, apprécient le fantastique (*le Golem*, deux versions par Wegener et Boese). Sensibles à l'absurdité de l'époque, les artistes pressentent et redoutent la montée du totalitarisme : *Métropolis*, de Fritz Lang, en est la plus cauchemardesque anticipation.

LE BAUHAUS

Affaiblie économiquement, troublée politiquement et écartée provisoirement de la scène internationale, l'Allemagne de Weimar connaît néanmoins un exceptionnel jaillissement créatif, favorisé par le climat nouveau de liberté. Berlin devient le laboratoire culturel de l'Europe, semant les germes de courants intellectuels et esthétiques nouveaux et prometteurs.

Dans ce bouillonnement artistique et scientifique, l'école du Bauhaus (« maison de l'œuvre bâtie »), fondée à Weimar en 1919 par l'architecte Walter Gropius, transférée à Dessau en 1925, puis à Berlin en 1932, est un carrefour de recherche artistique et d'enseignement. Ses principaux représentants – L. Mies van der Rohe, P. Klee, W. Kandinsky – tentent de concilier, à travers l'architecture et les arts décoratifs, la machine, l'art et l'homme. Le Bauhaus, à la fois lieu d'expérimentation et lieu d'enseignement, est ouvert à toutes les disciplines qui concourent à la construction et à l'aménagement de l'habitat : de l'urbanisme à l'ameublement en passant par la peinture, la photographie et les affiches. Chaque atelier vise à supprimer le clivage entre art, artisanat et industrie, et à allier créativité et savoir-faire au moyen de matériaux nouveaux (verre, béton, acier) en recherchant l'esthétisme même dans les objets les plus quotidiens. L'école, déclarée antigermanique et dégénérée, est fermée par les nazis en 1933.

△ **Projet** de kiosque à journaux. L'esthétisme prôné par le Bauhaus s'écarte résolument des schémas admis jusqu'alors par les architectes.
Archives du Bauhaus, Berlin.

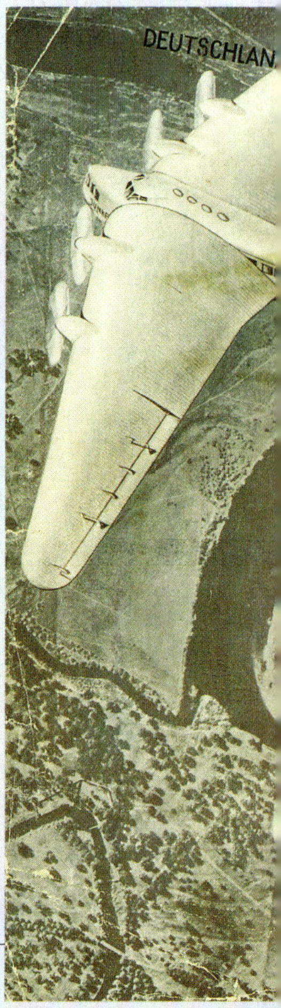

Transféré à ▽
Dessau en 1925, le Bauhaus occupe un bâtiment dû à Walter Gropius, son fondateur. Sept ans plus tard, l'École partira pour Berlin.

◁ **Les artistes** du Bauhaus ne dédaignent pas de dessiner des objets pour la vie quotidienne, telle cette cruche à couvercle, qui est presque une sculpture.
1922. O. Lindig. Collections d'Art, Weimar.

▽ **Un prospectus** conçu pour la ville de Dessau, en Saxe-Anhalt. L'artiste a utilisé une perspective en trois dimensions, souvent reprise par les concepteurs publicitaires.
1931. J. Schmidt. Archives du Bauhaus, Berlin.

△ **Tapis** confectionné à l'aide d'une machine à coudre : ses dimensions sont de 206 × 164 cm.
Le Bauhaus ouvre aussi un atelier de tissage.
1921. I. Kerkovius. Archives du Bauhaus, Berlin.

Chaise à lattes, en ▽
bois d'érable et crin de cheval. Marcel Breuer fut, de 1925 à 1928, directeur de la section d'ameublement du Bauhaus.
1924. M. Breuer. Archives du Bauhaus, Berlin.

ÉTATS-UNIS

La guerre au ban des nations

■ Le 7 juin 1928, Frank Billings Kellogg et Aristide Briand achèvent des négociations entamées dix ans plus tôt, et qui couronnent leur carrière diplomatique. Le pacte Briand-Kellogg met la guerre hors la loi ; 57 pays y adhéreront, dont le Japon, l'Allemagne et l'Italie. Le 28 juillet 1929, à Genève, 48 nations signeront la convention sur le traitement des prisonniers de guerre. L'action des deux diplomates sera reconnue l'année suivante par le prix Nobel de la paix, qui leur est décerné conjointement au moment même où éclate la crise économique. Devenu membre de la Cour internationale de justice de La Haye, Kellogg, impuissant, assistera au succès des régimes fascistes en Europe. □

ESPAGNE

L'Opus Dei

■ Le 2 octobre 1928, José María Escrivá de Balaguer, jeune prêtre aragonais de 26 ans, décide de fonder un mouvement religieux d'un nouveau type. Alors que l'Action catholique des années 1920 et 1930 s'est donné pour but de « refaire chrétiens » les membres des couches sociales déchristianisées, Escrivá de Balaguer veut proposer à ceux qui sont croyants – quelle que soit leur condition sociale – une spiritualité proche d'eux, telle qu'ils puissent la vivre au sein de leurs familles et en continuant d'assumer leurs responsabilités. L'Opus Dei est une association à vocation internationale ouverte à tous ceux qui veulent sanctifier leur vie de chaque jour, prêtres ou laïques, engagés sur différents plans. La doctrine d'Escrivá de Balaguer, publiée sous le titre *Camino* (« Chemin ») entre 1934 et 1939, exclut toute préoccupation politique ou sociale. Elle est exprimée en 999 courtes maximes, faciles à comprendre, qui remportent un immense succès populaire. Mais la rapide progression de l'Opus Dei, qui passe par l'engagement politique des élites catholiques, coïncide avec la victoire franquiste en Espagne, ce qui suscitera la réprobation de l'aile gauche des catholiques. □

Homme et femme. *1928. A. Giacometti. Musée national d'Art moderne, Paris.*

FRANCE

Les « quatre mousquetaires »

■ Jean Borotra et son béret basque, Henri Cochet le Lyonnais, Jean Brugnon et René Lacoste, l'homme au crocodile, viennent d'entrer dans l'histoire du sport français. Le 10 septembre 1927, à Philadelphie, ils remportent la coupe Davis, après avoir échoué en 1925 et en 1926. Unis par une véritable amitié, les quatre tennismen sont très populaires auprès du public français, qui se passionne pour leurs exploits depuis que Borotra, le « Basque bondissant », a remporté le tournoi de Wimbledon. C'est le panache et la fougue de celui-ci, polytechnicien brillant, surnommé « d'Artagnan », qui valent au groupe le sobriquet de « mousquetaires du tennis ». □

ÉTATS-UNIS

Le triomphe de Ravel

■ La tournée de Maurice Ravel aux États-Unis en 1928 est vraiment triomphale. Le public s'arrache les places des gigantesques salles de concert, où le musicien dirige lui-même l'exécution de ses œuvres. La plus appréciée d'entre elles est probablement le célèbre *Boléro,* écrit la même année, où les mouvements musicaux se répètent et s'enlacent avec une précision qui vaut au compositeur le surnom quelque peu excessif d'« horloger suisse ». □

SUISSE

Les débuts de Giacometti

■ Les premières œuvres du sculpteur suisse Alberto Giacometti témoignent des fantasmes de leur auteur. Le couple de bronze réalisé en 1926-1927 représente une femme, simple ovale sexué, et un homme, cylindre dressé, vigoureux. Cette thématique obsessionnelle sera plus évidente encore durant la période surréaliste de l'artiste. Né à Stampa, dans les Grisons, en 1901, Giacometti a d'abord été influencé par la peinture cubiste ; à Paris, il a été élève de Bourdelle, avant de trouver son style propre, qui se manifeste dès 1926 dans sa *Femme-cuillère.* Ces formes lisses, évidentes, caractériseront toute son œuvre, jusqu'à la fin de la Seconde Guerre mondiale. □

FRANCE

Priorité à droite

■ Le nombre de véhicules en service ne cessant d'augmenter, les vitesses de circulation étant de plus en plus élevées, les pouvoirs publics se préoccupent de réglementer la circulation. En 1927 paraît le premier Code de la route, qui impose à tout conducteur de laisser le passage aux véhicules venant de sa droite. Cette règle absolue de priorité ne sera modifiée qu'en 1983, pour donner la priorité aux voitures qui, aux ronds-points, arrivent de la gauche. □

ÉTATS-UNIS

De Mortimer à Oswald

■ C'est, dit-on, en étalant distraitement de l'encre renversée sur une page blanche que, en 1928, Disney crée Mortimer, ancêtre de Mickey. Walt Disney, né à Chicago en 1901, fait partie des pionniers du dessin animé, avec ses animaux anthropomorphes. Outre Mickey la souris, ses héros sont Oswald le joyeux lapin, Pluto le chien, les trois petits cochons, le grand méchant loup... Walt Disney sait leur donner, en plus du mouvement, une personnalité propre et une allure reconnaissable entre toutes ; businessman efficace, il fait de ses personnages des héros de bandes dessinées et d'albums, popularisant leur image, qu'il commercialisera habilement pour son plus grand profit. □

PORTUGAL

Conservatisme et corporatisme

■ Le Portugal est une république, où progressistes et conservateurs se disputent le pouvoir depuis 1911. Le pays, à qui l'Allemagne a déclaré la guerre le 9 mars 1916, n'a retiré aucun avantage de sa participation au conflit aux côtés des Alliés, si ce n'est un minuscule district au Mozambique. En mai 1926, le général Gomes da Costa fomente un coup d'État qui renverse le régime parlementaire, mais il est évincé par le général Oscar Carmona. Ce dernier prend le titre de président de la République et nomme, en 1928, Antonio de Oliveira Salazar comme ministre des Finances. Ce dernier, devenu l'homme fort du nouveau gouvernement, cherche d'abord à équilibrer le budget et y parvient. Président du Conseil en 1932, il fait rédiger une nouvelle Constitution, appliquée dès 1933, qui donne naissance à un État corporatiste : des *grémios* (« associations ») regroupent les patrons, les ouvriers sont obligés d'adhérer à des syndicats, la grève est interdite en 1934. L'État nouveau, qui a rompu avec l'anticléricalisme de ses prédécesseurs et s'est réconcilié avec le Vatican, saura éviter les convulsions du siècle, mais restera plus archaïque que les États voisins. □

1929 - 1930

Comment gagner un million de dollars à la Bourse de New York ? C'est simple, il suffit d'en investir deux ! Cette plaisanterie circule après l'effondrement du marché des valeurs, les 24 et 29 octobre 1929, mais les Américains n'ont guère le cœur à rire. Encore les plus optimistes peuvent-ils, comme leur président, le républicain Hoover, croire qu'il s'agit d'une simple récession et que « la prospérité est au coin de la rue ». Or au contraire, le krach boursier provoque une crise sans précédent, par une série d'effets domino : faillite de nombreuses banques, diminution de la consommation, difficultés de l'industrie, chômage, qui, à son tour, alimente la dépression en réduisant de façon catastrophique les revenus de millions d'acheteurs potentiels. Pire : l'onde de choc, née aux États-Unis, ne tarde pas à se propager partout où les investisseurs américains avaient placé des fonds, brutalement retirés. La Grande Dépression révèle ainsi la complexité du capitalisme moderne international.

La crise de 1929. Rollin Kirby. The Granger Collection, New York.

LA CRISE DE 1929

Le 24 octobre 1929, dit le « jeudi noir », la panique s'empare de la Bourse de New York et treize millions de titres changent de mains. Cinq jours plus tard, l'effondrement est confirmé par la vente de seize millions de titres. Les États-Unis basculent dans la crise, entraînant le monde avec eux.

Le *New York Times* consacre la première page de son édition du 30 octobre 1929 à l'« effondrement national » : la hausse spéculative des cours qui a eu lieu entre 1926 et 1929 est anéantie en cinq jours. Bien qu'il ne touche guère plus de un million d'Américains (sur une population de 123 millions), le krach boursier a un impact considérable sur le plan psychologique : la croyance aveugle en un avenir économique radieux est balayée par un soudain désarroi.

L'Amérique sous le choc

Très vite, la récession touche le système bancaire : les retraits massifs effectués par les épargnants condui-

▽ **À New York**, les chômeurs s'offrent pour un dollar par semaine.
1930. A. Beltrame. *Domenica del Corriere.*

sent 640 banques à la faillite dès 1929 ; l'année suivante, il y en a 1 300, et plus de 2 200 en 1931. Cette brutale paralysie du crédit bloque tout investissement et freine la consommation. La mévente accroît les stocks et fait chuter les prix : nombre d'industriels sont ruinés. De 1929 à 1932, la production américaine recule de 46 p. 100.

Les fermetures d'usines provoquent un taux de chômage inconnu jusqu'alors : 3 p. 100 des actifs sont touchés en 1929, et 24 p. 100 en 1932 ! Les cols bleus – les ouvriers – en premier lieu, puis les cols blancs – les employés et les cadres de la classe moyenne – perdent leur travail. Ne bénéficiant d'aucun secours, les chômeurs plongent dans la misère.

Ils ne sont pas les seuls. Les cours agricoles baissant de moitié durant la même période, les paysans, incapables de payer leurs dettes, émigrent en Californie. Le choc social se répercute sur la vie politique : la destruction de denrées périssables, alors que des millions de gens souffrent de la faim, l'apparition de bidonvilles, rebaptisés « hoovervilles », où logent des familles autrefois aisées incitent les électeurs à rejeter le discours du président républicain Herbert Hoover, dont l'indéfectible optimisme paraît très inadapté à la gravité de la situation. Hoover cède la place au démocrate Franklin Delano Roosevelt en novembre 1932. Adversaire des idées préconçues, ce dernier n'a pas de programme bien défini ni de solution miracle pour rétablir la situation ; il s'engage toutefois – c'est une innovation – à faire intervenir l'État dans la vie économique.

Une extension mondiale

La dépression du marché américain touche très rapidement le Japon et l'Amérique latine ; leurs exportations s'effondrent, les obligeant ainsi à instituer un contrôle des changes dès 1930. Le marasme atteint l'Europe centrale la même année : le retrait massif des capitaux américains provoque la faillite de nombreuses banques qui ont le plus souvent investi à long terme les sommes dont elles disposaient. Quoique Hoover ait proposé, pour une durée de un an, le moratoire des réparations dues par l'Allemagne, le contrôle des changes est également établi dans ce pays en juillet 1931, alors que l'horizon politique y est assombri par l'audience accrue des partis extrémistes.

Deux mois plus tard, confronté à la réduction rapide de son encaisse-or, le Royaume-Uni suspend la convertibilité de la livre sterling, qui perd aussitôt 30 p. 100 de sa valeur. Quarante pays suivent cette dépréciation et forment la « zone sterling » ; les produits britanniques deviennent ainsi plus compétitifs, mais la crise gagne toute l'Europe occidentale et ses fournisseurs africains ou asiatiques.

Seule l'Union soviétique paraît échapper au désastre : la collectivisation rurale bat son plein, la planification industrielle et agricole est exaltée

Le 24 octobre 1929, les cours de la Bourse de New York basculent, provoquant le krach le plus douloureux de l'histoire.

LE « JEUDI NOIR »

Due à une spéculation effrénée, la hausse des cours s'accélère depuis 1927. Elle culmine le 19 septembre 1929 et amorce un repli le 3 octobre. Les transactions quotidiennes portent en moyenne sur 4 millions de titres, or, le 24 du même mois, 13 millions de titres sont vendus. L'intervention immédiate des grandes banques limite toutefois le recul des cours, mais le rêve d'un enrichissement illimité s'éloigne. Le choc décisif aura lieu le « mardi noir », le 29 octobre : 16 millions de titres sont bradés et les cours s'effondrent ; la confiance excessive sécrétée par la prospérité de l'après-guerre est alors balayée par une vague de panique qui plonge l'Amérique dans le pessimisme. L'impact du « jeudi noir » reste si fort que les financiers de la fin du XXe siècle redoutent encore les mois d'octobre.

△ **Le krach** de Wall Street : la foule s'amasse devant la Bourse de New York le 24 octobre 1929. Le président Hoover affirme qu'il ne s'agit que d'une modeste récession.
1929. *Pesti Naplo*. Coll. part.

La crise économique ▷ gagne le monde entier. Le retrait des capitaux américains de l'étranger accélère sa propagation.
1931. T. Heine. Coll. part.

par la propagande stalinienne, qui veut, au moyen de statistiques, démontrer la supériorité du système communiste sur un capitalisme aux abois.

Des facteurs spécifiques

La crise mondiale n'est pas uniquement liée à la situation américaine : des caractères propres à chaque pays atténuent parfois leurs difficultés économiques ou, plus fréquemment, les aggravent. Ainsi, depuis 1920, la politique britannique d'orgueil monétaire pénalise les exportations et accélère le vieillissement de l'appareil productif, sensible dès la fin du XIXe siècle. Le rétablissement de l'Allemagne de Weimar reste fragile : depuis 1924, ce sont les capitaux étrangers qui lui permettent de payer les réparations de la guerre et de maintenir le cours du Mark. La France a stabilisé sa monnaie en 1926 (franc Poincaré), mais la dynamique des exportations est compromise dès l'année suivante. Enfin, les pays d'Amérique latine, d'Afrique ou d'Asie, dominés par les États-Unis ou l'Europe, ont une économie fondée sur l'exportation d'un ou de deux produits bruts, souvent alimentaires ; la baisse des prix et la stagnation du commerce international depuis 1921 érodent leurs recettes. La crise amplifie donc les multiples déséquilibres qui affectent l'économie mondiale depuis la fin de la guerre de 1914-1918.

Un désastre général

La production industrielle du globe connaît un recul exceptionnel : en 1929, 120 millions de tonnes d'acier sortent des hauts-fourneaux, contre 50 millions trois ans plus tard. Les industries de biens de consommation sont frappées par ricochet : 1,9 million de véhicules fabriqués en 1932, contre 6,3 millions en 1929.

◁ **La crise** n'épargne aucune catégorie sociale. Les étudiants recherchent de petits emplois pour financer leurs études.
Agence Atlantic, Berlin.

De sa longue vie, l'histoire ne retient que son passage à la Maison-Blanche de 1928 à 1932, parfois appelé « Hoover panic ».

HERBERT CLARK HOOVER

Chargé d'organiser le ravitaillement des Alliés durant la guerre de 1914-1918, il devient secrétaire d'État au Commerce sous la présidence du républicain Warren Harding. Élu à son tour sans difficulté en 1928, il a la malchance d'accéder au poste suprême quelques mois avant le krach boursier. Prisonnier d'un Parti républicain attaché au laisser-faire et coupé de l'électorat par manque de charisme, il a pourtant amorcé le soutien des prix agricoles, créé un service fédéral d'aides aux entreprises en difficulté et ordonné quelques grands travaux pour lutter contre le chômage. Ces mesures sont trop timides : les bidonvilles, baptisés « hoovervilles », se multiplient et entraînent une impopularité réelle qui explique le cuisant échec de Hoover aux présidentielles de 1932 : il obtient 40 p. 100 des voix et Roosevelt 57 p. 100.

Le chômage explose : le nombre de personnes privées de travail dans les pays industriels est évalué à 30 millions en 1932, dont 12 millions d'Américains (c'est-à-dire 24 p. 100 de la population active) et plus de 6 millions d'Allemands (17 p. 100 des actifs). S'y ajoutent les chômeurs partiels : le chiffre est mal connu, mais probablement considérable. Excepté en Grande-Bretagne, où une allocation chômage est créée en 1908, les secours officiels sont à peu près inexistants ; les autres pays pallient la misère soudaine comme ils peuvent et improvisent en catastrophe. Bien des chômeurs sont réduits à la mendicité et survivent uniquement grâce aux soupes populaires et aux asiles de nuit. Un peu partout, surtout dans les pays anglo-saxons, des « marches de la faim » se succèdent, tournant parfois à l'émeute.

Une surproduction agricole fait chuter les cours de moitié ou plus, ce qui pousse à détruire les stocks, au grand scandale des affamés. L'absence de débouchés solvables oblige les Brésiliens à utiliser le café comme combustible pour leurs locomotives à vapeur...

Une partie de la société tire profit du bouleversement économique : ainsi, les épargnants voient leur pouvoir d'achat grimper au fur et à mesure de la baisse des prix ; les propriétaires fonciers ou immobiliers bénéficient d'une hausse réelle de leurs rentes. La période est également favorable pour ceux qui conservent leur emploi, puisque les salaires diminuent moins vite que les prix ; les revenus fixes des fonctionnaires français leur assurent une augmentation du pouvoir d'achat. Mais ces inégalités attisent la colère contre les gouvernants : les régimes parlementaires sont menacés par l'essor de mouvements extrémistes (partis nazi et communiste en Allemagne, formations de type fasciste en Europe centrale, ligues en France).

Des solutions diverses

Pour les économistes libéraux, le seul moyen de susciter la reprise est d'assainir l'économie par des remèdes classiques : réduction des dépenses publiques pour restaurer l'équilibre budgétaire, défense de la parité monétaire accompagnée d'une baisse des prix et des salaires pour relancer les

◁ **Surproduction** du café au Brésil : on détruit les excédents en les brûlant dans les chaudières des locomotives. Cette photographie a fait le tour du monde.

1936. Coll. part.

◁ **Les chômeurs** écossais défilent contre le gouvernement lors de la marche nationale qui les mène sur les routes jusqu'à Londres.

1932. Coll. part.

« Quand finira la crise ? » ▷ Couverture d'un magazine français de grande diffusion qui exprime l'angoisse devant la crise.

1931. G. Dutriac. *Lectures pour tous.* Coll. part.

exportations. Cette déflation, appliquée dès l'apparition des troubles, les accentue ; aussi est-elle abandonnée par le Japon et le Royaume-Uni en 1931, par l'Allemagne et les États-Unis en 1933. La France, elle, y reste fidèle jusqu'en 1936.

La déflation est combattue avec vigueur par un économiste britannique, John Keynes, auteur d'une *Théorie générale de l'emploi, de l'intérêt et de la monnaie.* Parue en 1936, cette œuvre attribue la crise à une insuffisance de la demande : les chômeurs sont obligés de consommer moins, ce qui aggrave les difficultés de l'industrie. Pour sortir de ce cercle vicieux, l'État a un rôle primordial à jouer, par le recours systématique au déficit budgétaire, à la baisse du loyer de l'argent et, au besoin, à la dévaluation. Connues avant leur parution, les idées de Keynes inspirent partiellement les politiques économiques des démocraties : en 1934, Roosevelt dévalue le dollar, instaure le déficit budgétaire et met sur pied une politique de grands travaux pour résorber le chômage. Deux ans plus tard, en France, le Front populaire décide de soutenir les revenus agricoles, d'augmenter les salaires et de lancer également un programme d'équipements.

La meilleure réponse aux difficultés du moment paraît émaner des dictatures, qui fondent la relance sur le réarmement, l'exclusion des femmes du marché du travail et l'autarcie. Des succès spectaculaires, claironnés par les propagandes, côtoient des échecs patents : l'industrie allemande de 1936 dépasse son niveau de 1929, mais l'agriculture n'est pas autosuffisante. La masse des chômeurs est presque entièrement résorbée, toutefois, le pays est soumis à la terreur, tandis que le réarmement traduit la volonté des dirigeants de conquérir un « espace vital » par la force. Les choix de l'Italie de Mussolini sont en partie comparables : l'État contrôle une part accrue de l'économie, exalte l'autarcie, procède à la bonification de terres agricoles, comme la célèbre « bataille du blé ». La conquête de l'Éthiopie est accomplie en 1935 et en 1936 ; à cette occasion, l'hostilité britannique et l'indécision française brouillent le Duce avec les démocraties occidentales et le jettent dans les bras de Hitler.

La dictature militaire japonaise impose dès 1931 un protectorat sur la

◁ « **Notre dernier espoir** : Hitler. »
Les classes moyennes prolétarisées se tournent vers l'extrême droite, car la crise dévoile l'impuissance de la coalition de Weimar.
1934. Coll. part.

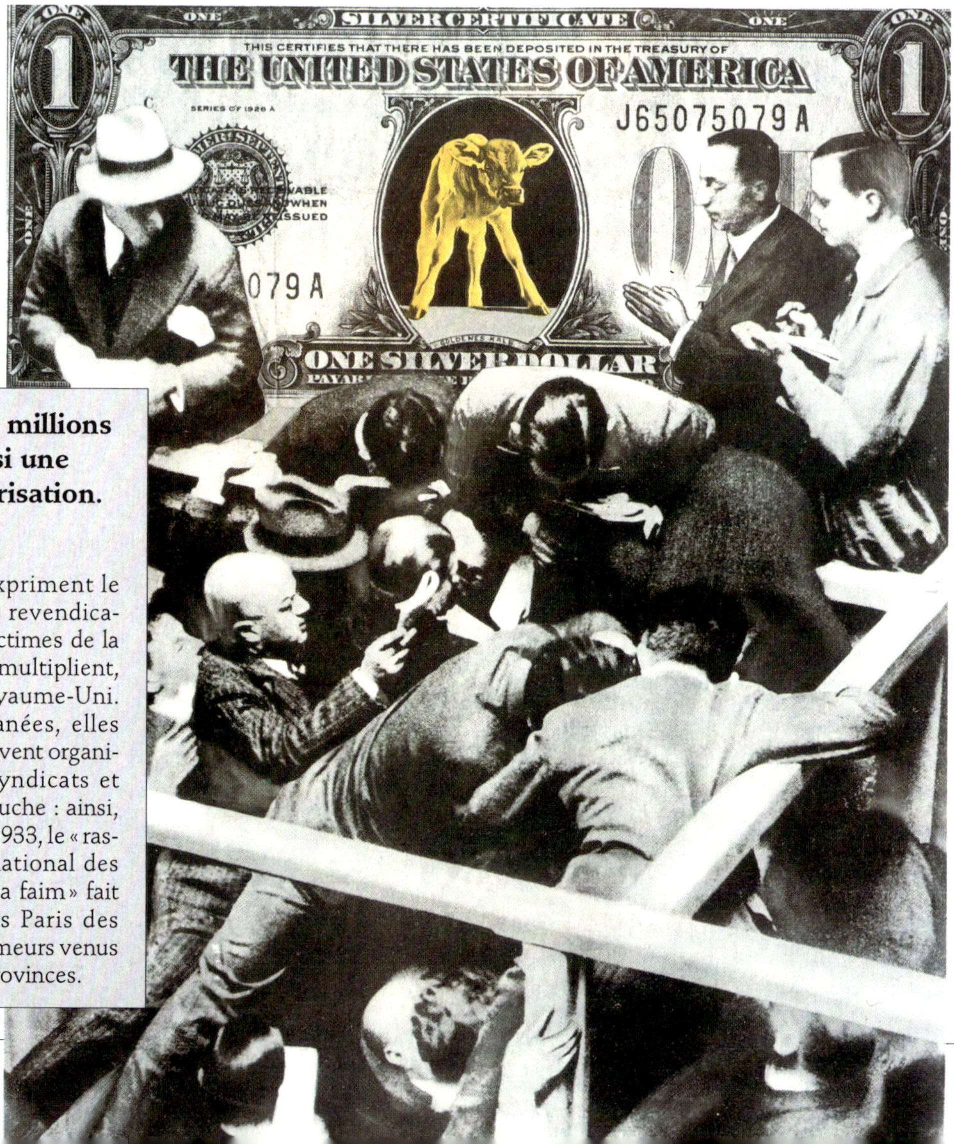

Le chômage touche plus de trente millions de personnes, provoquant ainsi une exceptionnelle poussée de paupérisation.

LES « MARCHES DE LA FAIM »

Mis à part en Angleterre, les allocations de chômage n'existent dans aucun pays en 1929. De plus, les déflations initiales réduisent les dépenses publiques ; les programmes de grands travaux ne donnent leur pleine mesure qu'à partir de 1933. Dépourvus de ressources, les chômeurs n'ont guère d'autre moyen d'expression que les défilés pour réclamer l'aide des pouvoirs publics. Les « marches de la faim » expriment le désarroi et les revendications de ces victimes de la crise ; elles se multiplient, surtout au Royaume-Uni. Parfois spontanées, elles sont le plus souvent organisées par les syndicats et les partis de gauche : ainsi, le 2 décembre 1933, le « rassemblement national des marcheurs de la faim » fait converger vers Paris des milliers de chômeurs venus de toutes les provinces.

Mandchourie, riche en minerais, avant de s'attaquer à la Chine, en 1937. La reprise économique nipponne, favorisée par la baisse du yen, est orientée vers les industries stratégiques.

Le règne du « chacun pour soi »

Le recul général des économies suscite des guerres commerciales et monétaires qui n'améliorent pas les relations internationales. Dès 1930, les États-Unis portent leurs droits de douane à plus de 50 p. 100 ; en 1932, la Grande-Bretagne rompt avec un siècle de libre-échange et revient au protectionnisme. Par les accords d'Ottawa, elle établit des liens de préférence commerciale avec les pays du Commonwealth, c'est-à-dire les dominions de l'Empire britannique. La France agit de même avec ses colonies et contingente ses importations. L'Allemagne et l'Italie se proclament « nations prolétaires » et cherchent à se suffire à elles-mêmes ou à pratiquer le troc. Dans un tel contexte, la valeur des échanges commerciaux est réduite de deux tiers, et le volume global baisse de 30 p. 100 entre 1929 et 1932.

Ce repli s'accompagne d'une répartition des nations en aires monétaires : la « zone sterling » existe depuis 1931 ; l'influence du dollar s'étend au Canada et à l'Amérique latine ; le Mark domine toute l'Europe centrale ; et, jusqu'en 1936, l'Union latine (ou « bloc-or ») regroupe les pays qui refusent de dévaluer (France, Italie, Belgique, Suisse, Pologne et Pays-Bas).

Une nouvelle approche

Au-delà de ses effets destructeurs immédiats, la crise de 1929 sonne le glas du libéralisme économique, dont les théoriciens n'ont pas su prévoir ni guérir les désordres : nombre d'entre eux ont voulu croire que la crise se résorberait spontanément. L'intervention régulatrice de l'État s'applique de façon empirique, bien avant d'être légitimée par l'analyse de Keynes. Les contemporains assistent aussi à l'apparition de l'État-providence : les pouvoirs publics aident les industries en difficulté, combattent l'aggravation du malaise paysan et secourent les chômeurs. De façon paradoxale, les graves problèmes de l'économie capitaliste conduisent à l'édification d'une législation sociale très poussée. La crise de 1929 a ainsi contribué à la mise au point d'un nouveau capitalisme qui triomphera après 1945, associant libre entreprise, rôle économique de l'État et solidarité sociale. □

L'instabilité politique ▽ et les scandales financiers suscitent une violente critique du régime républicain et favorisent une radicalisation de l'extrême droite dans les ligues factieuses.
1934. *Réalisme.*
Coll. part.

◁
Comment on fabrique des dollars, ou l'adoration du veau d'or. La spéculation monétaire n'a fait qu'aggraver les déséquilibres économiques. Le dollar va ainsi être dévalué de 40 p. 100.
1931. J. Heartfield.
Coll. part.

Mot d'ordre de l'Italie fasciste puis du IIIe Reich, l'autarcie a pour objectif de réduire les importations au minimum.

DU BEURRE OU DES CANONS

Les pays qui pratiquent l'autarcie encouragent les productions nationales, organisent le recyclage des métaux, fabriquent des produits de substitution – ou « ersatz » – dont la consommation assure une indépendance vis-à-vis du marché mondial. Si elle tire son origine de la faiblesse monétaire et du défaut de moyens de paiement, l'autarcie correspond surtout à des préoccupations stratégiques. Mais, en dépit des efforts déployés, les bonifications de terres en Italie ou la production de pétrole et de caoutchouc synthétique en Allemagne ne couvrent pas les besoins nationaux. Cet échec partiel sert alors de prétexte aux dictatures pour légitimer leurs revendications territoriales et leurs volontés de conquête. Née de la crise, l'autarcie vise ainsi à préparer puis à justifier la guerre.

LE DRAME HUMAIN

La dépression des années 1930 augmente démesurément le nombre de chômeurs et d'indigents. Les premières victimes sont les salariés de l'industrie. Les chiffres sont impressionnants : en 1932, presque 25 p. 100 de la population active des États-Unis, 17 p. 100 en Allemagne, 16 p. 100 au Japon, 13 p. 100 au Royaume-Uni. Ouvriers ou cadres moyens au chômage, non secourus, hantent les asiles de nuit et les soupes populaires. Dans les campagnes, la chute des cours agricoles lamine les revenus paysans. Des milliers de fermiers américains incapables de payer leurs dettes sont chassés de leurs terres : migrants faméliques, ils espèrent trouver refuge dans la mythique et lointaine Californie. En Europe, le malaise paysan est aggravé par l'arrêt brutal de l'exode rural. Ailleurs, dans les colonies ou les pays pauvres, la mévente des produits agricoles ou miniers provoque la misère. Ce drame économique et humain débouche partout sur des troubles : aux manifestations de chômeurs et aux marches de la faim succède le rejet des régimes parlementaires, accusés d'incompétence ou de corruption, tandis qu'outre-mer les mouvements nationalistes se radicalisent.

◁ ***Une mère émigrante*** âgée de 32 ans. Dorothea Lange est un des premiers photographes à faire du documentalisme social. Elle est chargée par l'Administration américaine d'effectuer des reportages sur la récession économique.
1936. Coll. part.

Chômeur au coin ▷ d'une rue de Wigan, en Grande-Bretagne. La violence de l'éclairage sur les vêtements, les sabots et les pavés ruisselants d'eau donnent un sentiment de misère totale.
Hulton Deutsch Collection, Londres.

En 1932, les États- ▷ Unis comptent 15 millions de chômeurs. C'est à cette date que le président Roosevelt va créer des agences pour les employer.
Vers 1930. Coll. part.

Famille de fermiers △ indigents, en Alabama. Des milliers de fermes hypothéquées tombent entre les mains des grandes banques. Les petites et moyennes exploitations disparaissent au profit d'une agriculture mécanisée.

Welgos. Archive Photos, New York.

▽ **Cette automobile** représente le seul bien de cette famille de fermiers du comté d'Ozark, en Arkansas.

1937. Bettmann Archives, New York.

LA PALESTINE SOUS MANDAT

Berceau des trois grandes religions monothéistes, trait d'union entre l'Orient et l'Occident mais aussi terrain des invasions, sous domination ottomane depuis 1517, la Palestine redevient une terre d'enjeux cruciaux à la fin du XIXe siècle.

◁ **Chaïm Weizmann,** chimiste de l'Amirauté britannique, devient président de l'organisation sioniste mondiale et de l'Agence juive en Palestine. Il s'est efforcé de modérer son action pour éviter la rupture avec l'Angleterre.

Hulton Deutsch Collection, Londres.

Jusque vers 1880, la Palestine n'est troublée que par des rébellions sporadiques, comme celle des Druzes, ou par des affrontements entre les communautés religieuses. Les Turcs maintiennent leur suzeraineté en dépit des convoitises égyptiennes ; seule modification notable, le traité de Paris, après la guerre de Crimée (1854-1856), accorde la protection des Lieux saints à la France, décision confirmée par le traité de Berlin en 1878.

Des enjeux nouveaux

Toutefois, l'équilibre de la région est redevenu précaire à la veille de la Première Guerre mondiale. La population palestinienne arabe, en majorité musulmane, avec une forte minorité chrétienne et druze, voit la petite communauté juive (24 000 personnes vers 1880) quadrupler en trois décennies : en effet, las des persécutions voire des pogroms subis en Roumanie, en

Autriche-Hongrie, et surtout dans l'Empire russe, les ashkénazes (Juifs originaires d'Allemagne ainsi que d'Europe centrale et orientale) cherchent refuge en Terre sainte à partir de 1897.

La guerre modifie radicalement le statut de la Palestine, devenue pièce maîtresse de l'échiquier proche-oriental. Soucieuse de ses intérêts pétroliers, l'Angleterre soutient, par l'intermédiaire du célèbre Lawrence d'Arabie, la révolte arabe contre les Turcs (alliés des Empires centraux) et promet de créer un royaume de la mer Rouge à la Méditerranée, englobant la Palestine, et qui serait confié au prestigieux Husayn ibn Ali, cheikh de La Mecque.

Les tutelles européennes

Promesse fallacieuse, car l'accord Sykes-Picot de 1916 attribue l'Irak et la Palestine au Royaume-Uni et la Syrie à la France. De plus, la déclaration Balfour (secrétaire au Foreign Office) de 1917 prévoit la création d'un « foyer national juif » sur le sol palestinien : les dirigeants sionistes s'appuient sur ce texte pour proposer un partage de la Palestine lors des conférences de la paix, suggérant l'annexion du Sud-Liban, de la Syrie et d'une large zone à l'est du Jourdain. Les premiers heurts entre Juifs et Arabes poussent les Alliés à rejeter ce projet, qui va à l'encontre de l'accord Sykes-Picot ; l'administration de la Palestine est finalement confiée au Royaume-Uni, en tant que mandat de la Société des Nations.

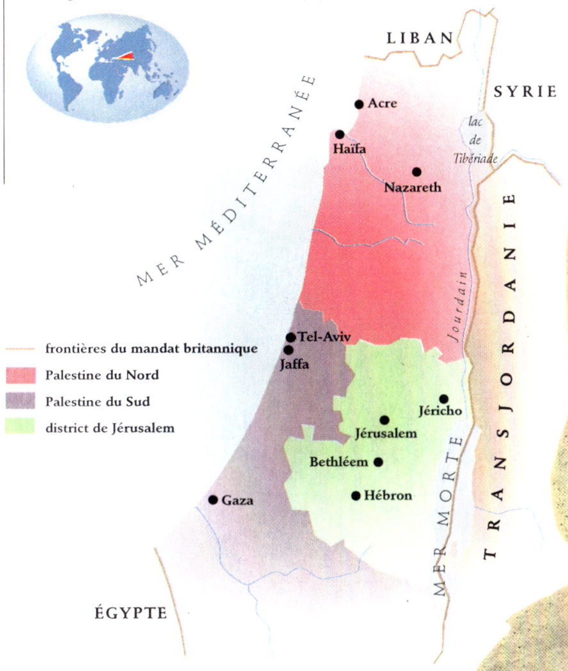

La France vient de ▽ réclamer un mandat sur la Syrie et le Liban, expulsant l'émir Faysal du trône de Syrie. Le gouvernement de Syrie met alors en vente à Damas les biens de l'émir.

1920. Damblans. *Le Pèlerin.*

Lawrence d'Arabie ▷ rêve d'un grand royaume arabe indépendant au Proche-Orient.

Hulton Deutsch Collection, Londres.

Fasciné par l'Orient, Thomas Edward Lawrence réveille la conscience arabe et devient « faiseur de rois ».

LAWRENCE D'ARABIE

De 1910 à 1914, affecté à des fouilles archéologiques en Mésopotamie et en Syrie, il se passionne pour la cause des Arabes. Appuyé par l'Intelligence Service, il pousse ceux-ci à la révolte contre les Turcs et monte d'audacieuses expéditions avec les Bédouins de l'émir Faysal. Colonel en 1917, il s'empare du port d'Aqaba, participe à la conquête de la Palestine et entre dans Damas en octobre 1918. Aux conférences de paix, il plaide vainement pour la cause arabe, qu'il estime trahie par les Alliés. Il fuit les honneurs et s'engage comme simple soldat dans la Royal Air Force. Publié en 1926, son livre *les Sept Piliers de la sagesse* révèle un mystique désespéré et nihiliste. Pressenti par Churchill pour jouer un grand rôle politique, il se tue dans un accident de moto, en 1935.

Les Arabes, indignés d'apprendre que des accords ont été décidés à leur insu, réagissent avec la même amertume lorsque l'émir Faysal, qui a participé à la prise de Damas en 1918 avec les Anglais, doit renoncer au trône de Syrie – à cause de l'opposition française – et se contenter d'être roi d'Iraq. Quelques années plus tard, son frère Abdullah devient émir de Transjordanie, sous mandat britannique ; leur père Husayn, cheikh de La Mecque et roi du Hedjaz, est chassé en 1924 par Ibn Séoud, qui se proclame roi d'Arabie « séoudite » en 1932.

La tutelle française en Syrie est acceptée grâce au tact du général Weygand, mais la politique partisane de son successeur, le général Maurice Sarrail, provoque une révolte des Druzes en 1925. La France doit alors diviser pour régner : en 1926, elle crée une République libanaise à majorité maronite, détachée de la Syrie, et dote cette dernière d'une Constitution.

La Palestine britannique

Devenus les protecteurs de la Palestine, les Anglais héritent du même coup des rivalités entre Juifs et Arabes. La reprise de l'immigration des premiers suscite l'inquiétude et la colère des seconds, encore sept fois plus nombreux. Européens d'origine, repliés sur eux-mêmes, les Juifs ignorent délibérément les Arabes.

Secrétaire d'État aux Colonies de 1921 à 1922, Winston Churchill décide alors que la Palestine ne sera pas transformée en foyer national juif, mais qu'elle doit abriter la communauté juive et lui reconnaître un droit au développement : position très ambiguë qui ne rassure pas les Arabes, malgré les clauses de sauvegarde de leur langue et de leur culture. De plus, un gouvernement autonome doit être établi.

△ **Ramassage** des aubergines au kibboutz Schiller. Cette forme d'exploitation agricole, inaugurée en 1909, fonctionne selon un système collectiviste, sur des terres achetées à bas prix par le fonds national juif.
1934. Coll. part.

Le nationalisme arabe est incarné par des chefs de dynasties prestigieuses comme cheikh Husayn, descendant des Hachémites, ou son rival Ibn Séoud.

ABD AL-AZIZ III IBN SÉOUD

Émir du Nadjd, mystique à la manière des prophètes du désert, chef incontesté des wahhabites, favorables à une conception puritaine et rigoriste de l'islam, il restaure la puissance de la dynastie des Séoud au détriment de ses voisins ou ennemis héréditaires. Il lutte contre les Turcs, puis enlève Riyad aux Ibn Rachid en 1921 et déloge cheikh Husayn de La Mecque : celui-ci trouve refuge chez son fils Abdullah, à Amman, en Transjordanie. Roi du Nadjd et du Hedjaz en 1926, Ibn Séoud se proclame souverain absolu de l'Arabie « séoudite » en 1932. Sa richesse devient fabuleuse à partir de 1938, lorsque les Américains commencent l'exploitation des gisements de pétrole. Ces revenus lui permettent d'abord de moderniser son royaume puis de soutenir le nationalisme arabe, a fortiori palestinien, pourvu qu'il repose sur les valeurs islamiques traditionnelles issues du Coran.

Le vaste territoire bordant les deux rives du Jourdain est découpé en 1922 : la partie à l'est du fleuve devient l'État de Transjordanie, confié à l'émir hachémite Abdullah, fils de Husayn.

LE NATIONALISME ARABE

Loin de marquer le pas, l'immigration juive s'accroît, surtout après l'arrivée au pouvoir de Hitler. La Palestine accueille 30 000 immigrants en 1933, le double en 1935. Les Juifs passent ainsi de 174 000 en 1931 à 335 000 quatre ans plus tard ; leur insertion est facilitée par l'Agence juive, créée à Zurich en 1929 et spécialisée dans le rachat des terres palestiniennes.

Après de nouveaux heurts, les Arabes, exaspérés, adoptent peu à peu un nationalisme agressif et exalté, phénomène qui a déjà gagné tout le Proche-Orient. Ils créent un haut comité arabe pour la Palestine, puis se révoltent en 1936. Les Anglais matent sévèrement ce mouvement, mais envisagent pour la première fois le partage de la Palestine entre Juifs, Arabes et Lieux saints. Les premiers soutiennent la proposition ; les seconds y sont hostiles, car leur État n'aurait aucun débouché sur la Méditerranée.

Peu désireux de s'aliéner le monde arabe, travaillé par la propagande hitlérienne, à laquelle le Grand Mufti de Jérusalem et plusieurs représentants des élites prêtent déjà de complaisantes oreilles, le gouvernement britannique adopte une position prudente et rédige en mai 1939 un « livre blanc » qui limite l'immigration juive à 15 000 personnes par an pendant cinq ans et protège les terres arabes contre les nombreux achats de l'Agence juive. Un État commun, où Arabes et Juifs se partageront les responsabilités gouvernementales, devra être créé avant 1949.

Les Juifs sont 445 000 en Palestine, soit un habitant sur trois lors de la parution du « livre blanc ». Ils possèdent 60 000 hectares de terres en 1922 et 155 000 à la veille de la Seconde Guerre mondiale. Voulant fonder un État hébreu, ils repoussent les propositions anglaises, favorisent une massive immigration clandestine, et certains se livrent, par l'intermédiaire d'organisations comme l'Irgoun, au terrorisme, à la fois contre les Britanniques et contre les Arabes. □

Premier contact avec l'Orient : sur le bateau qui l'emmène en Palestine, le plus jeune émigré est présenté au premier canotier, un Arabe.

◁ Coll. part.

Plantation d'orangers ▽ israélienne. L'esprit d'initiative et l'aide matérielle du judaïsme mondial permettent aux colons de progresser rapidement.

Vers 1930. Coll. part.

Terre de conquêtes et d'invasions, la Palestine est peuplée par différentes communautés religieuses, musulmane, chrétienne ou juive

LES DRUZES

Population musulmane arabophone, les Druzes sont établis en Lybie, en Syrie et en Palestine. Leur religion prend naissance dans les dernières années du règne du calife fatimide d'Égypte al-Hakim (996-1021). À la mort d'al-Hakim, le culte druze disparaît en Égypte et gagne la Syrie où des missionnaires le propagent parmi des communautés paysannes. Réorganisée au XVe siècle, sans doute par le moraliste al-Tanukhi, la communauté est divisée en « sages » initiés aux vérités de la foi, parmi lesquels se recrutent les chefs religieux, et en « ignorants » ou non initiés. Les Druzes observent sept commandements principaux et professent une rigoureuse unité divine. Après avoir connu la domination des Ayyubides, des Mamelouks puis celle des Ottomans, les Druzes de Palestine seront intégrés à l'État d'Israël en 1948.

L'U.R.S.S. DE STALINE

Maître absolu du pouvoir après avoir évincé ses rivaux potentiels, Joseph Staline applique les plans quinquennaux, destinés à « construire le socialisme », et réprime toutes les oppositions au régime. L'U.R.S.S. s'édifie sous le double signe de la modernité et de la terreur.

Les plans quinquennaux, œuvre du *Gosplan,* ou Commission du plan d'État, ont pour but de rattraper le retard pris par l'U.R.S.S. sur les nations capitalistes et d'assurer l'indépendance économique du pays. Le premier plan quinquennal (1928-1932) accorde la priorité à l'industrie lourde – 78 p. 100 des investissements –, au détriment des biens de consommation. Ces dures conditions sont acceptées avec enthousiasme par la majorité de la population, persuadée de récolter les fruits de son labeur dans un très proche avenir. Cependant, l'industrialisation à outrance

▽ **La forme physique :** « travailler, construire et ne pas se plaindre » sont les mots d'ordre pour forger l'homme nouveau, conforme aux valeurs socialistes.

1933. A. Deyneka. Coll. part.

et la collectivisation forcée de l'agriculture, menée de façon arbitraire et violente, détruisent les racines de la Russie traditionnelle.

Le « grand tournant »

À partir des années 1928-1929, la société entière vit au rythme du plan, dont les objectifs très ambitieux (21 p. 100 de croissance annuelle) sont présentés comme une manifestation de l'attachement de chacun au socialisme, qu'il s'agit d'édifier à la pelle, à la pioche... ou à la plume. Tous les Soviétiques sont requis, des ouvriers aux écrivains : les premiers bâtissent, les seconds glorifient les bâtisseurs et le fruit de leurs efforts. L'émulation est de règle avec l'apparition successive des brigades de « travailleurs de choc » *(oudarniks),* du stakhanovisme et des « héros du travail ». Le plan est achevé avant terme ; les nouveaux complexes industriels de l'Oural et de l'Ukraine, l'augmentation spectaculaire de la production des matières premières attestent les résultats obtenus, que la propagande oppose au marasme des pays capitalistes en crise.

Succès et modèle d'expansion pour l'industrie, le premier plan quinquennal sonne aussi le glas de la paysannerie individuelle. Malgré l'opposition de plusieurs membres du Comité central, comme Boukharine et Rykov, Staline décide en janvier 1930 de « liquider » les koulaks, paysans les plus aisés. Fustigés par la propagande, des centaines de milliers de koulaks, qui n'ont parfois pour toute richesse qu'une vache et quelques poules, sont arrêtés avec leurs familles, déportés ou massacrés. La création des kolkhoz et des sovkhoz, fermes coopératives et fermes d'État destinées à remplacer les 25 millions de petites exploitations, se heurte à une vive résistance paysanne. La collectivisation s'avère désastreuse pour l'élevage et très décevante pour les cultures de céréales. Les campagnes se vident ; la famine qui s'ensuit tue 6 millions de Russes dans les régions agricoles du Sud, en 1932-1933.

▽
Staline profite de l'opposition du Comité central à propos des kolkhoz et des sovkhoz pour organiser les premières purges.
Coll. part.

Les komsomols (organisation de la jeunesse communiste) travaillent pour la reconstruction des transports. Tous les Soviétiques sont requis pour mener à bien le plan.
1931. A. Kokorekin.
Coll. part. ▽

Initiateur des purges, Lénine fait fusiller ou exiler des écrivains, des penseurs ou des poètes, comme Goumilev en 1921. L'horreur culmine sous Staline.

L'épuration des intellectuels

Aucune des classes sociales et professionnelles de la population soviétique n'est épargnée par la terreur ; les intellectuels sont particulièrement visés. Toutefois, la répression des « ingénieurs des âmes », comme les appelle Staline, ne s'attaque pas forcément aux esprits les plus rebelles : dissident notoire de cette période, Mikhaïl Boulgakov y échappe, alors qu'Issaak Babel, membre de l'Union des écrivains, auteur de *Cavalerie rouge,* plutôt proche du régime, est arrêté, torturé, jugé pour « complicité trotskiste » puis jeté dans un camp. Avec Boris Pilniak et le poète Ossip Mandelstam, il est l'une des plus célèbres victimes du déferlement de la terreur. Les rares survivants, comme Varlam Chalamov, raconteront ultérieurement les terribles épreuves des camps staliniens.

« CONSOLIDER LE SOCIALISME »

Quelques années suffisent pour que la société perde ses points de repère habituels. Les paysans, matés, sont désabusés ; les citadins sont embrigadés dans le corporatisme professionnel : si l'ouvrier bénéficie d'une garantie d'emploi et d'une protection sociale avancée, il n'a pas le droit de grève et ne peut changer de lieu de travail. Les salaires très faibles subissent une forte érosion monétaire, les prix restent élevés et le niveau de vie baisse.

La « consolidation du socialisme » est l'objet du deuxième plan quinquennal. Elle marque un certain retour aux valeurs bannies par la révolution bolchevique : nivellement des cultures nationales par l'épuration des élites, comme en Ukraine ; réhabilitation partielle du bien-fondé de l'empire des tsars ; promotion de l'élitisme professionnel pour former les cadres nécessaires au pays ; large éventail des salaires. L'enseignement traditionnel et la littérature russe d'avant 1917 sont remis à l'honneur : Pouchkine, Gogol, Souvorov, Ivan le Terrible ou Pierre le Grand font désormais partie du panthéon soviétique. La Constitution de 1936 recourt aux idéaux nationalistes russes, proclame l'unité du peuple soviétique de Leningrad à Vladivostok et donne une existence constitutionnelle au Parti communiste, principal rouage de l'État.

Conservateur, le régime stalinien pratique une « morale socialiste » qui exalte la famille, la stabilité conjugale, restreint le divorce et proscrit l'avortement. Après l'effort surhumain des années 1929-1932, une légère détente s'amorce jusque dans la vie politique, avec la réintégration des opposants. Mais elle disparaît vite après l'assassinat mystérieux de Kirov, proche de Staline, le 1er décembre 1934.

Les premiers camps de prisonniers d'opinion abritent prêtres orthodoxes ou penseurs chrétiens, comme aux îles Solovki.

LE GOULAG

La déportation prend un caractère de masse avec la liquidation des koulaks, puis avec les grandes purges de la décennie. En 1930, une Administration principale des camps, ou *Goulag*, est créée ; elle dépend de la Guépéou (futur NKVD), la police politique du régime. Jusqu'alors limités aux abords de la mer Blanche, les camps se multiplient sur le territoire soviétique. L'effectif croît brusquement vers 1937-1938, point culminant de la répression. En 1940, environ 8 millions de *zeks*, prisonniers d'opinion ou de droit commun, purgent de longues peines dans d'effroyables conditions mortelles pour beaucoup, sous l'accusation générale d'« activités antisoviétiques », terme qui englobe tous les motifs, y compris les plus anodins : le simple vol de deux épis de maïs peut entraîner une peine de dix ans de camp de travail, même si le coupable est un enfant...

Staline reçoit les ▷ femmes des ingénieurs et des techniciens des industries lourdes en mai 1936. L'augmentation du nombre des cadres caractérise le régime.

1937. V. P. Yefanov. Coll. part.

Le règne de la terreur

Indissociable du régime soviétique stalinien, la terreur réapparaît lors des procès intentés à des industriels qualifiés de « saboteurs », pratiques qui se généralisent année après année. La liquidation des koulaks montre les visées réelles d'un pouvoir qui cherche à modeler la société par la force.

La mort de Kirov fournit à Staline un prétexte pour se débarrasser de la quasi-totalité de la « vieille garde » bolchevique. Des milliers de suspects sont arrêtés par le NKVD (ex-Guépéou). Fort de près de 300 000 hommes, celui-ci cumule des fonctions policières et judiciaires, juge à huis clos et sans appel ; il n'a de compte à rendre à personne. Au cours des grands procès de Moscou que dirige, de 1936 à 1938, le procureur Vychinski, les anciens compagnons de Lénine, brisés par les pressions psychologiques et la détention, s'accusent docilement des crimes les plus extravagants. Ces procès reflètent les exécutions et les déportations massives qui frappent la société tout entière. Les excès touchent même ceux qui les ordonnent : ancien chef du NKVD, Iagoda est fusillé en 1938.

Les purges décapitent jusqu'à l'Armée rouge : 90 p. 100 des généraux, 80 p. 100 des colonels sont fusillés. Chef militaire brillant, héros de la guerre civile, le maréchal Toukhatchevski est accusé de trahison et passé par les armes en juin 1937. La répression s'abat aussi sur les militaires moins gradés. En juin 1941, face à une Wehrmacht surentraînée, l'Armée rouge, affaiblie par la disparition de ses cadres, paiera cher la méfiance de Staline à son égard. □

◁ **Procès** de Moscou en avril 1933. Cette série de procès, où sont éliminés les révolutionnaires de la première heure qui s'opposent à Staline, provoque une grande émotion dans le monde et contribue à isoler moralement l'U.R.S.S.
Coll. part.

Trotski est exclu ▷ du parti en 1928 puis envoyé au Kazakhstan, avant d'être définitivement expulsé du territoire en février 1929. Après un séjour en France (1935) puis en Norvège (1936),il part pour le Mexique, où il sera assassiné en août 1940 par Ramón Mercader.
1928. *Simplicissimus*. W. Schwartz. Bibliothèque nationale, Paris.

Les fêtes publiques permettent aux Soviétiques d'oublier pour un temps leurs précaires conditions de vie. L'année 1937 est celle des grandes commémorations.

LES FÊTES STALINIENNES

Alors que des arrestations massives sont ordonnées tous les jours, les Soviétiques sont appelés à prendre part à la liesse qui doit accompagner les manifestations officielles. Le 20e anniversaire de la révolution d'Octobre, dont bien des acteurs ont été exécutés ou sont en prison, est la principale célébration ; sont également fêtés le centenaire de la mort de Pouchkine et le 125e anniversaire de la bataille de la Moskova. Parades, expositions, conférences, inaugurations de monuments, bals et défilés animent la capitale et les grandes villes du pays durant des mois. Le goût stalinien du grandiose confère une apparente allégresse à une réalité plus sombre. Pour les jeunes Soviétiques épargnés par les purges, l'année 1937 reste néanmoins l'une des plus radieuses de la décennie.

MOSCOU

Le premier plan quinquennal bouleverse Moscou. Désormais appelée à symboliser le monde nouveau issu de la société socialiste, la ville ne saurait prétendre à ce rôle sans subir de profondes modifications de prestige. Ses baraques de bois, ses rues sinueuses et son Kremlin médiéval lui donnent encore un aspect de « grand village ». Plusieurs projets grandioses occupent ingénieurs et architectes. Le premier d'entre eux est le métropolitain, annoncé comme le défi le plus important de la décennie : par leur variété et leur décoration, les stations sont de véritables palais souterrains, que les Moscovites découvrent avec fierté. Non loin du Kremlin, au cœur de la cité, doit être édifié le palais des Soviets, « palais du peuple tout entier » : architectes soviétiques et étrangers rivalisent d'imagination pour sa conception, mais ce « temple du socialisme » ne sera jamais édifié. En revanche, les immeubles néoclassiques de la rue Gorki sont caractéristiques de l'architecture stalinienne, assez proche des réalisations occidentales du moment. Les nombreux travaux attirent des milliers de paysans qui fuient la collectivisation, mais la ville souffre d'une pénurie chronique de logements et ne peut abriter cette foule anonyme des artisans de sa modernité. Projection de l'« avenir radieux des travailleurs », seul le métro fait oublier un peu la précarité de la vie quotidienne.

△
La station Maïakovskaïa. Les travaux du métro commencent en 1931 : une abondance de stucs, de mosaïques aux pierres fines et de marbre le caractérisent.

△
Staline a le goût du gigantisme. Les avenues qu'il fait creuser, telle l'avenue Kalinine, sont à l'origine de la destruction du vieux Moscou.
1937.

Péniche-restaurant ▷ sur la Moskova, devant le Kremlin. Depuis 1935, des étoiles couleur rubis, symboles du communisme, remplacent au sommet des tours les aigles bicéphales tsaristes.
Coll. part.

Palais des industries ▷ d'État. L'ère stalinienne s'illustre par un projet de réaménagement de Moscou, pour lequel les architectes œuvrent en vue d'un idéal socialiste.
Vers 1931.

△ **L'université Lomonossov** porte le nom du savant, fondateur du premier établissement en 1755. Terminé en 1953, le portique de l'actuel édifice central soutient un haut-relief dédié au Peuple créateur.
Coll. part.

▽ ***L'Ouvrier*** *et la Kolkhozienne,* sculpture monumentale réalisée pour l'Exposition universelle de Paris, en 1937, où elle est placée face à l'aigle hitlérienne.
1937. V. Moukhina. Parc Sokolniki, Moscou.

ITALIE

Les Indifférents

■ Moravia publie en 1929 sa première œuvre importante, *les Indifférents,* vision de la petite bourgeoisie et du peuple italiens qui annonce le néoréalisme et même, avec plus de quinze ans d'avance, l'existentialisme. Alberto Pincherle, dit Moravia, a fait des débuts littéraires précoces en publiant un recueil de vers à 13 ans, mais il préférera très vite la prose et la fiction. Pour lui, ses œuvres ne sont pas des romans mais des « récits narratifs » traitant de tous les problèmes intellectuels et sociaux du monde moderne, en une caricature qui va parfois jusqu'au surréalisme. □

Les Marx Brothers : Harpo, Chico et Groucho. *Metro-Goldwyn-Mayer.*

ÉTATS-UNIS

La Saint-Valentin

■ Dans l'Amérique puritaine, qui se croit bénie de Dieu, l'alcool frelaté et le sang des gangsters coulent à flots. Au pays de la prohibition, la commercialisation des boissons interdites a engendré toute une économie parallèle, dont les gangs rivaux se disputent les profits. À Chicago, le 14 février 1929 – jour de la Saint-Valentin –, les hommes du clan Capone se déguisent en policiers et se rendent dans le garage d'un clan rival, d'où partent les camions chargés d'alcool. Sans hésiter, ils abattent sept hommes et disparaissent. Désormais, l'Amérique sait qui commande à Chicago. Aucun politicien ne se heurte plus aux gangs, tellement riches qu'ils financent n'importe quelle campagne électorale. Il faudra que l'État envoie des agents fédéraux, étrangers aux intrigues locales et « incorruptibles », pour mettre un peu d'ordre dans la jungle des grandes villes. □

FRANCE

Recherches picturales

■ Dans *la Femme 100 têtes,* tableau de Max Ernst, le titre est presque aussi important que l'œuvre. Comme ses amis surréalistes, l'artiste a le goût des jeux de mots, calembours et paradoxes. Le tableau est, en réalité, un « roman-collage » composé d'images hétérogènes. À la même époque, le peintre laisse libre cours à son inspiration poétique et au hasard en réalisant des « frottages », dessins obtenus en frottant une mine de crayon sur des objets placés sur une lame de plancher puis sur d'autres supports. □

ÉTATS-UNIS

Parade d'amour

■ La carrière américaine de Lubitsch démarre vraiment à la fin des années 20. Né à Berlin en 1892, le cinéaste a tout d'abord tourné des films en Allemagne, avec de très grands acteurs comme Emil Jannings et Pola Negri. Pressent-il la vague nazie hostile aux artistes juifs ? Est-il attiré par de meilleures conditions de vie et de travail ? Lubitsch s'expatrie très tôt vers Hollywood, où il tourne les œuvres les plus légères du cinéma américain, comme *l'Éventail de lady Windermere.* Puis c'est, en 1929, le film qui lancera le couple Jeanette MacDonald-Maurice Chevalier, *Parade d'amour.* □

ÉTATS-UNIS

De Brooklyn à Hollywood

■ Ils faisaient crouler de rire les salles de music-hall, ils en feront autant pour le public des salles obscures. C'est en 1929 que les frères Marx tournent leur premier film, *Noix de coco,* adaptation d'une de leurs revues. Chico, Harpo, Groucho et Zeppo sont nés à New York entre 1891 et 1901 dans une famille très modeste, originaire d'Allemagne. Les jeunes garçons font tous les métiers pour gagner leur vie, avant de monter sur scène – sans leur cinquième frère, Gummo, qui a entamé une carrière d'imprésario. Ils jouent dans les théâtres les plus divers, acceptent des tournées minables, avant de devenir célèbres grâce à leur comique tout à fait particulier – cocktail de clowneries, de non-sens et d'humour juif incongru, sans paroles. Le plus étrange des « Marx Brothers », Harpo, deviendra un très grand acteur sans jamais dire un mot. Quant à Zeppo, il quittera le groupe en 1932. Au moment où ils commencent à faire du cinéma, raconte Groucho, les quatre frères sont enfin parvenus à éviter une partenaire très chère, mais très indésirable : leur propre mère. Maman Marx répugnait à laisser seuls ses garçons et elle était par ailleurs convaincue de ses dons dramatiques : elle n'avait donc pas hésité à exécuter quelques numéros avec ses enfants, malgré la désapprobation générale. □

CHINE

Le plus vieil ancêtre

■ C'est un père jésuite français, né en 1881, qui a découvert le plus ancien représentant des Chinois, un sinanthrope (« homme de Chine ») né au nord du fleuve Jaune voilà près de 500 000 ans. Pierre Teilhard de Chardin, connu pour ses travaux de géologie, s'intéresse à partir de 1923 à la formation des reliefs sédimentaires en Chine. Les premiers primates avaient dû quitter l'Afrique pour l'Asie il y a 1,7 million d'années. En Chine du Nord, ils ont trouvé un milieu qui leur a fourni leurs premiers matériaux : le bambou et le roseau. À Tcheoukeou-tien, les sinanthropes occupaient un abri-sous-roche qui a servi pendant plus de 100 000 ans – on y a relevé onze niveaux d'occupation – avec quelques périodes d'interruption, durant lesquelles des hyènes charognardes se réfugièrent dans le site. Le sinanthrope utilise le silex et l'os pour ses outils ; il connaît le feu. Pour le paléontologue qui a travaillé sur cet hominidé, cette découverte scientifique a également des conséquences spirituelles et théologiques. Partisan résolu de l'évolutionnisme contre les créativistes, qui prennent les récits des premiers chapitres de la Genèse au pied de la lettre, Pierre Teilhard de Chardin commence à élaborer une réflexion originale, et promise à un grand retentissement, sur le cosmos et l'homme. □

BELGIQUE

Au pays des Soviets

■ Des ouvriers enchaînés à leur poste de travail, des hauts-fourneaux factices destinés à impressionner les communistes étrangers, des délateurs et des espions omniprésents dans une bande dessinée en noir et blanc : le jeune reporter Tintin, déjà accompagné de son fidèle Milou, fait ses débuts en se rendant en U.R.S.S., dont il rapporte une image plus qu'inquiétante. Le dessinateur Georges Remi s'est donné le pseudonyme de « Hergé », à partir de ses initiales, pour écrire dans le supplément pour enfants du *Petit Vingtième,* hebdomadaire belge bien-pensant. Hergé colle à l'actualité et à la société de son époque, grâce à une documentation rigoureuse, à défaut d'être totalement impartiale ; il est l'un des premiers en Europe à utiliser des « bulles », ou phylactères, pour faire dialoguer ses personnages, alors que ses prédécesseurs (comme le Français Joseph Pinchon dans *Bécassine,* ou son compatriote Christophe pour *les Facéties du Sapeur Camember*) rédigeaient de courts textes placés sous les images. □

1930 - 1933

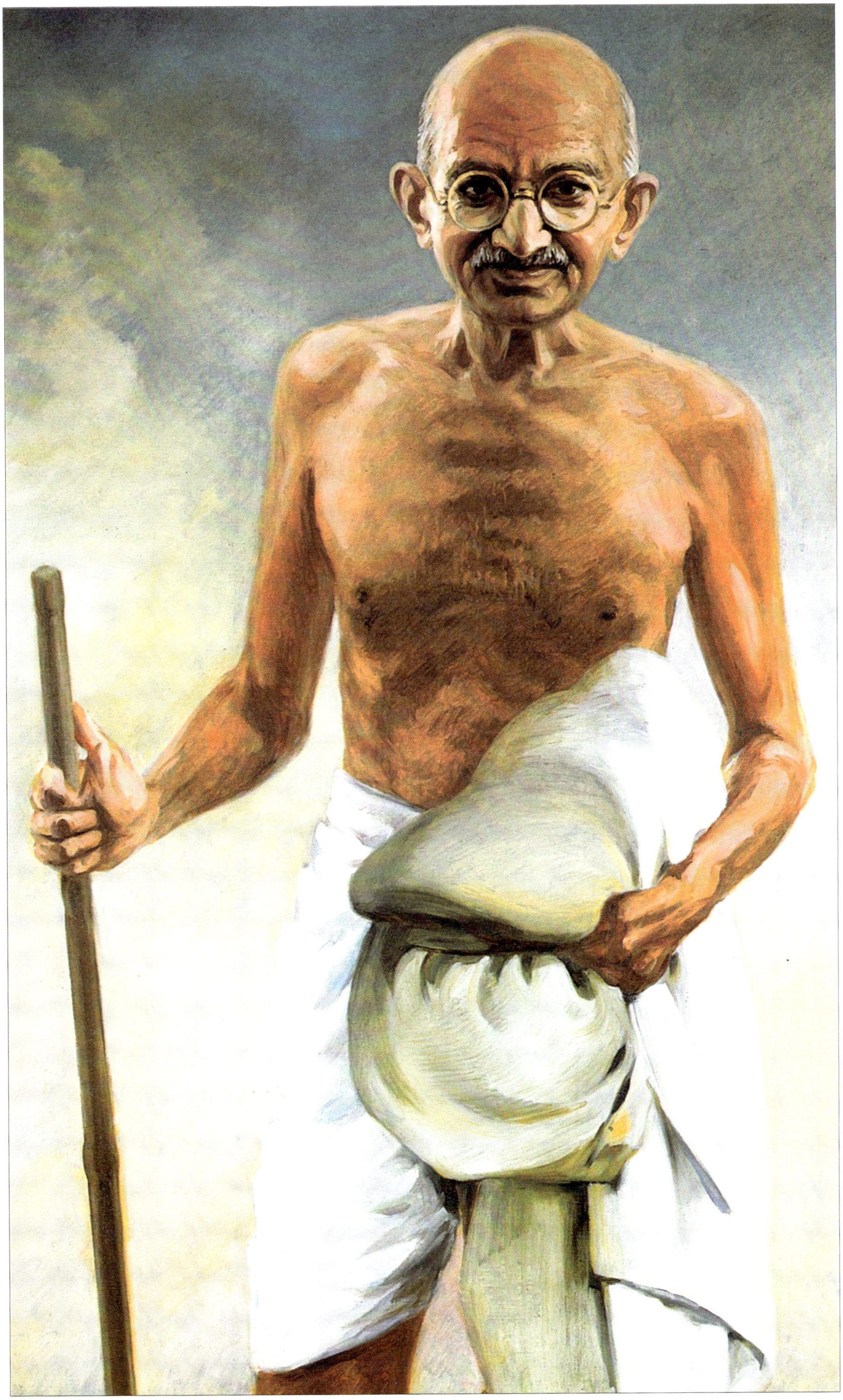

C'est un étrange spectacle qui s'offre aux yeux des badauds londoniens, le 7 septembre 1931, à l'occasion de l'ouverture de la deuxième conférence de la Table ronde sur l'Inde : un petit homme presque chauve, drapé dans une sorte de tunique blanche qui lui laisse les jambes nues malgré la pluie, pénètre dans le palais Saint James, où il rejoint les représentants de l'autorité coloniale britannique. Au grand scandale des journalistes occidentaux, Gandhi a en effet refusé d'abandonner son vêtement traditionnel pour revêtir une tenue « civilisée ». Nulle provocation dans son attitude, mais la conviction que l'heure est venue pour les Anglais de considérer enfin l'Inde comme une nation autonome et le peuple indien comme capable de prendre en main son destin. Et pourquoi les Anglais ne commenceraient-ils pas par s'accommoder du pagne de « Mr. Gandhi », tour à tour sujet rebelle, pensionnaire des geôles britanniques puis interlocuteur du gouvernement de Sa Majesté, au nom de ses 350 millions de compatriotes ?

Gandhi. 1968. Surat Sadan. Centre franco-indien de relations culturelles.

L'INDE DE GANDHI

En mars 1931, lors de la grande «marche du sel», des milliers d'Indiens défilent pacifiquement derrière Gandhi. La pression populaire est telle que la Grande-Bretagne ouvre des négociations. L'indépendance de l'Inde ne semble plus un rêve inaccessible.

Depuis le XVIIIe siècle, l'Inde vit sous la domination anglaise. Si Gandhi ouvre une voie décisive vers la libération nationale, son œuvre, loin d'être accidentelle au regard de l'histoire indienne, s'inscrit au contraire dans une longue tradition de lutte patriotique.

Le parti du Congrès

C'est dès la fin du XIXe siècle, en 1885 précisément, que le mouvement nationaliste indien s'est constitué en un parti organisé, le Congrès national indien. Soutenu par l'élite indienne et par quelques personnalités britanniques, le Congrès cherche d'abord à modifier la place de l'Inde et des Indiens au sein de l'empire, bien avant de réclamer l'indépendance proprement dite. Certaines de ses revendications concernent le peuple – réduction de la taxe sur le sel, développement de l'enseignement –, mais ses préoccupa-

◁ **La campagne** de désobéissance civile mobilise le peuple contre la taxe sur le sel.
1930. *Le Petit Journal*. Bibliothèque nationale de France.

▽ **Le rouet** de Gandhi devient le symbole de la lutte du peuple indien pour son indépendance.
Ashram de Gandhi, Ahmadabad.

tions reflètent plutôt celles de l'élite du pays. Les membres du Congrès militent ainsi pour une « indianisation » de la haute administration coloniale. Comme les concours de recrutement se déroulent à Londres, ils ne sont ouverts qu'aux Indiens les plus fortunés, ayant pu étudier en Angleterre. Si ces Indiens aisés veulent avoir accès à tous les postes de responsabilité militaires et administratifs offerts par la métropole, ils n'envisagent pas encore de rompre avec l'empire.

Le Congrès est particulièrement attentif au respect dû aux traditions de l'hindouisme et il s'insurge contre les attaques systématiques dont celles-ci sont l'objet de la part des Britanniques. C'est sans doute à juste titre que ces derniers ont supprimé, en 1829, la pratique du *sati*, c'est-à-dire le sacrifice des veuves sur le bûcher funéraire de leurs époux décédés, mais il s'agit, selon les nationalistes, d'une tradition ancienne en voie de régression qui ne justifie pas de considérer la civilisation occidentale comme supérieure. Or le colonisateur n'hésite pas à pratiquer la ségrégation : certains wagons de chemin de fer, restaurants et clubs sont en effet interdits, ainsi que le signalent des pancartes, « aux chiens et aux Indiens ».

Ces humiliations entraînent des réactions extrêmes et, au sein du Congrès, une petite minorité opte, dès 1907, avec Tilak, pour l'action violente contre les Britanniques. Dans sa majorité, le mouvement nationaliste reste cependant modéré et garde ainsi le soutien des milieux d'affaires pour qui l'essentiel est de supprimer les monopoles commerciaux anglais.

Les premiers succès

Les intérêts de tous les mécontents indiens sont encore contradictoires. Les vingt premières années du siècle leur

▽ **Gandhi** débarque à Marseille le 11 septembre 1931. Le jour suivant, il arrive à Londres. La conférence de la Table ronde se termine avec des résultats substantiels qui serviront de base au statut de 1935.

Coll. part.

Alors que l'industrie est monopolisée par la puissance colonisatrice, la naissance d'un capitalisme local sert l'indépendance.

CAPITALISME ET NATIONALISME

L'industrie indienne a longtemps été sous le contrôle exclusif de la Compagnie des Indes. Le développement des chemins de fer avait augmenté le potentiel économique de l'Inde, mais celui-ci était bridé par Londres : la colonie ne devait pas faire concurrence à l'industrie anglaise. Au début du XXe siècle, des hommes d'affaires indiens changent la situation. Dès 1907, la firme Tata se lance dans la sidérurgie et se consacre à la production d'électricité. Les industries du coton se multiplient ; le sucre, le papier et le jute deviennent l'apanage de la société Birla. La Première Guerre mondiale donne un élan décisif à ce capitalisme naissant en réduisant les importations de la métropole : il faut alors que l'Inde produise. La paix revenue, la Grande-Bretagne doit compter avec cette nouvelle puissance.

donnent l'occasion de concrétiser et d'unifier leurs revendications. En 1904 tout d'abord, lord Curzon, vice-roi des Indes, commet l'erreur de partager, pour des raisons administratives, l'immense territoire du Bengale. Les Bengalis pensent qu'il veut ainsi diviser pour mieux régner, tout en les punissant de leur nationalisme trop virulent. Ils lui reprochent également de favoriser les musulmans en leur accordant un territoire propre. Le résultat est catastrophique pour la Grande-Bretagne : les actes terroristes se multiplient, l'opposition se rassemble, les produits étrangers sont boycottés, les marchandises anglaises brûlées. En 1911, la Couronne recule et met fin à la partition. Entre-temps, pour calmer le jeu, elle a accordé aux élites indiennes une partie de ce qu'elles réclamaient : l'accès à la haute administration coloniale et la participation aux gouvernements provinciaux.

Après avoir ainsi reculé devant les masses indiennes, la Grande-Bretagne subit le contrecoup de la Première Guerre mondiale. Le conflit joue un rôle décisif dans la montée du nationalisme indien. Humainement et financièrement, l'Inde contribue largement à la victoire britannique, sans rien recevoir en retour, si ce n'est de vagues promesses. Mais le monde a changé. Pendant quatre ans, l'Europe a donné le spectacle d'une barbarie meurtrière. En 1917, la révolution russe a montré que les plus grandes puissances occidentales pouvaient s'effondrer sous les coups de boutoir de peuples révoltés. Pour la première fois, l'impérialisme est officiellement considéré comme un fléau ; les 14 points de la déclaration du président Wilson et le droit des peuples à disposer d'eux-mêmes sont en contradiction flagrante avec le colonialisme britannique. En conséquence, à partir de 1918, le nationalisme indien entre dans une nouvelle phase, qui sera décisive. Dès 1919, la Grande-Bretagne accorde à l'Inde une constitution, pas important vers l'autonomie.

La formation de Gandhi

Un homme va définitivement mener les Indiens vers l'indépendance. Issu d'une famille qui a occupé des postes politiques importants au Gujerat et qui appartient à la caste des marchands, Gandhi est un représentant de la bourgeoisie traditionaliste. Très tôt, il a subi l'influence des *jaïns,* adeptes d'une religion de la non-violence et du respect de la vie. Ses études à Londres l'ont ensuite ouvert à la pensée occidentale en même temps qu'elles l'éloi-

En freinant le développement de l'industrie indienne, les Britanniques ont lourdement handicapé l'économie rurale.

LA PAUVRETÉ DES CAMPAGNES

Faute d'usines dans les villes, et donc d'emplois, l'Inde ne connaît pas d'exode rural. La population des campagnes augmente mais reste sur place. Les paysans indiens, qui représentent plus de 70 p. 100 des actifs à la veille de la Première Guerre mondiale, manquent donc cruellement de terres. Contraints à l'endettement, exploités et maltraités par les grands propriétaires, ils ont été les premières victimes des grandes famines de la fin du XIXe siècle. Au début du XXe siècle cependant, quelques progrès améliorent leur sort. D'importants travaux d'irrigation sont entrepris et l'on ouvre des instituts de recherche agricole. Mais ces avancées ne concernent que les cultures à rendement industriel, le coton et le sucre. L'Inde est encore loin de l'autosuffisance alimentaire.

Les partisans de Gandhi restent allongés durant des journées entières devant les résidences des Britanniques, attendant que se réalise la prophétie du Mahatma : « Dans un an, la domination anglaise ne sera plus qu'un souvenir. »
1930. A. Beltrame. *La Domenica del Corriere.* ▷

▽ **Le congrès** anticolonialiste de Bruxelles en février 1927. Nehru et sa sœur sont entourés d'intellectuels allemands et néerlandais. Nehru représente la tendance de gauche du parti du Congrès.
Coll. part.

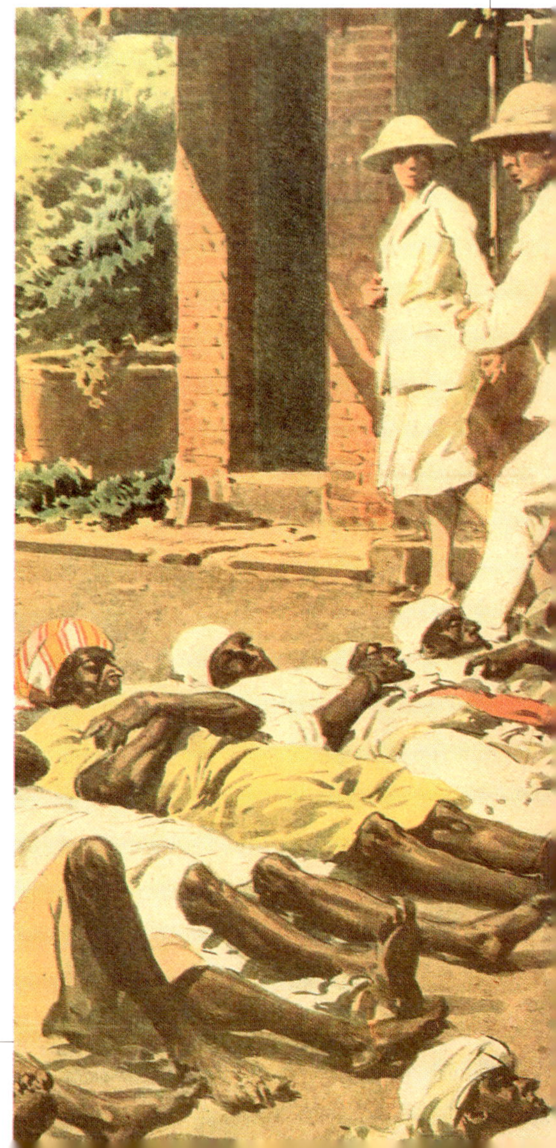

gnaient du milieu hindou conservateur, qui considère l'étranger comme fondamentalement impur. Il est cependant resté fidèle aux coutumes de son pays et n'a ainsi jamais renoncé au régime végétarien. Après Londres, sa carrière d'avocat l'a mené en Afrique du Sud où, découvrant le sort humiliant réservé par les Blancs chrétiens à la population d'origine indienne, il a pris la défense de ses compatriotes. Il a alors expérimenté avec succès les méthodes auxquelles il ne renoncera plus : la non-violence et la résistance passive.

La «Grande Âme»

En 1915, Gandhi est de retour en Inde : déjà célèbre, il est accueilli triomphalement. Il parcourt ensuite ce pays où il est né, mais qu'il connaît mal, et découvre avec émotion la misère du peuple. Renonçant au costume occidental, il adopte alors la tenue des paysans à qui il a décidé de rendre justice et dignité. Sa doctrine philosophique et politique est déjà constituée depuis ses luttes en Afrique du Sud. Mêlant l'idéalisme religieux au pragmatisme de l'action, Gandhi est à la recherche d'une morale universelle, issue à la fois de l'hindouisme, du jaïnisme et du christianisme. En quête de la vérité et de la justice divine, il défend aussi l'idée moderne de droits de l'homme, ce qui heurte de front les traditions inégalitaires de la société indienne. Voulant mettre fin au scandale des « intouchables » – auxquels il donne le nom de « fils de Dieu » –, il fonde un ashram, un lieu de recueillement spirituel, où sont admis les membres de toutes les castes sans exception. Les adeptes de celui à qui on a donné le titre honorifique de Mahatma (« Grande Âme »), sont de plus en plus nombreux. Il leur conseille d'être végétariens et de jeûner souvent. « Soldats de vérité » – et c'est leur propre vérité qu'ils doivent d'abord trouver –, ils travaillent à la restauration des grands équilibres : entre l'homme et la nature, les exploités et leurs maîtres, les colonisateurs et les colonisés.

Gandhi prêche la non-violence absolue, y compris face à l'injustice, à la violence et à la haine. Cette non-violence est au cœur des actions qui permettent à sa philosophie de se concrétiser et de devenir un outil poli-

△ **Un prêtre** intouchable procède au rite du *yagma* (prière du feu) pour Gandhi, affaibli par les jeûnes qu'il s'impose pour attirer l'attention sur la condition des intouchables. Dans le système hindouiste, il est impossible de changer de caste.
Vers 1933. Coll. part.

Dans l'Inde traditionnelle façonnée par l'hindouisme, une partie de la population est totalement exclue du corps social.

LES INTOUCHABLES

La société indienne est régie par le système très ancien des castes, héréditaires et hiérarchisées. Il y a quatre castes principales ; les intouchables constituent un cinquième groupe « hors castes ». Ils vivent à l'écart, car un simple contact physique souillerait l'hindou de caste supérieure. Ils ont donc leurs quartiers, leurs puits, leur nourriture et n'ont pas accès aux hôpitaux, aux temples et aux écoles du reste de la société indienne. On leur réserve les métiers les plus méprisés : bouchers, tanneurs, fossoyeurs, laveurs de linge. Au XXe siècle, des intellectuels indiens, avec Gandhi, luttent contre cette injustice, et le Congrès se prononce pour la suppression de telles discriminations. La Constitution de l'Inde de 1947 abolira le système des castes, qui subsiste pourtant aujourd'hui encore sous de nombreux aspects.

tique très efficace. C'est ainsi qu'en 1917 Gandhi soutient des grévistes en jeûnant. La résistance passive et le boycott deviennent ses armes privilégiées ; il va désormais les utiliser dans la lutte contre l'Empire britannique.

En 1919, la Grande-Bretagne vient d'accorder à l'Inde une constitution, mais elle est loin d'être décidée à céder la réalité du pouvoir. Des tribunaux spéciaux sont instaurés pour juger expéditivement les « perturbateurs ». Gandhi lance alors un mouvement de refus spirituel proche de la grève générale, mais cette action collective tourne à la violence. La répression est sanglante. Le 13 avril 1919, le général Dyer fait tirer sur les émeutiers à Amritsar : il y a 400 morts et des milliers de blessés. L'Inde est en état de choc. La rupture est alors définitive entre le gouvernement anglais et le mouvement nationaliste. Pour Gandhi, toute coopération avec la Grande-Bretagne est désormais impossible.

Le combat pour l'indépendance

Devenu l'homme le plus respecté et le plus écouté du peuple indien, Gandhi poursuit la lutte contre les Britanniques. Commence alors, avec l'approbation de l'ensemble du Congrès, la grande campagne dite « de non-coopération ». Gandhi appelle au boycott de la production britannique et à la renaissance de la petite industrie villageoise du khadi, un tissu fait à la main, cela afin de nuire aux entreprises anglaises tout en favorisant l'économie indienne, en particulier rurale. Le mouvement est un succès. Le tissu étranger est brûlé en public et l'Inde se met à « acheter indien ». Les Indiens boycottent les écoles et les universités officielles, refusent de participer aux élections ; les fonctionnaires quittent leurs postes, les avocats renoncent à exercer. En 1922, Gandhi appelle à la désobéissance civile. Mais quand le mouvement tourne à la violence et au terrorisme, le Mahatma décide d'y mettre fin.

Condamné à six ans de prison, relâché au bout de deux ans, Gandhi renonce pour un temps à la politique. Son action n'a cependant pas été inutile. Dans les années 20, la situation

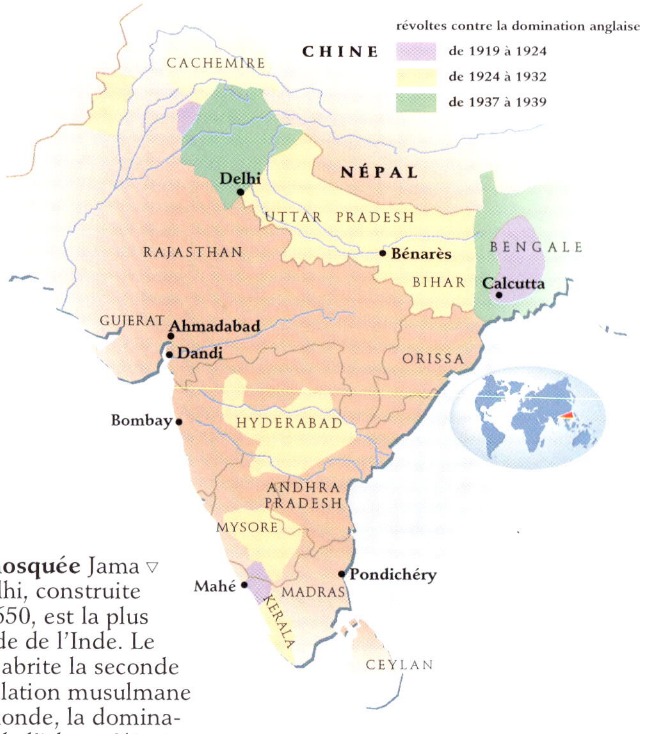

La mosquée Jama ▽ à Delhi, construite en 1650, est la plus grande de l'Inde. Le pays abrite la seconde population musulmane du monde, la domination de l'islam s'étant développée dès le XIe siècle.

1913. Coll. part.

de l'Inde s'améliore : les postes civils et militaires sont ouverts aux « indigènes », ceux-ci perçoivent des traitements identiques à ceux des Britanniques et les taxes prohibitives sur le coton sont supprimées. Cette dernière mesure permet à l'industrie locale de commencer à se développer. Cependant, malgré ces avancées indiscutables, le Congrès ne relâche pas sa pression. Son programme s'est radicalisé : il réclame désormais l'indépendance pure et simple du pays.

La marche du sel

En 1930, Gandhi sort de sa réserve. Il pose ses conditions au gouvernement britannique, exige la baisse de l'impôt foncier et l'abolition de la taxe sur le sel. N'obtenant pas de réponse, il organise une nouvelle campagne de désobéissance civile. La célèbre « marche du sel » commence. Du 12 mars au 6 avril 1930, Gandhi rejoint la mer à pied, depuis la ville d'Ahmadabad jusqu'au village de Dandi, à 140 km de là, pour récolter du sel marin, appelant ainsi ses compatriotes à violer la loi sur le monopole de cette denrée. Il est suivi par de grandes foules qui prouvent au monde que le mouvement nationaliste a l'appui du peuple. Devant le succès de « la marche du sel », le gouvernement colonial est contraint de céder. Gandhi, que l'on mettait en prison six ans plus tôt, est reçu à Londres en septembre 1931, toujours vêtu de son étrange accoutrement, à l'occasion de la deuxième conférence de la Table ronde, qui a pour objet l'avenir de l'Inde. En 1935, les premières réformes britanniques entrent en application.

Mais elles sont encore trop modérées et le Congrès est fermement décidé à continuer le combat. En 1936, il se donne un nouveau président, Jawaharlal Nehru. Favori du Mahatma (qui a appuyé sa candidature), il mènera son pays à l'indépendance. Le mouvement national, riche des heures de gloire que lui a données Gandhi, est désormais mûr pour ses derniers combats. Il sait également ce que seront ses difficultés. La minorité musulmane, qui s'est donné en 1906 une organisation autonome, la Ligue musulmane, rêve d'une partition du pays et de la création d'un État exclusivement musulman au nord de l'Inde : le Pakistan (« pays des purs »). Ce problème pèsera lourd dans l'avenir. À la veille de la Seconde Guerre mondiale, les acteurs et la scène de la future indépendance indienne sont en place. Mais le rêve humaniste et unitaire de Gandhi est déjà menacé. □

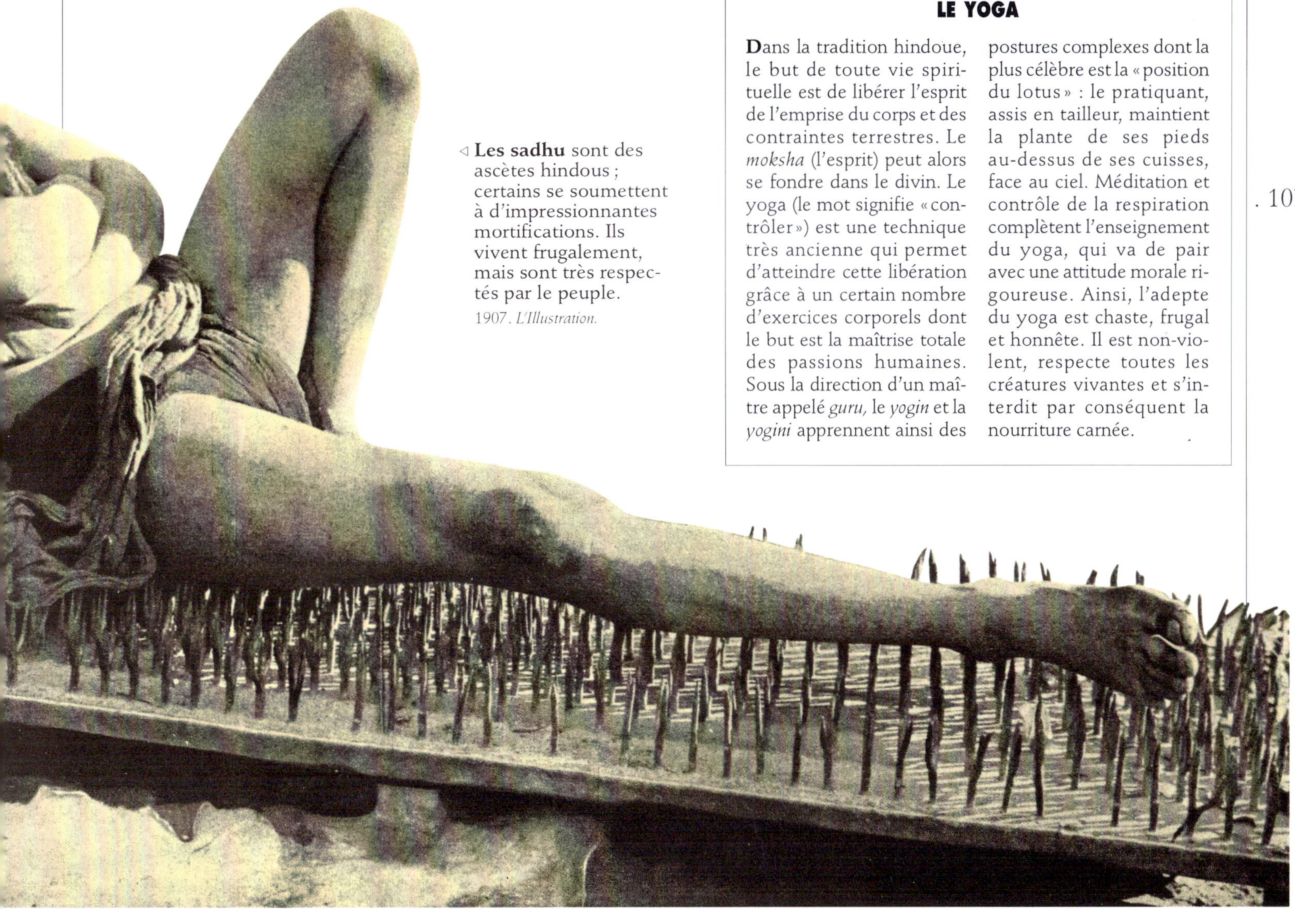

◁ **Les sadhu** sont des ascètes hindous ; certains se soumettent à d'impressionnantes mortifications. Ils vivent frugalement, mais sont très respectés par le peuple.

1907. *L'Illustration.*

C'est en Inde, à l'époque védique, qu'est née l'une des techniques spirituelles les plus célèbres du monde.

LE YOGA

Dans la tradition hindoue, le but de toute vie spirituelle est de libérer l'esprit de l'emprise du corps et des contraintes terrestres. Le *moksha* (l'esprit) peut alors se fondre dans le divin. Le yoga (le mot signifie « contrôler ») est une technique très ancienne qui permet d'atteindre cette libération grâce à un certain nombre d'exercices corporels dont le but est la maîtrise totale des passions humaines. Sous la direction d'un maître appelé *guru,* le *yogin* et la *yogini* apprennent ainsi des postures complexes dont la plus célèbre est la « position du lotus » : le pratiquant, assis en tailleur, maintient la plante de ses pieds au-dessus de ses cuisses, face au ciel. Méditation et contrôle de la respiration complètent l'enseignement du yoga, qui va de pair avec une attitude morale rigoureuse. Ainsi, l'adepte du yoga est chaste, frugal et honnête. Il est non-violent, respecte toutes les créatures vivantes et s'interdit par conséquent la nourriture carnée.

L'INDE DES MAHARAJAS

En dehors des provinces directement administrées par les Britanniques, l'Inde comprend plus de 600 États princiers indépendants, mais soumis à l'autorité de la Couronne. Si l'État d'Hyderabad est dirigé par un prince musulman, les autres principautés sont gouvernées par des maharajas, c'est-à-dire des princes hindous. Ces derniers sont mal vus des nationalistes, qui n'apprécient pas le luxe outrancier dont ils s'entourent et le peu de cas qu'ils font des principes démocratiques. Les maharajas et leur mode de vie deviennent le symbole même de l'ancien régime social et politique. Le monde entier connaît leurs palais dorés, décorés de miroirs, de dentelles de stuc et de marbre blanc. Entourés de leurs familles et de leurs nuées de serviteurs, ils prennent plaisir à se faire photographier sous des ombrelles ou juchés sur des éléphants caparaçonnés de velours. Le jour de leurs noces, les jeunes épousées disparaissent sous l'or et les perles, les milliers de convives sont accueillis par des pluies de pétales de roses. En 1947, lors de l'indépendance, tous ces États seront incorporés à l'Union indienne. Certains, comme le Cachemire, résisteront et ne seront vaincus que par les armes. Peu de maharajas réussiront une carrière politique sous le nouveau régime et la plupart se contenteront de leur collection de voitures anciennes, de la pratique du polo et de la fréquentation de clubs à l'anglaise.

△ **Selon la coutume,** le maharaja d'Alwar, dont le royaume est situé près de l'État de Rajputana (Rajasthan), s'apprête à faire distribuer aux pauvres son propre poids en pièces d'argent.
1929. *L'Illustration.*

△
Les enfants du maharaja de Kapurthala. Au XXe siècle, l'usage veut que les princes soient éduqués en Europe. À leur retour, ils sont parfois étrangers à leur propre pays mais résolus à moderniser leurs États.

△ **Caricature** du maharaja de Kapurthala. Les princes ont les moyens de suivre les plus coûteuses modes de Londres et de Paris.
1923. Sem. *Le Nouveau Monde*. Bibliothèque des Arts décoratifs, Paris.

Le maharaja de ▽ Jodhpur au polo. Ce jeu d'origine asiatique, très pratiqué au Rajasthan, a été exporté par les officiers de cavalerie et les planteurs de thé anglais.
1901. *La Vie au grand air.*

◁ **Maharaja** de Bundi. Les princes conservent des traditions archaïques et défendent l'ordre impérial britannique, empêchant tout éveil de la conscience politique de leur peuple.
1925. Lafugie. Coll. part.

△ **Alwar,** ancienne principauté rajpute fondée au XVIIIe siècle, est située au pied d'une forteresse. Un étang artificiel bordé de temples la sépare du City Palace, c'est-à-dire des anciens palais des maharajas.
Coll. part.

L'AMÉRIQUE DES DICTATURES

Terre d'inégalité, l'Amérique latine est ballottée entre les dictatures d'origine militaire et les mouvements révolutionnaires. Voisins trop puissants, les États-Unis entendent se réserver un droit de regard sur le destin économique et politique du continent.

Depuis la fin du XIXe siècle jusqu'aux années 30, l'Amérique du Sud est une région de dictatures et de coups d'État. Elle est passée presque sans transition de l'influence coloniale européenne à celle, plus insidieuse mais non moins réelle, des États-Unis. Tantôt soumise à la réaction, tantôt traversée par les mouvements progressistes, l'Amérique latine est une proie facile pour les dictatures. Ces dernières, très répandues, prétendent chercher une voie moyenne entre le pouvoir sans frein de l'argent et les aspirations des plus pauvres, mais elles n'en restent pas moins des régimes autoritaires qui permettent aux riches oligarchies de maintenir leur domination.

Le rôle de l'armée

Antidémocratiques, les dictatures d'Amérique latine se sont, pour la plupart, installées grâce à l'appui des mi-

◁ **Mineurs** boliviens. Les richesses minérales constituent la base du commerce international du pays, mais cette prospérité n'est évidemment pas partagée par ceux qui les extraient du sol.
Coll. part.

litaires. Bien que la figure du *caudillo* (général qui a pris le pouvoir par un coup d'État) soit encore vivace, l'armée préfère désormais s'abriter derrière des civils à qui elle confie l'autorité gouvernementale. Elle n'en est pas moins à l'origine de la plupart des mutations politiques, plaçant ses hommes à la tête des États et renversant ceux qui lui déplaisent. Grâce aux militaires sont ainsi arrivés au pouvoir : Saavedra en Bolivie, Tinoco au Costa Rica, Machado à Cuba, Leguía au Pérou, Juan Vincente Gomez au Venezuela et Gonzales Cordoba en Équateur. Ce sont eux aussi qui ont provoqué les démissions d'Alessandri au Chili, de Washington Luis de Souza au Brésil et d'Yrigoyen en Argentine.

DICTATEURS ET COMPAGNIES AMÉRICAINES

Issues de l'armée, les dictatures s'appuient sur la police, musellent la presse, instaurent le culte des chefs et permettent à ceux-ci de s'enrichir sans limite. Gomez, qui dirige le Venezuela de 1908 à 1935, se constitue ainsi une fortune estimée à 35 millions de dollars. La corruption se généralise, d'autant plus que les richesses à prendre augmentent en même temps que se développe l'exploitation des ressources naturelles de l'Amérique latine : le cuivre au Chili et le pétrole au Venezuela donnent à ces pays des perspectives économiques nouvelles.

Les capitaux qui financent ce décollage économique viennent pour l'essentiel des États-Unis. La United Fruit, la Sinclair Oil, la Vanadium Corporation soutiennent sans réserve les dictatures qui assurent la stabilité nécessaire à leur prospérité. Les retombées économiques de leurs activités permettent aux dirigeants d'Amérique latine d'apporter de nombreux progrès dans les domaines des réseaux de communication et de l'éducation. Leguía, qui dirige le Pérou de 1918 à 1930, réalise ainsi un vaste programme d'aménagement du territoire, en développant réseaux routiers et chemins de fer et en dotant son pays d'écoles et d'établissements sanitaires. Cuba constitue un autre exemple célèbre : le tourisme américain, favorisé, sous la prohibition, par la vente libre de l'alcool, dispense une manne inespérée.

Chargement de ▷ viande de bœuf en Argentine. Pendant la guerre, l'Europe du Nord a fait appel aux marchés des pays d'élevage de l'Amérique du Sud et continue de s'y approvisionner.
Bibliothèque nationale du Congrès, Washington.

△
Place à La Havane. Les touristes américains sont prêts pour la visite de la ville. Depuis 1901, l'économie cubaine doit tout aux États-Unis.
Vers 1920. Coll. part.

Les coups d'État empoisonnent tant l'Amérique latine qu'ils font partie intégrante de son image internationale.

COMMENT DEVENIR DICTATEUR

Dans un *pronunciamiento* (coup d'État militaire proprement dit), l'armée impose l'un de ses généraux à la tête du pouvoir. Mais il peut arriver qu'une simple garnison, par sa rébellion, parvienne à couper les moyens de communication, à paralyser l'État et à obtenir le soutien de l'opinion et du reste de l'armée. Il s'agit alors d'un *cuartelzo.* C'est de cette façon qu'Augusto Bernardo Leguía devient maître du Pérou en 1919, avant d'être à son tour déposé en 1930. Le complot peut être plus classique, c'est alors un simple *golpe de estado,* ou *golpe militar,* où une junte prend provisoirement le pouvoir avant de le confier à des civils qu'elle contrôle. Enfin, dans le *machetismo,* pratiqué par Juan Vincente Gomez au Venezuela, le dictateur crée sa propre « garde prétorienne », ce qui a permis à Gomez de se maintenir à la tête de l'État sans interruption de 1908 jusqu'à sa mort, en 1935.

La chasse gardée des États-Unis

Si l'Amérique du Sud est un marché pour les capitaux américains, elle est également un enjeu stratégique. Pour les États-Unis, le contrôle de la mer des Caraïbes et du canal de Panamá sont primordiaux. En 1823, dans une déclaration célèbre, le président Monroe avait défini le continent sud-américain comme la « chasse gardée » des États-Unis. En 1904, Theodore Roosevelt y a ajouté le droit d'intervention.

La domination stratégique des États-Unis se concrétise par l'occupation de Porto Rico en 1898 et des îles Vierges en 1917, par le contrôle de la politique et des finances de Cuba, du Honduras, de la République dominicaine et de Haïti. Les Américains refusent de reconnaître les gouvernements révolutionnaires qui se mettent en place au Mexique, au Salvador et au Costa Rica et n'hésitent pas à se manifester par la force quand ils estiment que leurs intérêts sont menacés. Ils interviennent militairement treize fois entre 1903 et 1931, occupent la République dominicaine jusqu'en 1924, Haïti jusqu'en 1934 et le Nicaragua de 1912 à 1925 puis de 1926 à 1933. Enfin, des bases militaires américaines sont installées dans de nombreux pays.

Nationalisme et antiaméricanisme

Même si la domination des États-Unis prend une tournure plus exclusivement économique à mesure qu'on s'éloigne des Caraïbes et du Panamá, elle reste cependant omniprésente et suscite de plus en plus de critiques. C'est donc tout naturellement que la lutte contre l'« impérialisme yankee » devient le thème fédérateur des oppositions au système politique et économique d'Amérique latine.

Le sentiment antiaméricain s'accompagne d'un renouveau du nationalisme. Le patrimoine latino-américain

▽ ***Travailleurs** du monde unis dans la IVe Internationale.* Trotski, Marx et Engels soutiennent le drapeau. Diego Rivera se distingue comme peintre du peuple et de la révolution.

Palais des Beaux-Arts, Mexico.

Les troupes boliviennes quittent La Paz pour gagner la région du Chaco, plaine centrale de l'Amérique du Sud dont le découpage a donné lieu à une guerre entre la Bolivie et le Paraguay.

1933. *L'Illustration.* ▽

En 1915, l'émeute éclate à Port-au-Prince et le président est assassiné. Pour protéger les intérêts des États-Unis, les marines débarquent. Ils resteront 19 ans.

L'OCCUPATION D'HAÏTI

Haïti n'échappe pas à l'instabilité chronique du continent latino-américain : entre août 1911 et juillet 1915, date de l'intervention des États-Unis, six chefs d'État se succèdent au pouvoir. Le président Wilson choisit d'intervenir parce qu'il craint la réaction des puissances européennes en guerre. Haïti passe alors intégralement sous contrôle américain. En réorganisant les finances du pays, la New York City Bank prend possession de sa vie économique. L'armée est remplacée par une garde civile et Washington choisit de s'appuyer sur l'élite mulâtre. Mais les Noirs se révoltent. Guidés par Charlemagne Pérault, les « Cacos » se réfugient dans le nord du pays. Il faut trois ans à l'armée américaine pour les vaincre ; 15 000 rebelles trouvent la mort. En août 1934, dans le cadre de la politique de « bon voisinage », Franklin Roosevelt fait évacuer Haïti. Les États-Unis laissent derrière eux le pays le plus pauvre du continent américain.

et l'histoire amérindienne sont remis à l'honneur. Les paysans pauvres méprisent depuis toujours le Yankee, mais dans les villes le phénomène est nouveau. Les citadins étaient jusque-là sensibles à la paix civile qu'assurait la domination américaine ; leur sentiment patriotique finit pourtant par s'exacerber. En 1920, l'Union nationale dominicaine exige l'évacuation des territoires occupés et, à Haïti, les journaux nationalistes sont de plus en plus nombreux. Les pays s'enflamment et les peuples commencent à prendre les armes. Haïti est secouée par la révolte de ses paysans, les « Cacos ». Au Nicaragua, le célèbre Sandino prend la tête d'une longue lutte armée contre la présence américaine. En janvier 1928 enfin, l'antiaméricanisme éclate au grand jour lors de la VIe conférence panaméricaine de La Havane.

Cette mobilisation n'est pas sans résultat puisque les États-Unis abandonnent certaines de leurs positions et que les marines quittent la Dominique en 1924. Mais c'est surtout la crise de 1929 qui modifie le sort des pays d'Amérique latine. La grande dépression affaiblit l'économie des États-Unis et leur nouveau président, Franklin Roosevelt, abandonne la doctrine Monroe au profit d'une politique dite du « bon voisinage » : il fait évacuer le Nicaragua puis Haïti. La pression du puissant voisin se fait alors moins forte, mais elle ne disparaît pas totalement, si bien que le sentiment antiaméricain persiste et s'affirme. Finalement, à l'aube de la Seconde Guerre mondiale, à laquelle, le Brésil mis à part, ils ne participent pas activement, les États latino-américains n'ont pas réussi à se défaire de la domination des États-Unis. Dès 1945, le marxisme révolutionnaire tentera à son tour d'y mettre fin en provoquant le chef de file du capitalisme mondial sur son propre continent. □

Getúlio Vargas ▷ (à droite), président du Brésil de 1934 à 1945, reçoit à Rio de Janeiro son homologue argentin, Agustin Pedro Justo.
Vers 1937. Coll. part.

La rue du Marché à La Paz, à l'heure où la guerre du Chaco menace. Le traité du 21 juillet 1938 attribuera la plus grande partie de la région au Paraguay.
1929. *L'Illustration.* ▽

Le plus célèbre des nationalistes latino-américains, qui a donné son nom au sandinisme, a commencé sa carrière en dirigeant 29 hommes.

SANDINO, LE REBELLE

Né en 1895 au Nicaragua, métis par sa mère, César Augusto Sandino travaille au Mexique de 1923 à 1926 dans les ports et les mines d'or, sur les plantations et les exploitations pétrolières contrôlées par les États-Unis. Dans les mines de San Albino, il devient contremaître et prend la tête d'un groupe de 29 ouvriers. D'abord groupusculaire, son mouvement finit par contrôler 32 000 km^2 près de la frontière du Honduras. Sa devise est « Patrie et Liberté » ; son but, le départ des soldats américains. Soutenu par la gauche internationale, conseillé par le futur fondateur du parti communiste vénézuélien, Sandino ne dépose les armes que lors du retrait des marines du Nicaragua, en 1933. Il fonde alors une coopérative agricole mais meurt assassiné en février 1934 par le chef de la Garde nationale.

LA TURQUIE DE MUSTAFA KEMAL

Mustafa Kemal. ▽ Son œuvre d'occidentalisation et de nationalisme reste exemplaire. La rançon de ce développement sera la mise en place d'un régime totalitaire.

1923. *L'Illustration.*

La modernisation à marche forcée que Mustafa Kemal impose à la Turquie produit d'incontestables résultats. Mais, pour faire face aux oppositions, le gouvernement choisit la répression.

Le Conseil des △ ministres. Mustafa Kemal s'appuie sur le parti républicain du Peuple, fondé en 1923, et sur une assemblée qui se contente d'entériner ses décisions et celles de son bras droit, Ismet Inönü.

1922. F. Gadmer. Musée Albert-Kahn, Boulogne-Billancourt.

En 1933, la toute jeune république de Turquie fête son dixième anniversaire. Pour Mustafa Kemal et ses compagnons de lutte, c'est l'heure du bilan. Le chemin parcouru est impressionnant : sur les cendres de l'Empire ottoman, le nouveau régime a bâti un État moderne, laïque et progressiste. Mais, même si la Turquie de 1933 se plaît à exalter ses réussites, même si les observateurs occidentaux ne tarissent pas d'éloges sur les réformes kémalistes, le régime se sait fragile. Bien que réduite au silence, l'opposition conservatrice et cléricale ne désarme pas. Dans l'est et le sud-est du pays, les minorités ethniques – Kurdes, Arabes, Assyro-Chaldéens – acceptent mal leur intégration forcée. L'analphabétisme, la pauvreté, l'attachement du peuple à ses coutumes, l'absence d'une bourgeoisie nationale capable de prendre en main les rênes de l'économie constituent autant de handicaps pour la jeune Turquie républicaine.

Des réformes contestées

Le mouvement des réformes a été lancé dès le printemps 1924. En l'espace de quelques mois, toute une série de mesures radicales est édictée. La Grande Assemblée d'Ankara commence par abolir le califat, dignité qui permettait au chef de la dynastie ottomane de se présenter comme le guide spirituel du monde musulman. Dans la même foulée, elle vote la laïcisation de l'enseignement, supprime les anciennes institutions religieuses, ôte tout pouvoir aux tribunaux musulmans. Certaines dispositions sont symboliques : le port du fez et des autres couvre-chefs traditionnels est interdit ; l'appel à la prière, jusque-là entonné en arabe, doit se faire en turc ; les femmes peuvent même être obligées à porter des vêtements qui soient « conformes au siècle ».

Mais ces changements radicaux ne se font pas sans douleur. Les années 1924 et 1925 sont marquées, d'un bout à l'autre du pays, par de nombreux désordres. Des groupes d'émeutiers réclament le retour au droit religieux et aux traditions ; le gouvernement réagit en faisant tomber des têtes. La situation est particulièrement tendue dans les provinces à population kurde, où

Les ruines de Smyrne ▽ (Izmir), incendiée par les kémalistes. Le 11 septembre 1922, le généralissime Mustafa Kemal chasse les Grecs de la ville et signe le mois suivant l'armistice victorieux de Mudanya.

1922. *L'Illustration.*

Reconnaissante, la Grande Assemblée nationale donne à Kemal le nom d'Atatürk, qui signifie « père des Turcs ».

DE MUSTAFA KEMAL À ATATÜRK

Né à Thessalonique en 1881, admis à l'école militaire de sa ville, Mustafa Kemal montre de brillantes aptitudes. Il combat en Tripolitaine pendant le conflit de 1911 avec l'Italie puis commande une division lors des guerres balkaniques. Pendant la Première Guerre mondiale, il se signale dans les Dardanelles puis dans le Caucase, où il est promu général de brigade. Dès le début de la lutte pour l'indépendance, son charisme l'impose comme chef du mouvement. En octobre 1923, il devient tout naturellement le premier président de la République turque. Déjà honoré comme un héros national, il sait aussi s'entourer de bons conseillers, comme Ismet Inönü, négociateur du traité de Lausanne, qui lui succédera après sa mort, survenue en 1938, à l'âge de 57 ans.

les troubles à caractère religieux se doublent très souvent de revendications nationales. Menée par le cheikh Saïd de Piran, une grande insurrection éclate en 1925 : elle est réprimée dans le sang. Cependant, l'ordre ne sera véritablement rétabli – et seulement de manière provisoire – qu'à la veille de la Seconde Guerre mondiale.

UN RÉGIME MUSCLÉ

Pour faire face au mécontentement populaire et aux désordres, le gouvernement d'Ankara a très tôt choisi l'autoritarisme. En 1925, tous les partis d'opposition sont interdits, la presse est soumise à la censure, les contestataires sont envoyés en prison ou en exil. Après avoir connu, pendant quelques années, une démocratie pluraliste, la Turquie doit s'accommoder d'un régime de parti unique. La formation gouvernementale, le parti républicain du Peuple, est omniprésente et contrôle tous les rouages de la vie publique. Créées au début des années 30, les « maisons du peuple » jouent le rôle de mosquées laïques de la République. Ces centaines de centres culturels voués à la diffusion de la pensée kémaliste constituent un remarquable outil d'endoctrinement.

LE GRAND TOURNANT DE LA MODERNITÉ

Vouée à la clandestinité, l'opposition est réduite à l'impuissance. Tout en sachant que les forces contestataires peuvent à tout moment refaire surface, le régime kémaliste se sent à présent assez fort pour imposer son programme sans trop se préoccuper des résistances. Les réformes, certaines spectaculaires, d'autres plus modestes, se suivent à un rythme accéléré : passage au calendrier et au système horaire internationaux (1925), adoption du Code civil suisse en remplacement

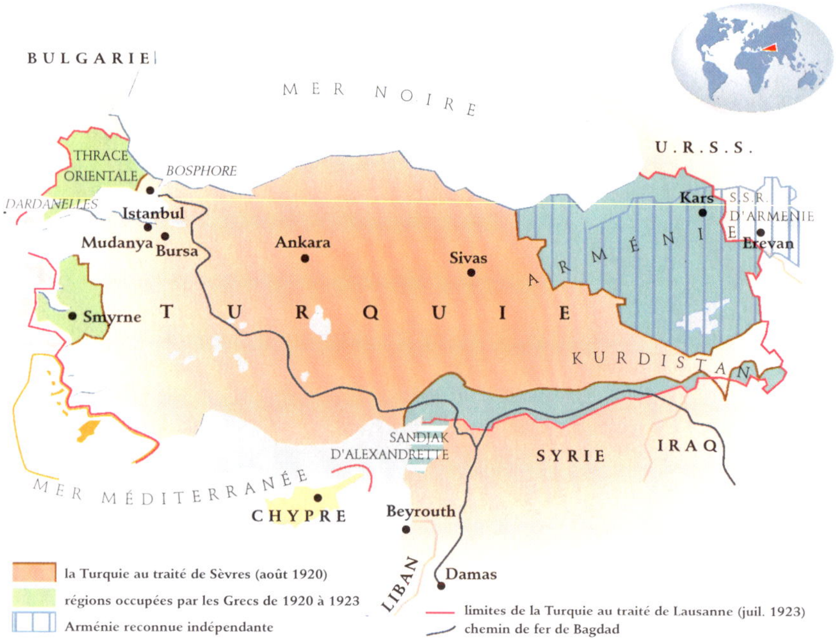

Signe des temps : ▷ la lauréate du concours miss Monde de 1932 est une jeune Turque, Mlle Kernian Halis, dont le costume n'a plus rien d'islamique.
L'Illustration.

La proclamation de la république, en octobre 1923, est l'aboutissement d'une longue lutte contre l'occupation étrangère et contre les partisans du sultan Mehmed VI.

LA LUTTE POUR L'INDÉPENDANCE

Engagé dans la Première Guerre mondiale aux côtés des empires centraux, l'Empire ottoman partage la débâcle des vaincus. Dès novembre 1918, les Alliés occupent Istanbul et préparent le dépeçage du pays. En mai 1919, les forces grecques débarquent à Smyrne, sans faire mystère de leurs projets d'annexion. Mais la résistance s'organise, en particulier autour de Mustafa Kemal, un général de trente-huit ans. Celui-ci donne pour capitale au courant nationaliste un gros bourg d'Anatolie, Ankara. La lutte contre l'occupant se double d'une guerre civile : le sultan, accusé d'avoir accepté une paix honteuse, est considéré comme traître. En novembre 1922, la victoire remportée contre les Grecs sonne le glas de l'occupation étrangère et permet aux nationalistes d'abolir le sultanat. Enfin, en juillet 1923 est signé le traité de Lausanne qui reconnaît l'indépendance de la Turquie.

du droit islamique, substitution de l'alphabet latin à l'écriture en caractères arabes, adoption du système métrique, lancement de vastes campagnes d'alphabétisation (à partir de 1928), loi accordant aux femmes le droit de vote et l'éligibilité dans les scrutins municipaux puis nationaux (1930 et 1934).

Le rôle économique de l'État

Le régime kémaliste s'attelle également à la création d'une économie nationale. Rude tâche, car les principaux détenteurs de capitaux – les banquiers, les négociants et les industriels issus des communautés minoritaires – ont massivement quitté le pays au lendemain de la Première Guerre mondiale. De plus, la conjoncture internationale est désastreuse. Le gouvernement d'Ankara répond, à partir de 1930, par une politique économique étatiste. En l'absence d'un secteur privé suffisamment actif, l'État devient le moteur principal de l'économie, créant des banques d'affaires, installant des usines, exploitant les ressources minières, fixant les prix d'achat et de vente des produits agricoles. Grâce à cette politique, les dirigeants kémalistes pourront, dès 1940, afficher un bilan remarquable : en dix ans, doublement de la production de charbon, augmentation de la production de chrome, création d'une industrie sidérurgique, développement de l'agriculture et des industries liées à celle-ci.

Cependant, lorsque Mustafa Kemal meurt, en novembre 1938, et que son fidèle second Ismet Inönü lui succède à la présidence de la République, ni la transformation des mentalités ni le décollage économique ne sont véritablement acquis. À la veille de la Seconde Guerre mondiale, quoi qu'en disent les statistiques et les proclamations officielles, il est encore trop tôt pour savoir si, en Turquie, la greffe de la modernité va prendre. □

La Turquie kémaliste est fière de sa politique extérieure pacifiste, qui lui vaut la confiance de l'Occident.

UN FACTEUR DE STABILITÉ RÉGIONALE

En 1930, le gouvernement turc engage une politique de rapprochement tous azimuts et signe des traités de commerce et d'amitié avec plusieurs nations d'Europe. La même année, le Premier ministre grec est reçu à Ankara. Cette réconciliation spectaculaire, après la guerre gréco-turque de 1919-1922, ouvre la voie à la signature d'un pacte balkanique entre la Turquie, la Grèce, la Yougoslavie et la Roumanie. Un rapprochement similaire est tenté avec l'Iran, en dépit d'une opposition séculaire et de contentieux frontaliers. Ce pacifisme affiché vaut à la Turquie d'être admise à la S.D.N. en 1932 puis d'obtenir, en 1936, le droit de fortifier les détroits et d'y exercer sa souveraineté. Enfin, en 1939, le sandjak (division territoriale) d'Alexandrette, limitrophe de la Syrie, placé sous tutelle française depuis 1921, est rattaché à la Turquie.

En 1923, Mustafa △ Kemal décrète la suppression des caractères arabes et donne en personne une leçon d'écriture en alphabet latin sur une place de Sivas. Trois ans plus tard, il fera également adopter le système métrique.
1928. *L'Illustration.*

Boutique de confiseur ▷ à Brousse. Même la confiserie, qui constitue un art reconnu de la gastronomie turque, voit le loukoum céder le pas devant les douceurs européennes!
1913. Musée Albert-Kahn, Boulogne-Billancourt.

LES ARMÉNIENS

Lorsque les Arméniens de l'Empire ottoman obtiennent le droit, en 1863, de se doter d'une assemblée régie par une « constitution nationale », ils croient déjà toucher à l'autonomie. Mais les révoltes qui se multiplient dans les provinces orientales sont férocement réprimées. Pendant la Première Guerre mondiale, au mois de mai 1915, le gouvernement ottoman, persuadé que les Arméniens sont prêts à trahir l'empire au profit de la Russie, ordonne leur « déplacement ». Conduite sans ménagement, l'opération s'accompagne de pillages, de tortures et de tueries. Seuls quelque 500 000 survivants atteindront les camps de Syrie et d'Iraq. Y a-t-il eu génocide ? C'est ce que les autorités turques ont toujours nié. Selon elles, il s'agissait simplement d'évacuer les zones de combat. Cependant, bon nombre d'historiens estiment qu'il y a bien eu extermination planifiée. Il est d'ailleurs difficile de faire taire la réalité des chiffres : en 1914, il y avait probablement plus de 1,5 million d'Arméniens en Turquie. À la suite des massacres, des déportations et des départs en exil, on n'en recensera plus que 70 000 dans les années 20.

◁ **Emblème** du parti révolutionnaire Dachnaktsoutioun, militant actif de l'indépendance arménienne, jusqu'à aujourd'hui.

1920. Musée de la Fédération révolutionnaire arménienne, Paris.

Allégorie de l'Arménie. ▷ Le 23 septembre 1920, 60 000 soldats turcs envahissent l'Arménie et massacrent tout sur leur passage. La République arménienne est définitivement bafouée.

Vers 1920. Musée de la Fédération révolutionnaire arménienne, Paris.

◁ **Groupe** de femmes et d'enfants arméniens. Les déportations et les exodes ont dispersé les survivants des massacres au Caucase et dans les camps de Syrie et de Mésopotamie.
1912. Musée Albert-Khan, Boulogne-Billancourt.

▽ **Billets** de banque en roubles de l'époque de l'indépendance de l'Arménie (1920) et porte-cigarettes avec les portraits des trois fondateurs : Zavarian, Mikaélian et Zosian.
1920. Musée de la Fédération révolutionnaire arménienne, Paris.

◁ **Prêtres** catholiques arméniens à Angora. L'Église est la seule structure permanente de l'histoire mouvementée du peuple arménien. Elle est donc étroitement liée à la vie politique.
1922. F. Gadmer. Musée Albert-Kahn, Boulogne-Billancourt.

△ **Le génocide** arménien. À partir du 24 avril 1915, le gouvernement turc ordonne la déportation des Arméniens orientaux. Dans les villages isolés, les familles sont massacrées et les maisons incendiées.
1915. *Le Petit Journal.* Coll. part.

Jeunes orphelins ▷ grecs et arméniens. Sous prétexte de mesures militaires à la suite d'insurrections, les Turcs déportent les populations grecques et arméniennes du centre de l'Anatolie.
1922. Coll. part.

FRANCE

La duchesse d'Uzès

■ En annonçant la mort d'une vieille dame qui s'était éteinte au château de Dampierre en 1933, les échotiers savent qu'ils viennent de perdre un de leurs meilleurs sujets. Marie-Clémentine de Rochechouart-Mortemart, duchesse d'Uzès, née en 1847, n'a jamais cessé de défrayer la chronique. Veuve à trente ans, à la tête d'une immense fortune, elle cherche de grandes causes à défendre : elle finance le boulangisme, se bat pour les droits de la femme et, prêchant par l'exemple, est la première Française à obtenir son permis de conduire. C'est elle qui, en l'élevant, évite l'orphelinat à la fille de l'anarchiste Vaillant, qui avait lancé une bombe à la Chambre. La duchesse, connue pour ses extravagances, a une passion dispendieuse : la chasse à courre. On sait moins qu'elle consacre aux pauvres exactement la même somme qu'à ses chasses, ses meutes et ses chevaux, et qu'elle est un sculpteur honorable connu sous le nom de Manuela. □

GRANDE-BRETAGNE

L'inconscient des bébés

■ Melanie Klein a fondé, en 1919, la Société de psychanalyse de Budapest. Passionnée par les fantasmes des enfants, elle publie, dans les années 30, ses premières conclusions, avant de quitter l'Europe centrale pour la Grande-Bretagne, où elle poursuit ses travaux. Elle démontre que le monde intérieur des très jeunes enfants est d'abord fait d'objets partiels, avant d'être composé d'objets totaux et de personnes dont les tout-petits parviennent à rassembler les caractéristiques opposées. Melanie Klein ne cessera d'étudier les enfants, jusqu'à sa mort, en 1960. □

ESPAGNE

L'abdication d'Alphonse XIII

■ Le roi d'Espagne sait tirer la leçon des élections municipales d'avril 1931. Devant le succès des candidats républicains, il préfère abdiquer et s'exiler. Fils posthume d'Alphonse XII, Alphonse XIII est roi dès sa naissance, en 1886, tandis que sa mère, la reine Marie-Christine, exerce la régence. Ce jeune homme élégant a régné sur une Espagne en pleine décomposition politique et a géré assez habilement les crises de 1909 et de 1917-1923, se résignant à la dictature de Primo de Rivera. Il abdique en faveur de son troisième fils, Juan, père de l'actuel roi d'Espagne. □

IRAQ

Le roi Faysal

■ À sa mort, en 1933, le roi Faysal Ier laisse son royaume et ses espoirs aux mains de son fils, Rhazi Ier. Si le souverain n'a pu réaliser son rêve d'une « Grande Syrie » qui aurait englobé le Liban et la Palestine, il n'en est pas moins l'éminente figure du réveil arabe. Né dans la famille des Hachémites, qui se proclame apparentée au Prophète, il a fort mal supporté la domination turque de son pays, et plus mal encore le mandat accordé aux Français par le traité de Sèvres. L'agitation dont il est l'instigateur lui vaut d'être déposé par le général Gouraud, gouverneur français de la Syrie. Les Anglais lui attribuent alors l'Iraq, encore sous mandat britannique et devenu une zone stratégique de première importance depuis la découverte, en 1927, des champs pétrolifères de Kirkuk, qui sont exploités par l'Iraq Petroleum Company. Les Hachémites régneront sur l'Iraq jusqu'au sanglant coup d'État de 1958, lors duquel une grande partie d'entre eux sera massacrée. □

L'Âge d'or *de Luis Buñuel. 1930. Prod./DB.*

ESPAGNE

Le philosophe et le jeu

120 . ■ José Ortega y Gasset, professeur de métaphysique à l'université de Madrid entre 1910 et 1936, a publié en 1929 *la Révolte des masses*. Il y développe une pensée originale, refusant tout à la fois le positivisme et l'idéalisme. Ortega y Gasset condamne l'idéalisme, au nom de la réalité, et le réalisme, jugé dévitalisant. Il dit vouloir « appréhender le jaillissement dionysiaque de la vie », seule réalité tangible à ses yeux, et définit à côté de l'*homo faber* et de l'*homo sapiens* un *homo ludens*, un « homme-qui-joue », et qui respecte les règles du jeu. Dans sa vie, Ortega y Gasset applique ses principes. La période de 1920-1930, quoique mouvementée, lui permet d'exprimer ses idées : il salue l'avènement des républicains espagnols, mais sa morale aristocratique, son sens du plaisir lui interdisent tout embrigadement dans un parti. Il quittera l'Espagne entre 1936 et 1942 pour rester à l'écart du combat politique. □

FRANCE

L'Âge d'or

■ L'intrigue est décousue, nul ne sait ce que le réalisateur veut raconter, ou démontrer, mais toute la salle, composée il est vrai de fidèles convaincus, frémit quand une lame de rasoir entaille en gros plan un globe oculaire et éclate de rire à la vue d'une vache, installée tranquillement sur un lit capitonné de satin. Les premiers films de Luis Buñuel, *Un chien andalou* (1928), *l'Âge d'or* (1930), témoignent des liens du réalisateur espagnol avec le groupe surréaliste de Paris, qui affirme que l'art doit exprimer une pensée pure, dégagée de toute logique et de tout esthétisme. Pour matérialiser cette pensée, Buñuel l'Aragonais est assisté d'un jeune Catalan, Salvador Dalí. □

ITALIE

L'homme par-dessus tout

■ Quel point commun peut-il bien y avoir entre le souverain pontife et un écrivain anglais ? La réprobation pour tous les régimes qui nient la personne humaine. Aldous Huxley, dans *le Meilleur des mondes*, décrit un univers déshumanisé, où des êtres rigoureusement hiérarchisés, sélectionnés et conditionnés remplissent les tâches que leur assigne un État tout-puissant, en échange d'un peu de *soma*, qui leur fournit l'illusion du bonheur. Dans l'encyclique *Non abbiamo bisogno* (juin 1931), Pie XI n'a pas besoin de métaphores pour condamner l'idéologie fasciste et en particulier l'embrigadement de la jeunesse par Mussolini. □

CHINE

Gangde, empereur du Mandchoukouo

■ Dans la plaine glacée battue des vents, au nord de la Grande Muraille, un jeune homme devient empereur pour la seconde fois de sa vie. Celui que les Japonais appellent Gangde, empereur du Mandchoukouo, n'est en effet autre que Puyi, le dernier empereur de Chine, qui régna à l'âge de trois ans, abdiqua à sept, en 1912, mais vécut dans la Cité interdite de Pékin jusqu'en 1924. Désœuvré, nostalgique de la grandeur passée des Qing, il accepte l'offre des Japonais de « régner » sur la Mandchourie, dont ses ancêtres sont originaires. Les Japonais, qui tiennent déjà la Corée, se sont établis en Mandchourie en 1931, car ils en convoitent les richesses minérales. Puyi espère devenir ainsi l'égal de ces princes dont il rêve : Hirohito, empereur du Japon, et le prince de Galles. Mais il aura moins de pouvoir encore sous la suzeraineté japonaise que dans la Chine des concessions. □

1933 - 1936

Au soir du 30 janvier 1933, une gigantesque retraite au flambeau illumine Berlin, depuis la porte de Brandebourg jusqu'à la Chancellerie : les nazis fêtent le « jour historique » qui a vu l'arrivée de Hitler au pouvoir. Certes, le NSDAP est en perte de vitesse par rapport aux élections de juillet 1932 mais en novembre, il s'est encore trouvé presque douze millions de citoyens allemands pour exprimer leur confiance au parti nazi. Plus décisif : les milieux d'affaires, inquiets de la progression communiste, soutiennent la candidature de Hitler, imités en cela par certains hommes politiques de la droite classique, que rassure la volonté d'« ouverture » du Führer. En un sens, rien n'est joué : l'ancien putschiste de 1923 est devenu légalement chancelier, mais l'épreuve du pouvoir, dans un pays qui compte six millions de chômeurs, lui réussira-t-elle ? À peine un mois plus tard, l'incendie du Reichstag montrera de quelle manière les nazis remédient aux problèmes de l'Allemagne.

Jeunesse hitlérienne.
1933. Coll. Cilarc.

L'ALLEMAGNE DU IIIe REICH

À partir de 1933, l'État nazi prend en charge l'ensemble de la société, tandis que les opposants et les Juifs sont traqués et, bientôt, physiquement éliminés.

L'HABILETÉ de Hitler à jouer sur la fibre nationaliste et sur le ressentiment social, l'appui de la droite et des gros industriels, enfin l'agitation des communistes qui refusent de s'allier aux sociaux-démocrates sont autant de raisons qui poussent l'électorat allemand vers le NSDAP. Avec 230 députés élus en juillet 1932, celui-ci devient le premier parti au Reichstag. C'est donc Hitler que le président Hindenburg appelle à la chancellerie le 30 janvier 1933.

L'INCENDIE DU REICHSTAG

Cependant, les conservateurs se font fort de manœuvrer le « caporal bohémien ». Hitler, de son côté, veut avant

Le dévouement △ guerrier est l'un des thèmes favoris de Hitler. L'ancien caporal de 1914-1918 se présente comme « camarade du front ».
CIRIP.

◁ **Hitler,** chef des Chemises brunes, en tournée électorale. La fixité inquiétante du regard contribue à forger l'image du guide infaillible.
1933. Imperial War Museum, Londres

tout de nouvelles élections pour éliminer en douceur ses partenaires de la droite traditionnelle. Ses partisans tiennent déjà les deux ministères les plus importants, la Police et l'Intérieur. Les nazis agissent à l'occasion d'un incident tellement providentiel qu'on leur en imputera la responsabilité : dans la nuit du 27 au 28 février 1933, le Reichstag est la proie d'un gigantesque incendie. Le coupable supposé, Marius Van der Lubbe, communiste d'origine hollandaise, mais surtout simple d'esprit, est aussitôt arrêté. Hitler affirme qu'il s'agit là d'un complot communiste destiné à plonger l'Allemagne dans l'anarchie. La dissolution est prononcée, les députés communistes sont arrêtés et Hitler se fait accorder les pleins pouvoirs pour quatre ans le 23 mars 1933.

L'art du mensonge et de la dissimulation

L'ascension prodigieuse de celui qui n'était encore en 1923 qu'un « histrion de brasserie » ne s'explique pas seulement par le hasard et son talent oratoire. Ce sont bien ses qualités de chef qui ont conduit Hitler au pouvoir : un mélange de fanatisme, d'astuce politique et d'absence totale de scrupules, derrière lesquels une réflexion réelle mesure les chances et invente les moyens. Son instinct politique, dont il se vante comme d'un don providentiel, n'est pas une fiction. Certes, son projet social et politique relève plus de la pathologie que de l'analyse rationnelle, même s'il prétend à une véritable conception du monde. Mais, finalement, le programme en lui-même a peu d'importance : l'hitlérisme n'est pas une doctrine, c'est un mouvement et il n'emprunte à l'idéologie que quelques slogans pour orienter sa propagande. Son action, qu'on a pu croire systématique, est en réalité constamment opportuniste.

Le seul point intangible est le racisme, qui sous-tend et justifie tout. Il y a d'ailleurs un paradoxe à livrer pêle-mêle dans *Mein Kampf* ses haines et ses ambitions, alors que l'auteur pousse au plus haut degré l'art du mensonge et celui de la dissimulation. En fait, peu d'Allemands ont lu l'ouvrage de Hitler avant son arrivée au pouvoir. Ils s'intéressent plus au tribun qu'au théoricien : Hitler excelle dans la description de l'innommable misère de son pays, sachant en tirer les conclusions les plus simplistes – les Juifs sont responsables –, mais en voilant ses monstrueux projets d'extermination de la « contre-race » et de conquête de l'espace vital.

« Ein Volk, ein Reich, ein Führer »

Après le vote des pleins pouvoirs, la mise au pas est très rapide. Utilisant alternativement ou simultanément la violence physique et la législation d'exception, Hitler dépèce le cadavre de la démocratie en quelques mois. Dès mars, il charge Joseph Goebbels, l'un de ses plus fidèles collaborateurs, de former un « ministère de l'Instruction du peuple et de la Propagande ». En avril sont créés une police secrète d'État, la *Geheime Staats Polizei,* ou Gestapo, et des camps de concentra-

△
Trois hommes, deux Allemagne. Hitler, « respectable » chancelier, et Göring entourent le vieil Hindenburg à la commémoration de sa victoire de Tannenberg.
1933.

Un petit groupe tient les rênes de l'État nazi et porte principalement la responsabilité des atrocités commises.

LES PROCHES DE HITLER

Hermann Göring, as de l'aviation pendant la Première Guerre mondiale, reçoit la direction de la Luftwaffe ainsi que celle de l'économie de guerre. Rudolf Hess, chef du parti nazi, fait figure de dauphin du Führer jusqu'à son étrange équipée en Angleterre, en 1941. Joseph Goebbels, journaliste de formation, est ministre de la Propagande et de l'Information dès 1933, avec la haute main sur la culture nazie. Heinrich Himmler est le chef des SS, puis, à partir de 1936, de toutes les forces policières du Reich. Il est également responsable de la solution finale et de la gestion des camps. Quant à Alfred Rosenberg, c'est le théoricien du nazisme, rédacteur en chef du journal du parti. Goebbels se suicidera avec Hitler ; Himmler et Göring, tombés aux mains des Alliés, mettront également fin à leurs jours ; seul Rosenberg sera exécuté après le procès de Nuremberg. Hess, lui, déclaré irresponsable pour cause de démence, se suicide en août 1987.

△
L'incendie du Reichstag, allumé par les nazis et qu'ils attribuent aux communistes, sert de prétexte à une politique de représailles contre ces derniers.
Coll. part.

tion où sont envoyés les opposants au nouveau régime, communistes et sociaux-démocrates en tête. Les partis politiques sont absorbés ou dissous, ainsi que les syndicats, dont les dirigeants sont arrêtés le 2 mai, après avoir été encouragés à manifester la veille. Des commissaires nazis sont nommés dans les Länder, éliminant les gouvernements locaux, avec pour mission de rétablir l'ordre, en fait troublé par les seuls SA, qui poussent au boycott, voire au pillage, des magasins juifs. Pendant l'été 1933, la « révolution nationale socialiste » est accomplie lorsque la loi du 14 juillet n'autorise que le parti nazi.

La liquidation des SA

Hitler doit dès lors freiner les ardeurs de ses troupes, et en particulier des SA : à l'origine simple service d'ordre, la *Sturmabteilung* (« section d'assaut ») est devenue une organisation de masse qui compte, en 1934, plus de trois millions d'hommes au recrutement parfois douteux. Les Chemises brunes et leur chef, Ernst Röhm, se croient tout permis depuis la prise du pouvoir. Or les SA représentent, sur le plan politique, l'aile « gauche » du NSDAP, qui n'a pas renoncé au programme « national et socialiste » des débuts.

Mais, depuis que Hitler a fait alliance avec les industriels et qu'il a besoin du soutien de l'armée pour briguer la succession de Hindenburg à la présidence, le projet d'une « seconde révolution » anticapitaliste et visant à remplacer l'armée professionnelle par une armée populaire est complètement irréalisable. Poussé par Himmler et Göring, rivaux de Röhm, le Führer ordonne la liquidation des cadres SA : le 30 juin 1934, pendant la « nuit des Longs Couteaux » (nom tiré d'une chanson de marche des SA), plus d'un millier d'hommes, dont Röhm, sont massacrés dans toute l'Allemagne. Les SA survivants, intégrés dans d'autres

Drapeaux et bannières à croix gammée remplacent le noir, le rouge et l'or du pavillon allemand, vouant le pays à une symbolique néo-païenne. △
1933. *Signal.*

Ferdinand Porsche ▷ conçoit une « voiture du peuple » en 1934 sur l'ordre de Hitler. Surnommée « coccinelle », celle-ci sera produite à plus de 20 millions d'exemplaires jusqu'en 1974 !
1939. Atelier Brach. Kunstbibliothek, Berlin.

Quand l'intérêt de l'État est en jeu, il n'y a plus de questions d'ordre privé ni de droits individuels.

LA FAMILLE NAZIE

Premier maillon de la communauté nationale, la famille est l'objet de tous les soins du régime, selon une conception à la fois conservatrice et totalitariste. Ainsi, les femmes sont incitées à libérer des emplois et à se cantonner aux trois « K » traditionnels : *Kirche, Küche, Kinder* (« l'église, la cuisine, les enfants »). Mais les nazis ont surtout pour ambition de créer un homme nouveau, par l'embrigadement dans les Jeunesses hitlériennes, qui préparent les filles à la maternité et les garçons à la guerre. Préservée de l'« impureté juive », purgée de ses éléments « tarés » par diverses pratiques eugénistes, la « race aryenne » est de nouveau capable de dominer le monde. Dans cette optique, la natalité est fortement encouragée : un peuple plus nombreux doit permettre à l'Allemagne de revendiquer ou de conquérir son « espace vital ».

organisations, sont réduits au rôle de figurants du régime. La mort du vieux Hindenburg, le 2 août 1934, permet à Hitler de cumuler les fonctions de chancelier et de président du Reich. Il y a désormais, selon le slogan inlassablement répété, *Ein Volk, ein Reich, ein Führer* (« un seul peuple, un seul empire, un seul chef »). La dictature maintenant établie va encore se durcir dans les années suivantes.

Le triomphe de la race aryenne

Les notions d'État et de pureté de la race sont au centre de l'idéologie nazie, qui repose sur quatre idées principales : le darwinisme social – c'est-à-dire la lutte éternelle des peuples pour leur survie –, le racisme, l'antisémitisme et la conquête de l'espace vital. Hitler s'applique à préserver la « race allemande » de toute contamination avec la « contre-race », les Juifs. « En luttant contre le Juif, je défends l'œuvre du Seigneur », dit-il dans *Mein Kampf*, conférant à l'idéologie qu'il distille un caractère quasi religieux. Violence et moyens « légaux » sont tour à tour employés dans cette croisade de la haine. Dès avril 1933, les SA ont carte blanche pour s'en prendre aux magasins juifs, cependant qu'un décret interdit aux Juifs les emplois de fonctionnaires. En mai, à Berlin, des étudiants jettent dans un immense brasier les œuvres de Freud ou de Marx...

À Nuremberg, en 1935, pendant le congrès annuel du parti, sont votées la « loi sur la citoyenneté allemande », privant les Juifs de leurs droits civiques, et la « loi sur la protection du sang allemand et de l'honneur allemand », qui interdit les mariages mixtes et les relations sexuelles entre Juifs et Aryens. La violence quotidienne fait place à la folie collective en novembre 1938 : l'annonce de l'assas-

Pour témoigner de leur opposition au nazisme, artistes et intellectuels quittent l'Allemagne hitlérienne.

LA CULTURE EXILÉE

L'écrivain Thomas Mann quitte l'Allemagne en 1933 et prend la tête des intellectuels qui, fuyant le régime nazi, se réfugient en France, en Suisse ou en Angleterre, puis aux États-Unis. Parmi les plus connus : Heinrich Mann (le frère de Thomas), Albert Einstein, Bertolt Brecht, Stefan Zweig... En représailles, ils sont déchus de leur nationalité, et leurs ouvrages sont brûlés dans de gigantesques autodafés. Pourtant, les nazis ont besoin de chantres dociles. C'est ce qui vaut à Fritz Lang d'être contacté par Goebbels, quoique son dernier film, *le Testament du Dr Mabuse,* ait été interdit par les nazis, qui y voyaient, non sans raison, une dénonciation de leurs méthodes. Le soir même, le cinéaste prend le train pour Paris...

Le Führer harangue ▽ les SA à Dortmund. Les régimes totalitaires ont le goût des défilés de masse, dans lesquels l'individu n'est plus qu'un atome facilement manipulable. L'année suivante, durant la nuit des Longs Couteaux, Hitler éliminera les chefs SA les plus compromettants.
1933. *Signal.*

sinat d'un diplomate allemand en poste à Paris par un étudiant juif polonais déclenche la « nuit de Cristal », pendant laquelle la population de Berlin, aveuglée par la colère, détruit, pille, incendie synagogues, appartements, magasins juifs. Enfin, au mois de novembre, les premiers convois d'Israélites partent pour Dachau.

Préserver la race allemande du danger juif n'est pas suffisant : il faut encore la perfectionner, c'est-à-dire la débarrasser des éléments indésirables. La loi sur l'eugénisme rend obligatoire « la stérilisation de toutes les personnes atteintes d'idiotie, de schizophrénie, de manies dépressives, d'épilepsie, de cécité, de surdité ou d'infirmités corporelles... ». Le grand laboratoire nazi commence ses expériences.

L'administration nazie

L'État nazi, qui finit par chasser définitivement les conservateurs, s'impose implacablement, d'une part par la terreur, assurée par les membres de la SS et de la Gestapo, dirigée par Himmler ; d'autre part par l'embrigadement de la société à travers toute une série d'associations, telles que la Force par la joie et les Jeunesses hitlériennes. Celles-ci prônent les vertus du travail, du sport, de la vie au grand air et de la vie de groupe. La propagande mystique et émotionnelle, orchestrée par Goebbels, atteint son apogée en 1936, aux jeux Olympiques de Berlin d'abord, puis au congrès annuel de Nuremberg, que le génie de la mise en scène des dirigeants nazis transforme en un véritable « show » du parti : les grandes bannières rouges, frappées de la croix gammée, les aigles gigantesques, le défilé martial des Jeunesses hitlériennes, tout concourt à gonfler d'orgueil le cœur de l'Allemand le plus humble et à faire oublier les années humiliantes que le Reich vient de vivre.

Et, pourtant, le fonctionnement et l'organisation du régime ne sont pas aussi parfaits qu'on voudrait le faire croire. Les instructions, souvent orales, laissent aux collaborateurs une large marge de manœuvre, qui débouche sur des chevauchements de compétence, des incohérences et des rivalités de clans que Hitler entretient et arbitre avec cynisme. L'administration, hypertrophiée par la multiplication des services et doublée – comme dans l'U.R.S.S. de Staline – par les instances parallèles du parti unique, avec lequel le partage des compétences et le cumul des fonctions sont plus qu'imprécis, fonctionne de façon assez désordonnée et chaotique. C'est une véritable polycratie, dans laquelle Hitler se contente de manipuler les hommes et de sanctionner plutôt que de gouverner ; instable, sujet à des sautes d'humeur, il est d'ailleurs lui-même de plus en plus influençable.

Un capitalisme étroitement dirigé

La crise des années 30 a joué un trop grand rôle dans l'arrivée de Hitler au pouvoir pour que celui-ci se désinté-

◁ **L'antisémitisme** des SA est assuré de l'impunité après 1933. Cette armée parallèle se livre à des campagnes de dénonciation ou des pillages contre les commerçants juifs.
1933.

Les Allemands occupent la Rhénanie le 7 mars 1936. On pense aujourd'hui qu'une réaction militaire française, même limitée, aurait pu provoquer l'échec de ce coup de poker hitlérien. ▷
1936.

Au fur et à mesure que le nazisme dévoile sa vraie nature, il rencontre l'opposition des Églises chrétiennes.

HITLER ET LES ÉGLISES

La conclusion d'un concordat en juillet 1933 semble augurer de bonnes relations entre l'Église catholique et le IIIe Reich. Mais l'embrigadement de la jeunesse et l'orientation de plus en plus nettement païenne du nouveau régime conduisent Pie XI à condamner le nazisme par l'encyclique *Mit brennender Sorge,* publiée en mars 1937. L'eugénisme et le sort réservé aux Juifs suscitent également les réactions d'une partie de la hiérarchie catholique. Prêtres et religieuses sont envoyés dans les premiers camps de concentration, où se trouvent aussi des pasteurs. En effet, si le groupe des « Chrétiens allemands » a tenté d'obtenir le ralliement des protestants au nazisme, les opposants ont au contraire rejoint l'Église confessante du pasteur Niemöller, qui se fait connaître par son hostilité à l'antisémitisme.

resse des questions économiques. Dans un premier temps, le régime nazi sert les intérêts du patronat allemand en supprimant les syndicats, remplacés par le mouvement corporatiste du Front du travail. Les grèves sont interdites et les relations entre patronat et ouvriers sont régies par la Charte du travail. En contrepartie, les grandes entreprises doivent accepter le contrôle de l'État : la formation de cartels par branche de production est rendue obligatoire par la loi de juillet 1933.

En mars 1933, le docteur Schacht, rallié aux nazis, retrouve le poste de président de la Reichsbank qu'il avait occupé de 1924 à 1930 et il est nommé ministre de l'Économie en août 1934. Sa politique de relance de la production comporte deux volets principaux : les grands travaux financés par l'État (aéroports, autoroutes, stades...) et le réarmement. En ce qui concerne l'agriculture, il s'agit de soutenir la paysannerie moyenne par la création de l'*Erbhof*, domaine inaliénable et héréditaire de 125 hectares qui bénéficie d'une aide publique. Cette mesure contraignante ne suffira pourtant pas à enrayer l'exode rural.

Reste à financer cette politique économique. Schacht se sert d'expédients qui lui valent une réputation de magicien et un certain succès, mais ne résolvent pas les problèmes de fond. Sur le plan intérieur, l'objectif premier est d'éviter le retour traumatisant de l'inflation en drainant une forte proportion des capitaux par l'augmentation des impôts et le lancement d'emprunts obligatoires. Le contrôle des prix et des salaires complète le verrouillage du circuit économique. Enfin, sur le plan extérieur, l'Allemagne nazie tente de vivre en autarcie. L'achat des produits indispensables est étroitement surveillé : contrôle des changes, interdiction de l'exportation de capitaux, signature avec certains pays d'accords de *clearing* (système de compensation bilatérale comparable au troc).

Vers la guerre

À partir de 1936, l'autarcie, le réarmement massif, les emprunts outranciers de l'État et l'étroitesse du marché intérieur précipitent le régime dans une fuite en avant expansionniste. C'est d'ailleurs à cette période que Hitler renonce à sa prudence initiale en politique extérieure, que l'Allemagne abandonne le réarmement clandestin pour le réarmement ouvert, que l'armée passe sous la coupe des nazis, que l'isolement diplomatique est brisé par le rapprochement avec l'Italie de Mussolini et par la conclusion de l'axe Rome-Berlin. Le totalitarisme a permis l'identification de l'Allemagne au national-socialisme. Hitler peut maintenant s'attacher au but ultime de son fanatisme : « La reprise de la marche en avant des Germains, là où elle s'était arrêtée il y a six siècles. » Cette dérive mégalomaniaque doit plus au caractère dictatorial du IIIe Reich et à la cruauté et au fanatisme de son chef, dont la guerre révélera les limites, qu'à l'approbation du peuple allemand. Et, cependant, le régime bénéficie, en cette fin des années 30, d'une large popularité et du ralliement de vastes couches sociales. La faiblesse de la résistance antinazie et de l'émigration (Juifs exceptés) illustre cette hypnose collective de la population allemande, mais aussi celle de nombreux responsables étrangers. □

▽
Affiche des Jeunesses hitlériennes. Cet organisme destiné à endoctriner les enfants et les adolescents se substitue au scoutisme traditionnel, désormais interdit.

A. Heu. CIRIP.

LES JEUX DE BERLIN

Choisie dès 1928 pour accueillir à Berlin, en 1936, les XIes jeux Olympiques, l'Allemagne du IIIe Reich répond bien mal à l'idéal de Pierre de Coubertin : « Servir la paix et faciliter la compréhension et la réconciliation entre les peuples. » Mais Hitler et Goebbels ont vite compris quels effets ils pourraient tirer des Jeux et ils ont su apaiser les tièdes inquiétudes du Comité international olympique. Les Jeux s'ouvrent donc à Berlin le 1er août 1936. Habilement, toute trace de campagne antisémite a disparu, et c'est même un Juif qui préside le Comité olympique allemand. Les prouesses réalisées dans le domaine de l'organisation et de la technique impressionnent les invités : superbes installations du village olympique ; gigantesque stade de 120 000 places construit pour l'occasion ; jeux de lumière grâce aux projecteurs de la DCA ; utilisation des premiers postes de télévision. La cinéaste Leni Riefensthal tourne le film des Jeux, *les Dieux du stade,* à bord du dirigeable *Hindenburg* ou plongeant au fond des piscines, armée d'une caméra sousmarine. Le sport nazi ne peut pas être apolitique, il sert avant tout à affirmer la supériorité de la race aryenne. Mais, malgré tout ce déploiement de faste et les 181 médailles gagnées par les athlètes du Reich, la vedette de ces Jeux est le Noir américain Jesse Owens, quadruple champion olympique que Hitler, furieux, refusera de féliciter.

Le « salut olympique » △ des athlètes allemands prête à confusion : le régime hitlérien en tire d'habiles effets de propagande, destinés à glorifier la race aryenne.

1936. L. Riefensthal.

◁ **La jeune nageuse** américaine Marjorie Gestring remporte la médaille d'or du plongeon de tremplin.

1936.

Jesse Owens, sur le podium, avec un concurrent japonais et un Allemand. Les victoires du grand athlète noir américain sont un camouflet pour la propagande nazie.

1936. ▽

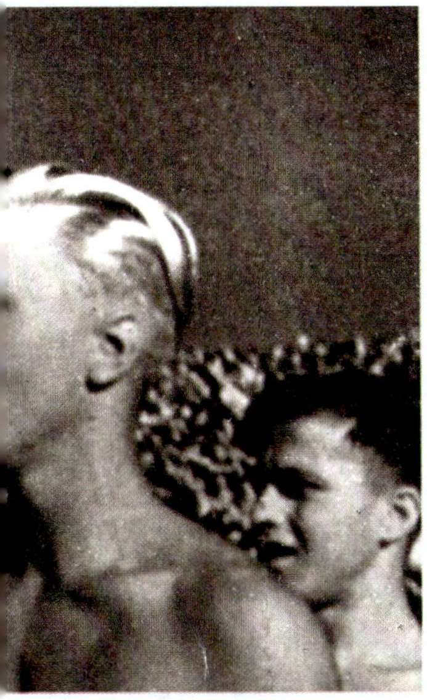

Affiche allemande ▷ pour les Jeux de Berlin. Elle ne comporte aucune référence aux idéaux hitlériens, afin de drainer un large public.
1936. Kunstbibliothek, Berlin.

▽
Jesse Owens, vedette des Jeux de Berlin, pulvérise les records du monde des 100 et 200 mètres. Il se distingue aussi au saut en longueur.
1936. *Match.*

◁ **Leni Riefensthal,** cinéaste du Reich, conseille un cadreur lors du tournage du long-métrage *les Dieux du stade* aux Jeux de Berlin.
1936.

L'AFFAIRE ÉTHIOPIENNE

Tournant capital dans l'évolution de la dictature fasciste, la guerre d'Éthiopie provoque le rapprochement de l'Italie et de l'Allemagne. Le jeu des alliances européennes semble alors scellé pour longtemps.

La politique extérieure de l'Italie fasciste a longtemps été très hésitante, souvent même incohérente. Non pas dans son objectif fondamental, qui est de redonner à l'Italie une place de premier plan en Europe, mais dans les moyens employés. D'où la médiocrité des résultats obtenus jusqu'en 1935. La décision d'attaquer l'Éthiopie, prise contre l'avis de son entourage et des milieux d'affaires italiens, constitue donc pour Benito Mussolini une rupture en même temps qu'elle entraîne le rapprochement décisif de l'Italie fasciste et de l'Allemagne hitlérienne.

Congrès du parti fasciste au théâtre de Modène. La mystique du chef – le *Duce* – est tempérée par la fidélité aux trois couleurs du royaume d'Italie.

1934. A. Beltrame.
◁ *La Domenica del Corriere.*

Pourquoi l'Éthiopie ?

À l'origine de la décision de Mussolini, il y a d'abord une humiliation à venger : lors d'une première tentative d'invasion de l'Éthiopie, en mars 1896, les Italiens avaient essuyé un échec cuisant à Adoua, avec 4 000 morts : le président du Conseil, Crispi, avait dû se retirer. C'est, ensuite, un des seuls pays africains encore libres de tout colonisateur européen, donc « à saisir ». Enfin, l'Éthiopie est voisine de l'Érythrée et de la Somalie, provinces italiennes depuis 1890 pour la première et depuis 1905 pour la seconde. Il y aurait donc matière à créer un bloc italien dans cette partie de l'Afrique orientale, prélude à la résurrection de l'Empire romain dont le Duce a fait naître la nostalgie dans le cœur de ses concitoyens. De façon plus pragmatique, le nouveau territoire servirait d'exutoire aux graves problèmes économiques que connaît l'Italie et qui entament le prestige du régime ; de même, il offrirait une solution au surpeuplement de la péninsule. Éthiopie et Érythrée ont une frontière commune, et les escarmouches entre les soldats des deux camps sont fréquentes. Nouvel empereur d'Éthiopie depuis 1930, Hailé Sélassié, craignant l'agressivité des Italiens, renforce les effectifs des gardes-frontières qu'il prend soin, toutefois, de placer à 30 km de la limite frontalière. Mais la moindre étincelle pourrait mettre le feu aux poudres.

Le nouveau négus, 225e successeur de Salomon selon la légende, représente la plus ancienne dynastie du monde.

HAILÉ SÉLASSIÉ Ier, EMPEREUR D'ÉTHIOPIE

Élève des missionnaires français, et tôt initié aux responsabilités du pouvoir, il est proclamé empereur en novembre 1930 sous le nom d'Hailé Sélassié, « Force de la Trinité ». Réformateur, il fait entrer l'Éthiopie à la S.D.N., abolit l'esclavage et entreprend la révision des institutions de son pays lorsque l'invasion italienne le contraint à l'exil en Grande-Bretagne. Aux côtés des troupes britanniques et gaullistes, il participe à la libération de sa patrie en mai 1941. Figure internationale, chef de file du tiers-monde et pionnier de l'unité africaine, il se dépense sans relâche pour l'unification et la modernisation de l'Éthiopie. Mais, impuissant devant la famine des années 1973-1974 et face à la révolte de l'Érythrée, il est destitué par l'armée en 1974. Sa mort, encore mystérieuse, est officiellement annoncée le 27 août 1975.

▽ **L'entrevue** de Mussolini et de Hitler à Venise, le 23 juin 1934, est un échec : le Duce contrecarre les visées du Führer sur l'Autriche de Dollfuss.

1934. *L'Illustration.*

L'empereur Hailé Sélassié ▽ s'appuie sur les démocraties européennes et la S.D.N., où l'Éthiopie siège depuis 1923. Son opposition aux intérêts économiques italiens incite Mussolini à tenter l'aventure.

Vers 1930.

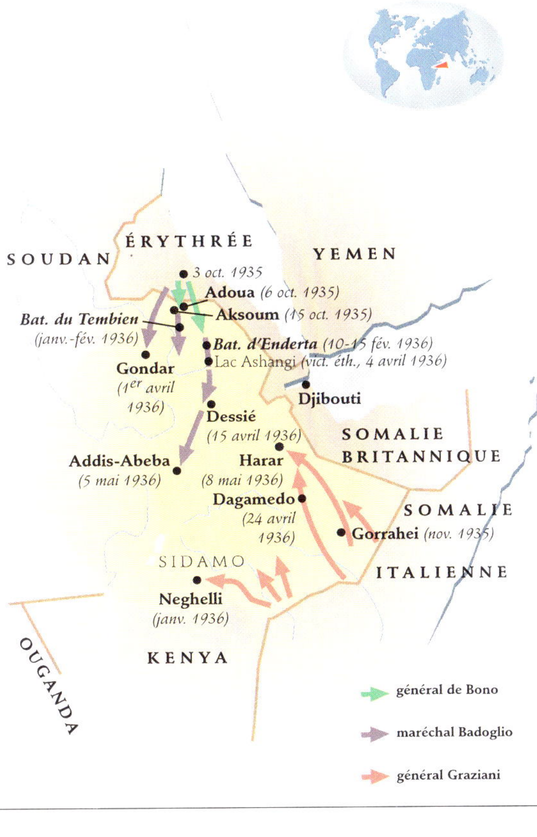

Le front de Stresa

Le Duce prépare diplomatiquement son intervention. Devant le nouveau danger incarné par Hitler, qui vient de faire assassiner, en juillet 1934, le chancelier autrichien Dollfuss, hostile à l'Anschluss et à l'expansionnisme allemand, Mussolini se rapproche des démocraties occidentales. Il rencontre les représentants de la France et de la Grande-Bretagne à Stresa, au bord du lac Majeur, en avril 1935.

Un accord est passé entre les trois pays, qui s'engagent à s'opposer « à toute répudiation unilatérale des traités, susceptible de mettre en péril la paix », déclaration à laquelle Mussolini ajoute de sa main même la mention « en Europe ». La France et la Grande-Bretagne ne réagissant pas devant l'addenda du Duce, celui-ci estime donc pouvoir compter sur leur neutralité bienveillante lorsqu'il attaquera l'Éthiopie. Toutefois, les Britanniques craignent la mainmise de l'Italie dans une région de l'Afrique où ils ont eux-mêmes, avec le Soudan et l'Égypte, de gros intérêts coloniaux en jeu.

Cavaliers contre blindés

L'intervention militaire prend pour prétexte un incident frontalier survenu le 5 décembre 1934, à l'oasis d'Oual-Oual. La tension, déjà sensible depuis l'arrivée au pouvoir du négus en 1930, monte entre les deux États, et, malgré l'envoi d'une flotte britannique en Méditerranée pour intimider l'Italie, l'armée fasciste passe à l'offensive le 3 octobre 1935. L'aviation et les blindés italiens violent l'espace éthiopien sans déclaration de guerre. Les forces sont disproportionnées. Face aux 500 000 Italiens bien équipés, commandés par De Bono, l'Éthiopie « féo-

▽ **Mussolini,** à cheval, salue les troupes avec l'« épée de l'Islam », le 16 mars 1937 à Tripoli. Administrée par l'intelligent maréchal Balbo, la Libye fait l'objet d'une réelle mise en valeur.

1937. *L'Illustration.*

△ **Le maréchal Graziani** avec les habitants des bois de Sidamo, au cours de la guerre italo-éthiopienne. Il succède à Badoglio comme vice-roi d'Éthiopie.

1936.

dale » n'aligne que quelques dizaines de milliers de cavaliers sans discipline et souvent équipés de fusils pris à Adoua, en 1896. Pourtant, après une double offensive frontalière victorieuse depuis l'Érythrée et la Somalie, l'armée italienne piétine de novembre 1935 à janvier 1936. De Bono est remplacé par Badoglio, qui n'hésite pas à employer les gaz et les bombardements aériens. Addis-Abeba, la capitale, tombe le 5 mai 1936. Mussolini, triomphant, proclame Victor-Emmanuel III empereur d'Éthiopie.

La glorieuse croisade du Duce

La Société des Nations condamne l'Italie dès le début des hostilités et vote des sanctions économiques en novembre 1935. Mais celles-ci sont inefficaces, car, sous l'influence de Laval, président du Conseil, elles ne concernent pas le pétrole ni les matières premières. De plus, de nombreux États refusent de les appliquer. Les Franco-Anglais élaborent même, en décembre 1935, un plan secret de partage de l'Éthiopie, très favorable à l'Italie ; la révélation publique de ce plan le fait échouer mais montre l'attitude tortueuse des démocraties et le peu de cas qu'elles font des décisions de la S.D.N. Celle-ci finit par lever ses sanctions contre l'Italie, achevant son discrédit. De plus, les sanctions ont exacerbé le sentiment national italien et rassemblent la grande majorité de l'opinion autour du Duce victorieux. Pour soutenir l'effort de guerre, les femmes font don à l'État fasciste de leurs alliances et de leurs bijoux en or. L'épiscopat italien prend parti, présentant l'entreprise du Duce comme une croisade.

Pourtant, la conquête devient vite un fardeau : militaire d'abord, car la résistance des autochtones persiste ; économique ensuite, car les investissements sont coûteux et l'immigration trop faible pour coloniser le pays avantageusement. La conséquence principale de l'affaire éthiopienne est que Mussolini a rompu le front de Stresa et qu'il n'a trouvé pour lui donner raison qu'un autre dictateur, Hitler. L'axe Rome-Berlin prend forme et la politique extérieure de l'Italie sera désormais alignée sur celle de l'Allemagne. □

▽
Carte postale assimilant les victoires italiennes à la gloire des légionnaires romains.
1936. V. Pisanti. Coll. part.

Alors qu'il se sent mis au ban de l'Europe, le Duce se tourne vers Hitler, dans lequel il reconnaît enfin un allié.

L'AXE ROME-BERLIN

La reconnaissance de la conquête de l'Éthiopie par Hitler et le départ de l'Italie de la S.D.N. sont à l'origine du rapprochement des deux dictatures. Confirmés par leur soutien mutuel au soulèvement de Franco, ces liens sont concrétisés par la visite en Allemagne, en octobre 1936, du comte Ciano, gendre de Mussolini et ministre des Affaires étrangères. Le Duce annonce, le 1er novembre, la formation d'un « axe autour duquel peuvent s'unir tous les États européens ». Accord vague au départ, sans engagement militaire, celui-ci symbolise cependant la convergence idéologique des deux hommes et la fin de l'isolement allemand. L'aventurisme belliqueux de l'Italie, de plus en plus satellisée par l'Allemagne, va conduire Mussolini à renforcer l'Axe en 1939 par le pacte d'Acier.

ROOSEVELT AU POUVOIR

À partir de 1933, le président démocrate Franklin Delano Roosevelt met en œuvre une nouvelle conception de l'action de l'État et redonne confiance à une Amérique traumatisée par la plus grande crise économique de son histoire.

Le jeudi 24 octobre 1929, Wall Street, le marché boursier de New York, connaît un premier ralentissement. Cinq jours plus tard, le « mardi noir » voit la paralysie totale du marché. C'est le début d'une crise boursière sans précédent qui entraîne dans sa chute toute l'économie américaine, puis mondiale.

L'Amérique de la crise

La dépression s'amplifie et se généralise : la consommation baisse inexorablement ; l'immobilier s'essouffle ; les classes les plus aisées elles-mêmes restreignent leurs achats. Un an après le krach boursier, 5 millions d'Américains sont au chômage. Ils seront le double en 1932 et trois fois plus l'année suivante. Les faillites, la baisse des prix, le chômage, tout se conjugue pour entraîner un pays prospère de 123 millions d'habitants dans le gouffre. Les files d'attente s'allongent à

l'entrée des œuvres caritatives. Pour beaucoup, la Californie reste le pays de l'espoir : les routes du Sud-Ouest sont encombrées par les fermiers du Kansas et de l'Oklahoma, les « Okies », qui fuient la sécheresse et la misère vers la Terre promise. Certes, la crise frappe inégalement les classes sociales : les « cols blancs » (les employés) sont moins touchés que les ouvriers et les fermiers, dont les produits ne se vendent plus. Mais la crise morale, elle, est profonde : le rêve américain s'est transformé en cauchemar.

Roosevelt, l'espoir retrouvé

« La prospérité est au coin de la rue. » Lancée par Herbert Hoover, président depuis novembre 1928, cette formule optimiste correspond mal à une réalité de plus en plus dure. L'Administration républicaine refuse d'aider les individus et s'engage trop tard dans la lutte contre la crise. Aux élections de novembre 1932, un vent démocrate balaie l'Amérique. Franklin Delano Roosevelt obtient un succès écrasant face à Hoover. Sa campagne électorale, promettant une nouvelle donne, ou « new deal », pour le peuple américain, lui attire la majorité des voix dans 42 États sur 48. Son charisme et son dynamisme l'ont emporté sur la frilosité du président sortant.

L'ère du New Deal

En attendant la passation des pouvoirs, prévue pour le printemps suivant l'élection, Roosevelt peaufine son

Eleanor Roosevelt ▷ (à droite) fait campagne en faveur des codes de concurrence loyale : l'affiche de l'« Aigle bleu » distingue commerçants et industriels qui observent ces codes.
1933. *L'Illustration.*

Investiture caricaturale de Franklin Roosevelt. Parmi les hommes politiques et les ambassadeurs (dont Paul Claudel) figure l'« homme oublié », en bas, à droite, symbole de la crise.
1933. M. Covarrubias. *Vanity Fair.* F. D. Roosevelt ◁ Library.

▽ **Roosevelt** met fin à la prohibition de l'alcool, dont le seul résultat notoire fut l'enrichissement éhonté des trafiquants et de la pègre américaine.
1933. A. Beltrame. *La Domenica del Corriere.*

Franklin Delano Roosevelt fait partie, avec Lincoln, des grands présidents dont la légende s'est emparée.

UN PRÉSIDENT MYTHIQUE

Après une enfance heureuse dans un milieu fortuné du Connecticut, il entreprend des études de droit à Columbia. Inscrit au barreau, il se passionne surtout pour la vie mondaine, le sport et le journalisme. Il se marie avec sa cousine, Eleanor Roosevelt, qui lui donne cinq enfants. En 1910 commence sa carrière politique. Élu sénateur de l'État de New York sur la liste démocrate, il acquiert vite une réputation de libéral grâce à ses propos progressistes. La poliomyélite qui le frappe en 1921 et le laisse paralysé des jambes ne le freine en rien. Sa volonté et l'aide morale de sa femme le poussent à continuer. Gouverneur de New York en 1928, il ouvre des chantiers aux chômeurs et développe les services publics. Très populaire de par sa personnalité chaleureuse, il est le seul président à avoir été réélu trois fois (1932, 1936, 1940).

programme. En cent jours, de novembre 1932 à mars 1933, entouré d'une équipe de conseillers jeunes et brillants, à qui l'on donne bientôt le nom de *brain trust* (« cartel de l'intelligence »), Roosevelt fait voter des mesures d'urgence, destinées à remédier à la crise qui va en s'aggravant. La grande innovation du président est de multiplier les interventions de l'État dans la vie économique. Le New Deal repose sur trois mesures législatives concernant l'agriculture, l'industrie et la lutte contre le chômage.

L'*Agricultural Adjustment Act* encourage les fermiers à réduire leurs surfaces cultivées grâce à des indemnités compensatrices. Le *National Industrial Recovery Act* cherche à réorganiser la production industrielle en réduisant les excès de la concurrence et en fixant les prix. Pour cela, les chefs d'entreprise sont invités à signer des codes de concurrence loyale qui, en outre, limitent la durée du travail hebdomadaire à 40 heures et garantissent un salaire minimal. Roosevelt organise une vaste campagne de publicité en faveur des entreprises qui acceptent cette réglementation : leurs produits frappés d'un « Aigle bleu », logo inventé par l'État, se démarquent des autres.

Enfin, pour endiguer le chômage, sont créées la *Federal Emergency Relief Association,* organisme fédéral d'assistance, et la *Tennessee Valley Authority,* qui, en lançant un vaste plan de travaux publics comprenant la construction de plusieurs barrages hydrauliques et d'un canal, se donne pour but de relancer la vie économique dans des régions durement touchées. Quant à la *Civil Works Administration,* nouvellement créée, elle emploie près de 5 millions de personnes au chômage, dès le début de 1934, pour rénover les routes, restaurer les écoles, construire des stades ou drainer des marais.

Une présidence contestée

Conscient de l'origine spéculative de la crise, Roosevelt s'attaque au système bancaire. Le *Banking Act* de juin 1933 instaure une distinction rigoureuse entre banques de dépôts et banques d'affaires, et limite la pratique du crédit. Enfin, le dollar est dévalué. Si les Américains ont, globalement, retrouvé confiance, l'interventionnisme de l'État n'est pas du goût de tous, notamment des républicains. Réélu en 1936,

Mise en service à partir de 1920, la radio est devenue, dix ans après, un média largement utilisé.

RADIO DAYS

Les progrès technologiques et la production de masse offrent au public américain des récepteurs à des prix abordables dès les années 1930. Un grand nombre de citoyens peuvent ainsi écouter les familières « conversations au coin du feu » *(fireside chats),* auxquelles Roosevelt, sensible au contact direct avec ses électeurs, les convie régulièrement. Cherchant à fidéliser leur public, les stations, nombreuses, font appel à des vedettes de la chanson et du cinéma. En 1938, un inconnu de 25 ans, Orson Welles, panique l'Amérique entière en racontant à la radio *la Guerre des mondes* de George Orwell : son génie à créer des ambiances surnaturelles rend son récit tellement réaliste que des millions d'Américains s'enfuient en tous sens dans l'espoir d'échapper à l'invasion martienne. Enfin, l'émission la plus controversée est « Amos 'n' Andy », mettant en scène tous les stéréotypes afro-américains, au grand dam des organisations noires.

Roosevelt doit résister à la montée des mécontentements, exploités par ses ennemis politiques, républicains bien sûr, mais aussi par des démagogues divers, tel le père Charles Coughlin, ou des politiciens ambitieux, comme Huey Long. Il n'en poursuit pas moins sa politique réformiste, malgré les avis de la Cour suprême qui invalide certaines des lois passées en 1933. Roosevelt reste soutenu par les femmes et par les minorités de la société américaine, Juifs, Noirs, catholiques, alors que les syndicats, dès 1937, se montrent de plus en plus réticents.

Des grèves violentes, entraînant la mort d'une dizaine d'ouvriers à Chicago, éclatent au cours de l'hiver 1936-1937. En juin s'amorce une nouvelle récession et l'Amérique retrouve près de 10,5 millions de chômeurs. L'Administration démocrate ne sait plus que faire. La confiance en Roosevelt commence à vaciller, au moment même où la montée des périls en Europe inquiète les Américains. Avec l'augmentation des dépenses militaires, l'économie est relancée pour un temps, et l'espoir d'une vie enfin stable renaît. D'autant plus que Roosevelt, élu pour la troisième fois en 1940, a promis que « les boys ne seraient pas envoyés dans une guerre étrangère ». □

Des fermiers ruinés ▷ fuient en Californie à pied, trop pauvres pour s'offrir le train.
1937.

Le ***repas*** *des moissonneurs.* La vie dans les campagnes américaines reste dure. Le président Roosevelt prend des mesures favorables aux fermiers endettés.
1934. Grant Wood. Musée ◁ d'Art, San Francisco.

Croquis pris « sur le vif » à l'intérieur du métro de New York. Les milieux les plus divers s'y côtoient sans se rencontrer, comme dans les métros de Paris, Londres ou Berlin.
1937. Simont. *L'Illustration.* ▽

Né à Londres en 1889, d'un père artiste de music-hall et d'une mère chanteuse, Charles Spencer Chaplin connaît une enfance malheureuse.

LA LÉGENDE DE CHARLOT

Obligé de travailler très jeune, il suit des troupes de théâtre ambulant ; c'est en accompagnant l'une d'elles aux États-Unis en 1910 qu'il rencontre Stan Laurel. Il retourne en Amérique en 1912 et, avec l'aide de l'acteur-producteur Mack Sennett, il crée son personnage de Charlot, vagabond marginal au grand cœur. Quelques courts-métrages *(Charlot garçon de café, Charlot dentiste)* précèdent les premiers films réalisés après la guerre : *Une vie de chien* et *le Kid* sont inspirés de la solitude de sa propre enfance. À partir des années 20, il travaille pour United Artists et réalise des chefs-d'œuvre, *la Ruée vers l'or* (1925), *les Temps modernes* (1936), *le Dictateur* (1940), où il met son humour au service d'une critique acerbe de la société moderne. Soupçonné de sympathies communistes en 1952, au temps du maccarthyme, il s'exile en Suisse, où il meurt en décembre 1977.

LES *COMIC BOOKS*

En pleine dépression économique, les Américains sont à la recherche du dépaysement : les revues de bandes dessinées connaissent un succès sans précédent. *Tarzan,* adapté pour la bande dessinée en 1929, inaugure la vogue des héros dotés d'une force physique et d'une énergie morale sans pareilles. *Superman,* conçu par Siegel et Shuster, puis *Batman* et *Spiderman* partagent le même goût pour une justice inflexible. L'entre-deux-guerres voit la floraison des *comic strips,* ces séquences de quelques images où interviennent des personnages dans une situation difficile ou humoristique. Ces bandes *(strips)* regroupées forment le *comic book.* Parents et éducateurs critiquent sévèrement ces histoires, qu'ils jugent vulgaires et corruptrices. Pourtant, les comics révèlent également les valeurs de la société américaine, telles que le sens de la famille *(Blondie)* ou le goût du travail *(Rex Morgan).* Enfin, les bandes dessinées font la part belle au fantastique. *Dick Tracy* évolue au milieu de personnages grotesques dans un univers gothique. *Mandrake le Magicien* se promène entre Moyen Âge et science-fiction. Dans les *Amazing Stories* de John Campbell, le bien et le mal s'affrontent par l'entremise de robots, de monstres, d'extraterrestres, le tout sur fond de drames intergalactiques. La science-fiction emporte les Américains dans un rêve futuriste que, pour certains, l'évolution rapide des sciences laisse présager.

Création originale ▷ adaptée du roman d'Edgar Rice Burroughs, *Tarzan* est le redresseur de torts de la jungle. Il connaît aussi un grand succès international au cinéma.

1929. Harold Foster. Metropolitan Newspaper Syndicate.

▽ ***Superman*** met sa force surnaturelle au service du bien et de l'Amérique. Il possède une double identité qui lui permet de conserver l'anonymat.

1938. J. Shuster et J. Siegel. DC Comics.

▽ ***Flash Gordon*** promène sa silhouette musclée dans le monde interstellaire. Son auteur invente des planètes inconnues et peuplées d'êtres étranges.

1934. Alex Raymond. King Features Syndicate.

Batman, l'homme ▷ chauve-souris et son assistant Robin. Contrairement à Superman, il n'a aucun pouvoir surnaturel pour lutter contre le crime.

1939. R. Kane et W. Finger. Detective Comics.

△ ***Le Fantôme,*** justicier revêtu du sempiternel costume collant, bénéficie d'une réputation d'invincibilité et d'immortalité, d'où il tire son nom.

1936. R. Moore et L. Falk. King Features Syndicate.

Dick Tracy, inspecteur de police au profil sévère, se heurte au grand banditisme qui ravage l'Amérique, allusion claire à une réalité peu reluisante.

1931. Chester Gould. *Chicago Tribune.* ▷

DERNIÈRE ÉDITION
Le Petit Parisien
25 cent. LE PLUS FORT TIRAGE DES JOURNAUX DU MONDE ENTIER
MERCREDI 10 OCTOBRE 1934

LA YOUGOSLAVIE ET LA FRANCE EN DEUIL

Le roi Alexandre et M. Barthou assassinés à Marseille

LE GENERAL GEORGES, ATTACHE A LA PERSONNE DU ROI, EST GRIEVEMENT BLESSE

C'est à hauteur de la Bourse, sur la Canebière, que l'odieux régicide, que l'on croit être un Croate et qui semble avoir agi seul, s'élança armé d'un pistolet à deux canons et à tir rapide. Il blessa d'abord mortellement un agent qui tentait de s'opposer à son passage, se rua sur la voiture royale, tira à bout portant et consomma son attentat

Le roi, transporté à la préfecture, succomba sans avoir repris connaissance. Il avait été atteint au foie et au poumon gauche. M. Barthou, qui avait eu l'artère radiale du bras gauche sectionnée, mourut une demi-heure plus tard, à l'hôtel-Dieu, d'une hémorragie

L'assassin, Petrus Kalemen, est mort dans la soirée des blessures qu'il avait reçues

LE PRINCE PIERRE DE YOUGOSLAVIE AGE DE ONZE ANS A ETE PROCLAME ROI PAR LE CONSEIL DES MINISTRES A BELGRADE

Le Président de la République, accompagné de MM. Herriot et Tardieu, s'est rendu à Marseille pour saluer la dépouille mortelle du roi et de M. Barthou

Assassinat du roi de Yougoslavie et de Louis Barthou. *1934.* Le Petit Parisien.

YOUGOSLAVIE

Assassinat du roi

■ Alexandre Ier, fils de Pierre Ier de Serbie, est assassiné à Marseille, le 9 novembre 1934, par des Croates hostiles à la tutelle serbe. Il était accompagné de Louis Barthou, ministre français des Affaires étrangères, qui est tué lui aussi. Alexandre Ier était roi des Serbes, des Croates et des Slovènes depuis 1921. À la tête de populations façonnées par une histoire et une culture différentes, il avait dû faire face à un grave conflit entre Serbes centralistes et Croates fédéralistes ; l'antagonisme avait culminé avec le meurtre des députés croates en pleine Assemblée nationale. Cela n'avait pas empêché le roi d'unifier ses possessions, en janvier 1929, sous le nom de Yougoslavie, « pays des Slaves du Sud ». □

CHINE

Éphémère réconciliation

■ L'invasion japonaise réussit une réconciliation jugée impossible jusqu'alors. La guerre très dure que mènent les troupes nationalistes du Guomindang contre les communistes paraît scandaleuse aux patriotes chinois, témoins de l'avance des troupes japonaises. En décembre 1935, plusieurs manifestations invitent tous les Chinois à lutter contre l'occupant ; l'armée de Tchang Kaï-chek, chef du Guomindang, est divisée par d'importantes scissions : ses officiers souhaitent combattre le Japon plutôt que leurs compatriotes. Le Parti communiste chinois, quant à lui, est encouragé par le VIIe congrès du Komintern, qui recommande la formation de fronts populaires unis contre le fascisme. □

ÉTATS-UNIS

Mesurer les séismes

■ Charles Francis Richter définit en 1934 une « échelle », graduée de 1 à 9, qui mesure la magnitude des séismes suivant une progression logarithmique. La magnitude 1 est celle d'un séisme qui, à 100 kilomètres de l'épicentre, provoque un déplacement de 0,01 mètre du balancier d'un séismographe ayant une période de 0,8 seconde et amplifiant 2 800 fois les mouvements du sol. La magnitude 9 est exceptionnelle, le seul exemple connu étant celui du grand tremblement de terre de Lisbonne, le 1er novembre 1755. □

FRANCE

Mathématiciens et iconoclastes

■ Qui est Nicolas Bourbaki ? Ce nom désigne non une personne, mais un groupe de jeunes mathématiciens normaliens, qui, en 1934, ont eu l'idée de reprendre tout l'édifice des mathématiques en préparant un traité, les *Éléments de mathématiques*. L'ouvrage dégage la structure axiomatique des différentes parties des mathématiques, exposées dans une terminologie précise. Les jeunes gens décident, pour préserver leur capacité d'innovation, que les plus de 50 ans seront automatiquement remplacés... □

FRANCE

Les Joliot-Curie

■ Frédéric et Irène Joliot-Curie sont jeunes (elle a 38 ans, il en a 35), brillants et vont devenir très célèbres en recevant le prix Nobel de chimie de 1935 pour leurs recherches sur la structure de l'atome. En bombardant avec des particules alpha du bore, de l'aluminium et du magnésium, ils ont obtenu divers isotopes du phosphore, de l'azote, du silicium et de l'aluminium ; ces éléments, qui n'existent pas dans la nature, se désintègrent spontanément en émettant des électrons, positifs ou négatifs. Leurs découvertes font avancer de façon spectaculaire la connaissance de la structure de la matière, à la suite des travaux de Marie Curie, la mère d'Irène, elle-même deux fois prix Nobel, de physique en 1903 et de chimie en 1911. □

Le vainqueur du conflit italo-éthiopien. *1935. Paul Ordnet.* Le Rire.

FRANCE

Le Marteau sans maître

■ Un jeune méridional publie en 1934 une œuvre étrange et confidentielle, que les initiés saluent unanimement. Dans *le Marteau sans maître,* René Char, ami des surréalistes, drague les bas-fonds inconscients et forge un langage de la concision. En 1930, il a écrit *Ralentir travaux,* en collaboration avec André Breton et Paul Eluard ; son premier recueil, *Arsenal,* date de 1929. Jusqu'à la guerre, Char poursuit son œuvre, assumant l'absurde mais tenant compte du réel dans *Placard pour un chemin des écoliers.* □

BELGIQUE

Deuils royaux

■ Le roi des Belges Albert Ier s'est tué le 17 février 1934 en faisant de l'escalade à Marches-les-Dames, près de Namur. La Belgique pleure « le roi chevalier », dont la stratégie personnelle avait permis à son pays de « tenir » pendant la Grande Guerre. Il avait, en 1914, décidé d'évacuer Anvers et de résister à l'armée allemande sur l'Yser, arrêtant ainsi l'avance de celle-ci. C'est à lui que la Belgique doit l'instauration du suffrage universel, de l'autonomie culturelle et ses premiers pas vers l'égalité linguistique, par un train de réformes mis en place en 1932. L'année suivante, un nouveau drame frappe la famille royale. La reine Astrid, épouse adulée du nouveau roi, Léopold III, meurt le 29 août 1935, victime d'un accident de voiture. □

TUNISIE

Les prémices de l'indépendance

■ Le fondateur du parti du Destour, le cheikh Tha'alibi, réclamait pour la Tunisie une constitution, *dustur* en arabe, qui aurait amené l'émancipation du peuple tunisien et la fin du protectorat. À la suite des graves incidents de 1920 et 1921, les autorités françaises proclament l'état de siège en Tunisie et exilent Tha'alibi jusqu'en 1937. C'est un nouveau parti, plus modéré que le premier, qui va faire entendre la voix des Tunisiens sur la scène internationale. Le Néo-Destour, fondé par des partisans d'un système démocratique et égalitaire, accepte, au moins à titre provisoire, la coopération culturelle et économique avec la France, alors que le Vieux Destour, intransigeant, était partisan d'un strict respect des traditions musulmanes. Dissous lui aussi en 1934, le Néo-Destour poursuit clandestinement son activité. En 1937, il prétend avoir 70 000 adhérents, répartis en 400 sections. Il est à l'origine des grèves et émeutes de 1937-1938. Parmi ses membres, un jeune étudiant en droit fonde un journal, *l'Action tunisienne,* qui défend des positions nationalistes et laïques : Habib Bourguiba fait son entrée sur la scène politique. □

1936 - 1937

L'explosion sociale de l'été 1936 n'épargne à peu près aucune région de France. Il n'en faut pas plus pour qu'une grande partie du patronat et des classes moyennes voie la révolution à sa porte. Étrange révolution, pourtant, qui occupe les usines au son de l'accordéon mais respecte l'outil de travail, laisse les femmes rentrer chez elles le soir et les catholiques aller à la messe le dimanche ! Pour les ouvriers, ce qui est révolutionnaire, c'est le sentiment d'une dignité nouvelle. Objet de controverse depuis l'origine, le Front populaire a même été accusé par Vichy d'avoir précipité la défaite de 1940 en négligeant le réarmement. Réciproquement, la gauche incrimine le sabotage économique et financier orchestré par le patronat et la bourgeoisie pour expliquer l'échec du Front populaire. Au-delà des débats, il reste l'héritage d'une œuvre sociale novatrice – congés payés et réduction du temps de travail hebdomadaire – que l'État providence a pu reprendre après la guerre.

Meeting pour la paix à Saint-Cloud. 1936.

LE FRONT POPULAIRE

Touchée plus tardivement, mais non moins gravement, par la crise mondiale, la France pâtit également du discrédit qui frappe le régime républicain. Enfin unie, la gauche prend le pouvoir et s'efforce de promouvoir un nouvel ordre social et économique, non sans rencontrer de graves oppositions.

Les atouts économiques français, quoique réels, s'avèrent bientôt insuffisants pour faire face à une crise mal comprise par les responsables politiques, qui refusent l'adoption des mesures drastiques appliquées par les autres pays, notamment la dévaluation. Certes, l'économie française ne s'effondre pas comme celle de ses voisins, mais elle fléchit avec régularité ; en 1935, la production industrielle atteint encore 75 p. 100 du chiffre de 1929, et les chômeurs, du reste peu secourus, ne sont officiellement que 465 000. La classique politique de déflation et les baisses autoritaires des traitements ou des prix (décrets-lois Laval de 1935) accroissent le malaise social, doublé d'un antiparlementarisme aiguisé par les scandales

Manifestation du souvenir au cimetière du Père-Lachaise, organisée chaque année par la gauche devant le mur des Fédérés.
1935. B. Taslitsky. ▷

◁ **Le 6 février** 1934, vu par la droite : « Ce sont des anciens combattants sans armes qui criaient "À bas les voleurs, vive la France !" que le Cartel a fait tuer. »
Bibliothèque nationale, Paris.

qui agitent la chronique : l'affaire Stavisky, suivie de la démission de Chautemps et de la mutation du préfet Jean Chiappe, exaspère l'opinion.

La naissance du Front populaire

Le 6 février 1934, à Paris, plusieurs ligues manifestent avec une extrême violence contre « les voleurs et les pourris », mais sans chercher à renverser un régime pourtant discrédité. Ces graves incidents – 17 morts, plus de 2 000 blessés – aboutissent toutefois à un réflexe de « défense républicaine » préconisé par les partis de gauche, en dépit d'une profonde hostilité réciproque, aggravée par l'isolement du parti communiste dû à la stratégie « classe contre classe » imposée par Moscou.

Tout évolue quelques jours plus tard. L'impulsion de la « base » est visible le 12 février : les cortèges socialiste et communiste fraternisent lors d'un défilé protestataire. Échaudé par la situation allemande, le Komintern impose au parti communiste la politique de la « main tendue ». En juin 1934, Maurice Thorez suggère un pacte d'unité d'action à la S.F.I.O., qui l'accepte le mois suivant ; le 13 novembre, il étend sa proposition aux radicaux, avec l'idée d'un « Front populaire du travail, de la liberté et de la paix ». Les revers électoraux du parti radical en 1934 et en 1935, la fougue de ses « Jeunes-Turcs » – Cot, Mendès France et Zay – poussent cette formation à participer à une journée commune avec la S.F.I.O. et le parti communiste, le 14 juillet 1935, véritable acte de naissance du « Rassemblement populaire ».

Victoire électorale

La manifestation est un succès qui prélude aux alliances des partis et des syndicats de gauche en vue des élections de 1936. Publié au mois de janvier, le programme de gouvernement comporte trois volets : défense des libertés contre les ligues factieuses, lutte contre la crise économique et sociale, sécurité collective, que résume la formule « paix, pain, liberté ». La S.F.I.O. y insère de nombreuses mesures précises et concrètes, qu'elle espère mener à bien. La droite conduit une campagne défensive sur le thème du péril bolchevique. Un attentat des Camelots du roi contre Léon Blum à l'occasion des obsèques de Jacques Bainville, la remilitarisation de la Rhé-

Les Croix-de-Feu. ▽ L'organisation d'anciens combattants antiparlementaire et nationaliste, fondée en 1927, est dissoute en 1936 par le gouvernement du Front populaire.
Coll. part.

En février 1934, il n'y a pas eu de « complot fasciste », mais la gravité de l'émeute témoigne du malaise social et politique.

Le 6 FÉVRIER 1934

En janvier 1934, l'antiparlementarisme de l'opinion est exacerbé par le mystérieux suicide de Stavisky, escroc lié au monde politique. De plus, Chiappe, préfet de Paris, jugé trop indulgent envers les ligues, a été muté. Ces dernières descendent donc dans la rue le 6 février, jour de l'investiture du gouvernement Daladier. Plusieurs cortèges se forment : les Croix-de-Feu manifestent dans le calme ; l'Union nationale des combattants montre plus d'agressivité envers les forces de l'ordre ; enfin, l'Action française et les Jeunesses-Patriotes ont l'intention de marcher sur le Palais-Bourbon. L'affrontement recherché se produit place de la Concorde : les policiers, bombardés de projectiles, font feu. On relèvera 17 morts et plus de 2 000 blessés. Par souci d'apaisement, Daladier, pourtant soutenu par la Chambre, se retire, remplacé par Doumergue : le gouvernement légitime a cédé devant la rue, mais le régime a tenu bon.

nanie par Hitler, que la France laisse faire, la victoire du *Frente popular* espagnol pèsent sur les dernières semaines précédant le scrutin. La veille du premier tour, *l'Humanité* rassure l'électorat des classes moyennes en titrant : « Pour l'ordre, votez communiste ! »

En dépit d'un taux de participation record, le premier tour n'est pas un raz de marée : la gauche ne totalise que 300 000 voix de plus qu'au scrutin de 1932, et les ballottages sont très nombreux. Mais la discipline de vote en faveur du candidat le mieux placé assure une nette majorité au Front populaire à l'issue du second tour : celui-ci obtient 378 sièges sur 598. Deux surprises : d'une part, distancés pour la première fois par les socialistes, les radicaux perdent 49 sièges ; d'autre part, les communistes multiplient le nombre de leurs élus par sept. Plus que l'électorat, le monde politique glisse à gauche. Vainqueur de la coalition, Léon Blum devient président du Conseil lors de la rentrée des Chambres, le 4 juin 1936. Première entorse, les communistes déclinent toute participation gouvernementale ; la pression de Moscou les maintient à l'écart des responsabilités, pour les laisser libres d'exercer du dehors « une sorte de ministère des masses », selon le mot de Paul Vaillant-Couturier, qui dirige *l'Humanité*. Les socialistes occupent les portefeuilles économiques et sociaux, les radicaux héritent des postes plus politiques. Ce dosage prudent innove par certains aspects, dont la nomination de trois femmes secrétaires d'État – alors qu'elles n'ont pas le droit de vote –, et par un rajeunissement manifeste. De plus, Blum a la sagesse de ne pas cumuler la présidence du Conseil avec un autre ministère.

Une kermesse printanière

Une semaine après la victoire du Front populaire, des grèves spontanées éclatent et submergent les organisations syndicales traditionnelles. Le mouvement débute le 12 mai au Havre, atteint Paris le 14, puis gagne le reste de la province. Le 10 juin, 3 millions de grévistes occupent leurs lieux de travail dans une ambiance souvent bon enfant. Joie de la victoire électorale, crainte diffuse de ne pas en récolter les fruits, mais aussi espoir d'une amélioration des conditions de la vie quotidienne et sentiment d'une dignité

Léon Blum brandissant une lampe de mineur à l'occasion de la célébration du 14 juillet 1936, un mois après son arrivée au pouvoir. ▽
R. Capa. Coll. part.

L'affaire Dreyfus et le prestige de Jean Jaurès décident de l'engagement politique de ce normalien brillant et raffiné, issu d'une vieille famille juive alsacienne.

LÉON BLUM

Conseiller d'État, chef de cabinet du ministre socialiste Marcel Sembat en 1914, hostile à l'Internationale communiste, artisan du Cartel des gauches, il accroît l'audience électorale de la S.F.I.O. jusqu'à en faire le premier parti de France en 1936. Généreux, idéaliste, voire lyrique, le nouveau président du Conseil est un réformiste qui cherche plutôt à concilier justice sociale et économie libérale. Son programme ne manque pas de cohérence, mais il méconnaît les règles du marché et se heurte à l'incompréhension d'un patronat rendu frileux par les difficultés de l'après-guerre. Bouc émissaire du gouvernement de Vichy, il est traduit devant la cour de Riom en février 1942, mais il se défend si bien que le procès ridiculise le régime. Déporté en Allemagne après l'invasion de la zone libre, Léon Blum préside un cabinet éphémère de décembre 1946 à janvier 1947 puis se retire de la vie politique.

acquise sont les principaux caractères de ces grèves ni révolutionnaires ni même agressives : les ouvriers respectent l'outil de travail et limitent leurs objectifs à l'usine qui les emploie. Léon Blum, pris lui-même au dépourvu, calme ce défoulement collectif par une série de décisions spectaculaires qui dépassent son programme électoral : les 11 et 12 juin 1936, des lois instituent la semaine de quarante heures, quinze jours de congés payés par an pour l'ensemble des salariés et des conventions collectives dans toutes les branches professionnelles.

Déjà, la Confédération générale du patronat français négocie avec la C.G.T. de Léon Jouhaux sous l'arbitrage du gouvernement : les « accords Matignon » du 7 juin revalorisent les salaires de 7 à 15 p. 100, garantissent la liberté syndicale, établissent les contrats collectifs de travail ainsi que les délégués du personnel. Les grèves refluent, tandis que les « billets Lagrange », à tarifs préférentiels, facilitent les premières vacances pour des millions de Français. La volonté de justice sociale liée à une relance de la machine économique conduit le gouvernement Blum à une intense activité législative au cours de l'été 1936 : les usines d'armements et l'industrie aéronautique sont nationalisées, les statuts de la Banque de France (organisme privé) sont réformés, la scolarité obligatoire est prolongée jusqu'à 14 ans, une nette impulsion est donnée aux loisirs et à la culture. De grands travaux sont programmés pour résorber le chômage. Enfin, la création de l'Office du blé est destinée à rehausser les tarifs agricoles amputés par la crise.

Mouvement spontané et bon enfant, les grèves des mois de mai et juin 1936 déconcertent jusqu'au gouvernement.

LA GRÈVE « SUR LE TAS »

Pour la première fois, les cessations de travail prennent un caractère souriant. Nouveauté, les usines et les ateliers sont occupés et deviennent un lieu de fête populaire : les grévistes jouent à la belote ou à la pétanque, dansent au son de l'accordéon et sont ravitaillés par leurs familles. Cet enthousiasme tout pacifique va imprégner les mémoires. Il surprend les formations politiques et même les centrales syndicales, car les grèves n'affectent paradoxalement pas les secteurs les plus syndiqués. Ordonnées – les violences sont rarissimes –, plutôt modérées dans leurs revendications, ces grèves modifient le climat des entreprises ; un patron favorable au Front populaire parle de « cure psychanalytique de la France ».

La C.G.T., réunie ▽ à la C.G.T.U. communiste, adhère au programme du Front populaire. Durant les grandes grèves de 1936, les chefs sont dépassés par les événements. Ils seront toutefois prêts à discuter les accords de Matignon.
1936. Flo. Coll. part.

△ **Meeting** pacifiste et contre l'antisémitisme à la salle Wagram à Paris, à l'initiative du groupe Amsterdam-Pleyel, qui a ouvert la voie au Front populaire.
1936. D. Seymour. Coll. part.

Premières difficultés

L'euphorie est de courte durée. Le Front populaire se heurte très vite aux amères réalités de la politique étrangère et de l'économie. La guerre civile espagnole, qui éclate le 18 juillet 1936, provoque les premières lézardes au sein de la coalition gouvernementale : hostiles à tout soutien aux républicains espagnols, alors que les socialistes s'y montrent favorables, les radicaux menacent de démissionner. Blum cède, mais la non-intervention de la France provoque la stupeur des « antifascistes » et annonce la prochaine rupture avec les communistes, partisans acharnés du soutien.

La conclusion de l'axe Rome-Berlin bouleverse les alliances et oblige la France à accroître ses crédits militaires, qui alourdissent le budget. L'activité économique reste morose, malgré une timide reprise : les prix ont augmenté pour compenser les concessions accordées en juin. Homme de droite lucide, Pierre Gaxotte souligne « cette vilaine habitude des patrons de se laisser arracher ce qu'ils pourraient accorder de bonne grâce ». Les chefs d'entreprise refusent d'investir, certains jouent même contre le franc ; les réformes ont coûté cher, sans donner les résultats escomptés : la généralisation des « quarante heures » n'a pas dégagé d'emplois. Le ministre des Finances Vincent Auriol dévalue le franc de 25 p. 100 le 28 septembre 1936. « Trop tard et trop peu », juge Paul Reynaud.

La vie politique intérieure est empoisonnée par les attaques haineuses de l'extrême droite, dont les calomnies poussent le ministre de l'Intérieur Roger Salengro au suicide. Dissoutes au mois de juin, les ligues se reconstituent en partis politiques et dénoncent « la soviétisation de la France ». La presse modérée fait chorus. Le malaise grandit : les radicaux s'inquiètent de l'inefficacité des réformes ; les communistes réclament au contraire des mesures plus dirigistes, comme le contrôle des changes. L'électorat est déconcerté par la hausse des prix et par la dévaluation, qui amputent les avantages salariaux ; dès l'automne, des grèves sporadiques reprennent dans tous les secteurs et d'autres ne peuvent pas toujours être évitées par les commissions de conciliation et d'arbitrage, instituées en décembre. Le peu de confiance dans le gouvernement s'effiloche : la fuite des capitaux s'aggrave, le déficit budgétaire et l'inflation aussi.

Petite fille saluant à la manière du Front populaire lors des funérailles d'Henri Barbusse au cimetière du Père-Lachaise à Paris, où reposent les grands militants communistes.

1935. D. Seymour. ◁ Coll. part.

La fin du Front populaire

Confronté à une situation si délicate, Léon Blum souhaite la « pause » des revendications. Le 13 février 1937, son annonce de la suspension des réformes ne calme pas l'agitation sociale. Désabusé, le président du Conseil s'exprime ainsi lors de l'inauguration de l'Exposition internationale de 1937 : « Les travailleurs ne doivent pas confondre liberté et licence. » Quelques semaines plus tôt, la « fusillade de Clichy » (5 morts, 500 blessés) a aggravé les tensions au sein de la coalition gouvernementale. Les communistes ne soutiennent plus le gouvernement, déjà miné par le sabotage financier du patronat. La majorité modérée et radicale du Sénat refuse à Blum les pleins pouvoirs qui lui permettraient de combattre la spéculation. Le président du Conseil préfère démissionner, fidèle à ses convictions : « Je suis résolu à tout affronter sauf une chose : une mésintelligence avec le parti ou avec l'ensemble de la classe ouvrière. »

Quatre gouvernements prolongent l'agonie du Front populaire, peu à peu abandonné par les radicaux. Le cabinet Chautemps compte encore des socialistes et nationalise les compagnies ferroviaires, déficitaires. La persistance des grèves appuyées par les communistes empêche la reprise, mais les socialistes démissionnent lorsque Chautemps veut remettre en cause le principe des quarante heures. Un second cabinet Blum ne dure que quelques jours. Le 10 avril 1938, Daladier forme un gouvernement radical et de centre droit ; le Front populaire n'est plus qu'un souvenir lors des décrets-lois de novembre 1938, qui suppriment la semaine des quarante heures.

Un mythe politique

Premier exercice du pouvoir par une majorité socialiste réformiste, le Front populaire n'a pas résisté à la conjonction d'un contexte international tendu et de l'hostilité des milieux d'affaires. La surenchère communiste et les erreurs de gestion réduisent encore sa portée pratique. Paul Reynaud professe : « Lorsqu'on viole les lois économiques, elles se vengent. » Mais l'héritage social engage l'avenir et permet au Front populaire de devenir un mythe pour la gauche française. □

Principale revendication de la puissante Confédération générale du travail, la semaine de quarante heures est votée le 12 juin 1936.

LES « QUARANTE HEURES »

La crise économique popularise l'idée d'une diminution du temps de travail de quarante-huit à quarante heures hebdomadaires, avec maintien du salaire. Les syndicats prévoient l'amélioration de la productivité et la possibilité de résorber le chômage, mais les milieux économiques, au contraire, émettent de sérieuses réserves. Les décrets d'application promulgués d'octobre 1936 au printemps 1937 manquent de souplesse. Trop vite appliquées, les « quarante heures » produisent peu d'effets sur la reprise économique ; les patrons sont réticents à intégrer cette loi. Du reste, les entreprises ne peuvent remplacer leurs personnels qualifiés par des travailleurs inexpérimentés et doivent supporter un important surcoût salarial, mal venu en période de récession. En novembre 1938, Paul Reynaud remet en cause cette loi, qu'il juge responsable de l'échec économique du Front populaire.

◁ **Le gouvernement** Blum se heurte à de multiples oppositions venant de la droite et de la gauche révolutionnaire.
1937. Affiche du C.P.R.N.

Grévistes exécutant ▷ le salut du poing, symbole du Front populaire. Les terrassiers travaillant aux pavillons de l'Exposition se mettent en grève et occupent les chantiers.
Coll. part.

LES CONGÉS PAYÉS

Les « vacances payées » ne sont pas une innovation : les employés de bureau en bénéficient déjà. De plus, la récession conduit bien des entreprises à fermer quelques semaines au mois d'août, mais ces congés forcés sont un chômage technique déguisé et non rémunéré. Enfin, le Sénat rejette tous les projets de loi sur le sujet. Toutefois, le 11 juin 1936, un vote quasi unanime – moins une voix – étend les « congés payés » à tout salarié comptant au moins un an d'ancienneté. Le projet ne figurait pas de façon explicite dans le programme électoral, mais les grèves incitent Léon Blum à prendre une telle mesure. À l'aube de l'été, les bénéficiaires se ruent joyeusement sur les « trains de plaisir » à tarif réduit de 40 p. 100. Ils découvrent la France, sac au dos ou juchés sur des tandems, certains voient la mer ou la montagne pour la première fois de leur vie, ou retournent au pays quitté depuis longtemps. Léo Lagrange, dynamique secrétaire d'État aux Sports et aux Loisirs, multiplie les stades, les piscines, les auberges de jeunesse. Bien sûr, quelques privilégiés grincheux déplorent l'encanaillement des plages par les « salopards en casquette » qui vont « couvrir la France de papiers gras ». Si de nombreuses familles restent chez elles faute de moyens, les congés payés ne seront jamais remis en cause. Plus émouvant, des milliers de cartes postales affluent à Matignon avec ces simples mots : « Merci M. Blum. »

Les premiers campings. La France est en retard pour les activités de plein air. Le camping se développe surtout après la guerre, mais il est déjà l'élément le plus important du tourisme social, alliant l'économie à l'indépendance.

1938. *L'Illustration.*

Le photographe Henri Cartier-Bresson se fait le témoin des hommes de son temps en rapportant des documents pris sur le vif, très suggestifs et d'une grande simplicité.

Coll. part.

Peintre du dimanche sur la plage. Les côtes de Normandie sont la destination privilégiée des premiers congés payés des Parisiens. Ouvriers et employés envahissent les plages jusque-là fréquentées par les classes aisées.

L. Aigner.

Les grandes vacances ▷ en Corrèze vues par Robert Doisneau, l'autre grand maître de la photographie prise sur le vif.
1937. Coll. part.

◁ **Les trains** « rouges », baptisés ainsi par les habituels utilisateurs du Train bleu, faciliteront les vacances de 900 000 salariés grâce à leurs billets à tarif réduit.
1936.

Vacances de Pâques ▽ en tandem et side-car. Cette famille a su résoudre le problème des voyages économiques.
Coll. part.

LES DICTATURES D'EUROPE CENTRALE

L'effondrement des empires centraux et de la Russie bouleverse l'Europe centrale après 1918. Le redécoupage des frontières, les nouvelles répartitions ethniques et les régimes autoritaires marquent l'évolution de la région de 1919 à 1939.

Les pouvoirs issus des modifications géopolitiques liées aux traités de paix ont des traits communs : à l'exception de la démocratique Tchécoslovaquie, ils sont tous autoritaires, très conservateurs, corporatistes et professent un antisémitisme diffus ; ils manifestent aussi la volonté politique de s'opposer à toute dérive totalitaire, qu'elle soit fasciste, nazie ou communiste.

Régimes et dictateurs

Fondateur du parti socialiste polonais, chef d'une *Légion polonaise* qui se bat aux côtés de l'Autriche-Hongrie en 1914, le maréchal Joseph Pilsudski est l'artisan de la victoire contre la Russie

Le nationalisme ▽ croate prend une forme terroriste avec les Oustachi.

1934. K. Hegedusic. *Justice.* Galerie d'Art, Skopje (Macédoine).

bolchevique en 1920. Il met fin à la chronique instabilité politique de son pays par le coup d'État de mai 1926. La crise économique mondiale le pousse à durcir un régime déjà autoritaire. Pilsudski meurt en 1935 : la « dictature des colonels » lui succède, traite avec l'Allemagne au détriment de la France et se préoccupe de la défense des frontières orientales. Après l'échec du communiste Béla Kun en Hongrie, l'amiral Horthy assure la régence d'un royaume sans monarque de 1920 à 1944. Menacée par la Petite-Entente (alliance de la Tchécoslovaquie, de la Yougoslavie et de la Roumanie), la Hongrie se rapproche de l'Italie dès 1927, puis de l'Allemagne à partir de 1936, puissances dont elle espère la révision du traité de Trianon. Jeu diplomatique fort ambigu : des avantages territoriaux recouvrés feraient perdre au pays son identité. « Si l'Allemagne perd, nous perdons ; si elle gagne, nous sommes perdus », dit Paul Teleki, Premier ministre de 1939 à 1941.

La Roumanie subit le pouvoir personnel du roi Carol II, pourtant écarté du trône par son père, de 1930 à 1940. En 1937, celui-ci met fin au régime parlementaire, neutralisant du même coup le redoutable parti extrémiste de la *Garde de fer.* Après la défaite française de juin 1940, le roi se résigne à former un gouvernement acquis aux intérêts de l'Allemagne, qui impose à la Roumanie la cession de la Bessarabie à l'Union soviétique et d'une partie de la Transylvanie à la Hongrie. Déconsidéré aux yeux de l'opinion, Carol II doit définitivement abdiquer en faveur de son jeune fils Michel.

Constitué dès 1918, le royaume des Serbes, Croates et Slovènes prend le nom de Yougoslavie le 3 octobre 1929. Un vif antagonisme sépare les radicaux serbes, partisans d'une grande Serbie centralisatrice, et le parti paysan croate, qui veut préserver sa particularité ethnique. L'instabilité politique pousse le roi Alexandre Ier à décréter une « dictature royale » pour réconcilier ses sujets, mais, lors d'une visite officielle, il est assassiné à Marseille par les Oustachi le 9 octobre 1934. Le régent Paul ne parvient pas davantage à unifier le royaume : la création d'une *banovine* croate ne fait qu'attiser les passions. Phénomène nouveau, cette division touche désormais les Serbes et les Croates, qui vivaient jusque-là sans

△ « **Vauriens !** C'est cela que vous voulez ? » Le poing rouge hongrois intervenant à la conférence de Trianon.
1919. M. Biro. Coll. part.

Le bagne du sel ▷ en Roumanie. Sous le règne de Carol II, le pays est le théâtre de véritables pogroms. Le roi abolit le système parlementaire et instaure une dictature royale répressive.
Coll. part.

Par peur de la Hongrie, la Tchécoslovaquie et la future Yougoslavie signent un pacte d'assistance le 14 août 1920.

LA PETITE-ENTENTE

La Roumanie, qui a annexé la Transylvanie hongroise, adhère à son tour à cette alliance, qui reçoit le nom de *Petite-Entente.* Soucieuse de maintenir le nouvel ordre européen, la France soutient cette alliance à partir de 1925, ce qui suscite l'hostilité italienne : Mussolini se rapproche de la Hongrie en 1927. Renforcée après l'arrivée de Hitler au pouvoir par un accord de non-agression signé avec l'Union soviétique, la Petite-Entente reçoit un coup fatal lors du double assassinat du roi de Yougoslavie et de l'efficace Louis Barthou. La politique étrangère de la France devient alors très fluctuante ; la Yougoslavie se rapproche de l'Italie, de la Hongrie et de l'Allemagne. Fin septembre 1938, les accords de Munich dépècent la Tchécoslovaquie et règlent définitivement le sort de la Petite-Entente.

heurts dans les anciennes possessions austro-hongroises. Un régime personnel similaire existe en Bulgarie, où le roi Boris III exerce la plénitude du pouvoir.

Tentatives extrémistes

Si les partis communistes, très minoritaires, sont muselés, les mouvements de type fasciste ou nazi émergent un peu partout, acquièrent de l'audience et sont contenus, sinon combattus, par les régimes en place. En Pologne, la *Falanga* prône vers 1935 l'installation d'un État totalitaire et un antisémitisme farouche. Mais, comme le parti ouvrier national-socialiste, la Falanga est marginalisée par le pouvoir, dont l'anticommunisme très actif suffit à mobiliser l'opinion.

Des groupes fascistes anticapitalistes et antisémites apparaissent en Hongrie dès 1922 pour réclamer la révision des traités qui ont mis fin à la Première Guerre mondiale. Vers 1930, il existe dans le pays une centaine de mouvements acquis aux thèses national-socialistes. Le Premier ministre Gyula Gömbös, au pouvoir de 1932 à 1936, les laisse se développer, mais il n'hésite pas à dissoudre les sections d'assaut du parti ouvrier et paysan national-socialiste hongrois, qui arborent un emblème à croix gammée. Si Ferenc Szalasi crée le parti des *Croix-Fléchées,* qui fédère toutes les factions extrémistes, son activisme lui vaut en 1938 une condamnation à trois ans de prison pour atteinte à l'ordre social.

À Belgrade, les Dr Stankovitch et Perovitch et le prince Paul Karageorgévitch, composant le Conseil de régence, prêtent serment.

1934. Archives nationales, Washington. ▷

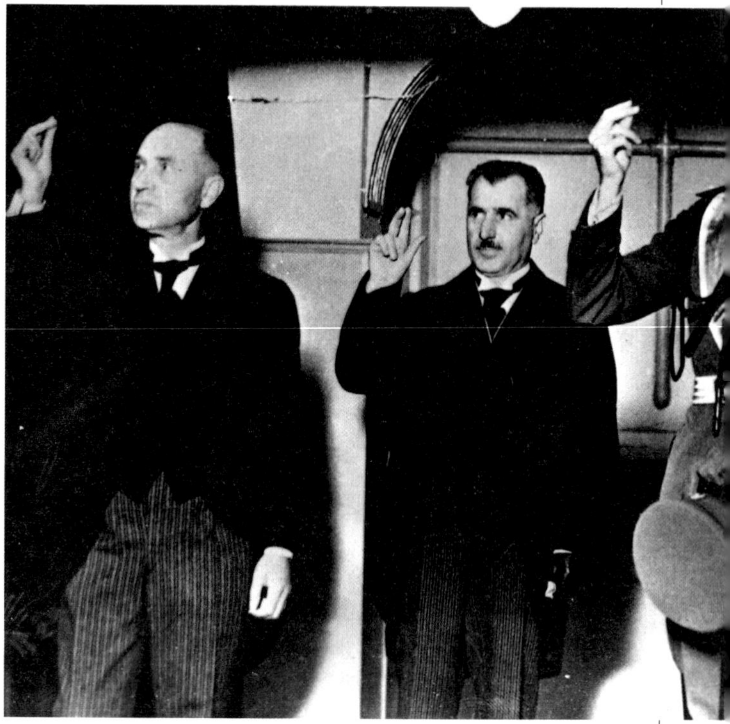

Le maréchal Pilsudski soumet la Pologne à une dictature paternaliste durant près de dix ans.

1926. ▽

Aide de camp de François-Joseph, dernier commandant en chef de la marine austro-hongroise, cet aristocrate calviniste devient régent de Hongrie en 1920.

MIKLOS HORTHY VON NAGYBANYA

Horthy lutte contre le révolutionnaire communiste Béla Kun en 1919, et l'Assemblée nationale hongroise lui confie la régence au nom du roi Habsbourg Charles IV. En 1921, Horthy s'oppose à deux tentatives de restauration de ce dernier. Chef d'État constitutionnel, il étend ses prérogatives en 1931 et obtient un droit de veto sur toutes les mesures adoptées par le Parlement. Alliée de l'Allemagne, la Hongrie voit ses revendications territoriales satisfaites, de 1938 à 1940, mais au prix d'un engagement militaire contre l'U.R.S.S. Horthy réussit à éviter l'occupation allemande à son pays jusqu'en mars 1944, date à laquelle il ne peut plus empêcher la déportation des Juifs hongrois. Arrêté par les SS de Skorzeny alors qu'il cherche à négocier un armistice avec les Alliés, il est déporté en Allemagne. Les Croix-Fléchées du prohitlérien Szalasi prennent alors le pouvoir. Horthy se réfugie au Portugal et meurt en 1957, âgé de 89 ans.

Les mouvements terroristes

Pologne et Hongrie sont préservées d'un terrorisme qui n'épargne en revanche ni la Roumanie ni la Yougoslavie. Fondée par le Roumain Ion Codreanu, la *Légion de l'archange Michel,* mystique, réactionnaire et antisémite, n'hésite pas devant le crime. Pour élargir son assise, Codreanu crée la Garde de fer, mais se heurte au roi lui-même en 1938 ; arrêté, il est sommairement abattu. Ses partisans réussissent toutefois à reconstituer leur mouvement sous l'occupation allemande, à partir d'octobre 1940, mais leurs excès sanguinaires entraînent la dissolution de la Garde de fer en janvier 1941. La Yougoslavie fait face à deux groupes terroristes : l'*Oustacha* croate d'Ante Pavelitch reçoit des subsides italiens et hongrois ; depuis 1935, le *Zbor* serbe est d'inspiration national-socialiste. Les deux mouvements serviront d'auxiliaires à la police nazie sous l'occupation allemande.

Une situation délicate

Les pays d'Europe centrale, soumis à des régimes autoritaires, échappent néanmoins à la mobilisation de masse, à une idéologie sectaire et à l'emprise d'un parti unique – caractéristiques des totalitarismes –, contrairement à l'Allemagne, à l'Italie ou à l'Union soviétique. Du reste, ces « dictatures inachevées » dressent des obstacles à la progression des mouvements extrémistes. Mais l'héritage de la Première Guerre mondiale et les atteintes de la récession libèrent des forces ultranationalistes contenues jusque-là. L'Allemagne profite de la crise mondiale pour contrôler l'économie de l'Europe centrale et imposera son occupation à partir de 1940, aidée par les sympathisants du régime nazi. □

Alexandre Ier ▷ Karageorgévitch de Yougoslavie, fils de Pierre Ier de Serbie, privilégie les Serbes par rapport aux autres nationalités.
Institut d'études slaves, Paris.

▽
Caricature du gouvernement de Pilsudski vue par la droite, qui met en évidence la complexité des oppositions et des affiliations.
1931. Czermanski. B.D.I.C., Nanterre.

Créé en 1929 par l'avocat croate Ante Pavelic, ancien député de Zagreb, le mouvement extrémiste Oustacha se livre à un sanglant séparatisme.

L'Oustacha

Mouvement nationaliste et terroriste dont les méthodes sont calquées sur celles de la société secrète de la « Main noire » ou des « comitadjis » macédoniens de l'avant-guerre, l'Oustacha (du croate *Ustas,* « rebelle ») s'attaque à la politique panserbe de Belgrade. Les agissements de Pavelic le contraignent à s'exiler dès 1929. Soutenu discrètement par la Hongrie et l'Italie, il organise plusieurs attentats dont le plus spectaculaire tue, à Marseille, le 9 octobre 1934, le roi Alexandre Ier de Yougoslavie et le ministre français des Affaires étrangères Louis Barthou. Le rapprochement de Mussolini avec le régent Paul retire l'appui italien à l'Oustacha. Celle-ci atteint toutefois son but lors de l'occupation allemande : un État croate satellite est créé en 1941 sous la dictature de Pavelic. Les Oustachi deviennent les auxiliaires zélés et sanguinaires de la police nazie, traquant les patriotes et tout particulièrement les hommes de Tito.

L'armée, le possédant ▽ et l'Église collaborent à la construction de l'État franquiste, qui s'inscrit dans une idéologie assez proche du national-socialisme allemand.
1937. Pedrero. U.G.T.

LA GUERRE D'ESPAGNE

Conclusion tardive d'un XIXe siècle ténébreux, la guerre civile espagnole met au jour l'archaïsme d'une société et oppose, en Europe, les partisans de la démocratie aux tenants des régimes autoritaires.

Le conflit prend sa source dans l'instabilité politique qui prévaut après le départ de Miguel Primo de Rivera, en janvier 1930. Le roi Alphonse XIII s'essaie en vain à la légalité constitutionnelle avec deux cabinets de transition – général Berenguer et amiral Aznar –, mais les élections municipales d'avril 1931 donnent la victoire aux républicains. Découragé, Alphonse XIII part pour l'exil, sans signer d'abdication.

La seconde République

Un gouvernement provisoire proclame la république et organise des élections législatives au mois de juin. Les Cortes accusent une nette poussée à gauche et prennent des mesures anticléricales, provoquant une scission avec les modérés : Premier ministre démissionnaire, Alcalá Zamora est remplacé au mois d'octobre par le socialiste Azaña, mais est porté à la présidence de la République en décembre. La nouvelle Constitution fait de l'Espagne une « république démocratique des travailleurs de toutes les classes », État laïque au système parlementaire monocaméral, avec suffrage universel étendu aux femmes et aux soldats. Des réformes agraires sont promises aux paysans les plus pauvres.

Les premières mesures – divorce légalisé, réduction du nombre pléthorique d'officiers, confiscation des biens jésuites – irritent la droite, déjà inquiète des violences antireligieuses. L'autonomisme, les grèves et les rébellions diverses ne rassurent pas les milieux d'affaires, et les capitaux fuient. Le centriste Lerroux évince Azaña à la fin de 1933, freine toutes les réformes de la gauche, brise l'autonomie catalane et la révolte ouvrière des Asturies. Les ouvriers sont divisés entre les anarchistes de la C.N.T. (Confédération nationale du travail) et le parti communiste étroitement inféodé au Komintern. Un *Parti ouvrier d'unification marxiste,* ou P.O.U.M., voit le jour en septembre 1935 : il réunit surtout des communistes catalans proches du trotskisme et peu favorables à Moscou. La droite s'inspire des exemples italien et portugais, fonde la *Phalange* et les *Juntes d'offensive national-syndicaliste,* où se regroupent les adversaires les plus résolus du régime. Le *Frente popular* triomphe aux législatives de février 1936, et Azaña succède à Zamora à la tête de l'État. Le faible gouvernement de Prieto laisse se dégrader une

Portrait d'un milicien ▽ républicain sur le front d'Aragon. La « terreur rouge » s'en prend particulièrement aux propriétaires fonciers et au clergé conservateur.

1936. R. Capa. Coll. part.

◁ **Le général** Franco, entre les généraux Cavalcanti et Mola, défile dans la ville de Burgos, capitale des nationalistes.

1936. *L'Illustration.*

Poète illustre et engagé, il est l'un des premiers parmi les 400 000 victimes de la guerre civile.

FEDERICO GARCÍA LORCA

Né en 1899, cet Andalou issu de la bourgeoisie libérale consacre son œuvre poétique et théâtrale aux déshérités et aux exclus, vers lesquels le conduisent aussi ses désirs de marginal. Connu par sa poésie savante, populaire et surréaliste, il écrit le *Romancero gitan* en 1928, le *Chant funèbre pour Ignacio Sánchez Mejías* en 1935. Il s'impose au théâtre avec une trilogie très appréciée : *Noces de sang* (1933), *Yerma* (1934) et *la Maison de Bernarda Alba* (1936). Intellectuel célèbre et engagé, il souhaite la modernisation de l'Espagne, mais il est fusillé près de Grenade dès les premiers jours de la guerre civile. Ses détracteurs le poursuivent jusque dans sa mort : il aurait été tué non pas par des gardes franquistes mais par un gitan, pour une affaire de mœurs.

situation très préoccupante : confiscation sommaire de terres, pillages, incendies, grèves, attentats contre les personnes. Ces troubles contribuent à détacher l'opinion modérée du régime. L'assassinat du chef monarchiste Calvo Sotelo par des policiers, le 13 juillet 1936, met le feu aux poudres.

La guerre civile

Proclamé par les généraux Sanjurjo et Franco au Maroc espagnol, le *pronunciamiento* du 18 juillet soulève toutes les garnisons contre le gouvernement légal. Très vite, les rebelles contrôlent l'Andalousie, la Galice, les Asturies, le León, la Navarre et la Vieille-Castille ; ils rallient presque toute l'armée, les monarchistes, les partisans de la Phalange, un grand nombre de modérés et bénéficient de l'appui moral du clergé. Les gouvernementaux, ou loyalistes, s'appuient sur le triangle Madrid-Valence-Barcelone, disposent des forces de la police, de l'aviation et d'une partie de la marine. Ils lèvent des volontaires chez les ouvriers, une partie de la paysannerie et de la petite bourgeoisie, et chez de nombreux intellectuels.

Les deux camps mènent la guerre avec sauvagerie ; les prisonniers sont presque systématiquement exécutés. Aux assassinats de prêtres et de religieuses commis par les républicains répondent les épurations franquistes de Badajoz et de Saragosse.

Les nationalistes s'empare de Tolède mais échouent devant Madrid à la fin de 1936. Un front assez stable se constitue jusqu'au début de 1938 : les républicains résistent victorieusement à Guadalajara et reprennent Teruel, mais pour peu de temps. En avril 1938, les nationalistes isolent la Catalogne, coupant la capitale de Valence et de la Méditerranée. Une ultime offensive brise le front de Catalogne : Barcelone est prise le 26 janvier 1939. Madrid se rend le 28 mars. De nombreux com-

△ **En réaction** au coup d'État des nationalistes, les républicains s'organisent, constituant spontanément des milices populaires et des comités ouvriers, contrôlés par la gauche et les anarchistes.
1936.

Plus long gouvernement de l'Espagne depuis le XVIIe siècle, la dictature de Franco est aussi la plus durable d'Europe.

FRANCO, CAUDILLO D'ESPAGNE

Franco n'appartient pas à l'aristocratie et doit son ascension rapide à de réelles qualités militaires. Au Maroc, où il sert de 1912 à 1927, il commande la Légion étrangère puis dirige l'Académie militaire de Saragosse et participe à la répression du soulèvement des Asturies. Pragmatique, opportuniste, il attend son heure : rallié au complot du général Sanjurjo, il profite de la mort accidentelle de ce dernier pour se faire nommer généralissime, puis chef de l'État par la junte de Burgos. S'il veut changer le régime, il n'est pas un idéologue : sa dictature se démarque nettement du fascisme préconisé par la Phalange et s'apparente plutôt au corporatisme du Portugais Salazar ou aux régimes de l'Europe centrale. D'une habileté consommée, il évite de s'engager aux côtés de Hitler : l'Espagne épuisée doit panser ses plaies.

Des soldats républicains investissent le palais du gouverneur de Teruel, dernier grand bastion de la résistance phalangiste. Ce succès éphémère ne fait que retarder la grande offensive projetée par Franco. ▷
1938. R. Capa. Coll. part.

battants républicains se réfugient alors au Perthus et sont internés par les autorités françaises, méfiantes.

Un conflit international

La France et l'Angleterre ont opté pour la non-intervention ; l'Italie, l'Allemagne et l'U.R.S.S. ont également adhéré à cet accord, mais en ne songeant qu'à le violer. Chacune de ces puissances porte un intérêt politique ou économique au conflit : l'U.R.S.S. cherche à brouiller les démocraties avec l'axe Rome-Berlin pour affaiblir l'Europe occidentale, l'Allemagne songe aux matières premières dont elle a besoin et l'Italie veut satisfaire ses ambitions méditerranéennes. Le Duce envoie des chars et des avions servis par 70 000 volontaires des milices fascistes. L'Allemagne hitlérienne expédie quelques petites formations et du matériel que les techniciens expérimentent : le bombardement aérien de Guernica par la légion Condor – 250 morts – est un sinistre banc d'essai.

Des « brigades internationales » constituées dès octobre 1936 par des volontaires étrangers, en majorité communistes, servent aux côtés des républicains espagnols. Leurs effectifs atteignent 30 000 hommes. Un grand nombre de cadres et d'organisateurs joueront à l'avenir un rôle important dans leurs pays respectifs : l'Allemand Walter Ulbricht, le Yougoslave Josip Broz, le socialiste italien Pietro Nenni, les communistes français Charles Tillon, Henri Rol-Tanguy et André Marty. Ce dernier, aux ordres du Komintern, se charge d'une épuration politique qui lui vaut le surnom de « boucher d'Albacete ». Répétition générale du second conflit mondial, la guerre civile espagnole montre aussi la fragilité des démocraties occidentales confrontées aux régimes totalitaires. □

▽ « **Paysans,** la terre est à vous ! » Le P.O.U.M. propose le partage des terres et la mise en place de réformes agraires.

1936. Siwe. Atlantida A.G., Barcelone.

Acquis aux républicains espagnols, le Front populaire français reste prisonnier de ses alliances électorales.

FRONT POPULAIRE ET GUERRE D'ESPAGNE

Les radicaux refusent de soutenir une intervention en Espagne et menacent Léon Blum de démissionner. Quant aux communistes, qui se contentent d'un soutien tactique au gouvernement Blum, ils pratiquent la surenchère. À la traîne de la Grande-Bretagne, qui n'est pas mieux disposée à intervenir en faveur de l'Espagne, Blum ne peut que proposer, en août 1936, un accord de non-intervention, accepté par vingt-cinq pays. L'aide française aux républicains reste à l'initiative des associations privées, des partis politiques ou des particuliers. Côté soviétique, Staline envoie du matériel et des techniciens, mais aussi des agents du NKVD : ceux-ci, chargés de l'élimination physique des trotskistes et des anarchistes, assassinent Andreu Nin, dirigeant du P.O.U.M.

LA GUERRE ET L'ART

Les artistes espagnols et étrangers n'ont jamais cessé de réagir à la tragédie ibérique. Ils transcrivent ainsi ce que les hommes ressentent, peur, espoir ou affliction devant un conflit fratricide où leurs valeurs s'affrontent ; les deux camps se mobilisent pour la victoire de leurs idéaux. Le cinéma de fiction ou d'actualité est très sollicité : *Terre d'Espagne* d'Ivens et de Hemingway (1937) montre Madrid assiégée, *l'Espoir* de Malraux (1939) retrace les combats de Teruel durant la campagne de 1937. *Mourir à Madrid* de Rossif (1962) et *Viva la muerte* d'Arrabal (1971) conservent à l'écran la mémoire de cette période.
Poètes et écrivains ne sont pas en reste : Alberti, Eluard témoignent ; Neruda compose *l'Espagne au cœur* et Bernanos écrit *les Grands Cimetières sous la lune* (1938) ; Hemingway, *Pour qui sonne le glas*, porté au cinéma en 1940. George Orwell combat avec les anarchistes et rédige *Catalogne libre ; Testament espagnol* d'Arthur Koestler raconte les prisons franquistes. Les musiciens s'exilent : Pablo Casals en France, Manuel de Falla en Amérique latine. Le peintre Picasso résume, avec *Guernica*, l'indignation des principaux créateurs face à l'horreur. Le monde des arts paraît unanime dans sa réprobation de la rébellion militaire. Mais des artistes militent aussi chez les nationalistes : le poète Manuel Machado, frère d'Antonio, le critique Peman, le philosophe Eugène d'Ors...

△ ***Construction** molle avec des haricots bouillis, prémonition de la guerre civile* représente un grand corps humain qui s'autodétruit dans le délire. Salvador Dalí l'a achevé six mois avant le début de la guerre civile.
1936. Musée d'Art, Philadelphie.

Cette photo d'un ▷ soldat républicain mortellement touché est la plus célèbre de celles que Robert Capa a prises pendant la guerre d'Espagne.
1936. R. Capa. Coll. part.

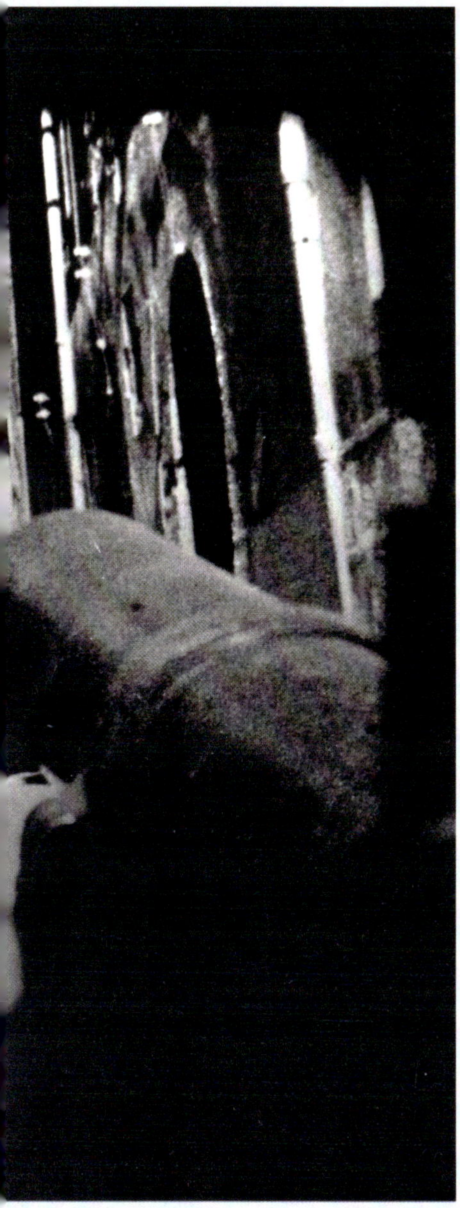

△
Guernica après le bombardement. L'art photographique impose, par son témoignage réaliste, une vision tragique de la guerre.
1937. *L'Illustration.*

◁
L'Espoir d'André Malraux. Œuvre littéraire adaptée au cinéma, le film est en avance de presque trente années sur les auteurs de la Nouvelle Vague. Son esthétique est fortement influencée par le cinéma soviétique.
1937-1938. Collection J. Chevallier, Paris.

◁ **Affiche** de Juan Miró : « Je vois du côté fasciste les forces périmées, de l'autre côté le peuple dont les immenses ressources créatrices donneront à l'Espagne un élan qui étonnera le monde ».
1937. Coll. part.

▽ ***Guernica*** de Pablo Picasso. Une réaction symbolique et passionnelle à la destruction arbitraire du village basque par les bombardiers allemands.
1937. Centre d'art Reina Sofia, Madrid.

ÉTATS-UNIS

Le prix du progrès

■ Au plus noir de la crise, un film critique la frénésie productiviste et démonte les mécanismes du fordisme. Dans la première partie, Charlot, le héros, est victime du travail en miettes et de l'accélération des cadences qui l'obsèdent au point de le rendre fou. Metteur en scène et scénariste des *Temps modernes,* un de ses premiers longs métrages, mais aussi le dernier *«Charlot»,* Charlie Chaplin est fidèle à ses engagements politiques : il est un des plus fervents partisans de Roosevelt, qui sollicite cette année un second mandat et veut pousser plus loin une politique sociale hardie. Dans la seconde partie du film, mélancolique et sentimentale, Charlot rencontre la «gamine», jouée par Paulette Goddard. Ensemble, ils affrontent le chômage et les petits métiers, avant de partir sur une route ensoleillée vers un bonheur pour le moins hypothétique. □

ÉTATS-UNIS

La nostalgie du Sud

■ La taille étranglée par un corset étroitement lacé, Scarlett O'Hara, avec son teint d'Irlandaise et ses yeux verts, embrase l'Amérique. Quand, en 1936, une vieille dame d'Atlanta, Margaret Mitchell, publie *Autant en emporte le vent,* le roman est aussitôt un immense succès. Le Sud, réhabilité, peuplé de Noirs fidèles et de planteurs affables, devient la contrée la plus intéressante et la plus civilisée des États-Unis. À quand l'adaptation cinématographique ? □

FRANCE

Mort d'un héros

■ Ayant décollé de Dakar à bord de la *Croix-du-Sud,* Jean Mermoz survole l'Atlantique sud en direction du Brésil. Un de ses moteurs tombe en panne et sa radio cesse d'émettre le 6 décembre 1936. Malgré les recherches entreprises par Air France, celui que les journalistes ont surnommé «l'Archange» ne sera jamais retrouvé. Il avait pourtant franchi plusieurs fois l'Atlantique et effectué de nombreux vols au-dessus de l'Afrique et de l'Amérique du Sud pour l'Aéropostale. □

JAPON

Le pouvoir des militaires

■ Contraint à l'expansion du fait de l'explosion démographique, touché de plein fouet par la crise, divisé par de graves scandales financiers et politiques, le Japon semble condamné. Son économie s'améliore cependant, grâce à une politique résolument inflationniste, qui développe les industries de guerre. C'est probablement ce contexte favorable qui explique l'échec du coup d'État militaire du 26 février 1936. Après le succès relatif des libéraux aux élections législatives et l'entrée au Parlement de dix-huit députés socialistes, des officiers assassinent plusieurs responsables, dont le Premier ministre, et tentent d'instaurer un gouvernement militaire. Après trois jours d'incertitude, un ballon rouge promène au-dessus de Tokyo un message par lequel l'empereur condamne le putsch. Le calme est aussitôt rétabli. Au Japon, c'est toujours l'empereur qui l'emporte. □

La Grande Illusion *de Jean Renoir. 1937. Collection Prod/DB, Paris.*

FRANCE

Cinéma et idéologie

■ En 1902, le deuxième fils du peintre Auguste Renoir a 6 ans, comme le cinéma lui-même, quand il regarde son premier film, *les Aventures d'Auto-Maboul,* avec Gabrielle, une de ses jeunes parentes, qui sert de modèle à son père. Après avoir servi pendant la guerre comme aviateur, Jean Renoir devient cinéaste. Ses engagements politiques font de lui le réalisateur quasi officiel du Front populaire. C'est en 1936 qu'il tourne quelques-uns de ses meilleurs films. *La Marseillaise,* commanditée par la C.G.T., est une œuvre remarquable qui exalte, certes un peu naïvement, les idéaux de la Révolution française, tandis que *la Grande Illusion* est marquée par les valeurs marxistes : les affinités de classes transcendent les différences nationales, et l'aristocrate incarné par Pierre Fresnay a plus de points communs avec Erich von Stroheim, commandant du fort où il est détenu, qu'avec ses camarades de captivité. Témoin des sentiments qui animent alors la majorité des Français, le cinéaste s'affirme résolument pacifiste. □

ALLEMAGNE

À portée des canons allemands

■ Le traité de Versailles prévoyait que, entre la France et l'Allemagne, la Rhénanie devait être entièrement démilitarisée, de façon à éviter toute agression. Le 7 mars 1936, Hitler donne à la Wehrmacht l'ordre d'entrer en Rhénanie, contrevenant ainsi aux accords passés. Les troupes allemandes défilent à Cologne sous les hurlements de joie d'une foule enthousiaste. Tandis qu'à Paris Albert Sarraut s'écrie : «Nous ne laisserons pas Strasbourg sous le feu des canons allemands», la S.D.N. se contente, une fois de plus, d'une vague protestation. Le 3 juillet, le journaliste juif allemand Lux se suicidera en pleine séance pour dénoncer l'inaction des puissances face au nazisme. □

U.R.S.S.

Stakhanov, premier héros du travail

■ La propagande stalinienne porte aux nues un mineur du Donbass, Andrei Stakhanov, qui a réussi, le 31 août 1935, à abattre 277 tonnes de charbon, soit 14 fois la norme. Il devient le premier héros du travail de l'U.R.S.S., une distinction qui n'est pas seulement honorifique : récompenses et primes sont les méthodes, très «capitalistes», désormais utilisées pour stimuler les travailleurs. Après l'exaltation de la classe ouvrière comme entité collective, ce sont des individus héroïques qui sont glorifiés. Mais l'exploit de Stakhanov n'a été possible que grâce à la collaboration de ses camarades, qui se chargent à sa place de dégager le charbon et de boiser les galeries. □

U.R.S.S.

Vychinski, accusateur public

■ Déclenchées par l'assassinat de Kirov, en 1934, les «grandes purges» éliminent les opposants à Staline : Kamenev et Zinoviev sont exécutés après le «procès des Seize», dès 1934, puis, en 1937, a lieu le «procès des Quatorze», qui élimine Boukharine. Lors du «procès des généraux», le maréchal Toukhatchevski, héros de la révolution, est condamné à mort. Le point commun de ces procès est Andreï Ianouarievitch Vychinski, procureur de la République socialiste fédérative de Russie depuis 1931 et qui deviendra procureur général de l'U.R.S.S. en 1935. Ce juriste, qui adhère tardivement au bolchevisme, fait une carrière fulgurante dès qu'il se rallie à Staline, en 1927. Il fait explicitement référence à Fouquier-Tinville, accusateur du Tribunal révolutionnaire sous la Terreur, et, comme ce dernier, affirme vouloir sauver la révolution. C'est Vychinski qui, pour étayer des accusations monstrueuses, met au point les procédures durant lesquelles les prévenus font d'interminables confessions. □

1937 - 1939

L'Europe au bord de la guerre : le 23 avril 1938, c'est la mobilisation générale en Tchécoslovaquie, suivie, le 26, d'une mobilisation partielle en France et au Royaume-Uni. Aussi, lorsque Mussolini propose à Daladier et à Chamberlain de venir rencontrer Hitler à Munich, il semble que cette rencontre soit la dernière chance de la paix. Or ni les Français ni les Britanniques ne sont prêts à mourir pour les Sudètes. La paix à tout prix ? La formule a rarement été prise à ce point au pied de la lettre. Car le prix payé pour éviter un conflit de plus en plus inévitable est proprement exorbitant : la Tchécoslovaquie est littéralement dépecée sans même avoir été invitée à la conférence. Prisonniers de leurs opinions publiques, Daladier et Chamberlain ne sont pourtant pas dupes. Il leur reste encore – et en cela peut-être le délai de grâce arraché à l'Allemagne n'aura pas été complètement inutile – à relancer la production d'armement et à réorganiser l'armée, bref : préparer la guerre.

Nuremberg, 1933.
Coll. Cilarc.

LES COLONIES FRANÇAISES

La participation des troupes indigènes à la guerre a balayé, en métropole, les oppositions à la colonisation. En Afrique, en Indochine, aux Antilles ou dans le Pacifique débute « l'âge d'or » des colons.

La possession d'un vaste ensemble colonial – l'Empire français est le deuxième du monde, après l'Empire britannique – implique un choix à effectuer en terme d'administration. La France opte surtout pour l'association, qui, en principe, respecte les spécificités des sociétés conquises ; en réalité, elle confine celles-ci dans un statut d'infériorité. De plus, l'association, a priori uniforme, en conformité avec le jacobinisme centralisateur, n'est pas appliquée partout de manière identique, ne serait-ce qu'en raison des différences de personnalité des administrateurs coloniaux ou à cause de l'extraordinaire variété des peuples qui, sur les cinq continents, composent l'Empire colonial français.

◁ **La marine** française se modernise : bien administrée, elle offre des carrières intéressantes, plus professionnelles et moins « aventurières » que dans les troupes coloniales.

1930. Affiche d'André Galland. CIRIP.

Le maréchal Franchet d'Esperey, inspecteur des troupes d'Afrique du Nord, et la mission Gradis reçoivent l'hommage de la population de Gaya, au Niger.

1925. *L'Illustration*. ▽

L'administration coloniale

Les quelque 70 millions d'hommes soumis à la France sont considérés comme sujets français, mais non comme citoyens, à l'exception des habitants des Antilles, de la Réunion, des comptoirs de l'Inde ou des « quatre communes » (Saint-Louis, Dakar, Gorée, Rufisque) du Sénégal. Ces derniers ont obtenu des droits civiques réels – ils élisent des députés à la Chambre –, mais ils vivent toutefois sous un régime d'exception qui ne leur laisse qu'une faible participation à l'administration de leur région.

Seule vraie colonie de peuplement – les Européens y sont 900 000 sur 6,5 millions d'habitants en 1930 –, l'Algérie a un régime complexe : administrée par un gouverneur général, elle possède une structure départementale et bénéficie d'une représentation parlementaire à la Chambre et au Sénat. Le droit français coexiste avec le droit musulman ou d'autres particularismes locaux. Parmi les indigènes, seuls les juifs ont obtenu la nationalité française, par le décret Crémieux, en 1870, ainsi que quelques milliers d'anciens combattants après la Grande Guerre. En 1936, le projet Blum-Viollette prévoit l'intégration de tous les Algériens, mais échoue à cause du refus des colons européens. Presque toujours nommés par les autorités françaises, les Algériens qui participent à l'administration sont confinés dans un rôle subalterne. Quant à l'égalité fiscale, elle n'est instituée qu'après 1919.

L'Indochine, deuxième « petite reine » de l'Empire français, a aussi un statut particulier et non unifié : la Cochinchine est une colonie ; le Tonkin, l'Annam, le Cambodge et le Laos sont des protectorats. Les notables indochinois ont un rôle politique variable selon les territoires dont ils sont issus, mais ils participent à la gestion de la péninsule : élus au Conseil de gouvernement à partir de 1922, ils n'y sont néanmoins pas majoritaires.

La mise en valeur économique

Les motivations politiques jouent un rôle certain dans le processus colonial, témoin de la puissance française dans le monde, mais le facteur économique

À cause de son débit puissant, le fleuve Congo est peu navigable. Une voie ferrée est construite pour relier Brazzaville à la mer.

L'ÉPOPÉE DU CONGO-OCÉAN

Cette ligne ferroviaire, commencée en 1920, doit permettre l'exploitation économique de la région sans utiliser la ligne du Congo belge voisin. Pour tracer les quelque 500 kilomètres de la voie, le chantier dure 14 ans, tant le parcours est semé d'obstacles : marécages, forêts impénétrables, terrains trop friables ou trop durs. Il faut édifier 170 ponts, creuser 12 tunnels, terrasser 10 millions de m^3 de terre. Sur 127 000 hommes recrutés de force pour le travail, 20 000 meurent d'épuisement, à tel point que la presse de métropole s'en fait l'écho. Aujourd'hui, ce chemin de fer est toujours un grand axe commercial mais témoigne du coût humain, parfois exorbitant, payé par les peuples colonisés pour équiper leur pays.

Le centenaire de ▽ l'Algérie française est célébré avec faste, mais les colons, en dépit des déclarations officielles, ne sont pas prêts à admettre l'égalité avec les indigènes.
1930. Santos. CIRIP.

est le plus important. Il revêt souvent un aspect généreux : la France se reconnaît un devoir de civilisation qui passe par la « mise en valeur des colonies », selon le titre d'un livre d'Albert Sarraut – gouverneur de l'Indochine et plusieurs fois ministre des Colonies –, pour transmettre les valeurs du progrès aux peuples « non civilisés ». La présence économique reste néanmoins intéressée : ces territoires doivent « rendre l'or et le sang » que leurs conquêtes ont coûtés.

Ils recèlent de véritables richesses : des sols fertiles permettent la culture de l'arachide, du café, du thé ou du coton ; les forêts regorgent d'essences utiles comme l'okommé, l'hévéa, les bois exotiques ou le palmier à huile ; les mines d'or, de cuivre ou de pierres précieuses sont exploitées.

En Algérie, les colons accaparent les meilleures terres pour les mettre en valeur : la culture du blé, de la vigne et du tabac enrichit la Mitidja, plaine au sud d'Alger. Toutefois, avec les années, la colonisation devient citadine. Les grandes propriétés algériennes ressemblent peu à celles des planteurs de l'Afrique noire, presque aussi rudimentaires que les villages indigènes.

En Indochine, les champs d'hévéas assurent la prospérité de la colonie au fur et à mesure que se développe l'industrie automobile et pneumatique dans le monde. La péninsule est aussi exportatrice de riz et de canne à sucre.

Une nouvelle économie

Le plus difficile est de convaincre les populations locales du bien-fondé d'un fonctionnement économique issu de la révolution industrielle, et qui rompt avec leurs modes d'échange traditionnels. L'introduction du système monétaire français et de l'impôt permet certes aux colonies de contribuer directement à leur mise en valeur, mais elle contraint surtout les populations à renoncer à leurs cultures vivrières au profit des denrées achetées par les négociants de la métropole.

Plus contestable, le recours au travail forcé pour la construction d'équipements collectifs et d'infrastructures représente une forme atténuée d'esclavage. Il est surtout pratiqué en Afrique équatoriale et consiste à rafler de nombreux hommes valides pour les faire

△ **Barques** chargées de riz à Cho Lon, près de Saigon. La « ville chinoise » est le centre du commerce et de l'usinage des riz de Cochinchine.

Coll. part.

Théologien, philosophe, musicologue, pasteur et médecin, Albert Schweitzer est le symbole d'une colonisation désintéressée et idéaliste.

ALBERT SCHWEITZER

Schweitzer estime que l'Europe a des torts envers le continent noir et que certains hommes doivent se sacrifier pour les réparer. En 1913, il crée un dispensaire à Lambaréné, petite ville du Gabon en Afrique-Équatoriale française, et s'y installe définitivement en 1924. Ses démêlés avec l'Administration coloniale, l'autonomie financière de son centre – obtenue par ses concerts d'orgue ou par les réseaux caritatifs protestants –, ses relations privilégiées avec les Africains, qu'il se garde bien de « civiliser », contribuent à façonner l'image d'un grand pionnier et d'un humaniste. Il souhaite que les sociétés africaines n'empruntent à l'Europe que ses aspects positifs, tels les soins médicaux ; bien que très croyant, il ne fait pourtant pas de prosélytisme religieux. Un véritable mythe s'est constitué de son vivant, qui a souvent occulté son caractère autoritaire et son paternalisme excessif.

Le port de Casablanca, dû à l'initiative du maréchal Lyautey, permet l'accostage des gros navires et contribue à moderniser l'économie du Maroc. ▷

F. Jobert. Musée national des Arts africains et océaniens, Paris.

participer, souvent fort loin de leurs villages, à des travaux dont ils ne comprennent guère l'objectif ; en 1926, André Gide avait déjà dénoncé dans son *Voyage au Congo* les abus des compagnies à monopole.

La période de 1919 à 1939 voit l'édification d'infrastructures qui constituent encore à la fin du XXe siècle la base des équipements de ces régions. Les routes carrossables et les voies ferrées sont tournées vers la mer ; la construction de grands ports atteste de l'importance du commerce avec la France. Les villes sont dotées d'hôpitaux, les gros villages, de dispensaires.

Écoles et élites

Des écoles apparaissent sur le modèle français pour alphabétiser les populations, mais les progrès demeurent assez lents : vers 1930, la scolarisation indigène n'atteint pas 10 p. 100 en Algérie, 20 p. 100 en Indochine. En revanche, cette instruction forme les élites locales : Léopold Senghor est agrégé de grammaire ; Félix Houphouët-Boigny, médecin ; Vô Nguyên Giap, licencié en histoire ; Ferhat Abbas, pharmacien ; Habib Bourguiba, juriste et diplômé de sciences politiques. Par contre, l'école des fils de chefs, en Afrique occidentale, suscite la méfiance des pères, qui expédient un esclave à la place de leur fils, pour ne pas « pervertir » ce dernier : il faut des mois et beaucoup d'énergie à l'administration pour découvrir la supercherie (au point que cette école est surnommée « l'école des otages », par analogie avec la Rome antique).

À côté de ces intellectuels brillants, les Français forment des techniciens, des agents de l'administration, des employés de commerce. Assez vite, cette élite moderne cherche sa place au sein d'une société coloniale blanche marquée par les préjugés ; par ailleurs, elle se heurte aussi aux notables africains, chefs politiques ou religieux, qui voient son ascension d'un mauvais œil. Dans bien des cas, ce double rejet provoque des déceptions amères et des frustrations lourdes de conséquences pour l'avenir des colonies.

Colons et administrateurs

Pour de nombreux colons, le travail, assez routinier, ne diffère guère de celui de la métropole. Les problèmes sanitaires et médicaux demeurent une constante préoccupation. En revanche, les conditions de vie sont agréables : les demeures sont vastes, pourvues en domesticité. Les colons se retrouvent dans des cercles de jeux ou des dîners mondains. Nombre d'entre eux, d'origine modeste, jouissent pleinement de leur nouveau statut social et du profond respect que doivent leur témoigner les « indigènes ».

La colonisation est ▷ porteuse de richesses, mais la Seconde Guerre mondiale puis la reconstruction retardent de nombreux projets d'équipements, qui ne sont réalisés qu'après 1950.
1934. *Vu*. Bibliothèque nationale de France, Paris.

Parmi les colons, trois types d'hommes ont un statut particulier : le missionnaire, le médecin et l'instituteur. Beaucoup sont des idéalistes soucieux d'apporter la « civilisation ». Les missionnaires installent des paroisses, propagent la foi chrétienne et alphabétisent les villageois. Ils sont également ethnologues et linguistes. Ils forment un clergé autochtone, conformément aux vœux des papes Benoît XV et Pie XI et adaptent le rite aux cultures locales : en Afrique, l'animisme recule, mais l'islam ne se laisse guère entamer. L'Indochine, elle, abrite une forte minorité catholique.

Les instituteurs ouvrent des écoles en brousse ou dans les agglomérations. Les médecins coloniaux luttent contre les principales maladies tropicales – paludisme et maladie du sommeil, surtout –, enseignent avec patience des règles d'hygiène souvent contraires aux habitudes ou aux croyances locales et pratiquent des interventions chirurgicales dans des conditions parfois héroïques.

En dehors de ces archétypes, la société coloniale se caractérise souvent par son manque de curiosité intellectuelle. Les musées archéologiques ou ethnologiques ne l'attirent guère. Plutôt frivole, elle s'intéresse peu aux peuples qu'elle côtoie et qu'elle juge trop souvent « inférieurs ». Seule une petite élite brillante, qui appartient au cercle restreint de la haute administration, est à l'origine d'heureuses initiatives culturelles : gouverneur de l'Indochine, Paul Doumer fonde ainsi l'École française d'Extrême-Orient en 1898.

Confrontés aux nouveaux venus, avec lesquels ils ont d'ailleurs peu de contacts directs, les indigènes des différentes colonies demeurent généralement fidèles à leurs habitudes ancestrales. Même si les objets manufacturés européens sont plus nombreux qu'autrefois sur les marchés, le

Les colonies françaises sont mises en valeur après 1920. Ingénieurs, scientifiques, médecins succèdent aux aventuriers et forment sur place des techniciens indigènes. ▽

1929-1930. Ducos de La Haille. Musée national des Arts africains et océaniens, Paris.

Derniers feux avant la récession : des millions de visiteurs se pressent à Vincennes, du 6 mai au 11 novembre 1931.

L'EXPOSITION COLONIALE

Prévue depuis 1918, cette prestigieuse manifestation marque l'apogée de l'Empire colonial français. Elle présente des peuples et des civilisations souvent méconnues, ainsi que les réalisations de la colonisation. Aucun domaine n'échappe au dynamisme du maréchal Lyautey, commissaire général de l'Exposition : reportages cinématographiques, conférences culturelles, exposés scientifiques ou économiques, reconstitutions de monuments, dont le célèbre temple d'Angkor Vat grandeur nature, défilés militaires, fantasias folkloriques pour la plus grande joie du public. D'autres pays participent à cette fête grandiose, dont la publicité est assurée par 4 millions de dépliants et 5 millions de cartes postales éditées en 15 langues !

mode de vie tribal ou villageois prédomine. En ville ou autour des zones minières, les coutumes subsistent, mais ces classes « moyennes » reproduisent à domicile ce qu'elles aperçoivent des demeures coloniales. Ainsi apparaissent des batteries de cuisine modernes, fierté des ménagères africaines ou indochinoises, du mobilier et des vêtements semblables à ceux des Français.

La résurgence du nationalisme

La Tunisie et l'Indochine se distinguent par leurs velléités nationalistes : le Destour tunisien réclame la fin du protectorat et la promulgation d'une constitution sur des bases islamiques ; il fomente des troubles dès 1920, et son chef doit s'exiler quelques années plus tard. Le jeune Habib Bourguiba en recueille la succession et oriente le Destour vers la laïcisation et la démocratisation de la Tunisie : ce Néo-Destour désire l'indépendance du pays mais se prononce en faveur d'une collaboration économique avec la France ; malgré cela, Bourguiba est arrêté à plusieurs reprises.

Les symptômes les plus graves apparaissent en Indochine : en 1918, Albert Sarraut crée l'université indochinoise et souhaite ouvertement associer les indigènes aux responsabilités ; les nationalistes surenchérissent, provoquant chez les colons une hostilité à toute réforme. Des partis politiques sont créés, une presse vietnamienne d'opposition voit le jour. Sous l'influence de la révolution russe et du nationalisme chinois tout proche, des grèves et des soulèvements éclatent. La révolte de Yên Bai, durement réprimée, et la fondation du Parti communiste indochinois, en 1930, augurent des difficultés qui attendent les Français.

L'Algérien Messali Hadj dirige l'Étoile nord-africaine à partir de 1927 : cette association de travailleurs nord-africains de métropole devient le Parti populaire algérien en 1937 et réclame l'indépendance. Le modéré Ferhat Abbas, qui désire au contraire l'intégration, rallie à ses thèses de nombreux Algériens dès les années 1930.

Mais dans l'ensemble, l'Empire français reste fidèle, malgré ces poussées de fièvre. Il en ira autrement après la Seconde Guerre mondiale. □

Les programmes ▽ secondaires sont les mêmes qu'en France. Quelle que soit leur origine, tous les enfants de l'empire apprennent le calcul et « nos ancêtres les Gaulois ».
1900. Cochinchine. Archives nationales, Paris.

Le mode de vie ▷ aisé et moderne des colons, vu par les Indochinois. Deux civilisations se croisent, mais ne se connaissent pas et ne se mêlent pas.
Vers 1920. École française d'Extrême-Orient, Paris.

Les administrateurs coloniaux sont les premiers explorateurs des contrées soumises, principalement des officiers de l'armée coloniale ou de la marine.

LES ADMINISTRATEURS COLONIAUX

Dès la fin du XIXe siècle, le ministère des Colonies nomme des fonctionnaires civils pour gérer ces territoires. Si l'on excepte le cas des gouverneurs, qui sont compétents et honnêtes, la nomination à un poste de l'Administration coloniale est alors un bon moyen de se débarrasser d'un gêneur : des familles font ainsi oublier un fils indigne, et l'État peut éloigner ses serviteurs importuns ou indélicats. À la suite de ces abus, la nécessité de donner une formation particulière aux fonctionnaires des colonies apparaît après 1920 : le passage par l'École coloniale, créée en 1885, appelée École nationale de la France d'outre-mer à partir de 1934, devient obligatoire. Les administrateurs reçoivent un enseignement supérieur de qualité, qui faisait défaut par le passé, et l'État veille aux motivations réelles des candidats à l'expatriation.

LE JOUET ET LES COLONIES

Lors de l'ouverture de l'Exposition coloniale à Vincennes, Paul Reynaud s'écrie : « La colonisation est le plus grand fait de l'histoire », et la plupart des maîtres d'école et des ouvrages scolaires déclinent le même thème. L'officier Ernest Psichari écrivait dans *le Voyage du centurion,* publié en 1916 : « Cette terre d'Afrique est à moi, et je la donne à mes enfants. Elle n'est pas à ces pauvres gens, à ces bergers, à ces gardeurs de moutons. » Les jeux et les jouets, utilisés dès la petite enfance, enracinent l'idée coloniale chez les enfants en évoquant les colonies et l'œuvre civilisatrice accomplie par la métropole. Les figures les plus célèbres sont celle du zouave, reconnaissable à sa chéchia et à sa culotte bouffante, et celle du tirailleur sénégalais. Leur courage pendant la Première Guerre mondiale les a rendus si populaires qu'ils sont à l'origine d'une marque de petit déjeuner instantané pour enfants et de sa célèbre devise « Y'a bon, Banania ! », qui sera dénoncée par la suite comme la quintessence du mépris du colon envers le colonisé. Grâce aux jouets inspirés par la colonisation, la future infirmière peut vacciner petits Noirs et Annamites, et rêver, lors d'une partie de jeu de l'oie, aux parcours des explorateurs. Le petit garçon s'identifie aux héroïques soldats qui délivrent les indigènes de leurs chefs locaux et font flotter le drapeau tricolore sur tous les continents.

△ **Couverture** d'un alphabet destiné aux enfants. Pays latin, la France se montre volontiers assimilatrice, mais la mentalité reste toutefois paternaliste.
CIRIP.

Dans la lointaine △ Indochine, l'Européen en costume colonial est le seul à ne pas aller à pied, au milieu des porteurs d'eau.
1930. CIRIP.

Un fabricant de jeux ▷ de construction propose cette mosquée d'Afrique du Nord en bois, flanquée de son minaret, aux jeunes amateurs d'architecture.
1930. CIRIP.

La France d'outre-mer illustrée ▷ permet aux enfants de mieux connaître les colonies. L'accent est mis sur la richesse et les curiosités de l'Algérie, si proche et déjà exotique.
1930. CIRIP.

△ **Les colonies** sont un sujet de prédilection pour la littérature enfantine, où le héros triomphe des périls de la savane : cruels sauvages, fauves ou fourmis rouges.
CIRIP.

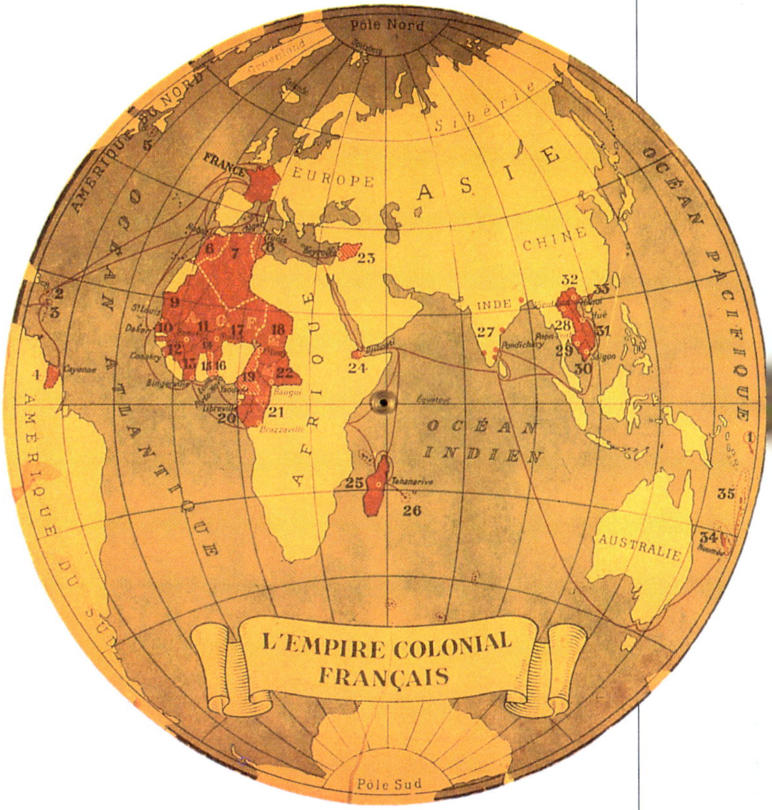

△ **Jeu** de l'Empire colonial français. De par son étendue, ce dernier est le deuxième du monde, à la grande fierté de la majorité de l'opinion publique.
1930. CIRIP.

▽ **Des spahis** algériens en plomb défendent une mosquée en plâtre et farine contre les pillards du désert. Les couleurs vives tranchent sur les habituels « poilus » bleu horizon.
1930. CIRIP.

L'AGRESSIVITÉ DU JAPON

L'attitude du Japon à l'égard de ses voisins du Sud-Est asiatique évolue à partir de 1931 sous la double influence des milieux d'affaires et de l'armée. L'expansion nipponne s'exerce d'abord aux dépens de la Chine.

La politique du Japon est assez mal comprise des pays occidentaux, qui l'attribuent à la caste des officiers parvenue au pouvoir après 1930. Ce point de vue mérite cependant d'être fortement nuancé : certes, les ministres désignés par l'empereur ne sont responsables que devant celui-ci, toujours considéré comme un dieu vivant mais le Japon est néanmoins une monarchie constitutionnelle, où le Parlement vote les lois et le budget et le suffrage universel est introduit par le Parti libéral en 1925.

Toutefois, l'exercice du pouvoir est une délicate combinaison entre les partis politiques, les milieux d'affaires – ou *zaibatsu,* concentrations industrielles –, les militaires, les fonctionnaires et les sociétés secrètes.

◁ **Le boutefeu** japonais, vu par les Allemands, qui accusent – à tort – la France de tirer les ficelles en Extrême-Orient.

1933. *Simplicissimus.* Coll. part.

▽ **Les cuirassés** *Mutsu* – cheminée coudée – *Kongo, Ise* et *Hyuga* composent la 1re escadre de la marine de guerre japonaise.

1934. *L'Illustration.*

Nationalisme et isolement

La vie politique du Japon est plutôt paisible jusque vers 1930 ; l'archipel connaît une forte vitalité économique basée sur l'exportation de produits bon marché. Il a accepté en 1922 les restrictions navales du traité de Washington, qui limite sa flotte de guerre aux trois cinquièmes du tonnage américain, soit 315 000 tonnes. Il a même renoncé à sa politique des vingt et une demandes, qui tendait à établir un protectorat japonais en Chine.

La crise économique de 1929 frappe un pays privé de ressources naturelles et à la démographie galopante. Les exportations nipponnes se heurtent aux nouveaux tarifs protectionnistes ou à des mesures limitatives diverses. L'empire du Soleil levant a ainsi l'impression d'être rejeté par les puissances occidentales, dont il avait naguère recherché les alliances. Les problèmes intérieurs, les conflits sociaux, les tentatives de coups d'État des officiers apparaissent comme la rançon d'une conjuration extérieure.

Peu à peu, tous les partis finissent par se rallier à l'idée d'une expansion territoriale, seul moyen d'assurer des débouchés économiques stables et de pourvoir aux besoins d'une population qui a doublé depuis 1868, début de l'ère Meiji. Pour marquer les esprits, le shinto – « chemin des dieux » – est ravivé ; ce culte civique, sorte de mouvement national de fidélité à l'empereur, se double du « chemin impérial » : toute la nation est groupée solidairement autour de l'autorité absolue et divine du mikado (« l'empereur »). Dès lors, les Japonais se considèrent supérieurs aux autres hommes et destinés à gouverner le monde. Le recours à des textes sacrés du VIIIe siècle et leur interprétation moderne ne font que renforcer cette conviction, largement propagée par l'enseignement.

Le Mandchoukouo

Principal objet des convoitises japonaises, la Chine, affaiblie et divisée, est la proie de l'anarchie depuis plusieurs années. Cependant, les efforts du nationaliste Tchang Kaï-chek ou du communiste Mao Zedong pour réunifier le peuple chinois face aux menaces extérieures sont, à terme, dangereux pour les ambitions nipponnes.

Afin de s'assurer les débouchés dont sa survie dépend, le Japon met en place une économie de guerre dans les années 1930.

UNE ÉCONOMIE FRAGILE

La crise mondiale de 1929 a fermé de nombreux marchés. L'idée d'une expansion territoriale et commerciale aux dépens des pays voisins finit par gagner tous les esprits, y compris le personnel politique et les milieux d'affaires, réticents à l'origine. Mais l'économie de l'archipel est aussi dominée par le problème démographique. En 1939, la population dépasse 75 millions d'habitants (900 000 de plus chaque année) ; les campagnes sont surpeuplées : certaines zones atteignent 1 000 habitants au kilomètre carré. Une forte émigration rurale alimente l'industrie lourde, les constructions navales, le textile et l'aéronautique, mais le développement industriel suppose une augmentation corrélative des exportations pour compenser la production insuffisante de riz ainsi que le manque de matières premières.

L'empereur Hirohito, ▷ prince moderne et cultivé, couvre de son prestige la politique aventuriste de ses ministres. Le shinto impérial fait de lui un dieu vivant jusqu'en 1945.
Coll. part.

En 1931, une initiative militaire couverte par le gouvernement japonais place la Mandchourie sous protectorat. Dénommée Mandchoukouo, cette riche province est dirigée en théorie par le dernier empereur de Chine, Puyi, véritable homme de paille des Japonais. Ceux-ci apportent à la région un heureux développement économique ; en revanche, leur politique de colonisation se solde par un échec. Cette annexion déguisée provoque une condamnation toute platonique de la Société des Nations, mais le Japon en tire prétexte pour quitter avec éclat l'organisation internationale au mois de mars 1933. À la fin de l'année 1934, il dénonce les accords de Washington et se rapproche des dictatures européennes. Le 25 novembre 1936, il signe avec l'Allemagne nazie le pacte antiKomintern.

Guerre ouverte en Chine

Au cours de l'année 1935, l'armée japonaise profite des difficultés intérieures chinoises pour occuper la province de Jehol, au nord de la Grande Muraille. L'alliance tactique de Tchang Kaï-chek avec Mao Zedong pour lutter contre cette infiltration pousse le Japon, démasqué, à déclencher un con-

L'armée japonaise se révèle un bon outil de combat sur les terrains du Sud-Est asiatique ; ses cadres forment une caste particulière.

L'OFFICIER JAPONAIS

Souvent fils de militaire, d'origine rurale, l'officier japonais reçoit une instruction technique de bonne qualité, mais peu ouverte sur le monde extérieur. Aux jeunes recrues qui effectuent un service théorique de trois ans, il impose un entraînement très poussé et une discipline de fer. Imprégné du shinto, qui accorde l'immortalité aux guerriers tombés au combat, l'officier japonais est l'héritier des samouraïs et de leur sévère code de l'honneur, le *bushido*. Celui-ci vise l'extermination de l'adversaire et assimile la reddition à un acte infamant. Tout à fait contraire à la mentalité européenne, ce code est impitoyable pour les prisonniers de guerre, assimilés à des lâches, et les civils des pays vaincus, victimes de nombreuses atrocités. L'esprit fanatisé du corps des officiers incarne l'aspect le plus exalté du nationalisme japonais.

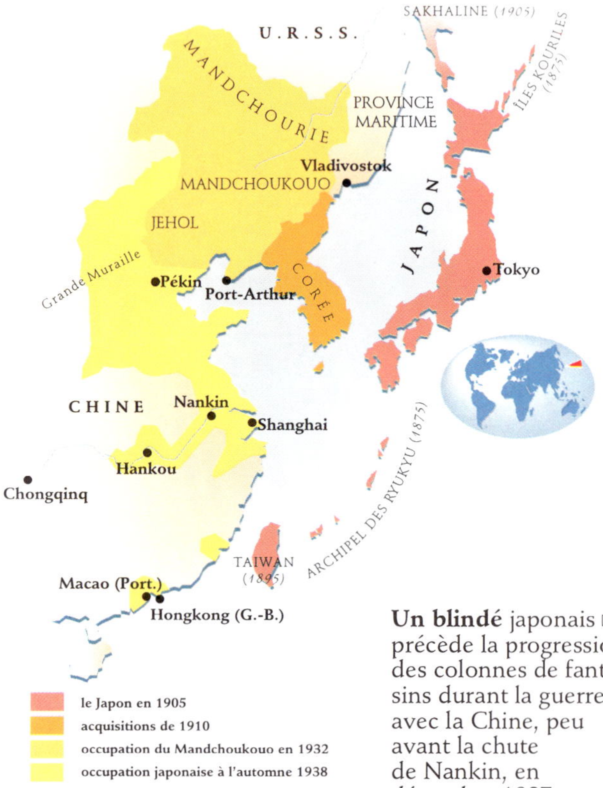

Un blindé japonais ▷ précède la progression des colonnes de fantassins durant la guerre avec la Chine, peu avant la chute de Nankin, en décembre 1937.

1937.

flit brutal à la suite d'un banal accrochage au nord de Pékin, le 8 juillet 1937. La guerre durera jusqu'en 1945.

Il ne faut que quelques mois au Japon pour contrôler le nord et le centre de la Chine. Pékin, Nankin et Hankou sont occupées avant la fin de l'année. La marine nipponne bloque Canton et Shanghai, contrôle un littoral de 3 000 km et empêche toute liaison maritime. Le vieil empire du Milieu ne communique plus avec l'extérieur que par le nord de l'Indochine française et par la Birmanie britannique.

L'attaque de la Chine et les nombreuses atrocités commises par les Japonais contribuent à une rupture irrémédiable avec les États-Unis. Mais, une fois de plus, les grandes puissances restent passives et se contentent d'une condamnation morale. L'U.R.S.S. envoie néanmoins des armes et du matériel de guerre à la Chine, à laquelle le président Roosevelt octroie également un crédit de 25 millions de dollars.

L'impasse

Replié à Chongqing, Tchang Kaï-chek refuse toute collusion avec le gouvernement pronippon installé à Nankin en 1938 et poursuit la lutte avec l'aide des communistes. Le Japon s'enlise dans le conflit : il doit maintenir près d'un million de soldats en Chine pour faire face à la résistance nationaliste ; de plus, il lui faut mobiliser des forces assez importantes, capables de s'opposer aux concentrations militaires des Soviétiques, qui redoutent une attaque contre leur province maritime de Vladivostok. Des accrochages mettent aux prises Nippons et Soviétiques au mois d'août 1938 en Mandchourie, mais le gouvernement japonais est assez habile pour éviter tout conflit direct avec l'U.R.S.S., que celle-ci, déjà sur ses gardes à l'ouest, ne désire pas plus que lui. Cependant, les événements d'Extrême-Orient ressemblent de plus en plus à une préfiguration de la guerre en Europe. □

◁ **Les Japonais** prennent l'important nœud stratégique de Nan Chang. Mais l'armée de Tchang Kaï-chek ne laisse aucun pont ni aucun entrepôt intacts à l'ennemi.
1938.

Le pacte antiKomintern entre l'Allemagne et le Japon n'empêche pas ce dernier de signer un autre pacte avec l'U.R.S.S. pour garder les mains libres en Chine. ▷
Photo-montage. 1936.
J. Heartfield. Coll. part.

Le Japon redoute une menace russe qui contrecarrerait ses ambitions chinoises. Il rompt son isolement diplomatique et se rapproche de l'Allemagne hitlérienne.

LE PACTE ANTIKOMINTERN

Pour ne pas éveiller la méfiance de Staline, le pacte du 25 novembre 1936 n'est pas dirigé contre l'U.R.S.S., mais contre l'Internationale communiste. Il comporte plusieurs articles secrets par lesquels les deux signataires s'engagent à ne conclure aucun accord unilatéral avec l'U.R.S.S. et à ne pas porter secours à cette dernière si elle attaquait l'un d'entre eux. Le 6 novembre 1937, l'Italie y adhère à son tour, mais cet accord ne débouche pas sur une véritable alliance, car le Japon reste à l'écart du pacte d'Acier germano-italien. L'habile traité germano-soviétique, signé à Moscou le 23 août 1939, est même dénoncé par Tokyo comme une atteinte formelle à l'accord de novembre 1936. Pour garder sa liberté d'action en Extrême-Orient, le Japon signe un traité de neutralité avec Staline le 13 avril 1941, qui lui épargne un deuxième front durant toute la guerre.

LA MARCHE À LA GUERRE

À partir de 1936, c'est l'Allemagne qui mène le jeu en Europe. Elle rompt son isolement diplomatique et impose aux démocraties impuissantes une série de coups de force. La guerre, plusieurs fois différée, est l'issue inévitable de cette escalade.

En 1936, l'espoir d'une Europe vivifiée par l'économie libérale et pacifiée par la démocratie a vécu. La crise a disloqué les fondements fragiles de « la paix de Versailles » et ruiné les rêves d'une sécurité collective basée sur la concertation.

La poids de la crise

Le marasme économique et social renforce les nationalismes et favorise les dictatures. Chaque pays tente de retrouver seul la prospérité et remet en service les vieilles recettes du protectionnisme : dévaluation, préférence coloniale, relèvement des droits de douane, retour de l'esprit de conquête pour élargir le marché national.

Parallèlement, la crise diplomatique sape toutes les tentatives de coopération internationale. Démocraties et dictatures ne parlent pas le même langage, à l'heure où les révisionnismes contestent chaque jour davantage le

◁ **Portrait** officiel de Hitler. Encouragé par la lâcheté des démocraties, dénué du moindre scrupule, le dictateur allemand gagne sans combat l'Autriche et la Tchécoslovaquie.
1938. Coll. part.

système de Versailles. Un instant, en 1935, les démocraties ont cru avoir réussi l'encerclement diplomatique de l'Allemagne : le « front de Stresa » d'avril et le pacte franco-soviétique de mai paraissaient pouvoir contenir la puissance allemande. Mais l'union sacrée contre le Reich ne dura que quelques semaines ; l'Italie, maillon faible de l'alliance, céda la première.

Le tournant de 1936

Les dictatures, il est vrai, ont fait le choix de sortir de la crise en préparant la guerre. C'est le tournant de 1936 : en mars, le Reich occupe la zone démilitarisée de la Rhénanie en violation flagrante des clauses du traité de Versailles ; en octobre, l'Allemagne et l'Italie signent un protocole préconisant la mise en place d'une vaste entente antibolchevique. Le 1er novembre, Mussolini peut parler d'un « axe Rome-Berlin » autour duquel s'ordonnent les autres pays d'Europe. Un bloc révisionniste a émergé de la crise, auquel s'agrège bientôt l'Espagne et le Japon. L'intervention des dictatures aux côtés des nationalistes espagnols, premier fruit de l'alliance, fait apparaître la guerre d'Espagne comme la répétition générale du conflit futur.

Le coup de force de l'Anschluss

En 1936 s'ouvre la période des défis sans répliques. Face aux coups de force hitlériens, alors que de l'été 1936 au printemps 1939 quatre États européens perdent leur indépendance, les démocraties refusent d'intervenir militairement. L'année 1937, qui semble donner raison aux gouvernements pacifistes, n'est qu'une accalmie.

Dès novembre 1937, lors d'une conférence secrète, Hitler fait part à ses généraux et ministres de ses visées à long terme au moment où Mussolini déclare que « l'Italie est lasse de monter

Défilé de la Wehrmacht à Nuremberg. Le rétablissement de la conscription viole le traité de Versailles, mais la France et l'Angleterre n'osent pas réagir aux provocations de Hitler. ▽
1937. Coll. part.

△
Lendemain de la nuit de Cristal, à Berlin. Soumis à la ségrégation raciale depuis 1935, les Allemands juifs voient leurs biens saccagés et pillés, eux-mêmes sont molestés et humiliés par les SA.
1938. Coll. part.

À la veille de la guerre, l'alliance entre Paris et Londres a constamment fonctionné sur un pied d'inégalité.

LA « GOUVERNANTE ANGLAISE »

En 1938-1939, face à une France divisée, consciente de ses faiblesses et résignée à la subordination, c'est à la Grande-Bretagne, pourtant peu portée elle aussi à la hardiesse, que revient le pouvoir de décision pour le camp des démocraties occidentales. La politique française, à la seule exception des relations avec l'Italie, par exemple à propos de l'Éthiopie, consiste à « coller » à la politique de Londres pour éviter à tout prix l'isolement. C'est le sens de l'amère boutade de Daladier : « Pourquoi la Grande-Bretagne fait-elle les frais d'une ambassade à Paris ? Elle en a une qui ne lui coûte rien : au Quai d'Orsay. » Le thème de la tutelle anglaise est devenu un lieu commun. On comprend aisément la surprise des Anglais lorsque, à partir de juin 1940, ils eurent à traiter avec un partenaire au style bien différent : le général de Gaulle.

la garde devant l'indépendance autrichienne » : la voie est ouverte pour l'*Anschluss*. Le 11 mars 1938, le chancelier autrichien Schuschnigg est contraint de démissionner au profit du nazi Seyss-Inquart ; le 12, l'Autriche est occupée et l'Anschluss ratifié par la population des deux pays. Les démocraties condamnent sans intervenir.

Le « lâche soulagement » de Munich

Fort de ce succès, Hitler se tourne vers la Tchécoslovaquie, État multinational créé en 1919. Dans un violent discours, le Führer revendique le rattachement au Reich du territoire des Sudètes, où résident trois millions de germanophones. La guerre paraît imminente : on mobilise en Tchécoslovaquie ; la France, l'Italie, l'U.R.S.S. et l'Allemagne rappellent leurs réservistes. Au dernier moment, sir Chamberlain, Premier ministre britannique, obtient de Hitler la réunion d'une conférence internationale. Le 29 septembre 1938, Hitler, Mussolini, Daladier et Chamberlain se retrouvent à Munich alors que ni l'U.R.S.S. ni la Tchécoslovaquie, directement concernée, n'ont été conviées. Pour éviter la guerre, Daladier et Chamberlain accordent à Hitler tous les territoires revendiqués.

À Paris comme à Londres, un immense enthousiasme populaire salue le retour des négociateurs, tandis que Léon Blum souligne au contraire le prix de ce « lâche soulagement ». La France a perdu son prestige et la confiance de ses alliés orientaux. Prophétique, Churchill déclare : « Vous aviez le choix entre la guerre et le déshonneur. Vous avez choisi le déshonneur et vous aurez la guerre. »

Dans un long discours secret sur les buts de la diplomatie du IIIe Reich, Hitler annonce le chaos futur.

LE PROTOCOLE HOSSBACH

Le 5 novembre 1937, Hitler réunit secrètement ses principaux collaborateurs. Le résumé de cette entrevue, nommé « protocole Hossbach », du nom du colonel ayant consigné fidèlement le long monologue du Führer, développe et précise les thèmes exposés publiquement, dès 1924, dans *Mein Kampf*. L'Allemagne doit acquérir par la force un espace vital *(Lebensraum)* à l'est de l'Europe, de manière à absorber l'excédent démographique. L'objectif prioritaire est donc « d'abattre du même coup l'Autriche et la Tchécoslovaquie » pour protéger le Reich et augmenter ses ressources. Ce n'est qu'en 1943, lorsque l'Allemagne, selon les calculs du Führer, aura atteint sa pleine puissance militaire, que l'affrontement inéluctable avec la France pourra être engagé.

Mussolini et Hitler ▷ au Quirinal, à Rome. Hitler, qui arbore ici le poignard et l'écusson fascistes, a beaucoup admiré Mussolini, jusqu'à ce que ce dernier se révèle un allié bien maladroit.
1938. Coll. part.

En effet, l'appétit de Hitler n'est nullement rassasié. L'incorporation des Sudètes n'était que le prélude à l'annexion de la Tchécoslovaquie tout entière. Le simulacre diplomatique de Munich pèse de peu de poids. Dès le lendemain de la conférence commence le dépeçage de l'État tchécoslovaque : la Pologne et la Hongrie étendent leurs territoires. La Slovaquie de Mgr Tiso, alliée du Reich, proclame son indépendance, et l'Allemagne fonde un « protectorat de Bohême-Moravie ». La Tchécoslovaquie n'existe plus.

Le sursaut tardif des démocraties

L'épreuve de force avec les démocraties est désormais inévitable, d'autant plus que les opinions publiques française et anglaise changent alors d'attitude vis-à-vis de l'Allemagne. Le 23 mars 1939, une déclaration franco-anglaise proclame que les deux pays sont prêts à intervenir militairement en cas d'agression contre la Hollande, la Belgique ou la Suisse ; au mois d'août, une alliance anglo-polonaise est contractée. Aussi, lorsque Hitler menace la Pologne, « le bâtard de l'Europe », en mars 1939, dénonçant le statut de Dantzig, la France et la Grande-Bretagne font savoir au Führer qu'en cas d'agression contre celle-ci elles répliqueront aussitôt. Hitler conclut avec l'Italie un pacte d'Acier et avec l'Union soviétique, dernière pièce du puzzle, un pacte de non-agression. Il donne l'ordre à la Wehrmacht de préparer l'attaque de la Pologne pour le 1er septembre 1939. Les démocraties sont entraînées dans un conflit qu'elles n'ont pas voulu mais que, passives, elles n'ont pas su prévenir. □

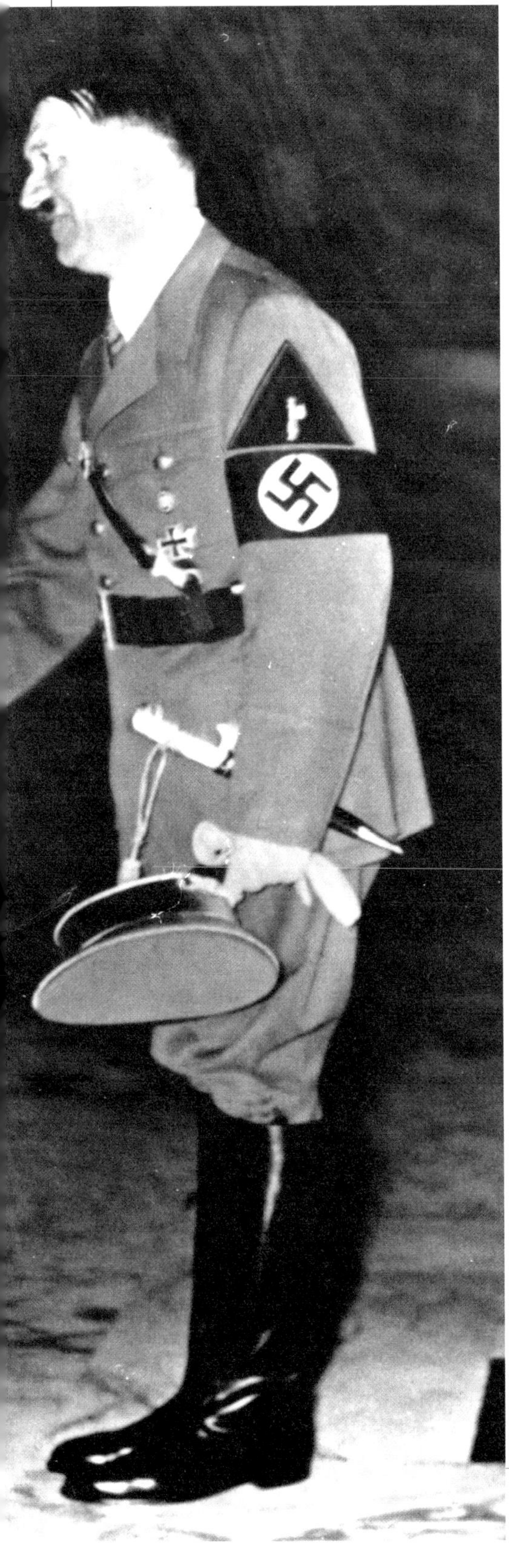

△ **Les employés** d'un atelier de couture parisien fêtent la signature des accords de Munich. La paix est sauvée provisoirement, au prix du déshonneur. À la traîne de Chamberlain, Daladier n'avait guère le choix.

1938. Coll. part.

L'attitude des Français face à la montée des périls a été beaucoup plus nuancée qu'on ne le pense généralement.

MUNICH, UN TOURNANT POUR L'OPINION

C'est en 1938 que fut fondé par Jean Stoetzel le premier institut de sondage en France, l'I.F.O.P. (Institut français d'opinion publique). Ses premières enquêtes, au lendemain des accords de Munich, montrent que si l'opinion publique reste majoritairement pacifiste, sans toutefois se faire d'illusion, elle n'est pas unanimement défaitiste : 37 % des sondés désapprouvent les accords conclus la veille. Dans les mois qui suivent, la fermeté et la résistance semblent gagner des points. En juillet 1939, 76 % des personnes interrogées estiment une intervention souhaitable en cas d'attaque contre Dantzig, revendiquée par l'Allemagne. Ces chiffres, en dépit des problèmes d'interprétation qu'ils posent, font justice d'un mythe, celui de la passivité de l'opinion.

LA LIGNE MAGINOT

La « muraille de France » est construite à partir de 1928 à l'initiative de Paul Painlevé, ministre de la Guerre, puis de son successeur André Maginot, héros de la guerre de 1914. Les premières fortifications sont achevées en 1934 : ouvrages puissants, bien équipés, extrêmement coûteux, elles défendent les régions de Metz et de la Lauter. Mais la fièvre de la construction, relancée en 1935 par Daladier, se poursuit jusqu'en 1940. Un monde souterrain s'organise, à une profondeur de 12 à 30 mètres, d'où n'émergent que les postes de guet et les organes de tirs supposés apporter une couverture parfaite des frontières françaises. Rapidement populaire et objet de propagande, le « bouclier de l'Est » devient une figure familière dans l'imaginaire des Français, le symbole de l'inviolabilité du territoire, que cultivent politiques, journalistes et cinéastes. La ligne Maginot incarne pourtant les errances de la stratégie défensive française, obsédée par le souvenir de l'avancée de l'infanterie allemande en 1914. Discontinue et souvent rudimentaire, elle laisse sans défense tout le nord du pays, et les Ardennes, jugées infranchissables, ne sont défendues que par quelques « maisons fortes ». En outre, elle est financée au détriment d'armements modernes qui feront défaut à l'armée française en 1940 et conforte le haut commandement français dans son choix d'une stratégie purement défensive.

Affiche de recrutement. Les troupes de forteresse comptent parmi les plus solides d'une armée française en pleine rénovation. △
1938. M. Toussaint. CIRIP.

Forteresse redoutable, la ligne Maginot sera rarement attaquée de front. L'erreur stratégique fut d'en faire l'universelle panacée, alors qu'elle n'était qu'une « couverture ». ▷
Coll. part.

◁ **Galerie** de soutes à munitions. Elle est directement reliée aux postes de combat par ascenseurs et trains électriques, un système alors en pointe.
1940. Coll. part.

△
Le passage sous le solarium est nécessaire à des organismes privés de soleil et d'air pur.
1939. Bibliothèque nationale de France, Paris.

Dispositif antichar en ▷ avant de la ligne Maginot. Il reste à portée de l'artillerie de la forteresse.
1939. Coll. part.

Détente au bar : la guerre est déclarée depuis trois mois, mais les défenseurs ne verront les Allemands qu'en juin 1940.
1939. Coll. part. ▽

Le pape Pie XI. *1937.* Vu. Coll. part.

ITALIE

Pie XI dénonce le nazisme

■ La nouvelle encyclique du pape Pie XI *Mit brennender Sorge,* « Dans ma poignante inquiétude », est une nouvelle condamnation du totalitarisme. Cette réaction virulente est due aux violations par Hitler du concordat signé en mars 1937. Alors que le Führer multiplie les pressions contre les catholiques du Reich, le pape assimile à l'idolâtrie les concepts de race et d'État. La diffusion du texte est interdite en Allemagne, les exemplaires qui y parviennent sont détruits par la Gestapo. □

GRANDE-BRETAGNE

George VI

■ Le 12 mai 1937, les Britanniques célèbrent le couronnement de leur roi, George VI. Ainsi s'achève un épisode dynastique douloureux qui avait provoqué de vives controverses outre-Manche. En effet, George VI, fils cadet de George V, succède à son propre frère, Édouard VIII, contraint d'abdiquer après avoir annoncé son intention d'épouser une Américaine divorcée, Mrs. Wallis Simpson. Devenu le duc de Windsor, l'ex-souverain a pu concrétiser son projet le 3 juin. Quant à George VI, il régnera jusqu'en 1952, et sa conduite exemplaire pendant la Seconde Guerre mondiale lui vaudra l'estime et l'affection de son peuple. □

ÉTATS-UNIS

Blanche-Neige et les sept nains

■ Le dessinateur Walt Disney connaît un succès mondial en 1937 avec son premier long métrage, qui est aussi le premier dessin animé, sonore et en couleurs, à durer plus d'une heure. Il a fallu quatre ans aux studios Disney pour le réaliser et braver le scepticisme de toute la profession. Le scénario adapte un conte populaire européen, mais les personnages principaux, Blanche-Neige et le Prince charmant, sont inspirés d'acteurs hollywoodiens, l'intrigue mêlant sentiments à l'eau de rose et épouvante, avec le personnage de la monstrueuse belle-mère. Cependant, l'intérêt du film vient essentiellement des sept nains, caractériels, cocasses et touchants, qui donnent au film son rythme original. Et tant pis si les « Haïe Ho » qu'ils chantent en allant travailler dans leur mine de diamant ressemblent un peu trop, prétendent certains, à l'hymne des jeunesses hitlériennes. □

FRANCE

La fin du Front populaire

■ Le cabinet Blum démissionne le 21 juin 1937. Le Premier ministre, qui a besoin de légiférer en matière de finances, a demandé les pleins pouvoirs. Or le Sénat les lui refuse, par deux votes successifs. Dans ces conditions, le président du Conseil socialiste préfère démissionner. Le président de la République, Albert Lebrun, charge un radical, Camille Chautemps, de former un nouveau ministère, le 102e de la IIIe République. Le gouvernement, qui accueille Blum à la vice-présidence du Conseil, tente de poursuivre l'expérience du Front populaire, mais sous une forme édulcorée (création de la S.N.C.F., atténuation des mesures sociales). C'en est bien fini de l'enthousiasme des débuts : les électeurs du Front populaire, déçus par la situation sociale, indignés par les atermoiements à propos de la guerre d'Espagne, n'ont plus rien de commun avec les coalitions de centre droit qui gouverneront la France jusqu'à la chute de la IIIe République. □

ÉTATS-UNIS

La grande peur de 1938

■ « Les Martiens attaquent ! » Les reporters de la radio décrivent les engins qui les ont amenés, évoquent leur détermination et leur agressivité. Des milliers de personnes se ruent hors de leurs maisons, sautent dans leurs autos, provoquant un gigantesque embouteillage. Il ne s'agit pourtant que d'une émission radiophonique : un jeune réalisateur, Orson Welles, vient de mettre en ondes de façon très réaliste *la Guerre des mondes* de H.G. Wells. Malgré les avertissements des présentateurs de la radio, qui rappellent régulièrement qu'il ne s'agit que d'une fiction, les auditeurs se sont laissé prendre. □

La Guerre des mondes, *de H. G. Wells. Éditions Calmann-Lévy, Paris.*

BELGIQUE

Le rexisme

■ Léon Degrelle est jeté en prison le 10 juillet 1937 pour diffamation contre le ministre libéral Jaspar. Marqué par la pensée de Charles Maurras, Degrelle réclame un pouvoir fort. Antiparlementariste, il prône le rexisme, fondé sur un système social corporatif, chrétien et anticapitaliste. Il a remporté quelques succès aux élections de 1936, où son parti a obtenu 27 sièges mais n'a cessé de régresser ensuite. C'est pourquoi toutes les provocations lui semblent bonnes pour faire parler de lui. Seul paradoxe dans ses revendications : ce patriote convaincu est partisan d'un strict alignement du royaume belge sur l'Allemagne. □

ÉTATS-UNIS

Des souris et des hommes

■ Lenny, ouvrier agricole simple d'esprit, a tant besoin de douceur qu'il ne peut s'empêcher de serrer trop fort les petits animaux dans ses énormes mains. C'est de cette façon qu'il tuera accidentellement la belle et provocante épouse du patron du ranch où il a été embauché, malgré les recommandations de son ami, qui l'abattra pour lui éviter la prison. Cet univers très « noir » est celui où évolue l'auteur du roman, John Steinbeck. Né en Californie, celui-ci connaît bien le milieu des travailleurs agricoles, car il a exercé plusieurs petits métiers pour payer ses études à l'université Stanford. Les thèmes de l'innocence impossible, de la misère, sont renforcés par la crise économique qui frappe les États-Unis ; l'amitié virile elle-même ne peut rien contre la fatalité. L'exode des fermiers victimes de la dépression sera d'ailleurs le thème des *Raisins de la colère,* publiés en 1939. □

MOYEN-ORIENT

Émeutes en Palestine

■ Du 6 au 12 juillet 1938, en Palestine, des affrontements sanglants, faisant plusieurs dizaines de victimes, opposent une nouvelle fois les Arabes aux colons juifs. Le 12, l'iman de la mosquée d'Omar, à Jérusalem, est assassiné à son tour. Dans ce climat de violence permanente, le haut commissaire anglais, sir Harold Michaël, n'est pas en mesure de faire régner l'ordre. L'afflux des Juifs venus d'Europe centrale déstabilise chaque jour davantage la situation en Palestine. Les Juifs, qui ont acquis les terres contre espèces sonnantes et trébuchantes, souvent par l'intermédiaire de l'Agence juive, qui aide l'installation des colons, affirment avoir des droits sur cette terre depuis toujours ; les Arabes leur reprochent d'avoir acheté leurs domaines à l'occupant turc, qui n'avait, quant à lui, pas le droit de les aliéner. Depuis 1937, une commission de partage tente de définir les zones revenant à l'une et l'autre communautés, mais chaque décision est contestée par les différents protagonistes. □

1939 - 1940

Ils arrivent, « ils » seront bientôt là. Aussitôt, un vent de panique balaie les hésitations, les raisonnements, le simple bon sens. Les véhicules les plus divers croulent sous les effets personnels, les valises, les ballots ; la famille tente de trouver encore une petite place ou suit à pied. Combien sont-ils de civils venus du nord de la Loire à fuir, sur les routes de France, les bombardements et l'avancée foudroyante des troupes allemandes ? Peut-être dix millions, soit un Français sur quatre. Voilà huit mois que l'on attendait, la crosse en l'air, que l'ennemi se montre et, brusquement, c'est la ruée. L'armée française ? Rompue, disloquée, écrasée. Le gouvernement ? Réfugié à Bordeaux, il ne sait que décider. L'allié anglais ? Il n'est plus sur le continent. La France, seule pour affronter l'Allemagne, a le sentiment de toucher le fond. L'exode rejoint ainsi les plus sombres mouvements de panique de l'histoire nationale, comme la Grande Peur de 1789 et la fuite devant l'invasion en 1914.

Exode à Beaugency.
1940.

LE DÉBUT DE LA GUERRE

L'alliance avec l'U.R.S.S. de Staline, les hésitations et les faiblesses des démocraties laissent à Hitler le champ libre à l'est, où l'armée allemande donne la preuve éclatante de sa supériorité.

On a coutume d'appeler la première phase de la guerre, d'août 1939 à juin 1940, la « drôle de guerre », du nom de cet épisode essentiellement français pendant lequel les soldats, enterrés dans les casemates de la ligne Maginot, attendent un ennemi invisible. C'est oublier bien vite que se lève alors sur l'Europe de l'Est le rideau d'une guerre bien réelle, qui révèle les traits du nouveau monde : la supériorité et la violence de l'armée allemande, l'appétit des Soviétiques et les tergiversations des démocraties, incapables de s'unir et d'honorer les garanties qu'elles

Mariage de deux totalitarismes : ici tourné en dérision par les Lituaniens, le pacte germano-soviétique soulève l'indignation en Europe. La guerre est désormais imminente.

◁ 1939. Coll. part.

avaient accordées. La défaite de 1940 est en germe dès les premières opérations de la guerre en Europe.

La puissance allemande

La Pologne est le premier pays où se manifeste la supériorité écrasante de l'armée allemande. Dès octobre 1938, Hitler avait soulevé la question de Dantzig, revendiquant le retour de la ville libre à l'Allemagne et l'établissement de communications entre le territoire allemand et la Prusse-Orientale. Le 15 mars 1939, il durcit encore le ton et encourage les habitants de la ville à manifester leur volonté de redevenir allemands. Au même moment, la Wehrmacht prépare les premiers plans d'invasion de la Pologne.

Courtisée par les deux camps, l'U.R.S.S. se méfie des démocraties, trop irrésolues. La conclusion, le 23 août, d'un pacte germano-soviétique de non-agression, assorti d'un protocole secret prévoyant le partage de l'Europe de l'Est entre les deux puissances, stupéfie les partis communistes et scelle le sort de la Pologne. Une provocation frontalière, montée de toutes pièces, fournit à Hitler le prétexte pour intervenir. La campagne de Pologne est fulgurante. Le 1er septembre 1939, Hitler lance l'essentiel de ses forces, soit 63 divisions appuyées par 2 000 avions. En sept jours de « guerre-éclair » *(Blitzkrieg),* l'armée allemande est devant Varsovie. Assiégée, bombardée sans répit, la capitale dépose les armes le 27 septembre. La Pologne aura été, en moins d'un mois, « écrasée comme une coquille d'œuf », commente le *New York Times.*

△
Hitler et les principaux chefs nazis. L'affiche se réfère à Hindenburg, caution morale d'un régime mal assuré, cible de complots et d'oppositions, avant les foudroyantes victoires de 1939 et 1940.
1939. Coll. part.

◁
La France inquiète se rassure par l'évocation de son passé et célèbre avec faste les 150 ans de la Révolution de 1789. Son armée est toujours considérée comme la meilleure du monde.
1939. Coll. part.

Une tactique nouvelle

La rapidité stupéfiante des conquêtes s'explique surtout par la nouveauté des conceptions tactiques de l'état-major du Reich. Les Allemands sont certes beaucoup plus nombreux que les Polonais, mais, surtout, ils possèdent une plus grande quantité de chars et d'avions modernes, et se servent de ces armes d'une manière toute nouvelle. Hitler a compris tout le profit qu'il pouvait tirer de l'emploi des blindés, préconisé par le général Heinz Guderian. Aussi, alors que les armées alliées utilisent les chars en les dispersant sur l'ensemble du front pour protéger l'avance de leur infanterie, les stratèges allemands concentrent leurs divisions blindées, les *Panzerdivizionen,* en un point précis du front pour créer une brèche, désorganiser la défense ennemie et permettre à l'infanterie, transportée par camions, de s'engouffrer au cœur du territoire convoité. Cette force blindée voit en outre son avance facilitée par le soutien d'une puissante aviation, composée surtout d'avions d'assaut de type *Stuka,* capables de clouer au sol les appareils ennemis.

L'infériorité des Alliés est donc plus d'ordre stratégique que matériel. Les deux camps alignent chacun une centaine de divisions. La France et l'Allemagne disposent même d'un nombre

« Les Polonais doivent devenir les esclaves du grand Reich allemand », déclare Hans Frank, gouverneur nazi de la Pologne.

LA POLOGNE ASSERVIE

Dans la partie de la Pologne occupée par les Soviétiques, la collectivisation des terres et la socialisation de l'économie commencent aussitôt. Un million de Polonais sont déportés en Sibérie. À Katyn, plus de quatre mille officiers de l'armée polonaise sont exécutés. L'Allemagne, quant à elle, impose deux sorts différents à la partie du territoire polonais qui lui revient. L'Ouest et le Nord sont annexés au Reich ; le Centre et le Sud forment le Gouvernement général de Pologne, placé sous l'autorité de l'impitoyable Hans Frank. Considérant les Polonais comme des « sous-hommes » *(Untermenschen),* les nazis multiplient les atrocités. Les Juifs sont les plus persécutés. Ils sont massivement déportés dans le Gouvernement général, où ils sont soumis au travail forcé. En avril 1940, à Lodz, les Allemands créent le premier ghetto. Au total, six millions de Polonais, dont la moitié de Juifs, ont péri pendant l'Occupation.

équivalent de chars – 3 000 environ –, les chars français étant cependant moins rapides que ceux de l'armée ennemie. Les avions allemands sont plus nombreux et plus modernes, mais le programme de réarmement français, relancé par le Front populaire, prévoit la disparition de ce point faible dès 1941. La vraie différence est d'un autre ordre, opposant ceux qui croient encore à une guerre de position et ceux qui croient au mouvement. En France, les idées du jeune colonel de Gaulle, exposées dès 1934 dans l'ouvrage *Vers l'armée de métier,* puis reprises en janvier 1940 dans *l'Avènement de la force mécanique,* se heurtent à la conception purement défensive, héritée de 1914-1918, que prône l'état-major.

Débarrassé du problème de la Pologne, sur laquelle s'abat immédiatement un régime de terreur, Hitler souhaite profiter de l'apathie des démocraties pour lancer sur-le-champ un assaut à l'ouest. Seule la rigueur de l'hiver 1939-1940 diffère l'invasion.

L'appétit soviétique

La suspension des projets d'opérations à l'ouest ne signifie pas l'arrêt des combats. Ceux-ci se poursuivent dans le même temps à l'est, cette fois sous l'impulsion de l'Union soviétique, autre puissance prédatrice.

Le 18 septembre 1939 déjà, arguant du danger que constitue pour elle l'invasion allemande en Pologne, l'U.R.S.S., honorant ainsi les clauses secrètes du pacte germano-soviétique, attaque à son tour sa voisine pour s'emparer des territoires situés en Biélorussie et en Ukraine, jusqu'à la ligne Curzon. Attaquée sur deux fronts, la Pologne succombe. Le 28 septembre, un nouveau protocole entre les deux envahisseurs fait entrer la Lituanie dans la sphère d'influence soviétique.

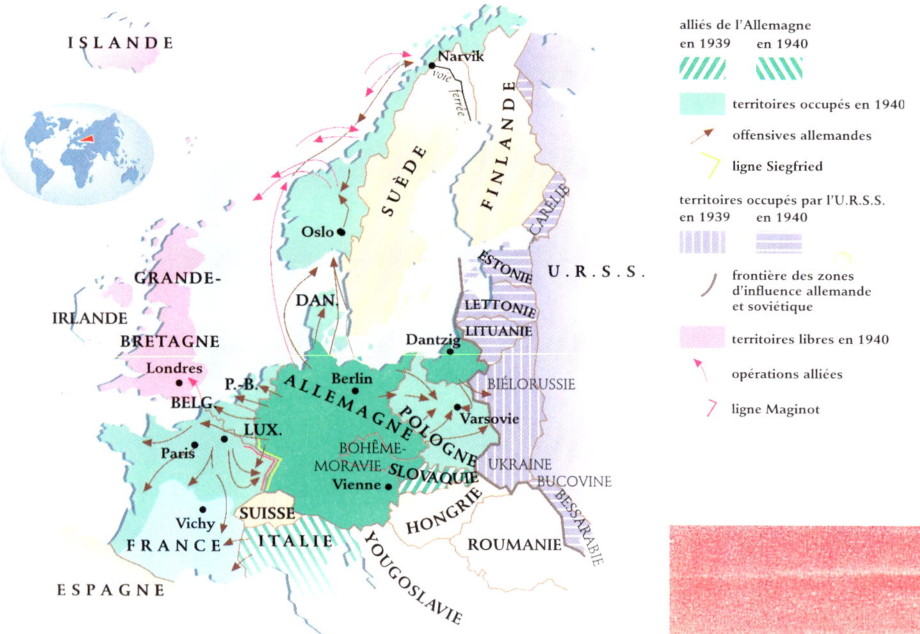

« Dantzig est allemande. » L'invasion de la Pologne permet au Reich de satisfaire ses revendications ▷ sur cette ville perdue après 1919.
1939. Coll. part.

De novembre 1939 à février 1940, la Finlande résiste héroïquement aux offensives de l'Armée rouge.

LES SKIEURS FINLANDAIS

À la surprise générale, l'offensive soviétique lancée le 30 novembre piétine devant la ligne de défense organisée par le maréchal Mannerheim. Les unités de skieurs de l'armée finlandaise, camouflés afin de se confondre avec la neige, profitent d'un milieu naturel hostile pour infliger de lourdes pertes à leurs ennemis, qui, dans l'espoir d'une campagne rapide, ont été pour la plupart envoyés au front en uniforme d'été. Autour des lourdes colonnes russes tributaires des rares routes praticables, les Finlandais se déplacent tels des fantômes, mitraillent et disparaissent en silence. Pour venir à bout des chars, ils lancent des bouteilles remplies d'un mélange d'essence et d'acide sulfurique, les « cocktails Molotov » (ministre soviétique des Affaires étrangères). Il faudra que l'Armée rouge engage cinquante-quatre divisions pour vaincre, en février, les quinze divisions finlandaises.

En juin et juillet 1940, Staline impose à la Lituanie, puis à la Lettonie et à l'Estonie, des traités d'assistance mutuelle. Des élections à liste unique amènent au pouvoir des Parlements prosoviétiques, qui réclament immédiatement l'intégration à l'U.R.S.S., comme républiques socialistes. Le 28 juin, la Bessarabie, roumaine depuis 1920, et la Bukovine sont à leur tour annexées. En moins d'un an, Staline a réussi à augmenter de 23 millions d'habitants la population de l'Union, à renforcer son glacis défensif et à effacer les conséquences de la Première Guerre mondiale sur les frontières occidentales de l'U.R.S.S.

Confrontée aux mêmes exigences que les pays Baltes, la Finlande est la première à refuser de céder et d'accorder l'établissement de bases militaires soviétiques sur son territoire. Après deux mois de négociations de plus en plus houleuses, l'U.R.S.S. dénonce, le 28 novembre 1939, le traité de non-agression qu'elle avait signé avec la Finlande en 1932. Le surlendemain, l'Armée rouge passe à l'offensive.

Mais, à la stupéfaction générale, l'offensive soviétique lancée dans l'isthme de Carélie se brise sur la ligne Mannerheim, tenue par l'armée finlandaise. Les attaques lancées par Staline, plus au nord, connaissent le même sort. Les rigueurs de l'hiver et l'âpre résistance intérieure prolongent de trois mois les hostilités. La Finlande ne capitule que le 12 mars 1940.

« La petite et héroïque Finlande » luttant face à l'ogre soviétique fait naître en Occident un immense enthousiasme. Le conflit finlandais a le mérite paradoxal de placer la Scandinavie sur le devant de la scène militaire et de sortir enfin les Alliés de leur torpeur.

Le déclin des démocraties

Jusqu'alors, il est vrai, ces derniers, obsédés par les tueries de 1914, s'étaient abstenus de toute intervention. La France avait répondu à l'invasion de la Pologne par une opération de « nettoyage » dans la Sarre sur une

Les troupes allemandes victorieuses paradent à Varsovie devant Hitler. La capitale bombardée sans relâche, dépose les armes le 27 septembre 1939.

◁ 1939. *Time-Life.*

Les cavaliers polonais, en dépit de leur bravoure, ne peuvent s'opposer à la progression des blindés allemands.

Coll. part. ▽

Sur la mer, mais aussi sous la mer, la bataille fait rage, sans épargner les navires civils ou neutres.

LA GUERRE SOUS-MARINE

Au large, les Allemands renouent avec la triste tradition de la guerre sous-marine. Dès le 4 septembre 1939, un *U-Boote* (« sous-marin ») torpille l'*Athenia,* un paquebot reliant Glasgow à Montréal : il y a 112 morts, dont 27 passagers américains. Le 14 octobre, l'*U-47* réussit à pénétrer dans la rade de la grande base de la Royal Navy, à Scapa Flow, au nord de l'Écosse. Le *Royal Oak,* un cuirassé qui mouillait dans la rade, coule avec 810 de ses hommes d'équipage. En outre, les sous-marins larguent des mines magnétiques redoutables sur les routes maritimes les plus fréquentées. De septembre à décembre, l'amirauté estime à 260 000 le tonnage des navires coulés par ces armes. En février 1940, au mépris des conventions internationales en la matière, Hitler déclare que les navires marchands seront désormais considérés comme des bâtiments de guerre et traités comme tels.

ligne de front de quatre-vingts kilomètres de long, au cours de la première quinzaine de septembre. Mais le retour de plusieurs divisions allemandes, dégagées du front oriental, empêche les Alliés de mener plus avant cette initiative. De plus, ces derniers sont persuadés d'avoir le dessus pour peu que l'Allemagne retarde son offensive. Il est vrai que le rapport des forces potentiel est nettement favorable aux Alliés, qui disposent des matières premières des colonies, de la maîtrise des mers et, depuis novembre 1939, d'un nouvel allié, le Canada. En outre, le vote aux États-Unis d'un amendement à la loi de neutralité, la clause *« cash and carry »,* favorise les démocraties. Commence alors la « drôle de guerre », celle que l'on ne fait pas. L'Italie, qui fait acte de non-belligérance, l'Espagne franquiste, la Belgique et les pays scandinaves, qui proclament leur neutralité en octobre 1939, ne souhaitent pas plus que les Alliés hâter l'évolution du conflit.

L'affaire scandinave

Anglais et Français se contentent d'instituer un Conseil suprême de guerre interallié, qui se réunit pour la première fois le 12 septembre 1939. Un Comité de coordination est chargé d'organiser la mise en commun des ressources économiques, mais des dissensions apparaissent vite.

Il faut attendre l'invasion de la Finlande pour qu'un semblant d'unité se manifeste. Les Alliés envisagent l'envoi d'un corps expéditionnaire et un raid de l'aviation française, stationnée en Syrie, contre les puits de pétrole du Caucase. Mais ces projets restent lettre morte en raison des divergences qui existent entre les membres de l'Alliance. La guerre s'étend bientôt à toute la Scandinavie. Churchill préconise l'installation d'un barrage de mines dans les eaux norvégiennes pour couper les voies de livraison du minerai de fer suédois à l'Allemagne. En février 1940, les Alliés adoptent même un plan plus audacieux encore : envoyer des renforts à la Finlande par le port norvégien de Narvik et contrôler ainsi les gisements de fer. Mais les tergiversations suédoises et norvé-

◁ **Pigeons voyageurs** nourris par un soldat du Service colombophile. L'armée française manque de centraux téléphoniques de campagne.
1939. *L'Illustration.*

Le contrôle de l'information et du moral de la population est devenu un élément stratégique primordial.

LES « BOBARDS »

Terrés dans leurs fortins, les soldats français sont la proie de la propagande allemande. Des compagnies spéciales de la Wehrmacht cherchent à les démoraliser. C'est la guerre des tracts, des affiches et des slogans. Les gouvernements tentent de contrôler les rumeurs qui se propagent. En Grande-Bretagne est lancée, en février 1940, une campagne nationale de sensibilisation au danger des conversations imprudentes. « Silence... l'ennemi guette vos confidences », lit-on sur les murs de France. Jean Giraudoux est nommé commissaire général à l'Information. Joséphine Baker, Maurice Chevalier ou Coco Chanel tentent, à la radio ou au front, de remonter le moral de la population et des troupes.

giennes et surtout la capitulation finlandaise ajournent l'opération. Dès lors, suivant les vœux de Churchill, le 8 avril, les navires anglais commencent à mouiller leurs mines.

Hitler prend de vitesse les plans fragiles des Alliés. Le 9 avril, il lance une offensive foudroyante sur Oslo et sur cinq autres ports norvégiens. Le Danemark est lui aussi attaqué et vaincu. Des troupes d'élite débarquent sur les côtes ; des détachements aéroportés sont largués sur des points stratégiques. Moins de huit jours après le début de l'opération, Hitler décrit devant ses collaborateurs la mer Baltique comme « une mer intérieure libre sur laquelle les huit États qui la bordent peuvent commercer sans contrôle ».

Le corps expéditionnaire franco-anglo-polonais envoyé à Narvik ne parvient pas à retourner la situation, au moment même où éclate la nouvelle de l'offensive hitlérienne sur les Pays-Bas et la Belgique. Quinze jours à peine après avoir débarqué, la force d'intervention alliée doit reprendre la mer et abandonner la Norvège au Reich pour rejoindre le nouveau front.

Bientôt la guerre à l'Ouest

Le fiasco scandinave met en relief l'improvisation brouillonne et tragiquement inefficace des Alliés. Une nouvelle crise est imminente à l'heure où Hitler, libéré à l'est et disposant de nouveaux points d'appui au nord, décide d'engager la campagne de France.

Ainsi, la « drôle de guerre » touche à sa fin, non sans avoir multiplié les indices inquiétants, qui annoncent les importants changements des mois suivants. Grâce à sa montée en force et protégée provisoirement par les ambitions de Hitler à l'ouest, l'U.R.S.S. a pu prendre sa revanche sur la Pologne et opérer un profond remodelage de l'est de l'Europe. La France et la Grande-Bretagne, en profond déclin, n'ont pas compris l'émergence d'un nouveau monde et se sont révélées incapables d'honorer les garanties qu'elles avaient généreusement accordées. L'Allemagne elle-même, en dépit de sa puissance, a dû composer avec le climat et les impératifs de l'économie – du moins temporairement.

Pour l'heure, en ce 9 mai 1940, le Führer regagne le *Felsennest,* son « nid de rochers », un bunker construit dans le massif de l'Eiffel, où il a installé son quartier général du front de l'Ouest. Dans le train qui le ramène de Hanovre, il consulte un dernier bulletin météo : il fera beau demain. Sauf contrordre, l'offensive occidentale, tant de fois reportée cet hiver, pourra enfin être lancée. □

◁ **La *Victoire de Samothrace*** est mise en lieu sûr, comme d'autres trésors artistiques. Varsovie bombardée fait craindre le pire.
1939. Coll. part.

▽ **Artillerie lourde** française sur une voie ferrée, face au Rhin, durant la « drôle de guerre ». Ce type d'arme n'a pas évolué depuis 1918 et est peu utilisé au cours du conflit.
1939. Coll. part.

LA SCANDINAVIE EN GUERRE

De décembre 1939 à mai 1940, la Scandinavie s'embrase. La Finlande est la première à être agressée par l'armée soviétique. La « guerre d'hiver » s'achève par la cession à l'U.R.S.S. des territoires réclamés dès octobre. Ni l'Occident ni les voisins scandinaves n'ont porté un secours efficace à la Finlande. Aussi cette dernière choisit-elle de se rapprocher de l'Allemagne. En avril 1940, la guerre mondiale entre dans une phase nouvelle lorsque les troupes allemandes envahissent le Danemark puis la Norvège. Alors que le Danemark devient sans violence un protectorat du Reich, la résistance s'organise en Norvège : le gouvernement et la famille royale se réfugient en Grande-Bretagne, emportant avec eux la totalité des réserves monétaires du pays, et placent la flotte norvégienne sous contrôle allié. Le débarquement franco-anglo-polonais de Narvik, initialement prévu pour secourir la Finlande, débute le 7 avril dans l'espoir d'empêcher le ravitaillement en fer de l'Allemagne. Il se termine par le repli général des troupes alliées le 10 juin 1940. La Norvège est désormais conquise. Une occupation militaire brutale se met en place. Pendant l'été 1940, alors que débute la campagne de France, seule la Suède – non sans concessions –, l'Islande et le Groenland, qui se trouvent sous contrôle allié, échappent à l'emprise allemande sur la Scandinavie.

La Kriegsmarine △ s'illustre en avril 1940 dans les eaux norvégiennes, mais la Royal Navy lui inflige de très lourdes pertes à Narvik le mois suivant.

1940. Coll. part.

Les Finlandais résistent avec succès à l'Armée rouge, dont les inquiétantes faiblesses encouragent les Allemands à ne voir en elle qu'un piètre adversaire futur. △

1940. A. Beltrame. *La Domenica del Corriere.*

La Wehrmacht ▷ occupe le Danemark sans combat, le 9 avril 1940. L'invasion simultanée de la Norvège ferme l'accès de la mer Baltique aux navires alliés.

1940. Coll. part.

La Luftwaffe parachute du ravitaillement sur un poste tenu par la Wehrmacht. Le rude hiver norvégien paralyse en effet les routes et les voies ferrées. ▷

1941. *Signal.*

Affiche pour la journée nationale d'aide à la Norvège, prévue le 26 mai 1940. Vœu pieux : à cette date, les divisions blindées allemandes ont rompu le front français et assiègent Dunkerque. ▷

1940. P. Colin. Bibliothèque nationale de France, Paris.

▽ **Soldat russe** mort de froid. Mal équipés, les Soviétiques piétinent de longues semaines en dépit de leurs effectifs dix fois supérieurs aux Finlandais.

1940. *L'Illustration.*

LA CAMPAGNE DE FRANCE

La défaite militaire française de juin 1940 marque l'effondrement général d'un pays figé dans des conceptions politiques et stratégiques surannées, à la population vieillissante, traumatisé par les sacrifices de la génération précédente.

DEPUIS 1935, LA FRANCE, se sentant incapable, seule, de tenir tête à Hitler, calque son attitude sur celle de la Grande-Bretagne, qui se complaît dans des illusions pacifistes ; ni l'une ni l'autre n'ont réagi aux agressions hitlériennes de 1936 et de 1938, et il faut l'invasion de la Bohême-Moravie, en mars 1939, pour les convaincre de l'imminence d'un conflit. Le pacte germano-soviétique suivi de l'invasion de la Pologne les décide, le 3 septembre, à déclarer la guerre à l'Allemagne, ne serait-ce que pour assumer des obligations morales envers un pays allié.

△ **Le colonel** de Gaulle expose sa théorie de l'emploi des chars au président Albert Lebrun. Honnête, mais effacé, celui-ci n'a aucune influence sur l'état-major de Gamelin.
1939. Coll. part.

◁ **L'exode de 1940** jette 10 millions de civils français sur les routes, mêlés aux troupes qui essaient désespérément de freiner la progression allemande.
1940. Coll. part.

LA « DRÔLE DE GUERRE »

La mobilisation française réunit cinq millions d'hommes sous les drapeaux dans un calme résigné. Le souvenir des hécatombes de la Grande Guerre et des doutes profonds sur les buts du nouveau conflit justifient ce peu d'enthousiasme : faut-il « mourir pour Dantzig » et l'autoritaire Pologne, alors que la démocrate Tchécoslovaquie a été « lâchée » sans coup férir un an plus tôt, avec la signature des accords de Munich ? Pas plus que leurs dirigeants les Français n'ont lu *Mein Kampf*, et ils ignorent la véritable nature du régime nazi. Toutefois, restés patriotes, ils font confiance à leur armée, qui jouit d'une bonne réputation, et sont rassurés par l'alliance britannique.

Les forces sont plutôt équilibrées, mais les stratégies s'opposent. Les Allemands privilégient l'effet de surprise fondé sur la rapidité offensive et la concentration des forces : les divisions blindées, soutenues par l'aviation, doivent percer le front ennemi dans un secteur vulnérable, puis exploiter le succès. De massifs bombardements aériens, destinés à paralyser la logistique ennemie, impliquent la maîtrise du ciel et des conditions météorologiques favorables.

Les Français optent pour la défense. Conçue pour parer à toute attaque brusquée et mobiliser en toute sécurité, la ligne Maginot répond à ces deux objectifs. Mais l'état-major pervertit cette idée : il table sur l'invulnérabilité de celle-ci pour livrer une guerre d'usure, compléter la préparation matérielle et asphyxier l'ennemi par le blocus maritime. Les théories révolutionnaires sur l'arme blindée, préconisées par le colonel de Gaulle ou l'Anglais Liddell Hart, trouvent peu d'échos chez les Alliés.

LES SOLDATS ATTENDENT

La « drôle de guerre » est caractérisée par le désœuvrement des soldats français, occupés à des travaux agricoles ou de fortification. Le rappel du front des ouvriers spécialisés, la hausse des prix, les exercices de la défense passive, la désertion de Maurice Thorez et les poursuites contre les parlementaires communistes après les agres-

Stukas dans le ciel ▽ français. Conçu pour le bombardement en piqué, le Junkers JU-87 possède une sirène au son terrifiant et lance des bombes légères mais très destructrices.
1940. *Signal.*

La victoire allemande est due à un armement performant et bien employé et à la cohésion du commandement.

LES FORCES EN PRÉSENCE

Sur le terrain, 109 divisions françaises, 22 belges et 10 britanniques affrontent 114 divisions allemandes. Les 2 800 chars de la Wehrmacht sont plus autonomes et plus maniables que les 3 000 chars français, en revanche mieux protégés et bien armés. Toutefois, les Allemands ont constitué 10 divisions blindées autonomes ; les Français conservent de petites unités à côté de 3 divisions de chars, dont le soutien logistique manque de souplesse. En outre, le défaut de transmissions modernes paralyse toute action d'envergure. Les Allemands disposent de 1 600 bombardiers récents (contre 400 chez les Alliés), qui leur permettent d'appuyer leurs divisions au sol. Leurs 1 000 chasseurs se mesurent aux appareils alliés, en nombre égal et aux performances similaires. Enfin, sur et sous la mer, les flottes britannique et française surclassent de beaucoup la petite *Kriegsmarine.*

sions soviétiques en Pologne et en Finlande passionnent plus que les opérations à l'est. L'instabilité politique se manifeste à nouveau : Daladier démissionne du gouvernement en mars 1940, remplacé par Paul Reynaud.

Le moral de l'armée souffre de cette situation insidieuse, même si les unités acquièrent une certaine cohésion. Aux avant-postes, les escarmouches de « corps francs » contre les *Stosstruppen* allemands alimentent les communiqués. Les Français veulent tenir jusqu'à octobre pour combler leur retard matériel ; leurs usines d'armements tournent désormais à plein régime. Les Allemands le savent et, malgré leur victoire sur la Pologne, ils redoutent l'armée française, considérée comme la meilleure du monde depuis 1918. Seules l'intuition démoniaque et l'autorité illimitée du Führer les décident à lancer le « coup de faux ».

Le 10 mai 1940

La soudaine attaque allemande du 10 mai 1940 persuade les Alliés que tout va se dérouler comme en 1914. Ils pénètrent alors en Belgique pour former un front continu de Breda au Luxembourg. Le 14 mai, coup de théâtre : appuyées par des bombardiers, les divisions blindées de Guderian pulvérisent le faible dispositif français des Ardennes, dont les unités fuient, aggravant la panique marquée par l'exode de millions de civils. Les Allemands foncent vers la mer, coupent les Français de leurs approvisionnements, refoulent l'armée franco-britannique

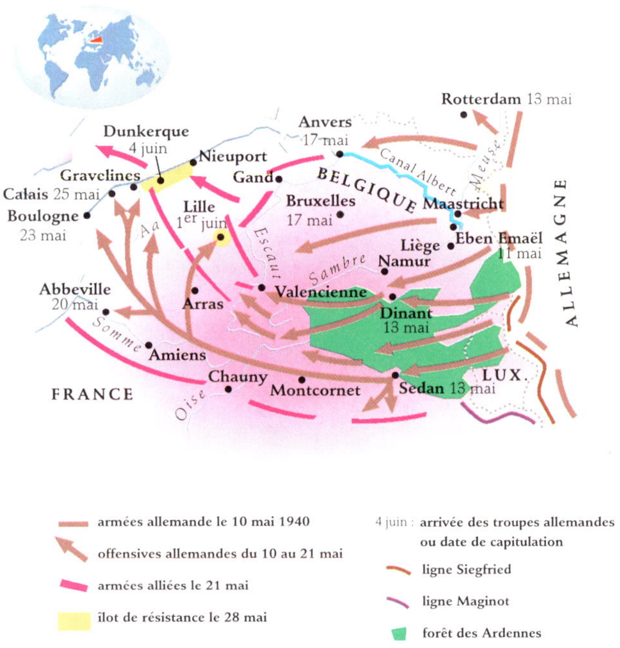

Propagande habile ▽ non dénuée de vérité. Discipliné, volontiers amical, le vainqueur de 1940 se garde de tout pillage individuel et aide les réfugiés.

1940. T. Matejko. Musée des Deux Guerres, Paris.

Hitler exulte : tout, dans l'organisation de la négociation de l'armistice, est prévu pour effacer l'humiliation de 1918.

RETHONDES, 1940

Les Allemands profitent du désarroi français pour pénétrer le plus loin possible et imposent la signature de l'armistice à Rethondes, lieu symbolique de leur défaite en 1918. Les conditions, non négociables, sont à la hauteur du désastre : occupation du nord et de l'ouest du pays, plus le littoral atlantique, indemnités et entretien des troupes à la charge du vaincu – et selon un barème exorbitant –, livraisons du matériel militaire, armée française limitée à 100 000 hommes en zone libre et même une clause déshonorante, la livraison d'émigrés antinazis. Pourtant, Hitler ne veut pas écraser la France : il ne touche ni à la flotte de guerre ni à l'Empire colonial. Ainsi qu'il l'explique au Duce, il préfère un gouvernement français piégé par des clauses supportables, incité de cette manière à la docilité et non à la résistance.

autour de Dunkerque. Plus de 300 000 hommes sont évacués vers l'Angleterre avant la reddition du secteur et la capitulation belge.

Gamelin, qui commandait les forces franco-anglaises, est limogé au profit de Weygand. Le dispositif français, rompu, ne laisse plus en présence que cinquante divisions opposées à cent quarante allemandes. Les Britanniques retirent leurs troupes, et Churchill refuse le concours de la RAF à ses alliés. Sur la Somme, l'Aisne et le canal de l'Ailette, les Français livrent des combats acharnés, mais ce front constitué en hâte le 5 juin est brisé le 10. Noyée au milieu des civils, l'armée reflue.

Vers l'armistice

Mussolini, profitant de l'occasion, déclare à son tour la guerre à la France le 10 juin. La progression des Italiens est néanmoins aisément contenue par la solide armée des Alpes.

Replié à Bordeaux, le gouvernement français hésite : Paul Reynaud se prononce pour une capitulation militaire en métropole afin de continuer la lutte dans l'empire. Le général Weygand réclame l'armistice pour sauver l'armée d'une capture totale. Désavoué par ses ministres, Paul Reynaud démissionne le 16 juin, malgré une proposition d'union franco-britannique. Le président Lebrun appelle le vieux maréchal Pétain au gouvernement.

Le nouveau président du Conseil sollicite l'armistice, accordé par les Allemands le 25 juin à de dures conditions. Pour les Français, cela importe moins que la fin du cauchemar : 120 000 morts, 200 000 blessés, 1,9 million de prisonniers, 10 millions de civils sur les routes, des villes en ruine, l'État balayé par le désastre.

Seuls quelques irréductibles, groupés autour du général de Gaulle, à Londres, refusent cette vision des choses : aux yeux du gouvernement légitime, ils font figure de rebelles. □

◁ **Soldats** français prisonniers avant leur départ en captivité. Un certain nombre sera libéré au cours du conflit, mais au prix d'un chantage systématique exercé par les Allemands sur les autorités de Vichy.
1940. Coll. part.

Comment Pétain, vainqueur de Verdun, et Weygand ont-ils pu faire des choix politiques et stratégiques aussi désastreux ?

LES ERREURS DE 1940

La première erreur est celle de la « drôle de guerre ». Pour l'état-major, attendre, c'est gagner la guerre : isolée, l'Allemagne a tout à perdre dans un conflit long. Ce n'est plus vrai après le pacte germano-soviétique, car l'U.R.S.S. fournit pétrole et matières premières. Autre erreur terrible, la conviction que les Ardennes sont infranchissables : la ligne Maginot s'arrête là, et le gros des troupes s'en détourne pour se porter en Belgique. L'erreur la plus tragique touche à la nature de l'ennemi. Pour Pétain et Weygand, Hitler n'est pas fondamentalement différent de Guillaume II, c'est un ennemi dont on peut serrer la main. Seuls ceux qui se soucient d'idéologie – mais pas les communistes, passés dans l'autre camp – réalisent ce qu'est le régime nazi et de ce qu'implique le fait de s'engager avec lui, ne fût-ce que par un armistice.

◁ **Hitler** visite Paris après l'armistice. Architecte et artiste raté, fasciné par la Ville-lumière jusqu'à la jalousie, il rêve qu'elle soit supplantée au profit de Berlin et charge Speer d'élaborer plusieurs projets monumentaux.
1940. Coll. part.

CHURCHILL FACE À HITLER

Malgré les bombes et la peur, le Royaume-Uni vit, à partir de mai 1940, ce que Churchill appellera « l'heure la plus belle de notre histoire ».

SEULS EN EUROPE, dès juin 1940, les Anglais tiennent tête à la machine de guerre nazie et subissent la plus grande menace de leur histoire depuis Guillaume le Conquérant, alors que la Grande-Bretagne a presque cessé d'être une île, du fait de la puissance de l'aviation moderne.

LA *PHONEY WAR* (« GUERRE BIDON »)

Comme la France, l'Angleterre est peu préparée à la guerre. Churchill et Anthony Eden mis à part, peu nombreux ont été les hommes politiques qui ont dénoncé les accords de Munich. Malgré le relatif redressement économique qui a suivi la crise, l'industrie n'est pas à la hauteur de la puissance allemande. La signature du pacte germano-soviétique est « le point culminant de la faillite de la politique étrangère franco-britannique », affirme Churchill, qui entre le 1er septembre 1939 au gouvernement, comme Premier

◁ **Winston Churchill** incarne la farouche volonté de résistance des Britanniques à l'Allemagne hitlérienne. Le « vieux lion » porte aussi les espoirs de libération des nations d'Europe asservies.

1940. Imperial War Museum, Londres.

lord de l'Amirauté. Sur terre, les troupes britanniques attendent, tandis que la Pologne est battue en six semaines ; en avril, 10 divisions seulement demeurent en ligne. En revanche, les opérations maritimes commencent : il faut assurer le ravitaillement de la Grande-Bretagne et lutter contre les sous-marins allemands, dont l'un parvient même à entrer dans la base de Scapa Flow. Cependant, en décembre 1939, puis en février 1940, la marine britannique remporte des succès dans les eaux norvégiennes. Le 9 avril 1940, l'Allemagne envahit le Danemark, et la tentative de contre-attaque maritime franco-britannique en Norvège échoue à Narvik.

La forteresse anglaise

Le gouvernement ayant alors perdu la confiance d'une partie des députés, Chamberlain décide de former un cabinet d'union nationale. Le 10 mai, alors que les Allemands envahissent les Pays-Bas et la Belgique, le roi George VI demande à Churchill de devenir Premier ministre. Celui-ci, conservateur, obtient aussitôt l'appui des libéraux et des travaillistes, qui participent au gouvernement. Le « vieux lion » – il est âgé de soixante-six ans – va présider au destin du royaume pendant les cinq ans de guerre. Il apprend avec effroi, le 16 mai, que la France ne dispose pas de réserves, se rend cinq fois sur le continent entre cette date et le 13 juin 1940, mais doit se résigner à la défaite de son allié. Le 4 juin, seule Dunkerque n'a pas été prise par les Allemands, et une flotte de 1 000 navires peut rembarquer le corps expéditionnaire anglais (224 000 hommes) et, à la demande expresse de Churchill, une partie de l'armée française (100 000 hommes), mais le matériel est abandonné sur les plages. L'opération est facilitée par le fait que, pour une raison mal élucidée, les blindés allemands stoppent leur avance et n'encerclent pas les Britanniques. « L'esprit de Dunkerque » témoigne de la capacité de mobilisation anglaise, mais, comme le dit encore Churchill, « les guerres ne se gagnent pas avec des évacuations » ; il faut désormais affronter la menace d'invasion. « Nous restons le seul champion encore en armes pour défendre la cause du monde », affirme le Premier ministre, qui ne promet à ses concitoyens que « du sang, de la sueur et des larmes ». Le 19 juillet, Hitler lui déclare au Reichstag : « Libre à M. Churchill de croire que ce sera l'Allemagne qui sera détruite ; je sais, moi, que ce sera l'Angleterre !... »

Âgé de soixante-six ans en 1940, un homme politique contesté rassemble toutes les catégories sociales britanniques.

WINSTON CHURCHILL

Cadet de la famille ducale de Marlborough, il est né au palais de Blenheim et a reçu une éducation aristocratique. Puis il a servi dans les troupes coloniales et a été élu député à l'âge de vingt-six ans. Responsable de la marine pendant la Première Guerre mondiale, il se voit reprocher l'échec des Dardanelles. En désaccord avec Baldwin et Chamberlain, il semble « fini » en 1939, quand il participe au premier gouvernement d'union nationale. Dès lors, par son éloquence, son énergie, sa volonté, il est au centre de la résistance au nazisme, symbolisée par le fameux « V » de la victoire. Artiste à ses heures, il prouve que toute son énergie est mobilisée par la guerre en ne peignant qu'une seule toile pendant la durée des hostilités.

△ **Une flottille** hétéroclite venue d'Angleterre évacue dans des conditions héroïques, jusqu'au début de juin, la majeure partie des défenseurs de Dunkerque, soit 224 000 Anglais et plus de 100 000 Français.

1940. Ch. Cundall. Imperial War Museum, Londres.

Équipage d'un bombardier Avro Manchester. Dès l'automne 1940, les Britanniques s'attaquent aux objectifs stratégiques allemands, et des raids nocturnes audacieux touchent déjà Berlin. ▽

1940. Imperial War Museum, Londres.

La bataille d'Angleterre et le *blitz*

Le pays se transforme en forteresse : Eden organise un corps de plus de un million de volontaires, les *Home Guards*. Churchill se résout à prendre la décision « la plus odieuse, la plus inhumaine, la plus pénible » qu'il ait jamais eu à prendre en faisant détruire la flotte française à Mers el-Kébir et, surtout, met la Royal Air Force en alerte. De juillet à octobre, les pilotes de la RAF font des prodiges, malgré de très lourdes pertes, et empêchent les Allemands de détruire le potentiel militaire britannique, leur ôtant tout espoir de réussir un débarquement : « Jamais, dans l'histoire des guerres, tant d'hommes n'auront dû autant à si peu d'hommes. » La phase qui suit, si elle ne menace pas l'intégrité du pays, est plus dramatique encore : c'est le *blitz* (novembre 1940-mai 1941), durant lequel les bombardements nocturnes détruisent des quartiers entiers. Dans le même temps, les Italiens et les Allemands s'emparent des Balkans et de la Grèce (avril-mai 1941), et avancent en Afrique du Nord.

Le *home front*

L'extraordinaire résistance britannique s'explique par l'union des forces politiques et syndicales du pays : le travailliste Clement Attlee est membre du gouvernement, Ernest Bevin, secrétaire du syndicat des Transports, y est ministre du Travail et sa présence garantit aux travailleurs que leurs droits seront préservés au maximum. Autre preuve du consensus britannique, la popularité du ministre du Ravitaillement, lord Woolton, pourtant chargé des restrictions. Toutes les institutions, toutes les activités économiques sont orientées vers l'effort de guerre. Le ministère des Finances fait appel à Keynes, et des comités d'experts fondent leurs prévisions sur des études statistiques ; un ministère de la Production est créé en 1942, avec pour objectif d'accroître l'armement sans saper le moral des civils par des restrictions trop rigoureuses. Pour soigner les blessés et les malades, le gouvernement instaure l'*Emergency Hospital Service,* qui coordonne les activités des hôpitaux publics et privés, tandis que la pénicilline est fabriquée en grandes

Le roi et la reine △ d'Angleterre saluent les équipages des navires qui ont poursuivi le *Graf Spee* et l'ont acculé au sabordage, le 17 décembre 1939. Les Allemands ne parviennent pas à briser la supériorité navale britannique.
1940. Coll. part.

En pleine guerre, un économiste britannique, marqué par la pensée de Keynes, invente l'État providence.

LE PLAN BEVERIDGE

Les populations qui souffrent de la guerre aspirent à un monde meilleur et à la fin des inégalités sociales. En 1940, le gouvernement britannique commande une enquête sur les assurances sociales à un groupe d'experts qui a pour rapporteur un haut fonctionnaire, Beveridge. Celui-ci conclut que tous ont droit non seulement à des garanties contre le chômage, la maladie ou l'invalidité, mais encore au « minimum vital », aux services d'un système de santé cohérent et aux allocations familiales. Publié en 1942, ce rapport séduit l'opinion mais inquiète les conservateurs et les milieux financiers. Le gouvernement se contente d'en prendre acte tandis que Beveridge continue ses travaux et publie en 1944 *Full Employment in a Free Society.* Ses idées seront mises en œuvre dans tous les pays d'Europe occidentale, dès la Libération.

quantités. Dans le droit fil de ces mesures, le plan Beveridge jette les bases de la Sécurité sociale. C'est aussi l'État qui organise et coordonne la recherche scientifique, participe au maintien d'une vie culturelle et artistique active par le *Council for the Encouragement of Music and Arts,* fondé dès 1940.

Malgré l'inflation, le pouvoir d'achat des salariés progresse, en grande partie parce que la durée du travail augmente. Entre 1939 et 1943, le nombre des chômeurs passe de 1,2 million à 60 000, et la population active s'accroît grâce à la participation des femmes à l'effort de guerre : 2 millions d'emplois féminins sont créés entre 1940 et 1943, tant dans les forces auxiliaires de l'armée (WREN, WAC) que dans l'industrie et les services.

Aux côtés des Américains

Pour résister à l'Allemagne, Churchill se cherche de nouveaux alliés et se tourne d'abord vers les États-Unis, où Roosevelt est tout acquis à sa cause ; il fournit 50 destroyers et fait voter en mars 1941 la loi prêt-bail, « ce don présenté comme une location à bail d'un matériel destiné, en fait, à ne jamais être rendu » (Jean Monnet). Mais la première puissance alliée de la Grande-Bretagne est l'U.R.S.S., que Hitler attaque en juin 1941. Churchill, violemment anti-communiste, se rapproche aussitôt de Staline, pactisant avec « le Diable » dans l'intérêt de son pays. Plus faciles, les relations avec les États-Unis sont renforcées en août 1941 par la signature de la charte de l'Atlantique, et l'alliance est totale à partir de Pearl Harbor (décembre 1941). Mais le Royaume-Uni va devoir se résigner à la suprématie des États-Unis : la victoire de Montgomery sur l'*Afrikakorps* n'est complète qu'après le débarquement allié en Afrique du Nord ; les troupes britanniques, débordées à Singapour, en Birmanie, se bornent à défendre l'Inde contre l'avance japonaise ; la Grande-Bretagne elle-même sera avant tout une tête de pont pour le débarquement en Normandie. Néanmoins, en dépit de cet effacement relatif, c'est bien à la Grande-Bretagne et à son attitude en 1940-1941 que l'Europe doit d'avoir « échappé aux bouches de l'Enfer et aux mâchoires de la mort ». □

« Nous devons tous porter notre croix, la mienne est une croix de Lorraine », dit Churchill à propos de De Gaulle.

UN ALLIÉ DIFFICILE

Londres abrite les gouvernements en exil de la plupart des pays occupés par les nazis, dont celui du général de Gaulle, qui n'est pas le plus facile à vivre. Il est, en effet, très mal vu des États-Unis, favorables à la négociation avec Vichy, et se montre d'une susceptibilité sourcilleuse en ce qui concerne la France et son empire. Churchill aurait préféré le ralliement de personnalités plus éminentes, mais il ordonne la diffusion des messages de De Gaulle sur les ondes de la BBC. Plus tard, les deux hommes s'opposeront à propos de la Syrie, du débarquement gaulliste à Saint-Pierre-et-Miquelon, du débarquement allié en Afrique du Nord. Churchill pèsera pourtant de toutes ses forces pour que la France soit l'un des cinq membres permanents du Conseil de sécurité de l'O.N.U.

▽ **Le général de Gaulle** passe en revue des auxiliaires féminines de l'armée de la France libre, à Londres, en 1941. Jusqu'à la fin de 1942, il fait figure de rebelle.
1941. Institut Charles de Gaulle, Paris.

◁ **Alignement** d'obus pour canons anti-aériens dans une usine britannique. La population supporte l'effort de guerre avec une admirable abnégation. Les femmes sont appelées à travailler pour la production d'armement.
1939. *L'Illustration.*

LE *BLITZ*

Les Anglais appellent *blitz* (« éclair » en allemand) l'ensemble des attaques aériennes qu'ils ont dû supporter. La phase aiguë du blitz, déclenchée en novembre 1940, a été uniquement constituée d'attaques nocturnes, en principe contre les centres industriels, en réalité contre les grandes villes. Ces bombardements visent moins à paralyser l'économie qu'à démoraliser la population, contrainte à vivre dans le noir absolu *(black-out)* et à se réfugier dans des abris. Environ 2,5 millions de personnes quittent les villes du Sud, et on organise l'évacuation d'un million d'enfants de Londres. Pour résister à ces attaques, le Royaume-Uni mobilise des escouades de garde-côtes ; il dispose d'une arme nouvelle, la DCA, et surtout d'un « moral » inaltérable. Les docks de Londres brûlent, Coventry est détruite, 250 000 maisons sont endommagées, mais l'Angleterre tient bon. Les plus hautes autorités donnent l'exemple : en cas d'alerte, Churchill revêt une sorte de vaste barboteuse prévue à cet effet George VI et son épouse Élisabeth, imperturbables, visitent les ruines fumantes. Par solidarité, la famille royale refuse de quitter Londres et se déclare même satisfaite de voir le palais de Buckingham touché par les bombes. En fait, le blitz est d'ores et déjà un aveu d'impuissance de Hitler, qui, le 15 août 1940, a renoncé à l'opération *Sealion,* le débarquement.

▽ **Incendie** non loin de St Paul. Londres est gravement touchée par les bombardements, mais le moral britannique n'est pas entamé un seul instant.
1940. Coll. part.

△ **Affiche** des pompiers britanniques. Non sans humour, l'Angleterre reste impavide sous les bombes allemandes, qui visent pourtant les civils.
1940. Coll. part.

…s livres de cette …liothèque ont été …servés de la chute … plafond, et les lec…rs habituels conser…t un flegme tout …tannique. La vie …turelle n'est pas …née par la guerre.
…0. Coll. part.

△
Les bombes ne découragent pas les mariages : danseuse de réputation internationale, Edna Brown quitte son domicile pour l'église où l'attend son futur mari, officier de la RAF.
1940. Coll. part.

▷
Les abris souterrains sont ouverts au public dès le début des hostilités. L'inscription humoristique pallie le confort précaire et la promiscuité.
1939. Coll. part.

▽ **Ambiance de guerre :** ce soldat de la Garde royale dispose d'une casemate blindée plus efficace que sa guérite et où il pourra se réfugier en cas de bombardement aérien.
1939. Coll. part.

ALLEMAGNE

Attentat manqué contre Hitler

■ Le Führer a échappé de peu à un attentat, le 8 novembre 1939, alors qu'il participait à Munich à la commémoration du « putsch de la brasserie », la tentative de coup d'État qui l'avait rendu célèbre en novembre 1923. Une bombe de forte puissance a explosé dans la salle où Hitler venait de prononcer un discours : 7 personnes sont mortes, 63 autres ont été blessées. Un sympathisant communiste, Georg Elser, aurait avoué. Mais on murmure à Munich que Elser était détenu dans un camp. Par quel miracle a-t-il pu en sortir et avoir les moyens de préparer son acte ? Pour leur part, les journalistes étrangers sont persuadés que l'attentat est l'œuvre des nazis eux-mêmes, pour redorer le blason de Hitler. Celui-ci n'a-t-il pas dit, en apprenant le drame : « C'est le signe que la Providence me soutient » ? □

SUISSE

Le D.D.T.

■ Le chimiste Paul Mülle, qui travaille pour la firme Geigy, découvre en 1939 les propriétés insecticides d'une nouvelle substance, le dichloro-diphényl-trichloréthane. Le D.D.T., commercialisé par Geigy sous le nom de Gerasol, est efficace contre les mites, les poux, les moustiques et tous les insectes parasites des récoltes. Grâce à ce nouvel insecticide, les experts américains enrayeront une épidémie de malaria à Casablanca, puis, en 1944, une épidémie de typhus à Naples. □

FRANCE

La Règle du jeu

■ Dans le nouveau film de Jean Renoir, une société légère et frivole refuse de voir le précipice qui s'ouvre sous ses pieds. Un baiser d'adieu surpris à la jumelle fait croire à l'héroïne que son mari la trompe avec une de ses amies, le garde-chasse est férocement jaloux de la femme de chambre, la sarabande du bal masqué se termine par un meurtre. Les invités de cette désastreuse partie de chasse, désenchantés, désertent le château pour rentrer à Paris ; c'est toute une époque qui s'achève. □

ÉGYPTE

Femme et monstre sacré

■ En 1939, la chanteuse Oum Kalsoum est la femme la plus célèbre du Moyen-Orient. Née en 1898 dans la province égyptienne de Dakahlieh, elle a connu le succès dès ses premiers récitals au Caire, en 1922. Elle se produit ensuite dans tout le monde arabe et met à son répertoire les œuvres des plus grands poètes contemporains. Elle a fait la connaissance de Ahmad Chawqi et de Ahmad Rami, puis de Bayram al-Tunisi, lesquels, après l'avoir laissé chanter leurs poèmes, en composent de nouveaux, tout spécialement pour elle. Dès 1926, ses tournées font figure d'événement dans tout le monde musulman et, plus tard, les microsillons popularisent sa voix. Le public délire, les hommes rêvent d'Oum Kalsoum, mais celle-ci, affirme-t-on, reste insensible, car il semble qu'elle préfère les amitiés féminines. □

L'abbé Henri Breuil examine la grotte de Lascaux.
1941. L'Illustration. Coll. part.

ITALIE

Le nouveau pape

■ Le conclave qui se réunit après la mort de Pie XI, décédé le 10 février 1939 à l'âge de quatre-vingt-un ans, après avoir régné dix-sept ans, ne met guère de temps à désigner son successeur : en vingt-deux heures, les 35 cardinaux italiens et les 27 cardinaux étrangers se sont mis d'accord, à la majorité des deux tiers requise. Élu le 2 mars, le nouveau pontife, qui adopte le nom de Pie XII, est Mgr Pacelli, ancien secrétaire du défunt pape. Né dans l'aristocratie romaine en 1876, Eugenio Pacelli a ressenti très tôt la vocation sacerdotale, a été ordonné prêtre en 1899 et a fait une brillante carrière au Vatican, sans jamais exercer de charge pastorale. Souverain pontife au sens propre du terme, soucieux de diplomatie, il entame son pontificat par une série de négociations destinées à faire régner la paix dans le monde. Deux encycliques, *Summi pontificatus* et *Saeculo exeunte,* publiées respectivement en 1939 et 1940, définissent sa vision d'une paix chrétienne. Mais on lui reprochera plus tard de ne pas avoir condamné les persécutions et le génocide des Juifs. □

FRANCE

La préhistoire au temps de l'Occupation

■ Peu de temps après la débâcle de 1940, les habitants de Montignac, en Périgord, se passionnent pour les récits de quelques enfants du village. Au mois de septembre, l'un d'entre eux, qui cherchait son chien, a découvert l'entrée d'une grotte ornée d'étranges peintures, au lieu-dit « Lascaux ». Instituteur et curé en tête, les villageois s'étonnent devant la diversité et la richesse des couleurs. Invité à donner son avis, le plus grand préhistorien de l'époque, l'abbé Breuil, confirmera l'intérêt de la découverte : il s'agit effectivement d'un sanctuaire magdalénien, décoré environ 15 000 ans avant notre ère. □

ÉTATS-UNIS

Les premiers microscopes électroniques

■ À la veille de la Seconde Guerre mondiale, les progrès de l'industrie américaine sont dus en partie à la diffusion d'une invention nouvelle, le microscope électronique. Dans ces nouveaux appareils, l'information recueillie sur l'objet observé est transportée par des photons (grains de lumière), qui permettent une vision infiniment plus fine et plus précise. Le premier microscope de ce type a été mis au point en 1929 par Ernest Ruska, un chercheur qui utilisait la théorie de la mécanique ondulatoire formulée par le Français Louis de Broglie en 1924, à la suite des recherches de Max Planck sur les quantas. □

ÉTATS-UNIS

Le Dictateur

■ Hynkel, dictateur de Tomania, jongle avec le globe terrestre et le sort du monde, reçoit Napaloni, son homologue de Bactérie, frappe ses secrétaires et enferme les Juifs dans un ghetto. Mais il ne peut rien contre l'idéalisme du petit coiffeur juif, qui est son sosie. Alors que les États-Unis se refusent encore à intervenir en Europe, le cinéaste Charlie Chaplin dénonce vigoureusement, dans un film aux allusions transparentes, le nazisme et les travers grotesques de Hitler, qu'il interprète en personne, sans omettre la célèbre moustache. Mais, quand il représente l'univers concentrationnaire, le cinéaste, lui-même d'origine juive, reste en dessous de la vérité. En effet, le coiffeur, une fois incarcéré, vit dans un lieu où il est certes privé de liberté, mais dans un décor qui ressemble davantage à celui d'une colonie de vacances qu'aux sinistres camps de la mort. Même les plus farouches opposants au nazisme, lucides sur la véritable nature du régime, ne peuvent imaginer l'horreur du génocide des Juifs qui a déjà commencé, en particulier en Pologne. □

1940 - 1941

La Terre, elle, ne ment pas.
Imagerie du Maréchal.
1940. Coll. part.

Là où les Goths, les Varègues et les peuplades de sang germanique ont échoué, nous réussissons, c'est notre Führer qui réussit... C'est en ces termes que le bureau central de la SS annonce l'invasion de l'U.R.S.S. qui accomplit le destin de l'Allemagne. En France, le maréchal Pétain affirme préserver « la pérennité de la France éternelle » ; il conçoit l'Occupation comme l'expiation des erreurs commises par les gouvernants de la IIIe République. L'État français condamne pêle-mêle tous ceux qu'il rend responsables de la décadence française : athées, Juifs, francs-maçons, instituteurs, ouvriers déracinés, « rouges » et femmes aux mœurs trop libres. En principe, l'autorité de l'État français s'étend à la zone occupée et s'exerce sans entraves dans la zone libre, dont la capitale est Vichy. Mais l'image dérisoire de la ville d'eaux sans curistes et des courtisans qui se pressent autour d'un vieillard autoritaire ne peut faire oublier la collaboration et les crimes que ce régime a cautionnés.

L'EUROPE SOUS LA BOTTE

Une exploitation éhontée des territoires conquis par les armées du IIIe Reich est organisée : elle revêt des aspects divers selon les pays, tandis que le système totalitaire nazi s'abat progressivement sur la majeure partie du continent européen.

AU DÉPART, IL N'Y A PAS, en Allemagne, de projet précis pour l'instauration d'un « ordre nouveau ». Les nazis sont partagés mais pour Hitler, le premier objectif est la conquête. Ainsi, la réorganisation de la Grande Europe allemande correspond-elle plus à la résurgence des vieux thèmes pangermanistes qu'à une mise en valeur méthodique et préétablie. Les conquérants n'appliquent que deux principes : pillage économique et colonisation de « l'espace vital ».

LA BATAILLE D'ANGLETERRE

Depuis l'invasion de la Pologne, l'appétit territorial du Reich est insatiable : d'avril à juin 1940, il conquiert tour à

▽ **Le maréchal** Göring entouré du Reichsleiter von Schirach, gouverneur de Vienne et du maréchal List, qui a conduit l'invasion de la Yougoslavie et de la Grèce.
Signal.

tour le Danemark, la Norvège, le Luxembourg, la Belgique, les Pays-Bas et les deux tiers de la France. Hitler veut une paix de compromis avec la Grande-Bretagne pour garder les mains libres contre l'Union soviétique, mais les Britanniques repoussent victorieusement les assauts meurtriers de la Luftwaffe d'août à octobre 1940. Dès la fin d'octobre, Göring suspend les attaques massives contre l'Angleterre : il a perdu plus de 2 500 appareils et plusieurs centaines de pilotes chevronnés sans avoir réussi à détruire la Royal Air Force, ni à entamer par les bombardements le moral d'une population galvanisée par Churchill. Son prestige aussi a diminué auprès du Führer, et la Luftwaffe est très affaiblie. Jusqu'au printemps 1941, une pression maritime est maintenue autour des îles Britanniques : les sous-marins allemands sont redoutables, mais la bataille d'Angleterre laisse la maîtrise des mers à la *Home Fleet*. Ces échecs successifs conduisent Hitler à rechercher le succès à l'est.

Mainmise sur les Balkans

L'abdication sous la contrainte du roi Carol de Roumanie, le 6 octobre 1940, n'est que le prélude à l'invasion allemande. Avec l'aval du dictateur Ion Antonescu, deux divisions de la Wehrmacht et quelques unités italiennes pénètrent en Roumanie le lendemain et font main basse sur les ports et les puits de pétrole, indispensables à l'économie nazie depuis que ceux du Moyen-Orient sont inaccessibles. Le 28 octobre, Mussolini attaque la Grèce – sans prévenir Hitler – mais essuie de cuisantes défaites : sa flotte est détruite à Tarente par la RAF, son infanterie est refoulée en Albanie par l'armée grecque du général Papagos. Hitler, craignant l'établissement d'une

◁ **La formation** des SS. Les membres de l'ordre noir sont sélectionnés sur des critères raciaux pour être l'élite du régime.
Coll. part.

Affiche de la ▽ *Waffen-SS.* Ces unités militaires, véritables troupes d'élite, attirent dès 1941 de nombreux volontaires étrangers. Parmi eux, la division Charlemagne, composée de Français.
1941. Coll. part.

Les Allemands ne se contentent pas de rançonner les pays conquis : le pillage systématique des œuvres d'art est organisé, surtout aux dépens de la France.

GÖRING, COURTIER D'ART

Au mois de mars 1941, Hermann Göring se rend à Paris sur les ordres de Hitler : il vient y voler les plus belles pièces des collections françaises. Bien que la convention de La Haye interdise le pillage des œuvres d'art, le dictateur allemand les considère comme butin de guerre. Il apprécie en particulier les toiles de Rembrandt, Goya ou Rubens et les fait exposer à son manoir de Karin Hall, près de Berlin. Aimant le luxe, le maréchal Göring ne dédaigne pas non plus d'enrichir sa collection personnelle, et d'abord aux dépens des Juifs. Or, l'un des premiers réseaux de résistance à l'occupation ennemie voit le jour au musée de l'Homme, autour du jeune ethnologue Boris Vildé, qui édite un journal clandestin au titre sobre : *Résistance.* Dénoncés au mois de janvier 1941, sept membres de ce groupe sont capturés et fusillés par les Allemands au mont Valérien, le 25 février 1942.

base de la RAF, qui contrôlerait l'espace aérien balkanique, vole au secours de son allié et masse 600 000 hommes en Roumanie et en Bulgarie.

Une révolution de palais antiallemande à Belgrade précipite l'intervention : le 8 avril 1941, Hitler lance ses troupes à l'assaut de la Grèce et de la Yougoslavie. Belgrade est rasée en trois jours, Salonique est prise le 9. Le 17 avril, le gouvernement yougoslave dépose les armes ; le 27, la croix gammée flotte sur l'Acropole. Les parachutistes allemands sautent sur la Crète et repoussent les Britanniques à la mer. Démonstration parfaite de la « guerre éclair », la conquête de la Grèce et de la Yougoslavie accélère le ralliement à l'Axe de la Bulgarie et de la Hongrie : le Reich contrôle alors toute la péninsule balkanique. Grisé, Hitler attaque l'immense U.R.S.S. le 22 juin 1941, se mettant ainsi dans l'obligation de lutter sur deux fronts. À terme, la situation est dangereuse mais elle est occultée par les premiers succès allemands.

Le statut des pays occupés

Après la progression de la Wehrmacht en Union soviétique, Hitler domine la majeure partie de l'Europe continentale. Il tient par occupation ou par alliance (Italie et Espagne) les territoires qui s'étendent « du cap Nord au golfe de Tarente, de la Bretagne aux rivages baltes et à l'Ukraine », auxquels il faut ajouter les États satellites dotés de régimes autoritaires ou fascisants : la Hongrie de l'amiral Horthy, la Bulgarie du roi Boris III, la Roumanie du *conducator* Antonescu, la Croatie du *poglavnik* Ante Pavelitch et la Slovaquie de Mgr Tiso jouissent encore d'un semblant d'indépendance. En revanche, les Allemands ne laissent qu'une marge de manœuvre très étroite au Danemark du pronazi Erik Scavenius et à l'État français du maréchal Pétain.

Le statut juridique des pays occupés varie selon leur position stratégique ou la distance qui les sépare de l'Allemagne. La Bohême-Moravie du *Reichsprotektor* Heydrich, la Norvège du collaborateur pronazi Vidkun Quisling – aidé du *Reichskommissär* Terboven –, les Pays-Bas administrés par le nazi autrichien Arthur Seyss-Inquart n'ont qu'une autonomie fictive. La France occupée, la Belgique et la Grèce, compte tenu de leurs façades maritimes, sont directement contrôlées par l'armée allemande. Les conditions sont plus dures, sinon impitoyables, dans les territoires de l'Est : gouvernement général de Pologne dirigé par le nazi Hans Frank, *Ostland* composé des pays Baltes et de la Bié-

D'abord simple police intérieure du parti nazi, l'organisation des SS profite de la guerre pour constituer une sorte d'État parallèle.

L'ORDRE NOIR

Garde prétorienne créée en 1923, ces « sections de protection » *(SchutzStaffeln)* regoupent les nazis les plus fanatiques, hostiles à « l'ordre ancien ». Dès 1933, la SS contrôle la police étatique et reçoit la garde des camps de concentration. Des unités combattantes sont créées : de vocation militaire, corps d'élite sélectionné selon des critères raciaux, la *Waffen-SS* possède une conception de l'honneur peu compatible avec un élémentaire respect de la dignité humaine. Sous la férule de Heydrich et de Himmler, les effectifs passent de 23 000 hommes en 1939 à 600 000 en 1944. La SS multiplie les structures parallèles à celles de l'État, surtout dans le secteur économique : elle dispose d'un vaste réservoir de main-d'œuvre grâce aux détenus du système concentrationnaire.

Un observateur de l'*Afrikakorps.* Les divisions de Rommel combattent de 1941 à 1943 en Libye, en Égypte et en Tunisie pour renforcer les troupes italiennes.

1942. *Signal.* ▷

SS croates lisant une brochure de propagande antisémite. À partir de 1941, la SS est chargée de la « solution finale » du problème juif.

▽ Coll. part.

lorussie, et Ukraine. En effet, dans la vision hitlérienne du monde, les peuples slaves occupent le bas de l'échelle et ne méritent aucun ménagement.

Enfin, l'Allemagne a annexé avant-guerre l'Autriche et la région des Sudètes. À la faveur de ses victoires, elle a ajouté à son territoire quelques régions limitrophes : la partie occidentale de la Pologne, le Luxembourg, les cantons belges d'Eupen et de Malmédy ainsi que l'Alsace-Lorraine.

En réalité, les distinctions juridiques – protectorat, zone libre, gouvernement général... – sont de pure forme et susceptibles d'être remises en cause à tout moment. Le seul point commun qui en résulte est le pillage.

Un fructueux butin

« Nous ne rendrons rien et nous prendrons tout ce qui peut nous servir » déclare Hitler, relayé par le maréchal de l'air Göring, jouisseur et sans scrupules : « J'ai l'intention de piller, et de piller abondamment. » Difficile d'être plus clair ! Une économie de guerre est instaurée au profit des vainqueurs, car les Allemands souhaitent « tout trouver sur place, non seulement pour nos besoins en France, mais pour pouvoir aussi ravitailler nos troupes à l'est, à l'ouest, en Norvège et en Roumanie », précise le gouvernement militaire de la zone française occupée.

La mise en coupe réglée des pays conquis est inégale. Après une période de pillage systématique, favorisée par un taux de change exorbitant imposé par les vainqueurs, ceux-ci préfèrent obliger la France, la Belgique, les Pays-Bas, la Norvège, la Grèce et la Yougoslavie à supporter les frais des troupes d'occupation et bien au-delà. Rien qu'en France, l'Allemagne s'octroie une indemnité de guerre de 400 millions de francs par jour en 1940, réduite à 300 millions l'année suivante, mais portée à 500 millions après l'invasion de la zone libre en novembre 1942, puis à 700 après le Débarquement. Avec les prises de guerre, les réquisitions d'or et de matières premières, les prélèvements de produits manufacturés et les achats non payés, la France aurait versé au Reich plus de 700 milliards de francs. Encore est-elle « privilégiée » : à l'est, le pillage ne s'embarrasse d'aucune formalité juridique.

△ **Athènes,** le 20 mai 1941. La Wehrmacht envahit les Balkans en trois semaines. Cependant, la résistance inattendue des Grecs, aidés par les Anglais, permet de retarder la campagne contre l'U.R.S.S.

1941. *Signal.*

Victorieux sur tous les théâtres de combat européens, à l'exception de la Grande-Bretagne, les dictateurs allemand et italien s'allient au Japon.

LE PACTE TRIPARTITE

Le 27 septembre 1940, l'ambassadeur du Japon en Allemagne, Kurusu, signe une alliance qui étend l'axe Rome-Berlin à l'Extrême-Orient. Les trois pays se promettent un soutien par tous les moyens possibles si l'un d'eux est agressé par « une puissance non engagée dans la guerre européenne », une allusion très claire aux États-Unis, toujours neutres. Le Japon admet la domination de l'Axe sur l'Europe ; réciproquement, l'Allemagne et l'Italie reconnaissent aux Nippons le droit de bâtir leur « grande sphère de coprospérité » en Asie. Les troupes japonaises occupent déjà le littoral chinois et la Mandchourie ; depuis septembre 1940, elles contrôlent quelques points stratégiques de l'Indochine française, quasi désarmée. Signé pour une durée de dix ans, le pacte tripartite recueille peu après les adhésions de la Hongrie, de la Roumanie, de la Bulgarie et de la Yougoslavie.

En outre, les territoires vassalisés doivent fournir de la main-d'œuvre pour pallier l'incorporation de 4,4 millions d'ouvriers allemands dans la Wehrmacht. Les besoins pressent, car le régime nazi refuse le travail des femmes pour des raisons idéologiques et natalistes. À partir de 1940, des volontaires, surtout italiens, puis des prisonniers de guerre affluent outre-Rhin. Au mois d'octobre 1941, 3,5 millions d'étrangers travaillent en Allemagne, dont 1,4 million de prisonniers ; en 1944, ils seront 7 millions.

La germanisation

Le racisme hitlérien est appliqué aux pays occupés, car le dictateur allemand met ses ambitions territoriales au service de la germanisation de l'Europe, principalement à l'est. Numéro deux du régime, Himmler dirige le Commissariat pour le renforcement de la germanité (RKFVD), chargé de « nettoyer » certaines régions conquises afin d'y installer des colons allemands : un million de Polonais doivent ainsi quitter le Wartheland, la région autour de la Warta, pour le gouvernement général de Pologne. Des Allemands prennent leurs places et leurs biens. La guerre contre l'U.R.S.S. fait naître des rêves d'une autre ampleur : au début de 1942, Hitler évoque l'implantation de cent millions de colons germaniques, étalée sur plusieurs générations. Et depuis deux ans, des agriculteurs français sont expulsés d'Alsace-Lorraine et de Champagne pour les mêmes raisons.

Parallèlement, les services de Himmler évaluent les populations « germanisables » : sont ainsi réputées telles la majeure partie des Baltes, les Suisses, les Alsaciens, les Luxembourgeois, les Flamands, les Néerlandais et les Scandinaves. Ailleurs, les SS considèrent quelques peuples comme « racialement valables » : Heydrich estime que 40 p. 100 des Tchèques peuvent être « aryanisés » après sélection, épuration et rééducation ; en Pologne, des enfants d'aspect nordique sont arrachés à leurs parents et confiés à des familles allemandes, qui ont la possibilité de les adopter.

△ **À Bruxelles,** le capitaine Léon Degrelle, chef du rexisme, salue la Légion des volontaires belges qui vont combattre aux côtés des Allemands.
Coll. part.

Léopold III, roi des Belges, accompagné de son ministre de la Guerre. Malgré sa neutralité déclarée, la Belgique est envahie le 10 mai 1940. Le pays devra capituler 18 jours plus tard. ▷
1940. *L'Illustration.*

« Classique » du cinéma, *le Dictateur* est l'un des premiers longs-métrages parlants de Charles Chaplin et reste le meilleur pamphlet contre la folie hitlérienne.

LE DICTATEUR

Le 15 octobre 1940, alors que l'Europe tout entière est soumise à l'Allemagne, sauf la Grande-Bretagne qui défend son espace aérien avec l'énergie du désespoir, la première du *Dictateur,* le nouveau film de Charles Chaplin, est un succès immense aux États-Unis. L'acteur et réalisateur – dont la mère était juive – y incarne deux personnages : un petit barbier juif d'un ghetto et Adenoïd Hynkel, dictateur moustachu d'un pays qui ressemble beaucoup à l'Allemagne. Expédié dans un camp de concentration, le barbier parvient à s'échapper ; confondu avec Hynkel, dont il est le sosie, il est amené à sa place dans une tribune d'où le dictateur doit annoncer l'invasion de l'État voisin, l'Austerlich, et improvise un discours qui est un hymne à la paix et à la démocratie. Cette variation burlesque sur une réalité sinistre – la persécution raciale – fut l'objet de la colère de Hitler et des nazis.

La terreur nazie

Une telle contrainte ne s'obtient que par la terreur : à la police militaire et à l'*Abwehr* – service de contre-espionnage de l'état-major – s'ajoutent les unités de la SS, dont la Gestapo, police politique chargée de traquer les « ennemis » du Reich, à commencer par les élites des pays conquis.

Cette répression frappe surtout l'Est européen, où les membres des professions libérales, hauts fonctionnaires et intellectuels sont humiliés, internés ou exécutés. Les Polonais, considérés « inférieurs », sont voués à l'extinction culturelle : théâtres, musées et même bibliothèques ferment leurs portes. En Ukraine, les SS font preuve d'une sauvagerie venue du fond des âges, martyrisent les personnes jugées indésirables, réduisent les populations à l'esclavage et installent des colons, croyant faire revivre l'expansion des chevaliers Teutoniques auxquels « l'ordre noir » SS essaie de s'identifier. Ils ne parviennent qu'à renforcer la détermination des résistants, dont les actions commencent à menacer les arrières des armées allemandes.

Le régime leur confie bientôt la sinistre tâche d'extermination des « sous-hommes » et divers opposants mis en camps. Tsiganes, apatrides, déportés politiques, homosexuels, « asociaux », voire prisonniers de droit commun portent désormais sur leurs vêtements un triangle de couleur qui les met en marge de leurs concitoyens. Mais ce sont surtout les Juifs, marqués de l'étoile de David, qui subissent les persécutions les plus systématiques. La majeure partie des 330 000 Juifs allemands et de ceux des pays annexés avant la guerre, transférés en Pologne, sont confinés dans des ghettos ceints de murailles ; dès octobre 1940, au cœur de Varsovie, 450 000 personnes sont ainsi prisonnières.

L'horreur culmine à l'automne 1941 lorsque Himmler ordonne l'installation de chambres à gaz au camp de concentration d'Auschwitz : Adolf Hitler a abandonné ses projets de déportation massive des Européens juifs à Madagascar ou en Sibérie, pour programmer la « solution finale » de la question juive : l'élimination physique.

En 1942, lorsque l'armée du général Paulus surgit aux portes de Stalingrad, la puissance de l'Allemagne a atteint son apogée. Un an plus tôt, le 4 mai 1941, Hitler déclarait au Reichstag : « En cette ère de capitalisme juif, l'État national-socialiste se dresse comme un solide édifice plein de bon sens. Il vivra encore mille ans. » □

▽ **Les nazis** entrent dans Sofia. Le roi bulgare, Boris III, acquis aux puissances de l'Axe, autorise la Wehrmacht à traverser son pays lors de l'offensive des Balkans.

1941. A. Beltrame. *La Domenica del Corriere.*

LE JUIF SÜSS

Adaptation abusive de l'œuvre de l'écrivain allemand Lion Feuchtwanger, Juif et antifasciste émigré aux États-Unis, *le Juif Süss* est le long-métrage de propagande antisémite le plus accompli de l'époque. Personnage historique, Joseph Süss-Oppenheimer, « Juif de cour » du XVIIIe siècle, fut favori du duc Charles-Alexandre de Wurtemberg, mais ses malversations financières le conduisirent à la pendaison. Or, l'acteur Ferdinand Marian interprète un homme qui veut détruire la cour du duc par la corruption, le vol et la débauche : ses avances poussent la jeune et pure Dorothea au suicide ; renversé par une émeute populaire et condamné au gibet, Süss meurt comme un lâche. Goebbels confie le tournage du film à Veit Harlan, solide réalisateur acquis aux idées du IIIe Reich, auteur de plusieurs comédies populaires dans les années 1930. Son nom est désormais lié à toute une production cinématographique de propagande nazie, qui débute à partir de 1938 et s'épanouit avec *le Juif Süss.* L'historien Marc Ferro a démontré que les techniques utilisées par Harlan trahissent des présupposés antisémites. Toutefois, lors de son procès, ce dernier affirma avoir éliminé quelques scènes trop racistes, à la grande fureur de Goebbels. Académique, lourd, *le Juif Süss* symbolise l'embrigadement du cinéma au service d'un régime totalitaire.

Affiche de propagande △ antisémite, diffusée dans toute l'Europe, dénonçant un « complot juif » réunissant Churchill et Staline.
1943. Coll. part.

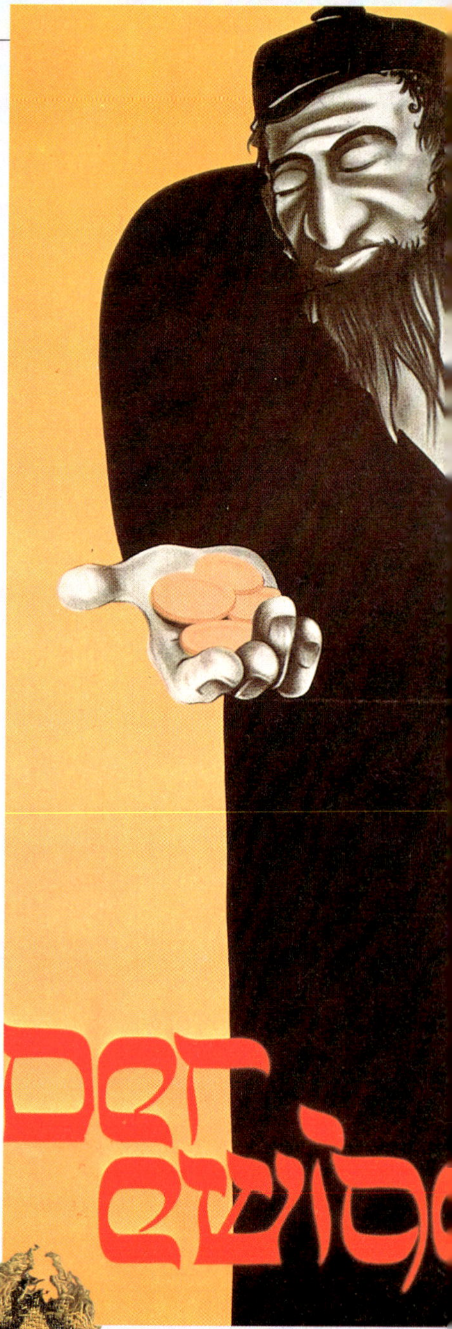

L'étoile de David ▷ jaune, dont le port est imposé aux Juifs allemands après la nuit de Cristal (novembre 1938), puis plus tard dans le reste de l'Europe.
Vers 1942. Coll. part.

Le Juif Süss, interprété par Ferdinand Marian, prétend exposer l'ignominie et le pouvoir corrupteur des Juifs. Tous les responsables nazis devaient avoir vu ce film, dont la réalisation fut supervisée par Goebbels.
1940. Archives Serkis. ▽

△ ***Le Juif errant :*** exposition antisémite organisée à Munich en 1937, dénonçant la richesse, le pouvoir et l'influence communiste des Juifs.
H. Schlüter. Coll. part.

Affiche de l'exposition « le Juif et la France », qui apprenait à reconnaître les Juifs par leurs prétendues caractéristiques physiques. ▷
M. Jacquot. Musée des deux guerres mondiales, Paris.

△ **En France,** le port de l'étoile jaune est obligatoire, à partir de juin 1942, pour tous les Juifs âgés de plus de six ans.
Coll. part.

OPÉRATION BARBAROSSA

Soulignée par Hitler dans *Mein Kampf*, l'opposition entre l'Allemagne nazie et la Russie communiste débouche sur l'affrontement majeur entre ces deux puissances européennes : le 22 juin 1941, la Wehrmacht pénètre en Union soviétique.

A L'HEURE du pacte de Moscou, le 23 août 1939, les intérêts bien compris de chacun avaient prévalu : l'Allemagne évitait le spectre d'une guerre sur deux fronts ; Staline obtenait un sursis pour achever la préparation militaire de l'U.R.S.S., accroître son influence à l'est de l'Europe et affaiblir les nations occidentales. Mais une sourde rivalité autour de la Roumanie l'oppose bientôt à Hitler. N'ayant pu vaincre les Britanniques, ce dernier les juge toutefois assez amoindris pour se tourner contre les Russes et lancer l'« opération Barbarossa ».

Des jeunes femmes de Kiev lisent les éditions spéciales des journaux après la prise de la ville, le 19 septembre 1941, par les troupes allemandes de Guderian et von Kleist.

1941.
◁ *L'Illustration.*

Les plans d'attaque

Depuis juillet 1940, Hitler songe à étendre ses possessions jusqu'à la Volga, diviser la Russie d'Europe en plusieurs États tampons, agrandir la Roumanie, la Finlande et le gouvernement général de Pologne. Tenus par une soixantaine de divisions, ces territoires devraient fournir d'immenses richesses à l'Allemagne nazie.

Un « plan pour l'Est » *(Ostplan)* élaboré par Heinrich Himmler au mois de mai 1941 prévoit les conditions d'occupation de ces territoires constitués en « marches-frontières » ; leur population slave sera déportée au-delà de l'Oural, à l'exception d'une main-d'œuvre asservie par des colons allemands. Selon les termes de l'*Ostplan,* l'armée allemande devra faire preuve d'un « manque total de pitié » à l'égard des populations civiles. Hitler lui-même parle d'une « lutte d'extermination ».

Comme ses généraux, il sous-estime la capacité militaire russe : « Il nous suffit d'enfoncer la porte et toute la structure, pourrie, s'effondrera d'elle-même », confie-t-il au général Jodl, l'un de ses plus proches fidèles. Malgré l'immensité du territoire russe, Hitler a toute confiance dans ses troupes, stimulées par les victoires.

Premières défaites soviétiques

Les premiers combats paraissent lui donner raison : le 22 juin 1941, 153 divisions allemandes, dont 17 blindées, bousculent la défense soviétique et déferlent vers l'est, sur une ligne de front de la mer Baltique à la mer Noire.

En dépit des avertissements britanniques, Staline est surpris par l'attaque. Mal préparée au conflit, désorganisée, privée de ses meilleurs cadres depuis les purges de 1936-1937, l'armée soviétique est balayée : les troupes adverses contournent ses dispositifs et font des centaines de milliers de prisonniers.

△ **Panzers** à la frontière russo-polonaise. Bien que mise en garde par l'Angleterre, l'U.R.S.S. se laisse surprendre par la rapidité de l'offensive allemande.
1941. Coll. part.

◁ **Affiche** appelant à la défense de Moscou. Le prince Pojarski, héros ayant empêché la prise de la capitale par les Polonais, exalte le nationalisme russe.
1942. Coll. part.

Pour préparer la venue des colons, les sinistres *Einsatzgruppen* font régner la mort sur les territoires conquis par les Allemands en Russie d'Europe.

LE DÉBUT DE L'HOLOCAUSTE

Petites unités de la police et de la SS, les quatre *Einsatzgruppen* reçoivent la mission de faire disparaître peu à peu tous les individus jugés « indésirables » par Hitler, ceux dont l'existence physique est une « offense » au Reich. Les victimes de ces assassinats collectifs sont le plus souvent fusillées à la mitraillette ou abattues d'une balle dans la nuque ; leurs cadavres sont empilés dans les fossés au bord desquels les condamnés sont regroupés. À Babi Yar, localité proche de Kiev, 33 771 Ukrainiens juifs sont massacrés dans un ravin, en deux jours. Les *Einsatzgruppen* tuent ainsi 750 000 personnes de juin 1941 à janvier 1942. Certains officiers de la Wehrmacht protestent en vain contre ces massacres, qui dressent contre l'occupant des populations au départ bien disposées.

Boudennyï ou Vorochilov ne peuvent se mesurer à Guderian ou à von Rundstedt, aguerris par les campagnes de 1940. Les divisions blindées couvrent des étapes quotidiennes qui dépassent 40 kilomètres, tandis que la Luftwaffe écrase au sol et dans les airs la vétuste aviation soviétique.

Au nord, le groupe d'armées du maréchal von Loeb s'empare des pays Baltes, annexés par Staline, et fait le siège de Leningrad. Au sud, von Rundstedt conquiert la Bessarabie, occupe Kiev et le bassin minier du Donetz. Au centre, les forces blindées du maréchal von Bock livrent les rudes batailles de Bialystok, Minsk, Viazma et Briansk ; le 20 octobre, quatre mois après le début des opérations, la Wehrmacht se trouve à 1 000 kilomètres de son point de départ et à 100 kilomètres à peine de Moscou.

Dans certaines régions, les Allemands sont bien accueillis par les populations, en particulier les minorités, lassées des excès staliniens, mais celles-ci déchantent vite : fidèles aux ordres reçus, les SS exterminent opposants et « inférieurs », juste après le passage des troupes, avec une férocité qui choque même les soldats de la Wehrmacht. Un « décret sur les commissaires », promulgué par Hitler, ordonne l'exécution immédiate des cadres politiques capturés, pour annihiler toute velléité de résistance organisée.

La «Grande guerre patriotique»

Le 3 juillet 1941, Staline rompt le silence et, dans un discours destiné à réveiller le patriotisme russe, appelle à

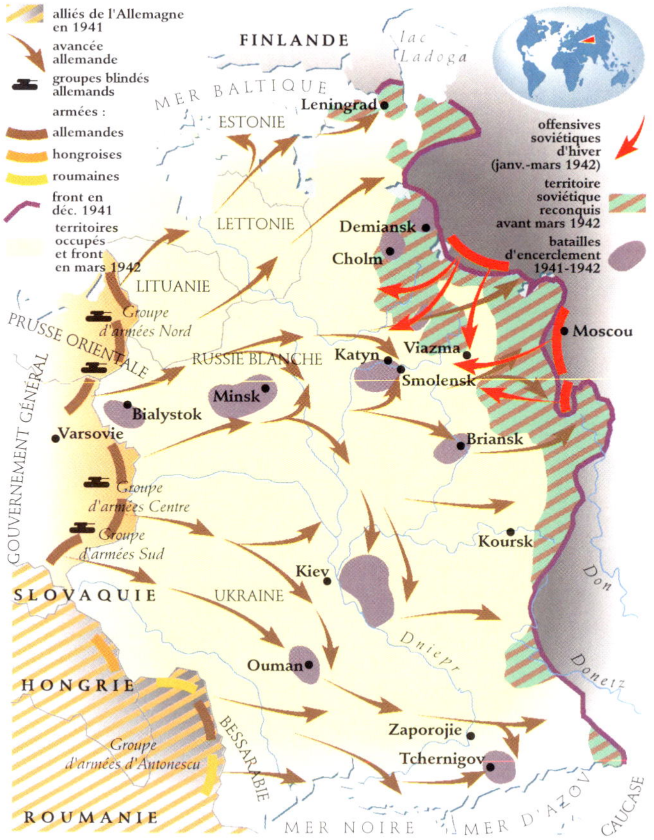

«Que l'exemple ▽ de nos prédécesseurs nous inspire.» Koutouzov, vainqueur de Napoléon, protège les artilleurs soviétiques en tenue d'hiver blanche.

V. Ivanov. Musée des Arts décoratifs, Paris.

Jusqu'en janvier 1944, l'ancienne capitale des tsars contient la ruée allemande et devient un symbole de la résistance.

LE SIÈGE DE LENINGRAD

Le 22 août 1941, alors que la Wehrmacht approche, le maréchal Vorochilov proclame l'appel aux armes : « Hitler ne mettra jamais les pieds dans notre magnifique cité. Leningrad n'a jamais été et ne sera jamais livrée à l'ennemi. » Le siège débute le 8 septembre. La ville est presque encerclée. Un minimum de ravitaillement arrive par le lac Ladoga, par bateau l'été, par camion ou traîneau l'hiver, sur ses eaux gelées, au prix de nombreux accidents. Les souffrances de la population sont terribles : pendant le seul mois de février 1942, 100 000 personnes meurent de faim et de froid. Des scènes de cannibalisme ont lieu. La ville n'est libérée par l'Armée rouge qu'après un blocus de 872 jours, le 27 janvier 1944. La famine, les épidémies et les bombardements ont tué plus de un million d'habitants, mais cette résistance héroïque a prouvé que la puissance militaire allemande pouvait être mise en échec.

la guerre totale contre l'envahisseur : « L'ennemi ne doit pas trouver une seule locomotive, pas un seul wagon, pas une livre de pain ni un verre de pétrole. » Au nom de cette politique de la terre brûlée, les Soviétiques dynamitent le 20 août un des fleurons de leur technologie : le grand barrage de Zaporojie, sur le Dniepr.

Les atrocités allemandes provoquent le revirement des populations conquises : les premiers groupes de partisans perturbent les communications et le ravitaillement, créant un sentiment d'insécurité sur les arrières ennemis. Le climat reste le meilleur atout des Soviétiques ; les pluies d'automne transforment les pistes en fondrières impraticables aux camions comme aux blindés et le mauvais temps interdit à la Luftwaffe d'agir. Il neige à partir du 15 octobre, plus tôt que prévu. Dans la nuit du 6 au 7 novembre, le thermomètre chute à – 30 °C : le froid raffermit le sol, mais les radiateurs des véhicules éclatent, faute d'antigel ; huiles et carburants figés paralysent le fonctionnement de l'armement. Plus grave, l'armée allemande combat encore avec ses tenues d'été ; l'évacuation de nombreux combattants, victimes du grand froid ou de la gangrène, réduit de moitié les effectifs engagés. Le « général Hiver » est le meilleur allié de la résistance russe.

Une avant-garde de la Wehrmacht atteint la banlieue sud-ouest de Moscou dans un ultime effort, le 1er décembre. Le 6, une contre-attaque de Joukov desserre l'étreinte et contraint l'ennemi à la retraite. Inquiet, celui-ci découvre que l'Union soviétique a une réserve presque inépuisable d'hommes et qu'elle met en ligne des matériels nouveaux d'une qualité supérieure aux siens : le char polyvalent T 34 surclasse les panzers tandis que le Yakovlev Yak-3 et l'Iliouchine Il-2 Sturmovik affrontent sans mal les meilleurs appareils de la Luftwaffe. Mécontent, le Führer dirige lui-même les opérations militaires à partir du 19 décembre 1941.

Un échec pour Hitler

Sur la défensive jusqu'au mois de mai 1942, les Allemands repartent à l'offensive vers le Don et les puits de pétrole du Caucase. La conduite de la guerre liée à un homme persuadé de son génie, qui agit hors de toute norme, guidé par ses seules chimères, va décider de l'issue du conflit. Hitler, pour qui l'U.R.S.S. n'est qu'« un corps de Slave tartare surmonté d'une tête de Juif », méconnaît les leçons de l'histoire : le IIIe Reich en mourra. □

Unies par un ennemi commun, la Grande-Bretagne et l'U.R.S.S. renouent leurs liens diplomatiques.

LE RAPPROCHEMENT ANGLO-SOVIÉTIQUE

Après deux décennies de froids rapports diplomatiques que le traité germano-soviétique n'améliore pas, la menace hitlérienne rapproche les deux pays. Le 12 juillet 1941, ils ratifient un pacte de soutien réciproque, puis signent un traité d'assistance mutuelle pour vingt ans. Anthony Eden se rend à Moscou en décembre 1941, et Churchill, en août 1942. Britanniques et Américains livrent armes et matériel à l'Armée rouge. Mais les ambiguïtés n'ont pas disparu : occultant la réelle nature du dictateur géorgien, la propagande britannique le porte aux nues ; Staline réclame en vain l'ouverture d'un second front à l'ouest de l'Europe, pour soulager son pays. Si les Anglais ne disposent d'aucun moyen massif de débarquement, cette menace neutralise cependant 46 divisions allemandes qui font défaut sur le front de l'Est.

▽ **Malgré la capture** d'un million et demi de prisonniers soviétiques, la *Blitzkrieg* devient une guerre d'usure.
1941. *L'Illustration.*

LA FRANCE SOUS L'OCCUPATION

De 1940 à 1944, la France vit les années les plus dramatiques de son histoire. Le rôle du régime de Vichy, la collaboration, la responsabilité de Pétain sont aujourd'hui encore des sujets de débats passionnels.

L'ARMISTICE de 1940 divise le pays en deux zones. Dans la zone occupée, les Allemands règnent en maîtres, ils rattacheront bientôt l'Alsace et la Moselle au Reich et définiront dans le Nord une « zone réservée ». Dans la zone libre, à l'abri de la ligne de démarcation, le maréchal Pétain, qui a reçu les pleins pouvoirs de la Chambre des députés, préside aux destinées de la France.

L'ÉTAT FRANÇAIS

L'État français naît à Vichy, le 10 juillet 1940, à un moment où la défaite anesthésie totalement les Français, jetés sur les routes de l'exode, rassurés par la personnalité incontestable du vain-

◁ **Pétain** et Laval à Vichy. Dès le retour de ce dernier, la collaboration devient ouverte. Il instaure le Service du travail obligatoire en Allemagne.

1942. Coll. part.

queur de Verdun, octogénaire couvert de tous les honneurs républicains. Le discrédit qui frappe le régime et les parlementaires depuis les années 1930, le désir de changements profonds expliquent la chute de la IIIe République, hâtée par l'habileté de Pierre Laval qui, dans les couloirs des palaces, manœuvre ce qui reste des élus du Front populaire. Majoritairement maréchalistes, les Français saluent en Pétain le substitut aux « palabreurs de la démocrassouille », le rempart contre l'occupant, l'espoir pour des centaines de milliers de soldats prisonniers en Allemagne. Dès le 11 juillet, le maréchal signe les actes officiels de la formule régalienne « Nous, Philippe Pétain... ». Le général de Gaulle est donc bien seul à Londres, d'autant plus que le bombardement par les Anglais de la flotte française de Mers el-Kébir a bouleversé les Français. Le culte rendu à Jeanne d'Arc rappellera que le plus ancien ennemi héréditaire est bien la Grande-Bretagne. Autour du maréchal gravitent des éléments disparates et rivaux, membres des ligues, notables traditionalistes, agrariens, techniciens « apolitiques » soucieux avant tout d'efficacité, dont le point commun est l'hostilité à la démocratie.

La révolution nationale

Les nouveaux gouvernants appellent à une « révolution nationale », expression empruntée au vocabulaire de l'extrême droite, et dont ils précisent rapidement les axes principaux. Il s'agit d'un régime autoritaire, voire dictatorial, fondé sur la soumission à des valeurs traditionnelles, parfois même réactionnaires, qui remplacent celles de la République : la devise « Travail, Famille, Patrie » se substitue à « Liberté, Égalité, Fraternité » ; le maréchal invite au retour à la terre, qui, « elle, ne ment pas » ; les élections et les institutions représentatives sont supprimées. La souffrance des Français doit contribuer à leur rédemption, car, selon Pétain, la défaite est due au fait qu'« on a revendiqué plus qu'on n'a travaillé » et que « l'esprit de jouissance l'a emporté sur l'esprit de sacrifice ».

Les « mauvais Français », Juifs, francs-maçons, communistes, sont exclus des postes de responsabilité, les instituteurs, surveillés, les jeunes gens, formés à l'école « rude et saine » des Chantiers de la jeunesse. Des cor-

◁ **La célèbre** poignée de main entre Pétain et Hitler, le 24 octobre 1940 dans la gare de Montoire, est exploitée par la propagande allemande. Le principe d'une politique de collaboration est adopté.

Coll. part.

▷ **Caricature** du général de Gaulle cherchant à obtenir l'aide américaine.

1941. Musée des deux guerres mondiales, Paris.

Manœuvrier politique hors pair, cet ancien président du Conseil négocie la démission des Chambres le 10 juillet 1940.

PIERRE LAVAL

Seul parlementaire proche du maréchal, considéré par celui-ci comme trop complaisant envers l'Allemagne, Laval est écarté du pouvoir dès le 13 décembre 1940. Rappelé sous la pression des Allemands en avril 1942, il renoue avec la politique de collaboration. Par crainte du communisme et par haine de l'Angleterre, il déclare souhaiter la victoire allemande, encourage la déportation de nombreux Juifs et le combat contre la Résistance. Toutefois, il freine les exigences du S.T.O. ; il croit duper les Allemands mais ceux-ci se méfient de lui. Vilipendé par les « ultras » de la collaboration (« Laval enjuivé »), il cherche à maintenir la France hors de la guerre, alors que les Alliés débarquent le 6 juin 1944. Les Allemands le déportent à Sigmaringen. Rapatrié en France, il est condamné à mort après un procès et fusillé en octobre 1945.

porations regroupent ouvriers et patronat, soustrayant les ouvriers au marxisme. La morale catholique est exaltée, le maréchal, homme providentiel, image du père, est l'objet d'un véritable culte, qui fait de lui le symbole du redressement moral et culturel. La Légion française des combattants, créée en 1940 par Pétain et violemment anticommuniste, veille au maintien de l'ordre nouveau. Le régime de Vichy, son extraordinaire activité législative, son pragmatisme séduisent une partie des cadres de l'Administration, mais ces technocrates ambitieux se heurtent très rapidement aux effets de la collaboration.

La collaboration

À Montoire, le 24 octobre 1940, le maréchal rencontre Hitler et leur poignée de main est aussitôt immortalisée par les photographes. Dès lors, pour la plus grande partie des Français, il est légitime de collaborer avec l'occupant, puisque le vainqueur de Verdun lui serre la main. Pour de nombreux historiens, c'est Laval, que Pétain déteste, qui incarne la volonté d'intégrer la France dans l'ordre nazi, de faire d'elle le brillant second du Reich dans l'Europe nouvelle, le chef de l'État étant perçu comme « un bouclier » contre les abus de l'occupation. De fait, inlassablement, Laval propose une collaboration toujours plus étroite à des nazis méprisants, devance les souhaits de Hitler, pour en obtenir d'infimes avantages et maintenir une souveraineté fictive ; les Allemands ne s'y trompent pas, qui exigent son rappel en avril 1942, alors que Pétain l'avait fait arrêter en décembre 1940.

La collaboration prend des formes multiples. Économique, elle passe par le versement d'indemnités d'occupation, la livraison de produits agricoles et industriels, aboutissant à un véritable pillage. Culturelle, elle associe à la propagande allemande artistes et intellectuels, en zone libre et en zone occupée. Administrative, elle fait coopérer les autorités des deux zones, comme celles des colonies, aux directives de l'occupant. La caution du maréchal explique, par exemple, la docilité de la police et son efficacité lors des rafles de Juifs (le Vél' d'Hiv, 16 juillet 1942). Collaborer, c'est aussi, pour Vichy, inciter les jeunes Français

Les denrées vendues ▽ au marché noir atteignent des prix prohibitifs pour de nombreuses bourses : le kilo de beurre, légalement à 77 F, se vend entre 450 et 600 F.

1943. P. Noyer. Musée des deux guerres mondiales, Paris.

Pour les Français occupés, la question cruciale n'est pas « résister ou collaborer ? » mais « comment survivre ? ».

LE RAVITAILLEMENT

La pénurie règne en France, où les tickets de ravitaillement sont instaurés dès 1940 et où la ration hebdomadaire de viande tombe à 360 grammes par personne en février 1941. Commence alors le temps de la débrouillardise, le « système D » : on mange des rutabagas et des topinambours, on élève des lapins dans des garde-manger, on fait pousser des tomates sur les balcons, mais, surtout, on recourt au marché noir. Les Français les plus fortunés s'y procurent des surplus sans tickets, à la campagne ou chez des commerçants complaisants, les « B.O.F. » (beurre, œufs, fromage). Cette activité parallèle désorganise les circuits commerciaux, qui ne peuvent même plus fournir les produits prévus par les services du ravitaillement. Les citadins les moins favorisés sont les premiers à en souffrir : leurs enfants connaissent la faim dès 1942.

à travailler en Allemagne au titre de « la relève », censée favoriser le retour des prisonniers, puis dans le cadre du Service du travail obligatoire (S.T.O.) instauré en 1943 à cause des résultats decevants de la relève.

Les réalités de l'occupation

Très tôt, en effet, les Français ont cessé de se laisser prendre aux discours de leurs gouvernants. S'ils gardent encore un certain respect pour Pétain, ils ne font plus confiance à un régime incapable de mettre un terme aux restrictions (la ration quotidienne de pain est passée à 175 grammes en avril 1941) ; ils sont choqués par la persécution des Juifs, et par les rafles comme celle des 16 et 17 juillet 1942. En novembre 1942, quand les Allemands envahissent la zone libre, en réponse au débarquement allié en Algérie, la fiction de la souveraineté nationale s'effondre. L'échec de la collaboration accroît l'autoritarisme du régime : service d'ordre légionnaire qui va devenir une milice de répression, véritable police parallèle aux excès redoutables et impunis, Commissariat aux affaires juives, second statut des Juifs publié en juin 1941, plus restrictif encore que celui de 1940...

Alors que l'issue du conflit ne fait plus de doute et que Vichy n'a plus les atouts qu'étaient la flotte et l'Empire colonial, la politique de collaboration s'accélère pourtant : accroissement de l'aide en main-d'œuvre par la mobilisation des classes 1940-41-42, cession de Bizerte, pillage de l'économie par l'organisation Todt, Milice intégrée à l'appareil d'État, luttant avec la Gestapo contre les « terroristes » de la Résistance. La crainte de la « subversion communiste » explique les sympathies pronazies d'une petite partie de la classe politique et de quelques intellectuels. Certains de leurs partisans iront jusqu'à créer une *Waffen-SS* française. En janvier 1944, Déat, Doriot, Darnand, chefs de file de ces extrémistes, entrant au gouvernement, appelleront les Français à la neutralité lors du débarquement américain et partiront dans les fourgons de l'occupant. Il ne restera plus alors aux collaborateurs qu'à errer « d'un château l'autre » en Allemagne, avant d'affronter l'exil ou les procès de l'épuration. □

Dans la zone occupée, qui couvre les deux tiers du pays, les Allemands exercent directement le pouvoir.

LA COLLABORATION PARISIENNE

À Paris, des partis issus des mouvements qui, dès l'avant-guerre, admiraient le fascisme rivalisent de servilité envers l'occupant : Parti populaire français de Doriot, Rassemblement national populaire de Déat, Parti franciste de Bucard. Grâce à leur presse, très violente, ils ont une certaine audience, en dépit de leur faible nombre d'adhérents (quelques dizaines de milliers). *Je suis Partout, Gringoire, Le Pilori* appellent les Français à la haine raciale et à la délation. Dans leurs colonnes s'expriment des intellectuels, tels Pierre Drieu La Rochelle, Robert Brasillach, Céline, qui donnent une large place à la collaboration « mondaine » : exposition grandiose, en mai 1942, du sculpteur nazi Arno Breker ; voyages en Allemagne de vedettes de la chanson du théâtre et du cinéma...

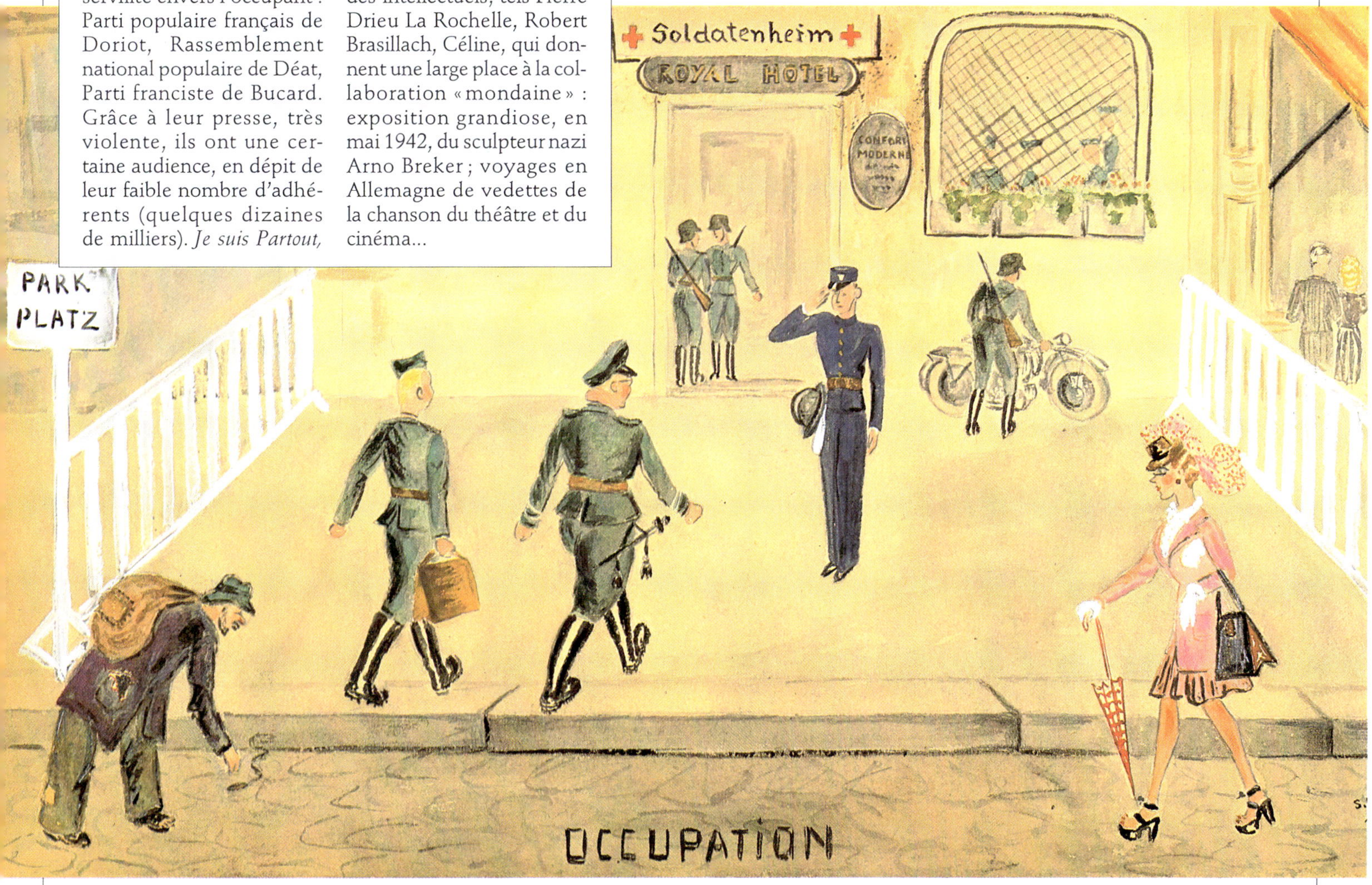

▽ **L'occupation** de Paris vue par un enfant allemand. Hitler, pour humilier la France, fait de la capitale un lieu de permission et de plaisir pour le repos de ses guerriers. Bars, dancings et maisons closes sont favorisés.

1942. S. Günther. Coll. part.

VICHY ET LA FAMILLE

Le maréchal Pétain, qui, à soixante-quatre ans, avait épousé une divorcée, est un ardent défenseur de la famille, « cellule de la vie française » dans ce qu'elle a de plus traditionnel. Le modèle est celui de la famille rurale, supposée saine, prolifique et pratiquante. De plus, les technocrates au pouvoir se préoccupent de la baisse de la natalité qui affecte le pays depuis la fin du XIXe siècle, et poursuivent plus énergiquement la politique inaugurée trop tardivement par le gouvernement Daladier. Le régime avantage les pères de famille nombreuse, alors que les fonctionnaires célibataires ou sans enfants doivent accepter n'importe quel poste. La révolution nationale glorifie les mères, pourvu qu'elles restent au foyer, les célébrant par un jour de fête officiel, le dernier dimanche de mai. Le maréchal se fait photographier au milieu de petits enfants, décorant des mères de famille nombreuse et inaugurant écoles et crèches. L'école, débarrassée des « mauvais bergers », francs-maçons ou libres-penseurs, n'a pour fonction que de perpétuer l'éducation familiale, morale et civique ; le catéchisme, enseigné pendant les heures de classe, complète cette formation. La législation réprime ceux qui refusent cette vision traditionnelle. La loi du 2 avril 1941 limite le divorce, interdit dans les trois premières années du mariage. La dernière femme à être guillotinée en France est une « faiseuse d'anges »...

▽ **Pétain** et les scouts de France. Leurs aumôniers ne remettent pas en cause la doctrine officielle, qui s'inspire largement de la doctrine chrétienne.
Coll. part.

◁ **La famille** idéale de Vichy : une mère au foyer, beaucoup d'enfants.
1942. Phili. Musée des deux guerres mondiales, Paris.

△ **Chaque matin,** les écoliers rendent hommage au chef de l'État en entonnant le chant « Maréchal, nous voilà ! ».
Vers 1941. Coll. part.

Les compagnons de ▷ France. Afin de modeler la jeunesse, Henry Dhavernas tente de transformer les jeunes réfugiés de la zone sud en une avant-garde révolutionnaire.
1942. Coll. part.

◁ **Couverture** de la revue *Il était une fois un maréchal de France,* où Paluel-Marmont se livre à une glorification de la vie de Pétain.
Coll. part.

FRANCE

Mort d'un héros

■ Honoré d'Estienne d'Orves est né en 1901. Polytechnicien, entré dans la marine en 1923, il est nommé en 1939 sous-chef d'état-major de la IIe flottille de torpilleurs. Quand survient la défaite de juin 1940, il est officier d'ordonnance de l'amiral Godfroy sur le *Duquesne,* à Alexandrie. Refusant la logique de la défaite et de la soumission, il rejoint aussitôt le général de Gaulle à Londres. Celui-ci le charge de former un réseau de renseignements en France, en s'appuyant sur les quelques groupes de résistants déjà constitués. Mais l'officier, trahi par un de ses compagnons, est arrêté par les Allemands en janvier 1941 et condamné à mort le 25 mai. Après une dernière messe, il sera exécuté au mont Valérien le 29 août 1941, avec deux de ses camarades, ce qui fait de lui un des premiers martyrs de la France libre. On peut retrouver ses idéaux et ses espoirs dans ses *Mémoires* posthumes, publiés en 1950. □

MEXIQUE

L'assassinat de Trotski

■ Lev Davidovitch Bronstein, dit Trotski, quitte l'U.R.S.S. en juillet 1933, après environ six ans d'exil dans l'archipel des Princes de la mer de Marmara, et gagne la France. Expulsé de là en juin 1935 à cause de ses activités révolutionnaires, il se rend en Norvège, pays qu'il doit aussi quitter à la fin de 1936. Il s'installe alors à Coyoacán, dans la banlieue de Mexico. Depuis 1929, Trotski tente d'organiser l'opposition interne en U.R.S.S. Il recommande à ses partisans de noyauter les syndicats ouvriers. Fort de leur soutien et de leur résistance aux grandes purges staliniennes, il constitue en septembre 1938 la IVe Internationale afin de s'opposer aux partis communistes institutionnels. C'est à Mexico que le retrouve Ramón Mercader, agent secret de Staline aux origines mystérieuses et qui parvient à se faire engager comme secrétaire particulier de Trotski. Le 20 août 1940, il assassine le révolutionnaire. □

GRANDE-BRETAGNE

Étonnantes sœurs Mitford

■ Du « placard des Honorables » sont sorties trois jeunes filles aux destins bien différents. « Honorable » est le titre donné en Grande-Bretagne aux enfants d'un lord qui n'ont pas, ou pas encore, hérité d'un titre. Les sœurs Mitford, filles de lord Redesdale, qui avaient pris l'habitude de se réunir pour discuter dans un recoin de la vaste demeure paternelle, ont baptisé ainsi leur refuge, dont elles s'échappent pour de vagues études ou pour assister à l'ouverture de la Chambre des lords. Malgré cette éducation conformiste, les jeunes filles auront des destins étranges. La cadette, communiste, participe à la guerre d'Espagne ; Unity, la deuxième, admiratrice passionnée du fasciste anglais Mosley, noue une intrigue avec Rudolf Hess et se comporte en « groupie » de Hitler. Seule l'aînée, Nancy, mène une vie mondaine conforme à son rang, se partageant entre la France et le Royaume-Uni. □

GRANDE-BRETAGNE

Le Zéro et l'Infini

■ Écrivain anglais d'origine hongroise, Arthur Koestler gagne l'Angleterre en 1940, et publie *le Zéro et l'Infini,* un « roman » qui dénonce les pratiques totalitaires mises en œuvre en U.R.S.S. Koestler, né à Budapest en 1905, est, dès sa prime jeunesse, tenté par l'exil. Membre du Parti communiste allemand de 1931 à 1938, révolté par les grands procès staliniens dont il démonte les mécanismes, bien avant *l'Aveu,* il combat cependant en Espagne, où il assiste à la liquidation des « gauchistes » par les communistes « orthodoxes » envoyés par Staline. Après la défaite des républicains, il passe en France, où il est interné en 1939-1940 dans un camp, et d'où il s'évade, ce qui lui évitera d'être livré aux Allemands par Vichy. Il s'engage dans la Légion étrangère puis, après la défaite de mai-juin 1940, se rend en Angleterre. C'est là que, sous les bombes du blitz, il rédige son témoignage sur la retombée du grand espoir stalinien. □

Honoré d'Estienne d'Orves. *1932. Bibliothèque nationale, Paris.*

ÉTATS-UNIS

Pour qui sonne le glas

■ Alors que commence un conflit mondial, Hemingway publie cet ouvrage qui restitue l'ambiance de la guerre civile espagnole. Le romancier y reprend ses thèmes favoris : le courage et la faiblesse, l'imposture de la gloire et la réalité de l'absurde. Mais sa propre vie est son meilleur sujet de roman. Sa quête de vérité et son interrogation sur l'héroïsme le poussent à prendre part à toutes les aventures du siècle. À dix-neuf ans, il participe aux sanglantes batailles de la Première Guerre mondiale en Italie, qui lui inspireront *l'Adieu aux armes.* Hemingway vit ensuite en Europe, où il partage l'aventure intellectuelle cosmopolite des artistes et des écrivains de Montparnasse. *Le soleil se lève aussi,* publié en 1926, décrit cette vie brillante et futile, qui masque mal la blessure secrète que tout homme porte en lui. Cet écrivain qui avait reçu tous les honneurs, mais qui refusait d'affronter la vieillesse et la maladie se suicide en 1961. □

ÉTATS-UNIS

La charte de l'Atlantique

■ Les États-Unis d'Amérique ne sont pas encore entrés en guerre, mais leur président est très favorable aux Alliés et admire la ténacité des Britanniques. Le 14 août 1941, Churchill et Roosevelt signent à bord du *Potomac* un accord d'un nouveau genre qui ne porte pas sur les circonstances présentes mais sur l'avenir. Ils y définissent un ensemble de principes qui doivent constituer les bases de la paix future : les pays intéressés assurent qu'ils ne recherchent pas d'avantages territoriaux, qu'ils fondent leur action sur la volonté des peuples librement exprimée. Il s'agit en fait du texte fondateur de l'O.N.U. (Organisation des Nations unies), mais nul ne prévoit encore quelle sera l'instance internationale susceptible de remplacer la défunte S.D.N. (Société des Nations). Sur le pont du navire, Churchill et Roosevelt, entourés de leurs collaborateurs, posent pour la photo, qui devient un rite des fins de conférences internationales. □

ALLEMAGNE

Première en Prusse-Orientale

■ Les premières mesures du *Quatuor pour la fin des temps* s'élèvent dans la plaine sinistre de Görlitz, en Prusse-Orientale. Le compositeur Olivier Messiaen poursuit son œuvre, qu'il interprète lui-même, en dépit des circonstances. Né à Avignon en 1908, élève au Conservatoire de Paris dès 1919, Messiaen a remporté cinq premiers prix et a été nommé, dès l'âge de vingt ans, titulaire de l'orgue de l'église de la Trinité, à Paris. Quand la guerre commence, il est déjà reconnu comme un grand compositeur de musique sacrée, ce qui ne l'empêche pas d'être mobilisé en septembre 1939, comme tous les réservistes de sa génération. Comme un million cinq cent mille autres jeunes Français, Messiaen est fait prisonnier en juin 1940, et c'est donc un orchestre de prisonniers de guerre qui, le 15 janvier 1941, au stalag 8A, joue pour la première fois le *Quatuor,* pour violon, clarinette, violoncelle et piano, inspiré par le tragique de l'époque. □

1941 - 1942

Tout les sépare, et parfois les oppose : nationalité, âge, condition sociale, convictions politiques ou religieuses. Un seul point les unit, mais il est décisif : la volonté de libérer l'Europe de la terreur nazie. Haut fonctionnaire, ouvrier, prêtre, Juif, mère de famille, militant communiste, officier, étudiant... il y a même parmi ces résistants un pigeon voyageur venu des Pays-Bas, Tommy, qui arrive en Angleterre le 19 août 1942, porteur de précieux renseignements militaires. L'information est en effet un des grands champs d'action de toutes les résistances européennes. Et puis, il y a l'action directe : le meurtre du général Krüger, chef de la Gestapo à Varsovie ; l'attaque d'un convoi de déportés juifs en Belgique ; la destruction d'une usine fabriquant des fusées V2 à Copenhague ; le sabotage des pylônes de la radio d'Allouis (Cher), qui brouillait la BBC... Autant d'actions d'éclat dont l'efficacité, militaire et psychologique, fut indéniable, mais qui valurent trop souvent à leurs auteurs de connaître un sort terrible : torture, déportation ou exécution.

Portrait de Jean Moulin.

LA GUERRE DU PACIFIQUE

Après la Chine, l'expansionnisme nippon prend pour cible les colonies européennes et les intérêts américains. Pendant l'année 1942, rien ne semble pouvoir arrêter la foudroyante progression japonaise.

Depuis 1938, le parti militaire japonais a perdu de son influence à cause des résultats médiocres de la guerre contre la Chine. De plus, le Japon redoute la menace soviétique sur la Mandchourie, protectorat nippon depuis 1931. Revenu au pouvoir comme président du Conseil après avoir exercé cette fonction en 1937-1939, le prince Konoe, plus accommodant, se hâte de conclure avec Staline, le 13 avril 1941, un accord de non-agression et de neutralité pour une durée de cinq ans. La décision contrecarre les intérêts allemands, mais arrange les deux parties : Tokyo peut se consacrer à l'Asie du Sud-Est et Moscou évite un deuxième front, au moment où Hitler prépare activement l'attaque contre l'U.R.S.S.

La victoire nipponne ▽ exaltée, sur fond de drapeaux allemand, japonais et italien.
Coll. part.

◁ **Navires** américains en flammes à Pearl Harbor. Victoire tactique par traîtrise, l'attaque japonaise provoque une vague d'indignation aux États-Unis, qui se jettent dans le conflit.
1941. Coll. part.

La Chine isolée

Les Japonais profitent de la défaite française de 1940 pour contrôler quelques points stratégiques en Indochine, la frontière nord du Tonkin et le port de Haiphong, au moment où la Grande-Bretagne elle-même accepte de fermer la route de Birmanie. Le Japon reste toutefois prudent et refuse la suggestion de Hitler d'attaquer Singapour et la Malaisie : la résistance des armées de Tchang Kaï-chek mobilise déjà un million de soldats nippons.

En juillet 1941, le gouvernement du mikado impose de nouvelles concessions à l'amiral Decoux, gouverneur de l'Indochine, qui doit céder une base aéronavale près de Saigon, au nom de la « défense commune ». Cette manœuvre habile répond à deux objectifs : faciliter une éventuelle offensive à large rayon d'action et impressionner les autorités des Indes néerlandaises pour les inciter à poursuivre leurs livraisons de pétrole au Japon. En revanche, elle provoque l'hostilité du président Roosevelt, qui n'a jamais admis les menées japonaises en Chine. Malgré l'avis défavorable de son chef d'état-major, celui-ci bloque les avoirs nippons aux États-Unis et arrête toute exportation de produits pétroliers. La Grande-Bretagne et le gouvernement en exil des Pays-Bas s'associent à cette mesure à double effet, qui doit interdire au Japon toute incursion vers la Malaisie et lui ôter toute velléité d'attaque contre la Sibérie.

Tokyo relève le gant

L'état-major de la marine impériale, bientôt appuyé par ceux des autres armes, étudie un plan d'invasion et d'occupation des Indes néerlandaises, dont le pétrole est indispensable à l'économie japonaise. Cette marche vers le sud suscite quelques réticences de l'empereur Hirohito : menacé par les bastions de Singapour et des Philippines sur ses flancs et ses arrières, le Japon risque un conflit avec les États-Unis et la Grande-Bretagne. Aussi l'amiral Yamamoto, chef suprême de la marine, fait-il adopter le principe d'une attaque préalable contre Pearl Harbor (îles Hawaii), principale base de la flotte américaine du Pacifique, pour s'assurer la maîtrise totale de la mer.

La préparation à la guerre se répercute dans la vie politique : le 16 octobre 1941, le prince Konoe, jugé trop timoré, est contraint à se retirer ; il est remplacé par le général Tojo Hideki. Cette victoire du clan militaire n'exclut pas la poursuite des négociations : le

Un fantassin nippon ▷ salue les escadrilles victorieuses avec le drapeau de l'empire du Soleil levant. Début 1942, les Japonais ont conquis tout le Sud-Est asiatique et menacent l'Australie.
1941. Coll. part.

Préoccupés par les menaces nipponnes sur la Malaisie et les Philippines, les Américains négligent toute prudence au cœur de leur dispositif naval des îles Hawaii.

LE « JOUR D'INFAMIE »

Aux États-Unis, personne n'imagine la marine japonaise capable de monter une opération combinée si loin de ses bases : plus de 4 000 km séparent le Japon des îles Hawaii. Or, le dimanche 7 décembre 1941, l'escadre nipponne n'est qu'à 200 milles de Pearl Harbor ; 360 appareils quittent leurs six porte-avions en deux vagues. La première détruit 247 avions au sol ; la deuxième, plus massive, coule ou endommage 8 cuirassés, 3 croiseurs et de nombreux autres bâtiments. Les Américains n'ont pas cru à d'ultimes indices : la détection de la première vague d'assaut par radar et celle d'un sous-marin de poche à l'entrée de la rade auraient dû les inciter à mettre leur dispositif en état d'alerte. Cependant, le succès japonais reste incomplet : les installations de la base sont intactes et les trois porte-avions de la flotte du Pacifique ne se trouvent pas à Pearl Harbor.

Japon propose l'abandon de l'Indochine, associé à un accord qui préserverait sa situation privilégiée en Chine. Le refus de Washington lève les dernières hésitations de Tokyo.

Pearl Harbor

Le rejet américain procède d'une double erreur de calcul : Roosevelt croit intimider le Japon, pour lequel, comme la plupart de ses compatriotes, il n'éprouve que mépris ; de son côté, le gouvernement nippon estime pouvoir mener une courte guerre victorieuse suivie d'une paix négociée. Dans les deux cas, c'est mal connaître l'adversaire. Néanmoins, les pourparlers continuent à Washington.

Le dimanche 7 décembre 1941, l'attaque de Pearl Harbor, sans aucune déclaration de guerre, est un succès stratégique pour le Japon mais une très grave faute psychologique qui provoque une importante vague d'indignation aux États-Unis : le « jour d'infamie » balaie les dernières velléités isolationnistes. Les Américains décident de mener une guerre totale, jusqu'à la destruction de l'adversaire.

Pour l'heure, les États-Unis doivent assumer une lutte à laquelle ils sont peu préparés : leur réarmement n'a commencé qu'après la défaite française. Les Britanniques ne sont pas mieux placés : le 10 décembre, des bombardiers japonais coulent leur flotte de Singapour. Les Nippons ont acquis l'absolue maîtrise des mers.

La guerre-éclair japonaise

Il ne faut pas cinq mois aux soldats du mikado pour remporter une série de victoires impressionnantes. Les possessions coloniales anglaises tombent les unes après les autres : Hongkong dès le 25 décembre, la Malaisie le 2 janvier 1942, grâce à la complicité du Siam, allié objectif du Japon, puis Bornéo le 8 ; Singapour succombe le 15 février, livrant plus de 100 000 prisonniers. C'est la plus cuisante défaite britannique de la guerre.

Les Américains ne sont pas plus heureux : coupés de leurs approvisionnements, ils perdent Wake et Guam. Aux Philippines, ils quittent Manille pour se réfugier dans la presqu'île de Bataan, où ils résistent jusqu'en avril 1942. Réputée imprenable, la forteresse de Corregidor capitule à son tour le 6 mai. Sur ordre de Roosevelt, le général MacArthur a réussi à quitter les Philippines pour prendre le commandement suprême des forces

▽ **Construction** d'un pont de fortune par des soldats américains, en Birmanie. Les conditions de combat dans la jungle birmane sont à l'opposé de la guerre mécanisée et nécessitent de petites unités autonomes et entraînées.

Coll. part.

Au prix d'un porte-avions, d'un destroyer et de 150 aéronefs, les Américains gagnent la bataille de Midway avec des moyens très inférieurs à ceux de leurs adversaires.

L'ESPOIR CHANGE DE CAMP

Souhaitant détruire ce qui reste de la flotte américaine après Pearl Harbor, l'amiral Yamamoto compte s'emparer de l'atoll de Midway. Son plan repose sur une idée préconçue : la bataille aura lieu *après* le débarquement ; Yamamoto compte être averti de la sortie des porte-avions américains par un barrage de sous-marins. Aussi divise-t-il ses forces : l'avant-garde de l'amiral Nagumo avec quatre porte-avions doit préparer et soutenir le débarquement ; lui-même, avec le gros de la flotte, forme l'échelon de combat, 300 milles derrière. Les Américains déjouent son plan, déployant leurs porte-avions *avant* la mise en place de son barrage. Nagumo déclenche son attaque préparatoire le 4 juin, mais il est repéré depuis la veille et l'aviation américaine pilonne ses navires. Les Nippons perdent tous leurs porte-avions, 2 croiseurs, 3 destroyers, 261 aéronefs avec leurs pilotes.

alliées du Pacifique, après avoir prêté un serment solennel : « Je reviendrai. »

Point fort de la ligne de résistance, les Indes néerlandaises voient leur destin vite scellé. Le 28 février, la marine impériale japonaise détruit l'escadre alliée hétéroclite de l'amiral hollandais Doorman. Les Nippons prennent pied à Sumatra, Java et Timor. Le 9 mars 1942, quatre jours après la chute de Batavia, les 80 000 hommes de l'armée néerlandaise se rendent. Simultanément, les Japonais s'emparent de Rabaul et des îles Salomon, débarquent en Nouvelle-Guinée et menacent la côte nord de l'Australie.

À l'autre extrémité de ce théâtre d'opérations, ils achèvent la conquête de la Birmanie. Les Anglais parviennent à stabiliser le front aux portes des Indes. Au mois d'avril, une flotte japonaise attaque l'escadre de Colombo, coule un porte-avions et deux croiseurs, ce qui rejette la flotte britannique sur les côtes de l'Afrique orientale.

L'empire du Soleil levant a atteint tous ses objectifs et contrôle un territoire qui lui assure de formidables ressources en matières premières et en produits alimentaires. La chute du dispositif occidental et la capture de plus de 300 000 prisonniers ne lui a coûté que 15 000 hommes, 400 avions, 5 torpilleurs et une douzaine de sous-marins. Le succès de ces opérations combinées est dû à la remarquable coopération des forces terrestres, aériennes et aéronavales, à la supériorité tactique des petites unités, à l'exceptionnelle ténacité du combattant nippon et à l'impréparation des troupes adverses. Faute de moyens, la réaction américaine est limitée à

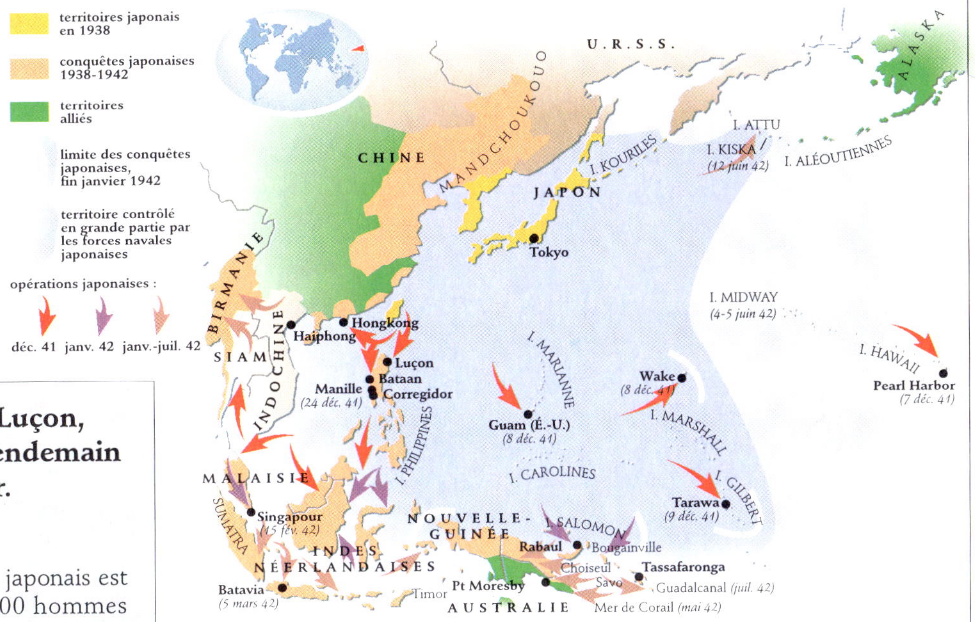

Les débarquements japonais à Luçon, aux Philippines, débutent dès le lendemain du succès de Pearl Harbor.

BATAAN ET CORREGIDOR

MacArthur est contraint d'évacuer Manille le 25 décembre 1941. Il replie ses forces dans la presqu'île de Bataan, au nord-ouest de Luçon. Américains et Philippins offrent une âpre résistance, mais le défaut de ravitaillement, le départ de MacArthur sur ordre de Roosevelt, l'épuisement des hommes et des munitions provoquent la reddition des 76 000 défenseurs, le 9 avril 1942. Leur marche vers les camps japonais est terrible : 10 000 hommes sont massacrés sur 100 kilomètres, soit un homme tous les dix mètres... La conquête des Philippines se poursuit avec le siège de l'île de Corregidor : des bombardements massifs entraînent la capitulation de la garnison, le 6 mai 1942.

La propagande ▽ allemande glorifie la victoire de ses alliés japonais sur les Anglais à Singapour, étape de la route des Indes, suggère-t-elle. 1942. Musée des deux guerres mondiales, Paris.

quelques attaques de porte-avions contre les îles Marshall et Gilbert et à l'audacieux – et symbolique – bombardement de Tokyo, mené par le colonel Doolittle le 18 avril 1942.

Le tournant

Ce raid prouve aux Japonais que la capacité ennemie n'est pas anéantie. Ils envisagent alors deux opérations successives, en mai et en juin 1942 : la prise de Port Moresby en Nouvelle-Guinée et la conquête de l'atoll de Midway. Celle-ci permettrait de lancer une attaque décisive contre les îles Hawaii, qui contraindrait les Américains à évacuer le Pacifique central et à accepter une paix de compromis.

Dans la première affaire, les porte-avions jouent le rôle principal. Si les Nippons obtiennent un succès tactique lorsqu'ils envoient par le fond le *Lexington,* la bataille de la mer de Corail est un revers stratégique, car ils n'atteignent pas Port Moresby.

Tournant de la guerre du Pacifique, Midway est une éclatante victoire pour la marine des États-Unis, supérieurement commandée par l'amiral Nimitz. Les Japonais perdent quatre porte-avions, les Américains un seul : Yamamoto doit renoncer au débarquement prévu et replie sa flotte. L'équilibre est rétabli. Le coup d'arrêt de Midway est suivi d'une longue phase d'usure jusqu'à l'automne 1943.

Guadalcanal

Les Japonais n'ont pas renoncé à isoler l'Australie et disposent de l'importante base aérienne de Rabaul. Les Américains doivent construire des aérodromes à Espiritú Santo et en Nouvelle-Calédonie et acheminer une logistique considérable par le tonnage et la longueur des voies de communication. Le 7 août 1942, 11 000 marines débarquent à Guadalcanal et s'emparent de l'aérodrome. C'est l'amorce d'une bataille acharnée de plusieurs mois.

Aviateur australien ▽ exécuté au sabre par un officier nippon. Les Japonais commettent de nombreux crimes de guerre, notamment sur les prisonniers.

1942. Imperial War Museum, Londres.

▽ **Appuyés** par trois fusils-mitrailleurs, des fantassins japonais combattent près des puits de pétrole de Zenangyong, en Birmanie.

1941. Coll. part.

Les attaques de convois maritimes ont souvent lieu la nuit, comme celles des Salomon orientales, de Santa Cruz ou de Tassafaronga. Nippons et Américains perdent chacun une cinquantaine de bâtiments, que les premiers remplacent beaucoup moins vite que les seconds ; 400 avions japonais de Rabaul ont été abattus. Épuisés, sous-équipés, les 6 000 soldats de Hirohito évacuent Guadalcanal début février 1943. Moins téméraire que son adversaire, la marine impériale n'a pas profité de nombreuses occasions tactiques. Les Américains révèlent aussi leur supériorité aéronavale.

MacArthur et Nimitz reprennent les Salomon après une série de débarquements à Rendova, Vela, Lavella, Choiseul et Bougainville, qui permettent l'expérimentation de nouveaux matériels et l'amélioration tactique des opérations combinées. Les Japonais font l'impossible pour reconquérir la supériorité aérienne, mais 2 600 pilotes, difficiles à remplacer, ne rentrent pas à leurs bases. Seul mécompte allié en 1943, les Britanniques ne peuvent reprendre pied en Birmanie.

L'occupation japonaise

Par l'intermédiaire d'un « ministère de l'Asie orientale », les Japonais s'occupent des pays conquis et jettent les bases d'un « ordre nouveau » appelé « sphère de coprospérité asiatique ». Pourtant, le thème n'est pas neuf : apparu à la fin du XIXe siècle, il reçoit une consécration officielle en août 1940 avec les déclarations du prince Konoe et de Matsuoka, ministre des Affaires étrangères ; outre sa sécurité économique et militaire, le Japon se donne pour objectif et pour mission de diriger les pays asiatiques et de les émanciper de la tutelle occidentale.

Cet ambitieux projet échoue. Les pays « libérés » sont dotés de régimes dits « nationaux », en réalité des pouvoirs fantoches à la solde des Nippons. La fameuse « sphère de coprospérité » cache mal une oppression militaire et policière – la Kempeïtaï est la version japonaise de la Gestapo –, une exploitation économique féroce, avec des réquisitions massives de produits alimentaires, de matières premières et énergétiques, et l'asservissement d'une main-d'œuvre forcée : la construction du chemin de fer du Siam à la Birmanie coûte la vie à plus de 100 000 travailleurs asiatiques et à 16 000 prisonniers de guerre anglais. Ce n'est qu'à la veille de sa défaite que le Japon joue la carte de l'émancipation auprès des mouvements nationalistes ; il est vrai que les armes et l'argent japonais causeront bien des déboires aux puissances coloniales après 1945. L'empire du Soleil levant a néanmoins gâché un atout précieux ; il aurait pu être un vrai libérateur en maints endroits – Birmanie, Malaisie, Indes néerlandaises – car la population ne lui était pas défavorable. Mais, par ses excès, il n'a laissé que le souvenir d'un oppresseur. □

△ **Prisonniers** américains durant la sinistre « marche de la mort » vers les camps japonais. 10 000 hommes y laissèrent la vie.
1942. Coll. part.

◁ **Camp** américain dans les îles Aléoutiennes. Occupées symboliquement par les Japonais en 1942, Kiska et Attu sont reprises un an plus tard.
1943. D. Kessel. *Time-Life*.

Au sud de la Malaisie, contrôlant le détroit de Malacca, Singapour est une base de la Royal Navy.

UNE GRAVE DÉFAITE ANGLAISE

La défense aéroterrestre de Singapour est assurée par 70 000 hommes, peu accoutumés au climat subtropical, et par 200 avions. La Royal Navy dispose de deux cuirassés, le *Prince of Wales* et le *Repulse*. Toutefois, dans le Nord, les Britanniques ne peuvent s'opposer aux débarquements japonais, facilités par la complicité du Siam. Ils perdent très vite la supériorité aérienne : les bombardiers nippons basés à Saigon coulent les deux cuirassés, le 11 décembre. Au milieu d'une population complice, les Anglais ne résistent pas à la tactique d'infiltration et de débordement de l'armée du général Yamashita : l'assaut contre l'île de Johore et Singapour débute le 8 février, ponctué de violents combats. Une semaine plus tard, le général britannique Perceval doit déposer les armes. Les Japonais font 130 000 prisonniers.

LES COMBATTANTS DU PACIFIQUE

En 1941, les Japonais possèdent 11 cuirassés, dont les géants *Yamato* et *Musashi*, 14 porte-avions, 18 croiseurs lourds et 16 légers, 110 torpilleurs, 64 sous-marins et 1 250 avions. Les Alliés n'opposent que 10 cuirassés, 4 porte-avions, 17 croiseurs lourds et 27 légers, 90 torpilleurs, 1 100 avions. Rompue au combat nocturne, la marine japonaise utilise la torpille *Long Lance*, supérieure aux modèles de ses ennemis ; et les avions surclassent les modèles occidentaux. En revanche, faute de navires de transport, l'armée de terre ne met en ligne que 250 000 hommes, face aux contingents alliés, forts de 400 000 hommes, mais assez hétéroclites et inexpérimentés ; sa cohésion, sa souplesse tactique et son endurance lui permettent de gagner sur tous les théâtres d'opérations. Toutefois, ses points faibles – sous-équipement chronique, logistique sommaire et service de santé défectueux – la condamnent à un triomphe total et immédiat. Mais, nation paysanne, le Japon commet l'erreur de s'attaquer à la première puissance industrielle du globe, qui produit quinze fois plus d'acier et vingt fois plus d'énergie électrique que lui.

△ **Porte-avions** américain à Midway. Ces appareils ne reviendront pas tous, mais le dispositif aéronaval nippon sera anéanti.
1942. Coll. part.

Convoi automobile ▷ nippon sur voie ferrée, un camion blindé en tête. Des bandages amovibles de caoutchouc permettent un usage routier.
L'Illustration.

six canons,
itesse et son auto-
nie font du P 51
stang l'un des chas-
rs américains les
s redoutables.
. Coll. part.

ndés amphibies et
iches de débarque-
nt américains abon-
t sur une plage
Nouvelle-Guinée.
guerre dope
ailleurs l'industrie
États-Unis.
944. Coll. part.

Un pilote-suicide ▷ japonais se jette sur un porte-avions américain. Ces tentatives désespérées se généralisent surtout à la fin de 1944.

1942. A. Beltrame.
La Domenica del Corriere.

LA GUERRE EN MÉDITERRANÉE

L'intervention ratée de l'Italie en Grèce oblige Hitler à ouvrir un front secondaire en Méditerranée, où le général Rommel affronte les Britanniques.

En juin 1940, humilié par les succès allemands, Mussolini décide de mener une « guerre parallèle » en Méditerranée. Bien que « le coup de poignard dans le dos » contre la France ait révélé la nette impréparation de l'armée italienne, celle-ci attaque la Grèce le 28 octobre 1940. Contre toute attente, la petite armée grecque inflige de tels revers aux Italiens que les rêves stratégiques de Mussolini s'effondrent. Refoulée en Albanie, l'armée italienne est condamnée à la défensive. Le 11 novembre, de nuit, un raid aéronaval britannique au-dessus de la base de Tarente coule le cuirassé *Cavour,* endommage les cuirassés *Littorio* et *Duilio* ainsi que deux croiseurs et l'arsenal, mettant hors de combat la moitié du corps de

△ **La bataille** *d'Égypte, envol pour le bombardement.* La RAF est équipée de plusieurs Curtiss P 40 achetés aux États-Unis. C'est un bon appareil, mais surclassé par le Messerschmitt Bf 109.

1942. A. Cross. Imperial War Museum, Londres.

bataille. Enfin, une contre-offensive terrestre britannique, menée à partir de l'Égypte, provoque la déroute totale de l'armée de Graziani et fait 130 000 prisonniers avec des effectifs quatre fois inférieurs.

Les Allemands interviennent

Hitler veut éviter l'effondrement de son allié : il dépêche un corps aérien en Sicile, et les premiers éléments blindés de l'*Afrikakorps* débarquent à Tripoli, sous le commandement du général Rommel. Aidé par de nouvelles troupes italiennes, ce dernier passe à l'offensive, refoule les Britanniques hors de Cyrénaïque et encercle Tobrouk à partir du 15 avril 1941.

À la veille d'attaquer la Russie, Hitler veut éliminer toute menace sur son flanc balkanique ; une révolution de palais à Belgrade, hostile à l'Axe, et la présence d'un corps expéditionnaire de 57 000 Britanniques en Grèce lui fournissent l'occasion de déclencher l'opération *Marita*. Les Allemands démontrent à nouveau l'efficacité de la « guerre-éclair » : la Yougoslavie capitule en cinq jours, la Grèce en moins de trois semaines ; 45 000 Anglais sont évacués par la Royal Navy. Du 20 mai au 1er juin, l'assaut massif des parachutistes allemands les oblige aussi à quitter la Crète dans des conditions difficiles, car la Luftwaffe inflige des pertes sévères à la marine britannique. Le seul succès anglais concerne la répression du soulèvement irakien pronazi de Rachid Ali. Les Allemands font pression sur Vichy, qui leur concède l'utilisation des bases aériennes de Syrie. Les territoires du Levant sont alors occupés par des troupes britanniques, avec le soutien des Forces françaises libres, en juin et juillet 1941.

Dernières victoires de l'Axe

L'attaque contre l'Union soviétique relègue le théâtre méditerranéen au second plan des préoccupations du Führer. Pourtant, les Anglais rejettent

Bédouins de la *Desert Patrol* au service des Britanniques. La mitrailleuse légère Lewis est montée à l'arrière d'un véhicule à plateau Ford. Les populations nomades des déserts de l'Afrique et du Proche-Orient sont d'une fidélité précieuse pour les Anglais.
1941. Coll. part. ▽

Des volontaires ralliés à de Gaulle forment les Forces françaises libres et combattent aux côtés des Britanniques.

LES FRANÇAIS LIBRES À BIR HAKEIM

La première action d'éclat des F.F.L. a lieu à Koufra (Libye), en mars 1941, contre les Italiens. C'est là que Leclerc, leur chef, jure « de ne pas déposer les armes avant que le drapeau français ne flotte sur Strasbourg ». Un an plus tard, c'est à l'oasis de Bir Hakeim que les F.F.L. donnent la preuve de leur valeur. Commandés par le général Kœnig, les 5 500 hommes de la 1re brigade doivent retarder à tout prix la progression de Rommel vers Tobrouk, pour laisser aux Britanniques le temps d'organiser leurs positions. Pendant seize jours, ils résistent avec acharnement. Le 11 juin, les survivants parviennent à rompre l'encerclement ennemi pour rejoindre les troupes alliées. L'exploit des F.F.L. a un retentissement mondial.

Un véhicule blindé ▽ artisanalement de la *Desert Patrol*. De tels engins servent à la reconnaissance et compensent leur faible armement par leur mobilité et leur autonomie.
1941. Coll. part.

les Italo-Allemands au-delà de Benghazi en décembre 1941 : succès partiellement dû aux pertes subies par les convois de ravitaillement de l'Axe, occasionnées par les unités de la Royal Navy et de la RAF basées à Malte. Hitler octroie des renforts à Rommel. Celui-ci peut compter sur la Luftwaffe installée en Sicile et sur 21 sous-marins transférés en Méditerranée. Le 18 décembre, les nageurs d'assaut italiens réussissent un coup d'audace : en rade d'Alexandrie, ils font sauter deux cuirassés anglais, un destroyer et un pétrolier.

Le général d'aviation Kesselring reçoit alors une mission en trois phases : refouler les Britanniques vers l'Égypte, paralyser leur trafic maritime et neutraliser Malte. Libéré de toute menace logistique, Rommel poursuivra alors son offensive vers Le Caire et le canal de Suez, coupant la route des Indes.

Après quelques opérations limitées, les troupes de l'Axe attaquent la position de Bir Hakeim le 27 mai 1942, bien défendue par les Britanniques et les F.F.L. Meilleur stratège, Rommel utilise ses moyens antichars pour préserver ses blindés ; bénéficiant de la supériorité aérienne, il prescrit un appui judicieux des troupes au sol. À El-Gazala, il inflige une défaite spectaculaire à la VIIIe armée britannique, rejetée vers l'est. Le 21 juin, il prend Tobrouk, capture 33 000 prisonniers et fait main basse sur de précieuses réserves en vivres et carburant.

Au grand dam de Mussolini et de Kesselring, l'opération contre Malte est reportée par Hitler. Talonnés par Rommel, les Britanniques lui infligent des pertes et se rétablissent sur la position d'El-Alamein, à 80 kilomètres d'Alexandrie, le 1er juillet 1942.

◁ **Le général** Montgomery dirige la VIIIe armée britannique lors de la bataille d'El-Alamein. Sa silhouette élancée va bientôt devenir légendaire.
1942. Coll. part.

Prise de Tobrouk, ▽ le 24 janvier 1941. Les Britanniques écrasent les Italiens de Graziani et capturent 130 000 hommes au cours d'une brillante campagne.
1941. Imperial War Museum, Londres.

La Royal Navy et la RAF, basées à Malte, occasionnent des pertes considérables aux convois maritimes italo-allemands à destination de la Tripolitaine.

MALTE HÉROÏQUE

L'Axe comprend l'intérêt stratégique de Malte et cherche à la neutraliser ou à s'en emparer : mi-janvier 1942, l'île essuie 320 bombardements en une semaine ; au printemps, elle n'oppose plus que 85 chasseurs à la Luftwaffe. Sa résistance acharnée coûte 200 avions à l'Axe en juillet 1942. Malte fut plusieurs fois menacée de famine, son ravitaillement posant d'épineux problèmes à la Navy : les convois des opérations *Vigorous* et *Podestal* perdent la moitié, voire les deux tiers de leurs navires. Kesselring et Mussolini voient plus clair que Hitler, qui délaisse la conquête de l'île au profit de la poursuite de la VIIIe armée britannique : Malte est sauvée par la victoire d'El-Alamein, après avoir joué un rôle déterminant sur le théâtre des opérations du bassin méditerranéen.

L'échec de Rommel

À 750 kilomètres de ses bases, Rommel essaie de forcer la ligne britannique. La propagande de l'Axe vend déjà la peau du « lion » et annonce l'entrée imminente de ses troupes au Caire. Mais les Italo-Allemands sont aussi exténués que leurs adversaires : après une série de combats, ils doivent se retrancher. Cette pause permet à Montgomery, nouveau chef de la VIIIe armée britannique, de renforcer ses effectifs et de renouveler ses matériels.

Le 30 août, Rommel lance une nouvelle attaque, mais Montgomery trouve la parade : il crée une poche vide, truffée de mines antichars et défendue par des points d'appui ; dotés d'une forte puissance de feu, ceux-ci sont capables de contre-attaques locales. La surprise joue en sa faveur, mais il n'a pas encore assez de moyens pour exploiter le succès. Le 23 octobre, Montgomery lance une contre-offensive méthodique ; après dix jours d'une bataille extrêmement difficile, il enfonce le front italo-allemand et contraint Rommel à retraiter vers la Tunisie. La Grande-Bretagne gagne sa seule grande victoire de tout le conflit, mais celle-ci contribue de manière décisive à la reprise de l'initiative alliée.

Américains et Britanniques débarquent en Algérie et au Maroc le 8 novembre 1942. Six mois de rudes combats seront nécessaires pour éliminer l'Axe en Afrique du Nord. □

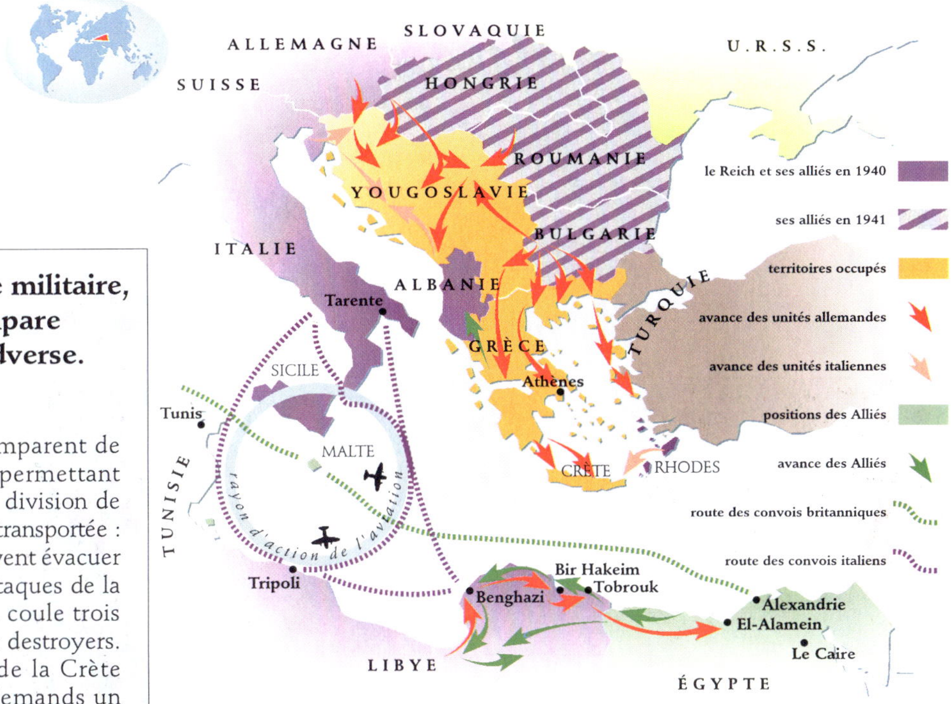

Pour la première fois dans l'histoire militaire, une division parachutiste s'empare des points-clés d'un territoire adverse.

La conquête de la Crète

La Wehrmacht emploie la division aéroportée du général Student, appuyée par 1 200 avions, qui lui confèrent la supériorité aérienne. Le premier objectif est le contrôle des terrains d'aviation. Avertis des intentions ennemies, mais dépourvus d'armement lourd et d'artillerie antiaérienne, les 28 000 Britanniques, ne peuvent repousser l'assaut. Du 24 au 27 mai 1941, les Allemands s'emparent de trois terrains, permettant la venue d'une division de montagne aérotransportée : les Anglais doivent évacuer l'île sous les attaques de la Luftwaffe, qui coule trois croiseurs et six destroyers. L'occupation de la Crète donne aux Allemands un atout stratégique en Méditerranée, mais ils y ont perdu plus d'hommes qu'en Grèce et en Yougoslavie.

L'équipage d'un ▽ Messerschmitt 110 se repose entre deux missions dans le désert de Cyrénaïque.

Le climat éprouve durement les hommes et le matériel.
1941. *Signal.*

LES RÉSISTANCES EN EUROPE

La résistance à l'occupation allemande revêt deux aspects, militaire et idéologique : au patriotisme se superpose une volonté de rénovation politique, source de clivages internes.

Les gouvernements des pays occupés s'installent à Londres, d'où ils continuent la lutte : ils représentent la résistance extérieure. À l'exception de celui de la France, ils ont l'avantage de la légitimité. Leur rôle se borne toutefois à la levée de volontaires nationaux qui combattent aux côtés des troupes britanniques et à l'émission de programmes de radio destinés à leurs compatriotes occupés. En juillet 1940, Churchill crée le SOE *(Special Operations Executive)* ; cet organisme est chargé de monter des réseaux de renseignements, des filières d'évasion, des équipes de sabotage et de subversion dans les pays occupés, ce qui suppose des complicités solides parmi les populations concernées.

◁ **Affiche** pour l'armée polonaise communiste. En conflit avec le gouvernement polonais de Londres, indigné par la révélation du massacre de Katyn, les Soviétiques forment une armée « populaire » qui combat à leurs côtés.

1944. Coll. part.

Les résistances intérieures

Réaction de patriotisme blessé, la Résistance est plus le fait de consciences individuelles que d'effectifs décidés : « Résister, c'est déjà garder son cœur et son cerveau », proclame le journal clandestin *Résistance* au mois de décembre 1940, à Paris. De plus, les pays européens sont traumatisés par la défaite : sauf la zone libre française, ils n'ont plus d'armées capables de s'opposer aux Allemands. Seuls les services de renseignements militaires, reconstitués et camouflés, donnent de précieuses indications sur les agissements des troupes d'occupation. La résistance passive consiste d'abord à faire obstacle aux ordres de l'occupant, par des manifestations (comme, à Paris, celle du 11 novembre 1940 à l'Arc de triomphe), des grèves de protestation contre le rationnement, la diffusion de tracts et journaux clandestins, l'écoute de la « radio de Londres ». La résistance active organise l'évasion de prisonniers, de Juifs, d'aviateurs blessés ; elle sabote des installations militaires ou industrielles, des voies ferrées, des ponts...

Résister par les armes

L'invasion de l'U.R.S.S. a pour conséquence le ralliement immédiat des communistes à la Résistance. Leur stratégie d'action violente, souvent facilitée par leur habitude de la clandestinité, efface le comportement équivoque qu'ils observent jusqu'au 22 juin 1941. Les graves défaites de l'Axe, l'entrée en guerre des États-Unis et le refus du travail obligatoire en Allemagne précipitent l'apparition de la résistance armée sous forme de « maquis ». Inexpérimentés et imprudents, les premiers groupes sont découverts ou dénoncés, puis éliminés. Les contacts établis par le SOE britannique autorisent la formation de petites unités plus structurées et plus efficaces.

Pour les peuples ou minorités exposés, tels les Slaves ou les Juifs, la révolte armée est le seul moyen de survie : la sauvagerie des nazis provoque la lutte spontanée des partisans russes, polonais ou yougoslaves. Plus massive, plus dure, la résistance de l'Europe de l'Est s'organise militairement plus tôt qu'à l'ouest, par la pratique de la guérilla et la constitution de maquis. Poli-

△ **Patrouille** mixte de résistants grecs de l'EAM près d'Athènes. Avec l'EDES, ce mouvement est l'un des plus efficaces de Grèce. Ils bénéficient tous deux de l'aide du SOE britannique.

1944. Coll. part.

L'« armée de l'intérieur » polonaise continue un difficile combat après 1939, mais elle connaît un sort tragique.

L'INSURRECTION DE VARSOVIE

L'« armée de l'intérieur » est doublée par une « armée populaire » d'obédience communiste, créée par Moscou à la fin de 1941. La découverte du charnier de Katyn – des milliers d'officiers polonais assassinés par le NKVD en 1940 – amène la rupture entre gouvernementaux et éléments prosoviétiques. À la fin de juillet 1944, un « comité de Lublin » dirigé par ceux-ci s'installe dans cette ville après l'avance de l'Armée rouge. Afin d'imposer le gouvernement de Londres, la Résistance intérieure déclenche l'insurrection de Varsovie le 1er août, alors que l'armée soviétique approche de la ville. Mais, loin d'apporter son aide, Staline laisse les Allemands briser la révolte. Après soixante-trois jours d'héroïsme, Varsovie est rasée, l'« armée de l'intérieur » a plus de 10 000 morts. Le 17 janvier 1945, les Soviétiques « libèrent » la capitale pour asseoir un gouvernement provisoire communiste.

▽ **Affiche** pour la France libre au Mexique. Le général de Gaulle jouit dans toute l'Amérique latine d'un grand prestige, qui perdurera longtemps après la guerre.

1944. Coll. part.

tiquement, elle est divisée entre nationalistes et communistes. Minoritaires mais homogènes et bien organisés, ceux-ci ont l'habileté de constituer des « fronts nationaux » qui regroupent tous les partis et où ils s'arrogent les postes-clés. Ils facilitent la libération de leurs pays par l'armée soviétique, sur laquelle ils s'appuieront pour conquérir le pouvoir, la Yougoslavie faisant exception, grâce à l'action de Tito.

Les Alliés et la Résistance

L'intérêt militaire de la Résistance n'échappe pas aux Alliés : ses attentats et actions armées usent les nerfs de l'ennemi, dont les représailles aveugles sont les meilleures pourvoyeuses des maquis. Toutefois, les Alliés n'accordent qu'une place secondaire à la Résistance : ils se méfient de ces forces difficilement quantifiables et contrôlables, dont les buts leur échappent au fur et à mesure de leur mutation idéologique ; ils ont eux-mêmes assez à faire sur tous les théâtres d'opérations pour ne pas disperser leurs efforts. Mais, à partir de 1942-1943, Britanniques et Soviétiques utilisent les résistants, surtout en fonction de leurs intérêts politiques et dans leurs sphères géographiques traditionnelles.

La Résistance en Europe occidentale s'accorde plus avec les plans alliés : au Danemark, en Norvège, aux Pays-Bas et en Belgique, elle est patriotique, apolitique, légitimée par les gouvernements exilés. Son œuvre est d'abord psychologique, morale et intellectuelle : ainsi, la quasi-totalité des 8 000 Danois juifs échappent à la déportation et passent en Suède avec la complicité de leurs compatriotes. Les actions militaires sont limitées, plus ponctuelles, souvent par défaut de formation ; elles joueront un rôle moindre qu'ailleurs lors de la libération de ces pays, mais les opérations d'espion-

△ **Imprimerie** clandestine de *Témoignage chrétien*. Idéologique ou politique, la Résistance doit d'abord faire face aux restrictions de papier.

1944. Coll. part.

▷ **Exécution** d'un résistant par des soldats allemands. À la détermination des uns répondent les représailles des autres, lesquelles contribuent à une réelle prise de conscience des populations.

1944. Coll. part.

Comme d'autres Françaises, Berthie Albrecht s'engage, dès 1940, de façon active dans la Résistance.

UNE FEMME CONTRE LE NAZISME

Le 11 juin 1940, Berthie Albrecht, gestionnaire d'une usine, est repliée avec son entreprise à Vierzon, exactement sur la ligne de démarcation. Dans les mois qui suivent, cette femme exceptionnelle, fidèle à ses convictions communistes, multiplie les actes de résistance : elle organise le passage de la frontière, aide les prisonniers évadés, devient agent de renseignements. Le 31 décembre 1940, elle quitte Vierzon pour Lyon, en zone libre, et crée avec Henry Frenay le réseau clandestin Combat, qui se donne comme moyen d'expression le journal du même nom. Mais si prudente soit-elle, son activité est bientôt connue par la police : elle est arrêtée le 26 mai 1943 à Mâcon. Transférée à la prison de Fresnes et torturée, elle meurt le 28 mai dans des circonstances inconnues. Elle s'est probablement suicidée pour ne pas parler, à moins qu'elle n'ait été exécutée par ses bourreaux.

nage combinées entre Londres et la Résistance portent des coups très durs à la machine de guerre allemande.

La situation française est plus complexe : la reconnaissance du régime de Vichy par les États-Unis et les pays neutres, son action temporisatrice qui sauve l'Afrique des convoitises allemandes compliquent la tâche du général de Gaulle ; la légitimité de ce dernier ne s'impose qu'après l'invasion de la zone libre en novembre 1942 et après l'éviction de quelques compétiteurs comme Darlan ou Giraud. Par l'intermédiaire de Jean Moulin, il fédère les très nombreuses factions de la Résistance au sein des Forces françaises de l'intérieur (F.F.I.) ; cette unité et la part prise à la libération du territoire permettent à la France de conserver sa place dans la guerre et de sauvegarder son indépendance face aux Alliés.

Les cas allemand et italien

Plus ancienne, la résistance intérieure à l'Axe s'identifie plutôt au combat des libertés contre le totalitarisme. Elle est moins marquée en Italie, car le fascisme est plus « modéré ». En revanche, la chute de Mussolini provoque une réaction contre l'armée allemande qui occupe la péninsule. En Allemagne, le caractère odieux du nazisme lui vaut l'hostilité ouverte d'une partie des élites et des hiérarchies religieuses, mais une répression terrible décime leurs rangs et ne permet aucune opération capable d'affaiblir le régime. □

La Yougoslavie est occupée dès la mi-avril 1941, puis dépecée en deux États satellites du Reich : la Serbie du général Neditch et la Croatie du fasciste Ante Pavelitch.

LA RÉSISTANCE YOUGOSLAVE

La Résistance s'appuie sur deux hommes : le colonel Mihailovich, fondateur des Tchetniks, monarchistes, issus de l'ancienne armée serbe, et le Croate Josip Broz, dit Tito, secrétaire général du Parti communiste, partisan d'une fédération yougoslave. Leur alliance tourne court : ils se livrent bientôt une lutte féroce. Patriote, Tito est d'abord efficace : fin 1942, il contrôle 250 000 partisans, qui mobilisent contre eux 700 000 Allemands, Italiens, Hongrois et Oustachi. Les compromissions de Mihailovich avec l'ennemi poussent Churchill à supprimer son aide aux Tchetniks pour l'accorder massivement à Tito, dont les partisans libèrent seuls leur pays, au prix de 1 600 000 morts, soit 10 p. 100 de la population.

Jean Moulin, héros de ▽ la Résistance. Préfet de Chartres révoqué par Vichy, il est chargé par de Gaulle de coordonner les mouvements de résistance en zone sud, mais la Gestapo l'arrête le 21 juin 1943.

1943. Coll. part.

LES MAQUIS FRANÇAIS

Les premiers maquis apparaissent au cours de l'hiver 1942-1943 et enrôlent les réfractaires au S.T.O., des officiers de l'armée dissoute au moment de l'armistice, les chefs des mouvements de jeunesse. Leur ravitaillement est malaisé du fait de la clandestinité et des restrictions alimentaires. Leur armement, léger et disparate, ne permet pas d'action d'envergure, malgré l'appoint parachuté par les Alliés. Les conceptions tactiques divergent : adeptes de l'effet psychologique immédiat, les Francs-tireurs et partisans prônent une guérilla continuelle de petits maquis, adaptée aux zones peuplées ou peu accidentées, mais coûteuse en représailles ; de formation militaire, l'Armée secrète constitue de grandes unités capables de soutenir l'offensive alliée et d'occuper le terrain le moment voulu. Ces maquis à gros effectifs existent en zone montagneuse ou isolée et restent néanmoins vulnérables aux raids allemands, faute d'armement lourd ou antiaérien : c'est le cas sur le plateau des Glières, le mont Mouchet et dans le Vercors (de février à juillet 1944). En juin 1944, plus de 800 maquis regroupés au sein des F.F.I. alignent 40 000 résistants armés, qui paient souvent leur patriotisme en privations, arrestations, tortures, déportations ou massacres. Ils retiennent ou retardent une dizaine de divisions ennemies, libèrent parfois des régions entières. Leur action politique consistera à installer des comités locaux d'épuration.

Un maquisard △ du Morbihan. Le pistolet à la ceinture, faute d'uniforme, il combat en civil. Malgré ce dénuement, les F.T.P. bretons portent des coups décisifs aux Allemands.
1944. Coll. part.

Affiche des Forces △ françaises de l'intérieur. Le regroupement des maquisards d'origines très diverses sous l'égide du général de Gaulle n'aboutit qu'après de difficiles négociations.
1944. Coll. part.

Le café du maquis. ▷ En août 1944, le repli précipité des armées allemandes rend les maquisards maîtres du terrain en de nombreuses régions.
1944. Y. Brayer. Musée de la Guerre, Vincennes.

Les communistes △ optent pour l'action violente, et Vichy assimile un peu vite tous les résistants à des terroristes armés par Moscou.
1941. Coll. part.

Opérateurs radio △ du maquis. L'un d'eux porte son uniforme de 1940. La liaison hertzienne avec Londres est indispensable à tout parachutage de matériels et d'hommes.
1942. Coll. part.

▽ **Maquis** pyrénéen. Mieux équipés qu'au nord, les résistants de la zone sud sont souvent instruits par des cadres de l'ancienne armée d'armistice ou des Chantiers de jeunesse.
1944. Coll. part.

« To Be or Not to Be » (« Jeux dangereux »). *1942. E. Lubitsch.*

JAPON

M. Sorge est mort pour rien

■ Le 18 octobre 1941, le contre-espionnage japonais arrête le correspondant à Tokyo du *Frankfurter Allgemeine,* Richard Sorge. Celui-ci, fils d'un ingénieur allemand en poste à Bakou, est, depuis sa jeunesse, un espion au service de Moscou. Envoyé à Tokyo par son journal, il met à profit ses fonctions pour obtenir des renseignements qu'il transmet aux services secrets soviétiques. Dès le mois de mai 1941, il prévient Moscou de l'imminence de l'attaque allemande à l'ouest, puis annonce celle prévue contre les Américains, mais ses rapports ne sont pas pris en compte. Longuement et cruellement interrogé, Sorge sera exécuté en 1944. L'U.R.S.S. gardera le secret jusqu'en 1964. □

ÉTATS-UNIS

Cinéma d'un monde en guerre

■ Le réalisateur Ernst Lubitsch raconte, dans *To Be or Not to Be*, les mésaventures d'une troupe d'acteurs polonais qui interprète Shakespeare mais aussi une pièce intitulée *Gestapo,* à la veille de l'invasion de la Pologne. En se servant des uniformes qu'ils revêtent pour les besoins de leurs rôles, et grâce à leurs dons de comédiens, Carole Lombard et Robert Stack s'engagent dans une ébouriffante intrigue, avec sosies, espions et dignitaires du Reich. Lubitsch réalise là une œuvre engagée, où camps de concentration et exécutions sommaires sont évoqués, mais ce ton léger pour parler de choses graves est mal admis, et le réalisateur sera blessé de cette incompréhension. □

ÉTATS-UNIS

La presse à l'écran

■ *Rosebud* (« bouton de rose »), murmure le milliardaire en expirant. Ce mot intrigue un journaliste, qui, pour résoudre l'énigme, se livre à une enquête minutieuse sur un citoyen nommé Kane, *Citizen Kane.* À partir de cet indice, l'enquêteur reconstitue la biographie d'un magnat de la presse, joué par Orson Welles, qui s'est inspiré de Randolph Hearst. L'enquête devient rapidement autopsie d'un monstre, et décrit sa vie, ses femmes, son pouvoir, dans un jeu de piste vertigineux, où le réalisateur Welles joue du noir et du blanc, de l'ombre et de la lumière, avant de livrer la clef de l'énigme : *Rosebud* est le nom du traîneau que possédait le magnat dans son enfance, et qui brûle à la fin du film. □

ÉTATS-UNIS

Le « pitre » vaut-il le peintre?

■ De nombreux intellectuels européens se sont réfugiés aux États-Unis. Parmi eux, des membres du groupe surréaliste, regroupés à New York autour d'André Breton. C'est là que les rejoint, en 1940, Salvador Dalí, non par opposition au nazisme qui triomphe en Europe, mais parce qu'il est résolu à rentabiliser une notoriété déjà bien assise. Celui que les surréalistes ont surnommé « Avida Dollars », à partir de l'anagramme de son nom, produit alors des œuvres qui atteignent un large public, car sa méthode, dite de la « paranoïa critique », lui permet de traduire de manière figurative ses hantises et ses obsessions sur la toile. Cette lisibilité fait de lui le plus commercial des surréalistes. □

Orson Welles dans « Citizen Kane ». *1941.*

INDE

Les limites de la coopération

■ L'avance des Japonais dans le Pacifique fait redouter aux Britanniques une invasion de l'Inde. Toutes les troupes de la colonie sont mobilisées pour la défense du territoire. Les officiers vantent le courage et l'endurance des troupes indiennes ; cependant, Gandhi, qui n'a d'ailleurs pas plus de sympathie pour les Japonais que pour les colons britanniques, entend montrer à ceux-ci que la fameuse « fidélité » indienne a des limites. Il lance en 1942 le mot d'ordre *Quit India* (« Quittez l'Inde »), suivi de campagnes de désobéissance civile. □

BRÉSIL

Le désespoir de l'artiste

■ Stefan Zweig s'est donné la mort le 23 février à Pétrópolis. L'écrivain autrichien n'a pas supporté de voir le monde asservi au totalitarisme nazi, lui qui avait rêvé de faire de sa maison de Salzbourg le centre d'une Europe culturelle enfin unie. Pour ses amis écrivains qui, comme lui, ont fuit l'Allemagne, ce suicide est un acte de trahison, un abandon de poste. En effet, Zweig incarnait une certaine forme de résistance au nazisme depuis qu'il avait publié, en 1934, son *Érasme,* un éloge de l'humanisme opposé au terrorisme hitlérien. □

FRANCE

L'impossible collaboration

■ Pour diffuser la pensée de la Résistance, le dessinateur Jean Bruller et Pierre de Lescure fondent une maison d'édition clandestine, les Éditions de Minuit. Le premier ouvrage, qui paraît en février 1942, est dû à Bruller, sous le pseudonyme de Vercors. *Le Silence de la mer* décrit la résistance passive d'un vieil homme et d'une jeune fille qui refusent de communiquer avec l'officier allemand qu'ils logent. Celui-ci, cultivé, francophile, doit se résigner à ce silence, et finit, malgré le lien qui s'est noué entre lui et la jeune fille, par se faire envoyer au loin. □

FRANCE

Otages et résistants

■ Les autorités d'occupation en France exécutent des otages en représailles contre les attentats de plus en plus nombreux commis contre leurs troupes. La première série de 98 exécutions a lieu les 22 et 23 octobre 1941. Jusqu'au bout, le maréchal Pétain a condamné ces représailles, évoquant même la possibilité de se livrer à la place des otages. Dissuadé de le faire par son entourage, il prononce le soir de l'exécution un discours radiodiffusé où il dit sa peine et sa réprobation envers les actions « terroristes » de la Résistance. □

1942 - 1943

Il me reste d'être dans l'ombre parmi les autres/ D'être cent fois plus ombre que l'ombre/ D'être l'ombre qui viendra et reviendra/ Dans ta vie ensoleillée. Tels sont, adressés à sa femme, Youki, les derniers vers du poète Robert Desnos, qui agonise au camp de Terezin, le 8 juin 1945, victime du typhus. Car la « libération » des camps de la mort ne suffit pas à sauver les survivants les plus atteints. Même les généraux les plus endurcis reculent d'horreur devant le spectacle insoutenable qui s'offre à leurs yeux. Les SS en fuite ont tenté de dissimuler l'étendue de leurs crimes en détruisant les installations les plus compromettantes et en emmenant avec eux les prisonniers encore capables de tenir debout. Mais il reste l'amoncellement de milliers de cadavres ; il reste aussi des témoignages éloquents comme ces montagnes de vêtements, de chaussures ou même de dents en or. Le monde libre, hébété, découvre que les rumeurs les plus folles sur les camps nazis n'approchaient pas encore de la vérité.

Camp d'Auschwitz.

L'EXTERMINATION DES JUIFS D'EUROPE

Sur le fondement d'une doctrine raciste, l'Allemagne nazie va faire de l'extermination des Juifs l'un des axes majeurs de sa politique. En 1944, les trois cinquièmes des Juifs d'Europe auront disparu.

Dans le monde, de nombreux régimes politiques ont massacré des populations entières (génocides), mais le cas de l'Allemagne hitlérienne demeure spécifique dans l'histoire, car les nazis ont systématisé puis mis en pratique une pure théorie raciste.

Les fondements idéologiques

L'idéologie nazie est presque entièrement contenue dans *Mein Kampf* (1925), que Hitler rédigea en prison. Elle se fonde sur une stricte hiérarchie

▽ **Contrôle** par les nazis de la population juive de Cracovie, dont l'évacuation s'effectue dès 1940. Hans Frank, gouverneur général de la Pologne, ne cache pas ses intentions.

des peuples, au sommet de laquelle se trouve la race aryenne, ou germanique. Cette suprématie autorise les Aryens à dominer le monde, à s'assurer un « espace vital » au détriment des autres nations, par l'asservissement ou la destruction. Selon cette doctrine, le principe moteur de l'histoire serait l'opposition millénaire et irréductible des Aryens aux Juifs. Charriant avec elle des siècles d'antisémitisme européen, la doctrine nazie place le peuple juif au plus bas de l'échelle. « Porteurs de bacilles », « ferments de décomposition », les Juifs sont considérés comme le principe du Mal et le foyer d'une infection fatale pour la race germanique. Par ailleurs se superpose à ce délire racial une autre accusation : les affaires, la presse, le Parlement seraient sous la domination des Juifs, permettant à ces derniers de contrôler secrètement tous les rouages du monde moderne.

Cette folie antisémite rencontre le soutien de scientifiques et de juristes dévoyés qui la cautionnent, en légitiment tous les excès et posent les principes de l'exclusion future. Les conditions se trouvent alors réunies pour rendre possible le passage à l'acte, la mise en œuvre de la politique raciste.

Les premiers camps

À son arrivée au pouvoir en 1933, le parti nazi n'a pas encore défini de stratégie globale d'extermination. Le génocide, conséquence ultime du racisme hitlérien, est un phénomène historique qui s'est affirmé avec le durcissement progressif du régime.

Dans les premières années, le pouvoir clame sa haine des Juifs, mais aussi des Slaves et des communistes. La mise au pas du pays concerne tous les opposants, ou supposés tels. Le système policier alterne répression pour les uns, encadrement et endoctrinement pour les autres. Il se double très vite d'une logique concentrationnaire. Dachau, le premier camp *(Lager)*, est ouvert près de Munich dès mars 1933. Suivent Oranienburg puis, en 1936, Sachsenhausen, en 1937 Buchenwald et, pour les femmes, Ravensbrück. Après l'*Anschluss,* Mauthausen, en territoire autrichien, près de Linz, est mis en service. Toutefois,

Photo d'Anne Frank ▽ trouvée dans son *Journal :* « C'est à cette photo que j'aimerais toujours ressembler. Alors, j'aurai peut-être la chance d'aller à Hollywood. »
1942.

▽
Affiche française de propagande antisémite dénonçant la toute-puissance et l'omniprésence des Juifs.
Hanich. Musée des deux guerres mondiales, Paris.

À Paris, un jeune Polonais révolté par l'expulsion des Juifs du Reich assassine un conseiller d'ambassade allemand. La SA déclenche alors un immense pogrom.

LA NUIT DE CRISTAL

Orchestrée par Goebbels et baptisée « nuit de Cristal » à cause des vitrines brisées, cette opération marque le point culminant des persécutions antisémites avant la guerre. Dans la nuit du 9 au 10 novembre 1938, des milliers de Juifs sont agressés, arrêtés, des dizaines sont assassinés, entre 30 000 et 40 000 d'entre eux seront déportés dans des camps de concentration. Les mobiles de cette violence sont essentiellement matériels : le régime veut « aryaniser » les entreprises juives et confisquer les biens de la communauté en vue de la guerre. Au lendemain du pogrom, le parti nazi exige des Juifs qu'ils paient une amende de un milliard de Reichsmark « en réparation des dégâts causés par la juste colère du peuple allemand ».

ces *Lager* ne répondent pas seulement à une logique raciste : on y interne des Juifs, mais aussi des communistes, des politiques, des prisonniers de droit commun, des homosexuels et des Tsiganes. Les nazis chargent déjà certains détenus de commander aux autres : le règne des kapos a commencé.

Les lois de Nuremberg

Par ailleurs, une politique spécifique est mise en œuvre vis-à-vis des seuls Juifs. Le régime leur impose une stricte ségrégation. Sur le plan professionnel, ils sont peu à peu exclus de la fonction publique, de l'armée, de l'enseignement, des professions libérales, de l'édition, du commerce, du spectacle, etc. Ils sont, de fait, interdits d'études, un numerus clausus étant instauré à l'entrée des écoles et des universités.

En 1935, une nouvelle étape est franchie avec l'adoption des lois de Nuremberg « pour la protection du sang et de l'honneur allemands ». Les Juifs perdent leur citoyenneté : le droit de vote leur est désormais refusé. Mariages et relations extraconjugales entre Juifs et Allemands « de sang » sont interdits. La législation pose une définition extensive de la communauté juive : est désormais considérée comme juive toute personne ayant soit trois grands-parents juifs, soit deux grands-parents juifs si elle-même est de religion juive ou mariée avec un conjoint juif. Un signe distinctif, l'étoile jaune, permet de reconnaître immédiatement les enfants d'Israël.

La radicalisation du régime

À cette mise à l'écart, le régime ajoute une autre politique : l'expulsion. Après 1933, de nombreux Juifs (environ 150 000) ont déjà quitté leur pays. Mais beaucoup restent attachés à leur patrie et répugnent à l'exil. En 1938, ils sont encore 350 000 en Allemagne. Et, en mars, l'*Anschluss* fait entrer dans le Reich près de 200 000 Juifs autrichiens. Cette année marque le véritable durcissement de la politique antijuive, à laquelle l'explosion de la nuit de Cristal (du 9 au 10 novembre) donne un tour violent : brimades, humiliations, assassinats, déportations sont organisés sous le contrôle direct

△ **Les dirigeantes** du camp de Bergen-Belsen. Elles instaurent la brutalité, la torture et les exécutions sous couvert de briser toute résistance.

Réunissant tous les services concernés par la mise en œuvre de la solution finale, la conférence de Wannsee planifie l'extermination systématique des Juifs.

UN GÉNOCIDE PROGRAMMÉ

Prévue pour le 9 décembre 1941, puis repoussée au 20 janvier 1942, la conférence se tient à Berlin, *Am Grossen Wannsee* n° 56-58. Présidée par Heydrich, qui dirige l'Administration centrale de la sûreté du Reich, elle rassemble les responsables allemands des territoires occupés, des organisations administratives et des services de sécurité. « L'extermination, déclare Heydrich, est bien plus réaliste que l'émigration. » Il précise les étapes de la « solution biologique » : les Juifs seront poursuivis dans toute l'Europe, déportés dans des camps de concentration puis transférés dans les camps d'extermination. Le projet concerne onze millions de personnes. À l'issue de la conférence, un véritable plan d'anéantissement se met en place, avec ses infrastructures, ses techniques, son personnel.

Scène de récupération : les bottes des morts sont conservées pour fournir du combustible aux survivants du camp de Bergen-Belsen. ▷

Imperial War Museum, Londres.

de la SA, la formation paramilitaire nazie. Le conflit mondial libère ce qui restait encore enchaîné de la barbarie nazie. Comme l'écrit Goebbels : « La guerre nous offre toutes sortes de possibilités que la paix nous refusait. »

La première extermination de masse

Durant l'été 1939, Hitler confie à un groupe d'experts la préparation d'un programme d'euthanasie en vue de mettre fin à l'« existence indigne » des malades mentaux. Pour la première fois, les nazis vont mettre en œuvre un système d'extermination de masse à l'échelle du pays. Les victimes sont sélectionnées par une commission de contrôle. Elles sont ensuite transférées vers un centre où elles sont exécutées par injection de morphine dans un premier temps, puis par gazage au monoxyde de carbone. Devant l'émotion des familles et les protestations des Églises, Hitler doit ordonner, le 24 août 1941, l'interruption du programme. Mais on recense déjà, sur ces deux années, plus de 70 000 morts. Cette politique se poursuivra de façon moins formelle mais tout aussi sauvage jusqu'en 1945, portant à 100 000 le nombre de victimes. Sinistre prélude à la solution finale, l'extermination des malades mentaux crée un précédent. Et elle permet aux nazis d'expérimenter les premières chambres à gaz.

▽ **Camp** de Mauthausen. La sélection des hommes aptes au travail se fait dès l'arrivée à la gare. Les plus faibles, qui ne peuvent couvrir les 5 km jusqu'au camp, sont abattus.

Des projets de déportation au génocide

En 1940, Hitler n'envisage encore que la poursuite de la politique d'expulsion des Juifs hors du Reich. La guerre permet la déportation de dizaines de milliers d'entre eux vers le gouvernement général de Pologne, où sévit Adolf Eichmann, un responsable SS local particulièrement zélé. On pense un moment faire du district de Lublin une réserve pour ces populations. Puis, après la défaite française de 1940, les vainqueurs envisagent de déporter plusieurs millions de Juifs à Madagascar. Le projet séduit de nombreux dirigeants nazis, et Hitler lui-même, mais il s'avère totalement irréalisable. Or, plus l'Allemagne remporte de succès

militaires, en particulier à l'est, plus le grand Reich compte de Juifs. Au début de l'année 1941, la politique antijuive se trouve donc dans une impasse. L'issue sera radicale : c'est la « solution finale », un programme d'extermination massive, d'abord calculé, planifié puis impitoyablement exécuté.

Pendant l'été 1941, l'entrée en guerre contre l'U.R.S.S. au nom de la grande croisade germanique contre le « judéo-bolchevisme » exacerbe encore l'antisémitisme de Hitler. En deux mois, les *Einsatzgruppen* (de petites unités de la police et de la SS) massacrent environ 50 000 Juifs sur le territoire soviétique. Le 15 août 1941, Himmler assiste à l'une de ces tueries. L'horreur de la scène le révulse. Il ordonne de chercher des méthodes d'exécution « plus humaines »... pour les bourreaux. En septembre 1941, la suppression physique des Juifs devient la politique officielle. Les premières directives en vue de la création d'un camp d'extermination sont données. À la fin de l'année, à Chelmno, en Pologne, on commence à tuer dans des camions : un tuyau réinjecte à l'intérieur du véhicule les gaz d'échappement, asphyxiant les hommes entassés à l'arrière. Le 20 janvier 1942, la conférence de Wannsee planifie l'extermination systématique du peuple juif.

La solution finale

Du printemps 1942 à l'automne 1943 se déroule l'opération Reinhard. Ce premier programme d'envergure est destiné à supprimer les deux millions de Juifs regroupés dans le gouvernement général de Pologne. Six camps d'extermination sont construits. On peut d'ailleurs à peine parler de « camps » : les voies ferrées ne mènent qu'aux chambres à gaz. À leur arrivée, hommes, femmes et enfants se déshabillent : une douche les attend. D'autres prisonniers engouffreront les cadavres dans des fours crématoires.

Dans les camps, la politique eugéniste du Reich autorise de prétendus médecins à tout tenter sur des cobayes humains.

LA MÉDECINE AU SERVICE DU GRAND REICH

Dès 1941, Heinrich Himmler, alors à la tête des forces de police du Reich, autorise la pratique d'expériences médicales sur des prisonniers. Les médecins des camps multiplient les actes criminels. À Ravensbrück, sous couvert d'observation scientifique, on s'adonne à l'ablation de muscles et d'os, à des inoculations de virus mortels. Près de Munich, à Dachau, le chirurgien tchèque Franz Blaha acquiert une réputation d'expert dans l'écorchage à vif. L'humain n'est plus qu'un cobaye dont la médecine expérimentale doit tester les limites. À Auschwitz, où il est médecin-chef depuis mai 1943, le capitaine SS Josef Mengele sélectionne les femmes les plus robustes pour ses « recherches génétiques » sur la reproduction et les jumeaux afin de tester leurs réactions à la maladie.

△ **Femme** souffrant de la faim et du typhus à Buchenwald. La mortalité due aux épidémies est très importante ; elle est aggravée par la sous-nutrition, l'épuisement, le manque d'hygiène.

Imperial War Museum, Londres.

La mort devient une industrie. L'argent, les bijoux, les dents en or, systématiquement prélevées après le gazage, sont versés à la Reichsbank. Les vêtements sont envoyés à une organisation d'aide sociale. Les cheveux des femmes servent à faire des chaussons. À Belzec, Sobibor, Treblinka, Chelmno et Majdanek, 1 700 000 Juifs sont ainsi exterminés. Auschwitz, le sixième camp polonais, occupe une place à part dans le génocide. Dans ce vaste complexe, plus de un million de Juifs trouvèrent la mort. Leur seule faute est celle d'« être nés dans un lit et non dans un autre » (Arthur Koestler).

En novembre 1944, face à l'avance des Alliés, Himmler ordonne de mettre fin aux gazages à Auschwitz et de détruire toutes les installations de chambres à gaz et crématoires. Mais, en deux ans, les communautés juives européennes ont été quasiment anéanties. D'abord les Juifs polonais et ceux du Reich, puis ceux de France, de Belgique, des Pays-Bas, de Grèce, de Yougoslavie et de Roumanie. Fin 1943, ceux d'Italie et, en 1944, ceux de Hongrie. Seuls le Danemark, la Finlande et la Bulgarie ont été épargnés.

En France, ces années ont été particulièrement noires. De nombreux Juifs allemands s'y étaient réfugiés en 1933. Mais la politique de collaboration menée par Vichy trouve à l'égard des Juifs sa plus sordide illustration. Les autorités mettent au service des nazis l'administration, la police et la gendarmerie. Dans la politique de discrimination, elles vont au-devant et parfois au-delà des exigences allemandes.

En 1944, lorsque les camps auront été libérés, près des trois cinquièmes des Juifs d'Europe seront morts, soit plus de cinq millions de personnes. Au lendemain de l'effondrement du Reich, Karl Jaspers stigmatisait l'horreur de ces années : « On a vu de quoi l'homme est capable [...]. Ce qu'il faut éviter, c'est l'impardonnable oubli. » □

◁ **Auschwitz-Birkenau** en Pologne, à 51 km de Cracovie, où plus de un million d'hommes seront exterminés. Créé en 1940, le camp sera évacué et détruit en 1945.

1979. R. Depardon.

Camp de Ravensbrück. La surpopulation dans les baraquements constitue un véritable fléau. Les nazis entassaient 15 détenus par châlit, au lieu des 5 prévus. ▽

Le complexe d'Auschwitz synthétise les étapes de la solution finale : à la fois camp de travail, camp de concentration et camp d'extermination.

AUSCHWITZ, SYMBOLE DE L'HOLOCAUSTE

Dès juin 1940, un camp de concentration destiné aux prisonniers polonais est installé dans une zone marécageuse de haute Silésie. Une usine d'I.G. Farben s'y installe, pour profiter de cette main-d'œuvre. Par adjonctions, le camp devient un véritable complexe voué à l'extermination. Le 22 mars 1943, une chambre à gaz pouvant contenir 2 000 personnes est mise en service, reliée à cinq fours crématoires. L'activité du camp d'extermination d'Auschwitz II-Birkenau culminera en août 1944 : 24 000 Juifs hongrois y seront anéantis en une seule journée. Au total, plus de un million de Juifs ont trouvé la mort à Auschwitz entre 1942 et 1944.

LES ENFANTS DANS LES CAMPS

Orphelins de Hongrie poussés dans des camions, titis parisiens entassés au Vél'd'Hiv ou nourrissons de Pologne tués par les SS, les enfants juifs sont les plus nombreuses victimes du génocide des Juifs d'Europe. On les retrouve dans les dossiers intitulés « solution spéciale » des archives d'Auschwitz, mais la plupart d'entre eux sont morts sans laisser de traces, séparés brutalement de leurs mères, sélectionnés, triés, gazés dès leur arrivée dans les camps de la mort. On les rencontre pourtant à toutes les étapes du génocide : la triste comptabilité du ghetto de Lodz parle de « colonies d'enfants », de crèches et d'écoles ; Marek Edelman, survivant du ghetto de Varsovie, se souvient de petits garçons abattus pour avoir dérobé une pomme de terre ou un morceau de pain ; des bordereaux envoyés par leurs bourreaux évoquent avec complaisance les tonnes de vêtements ou de sous-vêtements d'enfants collectés dans les camps au profit des « bons Allemands » ; les archives de Vichy évoquent un fonctionnaire français qui, pour résoudre les problèmes pratiques posés par l'envoi dans des camps de « Juifs et Juives étrangers », conseille de joindre au convoi les enfants en bas âge, dont les autorités seraient incapables d'assumer la garde. Les témoignages les plus émouvants sont peut-être ces dessins, conservés par hasard, qui disent ce que fut un enfant dans un camp.

▷ **Cette petite fille** juive française est condamnée à une mort lente par la malnutrition et le manque de soins. Vichy n'hésite pas à livrer les enfants avec les parents.

▷ **Mouchoir** brodé par une enfant déportée symbolisant l'espoir qu'elle nourrissait dans les Alliés et la France libre.
1944.

Dessin d'enfant ▷ déporté, symbole de pureté et d'innocence enfantines dans un univers de haine et de malheur. Les enfants n'y sont pas mieux traités que les adultes.
Archives du Centre de documentation juive contemporaine, Paris.

◁ **Dessin** représentant le chemin des déportés entre l'arrivée du convoi à la gare et la marche forcée jusqu'au camp.
Archives du Centre de documentation juive contemporaine, Paris.

La chambre à gaz ▷ vue par un enfant. Considérés comme inaptes au travail, les enfants en bas âge sont directement menés à la chambre à gaz.
Archives du Centre de documentation juive contemporaine, Paris.

▽ **Dessin et lettre** de Georges Halpern, un petit garçon de 9 ans, destinés à sa mère hospitalisée. Il fait partie des 44 enfants d'Izieu déportés à Auschwitz en avril 1944.
Archives du Centre de documentation juive contemporaine, Paris. ▷

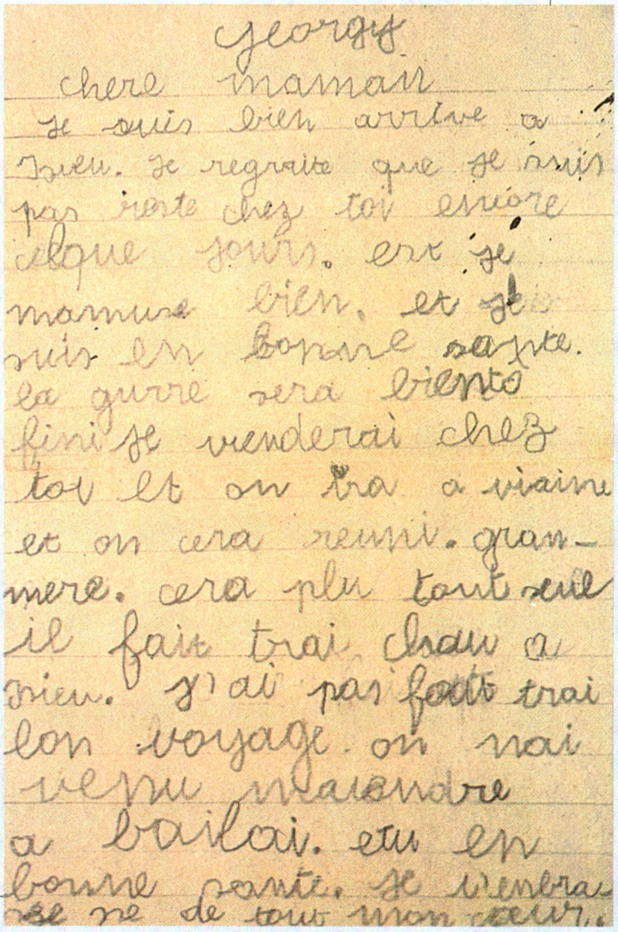
Georgy
chere maman
Je suis bien arrive a
Izieu. Je regraite que je suis
pas reste chez toi encore
quelque jours. et je
mamuse bien. et je
suis en bonne sante.
la guerre sera biento
fini je venderai chez
toi et on ira a viaine
et on cera reuni. gran-
mere. cera plu tout seule
il fait trai chau a
izieu. j'ai pas fait trai
bon voyage. on nai
venu m'atendre
a bailai. etu en
bonne sante. je t'embrasse de tout mon cœur.

LE RECUL ALLEMAND

Dans l'Atlantique, en Afrique du Nord, en Italie, les années 1942 et 1943 voient le rapport des forces brusquement s'inverser : l'économie allemande est à bout de souffle.

Fin 1941, l'Allemagne a renoncé à conquérir l'Angleterre. Elle tente donc de la priver des livraisons en armes, en matières premières et en denrées alimentaires fournies par les pays neutres. Une lutte sans merci oppose dans l'Atlantique les sous-marins allemands, les *U-Boote,* aux convois qui ravitaillent la Grande-Bretagne. Les U-Boote sont organisés en « meutes » de 20 ou 30 unités : c'est la *Rudeltaktik*. Ils provoquent des dégâts considérables. De septembre 1939 à décembre 1941, ils envoient par le fond 8 millions de tonneaux. Au plus fort de la

Les bombardements ▽ alliés en Allemagne reprennent en janvier 1943, sur Berlin. La guerre accélère la recherche : le rayon d'action et la capacité des avions se sont considérablement accrus.

1943. *La Domenica del Corriere.*

◁ **Winston Churchill** sur le pont d'un cuirassé, entouré de l'amiral sir Tovey et de sir Stafford Cripps, travailliste, porte-parole du gouvernement britannique.

Vers 1943. Imperial War Museum, Londres.

bataille, en juin 1942, ils coulent en un seul mois 800 000 tonneaux. Mais les Alliés s'organisent. L'industrie américaine parvient à construire un destroyer par jour. Les moyens de défense et de détection se perfectionnent. En octobre 1942, l'Allemagne perd 13 sous-marins. En 1943, les plus belles unités de surface de la *Kriegsmarine* – comme le *Scharnhorst* et le *Gneisenau* – sont détruites. En mai, l'amiral Dönitz abandonne l'Atlantique et renvoie ses sous-marins dans l'Arctique.

La défaite de l'Axe en Afrique du Nord

La victoire anglaise d'El-Alamein, en octobre 1942, a contraint l'*Afrikakorps* du général Rommel à se retirer vers la Tunisie. Le 8 novembre, l'opération Torch est lancée. Un corps expéditionnaire anglo-américain fort de 100 000 hommes débarque dans les ports marocains et algériens. Les troupes françaises fidèles à Vichy tentent un instant de résister. Mais l'amiral Darlan, qui se trouve à Alger, décide de rompre avec la politique de collaboration, ordonne un cessez-le-feu et traite directement avec les Américains. C'est en vain que Vichy le désavoue et demande à ses troupes de continuer le combat.

Refoulé toujours plus à l'ouest, Rommel doit abandonner Tripoli en janvier mais reprend l'avantage à Kasserine (Tunisie) en février. Cependant, le « Renard du désert » manque d'hommes et de matériel, alors que son adversaire Montgomery reçoit de précieux renforts. Le 13 mai 1943, la déroute de l'Axe est totale : l'Afrikakorps doit capituler au cap Bon ; 250 000 soldats sont prisonniers. L'Italie du Sud est à portée.

La campagne d'Italie

L'assaut de la « Forteresse Europe » peut commencer. En choisissant, dès janvier 1943, d'attaquer l'Italie, Churchill et Roosevelt entendent consolider la position des Alliés dans le bassin méditerranéen. Cette nation est en effet le maillon faible de l'Axe. Sa puissance économique est nettement amoindrie et son armée peu préparée aux exigences d'un conflit moderne. En outre, les Italiens se montrent de plus en plus hostiles à l'égard des nazis et les milieux conservateurs songent à écarter Mussolini du pouvoir.

Le 10 juillet 1943, les Alliés débarquent en Sicile, à Syracuse, après avoir réussi à faire croire que leur objectif était la Sardaigne. Les Allemands résistent avec acharnement mais évacuent l'île après un mois de combats. Les opérations de septembre en Calabre

Le cuirassé allemand ▽ *Bismarck,* coulé en mai 1941. Les chantiers navals américains produisent plus de navires que les sous-marins allemands n'en détruisent.
Imperial War Museum, Londres.

Entamant le potentiel économique du pays et démoralisant les populations civiles, les raids alliés atteignent le cœur du Reich.

LES ALLIÉS BOMBARDENT L'ALLEMAGNE

En 1940, les Allemands avaient pour la première fois employé massivement des avions pour neutraliser l'adversaire. À partir de 1942, cette tactique se retourne contre eux. Les raids les plus violents sont concentrés sur l'Allemagne. Le 29 mars 1942, la Royal Air Force détruit le port de Lübeck. Le 31 mai, plus de mille bombardiers pilonnent Cologne. En juin, Brême est en flammes. En juillet, la Ruhr, Düsseldorf, Hambourg sont sous les bombes et des avions de l'US Air Force participent dorénavant aux opérations. Le 16 janvier 1943, Berlin, qui n'avait plus été touchée depuis deux ans, est atteinte. Le *Bomber Command,* le commandement anglais des bombardiers, poursuit deux objectifs : raser les grands centres industriels et entamer la résistance des populations.

et en Campanie sont, elles aussi, de grandes réussites. Anglais et Américains sont accueillis en libérateurs. Ces victoires accélèrent la décomposition du régime. Le 24 juillet, le Grand Conseil fasciste désavoue le Duce. Le lendemain, à la sortie de son audience avec le roi Victor-Emmanuel III, Mussolini est arrêté. Le roi confie le pouvoir au maréchal Badoglio, qu'il nomme chef du gouvernement. C'est la fin du fascisme italien. Le 3 septembre, l'armistice est signé avec les Alliés.

Mais l'avancée des troupes anglo-américaines est stoppée par l'armée allemande, qui a envahi le nord et le centre de l'Italie. Le nouveau gouvernement doit quitter Rome pour Brindisi ; libéré par un commando, Mussolini fonde une république fasciste à Salo, sur la rive occidentale du lac de Garde. Trente divisions de la Wehrmacht luttent pied à pied. La « ligne gothique », défendue par le maréchal Kesselring, ne tombera qu'en avril 1945, grâce à l'action conjuguée des Alliés et des résistants italiens.

La guerre économique

Pour les Alliés, l'heure de l'assaut final approche. En effet, l'économie allemande, qui doit s'adapter aux exigences d'une guerre totale, commence à s'essouffler. Jusqu'en 1942, la tactique de la *Blitzkrieg*, la guerre-éclair, permettait la mise à sac des pays envahis et l'obtention d'indemnités exorbitantes des pays occupés. Mais le conflit se prolonge, il faut trouver d'autres méthodes et d'autres ressources.

Himmler, qui commande la SS, intensifie le travail forcé dans les camps, au service de l'industrie de guerre allemande. En 1942, Fritz Todt, qui dirige un service du génie annexe de la Wehrmacht, se voit confier une œuvre gigantesque : l'édification du mur de l'Atlantique, une ligne fortifiée reliant les Pays-Bas à l'Espagne. Mais c'est Albert Speer qui réorganise véritablement l'économie. Nommé ministre de l'Équipement et des Munitions en février 1942, il substitue au pillage une planification moderne et rationnelle. Il obtient des résultats considérables : de 1942 à 1944, il triple le volume de la production de matériel militaire. Cependant, le commandement allemand est divisé. Göring, Himmler et

Depuis sa destitution, le 25 juillet 1943, Mussolini est prisonnier. D'abord transféré dans une île voisine de la Sardaigne, il est retenu dans les Abruzzes.

L'ENLÈVEMENT DE MUSSOLINI

Le 12 septembre 1943, un commando allemand dirigé par le capitaine Otto Skorzeny réussit à enlever le Duce. L'opération est difficile : l'hôtel-refuge *Campo Imperatore,* où se trouve Mussolini, culmine à plus de 2 000 mètres d'altitude, dans le massif de Gran Sasso. Les parachutistes SS mènent un double assaut. Certains se posent en planeurs sur le promontoire. Les autres empruntent le funiculaire. Libre, Mussolini est emmené à bord d'un avion à Vienne, où Hitler l'accueille puis lui offre un asile à Salo. Mussolini y fonde la République sociale italienne. Coupée de tout soutien populaire, l'éphémère république de Salo s'effondrera avec l'offensive alliée, en avril 1945.

△ **Le général de Gaulle** préside le Comité de libération nationale lors d'une réunion à Alger.
1943.

L'Afrique du Nord ▷ française accueillant les Alliés. Appuyés par les résistants français, ils débarquent à Casablanca, à Oran et à Alger.
1942.

Sauckel s'opposent aux réformes du ministre, lesquelles y perdent en efficience. En octobre 1944, l'instauration du *Volksturm,* l'enrôlement dans l'armée de tous les hommes de 15 à 60 ans, ruine les derniers plans de Speer en lui enlevant la main-d'œuvre dont il a besoin. De plus, le blocus et les bombardements alliés privent peu à peu le Reich de matières premières. Et malgré la fabrication de carburants de synthèse, en 1945, la Luftwaffe et la Wehrmacht seront partiellement paralysées par cette pénurie.

Ainsi, c'est la plus grande efficacité de son économie de guerre qui assure peu à peu l'avantage au camp des démocraties. La mobilisation précoce et complète de ses forces de production, la politique de rationnement et de planification, la constitution d'un immense arsenal aux États-Unis représentent les éléments déterminants de la supériorité alliée. □

◁ **Paysan sicilien** donnant des informations à un soldat. Les Alliés débarquent en Sicile en juillet 1943 et sont reçus en libérateurs.
1943. R. Capa.

Pour mobiliser les populations, les Alliés utilisent toutes les ressources de la communication. Les services de la BBC décrédibilisent le discours nazi.

INFORMATION CONTRE PROPAGANDE

Dans le grand Reich, les services de la propagande de Goebbels intoxiquent les esprits. Pour contrecarrer les exagérations allemandes, les démocraties font le choix de l'objectivité. Les Alliés privilégient la radio. En Angleterre, les services de la BBC travaillent jour et nuit, diffusant des messages dans toutes les langues. Pour les civils des pays occupés, c'est la seule information fiable et, pour les réseaux de résistance, un des plus sûrs moyens de communication. La chanson, le cinéma, les musiciens, les intellectuels sont également mobilisés. L'impact médiatique des Alliés sur les masses et les premiers revers en Russie obligent Goebbels à plus de véracité.

LA VICTOIRE DE STALINGRAD

Après des années de victoires éclatantes, la défaite de la Wehrmacht devant Stalingrad signe la fin du mythe de l'invincibilité allemande. De nouvelles alliances politiques s'ébauchent.

PENDANT L'HIVER 1942, le front de l'Est est stabilisé autour de Leningrad, de Moscou et de Stalingrad. Un an plus tard, au printemps 1943, les armées allemandes reprennent leur avancée. Le Caucase est menacé. L'objectif de la Wehrmacht est simple : se fixer sur la Volga pour couper les Russes de l'indispensable pétrole caucasien et préparer une attaque de revers sur Moscou. Stalingrad est située sur le cours inférieur du fleuve. Centre industriel et nœud de communications, elle apparaît comme le verrou à faire sauter. La ville est un enjeu stratégique mais aussi un symbole

△ **La bataille de Stalingrad :** assaut de la défense soviétique. Des combats acharnés se déroulent autour des usines transformées en camps retranchés.
1943.

◁ **Partisan** partant au combat pour sauver Leningrad. Agissant en tant que complément de l'Armée rouge, les groupes de partisans dépendent de la population occupée.
1942.

pour les deux camps : Staline lui a donné son nom, qui sonne comme un défi aux oreilles du Führer.

La capitulation de Paulus

La VIe armée allemande, sous les ordres du général Paulus, atteint Stalingrad à la mi-septembre 1942. Une terrible bataille s'engage, avec un égal acharnement dans les deux camps, malgré des pertes importantes. Jusqu'à la fin novembre, on se bat à la grenade, à la baïonnette pour s'emparer d'une rue, d'une maison. La gare centrale change de mains quatre fois en trois jours. Les projectiles incendiaires font des ravages, car la ville est surtout construite en bois. La topographie de Stalingrad se prête bien à ces combats qui rappellent les tranchées de la Grande Guerre : le fleuve a creusé très profondément son lit, et ses berges offrent de multiples abris.

Joukov commande les Soviétiques depuis le mois de septembre : ils se révèlent les plus habiles dans ces combats de rue. Le 20 novembre, leurs canons donnent le signal de la contre-offensive. L'Armée rouge va mener une double attaque en tenaille, au nord et au sud de la Volga. Joukov engage dans la bataille des forces impressionnantes : 900 chars T4, 13 500 canons lourds et 1 100 avions. Le succès est foudroyant. Le 26 novembre, l'étau se resserre sur les soldats allemands, auxquels Hitler a interdit de se replier vers l'ouest. La Wehrmacht résistera deux mois dans les ruines de la ville. Ses hommes y sont décimés par la faim, le froid et le typhus. Paulus capitule le 31 janvier 1943 et laisse sur le champ de bataille plus de 300 000 soldats, tués, blessés ou prisonniers.

Le repli allemand

La victoire de Joukov marque le tournant militaire de la guerre. La Wehrmacht a subi un échec cuisant. Près du quart de ses forces du front de l'Est a

«Pour l'amour de ▽ la mère patrie, héros! en avant!» Alexandre Nevski, le symbole de l'indépendance russe, est associé au soldat de l'Armée rouge.
Musée des deux guerres mondiales, Paris.

Un fils de cordonnier, ancien sous-officier de l'armée impériale, mène l'Armée rouge à la victoire, de Stalingrad à Berlin.

JOUKOV, LE HÉROS DU FRONT DE L'EST

Le 12 février 1940, Joukov est nommé chef d'état-major de l'Armée rouge. On redoute sa rigueur : sous ses ordres, des officiers ont été pendus pour désertion de poste. En octobre 1941, il organise la défense de Moscou et deux mois plus tard, en décembre, il lance la contre-attaque. En 1942, il est à Stalingrad. «Ne plus reculer d'un pas» a ordonné Staline. Joukov fera mieux : il contraindra Paulus à la reddition. Aussitôt après, en février 1943, il met fin au siège de Leningrad, ce qui lui vaut d'être promu maréchal. En 1945, ses troupes entrent les premières en Allemagne et c'est à lui que, le 8 mai, Keitel remet la capitulation du Reich. Le 24 juin, sur la place Rouge, il triomphe à la tête du défilé de la victoire.

disparu ; depuis juin 1942, un million et demi de soldats allemands sont morts, blessés, portés disparus ou prisonniers. Le matériel qu'elle a perdu aurait suffi à équiper près de quatre-vingts divisions. Quant à la Luftwaffe, elle compte 1 775 appareils de moins. Mais, surtout, c'est la première défaite allemande. Elle ébranle le mythe de l'invincibilité des armées nazies. Et le Reich a été vaincu par ceux-là mêmes qu'il considère comme des sous-hommes. L'Allemagne prend le deuil pour quatre jours : le régime ne peut pas masquer l'ampleur du désastre.

Pour les Alliés, Stalingrad sonne l'heure de la reconquête. L'Armée rouge marche sur le Dniepr, libère Karkhov et Smolensk. Fleuve après fleuve, par de puissants mouvements d'enveloppement, elle reprend la Crimée, l'Ukraine et la Biélorussie. Kiev tombe. Et enfin, le 19 janvier 1944, l'Armée rouge entre dans Leningrad. Début 1944, les Allemands sont repoussés sur les positions qu'ils occupaient trois ans plus tôt, en 1941.

Les conséquences politiques de la défaite

En Allemagne, le prestige du Führer est gravement atteint par l'écho de la défaite. Les premières réticences, notamment parmi les généraux, soumis à des ordres absurdes ou incohérents, commencent à se manifester. Tandis que les relations politiques du Reich avec l'Italie se détériorent, la Hongrie et la Roumanie tentent de négocier avec les Alliés. Car, après Stalingrad, c'est aussi tout l'équilibre diplomatique qui commence à se modifier.

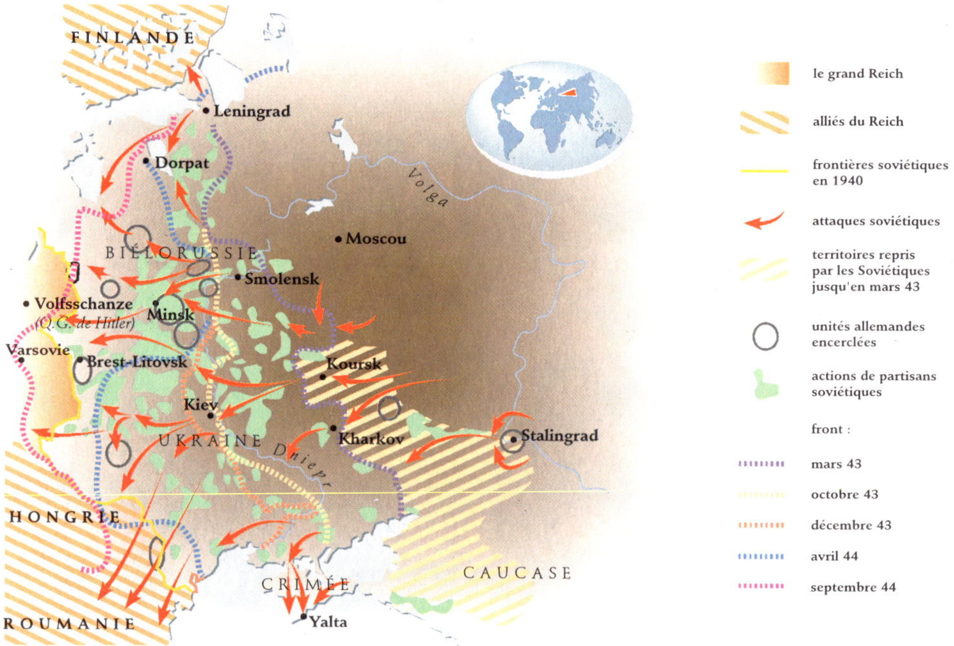

△ **« Métamorphose des Fritz » :** Hitler envoie ses hommes à la mort. Après avoir tenté de modeler le peuple allemand, il lui promet, à la veille de la défaite, de terribles représailles s'il ne résiste pas.

1942. Kukryniksy. Galerie Tretiakov, Moscou.

Après le désastre de Stalingrad, la propagande allemande ne peut masquer tout à fait l'ampleur de la défaite.

L'ALLEMAGNE EN DEUIL DE STALINGRAD

Pour les Alliés, Stalingrad est une victoire majeure. Hitler le sait bien, qui parle d'un « séisme d'une amplitude jamais atteinte ». Il fustige ses généraux : « Ils n'ont pas été capturés. Ils se sont rendus volontairement ! [...] Paulus avait le devoir de se tuer, comme les grands chefs de jadis qui se transperçaient la poitrine de leur épée quand ils se voyaient perdus. » Goebbels doit rappeler publiquement les devoirs du soldat : « Quiconque recule lors d'un combat sera exécuté sans merci. » Malgré tout, la radio allemande a dû annoncer la fin de la bataille. Elle a toutefois passé sous silence la capitulation, mais personne n'est dupe : un deuil national de quatre jours a été décrété, et la presse commence à mentionner les revers de l'Axe.

En 1942, Anglais et Soviétiques s'étaient déjà rapprochés pour conclure une alliance contre l'Allemagne. Mais les deux nations restent sur la réserve. Staline se méfie de ses nouveaux alliés, et ceux-ci jugent les prétentions soviétiques – la restauration de l'influence russe dans les pays Baltes et la Bessarabie et l'obtention du tracé de la frontière polonaise sur la ligne Curzon – incompatibles avec les buts de la guerre arrêtés par la charte de l'Atlantique (août 1941).

Mais Churchill craint que l'Allemagne et l'U.R.S.S. ne signent une paix séparée. Le 26 mai 1942, il conclut avec Staline un pacte d'assistance mutuelle pour une durée de vingt ans et Washington admet l'U.R.S.S. au bénéfice du prêt-bail (mise à disposition de matériel de guerre). Tout n'est pourtant pas réglé. Depuis plusieurs mois, Staline réclame l'ouverture d'un nouveau front en Europe. En juin 1942, Roosevelt et Churchill ne cèdent qu'à moitié : ils décident de hâter le débarquement en Afrique du Nord.

Les préparatifs de paix

À partir de l'été 1943, Américains, Anglais et Soviétiques multiplient les rencontres. Dès lors, les trois puissances fixent les principes qui devront régir l'après-guerre. Du 28 novembre au 2 décembre 1943 se tient la conférence de Téhéran. Staline, qui quitte pour la première fois son pays depuis la révolution d'Octobre, y rejoint Roosevelt et Churchill. Ils forment, selon le Premier ministre britannique, « la plus grande concentration de pouvoirs que le monde ait jamais vue ». La réunion est capitale. Staline y reçoit l'assurance qu'un deuxième front sera ouvert en Europe vers le mois de mai 1944 : ce seront les débarquements en Normandie et en Provence. Le principe du démembrement de l'Allemagne après la victoire est acquis. Et les Alliés s'accordent sur ce qui sera la future Organisation des Nations unies. □

La conférence ▽ de Téhéran. Staline accepte de ne pas s'immiscer dans la réorganisation de l'Europe, sauf pour l'Allemagne, dont il envisage, comme Roosevelt, le morcellement.

▽ **Chars russes.** En 1943, les Soviétiques lancent leur offensive d'été et les Allemands doivent procéder à ce que leur service de propagande appelle « les replis élastiques ».

Jusqu'à la conférence de Téhéran, où son principe est acquis, la question du « second front » empoisonne les relations entre les Alliés.

LES LIMITES DE LA COOPÉRATION INTERALLIÉE

Dès le 7 novembre 1941, Staline lance un vibrant appel : les Soviétiques luttent contre l'essentiel des forces allemandes ; pour les soulager, les Alliés doivent intervenir à l'ouest. En août 1942, Churchill expose à Moscou les plans du débarquement en Afrique du Nord. Même si Staline en accepte le principe, ce projet ne répond pas à son attente. Il cesse toute communication avec le gouvernement anglais. Seul le succès de l'opération permet la reprise du dialogue : après un silence de trois mois, Staline félicite Churchill. Lorsqu'en juin 1944 le second front sera enfin ouvert en Normandie, l'Armée rouge aura attendu plus de trois ans l'intervention alliée.

VARSOVIE

En novembre 1939, lorsque les Allemands instaurent dans la vieille cité une « zone de quarantaine », la communauté juive de Varsovie compte 500 000 membres. Un décret promulgué le 16 octobre 1940 autorise la construction d'un mur d'enceinte. Le quartier est hermétiquement clos : seuls peuvent entrer et sortir les Juifs employés par des entreprises allemandes. Entassés à six ou sept par pièce, les habitants du ghetto souffrent dès 1941 de la famine et du typhus. « En tuant ainsi un Juif, on économise une balle qui permet à la race supérieure de conquérir le reste du monde » se rejouit Hans Frank, gouverneur général de Pologne. La dénutrition et la maladie font des ravages : 4 618 personnes meurent en une seule semaine de février 1942. S'y ajoutent, la même année, les premières déportations. Leur ampleur est terrible : en octobre 1942, plus de 310 000 Juifs ont déjà disparu.
Le 13 février 1943, Himmler donne l'ordre de raser le ghetto. Le 19 avril, cinq bataillons de la SS, appuyés par une section d'obusiers, encerclent le quartier. En face, les 70 000 survivants vont opposer une résistance héroïque. Mais les forces sont trop inégales. Le ghetto est rasé et les derniers Juifs déportés.
Le 3 octobre 1944, la capitale polonaise insurgée tombe, après 63 jours de combat contre les forces réunies de la Wehrmacht et des SS.

△ **Arrestation** de la population juive. Cette photographie fait partie du livre de rapports du commandant SS Jürgen Stroop, chargé par Himmler d'exterminer le ghetto dès janvier 1943.
1943.

Le mur du ghetto △ de Varsovie, à l'intérieur duquel 30 p. 100 de la population de la ville est parquée.
1941.

Des soldats allemands ▷ dans les rues en feu. Des maîtres chanteurs polonais guettent les Juifs qui sortent clandestinement du ghetto afin d'obtenir une récompense en échange de leur silence.

△ **Après l'insurrection** de Varsovie déclenchée par la Résistance, les négociateurs du général Bor Komorowski discutent les modalités de la capitulation avec les Allemands.
1944.

Marché à l'intérieur ▷ du ghetto. Dans la rue principale se trouvent encore les échoppes de quelques privilégiés ou des vendeurs occasionnels qui proposent des marchandises de faible valeur.
Vers 1940. *Time-Life.*

▽ **Sur les trottoirs,** des milliers de mendiants quémandent un morceau de pain à ceux, plus habiles, qui passent en fraude de la nourriture de l'autre côté du mur.
1941.

ÉTATS-UNIS

Du régionalisme à l'Action painting

■ Jackson Pollock expose pour la première fois à New York. Ses toiles témoignent d'une nouvelle évolution, due à l'influence de Picasso et, surtout, à celle des surréalistes français réfugiés aux États-Unis, dont Matta, Masson, Miró et Ernst. C'est un tournant dans l'œuvre de l'artiste, né dans le Wyoming en 1912 et marqué tour à tour par le régionalisme américain, l'art muraliste mexicain, puis le symbolisme totémique amérindien. Aux grandes fresques puissantes et tourmentées de ses débuts succèdent des tableaux envahis de signes informels, figuratifs (*Guardians of the Secret*, 1943). Il évolue alors vers l'Action painting, où l'acte de peindre sera plus important que l'œuvre elle-même. □

La Femme-Lune coupe le cercle. *Jackson Pollock. 1943. Musée national d'Art moderne, Paris.*

FRANCE

Sodome et Gomorrhe

■ Un jeune comédien extrêmement prometteur fait, en 1943, ses débuts à Paris. Il faut tout le talent et la fougue de Gérard Philipe pour faire accepter au public l'amertume et le désespoir de la nouvelle pièce de Jean Giraudoux, *Sodome et Gomorrhe*. L'écrivain limousin, en qui on n'a longtemps voulu voir qu'un poète de la légèreté et de l'utopie, a évolué depuis les années 30 vers l'inquiétude et même l'angoisse. À son adhésion, éphémère et purement intellectuelle, à certains idéaux de Vichy a succédé une période de réflexion qui donnera toute leur densité à ses dernières œuvres dramatiques, comme la fameuse *Folle de Chaillot*, jouée en 1945, un an après la mort de son auteur. □

U.R.S.S.

La fin de la IIIe Internationale

■ Née au lendemain de la Première Guerre mondiale, la IIIe Internationale communiste, le Komintern, disparaît en juin 1943. Les exilés rassemblés à Moscou constatent l'impossibilité matérielle et psychologique de réunir un congrès et de définir une ligne commune aux travailleurs de tous les pays dans un monde en guerre. En conséquence, ils se décident à dissoudre l'Internationale fondée par Lénine. En fait, les militants (peut-être 1 200 000 en Europe à cette époque) ont été profondément ébranlés par les revirements de la politique soviétique, qui, en 1940, critique plus sévèrement les démocraties que les régimes totalitaires et attaque Léon Blum sans jamais dénoncer nommément Hitler, maître d'œuvre avec Staline du pacte germano-soviétique. Parmi les signataires de l'acte de décès de l'Internationale, autour du Russe Jdanov, les futurs acteurs les plus éminents du monde communiste de l'après-guerre : Thorez et Marty (France), Dimitrov (Bulgarie), Dolorès Ibárruri, dite « La Pasionaria » (Espagne), Ercoli, alias Togliatti (Italie), Rákosi (Hongrie), Anna Pauker (Roumanie)... □

ÉTATS-UNIS

Rachmaninov est mort

■ Loin de Novgorod, où il est né, Sergueï Vassilievitch Rachmaninov s'éteint aux États-Unis, à Beverly Hills, en 1943, à l'âge de soixante-dix ans. Virtuose depuis son adolescence, il n'a jamais cessé de se montrer fidèle à son maître Tchaïkovski, composant une musique lyrique et inventive, très populaire, mais fort éloignée des recherches contemporaines, ce qui lui a valu d'être souvent accusé de conformisme. □

ÉTATS-UNIS

Enrico Fermi

■ C'est aux régimes totalitaires que les États-Unis doivent leur suprématie scientifique. Après Einstein, Enrico Fermi en apporte la preuve. Ce physicien, né en 1901 et déjà célèbre pour ses travaux sur les électrons et les isotopes, a réalisé la première fission de l'uranium quand, en 1939, il quitte l'Italie pour Chicago. Il est l'un des chercheurs auxquels on doit la réussite du projet Manhattan, destiné à empêcher l'Allemagne de maîtriser la première la puissance nucléaire. □

ITALIE

Un beau-père impitoyable

■ L'exécution du comte Galeazzo Ciano est la conséquence des soubresauts récents de l'histoire italienne. Héros du fascisme dès ses débuts, époux d'Edda, la fille de Mussolini, ministre de la Propagande puis des Affaires étrangères de 1936 à 1943, Ciano est cependant partisan d'une paix séparée avec les Alliés, qui ont débarqué en Italie, et il adhère aux vues du Grand Conseil fasciste, qui réclame la démission du dictateur, qualifié d'« homme le plus haï d'Italie ». Celui-ci est arrêté, sur l'ordre du roi Victor-Emmanuel III, le 25 juillet 1943, puis interné dans les Abruzzes. Mais Mussolini est délivré par un commando SS et utilisé par Hitler comme un *Gauleiter* commode, dans une Italie occupée par les Allemands et où les Alliés progressent très difficilement. De sa résidence de Salo, au bord du lac de Garde, il n'exerce qu'un semblant de pouvoir, mais en profite pour régler ses comptes, faisant fusiller, le 11 janvier 1944, les membres du Grand Conseil fasciste qui avaient voté sa destitution et son arrestation. Parmi eux, son propre gendre, le comte Ciano, en faveur de qui la fille du Duce interviendra en vain. □

ALGÉRIE

Le *Manifeste du peuple algérien*

■ Rien ne prédestinait ce pharmacien de Sétif – fils de caïd, intégré à la culture française, marié à une Alsacienne, conseiller général et délégué financier de la République – à devenir un héros national. Farhat Abbas, ancien président de l'Association des étudiants musulmans, est néanmoins connu dès 1933 pour son militantisme culturel, et sa pharmacie est le point de rencontre de ceux qui, comme lui, prônent une « émancipation des indigènes » (mais, ajoute-t-il en 1938, « sans lequelle il n'y a pas d'Algérie française durable »). Farhat Abbas, qui s'est engagé en 1939 dans le service sanitaire français et a été démobilisé en 1940, entend bien profiter de la présence des troupes alliées en Algérie pour faire reconnaître les droits des musulmans. En 1943, il publie le *Manifeste du peuple algérien*, qui proclame le droit de l'Algérie à l'autonomie. Une grève des élus est organisée pour appuyer cette revendication, elle vaut à Farhat Abbas d'être mis en résidence forcée dans le Sud saharien. Désormais, les concessions des autorités françaises aux « indigènes » arriveront toujours trop tard et elles sembleront dérisoires. □

1943 - 1945

Même dans cette guerre de titans, le débarquement du 6 juin 1944 en Normandie occupe une place à part. Le qualifier d'opération la plus audacieuse du conflit n'est pas exagéré : certes, le 4 juin, Rome est la première capitale de l'Axe à tomber aux mains des Alliés. Mais Berlin n'est pas prêt de connaître un sort similaire ; il faut donc frapper ailleurs la « forteresse Europe ». Ironie du sort, le plus grand débarquement de l'histoire est suspendu au verdict du ciel : c'est la météo, avant le général Eisenhower, qui commande le choix de la date. Le 5 juin, le temps est très mauvais, ce qui signifie que l'aviation ne pourra pas intervenir. Impensable ! Mais il faut également que la marée soit haute au petit jour et que la pleine lune puisse guider les parachutages. Donc, si ce n'est pas le 6 juin, ce sera quinze jours plus tard. Miracle : le 6, une embellie passagère est prévue. Et le 5, à 16 heures, l'homme qui tient dans ses mains le sort de millions de soldats lâche la phrase tant attendue : « O.K., allons-y ! »

Débarquement en Normandie. 1944.

LA LIBÉRATION DE L'EUROPE

En moins d'un an, les armées alliées acculent l'Allemagne nazie à la défaite. En effet, à partir du 6 juin 1944, la Wehrmacht doit lutter sur deux fronts.

Depuis l'automne 1943, la situation militaire générale devient moins incertaine. À l'est, la décisive victoire soviétique de Koursk fait perdre toute initiative à la Wehrmacht. En Italie, Kesselring s'accroche à la ligne Gustav, jalonnée par le monastère de Monte Cassino et le fleuve Garigliano. Aussi, lors de la conférence de Téhéran, fin novembre 1943, les Alliés modifient leurs projets et abandonnent la stratégie « périphérique » chère à Churchill au profit de débarquements massifs sur les côtes de France, en Normandie d'abord, en Provence peu après.

Opération « Overlord »

Le 4 juin 1944, les Alliés libèrent Rome grâce à la percée des troupes françaises du général Juin sur le Garigliano. Deux jours plus tard, à l'aube du 6 juin, a lieu sur la côte normande, dans le Cotentin, la plus grande opération de débar-

◁ **Affiche** publiée en Angleterre en 1944. « En respectant la logistique, le général Eisenhower mena jusqu'à la victoire la machinerie des armées du monde libre » (de Gaulle).
Musée des deux guerres mondiales, Paris.

quement de l'histoire : soutenus par 1 200 navires de guerre et bénéficiant d'une totale maîtrise de l'air, 5 700 péniches déversent sur les plages, par vagues successives, plus de 200 000 hommes. D'est en ouest, Britanniques et Canadiens prennent pied à Gold, Juno et Sword Beach, les Américains à Omaha et Utah Beach. Le parachutage nocturne préalable de la 6e division britannique et des 82e et 101e divisions américaines, l'intensif pilonnage aérien sur les défenses côtières facilitent la prise à revers du premier échelon ennemi, malgré de violents combats et de sérieuses pertes, surtout dans le secteur de Omaha Beach.

En réalité, abusés par le contre-espionnage allié, les Allemands croient à un leurre : ils attendent un débarquement sur les côtes du Pas-de-Calais. Pour le reste, ils font confiance au « mur de l'Atlantique », dont la conception statique s'oppose à la stratégie de percée et d'exploitation : 12 000 ouvrages bétonnés abritent une partie des 1 600 000 soldats allemands qui occupent les Pays-Bas, la Belgique et la France. Hitler est certain de leur invulnérabilité et pense repousser à la mer tout assaillant. Son état-major est divisé quant à la riposte à adopter : le général von Rundstedt veut attirer l'ennemi à l'intérieur des terres pour mieux le détruire, le maréchal Rommel préconise de livrer bataille sur les côtes. Sûr de son génie militaire, Hitler prend des décisions incohérentes, que son entourage n'ose pas contester.

La bataille de France

Dès le 8 juin, la tête de pont alliée mesure 56 kilomètres de large et 15 de profondeur. Première ville française libérée après la Corse, Bayeux acclame le général de Gaulle le 14 juin. Le chef de la France libre restaure la légalité républicaine : il installe une administration civile qui succède sans heurts notables aux fonctionnaires de Vichy et qui préserve le pays d'une occupation militaire anglo-américaine.

La logistique alliée s'appuie sur la construction de ports artificiels, où transitent hommes et matériels malgré de très mauvaises conditions météoro-

Préparation physique des troupes d'assaut. Pour transporter 3 millions d'hommes, il a fallu construire des milliers de péniches de débarquement.
1944.

Eisenhower visite les troupes de la 101e division aéroportée la veille du jour J. L'opération « Overlord » comporte des assauts de parachutistes et de planeurs dans les premières heures du jour J pour s'emparer de points stratégiques autour des plages du débarquement.
1944.

Afin de surprendre et paralyser la défense allemande, les Alliés mettent au point une spectaculaire opération de duperie.

OPÉRATION « FORTITUDE »

Tout est mis en œuvre pour faire croire à l'état-major suprême de la Wehrmacht que les Alliés s'apprêtent à débarquer sur les côtes du Pas-de-Calais. L'OKW (commandement en chef des forces allemandes) dispose ainsi le gros de ses forces loin du théâtre d'opérations choisi et les Alliés entretiennent la confusion : jusqu'au 4 juin, les bombardements sont plus nombreux au nord qu'au sud de la Seine. Le général Patton commande une armée fantôme composée de chars en baudruche, stationnée face à Boulogne ; le 1er groupe d'armées américain et la XIIe armée britannique, censés manœuvrer dans le Yorkshire et le Norfolk, n'existent pas ! Cette intoxication audacieuse réussit au-delà des espérances du général Eisenhower : jusqu'à la fin juin, les Allemands restent fermement convaincus que les opérations menées en Normandie ne sont qu'une diversion à une puissante offensive ennemie vers le nord de la France.

logiques. Quatre oléoducs sous-marins acheminent depuis la Grande-Bretagne le carburant nécessaire aux troupes. Les Allemands s'accrochent au bocage, propice à la défensive et aux embuscades, mais, avec l'aide de la Résistance française et grâce à la supériorité aérienne alliée, Carentan et Cherbourg sont libérées avant la fin juin. Un mois plus tard, la percée des blindés du général Patton à Avranches permet une rapide exploitation : les Américains se dirigent vers la Bretagne puis remontent la Loire, tandis qu'Anglais et Canadiens longent le littoral de la Manche. À l'approche des armées alliées, Paris se soulève. L'intervention de la 2e division blindée du général Leclerc délivre la capitale de l'occupant, le 25 août. Les Anglo-Canadiens pénètrent en Belgique et dégagent Anvers le 6 septembre.

Opération « Anvil Dragoon »

Le 15 août, un second débarquement a lieu sur les côtes de Provence, entre Cavalaire et Agay. L'opération « Anvil Dragoon » regroupe 300 000 Français, 100 000 Américains, 2 000 bateaux et autant d'avions : « Sur tous les navires éclate la *Marseillaise* la plus poignante qu'on ait jamais entendue » se souviendra le général de Lattre. La surprise allemande est totale : au soir du 15, deux têtes de pont sont établies de part et d'autre de la vallée de l'Argens, au prix de pertes limitées (320 morts). Le 16, Fréjus et Saint-Raphaël tombent ; dès le 17, les Américains franchissent les Maures et l'Esterel et se dirigent vers Grenoble. Après de brefs mais durs combats, les Français libèrent Toulon et Marseille, remontent la vallée du Rhône et atteignent Lyon le 3 septembre 1944, avec soixante-dix jours d'avance sur les prévisions. Le 12, le général de Lattre fait sa jonction en Bourgogne avec les armées venues de Normandie.

La rapide déroute allemande est due à la supériorité du commandement allié, à la qualité des hommes et du matériel ainsi qu'à la participation des Forces françaises de l'intérieur. Dès l'annonce du débarquement, sabotages et harcèlements se multiplient ; cette guérilla inquiète, ralentit et exaspère l'occupant : les représailles sanglantes d'Oradour-sur-Glane (10 juin

△ **Des parachutistes** américains ayant participé au débarquement du 6 juin posent derrière un drapeau nazi qu'ils ont pris lors de la libération d'un village.
1944.

En juin 1944, les premières bombes volantes touchent Londres. Leur puissance et leur souffle tuent 1 600 personnes en deux semaines.

V1 et V2

Le V1, ou *Vergeltungswaffen,* ressemble à un petit avion à ailes courtes. Propulsé par un réacteur, il atteint 600 km/h et vole à basse altitude, ce qui le rend vulnérable à l'aviation de chasse ou à l'artillerie antiaérienne. Les Allemands essaient de paralyser les approvisionnements alliés et envoient 5 700 V1 contre le port d'Anvers de novembre 1944 à mars 1945 : l'opération n'obtient aucun succès de nature à entraver le trafic maritime. En revanche, il n'existe pas de parade à la nouvelle arme lancée le 8 septembre : la fusée V2 porte une tonne d'explosifs dans son ogive et vole à 5 000 km/h. Cette rapidité empêche toute alerte. Mais ces progrès technologiques sont trop tardifs pour sauver le Reich du désastre.

Deux ports artificiels ▷ sont édifiés. Des navires sont échoués pour servir de brise-lames, puis les pontons flottants, qui suivent le mouvement des marées, sont installés à Arromanches et à Vierville afin de débarquer le matériel de guerre.
1944.

1944), de Tulle ou du maquis du Vercors le prouvent. Les résultats sont importants : en Bretagne, les maquisards libèrent de nombreuses villes avant l'arrivée des Américains. Ainsi, les Alliés repoussent vers l'est et le nord un ennemi démoralisé et affaibli. Le 15 septembre 1944, la France est libre à l'exception de l'Alsace-Lorraine et de quelques poches résiduelles sur l'Atlantique. Les Alliés marquent une pause due à une crise passagère d'effectifs, mais reprennent Metz et Strasbourg au mois de novembre.

Ultimes sursauts allemands

À partir de l'automne 1944, l'Allemagne entame une véritable course contre le destin. En trois mois, elle perd sur le front occidental plus de 450 000 prisonniers. Des mesures draconiennes sont édictées : la levée en masse, ou *Volkssturm,* met à la disposition de l'armée tous les travailleurs de 16 à 60 ans ; la classe 1948 est appelée sous les drapeaux. La fabrication des armements est accélérée : en dépit des bombardements alliés sur les villes et les usines du Reich, la production n'a jamais été aussi forte. Des engins nouveaux sont mis au point, comme les premiers avions à réaction. Mais l'Allemagne perd les uns après les autres ses approvisionnements en matières premières : ses soldats portent des uniformes de qualité médiocre, avec des bottes en feutre, à semelles de bois... La population commence à connaître la faim.

Plus grave, l'attentat du 20 juillet, perpétré par le colonel von Stauffenberg contre Hitler au quartier général de Rastenburg, révèle l'existence d'une vaste opposition au sein du haut commandement, des Églises et de l'aristocratie. Par un hasard inouï, le Führer échappe à la mort ; il ordonne

Saint-Lô, située près ▷ des zones de débarquement, est bombardée par les Alliés les 6 et 7 juin 1944 et perd la moitié de sa population. Elle devient un bastion de résistance allemande et c'est seulement le 18 juillet que le bataillon « Pigeon d'argile » entre dans la ville.

Violences et exactions de toutes sortes pèsent sur les populations des pays occupés, mais les civils allemands paient aussi un lourd tribut.

LES CIVILS SOUS LES BOMBES

La bataille de Normandie a pour corollaire la destruction de nombreuses villes : Caen, Saint-Lô, Le Havre, Rouen sont les cibles de l'aviation ou de l'artillerie alliées. Les victimes civiles de ces bombardements se comptent par milliers au cours de l'été 1944. Les exactions allemandes se multiplient. Après le rapt d'un officier SS, la division blindée *Das Reich* massacre toute la population d'Oradour-sur-Glane, le 10 juin 1944 : les hommes sont fusillés, les femmes et les enfants brûlés vifs dans l'église. 642 personnes sont tuées. L'Allemagne n'est pas épargnée non plus : le 14 février 1945, la RAF largue 1 500 tonnes de bombes explosives et 1 000 tonnes de bombes incendiaires sur Dresde, qui n'a pourtant aucun intérêt stratégique, faisant entre 25 000 et 35 000 morts.

une épuration sauvage, qui va jusqu'à l'élimination des hommes de guerre les plus populaires, comme Rommel.

Menacé à l'est comme à l'ouest, échaudé par la désagrégation intérieure, Hitler refuse de reconnaître le caractère inéluctable de la défaite. Irrationnelle, sa stratégie maintient des unités loin des grands théâtres d'opérations, refuse de raccourcir les fronts – donc d'économiser les troupes – ou d'évacuer les poches menacées d'encerclement, alors que le rapport des forces devient chaque jour plus défavorable : adolescents et hommes âgés sont enrôlés et partent au sacrifice, tandis que Hitler évoque de mystérieuses « armes nouvelles » susceptibles de modifier le cours du conflit ; il pense qu'une victoire à l'ouest suffira à arrêter la marche des Alliés et lui permettra de se retourner contre les Soviétiques.

Le 16 décembre 1944, il lance sa dernière grande attaque sur le front des Ardennes, pour tronçonner les forces alliées et atteindre le port d'Anvers. Les conditions météorologiques particulièrement mauvaises interdisent à l'aviation américaine de voler et 8 divisions alliées sont surprises par 29 divisions allemandes, dont 12 blindées. La résistance héroïque des Américains, la promptitude de la contre-attaque alliée, l'objectif trop ambitieux de l'offensive et le défaut de réserves allemandes contrecarrent la réussite de l'opération. À la mi-janvier, les Alliés l'emportent au prix de 75 000 tués, blessés et prisonniers. Les Allemands ont perdu 130 000 soldats sur les 250 000 engagés et 600 chars qu'ils ne peuvent plus remplacer. Cet échec rend impossible toute initiative de la Wehrmacht sur le front occidental.

La poussée soviétique

À l'est, l'Armée rouge poursuit son inexorable marche. Pendant l'été 1944, elle envahit les pays Baltes et la Finlande, qui signe un armistice, puis pénètre en Europe centrale : la Roumanie, la Bulgarie font défection à l'Allemagne. Les Soviétiques s'arrêtent devant Varsovie et laissent aux Allemands, en octobre, le soin d'écraser la capitale polonaise insurgée depuis août : 15 000 résistants et 200 000 civils périssent au cours des combats.

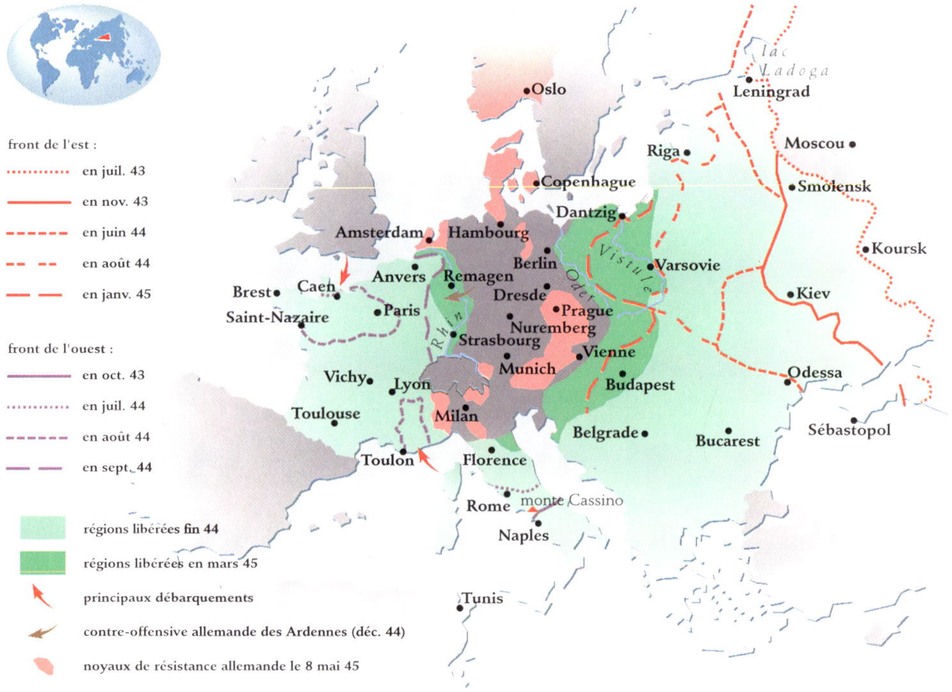

Son oraison funèbre le qualifie de « combattant infatigable pour la cause du Führer », mais la réalité est bien différente.

LA MORT DE ROMMEL

Le 17 octobre 1944 sont célébrées à Ulm les funérailles nationales du maréchal Erwin Rommel. Le « Renard du désert », promu commandant en chef des forces du mur de l'Atlantique, est mort le 14, des suites de ses blessures – sa voiture a été bombardée lors d'une inspection sur le front. Telle est du moins la version officielle. En réalité, Rommel s'est suicidé, sur ordre du Führer : convaincu d'avoir approuvé la conjuration et l'attentat du 20 juillet 1944, il s'est empoisonné pour sauver sa femme et son fils. Et, s'il a obtenu la grâce, fort inhabituelle, d'une fin « honorable », ce n'est pas par reconnaissance pour les services rendus, mais à cause de sa popularité : au moment où l'Allemagne vit des heures tragiques, il serait impensable de révéler que le maréchal tenait désormais Hitler pour un fou qui conduirait son pays à la ruine.

Traversée du Rhin ▷ sur un pont flottant. Le fleuve est franchi par surprise le 7 mars 1945 au pont de Remagen, demeuré intact. Les Alliés progressent et se déploient ainsi en Allemagne avec plusieurs semaines d'avance sur le plan prévu.
1945.

Le 12 janvier 1945, les Soviétiques lancent une offensive foudroyante, de la Vistule à l'Oder. Affaiblie par la ponction des Ardennes, l'armée allemande évacue la Pologne ; la Prusse-Orientale tombe aux mains de l'Armée rouge dès la fin janvier. Fortifiée sur ordre de Hitler, Budapest résiste à un terrible siège de cinquante jours et capitule en février 1945. Les Russes occupent toute la Hongrie puis marchent sur Vienne. Plus au sud, les résistants albanais et yougoslaves libèrent seuls leurs pays respectifs. La débâcle allemande ouvre le champ libre aux convoitises soviétiques sur l'Europe centrale et la péninsule balkanique. Pour faire pièce à ces derniers, Churchill, inquiet, envoie des troupes britanniques en Crète et en Grèce.

L'ASSAUT FINAL

À l'ouest, les Français dégagent l'Alsace et les Américains franchissent le Rhin à Remagen, le 7 mars 1945. Les bombardements aériens paralysent le trafic ferroviaire allemand, détruisent les usines et terrorisent les populations civiles : le 14 février 1945, Dresde est ravagée par les bombes au phosphore larguées par la RAF ; au moins 135 000 des 700 000 habitants périssent dans ce gigantesque incendie. Les Britanniques et les Canadiens longent la mer du Nord et achèvent de libérer les Pays-Bas, puis le Danemark. Les Français descendent le long du Danube vers la Bavière et les Américains atteignent l'Elbe : le 25 avril 1945, ils font leur jonction avec les Soviétiques à Torgau ; le même jour, Berlin est encerclée par l'Armée rouge après de très violents combats. Malgré les réticences de Churchill, qui songe déjà à l'après-guerre, les Américains laissent les Soviétiques entrer les premiers dans la capitale du Reich. De même, peu soucieux de géopolitique et trop confiants envers Staline, ils négligent de pénétrer en Tchécoslovaquie.

Le 30 avril 1945, alors que les soldats soviétiques campent à quelques dizaines de mètres du bunker de la chancellerie, Hitler se suicide. Réduite à un monceau de ruines, Berlin capitule deux jours plus tard et le drapeau rouge flotte sur le Reichstag. Un peu partout, les troupes allemandes se rendent. La capitulation sans conditions du Reich est signée le 7 mai à Reims par le général Jodl et le 8 mai à Berlin par le maréchal Keitel. Successeur désigné de Hitler, l'amiral Dönitz est arrêté. La fin de la guerre en Europe est fêtée dans toutes les capitales, Paris, Londres, Moscou et New York : « Dans toute notre histoire, déclare Churchill, nous n'avons jamais connu un aussi grand jour que celui-ci. » □

▽ **Affiche** russe célébrant la prise de Berlin. Les troupes de Joukov et de Koniev ont investi la capitale, objectif prioritaire aux yeux des Soviétiques, dès le 20 avril 1945. La résistance allemande durera jusqu'au 2 mai.

LA LIBÉRATION DE PARIS

Le 19 août 1944, après une semaine de grèves des cheminots et des agents de police, Paris se soulève. Les premiers combats sont lancés à l'initiative des F.F.I. parisiens, dirigés par le communiste Rol-Tanguy. Le 20, la ville se couvre de barricades et les insurgés occupent l'Hôtel de Ville. Les avant-gardes américaines sont à Mantes, mais les Alliés veulent contourner la capitale. Des pourparlers entre la municipalité, la Résistance et le général von Choltitz, arbitrés par le consul de Suède Raoul Nordling, aboutissent à une trêve, qui préserve Paris d'une répression aveugle. Le général de Gaulle ne veut pas se trouver devant une autorité de fait, originaire des F.F.I. ou installée par les Américains, donc sans légitimité à ses yeux. Il obtient d'Eisenhower l'envoi de la 2e D.B. du général Leclerc, qui fonce vers la capitale. Les premiers chars réduisent les points d'appui allemands et pénètrent dans Paris, acclamés par la foule, le 24 août au soir. Le lendemain, Leclerc achève son infiltration et le P.C. de von Choltitz (hôtel Meurice) est investi. Le général allemand accepte la reddition ; l'acte est contresigné par Leclerc et par Rol-Tanguy, au vif mécontentement de De Gaulle. Ce dernier descend à pied les Champs-Élysées le 26, au milieu d'une foule en liesse : le chef de la France libre est ainsi consacré par Paris libéré.

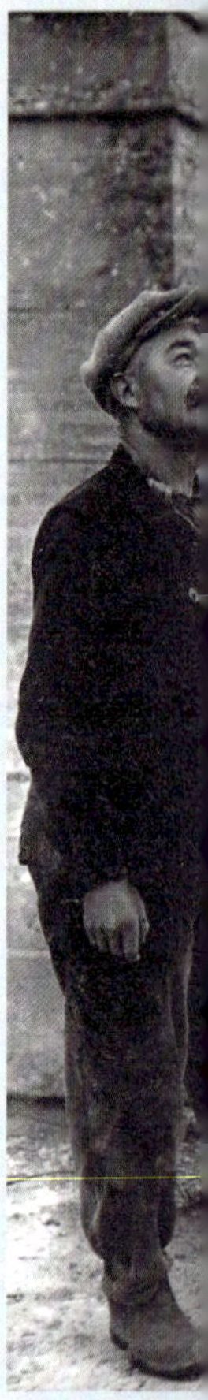

Des soldats américains bavardent avec un prêtre et un paysan français dans le village de Neuilly, en Normandie. ▷
1944.

◁ **Place** de la Concorde le 26 août 1944 : des Parisiens célèbrent la libération en brandissant le manteau d'un officier allemand.

▽ **Une Parisienne** embrasse un soldat américain. L'enthousiasme déferle sur Paris le jour de la Libération : drapeaux alliés aux fenêtres, rues encombrées par le peuple qui vient acclamer ses libérateurs.
1944.

△ **Le New-Yorkais** Frank Rieber initie un adolescent français aux règles du sport national américain, le base-ball. Victoire oblige, c'est aussi l'introduction de la culture américaine en Europe.
1945.

△ **Le parvis** de Notre-Dame a retrouvé son calme après les fusillades des « mitrailleurs des toits » qui ont perturbé le *Te Deum* auquel assistait de Gaulle.
1944.

◁ **De Gaulle** descend les Champs-Élysées le 26 août 1944, après s'être incliné sur la tombe du Soldat inconnu.

L'EUROPE NOUVELLE

Vainqueurs de l'Allemagne hitlérienne, Britanniques, Soviétiques et Américains décident du partage de l'Europe en zones d'influence au cours des conférences de Yalta et de Potsdam, en février et en juillet-août 1945. Une absente de marque : la France.

Bien que la guerre ne soit pas encore terminée au début de 1945, son issue ne fait plus guère de doute : à l'ouest, Américains, Français et Britanniques s'apprêtent à franchir le Rhin, tandis qu'à l'est le Reich subit la vague d'assaut de l'Armée rouge. Les belligérants songent déjà à organiser la paix, mais les sacrifices consentis rendent les négociations délicates : chacun réclame des garanties à la mesure des souffrances endurées ; la guerre totale engendre une paix fragile.

Des vainqueurs méfiants

Depuis la conférence de Téhéran (nov.-déc. 1943), la situation militaire a considérablement évolué. Désormais, les Alliés ont tous le pied en Europe et se soupçonnent les uns les autres de vouloir utiliser leur domination militaire à des fins politiques et économiques. Churchill s'inquiète surtout de la

▽ **Soldats** américains au siège de la Croix-Rouge à Paris, lisant une édition spéciale de *Stars and Stripes* annonçant la mort d'Adolf Hitler.
1945.

progression soviétique dans les Balkans, en particulier en Grèce. Bien plus averti que les Américains de la nature du régime communiste, il se rend à Moscou en octobre 1944 et improvise avec Staline un accord très vague qui délimite les zones d'influence britannique et soviétique dans cette région.

À la veille de la conférence de Yalta, le rapport des forces est nettement favorable à Staline : ses troupes ne sont plus qu'à 70 kilomètres de Berlin, alors que ses alliés occidentaux sont en deçà du Rhin. De plus, les opérations du Pacifique grèvent l'effort de guerre américain et Roosevelt cherche à attirer les Soviétiques sur ce front.

Des résultats mitigés

En dépit de ces tensions, l'atmosphère est cordiale ; Staline accueille Roosevelt et Churchill à Yalta, station balnéaire de Crimée, du 4 au 11 février 1945. L'« esprit de Yalta » permet l'adoption de décisions capitales : le statut de la future Organisation des Nations unies est précisé, le principe du droit de veto des grandes puissances, adopté ; Staline obtient même trois sièges pour la Russie, l'Ukraine et la Biélorussie. Le dictateur géorgien promet de s'engager contre le Japon trois mois après la capitulation allemande. Le démembrement du Reich est acquis et l'avenir de la Pologne établi : Staline obtient une modification des frontières au profit de l'U.R.S.S. et accepte d'élargir le « comité de Lublin » à des personnalités non communistes.

« Partage du monde », comme le dit le général de Gaulle ? Victoire unilatérale de Staline sur un Roosevelt naïf et affaibli par la maladie ? Peut-être. À Yalta, le Premier ministre britannique fait figure de parent pauvre et regrette sans doute l'absence du Français. La modération de Staline, que les journalistes américains appellent familièrement « oncle Joe », n'est qu'apparente ; elle charme néanmoins Roosevelt.

◁ **Le cessez-le-feu** est ordonné sur le front ouest par une sonnerie de clairon, le 8 mai 1945, jour de la capitulation sans conditions de l'Allemagne.

▽ **Staline,** Roosevelt et Churchill à Yalta. La division de l'Europe en deux blocs ne résulte pas de cette conférence mais de la guerre froide, qui débute dès 1945, lorsque Staline impose des structures socialistes à ses voisins.
1945.

Le général de Gaulle, ulcéré de n'être pas convié à Yalta, exprime ses réserves quant à l'avenir des relations internationales.

DE GAULLE ET YALTA

Le chef de la France libre évoque la rencontre dès le 21 janvier 1945, non sans amertume : « Figurez-vous que nous avons entendu dire qu'il y aurait une réunion de plusieurs chefs de gouvernement [...] La France n'est pas invitée à participer à cette réunion. » Dans *le Salut,* troisième volume de ses *Mémoires de guerre,* rédigé durant son exil politique et publié en 1959, il ajoute : « Quoi que MM. Roosevelt, Staline et Churchill pussent décider à propos de l'Allemagne et de l'Italie, ils seraient, pour l'appliquer, amenés à demander l'accord du général de Gaulle. Quant à la Vistule, au Danube, aux Balkans, l'Amérique et l'Angleterre les abandonneraient sans doute à la discrétion des Soviets. Mais alors le monde constaterait qu'il y avait corrélation entre l'absence de la France et le nouveau déchirement de l'Europe. » Le général en conclut que la France ne doit compter que sur elle-même pour retrouver son rang international.

Confiant, le président américain accorde plus de sincérité qu'il n'aurait fallu à ce froid réaliste en échange d'une « Déclaration sur l'Europe libérée » : celle-ci prévoit des élections libres dans tous les pays du Vieux Continent.

Yalta apparaît plutôt comme une tentative pragmatique de développer la coopération entre les vainqueurs et d'organiser une Europe nouvelle, déjà dessinée par la répartition des troupes victorieuses. La France est absente, mais elle se voit attribuer une zone d'occupation en Allemagne et le statut de membre permanent du futur Conseil de sécurité de l'O.N.U. Les avantages glanés par Staline ne sont pas sans contrepartie. Ils sont aussi la reconnaissance de l'énorme fardeau supporté par le peuple soviétique depuis 1941.

Le compromis de Potsdam

Malgré cela, les relations entre les trois « Grands » se détériorent assez vite après Yalta ; dès le 27 février, Staline viole la « Déclaration sur l'Europe libérée » en installant un gouvernement procommuniste en Roumanie. L'influence soviétique est de plus en plus sensible en Bulgarie, en Tchécoslovaquie et en Autriche ; les Soviétiques refusent l'accès de leurs arrières aux missions militaires alliées chargées de s'occuper des prisonniers libérés, et empêchent le retour en Pologne du gouvernement légal de Londres. Or, si Yalta a entériné l'annexion des États baltes par l'U.R.S.S., le sort de l'Est polonais, revendiqué et occupé par les Soviétiques, n'est pas officiellement fixé. Truman, qui succède à Roosevelt, décédé le 12 avril, est partisan de la fermeté vis-à-vis de Staline, dont il méconnaît toutefois les capacités.

La situation stratégique a évolué depuis Yalta : l'Allemagne a capitulé le 8 mai ; le 16 juillet, à la veille de la

Les cosaques ayant ▷ collaboré avec le régime nazi sont livrés à l'Armée rouge, en vertu des accords obtenus par Staline lors de la conférence de Yalta.

S. G. Korolkoff.
The All Cossacks Stanitza, New York.

La conférence ▽ de Potsdam, qui se tient du 17 juillet au 2 août 1945, doit préciser les accords de la conférence de Yalta.

Le monde n'a pas été « partagé » à Yalta, mais Churchill y a bel et bien conclu un marché avec Staline, échangeant la Pologne contre la Grèce.

LA GUERRE CIVILE EN GRÈCE

Occupée par les Allemands, les Italiens et les Bulgares, isolée par un terrible blocus, la Grèce a opposé une résistance héroïque à l'Italie puis à la Wehrmacht, dont elle a retardé l'avance en U.R.S.S. Au départ des Allemands, en octobre 1944, le pays a perdu 520 000 hommes. La Résistance est divisée : le roi Georges II revient de son exil à Londres, mais les communistes dirigés par Markos soutiennent un gouvernement provisoire favorable à l'U.R.S.S. L'ELAS (armée populaire grecque de libération) mène une guérilla très dure dans le Nord. Fidèle à sa politique traditionnelle, le Royaume-Uni fait ranger à Yalta la Grèce dans la « sphère d'influence britannique » et soutient le roi. Mais, incapable d'assurer un tel effort, il est relayé par les Américains : c'est à propos de la Grèce que Truman énoncera en 1947 la doctrine du *containment* (endiguement du communisme). Néanmoins, les troupes communistes ne seront définitivement écrasées qu'en août 1949.

conférence de Potsdam, la première bombe atomique explose dans le désert du Nouveau-Mexique, donnant aux Américains une maîtrise militaire sans égale. Enfin, Staline, confronté à l'ampleur des ruines de son pays, se retrouve cette fois quémandeur.

Le climat est déjà nettement moins cordial qu'à Yalta et les interlocuteurs ne sont plus les mêmes : Churchill, qui perd le pouvoir, est remplacé par le travailliste Attlee. Mais la volonté de négocier reste assez forte pour maintenir une certaine unité. Les discussions achoppent surtout sur les frontières de la Pologne, le transfert des industries du Reich défunt au titre des réparations et le statut de l'Italie. Le compromis de l'Américain Byrnes est finalement adopté par les négociateurs : les États-Unis acceptent le tracé soviétique des frontières polonaises, mais leurs décisions prévalent pour les deux autres questions. En revanche, un point ne trouve pas de solution : les élections libres dans les territoires occupés par les Soviétiques.

Il y a ainsi continuité de Yalta à Potsdam : les anciens Alliés tentent d'éviter le partage militaire de l'Europe. Mais, après l'embellie de la victoire, le vent de la « guerre froide » souffle sur les relations internationales. □

△ **Des soldats** soviétiques saluent un photographe américain de l'agence Signal sur la place de Potsdam, à Berlin, avant l'arrivée des troupes britanniques, le 4 juillet 1945.

◁ **La jonction** russo-américaine : des officiers russes et américains dansent avec les femmes soldats de l'Armée rouge. Ce bal célèbre la rencontre des premières troupes américaines et ukrainiennes à Torgau, en Allemagne, le 25 avril 1945.

▽
La bataille d'Iwo Jima. La 3e division de marines hisse le drapeau américain au sommet du volcan Suribachi, le 23 février 1945, après cinq jours de combats contre 22 000 Japonais.

LA DÉFAITE DU JAPON

Malgré une résistance acharnée, menée sans souci d'épargner des vies humaines, le Japon est contraint à la capitulation par le premier bombardement atomique de l'histoire.

MacArthur revient ▷ aux Philippines en octobre 1944, tenant ainsi sa solennelle promesse de 1942.
1944.

Après la victoire de Guadalcanal, les Américains reconquièrent les îles Salomon et isolent la base de Rabaul. À l'automne 1943, l'amiral Nimitz déclenche une grande offensive vers les îles Gilbert, dans le Pacifique central. Il dispose peu à peu d'une forte supériorité matérielle, grâce à l'entrée en service de la « marine des deux océans », mise en chantier vers 1939. Celle-ci est constituée de *task-groups,* chacun composé d'une porte-avions escorté de cuirassés rapides, de croiseurs et de destroyers chargés de la protection aérienne et sous-marine. Mais la victoire de Tarawa entraîne des pertes élevées, ce qui n'augure pas favorablement de la suite des opérations.

La stratégie alliée

La stratégie définitive pour le Pacifique est arrêtée lors des conférences anglo-américaines de Québec et du Caire aux mois d'août et de décembre 1943. Les Britanniques projettent une offensive en Birmanie, sous le commandement de lord Louis Mountbatten, pour faire la jonction avec les forces chinoises de Tchang Kaï-chek. Côté américain, les débarquements prévus en France pour 1944 ne doivent pas empêcher MacArthur d'achever la reconquête des Salomon et Nimitz d'attaquer les Marshall et les Mariannes, avec les moyens nécessaires. Du reste, la prise de Kwajelein en février 1944, dans les Marshall, s'avère plus facile que prévu ; la base nipponne de Truk est neutralisée conjointement par l'aviation basée à terre et par les appareils embarqués sur porte-avions. Après un nouveau bond de 500 kilomètres, l'opération décisive commence le 15 juin 1944.

La suprématie américaine

L'intervention débute par un affrontement naval qui tourne vite à l'avantage des Américains ; 130 000 hommes débarquent aux Mariannes. Vingt jours plus tard, la place de Saipan est emportée. L'affaire est chaude : les Japonais luttent sans reculer et y perdent 26 000 hommes ; ils auront moins de 2 000 survivants... Le 15 août 1944, l'occupation définitive de Saipan,

Le président Harry Truman poursuit un double objectif : obtenir la capitulation du Japon et montrer sa force à Staline.

LES DESSOUS DE LA CAPITULATION

Les deux bombes atomiques larguées sur Hiroshima et Nagasaki mettent rapidement fin à la guerre, selon les volontés du parti de la paix, dont les Américains ont eu connaissance en interceptant des messages diplomatiques : ce parti est prêt à la reddition, à condition que l'empereur soit maintenu sur son trône. Pour Washington, il s'agit aussi d'impressionner Staline aux fins « de le rendre plus accommodant en Europe » et de limiter l'influence soviétique en Extrême-Orient. Ce but est partiellement atteint, car, fidèle pour une fois à sa promesse, Staline déclare la guerre au Japon le 8 août : son armée occupe à peu de frais la Mandchourie, la Corée du Nord, le sud de Sakhaline et les îles Kouriles. La perspective d'une occupation conjointe du Japon est néanmoins écartée.

Iwo Jima est ▽ une île stratégique. Les Américains veulent y construire des pistes d'envol pour leurs superforteresses volantes B-29 afin d'en faire une base d'attaque contre Tokyo. 1945.

Guam et Tinian entraîne la rupture de leur périmètre défensif. Bientôt, les superforteresses B-29 quittent l'île pour bombarder directement le Japon.

L'offensive de Nimitz rejoint celle de MacArthur aux Philippines, défendues par 350 000 Japonais : du 23 au 26 octobre, le débarquement de Leyte provoque, avec 282 bâtiments engagés, la dernière grande bataille aéronavale de la guerre. La victoire quasi totale de l'US Navy lui assure l'absolue maîtrise des mers. Une inquiétude toutefois : les Japonais, fanatisés, commencent à lancer des avions-suicide sur les navires américains, les fameux kamikazes (« vents divins »).

Tandis que MacArthur nettoie les Philippines par des opérations qui tuent 300 000 Nippons, Nimitz débute sa « marche sur Tokyo » par la prise d'Iwo Jima : à mi-chemin entre les îles Mariannes et le Japon, cet îlot servira de relais aux bombardiers B-29 et de base aux chasseurs d'escorte Mustang P-51. L'attaque lancée le 19 février 1945 débouche sur une bataille féroce, qui dure un mois et au cours de laquelle périssent 21 000 Japonais et 4 500 Américains.

L'objectif suivant est Okinawa, dans l'archipel des Ryukyu, territoire japonais depuis 1875 dont la possession préludera à l'assaut final contre le Japon. Les forces aéronavales américaines, soutenues par une flotte britannique, ouvrent le combat le 1er avril. 120 000 défenseurs fanatisés les contraignent à une attaque frontale ininterrompue durant quatre-vingt sept jours, l'une des plus dures de toute la guerre : chaque mètre carré de terrain est disputé au prix d'atroces corps-à-corps. Les kamikazes occasionnent quelques sérieux soucis à la marine américaine, mais sans parvenir à couler un seul navire de ligne ; 5 000 avions japonais sont abattus contre 750 américains.

La prise d'Okinawa fait plus de 110 000 tués nippons et 11 000 morts américains ; il n'y a que 7 400 prisonniers. Le Japon est désormais perdu.

VERS LA CAPITULATION

La lutte de l'archipel apparaît désespérée. Le Japon n'a plus de marine de commerce pour s'approvisionner, sa flotte de combat est anéantie. Privé de combustible, de matières premières et

Tactique désespérée conforme au *bushido* des samouraïs, la première attaque de kamikazes intervient à la fin de la bataille de Leyte, le 26 octobre 1944.

LES KAMIKAZES

Six porte-avions américains sont alors endommagés par les avions-suicide japonais et deux autres coulés. De nouvelles attaques se produisent les jours suivants. Ce succès décide l'état-major japonais à donner un aspect stratégique à cette forme de combat : des volontaires issus des universités ou des grandes écoles sont massivement recrutés et reçoivent une formation rudimentaire au pilotage. Après une pause, une offensive générale de kamikazes intervient au cours de la dure bataille d'Okinawa : de type classique ou propulsés par fusées (les Bakas), les avions bourrés d'explosifs s'abattent sur les navires de l'US Navy et leur occasionnent de sérieuses pertes et des dégâts matériels. Le choc psychologique est profond, mais ces sacrifices n'arrêtent pas la progression américaine.

△ **Groupe** de pilotes d'avions-suicide japonais, surnommés kamikazes (« vents divins »), par analogie avec les typhons qui ont sauvé le Japon de l'invasion mongole de 1281.
1945.

▷ **Reddition** du Japon sur le *Missouri*. C'est le général Tojo, auteur de l'attaque de Pearl Harbor, qui endosse officiellement la responsabilité de la défaite.
1945.

de produits alimentaires, il subit de surcroît les terribles raids aériens nocturnes des B-29 : les bombes incendiaires larguées à basse altitude réduisent en cendres les principales agglomérations et tuent 900 000 civils japonais. À Tokyo, 1 700 tonnes de bombes lâchées par 280 avions dans la nuit du 9 au 10 mars 1945 rasent 38 km^2 : 83 000 morts, 41 000 blessés.

L'armée impériale dispose encore de 2 millions d'hommes bien équipés pour défendre le territoire, soutenus par 13 millions d'auxiliaires, y compris des enfants, à l'armement rudimentaire ; 3 millions d'hommes coupés de leurs bases se battent toujours en Chine, en Malaisie, en Indochine et en Insulinde. La résistance aligne aussi 5 000 avions et de nombreux Bakas – sorte de V1 avec pilote – destinés aux kamikazes et 2 500 torpilles humaines Kaiten, sous-marins de poche, ou canots-suicide, capables de causer des pertes significatives aux assaillants.

Cette perspective divise les chefs militaires américains. Les amiraux King et Nimitz estiment qu'un blocus naval, total depuis le 28 juillet, associé à la poursuite des bombardements aériens, doit entraîner la reddition du Japon. MacArthur et Marshall suggèrent plutôt des débarquements, de Kyushu à Tokyo, échelonnés de la fin 1945 au printemps 1946. En conclusion, le général Eisenhower estime que la conquête du Japon s'achèvera en décembre 1946 et coûtera un million de morts à son armée, sans préjudice des pertes adverses.

Les deux bombes atomiques larguées sur Hiroshima et Nagasaki et la déclaration de guerre soviétique, le 9 août, vont trancher le débat. Désireux d'abréger les souffrances de son peuple, l'empereur Hirohito s'appuie sur le parti de la Paix et use de toute son autorité pour imposer enfin la capitulation : signée le 2 septembre 1945 à bord du cuirassé *Missouri,* ancré dans la baie de Tokyo, celle-ci met fin à la Seconde Guerre mondiale. □

Les officiers japonais ▽ déposent leurs sabres de samouraï en signe de soumission. Mais, craignant que le vainqueur ne veuille se venger, les Japonais ont prévu des caches qu'ils remplissent d'armes et d'argent.
1945.

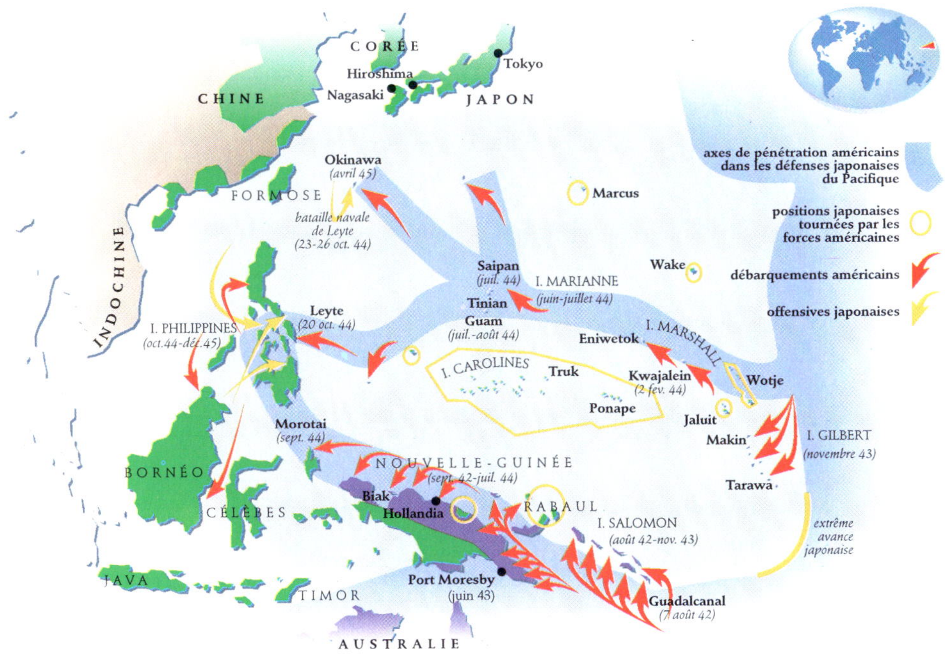

LA BOMBE ATOMIQUE

Au début de l'été 1945, l'important effort accompli par les États-Unis dans le cadre du projet « Manhattan » atteint son but : les centres de recherches atomiques d'Oak Ridge, de Los Alamos et de Hanford construisent une bombe à l'uranium et deux autres au plutonium. Le 16 juillet, l'expérience effectuée avec l'une d'entre elles dans le désert du Nouveau-Mexique dépasse tous les espoirs : la puissance de cette arme absolue est évaluée à 13 kilotonnes, soit l'équivalent de 13 000 tonnes de tolite, l'explosif le plus performant à l'époque. Le président Truman est prévenu du succès dès l'ouverture de la conférence de Potsdam et décide de larguer les deux bombes sur le Japon afin d'arrêter une guerre qui s'annonce coûteuse en vies humaines. Un ultimatum est expédié aux Japonais et, le 6 août, le B-29 *Enola Gay* lâche *Little Boy* sur Hiroshima : détruite à 60 p. 100 par la bombe à l'uranium, la ville compte 80 000 morts et 70 000 blessés sur 330 000 habitants. Le 9 août, le B-29 *Bock's Car* largue *Fat Man* sur Nagasaki, faute d'avoir localisé Kokura, son premier objectif, dissimulé par une épaisse couche de nuages. Le site accidenté de Nagasaki limite l'effet meurtrier du souffle, mais la bombe tue 35 000 des 260 000 habitants et en blesse 60 000. Le choc psychologique permet à l'empereur d'imposer la capitulation à son peuple.

▽ **Bombe** nucléaire du type de *Little Boy*, qui fut larguée à 9 500 m d'altitude et qui a explosé à 500 m au-dessus d'Hiroshima. Elle mesure 3,50 m de long et 0,75 m de diamètre, pèse environ 4 500 kg et détient une puissance de 20 kt.
1945.

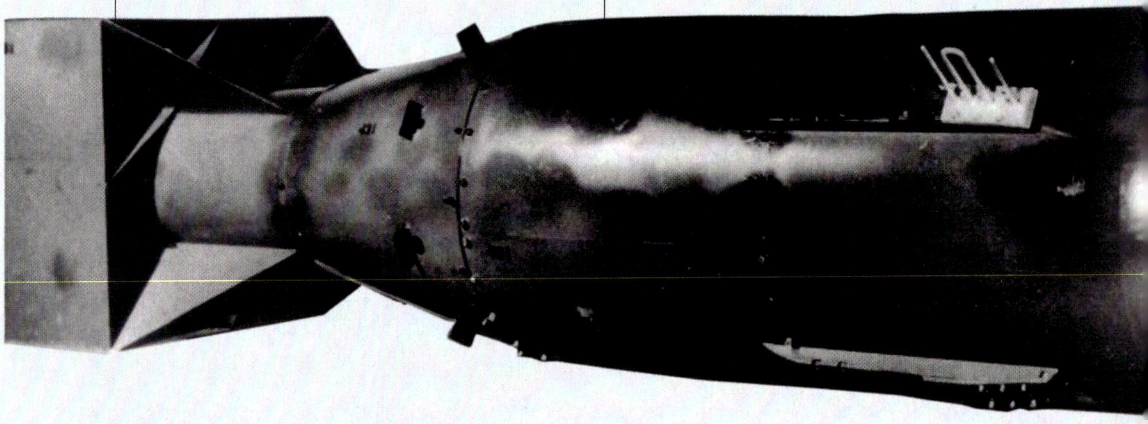

◁ **Montre** ayant appartenu à une victime d'Hiroshima. Il est 8 h 15, le lundi 6 août 1945, lorsque trois bombardiers B-29 approchent de la ville et lâchent la première bombe atomique.

◁ « **L'énergie** atomique marque le début d'une ère nouvelle [...], elle pourra suppléer la puissance qui nous vient aujourd'hui du charbon, du pétrole et des chutes d'eau » (Truman).

Paul Tibets, le pilote ▽ qui a largué la bombe atomique sur Hiroshima le 6 août 1945, a baptisé son B-29 *Enola Gay,* d'après le nom de jeune fille de sa mère.
1945.

◁ **Au centre** de l'explosion, à Hiroshima, la température a atteint 300 000 °C, brûlant tout dans un rayon de 2 km. Au-delà, l'énorme dose de radioactivité a causé d'importantes brûlures.
1945.

Hiroshima, deux ▷ mois après l'explosion atomique. Il a fallu ce traumatisme pour que les Japonais acceptent de déposer les armes.
1945.

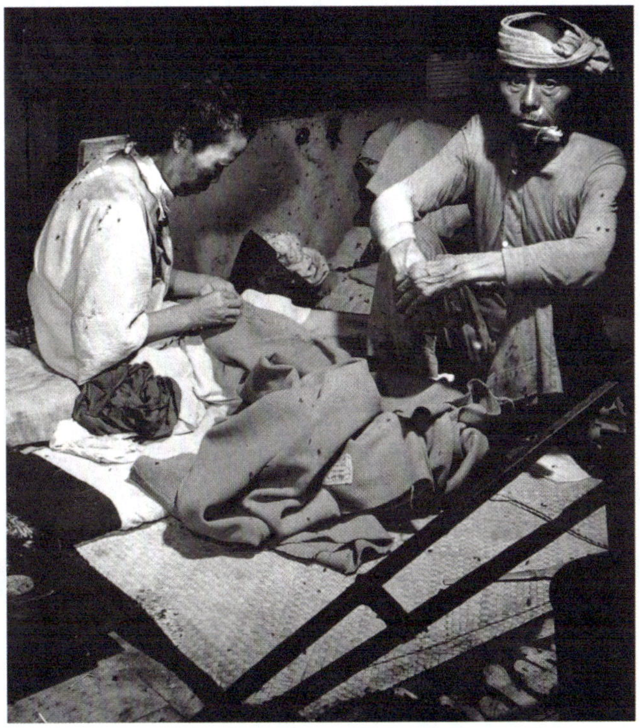

Campagne heureuse. *1944. Jean Dubuffet. Musée national d'Art moderne, Paris.*

FRANCE

Le Salon d'automne

■ Pendant la guerre, New York avait supplanté Paris comme centre de création artistique, car de nombreux peintres et sculpteurs s'y étaient réfugiés. Dès la Libération, ils reviennent à Paris, où, le 5 octobre 1944, s'ouvre le Salon d'automne. Les initiés peuvent y admirer des œuvres de Jacques Villon, Nicolas de Staël, Gromaire, André Delvaux et, clou de l'exposition, 74 toiles de Picasso. À la même époque, Jean Dubuffet, un négociant en vins qui se consacre totalement à la peinture depuis quelques années, exalte l'« art brut » et la spontanéité d'œuvres produites hors de tout professionnalisme artistique. □

FRANCE

La liberté de la presse

■ À la Libération, les plus grands journaux parisiens, qui ont collaboré avec l'occupant, ne peuvent plus paraître. Dans leurs salles de rédaction arrivent de nouveaux journalistes en *battle-dress* et béret, dont toute l'expérience vient de la presse clandestine. C'est grâce à eux que paraissent de nouveaux titres, dont les noms évoquent la Résistance : *Combat, le Parisien libéré, Franc-Tireur. L'Humanité,* portée par une très active diffusion militante, assure le rayonnement du « parti des fusillés », dont le premier secrétaire, Maurice Thorez, rentre tout juste de Moscou. Mais il manque à la France un journal de référence, qui prendrait la place du *Temps*. Les locaux de celui-ci sont vacants, ses rotatives attendent. Le général de Gaulle demande alors à Hubert Beuve-Méry, qui avait su amener à la Résistance les élèves de l'école des cadres d'Uriage – pourtant vichyste –, de prendre la tête d'un nouveau quotidien. Ce sera *le Monde,* au célèbre titre gothique, à la présentation austère, qui jouera un rôle essentiel auprès des membres de la classe politique et de l'intelligentsia françaises. □

Imprimeur résistant. *1944. R. Doisneau. Coll. part.*

YOUGOSLAVIE

Victoire du communisme

■ Josip Broz, dit Tito, est le seul maître de la Yougoslavie à partir de novembre 1945. C'est la victoire d'un homme qui n'a jamais cessé de combattre pour le communisme depuis que, Croate enrôlé dans l'armée austro-hongroise, il a été fait prisonnier par les Russes en 1915. Révolutionnaire professionnel, il a servi dans l'Armée rouge, a lutté contre le gouvernement royal de Yougoslavie, avant de s'installer à Paris en 1936 pour superviser le départ des Brigades internationales vers l'Espagne. À partir de 1941, dans son pays, il organise contre les occupants allemands une guérilla très active, qui remporte de beaux succès. Il lui faut néanmoins attendre l'arrivée de l'Armée rouge pour libérer Belgrade (octobre 1944). C'est grâce à l'appui soviétique qu'il peut imposer au roi Pierre II la constitution d'un gouvernement de « front national », auquel participent des communistes et des résistants nationalistes, menés par Soubasic. Cependant, dès le 3 octobre 1945, Tito exclut ce dernier du gouvernement ; Staline pense ainsi disposer d'une tête de pont sur l'Adriatique, mais c'est compter sans le nationalisme de Tito, qui se démarquera rapidement du « grand frère » soviétique. □

SUD-EST ASIATIQUE

De l'Indochine au Viêt-nam

■ La population de l'Indochine française a observé avec ironie la déférence de l'administration française, fidèle à Vichy, envers les occupants japonais, ainsi que la proclamation, en mars 1945, de la souveraineté de l'empereur Bao Dai, héritier de l'ancienne famille régnante. Comme en Indonésie, le nationalisme y est ancien, et, suivant l'exemple de Sukarno, Hô Chi Minh profite du départ des Japonais pour proclamer, le 2 septembre 1945, l'indépendance du Viêt-nam, tandis que Bao Dai abdique. Mais, contrairement à Sukarno, le chef vietnamien est communiste depuis son séjour en France, après la Première Guerre mondiale. Poète et militant, il fonde le Parti communiste vietnamien et, pendant la Seconde Guerre mondiale, le Viêt minh, qui lutte autant contre les Japonais que contre les Français. Ceux-ci, dans un premier temps, acceptent de négocier avec le gouvernement vietnamien, d'autant qu'ils n'ont pas de troupes en Indochine : conformément aux accords de Potsdam, l'armée chinoise est responsable du pays au nord du 16e parallèle et les Anglais au sud. Cependant, en octobre 1945, le général Leclerc débarque à Saigon et remplace les Anglais. □

U.R.S.S.

Staline déclare la guerre

■ À Yalta (février 1945), Staline avait promis d'entrer le plus vite possible en guerre contre le Japon afin de soulager les Américains dans le Pacifique, le débarquement allié en Normandie, en ouvrant un second front, ayant diminué la pression allemande sur l'Armée rouge. Mais l'U.R.S.S. n'est guère pressée d'intervenir et d'avoir à tenir l'Extrême-Orient sibérien. Quand, le 6 août, la bombe atomique américaine détruit Hiroshima, Soviétiques et Japonais sont toujours en paix : Staline ne déclare la guerre que le 9 août 1945, trop tard pour jouer un rôle dans la défaite japonaise, mais assez tôt pour envahir le nord de la Corée et s'emparer des îles Kouriles. □

ITALIE

Raconter la guerre

■ Alliés obligés de l'Allemagne nazie, les Italiens ont dû combattre sur le front russe et affronter sans équipements le froid et la guérilla. Parmi ces soldats, un correspondant de guerre exceptionnel : Curzio Malaparte, qui est bien loin, en 1941, de l'admiration exaltée du fascisme dont il avait fait preuve dans les années 20. L'auteur de *l'Italie barbare* (1925) a rompu avec l'endoctrinement fasciste dès 1931 et a connu cinq ans d'exil aride sur l'île de Lipari. Dans *Le soleil est aveugle,* il regrette l'intervention italienne en France, pourtant victorieuse. Dans *Kaputt* (1944), il peint une apocalyptique Europe en guerre, peuplée de personnes déplacées, de mutilés et de déments. □

1945 - 1947

Après plus de cinq ans de guerre mondiale, 1945 est l'année de tous les espoirs : G.I. bien nourris, héros de Stalingrad ou résistants en guenilles, les vainqueurs croient fonder un monde juste et pacifique. Mais 1945 est aussi l'année de toutes les menaces : les trois « grands » qui prennent la pose à Yalta entérinent le sort d'une Europe affamée, déchirée, exsangue. Sous la sérénité affichée par Roosevelt, Staline et Churchill se dissimule un irréductible antagonisme idéologique, qui marquera le second vingtième siècle ; un an après Yalta, Churchill dénoncera le « rideau de fer » qui sépare l'Est et l'Ouest. Dans le Pacifique, le Japon lutte jusqu'à son dernier kamikaze contre la formidable puissance militaire et industrielle des États-Unis. C'est pour venir à bout de cette résistance que Truman restera comme le premier et le seul chef d'État à avoir jamais utilisé une bombe nucléaire. « Soudain le ciel devint tout noir », diront les survivants, et la terre entière vivra désormais dans la peur de la fin du monde.

Berlin en ruines, août 1945.

LE BILAN DE LA GUERRE

L'extension géographique du conflit et l'utilisation d'armements sophistiqués, à la puissance destructrice accrue, font de la Seconde Guerre mondiale la plus meurtrière de l'histoire. L'Europe en est particulièrement traumatisée.

CINQUANTE MILLIONS d'hommes sont morts entre 1939 et 1945, chiffre cinq fois supérieur à celui de la Grande Guerre – considérée pourtant comme une tuerie exceptionnelle – et auquel il faut ajouter un nombre très important de blessés. La guerre a une fois de plus bouleversé l'Europe. Prolongée, de manière inégale en Méditerranée, en Asie du Sud-Est et en Océanie, elle a épargné en revanche le continent américain ainsi que la majeure partie de l'Afrique.

UN AFFAIBLISSEMENT HUMAIN

Pour la première fois depuis le XVIIIe siècle, les civils sont plus touchés que les militaires : 75 p. 100 des victimes sont des non-combattants. Déportations, massacres délibérés, bombardements et épidémies causent d'effroyables pertes, surtout dans l'Est européen : l'U.R.S.S. déplore 20 millions de tués, soit 12 p. 100 de sa popu-

◁ **Vision** d'apocalypse : Dresde, bombardée en février 1945, dénombre 135 000 morts et 165 000 blessés sur 700 000 habitants.

1945.

lation ; la Pologne pleure 6 millions de disparus, 18 p. 100 des siens. Les Balkans ont beaucoup souffert. D'autres pays occupés par le Reich – France, Belgique, Pays-Bas ou Norvège – sont moins touchés. Des groupes humains victimes de leur identité ethnique ou religieuse accusent des pertes terribles : plus de 5 millions de Juifs, un million de Tsiganes ont été exterminés dans les camps. Hors d'Europe, 8 millions de Chinois et 3 millions de Japonais sont morts, chiffre énorme au regard des 100 000 soldats américains tués dans le Pacifique. Présents sur tous les théâtres d'opérations, les États-Unis sortent vainqueurs de la guerre avec les plus faibles pertes de tous les belligérants : 0,2 p. 100 de la population. Quant aux Allemands, ils ont eu 6 millions de tués.

Partout, la guerre a fait diminuer le taux de natalité et augmenter le taux de mortalité dans de fortes proportions. Les privations imposées par un rationnement alimentaire généralisé, qui perdure jusqu'à la fin de la décennie, contribuent à multiplier les cas de tuberculose ou de rachitisme chez les enfants. Autrement marqués dans leur corps et leur esprit sont les rescapés des stalags, oflags (camps de prisonniers) et, surtout, des camps de concentration. La sous-alimentation, le mauvais état sanitaire et moral des populations, la pénurie de main-d'œuvre affectent durablement la démographie et les économies de l'après-guerre.

Le conflit a en outre provoqué de tragiques et massifs transferts de personnes. Trente millions d'individus sont ainsi « déplacés » : exode français de 1940, expulsion des Polonais par les

Retour des prisonniers de guerre autrichiens à Vienne. Cet homme savoure la liberté retrouvée après deux ans de captivité, tandis qu'une femme cherche désespérément son fils.

◁ 1947.

Le pont Jeanne-d'Arc ▽ à Brest. Libérée par les Américains le 20 septembre 1944 après six semaines de siège, la ville est aux trois quarts détruite.

1944.

Le 8 mai 1945, l'Allemagne vaincue offre un spectacle de désolation qui rappelle la guerre de Trente Ans.

ALLEMAGNE, ANNÉE ZÉRO

Trois millions de soldats sont morts sur les différents fronts et plus de sept millions sont en captivité. Trois millions de civils ont péri au cours des bombardements alliés ou des transferts de populations. Sur les routes allemandes se croisent réfugiés, déportés juifs, requis du S.T.O., prisonniers, civils fuyant les villes détruites. La constitution de quatre zones d'occupation ajoute à la désorganisation de la production. En état de choc, la population émerge de douze ans de nazisme et paraît même accueillir avec soulagement les armées alliées à l'ouest. Celles-ci entreprennent alors de « dénazifier » l'Administration et l'économie ; plus de 150 000 personnes sont suspectées par les Occidentaux d'être des criminels de guerre ; 130 000 autres sont internées à l'est par les Soviétiques.

Allemands, fuite des civils de la Prusse-Orientale devant l'avancée russe de 1944-1945, déportation de peuples entiers décidée par Staline, rattachement des populations germanophones au Reich ou réquisition pour le Service du travail obligatoire (S.T.O.).

LES DESTRUCTIONS MATÉRIELLES

Les progrès des armes à long rayon d'action, telles que l'aviation, les fusées ou les roquettes, ont infligé des dommages bien au-delà des lignes de front et infiniment plus dévastateurs que ceux de la Grande Guerre. Bombardées jour et nuit, asphyxiées par les blocus ou les pénuries alimentaires, les capitales comme Berlin, Londres, Budapest, Tokyo, Belgrade ou Varsovie, les métropoles telles que Leningrad, Hambourg, Cologne, Essen, Francfort ont subi des dégâts irrémédiables. Stalingrad, férocement disputée, n'est plus qu'un monceau de ruines fumantes ; 6 millions de maisons, 70 000 villages d'U.R.S.S. ont subi un sort analogue. Plusieurs villes et ports de France ont payé cher les combats libérateurs : Rouen, Le Havre, Saint-Lô, Caen, Brest, Dunkerque, Toulon ou Royan sont détruites à 80 p. 100. Vingt-deux mois de combats ininterrompus ont ravagé l'Italie. Les infrastructures – ports, canaux, ponts, tunnels, routes, voies ferrées et installations électriques – sont endommagées par les bombardements et les sabotages systématiques : le réseau ferroviaire français a perdu 5 000 km, 14 500 de ses 17 500 locomotives ; 6 200 km du réseau allemand sont inutilisables. Quant au réseau polonais, il est quasiment impraticable.

DES ÉCONOMIES RUINÉES

La guerre a mobilisé tout l'appareil productif, qui doit se reconvertir d'urgence. Les objets de première nécessité, les produits alimentaires manquent ou ne peuvent être acheminés vers les villes, faute de moyens de transport : pénurie et rationnement s'aggravent parfois dans l'Europe libérée. La situation financière est dramatique : l'effort de guerre a accéléré les tendances inflationnistes, et la hausse vertigineuse de l'endettement oblige

Pour « préserver les générations futures du fléau de la guerre », la Charte du 26 juin 1945 fonde une organisation d'un type nouveau.

LA CHARTE DE SAN FRANCISCO

Document long et complexe, la Charte des Nations unies, inspirée de la charte de l'Atlantique, fixe les nouveaux principes d'organisation de la société internationale, crée les différentes institutions de l'O.N.U. (Assemblée générale, Conseil de sécurité) et établit les procédures à suivre en vue du « règlement pacifique des différends » ou « en cas de menace contre la paix, de rupture de la paix et d'acte d'agression ». La coopération économique et sociale constitue un autre grand volet d'action prévu par la Charte de l'O.N.U. Cette dernière innove avec l'adoption du principe de vote majoritaire : la S.D.N. prenait ses décisions à l'unanimité, procédure lourde qui restreignait le nombre de résolutions adoptées. Enfin, un droit de veto est accordé aux pays membres permanents du Conseil de sécurité : États-Unis, France, Royaume-Uni, U.R.S.S. et Chine.

« **Personnes** déplacées », ces déportés du S.T.O. rapatriés franchissent la frontière entre les zones soviétique et américaine, près de Dessau.
1945. ▷

▽ **La France** a subi de faibles pertes humaines, mais les considérables destructions matérielles grèvent lourdement le budget de la nation : les pouvoirs publics font appel à l'épargne privée.
1944.

les États à un strict contrôle des finances publiques. La seule France a versé plus de 700 milliards de francs à l'Allemagne au titre des frais d'occupation et ses prix de détail ont triplé, voire quadruplé, depuis 1939.

La guerre a donc fait chuter le niveau de vie des populations. Cette baisse est néanmoins très inégale : la Pologne ou l'Allemagne sont ravagées, tandis qu'au contraire les États-Unis et le Canada, préservés des destructions, sortent de la guerre plus prospères qu'ils n'y étaient entrés. Les fabriques d'armements ont totalement résorbé le chômage issu de la crise de 1929. L'économie française cumule plusieurs handicaps : le coût de la reconstruction est estimé à 4 900 milliards en 1946, soit plus de deux années du revenu national de 1939 ; 3 millions d'hectares de terres cultivées ont été ravagés ou abandonnés ; les tensions sociales entre citadins affamés et campagnards relativement favorisés, entre « profiteurs » et petites gens aiguisent aigreur et ressentiments. De nombreux Français ne comprennent pas pourquoi le retour de la paix n'est pas accompagné de celui de l'abondance. Encore la France est-elle relativement privilégiée par rapport à certains pays : la situation économique du Royaume-Uni, qui n'a pourtant pas subi d'occupation, reste également précaire.

Le contrecoup moral

La guerre a fréquemment avivé les vieilles divisions nationales et en a même créé de nouvelles. Ainsi, la Libération coïncide avec le retour de la guerre civile en Chine et en Grèce. Les pays anciennement occupés font l'objet d'une « épuration » parfois expéditive des anciens collaborateurs du Reich, réels ou suspectés, sur la foi de dénonciations ; ces antagonismes laissent d'amères traces, surtout en Yougoslavie, en Italie et en France.

La transgression de règles morales que tous croyaient intangibles mine un peu plus la civilisation européenne encore traumatisée par le souvenir de 1914-1918. Cette dernière découvre avec horreur, lorsque les armées alliées libèrent les camps de la mort, l'ampleur des atrocités perpétrées par les nazis. Dès 1941, alors que les Allemands n'avaient pas encore program-

▽ **L'heure** des règlements de comptes a sonné pour les « kollabos ». Ce jeune milicien français va être fusillé et attend la mort avec sérénité. Les tribunaux sont plus cléments que l'épuration « sauvage » d'août 1944.
1945.

mé la « solution finale », les Alliés avaient manifesté l'intention de juger les responsables hitlériens, déjà coupables de massacres en Pologne et en Russie. En octobre 1942, une commission d'enquête interalliée sur les crimes de guerre était formée ; un an plus tard, à Moscou, la création d'un Tribunal militaire international est décidée.

Capturés lors de la conquête de l'Allemagne, vingt-deux des plus grands responsables politiques, militaires et économiques du Reich encore vivants comparaissent au procès de Nuremberg, ouvert le 19 novembre 1945, sous trois chefs d'inculpation : crimes contre la paix (préparation et direction d'une guerre d'agression), crimes de guerre (violation des lois de guerre) et crime contre l'humanité (génocide). Ce dernier est une innovation en droit international, promise à un bel avenir... Douze condamnations à mort, sept peines de prison à perpétuité ou à temps et trois acquittements sont prononcés. Hormis Göring, qui se suicide, et Bormann, en fuite, condamné par contumace, les autres condamnés à mort – Ribbentrop, Rosenberg, Streicher, Kaltenbrunner, Sauckel, Frank, Seyss-Inquart, Frick, Keitel et Jodl – sont pendus le 16 octobre 1946.

UNE NOUVELLE GÉOPOLITIQUE

Avec 35 millions de morts, l'Europe, exsangue, est en déclin. Couverte de ruines, elle doit renoncer à sa primauté économique ; la Grande-Bretagne, pourtant auréolée de sa résistance glorieuse et dont les armées occupent le Reich, est devenue débitrice des États-Unis ; si la France appartient au camp des vainqueurs, sa dure défaite de 1940 et le discrédit de Vichy lui occasionnent une perte de prestige dont elle a beaucoup de mal à se relever.

Le recul de la France et de la Grande-Bretagne devant les Japonais leur ont fait perdre la face en Extrême-Orient auprès des peuples colonisés. De plus, ceux-ci fournissent un réservoir d'hommes très important au cours de la libération. Deux millions de soldats indiens combattent avec les Britanniques ; l'armée française de 1944 est surtout constituée des populations de l'Afrique du Nord. Discrètement soutenues par les Américains et les Soviétiques, les colonies affichent un net désir de réformes politiques internes. Le jour de la capitulation allemande, de violentes émeutes éclatent en Algérie à Sétif, dans le Constantinois ; le jour de la défaite japonaise, Hô Chi Minh proclame l'indépendance du Viêt-nam. Les Britanniques se résignent à l'abandon inévitable des Indes.

◁ **Les principaux** chefs nazis devant le tribunal interallié de Nuremberg. Seul Göring y reconnaît ses responsabilités.
1946.

Le premier tribunal pénal international condamne les principaux hiérarques nazis encore vivants à des peines diverses.

LE PROCÈS DE NUREMBERG

« **Le** châtiment de ces crimes doit être un des objectifs de cette guerre », déclare Churchill le 25 octobre 1941. L'idée d'un procès est acquise, pour lequel il faut établir une procédure et des chefs d'inculpation. Si les crimes contre la paix et les crimes de guerre existent déjà en droit international, le « crime contre l'humanité » est une nouveauté : imprescriptible, il recouvre les persécutions raciales d'avant 1939. Pour Edgar Faure, membre de la délégation française du ministère public, ce procès marque « un élargissement de la conscience collective de l'humanité ». Outre les condamnations de personnes, le tribunal interdit les organisations nazies – NSDAP, SS, SD, Gestapo. Trois prévenus sont acquittés : Franz von Papen, le financier Schacht, Fritsch. Le choix de la ville est symbolique : Nuremberg fut le principal théâtre des manifestations du nazisme triomphant.

L'Europe est dépassée par le jeu des forces qui l'occupent et la divisent : ses parties centrale et orientale sont dominées par les Soviétiques, lesquels installent des gouvernements procommunistes étroitement inféodés à Moscou. Attirée par les États-Unis, la partie occidentale renoue avec ses traditions démocratiques et des économies libérales. La guerre a mis fin à un ordre international européen vieux de plusieurs siècles, laissant la place à un système bipolaire où deux « superpuissances », aux ressources inépuisables, aux modèles idéologiques et économiques radicalement opposés et aux réseaux d'alliances parallèles, s'affrontent désormais.

Deux grands face à face

En 1945, les États-Unis possèdent deux armes absolues : la bombe atomique qui leur donne une suprématie militaire incontestée et un dynamisme économique qui permet d'influencer la politique de leurs alliés. Durant plusieurs années, soutenus par les nations qu'ils ont libérées, où leur prestige est immense, les États-Unis jouissent d'une large majorité à l'O.N.U.

L'U.R.S.S. fait pâle figure devant la puissance économique américaine, à laquelle elle doit partiellement la victoire. L'Armée rouge, la plus grande du monde, est en effet dotée de nombreux matériels fabriqués aux États-Unis, que son industrie ne pouvait pas fournir. En revanche, le peuple russe a payé le plus lourd tribut humain à la guerre, a libéré la moitié de l'Europe et pris Berlin. Les communistes ont joué un rôle décisif dans les résistances à l'occupation, et leur modèle politique apparaît à beaucoup comme la meilleure réponse aux aspirations à la justice sociale.

La sécurité collective

La guerre a consacré l'impuissance de la Société des Nations. En juin 1945, cinquante États signent la Charte de l'Organisation des Nations unies (O.N.U.) pour « maintenir la paix et la sécurité mondiales » et résoudre « les problèmes internationaux d'ordre économique, social, intellectuel ou humanitaire, en développant et en encourageant le respect des droits de l'homme ». Née de la guerre, l'O.N.U. doit ainsi s'efforcer de conjurer celle-ci pour prévenir un nouveau déchaînement de violence. □

◁ **L'Organisation** des Nations unies succède à la S.D.N. pour régler les litiges internationaux. Lord Halifax, ambassadeur britannique aux États-Unis, signe la Charte, à San Francisco, le 26 juin 1945.
1945.

△ **Affiche** pour une campagne de l'Organisation mondiale de la santé (O.M.S.). Les Nations unies donnent naissance à plusieurs organismes secondaires à vocation humanitaire ou culturelle. L'état sanitaire des populations victimes de la guerre reste préoccupant pendant de longues années.
1949.

Parmi les quelque vingt millions de réfugiés errant sur les routes d'Europe, certains prisonniers de guerre voient se prolonger leur douloureux calvaire.

LE SORT DES PRISONNIERS

La fin des hostilités n'a pas libéré tous les prisonniers de guerre. Si 375 000 Allemands internés aux États-Unis sont rapatriés dès 1946, ceux qui sont captifs en France ne repartent qu'en 1947. Ils ont toutefois de la chance : leurs compatriotes prisonniers en U.R.S.S., soit plus de un million de soldats, ne retournent en Allemagne qu'après 1954 ou disparaissent dans les camps de Sibérie ; sur les 100 000 rescapés de l'armée de Paulus capturée à Stalingrad, seuls 6 000 survivants regagnent leur pays... en 1955. Un sort bien plus terrible attend les prisonniers de guerre soviétiques rapatriés en U.R.S.S. : considérés comme des traîtres ou des lâches, ils sont expédiés, sur ordre de Staline, dans des camps de travail où ils périssent en masse. Enfin, 3 500 000 prisonniers japonais sont rapidement libérés, à l'exception de ceux capturés par les Soviétiques en Mandchourie.

LES SCIENCES ET LA GUERRE

La Seconde Guerre mondiale amplifie un aspect déjà observé en 1914-1918 : la recherche scientifique devient un enjeu majeur pour les belligérants. Tous les domaines sont concernés : physique nucléaire, biologie, chimie, médecine, électronique. Radars et télécommunications sont aussi indispensables aux armées modernes que les chars ou les avions. Ironie de l'histoire, les États-Unis acquièrent la suprématie mondiale grâce... à Hitler ! Dès 1933, de nombreux chercheurs allemands, juifs ou hostiles au régime nazi, émigrent outre-Atlantique. Le Reich perd ainsi le quart de ses physiciens. Quoique le dernier prix Nobel de biologie de l'avant-guerre revienne à l'Allemagne, ce pays ne parviendra pas au stade de l'antibiotique ; or, les Américains réussissent à produire en masse dès 1942 la pénicilline découverte par Fleming. Ces progrès fulgurants sont toutefois accompagnés d'un profond changement qui engage la liberté et l'éthique des hommes de science. Ceux-ci sont sommés par les États de développer les applications pratiques et meurtrières de leurs découvertes, et perdent donc le contrôle de leur propre production. Symbole de ce nouvel embrigadement, le projet Manhattan sur la bombe atomique est une mobilisation secrète de 100 000 personnes, à laquelle collaborent les chercheurs les plus éminents.

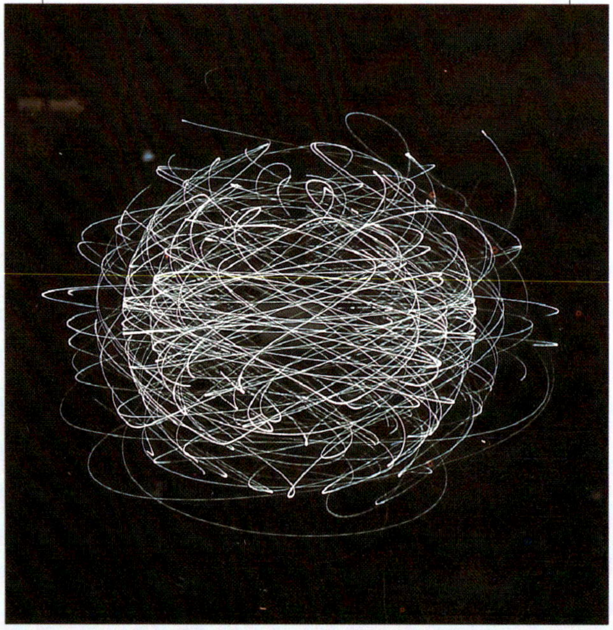

◁ **Un atome** d'uranium 235. Les travaux et les théories de Rutherford, d'Einstein, de Fermi ou d'Oppenheimer donnent aux États-Unis la maîtrise de l'énergie nucléaire civile et militaire.
Union Carbide, New York.

Le radar, massivement ▷ utilisé dès la bataille d'Angleterre en 1940 contre la Luftwaffe, connaît après la guerre un usage plus pacifique. Ses ondes très courtes permettent un contact avec la Lune.
1946. *France Illustration.*

◁ **Ces pilotes** ont traversé les États-Unis à bord de ce bombardier à réaction B 47 à la vitesse de 972 km/h, le 26 février 1949. Deux ans plus tôt, le « mur du son » a été franchi.
1946. *L'Illustration.*

Hostile à Mussolini, le physicien italien Enrico Fermi, prix Nobel 1938, enseigne à l'université américaine de Columbia et met au point la première pile atomique à uranium en 1942, à Chicago.
◁ 1939.

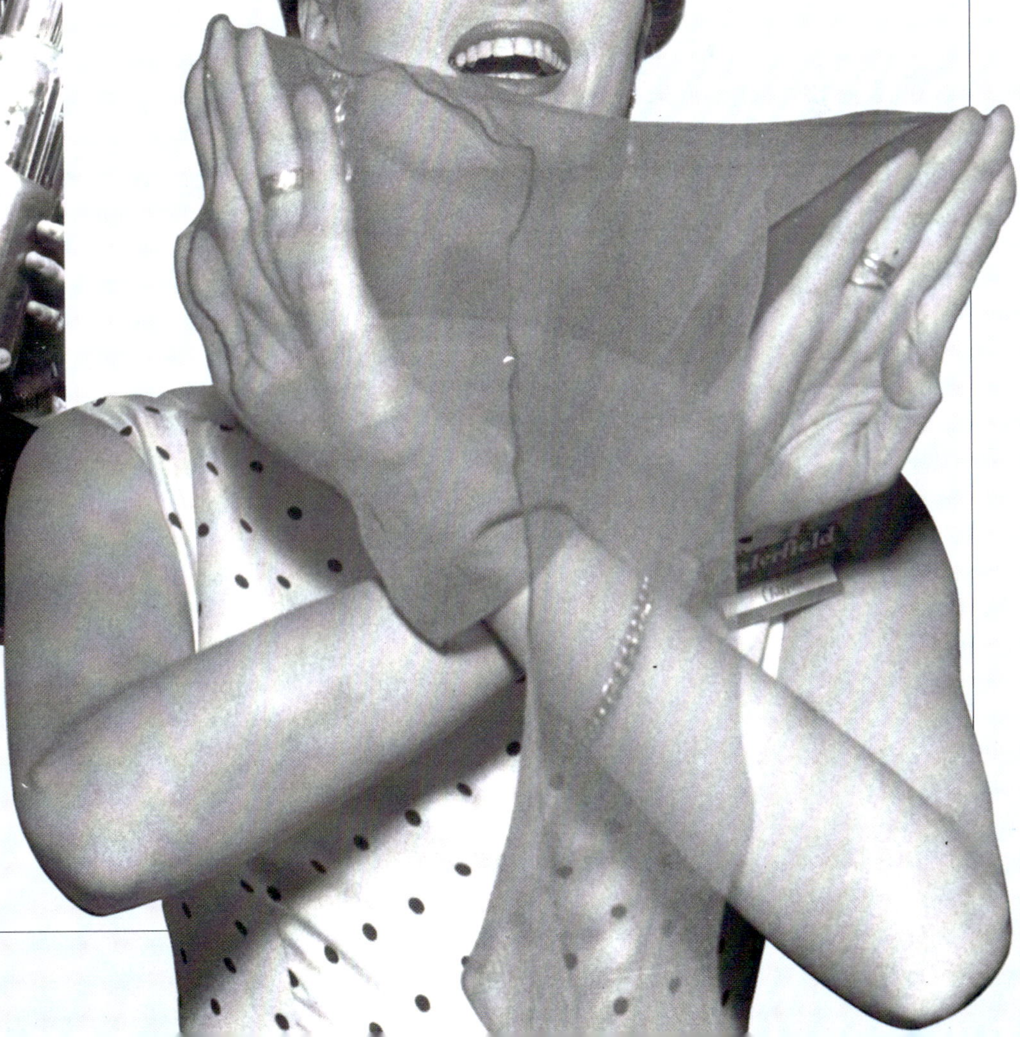

◁ **Inventé** en 1938, le Nylon sert à fabriquer des parachutes et des cordes. Ses capacités de résistance et d'élasticité sont montrées sur ce pacifique bas « chiffon ».
1953.

◁ **Premier** calculateur entièrement électronique, construit par l'université de Pennsylvanie, l'ENIAC sert aux calculs relatifs à la bombe atomique.
1945.

L'AFRIQUE APRÈS LA GUERRE

Impliquée dans le deuxième conflit mondial, l'Afrique noire fournit surtout aux armées alliées des soldats, mais aussi des matières premières. Les Africains espèrent en retirer une libéralisation du système colonial, voire une émancipation politique.

En 1941, Winston Churchill et le président Roosevelt signent la charte de l'Atlantique, dont un article intéresse particulièrement les Africains et attise leurs espoirs : il défend « le droit qu'ont tous les peuples de choisir la forme de gouvernement sous laquelle ils veulent vivre ». Les victoires japonaises sur les Européens mettent fin au mythe de la supériorité naturelle des Blancs et ont d'importantes répercussions, d'abord en Asie mais aussi en Afrique.

UNE PRISE DE CONSCIENCE

La colonisation n'a pas éteint les volontés de résistance, surtout dans les anciens grands royaumes africains. Les activités politiques y étant interdites, on se réfugie dans les mouvements religieux. Inspirés par le christianisme, des prédicateurs itinérants prophétisent la fin du « règne des Blancs ». Quoique le message purement reli-

△
Le général de Gaulle s'adresse à la population de Brazzaville au mois de janvier 1944, lors de la conférence. Les colonies d'Afrique se voient offrir des conditions concrètes de développement dans le cadre de l'Union française.
1944.

gieux d'un William Wade Harris ne remette pas en cause la domination française dans la Côte-d'Ivoire des années 1920, son auteur est néanmoins arrêté et déporté : les Français craignent des mouvements de foule dans une région imparfaitement pacifiée. Au Congo belge, à la même époque, Simon Kimbangu identifie l'avènement du royaume de Dieu au jour du départ des Blancs et au rétablissement d'un royaume noir indépendant. Dans les années 30, André Matsoua mène un combat politique, mais, après son décès en prison, ses fidèles créent une Église pour vénérer sa mémoire et poursuivre son œuvre.

Les milieux populaires sont sensibles à ce messianisme, tandis que les élites se laissent séduire par des idéologies étrangères ; apparu vers 1900 aux États-Unis, le « panafricanisme » prône la solidarité entre tous les peuples noirs pour combattre les formes d'asservissement dont ils sont victimes. Ce mouvement influence une littérature qui n'a guère de rapports avec ses origines américaines : la « négritude » défendue par le Martiniquais Aimé Césaire et le Sénégalais Léopold Sedar Senghor, premier Africain à réussir l'agrégation de grammaire, est d'abord francophone.

Le communisme, hostile au colonialisme des puissances « capitalistes », trouve aussi quelque écho auprès des étudiants africains en Europe. À Paris, Bruxelles, Londres ou Lisbonne, certains d'entre eux militent, créent des ligues de défense des droits de l'homme ou des journaux aux titres évocateurs : *le Libéré, l'Étudiant noir, The Crusader* (« le Croisé »)...

L'Union française ▷ associe les colonies d'Afrique et d'Indochine à la métropole. Celles-ci obtiennent les libertés civiques et leur représentation au Parlement.
1947.

Tirailleurs africains des Forces françaises libres au Cameroun. Ces caporaux feront partie de « l'armée de Lattre », qui débarquera en Provence le 15 août 1944 pour libérer la métropole.
1941. ▽

Peu après la guerre de 1914-1918, le Jamaïcain Marcus Garvey organise un mouvement d'opinion qui exalte l'appartenance à la race noire.

LE GARVEYISME

S'il contrecarre toute « discrimination entretenue par les Blancs », Marcus Garvey va plus loin : il fait intervertir les termes « blanc » et « noir » dans les expressions courantes et les représentations religieuses, prône le retour de tous les Noirs en Afrique, leur « mère patrie », crée une « Croix-Noire » en réponse à la Croix-Rouge. Sa croisade s'étend à la fabrication de poupées noires pour les petites Américaines de race noire. Très écouté aux États-Unis – certains l'appellent le « Moïse noir » –, Garvey exerce aussi une influence incontestable sur les élites africaines, leur donnant une conscience politique. Sa mégalomanie le fait bientôt dévier sur un terrain dangereux : entouré d'une garde prétorienne et vêtu comme Napoléon, il n'hésite pas à négocier avec le Ku Klux Klan, avec lequel son « racisme antiraciste » trouve bien des points communs. Il meurt à Londres en 1940.

Espoirs et déceptions

Tout cela n'empêche pas les Africains de rester fidèles à la métropole et de s'engager massivement dans les armées destinées à libérer l'Europe. En 1944, le général de Gaulle convie tous les gouverneurs et grands administrateurs de l'Afrique française à la conférence de Brazzaville : la « France combattante » s'engage à faire participer les Africains aux progrès réalisés sur leur sol natal, mais exclut « toute idée d'autonomie, toute possibilité d'évolution hors du bloc français de l'empire ». Malgré la représentation des colonies à la future Assemblée constituante, le maintien des institutions traditionnelles, l'accès des Africains à tous les emplois et la création d'assemblées locales, il y a des déceptions.

De plus, le contexte international change. Les nouveaux maîtres du monde, les Américains et les Soviétiques, ne cachent pas leur anticolonialisme, où se mêlent nobles idéaux et arrière-pensées intéressées. L'O.N.U. offre aux pays colonisés leur première tribune. L'indépendance précoce des possessions britanniques et néerlandaises en Asie favorise l'apparition d'un réseau qui donnera naissance au mouvement des pays non-alignés.

Partis et syndicats

La résistance à la colonisation, qui prend parfois des allures violentes, « s'européanise » : relayés par divers mouvements d'opinion dans les pays développés, les intellectuels africains fondent des associations comme le Club des jeunes Sénégalais ou le Mouvement Jeune Gabonais, auxquelles

◁ **Récolte** dans une plantation de café au Congo. Avec l'autonomie administrative, les colonies acquièrent une capacité de développement économique et social plus rationnelle.

▽ **Image** de propagande de Marcus Garvey. Le promoteur du retour mythique en Afrique est exalté sous l'aspect d'un chef militaire et politique absolu. Paradoxe : il adopte les comportements d'un monde blanc qu'il combat.

292 .

Un physicien sénégalais exerce une profonde influence sur les élites noires américaines de l'après-guerre.

CHEIKH ANTA DIOP

En 1954, à trente et un ans, il publie son œuvre la plus célèbre, *Nations nègres et culture,* qui cherche à prouver les origines noires des premiers pharaons de l'ancienne Égypte. Cette annonce fait l'effet d'une bombe, car elle donne aux Africains la fierté commune d'un passé prestigieux et leur offre la perspective d'une possible unité. Diop développe ce dernier thème en 1960 dans *les Fondements culturels, techniques et industriels d'un futur État fédéral d'Afrique noire.* Bien que ses thèses sur l'Égypte ancienne aient été remises en cause par la suite, il conserve son ascendant surtout sur les Américains de race noire ou les Antillais Franz Fanon et Aimé Césaire, à la recherche de leur identité. Militant anticolonialiste actif, homme politique, il a également fondé le Bloc des masses sénégalaises puis le Front national sénégalais.

succèdent les syndicats et les partis politiques, autorisés après la guerre. Ils n'ont qu'une audience assez limitée, par crainte de représailles et à cause de la diversité ethnique ou linguistique des populations. Du moins les syndicats fournissent-ils une base crédible aux revendications nationalistes.

La maturation politique diffère d'une colonie à l'autre : là où une classe « moyenne » existe, elle procure des cadres, comme en Afrique occidentale. Les partis surgissent rapidement dans les colonies françaises après 1946, car les élections sont instituées. En revanche, les Belges empêchent la participation des populations du Congo, du Rwanda et de l'Urundi aux élections, même locales ; ils restent fidèles au vieil adage « pas d'élite, pas d'ennui ». Cet aveuglement contribue à la radicalisation des premiers partis politiques autorisés en 1956 dans ces colonies, soit seulement quatre ans avant l'indépendance.

Un nouvel essor

Comme les syndicats, les partis de l'Afrique française noire sont caractérisés à la fois par une réelle volonté unitaire et par un morcellement ethnique ou régional : les frontières coloniales ne recouvrent pas les limites des anciens royaumes, auxquelles les Africains se réfèrent spontanément. Conscients de leurs faiblesses, ces partis se fédèrent en un Rassemblement démocratique africain (R.D.A.). Cette capacité d'union, inspirée des idées panafricaines, leur permet de se poser en interlocuteurs de poids. □

◁ **Notables** algériens. Deuxième à partir de la gauche, Farhat Abbas, conseiller général, souhaite une autonomie modérée. Les hésitations françaises lui font réclamer l'indépendance après la guerre.
1937.

Félix Houphouët-Boigny. Fils d'un puissant notable de Yamoussoukro, il mène la Côte-d'Ivoire à l'indépendance et en devient président de 1960 à 1993. ▷
1949.

Médecin, député d'Afrique-Occidentale française, Félix Houphouët-Boigny fonde un parti d'union en octobre 1946.

LE RASSEMBLEMENT DÉMOCRATIQUE AFRICAIN

D'abord implanté en Côte-d'Ivoire, le R.D.A. espère mener les colonies françaises vers l'indépendance, par-delà les clivages qui divisent l'Afrique. Il fonctionne comme une fédération de partis et chaque colonie a sa propre section : l'actuel Parti démocratique de la Côte-d'Ivoire est issu de la section ivoirienne du R.D.A. La force de celui-ci est d'affirmer son autonomie vis-à-vis des partis politiques de la métropole, mais aussi de pratiquer d'habiles alliances : quoique non marxiste, le R.D.A. est apparenté au Parti communiste, avec lequel il rompt en 1951. Il progresse alors en Guinée, en Haute-Volta et en Afrique-Équatoriale française. Au congrès de Bamako, en 1957, il se prononce pour le maintien de l'Afrique noire dans l'Union française ; Houphouët-Boigny ne peut alors empêcher l'éclatement du R.D.A. en 1958.

VERS LA GUERRE FROIDE

Après la chute du nazisme, l'alliance entre les États-Unis et l'U.R.S.S. n'a plus de raison d'être. Chaque Grand, transformé en chef de file, essaie d'étendre son influence, mais sans recourir à l'affrontement direct.

A YALTA, les vainqueurs se sont accordés pour établir au sein de l'O.N.U. un Conseil de sécurité, où ils siègent en tant que membres permanents ; leurs décisions unanimes devraient mettre fin à tout conflit. Cela suppose toutefois la survie de l'alliance à la victoire sur l'Axe et l'existence d'un consensus minimal sur la sécurité du monde, deux conditions qui doivent l'emporter sur les divergences idéologiques marquées et sur l'inquiétante instabilité du continent européen.

Mais le rapport des forces a changé : en Europe et au Moyen-Orient, deux pays aux dimensions continentales se font face et rassemblent autour d'eux les puissances de moindre importance. Leurs systèmes politiques s'affrontent : d'une part, l'idéal démocratique et l'économie de marché, d'autre part, une foi absolue en un « sens de l'histoire » qui conduira inévitablement le capitalisme et l'impérialisme à céder la place au socialisme.

◁ **Affiche** du plan Marshall. Seule l'Europe occidentale bénéficie de l'aide américaine. Les Soviétiques la refuseront. 1947.

Un déséquilibre géostratégique

L'effondrement brutal de la France, l'aggravation du déclin britannique et la défaite de l'Allemagne, suivie de son morcellement territorial, rompent en peu d'années l'équilibre européen traditionnel. États-Unis mis à part, il n'existe plus de contrepoids à la puissance de l'U.R.S.S., renforcée par la démobilisation rapide des troupes américaines : de 4,8 millions d'hommes, les Anglo-Saxons passent à 800 000 au cours de l'été 1946, alors que, forte de 4 millions de soldats, l'Armée rouge campe toujours sur les bords de l'Elbe. Plusieurs incidents successifs obligent les États-Unis à s'interroger sur les buts réels de Staline, puis à réagir à la menace expansionniste et idéologique du dictateur.

En Iran, les Soviétiques tardent à évacuer leur zone d'occupation et encouragent la sécession kurde. Il faut d'intenses pressions diplomatiques pour qu'ils respectent leurs engagements. Contre la Turquie, neutre, l'U.R.S.S. prétend remettre en question la convention de Montreux : signée en 1936, celle-ci garantit la libre circulation maritime dans les détroits de la mer Noire. Une démonstration navale américaine au cours de l'année 1946 clôt le débat. La situation s'envenime en Grèce : la guérilla communiste du général Markos refuse de reconnaître le roi et lutte durant trois années depuis son bastion du Péloponnèse. Les troupes britanniques ne suffisent pas au soutien des loyalistes et les États-Unis doivent s'engager dans ce premier conflit ouvert de l'après-guerre.

Berck-sur-Mer, △ ville française sinistrée, « adoptée » par Columbia (Caroline du Sud), reçoit 123 tonnes de vivres et de vêtements offerts par les familles américaines, et que déchargent ces dockers enthousiastes.
1945.

Churchill et Truman △ à Fulton (Missouri). L'ex-Premier ministre britannique y dénonce le « rideau de fer » soviétique dans un célèbre discours.
1946.

Le besoin de définir une situation conflictuelle particulière conduit à une abondance de qualificatifs empruntés à des domaines divers.

LE LANGAGE DE LA GUERRE FROIDE

« **G**uerre froide », « paix tiède », « dégel » précèdent la « détente » et la « coexistence pacifique » : l'imagination est plus honorée que la rigueur scientifique. Philosophe et historien français, Raymond Aron trouve une formule exacte pour caractériser cet inexpiable affrontement idéologique : « guerre impossible, paix improbable ». Virtuellement suicidaire pour les deux protagonistes dont les armes atomiques prolifèrent, le conflit direct est évité par de complexes manœuvres périphériques destinées à affaiblir l'adversaire : guerre psychologique, manipulation des alliés qui recourent à la guerre dans un cadre limité, essoufflement économique par la course aux armements. La chute du mur de Berlin, suivie de la disparition brutale de l'Union soviétique, met fin à la guerre froide. Cette période 1946-1989 forme donc un tout homogène qui se subdivise en phases successives.

L'Europe coupée en deux

Bien que le principe d'élections libres en Europe de l'Est ait été établi à Yalta, il apparaît vite que le terme « démocratie » n'a pas le même sens à Washington et à Moscou. Ces élections doivent légitimer des gouvernements réguliers qui signeront les traités de paix ; mais aucun des pays occupés par les Soviétiques, sauf la Tchécoslovaquie, ne connaît de pluralisme politique, car les communistes exercent diverses pressions, menaces et intimidations. Le 5 mars 1946, lors d'un discours à l'université américaine de Fulton, Winston Churchill constate qu'un « rideau de fer » s'est abattu en travers de l'Europe, de Stettin à Trieste, créant cette coupure contre laquelle il n'avait cessé de mettre Roosevelt en garde.

Durant cette période, et bien qu'ils disposent du monopole de l'arme nucléaire, les États-Unis sont incapables de retirer de véritables bénéfices de leur suprématie. Ils n'envisagent pas de menacer l'ancien allié soviétique dès lors que leurs intérêts vitaux ne sont pas en cause. En revanche, les Américains s'accordent sur la nécessité de faire obstacle par tous les moyens à l'expansion du communisme dans le monde. Le 12 mars 1947, se basant sur l'analyse de la politique soviétique effectuée par George Kennan, le président Truman réclame au Congrès les crédits indispensables au soutien de la Grèce et de la Turquie.

◁ **Affiche** manuscrite du Viêt-minh. Elle invite la population à donner son or et ses bijoux pour financer le combat contre les Français. Hô Chi Minh ne bénéficie pas encore du soutien logistique massif soviétique et chinois, qui intervient surtout après 1949.

1946. Bibliothèque nationale de France, Paris.

▽ **En dépit** du blocus de 1948 et de la guerre froide, les zones occidentales de Berlin restent protégées par ces panneaux symboliques. Le « mur de la honte » n'est édifié qu'en 1961... pendant la « détente » !

L'Illustration.

296 .

Diplomate américain en poste à Moscou durant la guerre, il analyse les objectifs soviétiques à la fin du conflit.

GEORGE KENNAN

Son document, dit « long télégramme », la première analyse de ce genre, affirme que Staline ne veut pas une nouvelle guerre, mais qu'il cherche à pousser son influence le plus loin possible. Kennan suggère alors aux Américains d'endiguer la progression du communisme partout où ils le peuvent *(containment)*. Nommé au Département d'État par Truman, il est chargé de définir les grandes lignes de l'action diplomatique des États-Unis, puis retourne à Moscou comme ambassadeur. George Kennan ne souhaite pas transformer l'« endiguement » en une confrontation systématique, capable de dégénérer en guerre nucléaire. Par la suite, il quitte l'administration et critique les excès de la guerre froide. Auteur respecté de nombreux écrits, dont de précieux Mémoires, George Kennan reste un homme très écouté aux États-Unis.

Plan Marshall contre Kominform

Esprits pragmatiques, les Américains pensent que la pauvreté, le chômage et la déchéance morale sont autant de vecteurs du communisme à travers le monde. Ils souhaitent secourir l'Europe ruinée, en lui apportant les moyens matériels qui lui permettront de retrouver sa prospérité passée ; présenté à Harvard en juin 1947 par le général Marshall, ce plan définit la nature et les modalités de l'aide envisagée, que chaque pays concerné est libre d'accepter ou non.

Le refus des Soviétiques et de leurs nouveaux protégés précède la création du Kominform, annoncée par Jdanov à la conférence de Szklarska Poreba (Pologne), le 22 septembre 1947. Cette organisation, qui succède à l'ancienne Internationale communiste, conçoit le monde comme deux blocs antagonistes se livrant une lutte à mort : l'impérialisme et le socialisme. Tous les communistes sont sommés de combattre les gouvernements capitalistes « réactionnaires » ; le Parti communiste français est violemment critiqué pour son « crétinisme parlementaire ». Le Kominform apporte un soutien actif aux mouvements de libération anticolonialistes et se livre à des opérations de propagande : en 1950, l'« appel de Stockholm » est lancé à l'initiative du Mouvement de la paix, officiellement apolitique, en fait adroitement manipulé par le Kominform.

Cette rupture idéologique entraîne la faillite du système de sécurité élaboré à l'issue de la guerre. Tous les plans de coopération mondiale, tenus en suspicion, échouent : le projet Baruch sur l'internationalisation des activités nucléaires est ainsi rejeté. Chaque bloc se replie sur ses ressources et son savoir-faire dans le secret absolu. La course aux armements nucléaires est désormais ouverte. □

Parfait prototype de l'« apparatchik » stalinien, membre du Politburo chargé des questions idéologiques, il se fait le chantre du « réalisme socialiste ».

ANDREÏ JDANOV

Organisateur zélé et rigoureux, il est secrétaire général du parti pour Leningrad de 1933 à 1944. Principal fondateur du Kominform en 1947, il déclare que le monde est divisé en deux blocs voués à une lutte à mort, dont le socialisme sortira vainqueur. Il mène campagne dès 1946 pour le « redressement » de la ligne du parti : sommés de renier leurs œuvres « bourgeoises », les artistes doivent être au service de l'« art prolétarien », caractérisé par le « réalisme socialiste ». Son discours de juin 1947 – *Sur la littérature, la philosophie et la musique* – prélude à de nouvelles épurations.

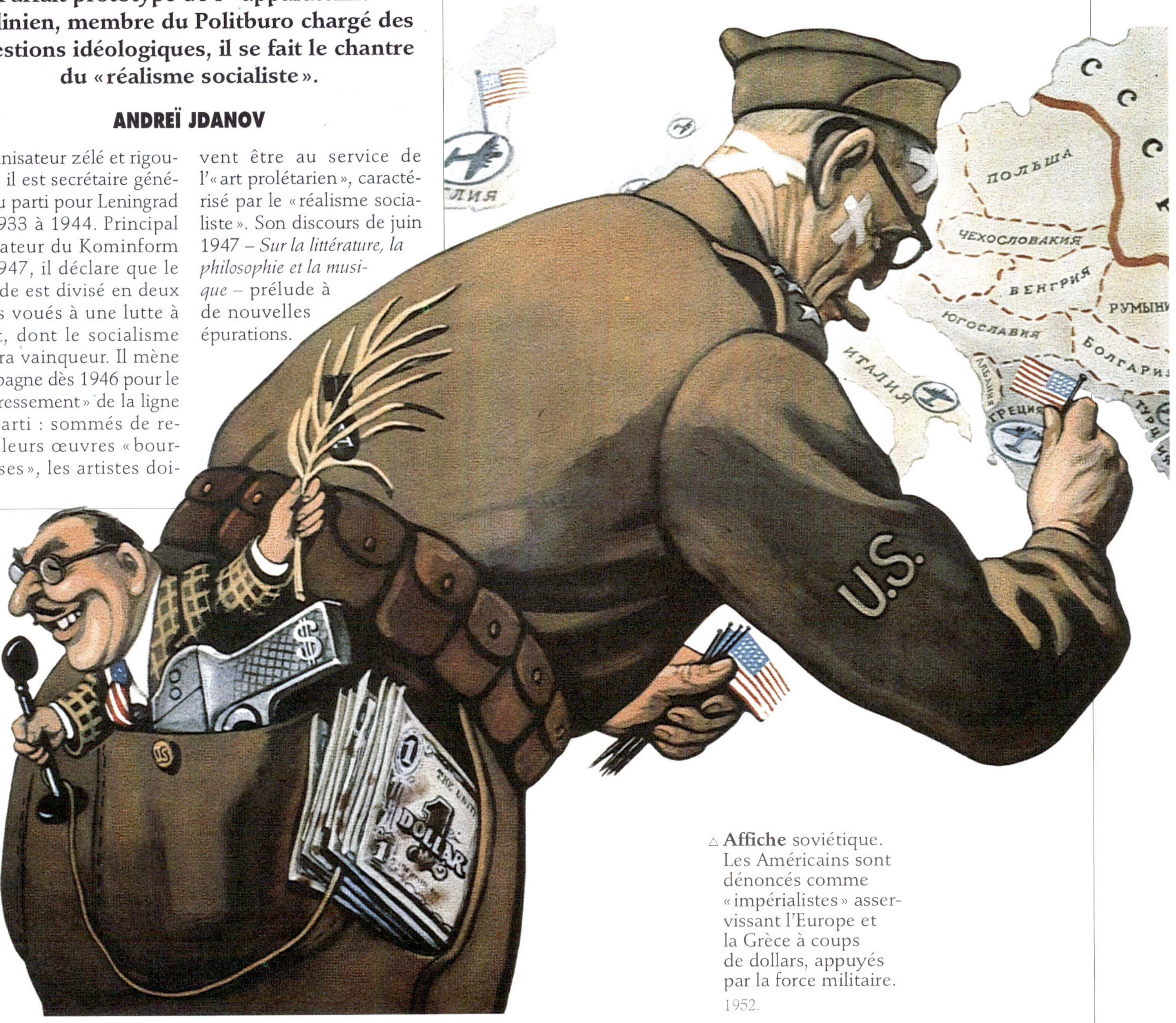

△ **Affiche** soviétique. Les Américains sont dénoncés comme « impérialistes » asservissant l'Europe et la Grèce à coups de dollars, appuyés par la force militaire. 1952.

LE SCHISME YOUGOSLAVE

Singularité stratégique majeure, la Yougoslavie est la seule « démocratie populaire » libérée sans l'aide de l'armée soviétique. Josip Broz, dit Tito, s'assure le contrôle de la quasi-totalité de l'ancien royaume au prix d'immenses sacrifices et d'une féroce répression. Communiste convaincu, rompu aux pratiques staliniennes, agent du Kominform mais patriote résolu, il veut rester maître chez lui, au moment où Moscou brise impitoyablement toute velléité d'autonomie dans ses nouvelles « marches » par des purges méthodiques des chefs communistes nationaux. Devenu homme à abattre, Tito réussit à écraser les forces intérieures soutenues par les Soviétiques qui devaient le renverser.
La confrontation entre les deux États s'avère inévitable.
Le 28 juin 1948, deux jours après le début du blocus de Berlin, le Kominform réuni à Bucarest prononce la condamnation du Parti communiste yougoslave. Il lance un appel à tous les « vrais » communistes pour liquider le « déviationnisme titiste ». Peine perdue, car Tito dispose d'un appareil redoutable et du soutien de sa population : Moscou se contente d'une violente campagne verbale, comparable à celle qui a frappé le trotskisme quinze ans plus tôt. Le schisme est consommé.
En 1955, Khrouchtchev se rend à Belgrade pour mettre fin à cette tension politique, mais la Yougoslavie garde son indépendance.

△ **Vainqueur,** Tito harangue la foule à Belgrade. Son « Front national » qui a libéré la Yougoslavie regroupe des éléments divers, mais les communistes s'y arrogent les postes clés.

1945. Imperial War Museum, Londres.

Tito caricaturé en ▷ valet de l'impérialisme américain par la presse soviétique. Celle-ci fait de lui le fourrier de la terreur et du nazisme, le comble pour cet homme qui a libéré son pays de l'occupation allemande.

1949. *Krokodil.*

△ **Procès** du général Mihaïlovitch et d'anciens collaborateurs des Allemands. L'anticommunisme du premier, résistant monarchiste, l'a poussé à commettre des atrocités contre les partisans de Tito.
1946. *L'Illustration.*

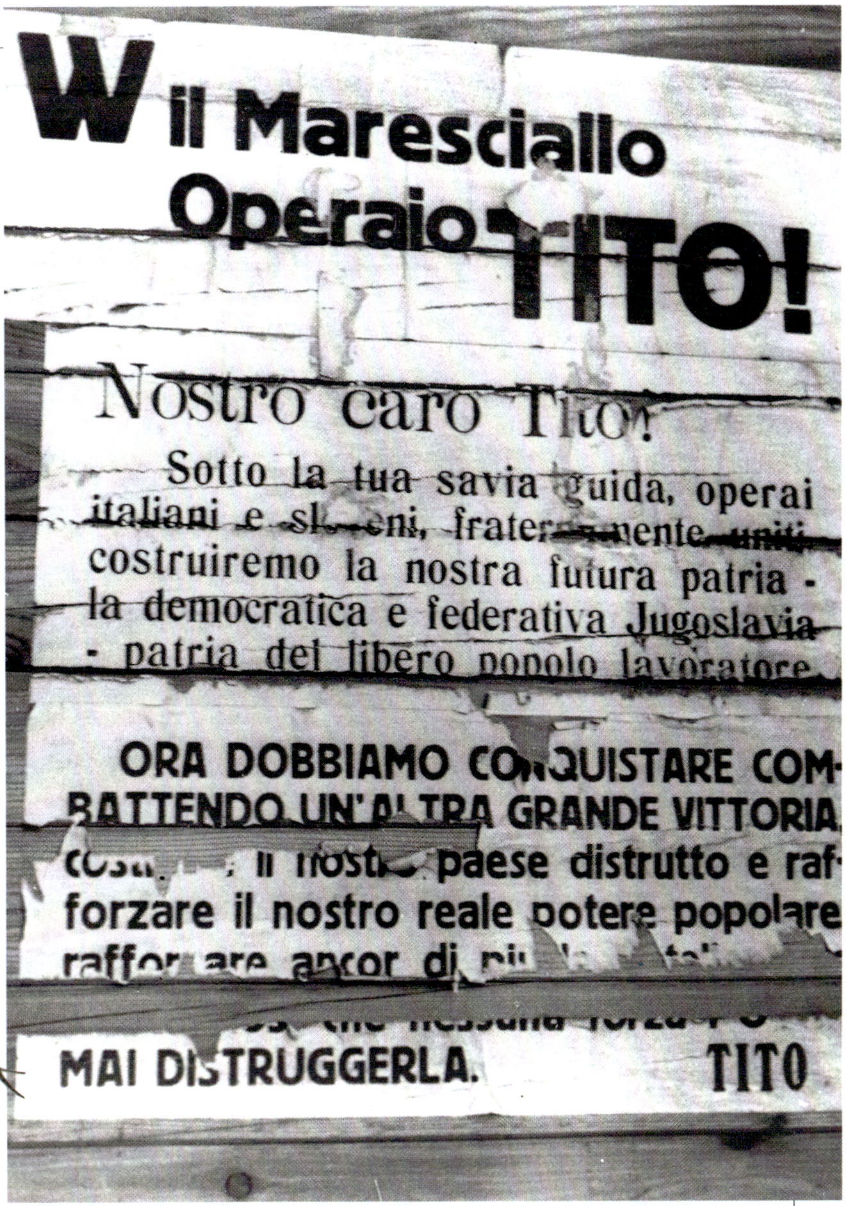

Affiche de propagande ▷ pour Tito à la fin de la guerre. Elle s'adresse à la minorité italophone de Trieste et de Fiume, les « terres irrédentes » de Slovénie.
1945. *L'Illustration.*

△
Premier anniversaire de la libération de Belgrade. Le portrait de Tito voisine avec celui de Staline. Cette « lune de miel » factice s'achève brutalement en juin 1948.
1946. *L'Illustration.*

Affiche du premier Festival de Cannes. *1946. Coll. part.*

FRANCE

Retour sur la Croisette

■ Cinéastes et vedettes se pressent à Cannes où le Festival du film est inauguré le 20 septembre 1946. Le premier festival, prévu en septembre 1939, avait été précipitamment ajourné au moment de la déclaration de guerre. La production est marquée par celle-ci. Ouvrant ce festival, *la Bataille du rail,* de René Clément, exalte la Résistance des cheminots. Erlanger, l'organisateur, s'enorgueillit de présenter aussi *The Last Week-End,* de Billy Wilder, et *Brève Rencontre,* de Lean. Pour les badauds, le spectacle est ailleurs : les premières starlettes paradent en bikini. □

ITALIE

Fin de la monarchie

■ Depuis le 9 mai 1945, le roi d'Italie est Umberto II, en faveur de qui Victor-Emmanuel III, compromis par son soutien au fascisme, a abdiqué. Le gouvernement formé par Alcide De Gasperi, en décembre 1945, comprend tous les partis issus de la Résistance. Le parti d'Action, composé d'intellectuels, est hostile à la monarchie et favorable au socialisme ; les communistes sont les mieux organisés et ils exercent une indéniable attraction sur les socialistes. La troisième tendance est menée par Alcide De Gasperi, qui réunit dans la Démocratie chrétienne d'anciens dirigeants populaires et des représentants de la nouvelle génération formée par l'Action catholique. En juin 1946, les Italiens sont consultés sur la forme du gouvernement à venir et élisent les députés de l'Assemblée constituante. Ils confirment la prééminence de la Démocratie chrétienne, et se prononcent contre la monarchie. Umberto II, le « roi de mai », n'aura pas eu un mois de règne. □

Manifestation à Rome contre la monarchie. *1946. L'Illustration.*

ÉTATS-UNIS

Un nouveau président

■ Franklin Delano Roosevelt, président des États-Unis, meurt d'une crise cardiaque le 12 avril 1945, au cours de son quatrième mandat. Élu pour la première fois en 1933, il a en effet été réélu en 1936, 1940 et 1944. Son vice-président, Harry Truman, lui succède aussitôt. Sénateur démocrate du Missouri depuis 1935, élu vice-président de Roosevelt en 1944, il semble bien falot aux Américains, qui redoutent que cet inconnu – ou presque – n'ait pas la dimension internationale de Roosevelt. Il restera pourtant dans l'histoire comme le seul homme politique à avoir osé utiliser l'arme nucléaire. En pleine guerre froide, il saura tout à la fois tenir tête à l'U.R.S.S., affronter à partir de 1946 un Congrès acquis aux républicains et mettre au pas le général MacArthur. Truman sera élu à la présidence pour un nouveau mandat en 1948. Les démocrates seront donc restés vingt ans au pouvoir : pour éviter que cela ne se renouvelle, le 22e amendement à la Constitution des États-Unis stipule que, désormais, aucun président ne pourra briguer plus de deux mandats. □

ROYAUME-UNI

Benjamin Britten

■ À Londres, la rentrée lyrique de l'après-guerre est marquée, le 7 juin 1945, par la création de *Peter Grimes,* opéra de Benjamin Britten, en qui la critique salue le plus grand compositeur anglais depuis Purcell. Né en 1913, le jour de la Sainte-Cécile, Britten a toujours eu, comme Purcell, une vénération pour la patronne des musiciens. Redoutant la guerre et la violence, Britten part aux États-Unis en 1939 et ne rentre qu'en 1942. Réformé, il peut heureusement poursuivre sa carrière de compositeur. Il bénéficie pour cela de l'aide du chef d'orchestre Koussevitzki qui, persuadé que Britten doit écrire un opéra, lui propose l'argent nécessaire pour s'y consacrer. Le musicien s'isole à la campagne et compose *Peter Grimes,* œuvre pessimiste et brillante, sur un livret de Montagu Slater, d'après une nouvelle de George Crabbe. Comme son héros (un anti-héros), le compositeur s'adonne à la pêche en mer, mais aussi au tennis, aux randonnées dans de rutilantes voitures de sport et aux longues promenades, seul ou en compagnie de son ami Peter Pears, pour lequel il avait écrit le rôle-titre de l'opéra et qui en fut le créateur. □

ROYAUME-UNI

Churchill est battu

■ Victorieux sur terre et sur mer, le vieux leader conservateur n'a pas su remporter les élections dans son propre pays. Le 25 juillet 1945, à Potsdam, Churchill défie Staline dans un grand duel au cognac, avant de quitter la conférence pour assister à la proclamation des résultats des élections générales. Sous l'œil ironique des Soviétiques, il doit, le 27 juillet, laisser son siège à son adversaire politique, le « major Attlee », chef du Parti travailliste depuis 1935, et discret représentant de la *middle class.* Mais le « vieux lion » reviendra au pouvoir en 1951, pour quatre ans, et se vengera en colportant force histoires méchantes sur son rival, la plus connue étant probablement celle-ci : « Un taxi vide s'arrête devant le 10, Downing Street, Clement Attlee en descend... » □

U.R.S.S.

Musique et politique

■ *Guerre et Paix,* opéra de Prokofiev inspiré de l'œuvre de Tolstoï, est joué pour la première fois en concert à Moscou le 7 juin 1945, avec d'importantes coupures. Commencée en 1943, l'œuvre dut subir les remaniements et interdictions de Jdanov, tout-puissant ministre de la Culture de Staline : un drame personnel pour le compositeur qui avait décidé, par patriotisme, d'abandonner une brillante carrière internationale pour rentrer en U.R.S.S. en 1932, et qui avait consacré son talent au peuple russe et à sa révolution. Heureusement, le public, quant à lui, fait un triomphe au ballet *Cendrillon,* créé en 1944. Évacué dans le Caucase avec d'autres artistes, le musicien avait pu y donner libre cours à son goût pour les rythmes éclatants. □

1947 - 1948

Gardes rouges et paysans, soyez clairs / les propriétaires cannibales doivent mourir pour que vive le peuple !, chante l'armée populaire de libération qui fait son entrée dans Pékin. Aussitôt, le 1er octobre 1949, Mao Zedong proclame la République populaire de Chine : de l'Himalaya aux steppes de l'Asie centrale et au Pacifique, plus d'un demi-milliard d'hommes vivent désormais dans un régime marxiste, qui tente de définir une voie originale vers le socialisme. Après la Seconde Guerre mondiale, l'Asie a décidément changé de visage : dès 1947, l'Inde britannique a accédé à l'indépendance. Avec Jawaharlal Nehru et Mohamed Ali Jinnah, lord Mountbatten, le dernier vice-roi, négocie habilement le départ des Britanniques, mais ne peut ni éviter la partition du pays en deux États, l'un musulman, l'autre hindouiste, ni prévenir les heurts sanglants entre les deux communautés, qui font des centaines de milliers de morts et qui culminent avec l'assassinat de Gandhi.

Mao Zedong, 1949.

L'INDÉPENDANCE DE L'INDE

Bien que portés par la même volonté de mettre fin à la colonisation britannique, hindous et musulmans se déchirent. En 1947, le sous-continent indien gagne son indépendance, mais au prix d'une partition qui crée deux États souverains et ennemis, l'Inde et le Pakistan.

Le 3 septembre 1939, lord Victor Hope, le vice-roi des Indes, déclare la guerre à l'Allemagne. Possession britannique, le pays entre dans le second conflit mondial sans que les Indiens, qui participent activement à l'administration dans les provinces, aient été consultés. Malgré le statut relativement libéral accordé par l'*India Act* de 1935, il devient clair que les décisions importantes ne leur appartiennent pas.

L'Inde dans la guerre

En échange de leur appui à l'engagement de la Grande-Bretagne dans le conflit, les membres du Congrès national indien demandent des réformes politiques et un débat sur l'indépendance. Par la même formule vague qu'ils avaient employée en 1914, les représentants britanniques répondent que l'Inde sera remerciée de sa coopération « après la guerre ». Devant ce

faux-fuyant, le Congrès refuse son soutien et ses membres démissionnent de leurs postes dans les gouvernements provinciaux.

En 1941, le Japon envahit la Birmanie. Le conflit s'étend en Asie et menace désormais directement l'Inde, qui redoute une invasion nipponne. Malgré le désaccord entre leurs chefs politiques et la Couronne, les Indiens sont prêts, dans leur majorité, à soutenir le camp des démocraties. Le commandement anglais enrôle 800 000 autochtones, qui participent à des opérations en Birmanie mais aussi en Malaisie, en Égypte ou en Iran. L'Inde sert de base arrière en Asie du Sud-Est, et elle fournit matériel et nourriture aux soldats britanniques.

Cependant, les accents anti-impérialistes du national-socialisme attirent certains intellectuels. Pour combattre les Britanniques, l'ultranationaliste Subhas Chandra Bose et ses partisans envisagent de s'allier au régime hitlérien. Avec des soldats indiens prisonniers des Japonais, ils fondent l'Armée nationale, qu'ils lancent contre les Anglais. Bien que son effet sur le terrain soit limité, excepté au siège d'Imphal (avril 1944), cette action revêt une forte portée symbolique : des Indiens osent s'attaquer directement à la puissance coloniale.

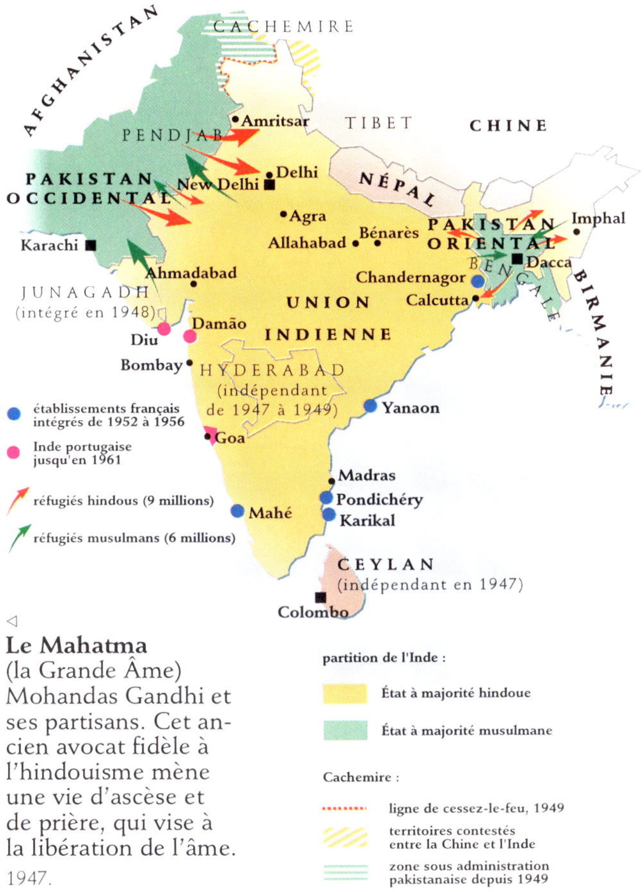

◁
Le Mahatma (la Grande Âme) Mohandas Gandhi et ses partisans. Cet ancien avocat fidèle à l'hindouisme mène une vie d'ascèse et de prière, qui vise à la libération de l'âme.
1947.

Les musulmans s'organisent

Implantés en Inde depuis les premiers temps de l'Islam, les musulmans y ont exercé un pouvoir quasiment sans partage pendant plus de quatre cents ans, à l'époque moghole. Au début du XXe siècle, leur communauté, essentiellement regroupée dans les provinces du Nord-Ouest, représente près du quart de la population du pays. La Constitution de 1919, d'inspiration laïque, ne leur garantit pas de droits

Jawaharlal Nehru, ▽ Premier ministre indien, est l'un des nouveaux dirigeants les plus appréciés de lord et de lady Mountbatten pour sa culture et sa loyauté.
1948.

Anticipant la fin de l'Empire, le statut de Westminster pose, dès 1931, les fondements d'une nouvelle association.

LE COMMONWEALTH

Le Commonwealth fédère autour de la Grande-Bretagne les dominions, États indépendants issus de l'Empire. Ainsi réunies, les nations autonomes maintiennent ensemble librement « une allégeance à la Couronne ». Entre les membres du Commonwealth existe une « richesse commune » héritée de la colonisation : une même culture et des liens économiques étroits. Mais, dans les faits, la Grande-Bretagne distingue les dominions auxquels elle reconnaît une pleine souveraineté – comme l'Australie, le Canada, l'Irlande – et des nations comme l'Inde, qui demeurent dans une situation quasi coloniale. En 1949, Nehru imposera un nouveau Commonwealth, dans lequel les États associés gardent leur identité culturelle et une véritable indépendance politique.

---

spécifiques. Minoritaires dans la plupart des gouvernements provinciaux, les musulmans craignent, donc, non sans raisons, d'être assujettis aux hindous lors de l'indépendance.

Dès le début du siècle, ils se sont regroupés en une organisation autonome, la Ligue musulmane. Un avocat de Bombay, Muhammad Ali Jinnah, ancien membre du Congrès, en prend la tête. Né en 1876, Jinnah a reçu une éducation traditionnelle, mais il a étudié le droit à Londres et a passé dix ans en Grande-Bretagne. Pour ses détracteurs, il est trop occidentalisé : il ne parle pas l'urdu (langue du nord de l'Inde) et porte des costumes anglais. On dit même qu'il mangerait du jambon, aliment impur interdit aux musulmans. Sous sa direction, pourtant, la Ligue étend son influence. Elle se pose comme l'organisation rivale du Congrès, tout acquis, selon elle, à la cause hindouiste. Dès 1940, la Ligue défend l'idée d'un État musulman indépendant et demande la création du Pakistan, « Pays des Purs ». Pendant la Seconde Guerre mondiale, alors que le Congrès refuse de coopérer avec la Couronne, la Ligue entame des pourparlers avec le pouvoir britannique et devient un interlocuteur incontournable dans les discussions sur le futur statut de l'Inde.

« QUIT INDIA »

La Grande-Bretagne est affaiblie par la guerre. Les membres du Congrès, s'ils ne veulent pas la déstabiliser davantage, n'entendent pas cesser toute revendication. En août 1942, Gandhi et Nehru lancent le mouvement *Quit India* – « Abandonnez l'Inde ». L'alternative proposée aux Britanniques est d'une redoutable simplicité : ou ces derniers accordent de réels pouvoirs à l'élite indienne, ou ils quittent le pays. La réponse du pouvoir est tout aussi directe : le 9 août, les dirigeants du Congrès sont jetés en prison. Une spirale de violence s'enclenche. Des manifestations de soutien aux prisonniers s'organisent, tournant souvent à l'émeute : 7 morts à Bombay, 31 à Delhi, Agra et Allahabad. Le 10 février 1943, Gandhi entame une grève de la faim. L'armée prend en main la répression : d'un côté, les grèves et les attentats se multiplient, de l'autre, les arrestations ; le soulèvement touche aussi bien les villes que les campagnes. Les Britanniques comprennent brutalement l'hostilité de la population et sa volonté d'indépendance.

La Mort de Gandhi. ▷ Sensible au sort misérable des hors-castes, le Mahatma prône le respect et la compassion envers les plus humbles. Cet homme de paix est assassiné par un fanatique hindou.

1948. A. Sengupta.

Exode des musulmans ▽ vers le Pakistan. Suite à la partition, l'ex-empire des Indes britanniques est le théâtre d'affrontements et de terribles massacres entre les deux communautés hindoue et musulmane.

1947. *L'Illustration.*

Une société en mutation

En 1940, l'Inde compte près de 400 millions d'habitants. Le développement industriel entamé au début du siècle a permis l'émergence d'une bourgeoisie locale, mais la population reste très largement rurale. En dépit de la forte poussée démographique – les Indiens n'étaient que 270 millions dans les années 1920 –, les conditions de vie s'améliorent. Les famines chroniques disparaissent, l'alphabétisation progresse et l'enseignement supérieur se développe. L'influence des idées occidentales contribue à un début d'émancipation des femmes. Infirmières, auxiliaires dans l'armée, elles participent à l'effort de guerre. Après 1945, elles osent, encore en petit nombre, poursuivre des études, entreprendre une carrière professionnelle ou politique. Dans les années 1920, elles avaient porté les mouvements de masse organisés par Gandhi. À leur tour, Gandhi et Nehru soutiennent leur cause.

Un essor industriel fragile

La guerre a coupé les communications entre le sous-continent indien et les pays européens. De plus, l'avance du Japon oblige les puissances occidentales à demeurer dans la région. Le gouvernement britannique est donc contraint de s'en remettre à l'industrie locale pour répondre aux besoins de ses troupes et à ceux de ses alliés. L'économie indienne connaît ainsi un essor formidable entre 1939 et 1945. La production se diversifie : l'Inde développe un secteur chimique, un secteur mécanique, une industrie du ciment, des métaux rares et non-ferreux... Si elle doit augmenter ses importations de matières premières, elle accroît considérablement ses exportations, engrangeant les devises étrangères. L'Inde industrielle gagne les instruments de son autonomie.

Mais la guerre provoque également une inflation désastreuse pour la population. Et l'invasion japonaise en Birmanie coupe le pays d'une importante source d'approvisionnement en riz. La famine s'installe au Bengale ; la majorité des paysans, fortement endettée, ne peut acheter une denrée de base que sa rareté a rendu inaccessible

Des réfugiés bengalis ▽ venus du Pakistan oriental campent devant la monumentale gare de Howrah, à Calcutta. Lors de l'indépendance, les troubles ethniques s'ajoutent aux problèmes interreligieux.
1948.

Puissance coloniale sur le déclin, la France doit renoncer à ses modestes possessions indiennes. Cinq mille familles opteront pour la nationalité française.

LES ANCIENS COMPTOIRS

Les établissements français en Inde comprennent surtout des ports, répartis sur les côtes est et ouest de la péninsule. À Chandernagor, Mahé, Karikal, Yanaon et Pondichéry, l'influence de Gandhi et du Congrès est forte. Pendant la Seconde Guerre mondiale, les territoires se démarquent de la métropole et se rallient à Charles de Gaulle. Gagnés aux idées indépendantistes, de nombreux groupes manifestent pour que les colonies françaises soient intégrées dans le nouvel État indien. La France et l'Inde signent un accord : chaque territoire décidera de son sort par référendum. En 1951, Chandernagor vote pour son rattachement au sous-continent. Mais, très vite, Nehru exige la restitution de toutes les possessions étrangères. Le 1er novembre 1954, les anciens comptoirs français sont rendus à l'Inde, avec l'accord de Paris. Quant aux possessions portugaises – le territoire de Goa, les ports de Damão et de Diu –, elles sont occupées par l'Inde en 1961 et intégrées à l'Union.

aux bourses les plus modestes. Cette pénurie va provoquer plus de trois millions de morts dans la région.

En outre, l'après-guerre ne tient pas ses promesses. Les clients de l'industrie indienne se tournent vers d'autres marchés ; les exportations faiblissent. Le matériel des usines, qui a fonctionné à plein rendement pendant plusieurs années, devrait être renouvelé. Et, si de grands groupes industriels ont pu émerger, ils détiennent en 1945 de véritables positions de monopoles.

LE 14 AOÛT 1947, MINUIT : L'INDÉPENDANCE

Après la guerre, les discussions sur l'indépendance reprennent. Les dirigeants du Congrès retrouvent leur liberté. En Grande-Bretagne, l'opinion publique a changé et semble accepter l'idée d'une décolonisation. Lord Wavell, vice-roi des Indes depuis 1943, reçoit le feu vert de Churchill : les négociations peuvent s'ouvrir. Elles débutent dans un climat tendu : le peuple, étranglé par l'inflation et les restrictions, multiplie les manifestations. Le procès des soldats de l'ex-Armée nationale indienne accroît les tensions ; Calcutta est le théâtre d'émeutes sanglantes. De plus, les conflits intercommunautaires se radicalisent. Nehru et Gandhi s'opposent à tout partage de l'Inde et donc à la création de l'État islamique du Pakistan. Convaincu de ne pouvoir coopérer avec les dirigeants du Congrès, Jinnah lance une journée d'action, le 16 août 1946. La violence se déchaîne sans contrôle. À Calcutta, on dénombre 10 000 morts. En dépit de l'amitié qui lie Jinnah et Nehru, le dialogue entre les deux communautés est dans une impasse. Malgré le désaveu de Gandhi, qui se retire alors du Congrès, Nehru se voit contraint d'accepter la partition de l'Inde.

Dernier vice-roi des Indes, lord Mountbatten accepte que l'indépendance soit déclarée le 14 août 1947, à minuit. La Couronne cède son pouvoir à deux États indépendants, l'Inde et le Pakistan, qui, dès le lendemain, accèdent au statut de dominions au sein du Commonwealth britannique. Tout naturellement, Jinnah devient gouverneur général du Pakistan. Jusqu'à la

Les Anglais ont amélioré la condition juridique des femmes indiennes, mais la mode vestimentaire britannique n'a pas séduit cette habitante de Bénarès. ▷

D. Darbois.

◁ **Soumises** au port du voile, ces musulmanes de Delhi jouissent néanmoins d'un statut plus enviable que celui des femmes hindoues.

1914. Musée Albert Kahn, Boulogne.

Homme d'exception, parfois autoritaire, Nehru s'impose dès les années 1920 comme un apôtre de la non-violence et de l'émancipation du tiers-monde.

JAWAHARLAL NEHRU

Jawaharlal Nehru est né en 1889 à Allahabad, dans une famille de brahmanes aisée et cultivée – son père, Motilal, se signale comme l'un des dirigeants les plus brillants du Congrès. Nehru fait ses études de droit à Cambridge. C'est là qu'il se familiarise avec les idéaux socialiste et communiste, qui lui vaudront de personnifier la jeune garde, l'aile gauche du Congrès. Désigné par Gandhi comme son héritier spirituel et politique, il partage l'aura du Mahatma. En 1936, il accède à la présidence du Congrès. Véritable père fondateur de l'Inde indépendante, dont il est Premier ministre de 1947 à sa mort, en 1964, il engage le pays dans la voie de la modernisation, de la démocratie et du socialisme. Pour lui succéder, les Indiens choisiront en 1966 sa propre fille, Indira Gandhi.

promulgation d'une constitution républicaine, l'Inde restera gouvernée par le très populaire lord Mountbatten.

Une partition douloureuse

Lors de la partition du pays, des ethnies se trouvent scindées en deux : certains de leurs membres seront désormais rattachés à l'Inde « hindoue » – en réalité, laïque –, les autres au Pakistan musulman. Ainsi les sikhs du Pendjab sont-ils divisés par le nouveau découpage territorial. Forts d'une histoire et d'une culture propres, les sikhs demandent aux deux États, dès 1947, la reconnaissance de leur autonomie. Leur révolte est sauvagement réprimée. Pour échapper aux massacres, des populations entières émigrent, et l'on compte jusqu'à huit millions de personnes déplacées – échangées en réalité entre les deux provinces indienne et pakistanaise du Pendjab. À une moindre échelle, d'autres régions du nord et de l'est de l'Inde voient les mêmes scènes se dérouler. Le bilan est terrible : près de 15 millions de personnes déplacées, des centaines de milliers de morts, des villages en ruine... En outre, dès octobre 1947, l'Inde et le Pakistan entrent en guerre pour le contrôle du Cachemire. Et, malgré un règlement de l'O.N.U. en faveur de l'Inde, cette question reste un sujet brûlant entre les deux États.

Les mouvements de populations ont entraîné un afflux de réfugiés à Delhi, faisant planer la menace de nouveaux conflits intercommunautaires. Fidèle à lui-même, Gandhi tente d'apaiser les tensions et obtient la conclusion d'un pacte de paix. Mais chaque parti compte dans ses rangs des fanatiques. Le 30 janvier 1948, un hindou extrémiste assassine le Mahatma. Pour le pays, c'est un choc terrible mais salutaire. Le calme revient. Et c'est une Inde pacifiée que Nehru a désormais la charge de construire. □

△ **Échoppe** de tailleur dans le bazar de Saidu-Sharif (Pakistan). Fusils Enfield à portée de main, ces anciens sujets du royaume de Swat n'ont pas perdu l'ardeur guerrière de la légendaire armée des Indes.
1947.

L'île de Ceylan, l'une des premières régions où se développa le bouddhisme, connaît depuis le XIXe siècle de graves tensions entre les différentes ethnies qui la peuplent.

LA FRAGILITÉ DE CEYLAN

Ceylan constitue un fragment du Deccan indien. Seul un détroit très peu profond, d'où émerge un pont d'îlots rocheux, la sépare du continent. Colonisée pour ses plantations de cannelle et de thé, l'île accède à l'indépendance en 1948. Mais, dans ce nouvel État, une lutte violente continue d'opposer deux communautés que même leurs langues séparent. Pour les Cinghalais (70 p. 100), originaires du nord de l'Inde et majoritairement bouddhistes, l'île s'appelle Lanka, *Sri Lanka*. Les Tamouls (20 p. 100), hindous ou musulmans venus du sud de l'Inde, exigent une région indépendante et revendiquent leur autonomie dans ce pays qu'ils nomment *Ilangai*. Les conflits ethniques, linguistiques, religieux et politiques tendent sans cesse à diviser une région à l'équilibre fragile.

LE CINÉMA INDIEN

En 1913, ouvrant la voie à une industrie dont la prospérité ne s'est pas démentie, D.G. Phalke réalise *le Roi Harishchandra,* premier film de fiction du cinéma indien. Il s'agit d'un récit mythologique : les réalisateurs, en effet, se lanceront d'abord dans l'adaptation de thèmes traditionnels de l'hindouisme.

Vivace dès ses débuts, le cinéma indien subit une profonde mutation avec l'avènement du parlant. Tout d'abord, le marché se fragmente selon les zones linguistiques, donnant naissance à un cinéma bengali, tamoul, telugu, hindi, pendjabi, etc. D'autre part, retrouvant les formes coutumières des spectacles indiens, les réalisateurs introduisent chansons et danses dans leurs films. L'apport de ces séquences a un double effet. Le cinéma devient un art immensément populaire : ses vedettes poussent à l'extrême les conséquences du *star system,* recevant des cachets faramineux et... se faisant même élire à d'importantes fonctions. Il est vrai que le public, issu majoritairement des classes moyennes, ne bénéficie pas de la télévision. Mais la médaille a son revers et, si le cinéma commercial s'exporte bien dans les pays de même culture, la profusion de chansons et de danses lui interdit de fait l'accès au public occidental. Seul le cinéma d'auteur, dont l'initiateur, Satyajit Ray, a été primé à Cannes dès 1956, reçoit une reconnaissance mondiale.

▷ **Les «péplums»** à l'antique ne sont pas l'apanage du seul cinéma italien ; l'abondante production indienne n'est toutefois pas exportée vers l'Europe.
S. Desai. *Chandragupt.*

◁ **Affiche** de film d'aventures. Le cinéma indien est peu connu, quoique sa production soit la première du monde.

▽ **Une salle publique** à Mamali. Les Indiens sont friands de cinéma, distraction bon marché, mais le parc de salles reste insuffisant et sous-équipé.
1989.

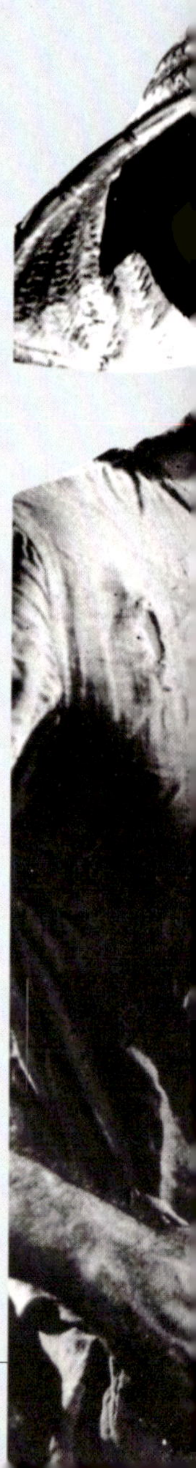

△ ***La Complainte** du sentier* est devenu un « classique » du cinéma indien. Ce long-métrage d'auteur substitue l'émotion et la poésie aux danses et chansons habituelles.
1955.

▽ **Une habitante** aisée de Delhi satisfait sa passion cinéphile grâce à une visionneuse archaïque, non loin du Fort-Rouge, le jour de la fête nationale indienne.
1966.

▽ ***Calcutta, ville cruelle,*** œuvre de caractère réaliste, reçoit un prix à Cannes en 1954. Ses qualités surclassent nettement une production de masse destinée à un public populaire.
1953.

LA FRANCE DE LA IVe RÉPUBLIQUE

En quelques années, la France, ruinée et affaiblie, se dote de nouvelles institutions, reconstruit une économie prospère. Mais elle ne peut échapper aux tensions politiques, contrecoup du retrait du général de Gaulle et des prémices de la guerre froide.

Ni les caves de Saint-Germain-des-Prés ni la liberté d'allure des existentialistes ne doivent faire illusion. La France de 1944, que les Alliés n'ont pas totalement libérée, est encore traditionnelle : l'électricité n'arrive pas dans tous les villages, les ruraux moissonnent à la main et tirent l'eau du puits. Si les villes, qui concentrent un peu plus de la moitié de la population, sont plus modernes, elles ont davantage souffert de la guerre. Dans ce pays archaïque et traumatisé, le gouvernement provisoire doit faire triompher les idéaux de la Résistance.

Le gouvernement provisoire

Présidé par de Gaulle, le gouvernement provisoire de la République française (G.P.R.F.) réunit les représentants de la Résistance intérieure, dirigée par Georges Bidault, des Français de Londres, d'anciens parlementaires,

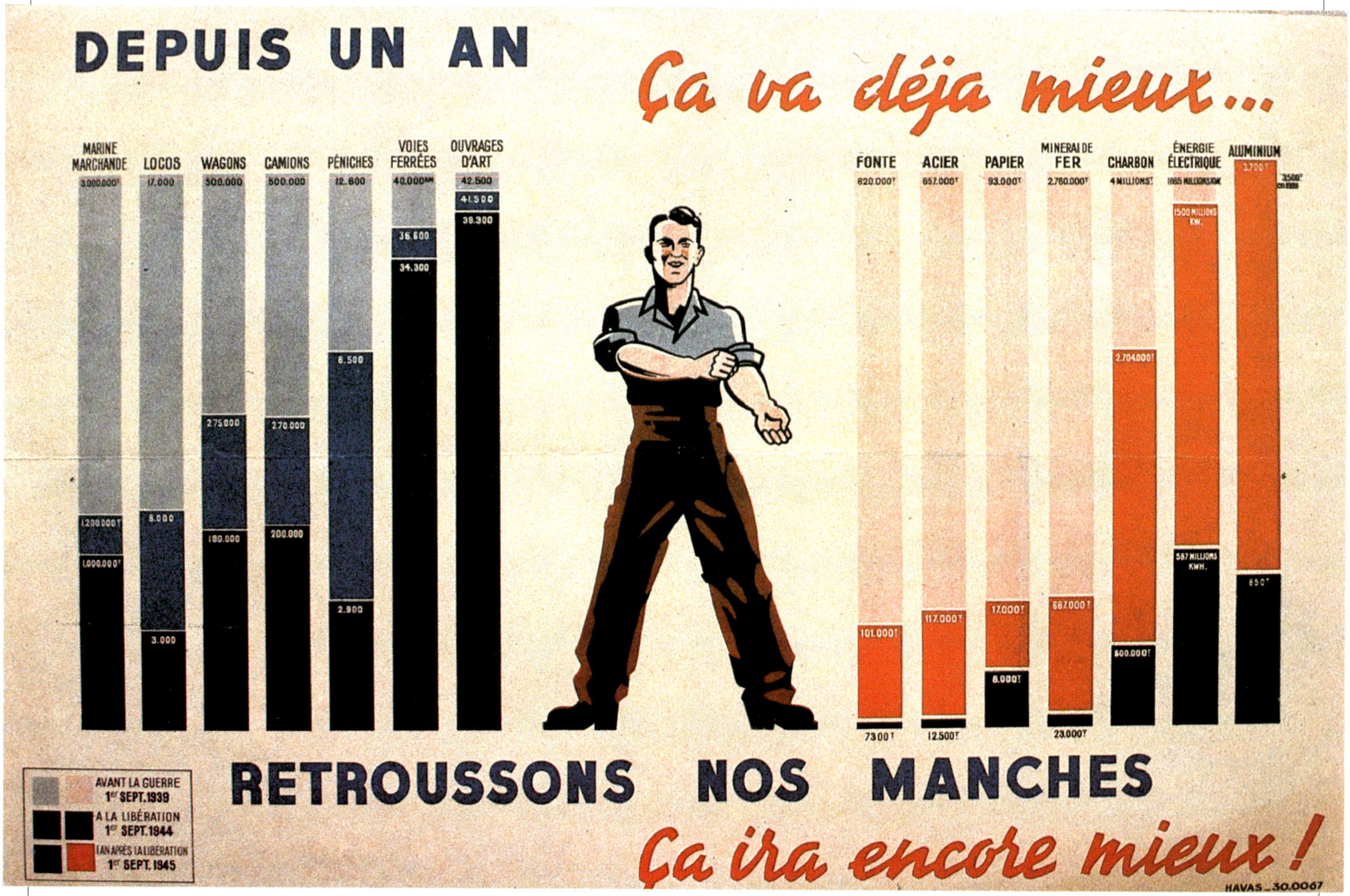

comme Jules Jeanneney, président du Sénat en 1940, et les représentants de partis qui n'ont pas collaboré avec l'Allemagne : communistes, socialistes, radicaux, et chrétiens-démocrates du M.R.P. (Mouvement républicain populaire). Il faut toute l'autorité du général pour réaliser la synthèse et pour fondre dans les F.F.I. (Forces françaises de l'Intérieur) tous les hommes issus de la Résistance, y compris les F.T.P. (Francs-tireurs et partisans) communistes. Conciliant, de Gaulle admet le dirigeant communiste Maurice Thorez, qui a passé la guerre en U.R.S.S., et que l'on considère depuis 1939 comme un déserteur, mais qui est le chef du « Parti des fusillés », régénéré par son action dans la Résistance.

Le nouveau pouvoir doit rétablir l'ordre et s'imposer aux Américains, qui ont prévu d'administrer la France comme les autres pays libérés. Les comités départementaux de la Libération (C.D.L.) prétendent faire la loi au nom de la Résistance, mais, malgré l'appui que leur apportent certains gaullistes, ils doivent se soumettre aux commissaires de la République nommés par le Gouvernement provisoire. L'autorité de ces derniers est renforcée par les visites du général en province.

Paul Ramadier ▽ pose avec ses ministres, à l'Élysée. Au deuxième rang à gauche, un futur président de la Ve République : François Mitterrand.
1947.

UN IMMENSE ESPOIR

Le programme du C.N.R. (Conseil national de la Résistance), teinté de marxisme, prévoyait de grandes réformes de structure, pour une France plus juste et plus fraternelle. Discréditée par la collaboration, la droite est hors d'état de s'y opposer. Des comités d'entreprise sont créés dans les grands établissements industriels, la sécurité sociale est étendue à tous les salariés, le statut du fermage et du métayage améliore la condition des petits agriculteurs. Les nationalisations touchent des établissements financiers,

Le châtiment des traîtres et l'élimination des collaborateurs sont les premières tâches des nouvelles autorités.

L'ÉPURATION

Les abus de la Libération – femmes tondues et exécutions sans jugement – donnent de l'épuration une image violente et excessive. En fait, l'épuration régulière, fondée sur de nombreux textes législatifs, a vite remplacé l'épuration sauvage. Quoique hostile aux violences gratuites, de Gaulle est partisan de la fermeté envers les collaborateurs. Une Haute Cour juge les personnalités de Vichy : le maréchal Pétain, condamné à mort, est gracié ; Laval, lui, est exécuté. L'épuration de l'administration est difficile : comment distinguer entre l'obéissance aux ordres et la collaboration ? Dans le domaine économique, les sanctions sont limitées, sauf quelques cas de profits scandaleux. En tout, sur 160 000 dossiers instruits, 73 000 non-lieux sont prononcés, et, sur les 2 640 condamnations à mort, 767 sont exécutées.

◁
Affiche gouvernementale. Un an après la Libération, la France est à reconstruire, mais elle ne sort de l'ornière qu'avec le plan Marshall.
1945.

▷
Innovation heureuse de l'après-guerre, le vote féminin s'exerce surtout aux dépens du parti radical, traditionnellement hostile à cette mesure.
1945.

et d'abord la Banque de France, la production d'énergie (houillères, électricité), l'aéronautique (Air France ; Gnome et Rhône, qui devient la S.N.E.C.M.A., Société nationale d'étude et de construction de moteurs d'aviation). Jean Monnet met en route le premier plan organisant l'économie. En 1944, la production industrielle est tombée au tiers de son niveau de 1930, la production agricole a diminué du quart. Pourtant, dans l'enthousiasme général, tous les Français participent à la reconstruction ; Thorez lui-même s'écrie « Retroussons nos manches ! », incitant les ouvriers à faire des sacrifices pour le pays. Pour financer cet effort, le gouvernement recourt à l'inflation, une politique désapprouvée par Pierre Mendès France, partisan de la rigueur, que de Gaulle se refuse à infliger aux Français, éprouvés par la guerre.

Il faut aussi de nouvelles institutions : consultés en octobre 1945, les Français souhaitent que l'Assemblée élue soit constituante. Les femmes votent enfin ; elles sont 33 à entrer à l'Assemblée, chiffre qui ne sera dépassé qu'en 1946. Il faudra deux autres référendums et une nouvelle Assemblée pour que commence la IVe République. Entre-temps, le général de Gaulle, partisan d'un exécutif fort, hostile aux rivalités des partis, a démissionné, le 20 janvier 1946. Dans le célèbre discours de Bayeux, il a condamné vigoureusement le régime à venir. La Constitution, adoptée par lassitude en octobre 1946 (31 p. 100 d'abstentions), ressemble à celle de la IIIe République : exécutif faible, soumis à l'Assemblée, président de la République réduit à « inaugurer les chrysanthèmes », instabilité ministérielle assurée. Aucune majorité ne se dégage : le parti le plus important est le parti communiste (26 p. 100 des voix), talonné par le M.R.P. et les socialistes,

Manifestation des ouvriers de la S.N.E.C.M.A. en septembre 1948, à Paris. Les grèves dures menées par les communistes inquiètent l'opinion publique, qui redoute un « coup de Prague ».

◁ 1948.

Nationalisée en 1945, une usine d'automobiles et ses ouvriers symbolisent en France la classe ouvrière tout entière.

LA RÉGIE RENAULT

La 4 CV qui sort des usines Renault en 1946 résume son époque : bon marché, elle est accessible aux foyers modestes ; fiable et robuste, elle prouve la compétence des ouvriers de la Régie. Louis Renault, inventeur du char de la guerre de 1914-1918 mais personnage central de la collaboration industrielle, meurt en prison avant son jugement ; ses usines, où les ouvriers communistes sont prépondérants, sont nationalisées. Elles deviennent la vitrine du progrès social en France : avantages sociaux et améliorations des conditions de travail sont accordés aux ouvriers de Renault longtemps avant les autres. Le principal site de production, l'île Séguin à Billancourt, où règne la C.G.T., est le haut lieu mythique de la classe ouvrière et de ses combats. Sartre, quand il se refusera à condamner les erreurs staliniennes, affirmera « qu'il ne faut pas désespérer Billancourt ».

les trois gouvernant ensemble. En 1947, le socialiste Vincent Auriol est élu président de la République.

Le tournant de 1947

La conjoncture internationale, les luttes sociales mettent vite fin au tripartisme. Trois ans après la Libération, les salariés supportent mal le rationnement et l'inflation. Ils sont soutenus par les communistes, dont l'hostilité est accrue par les prémices de la guerre froide et par les luttes coloniales : l'instauration de l'Union française ne tempère nullement les revendications des peuples colonisés, la répression fait rage à Madagascar et en Indochine. Les ministres communistes refusant de voter des crédits pour l'Indochine, le président du Conseil, Paul Ramadier, exige leur démission (5 mai 1947). Un mois plus tôt, le général de Gaulle a fondé le Rassemblement du peuple français (R.P.F.). Dès lors, le gouvernement passe du tripartisme à la « Troisième Force » : le M.R.P. et la S.F.I.O., minoritaires, doivent affronter l'opposition des gaullistes ainsi que celle des communistes, alignés sur Moscou et hostiles au plan Marshall. Si l'opinion publique est majoritairement anticommuniste, l'idéologie marxiste séduit une partie de la jeunesse, des intellectuels et des ouvriers, que la C.G.T. mobilise dans les grèves de l'automne 1947 et de 1948.

Le retour de la droite

La Troisième Force se maintient cependant, parce qu'elle profite de l'essoufflement du mouvement gaulliste, que ses ministres savent jouer du système électoral et utiliser les divisions syndicales : les salariés hostiles au communisme ont fondé Force ouvrière. Mais la fragilité de la coalition éclate lors du vote des lois Marie et Barangé, favorables à l'école libre, au grand dam des socialistes. Après les élections de 1952, Vincent Auriol appelle aux affaires le président du petit parti des Indépendants et Paysans, patron d'une modeste entreprise de cuirs et peaux. Avec Antoine Pinay, la droite traditionnelle revient aux affaires ; elle profitera d'une exceptionnelle croissance économique. □

En pleine guerre froide, une polémique très parisienne témoigne du pouvoir du communisme sur les intellectuels.

LE PROCÈS KRAVCHENKO

J'ai choisi la liberté, écrit l'ingénieur soviétique Kravchenko, « passé à l'Ouest » en 1947 et qui dénonce dans son livre l'existence de camps de concentration en U.R.S.S. Fidèles à Moscou, les communistes s'insurgent contre ce « mensonge », vendu à 500 000 exemplaires. L'hebdomadaire communiste *les Lettres françaises* intente un procès en diffamation au renégat. C'est le journal qui est condamné, mais une bonne part de l'intelligentsia française a témoigné à la barre de l'innocence de Staline : artistes comme Cassou ou Vercors, savants comme les Joliot-Curie, résistants comme d'Astier de La Vigerie, tous disent leur attachement à un communisme qui ne saurait faillir. De leur côté, on trouve aussi Aragon, Eluard et Sartre, qui, quoique professant une philosophie différente, affirme que le marxisme est « un horizon indépassable ».

Le général de Gaulle ▽ est porté en triomphe par les militants du R.P.F. à Saint-Cloud. Son parti, créé au mois d'avril 1947, a remporté 38 p. 100 des voix aux élections municipales d'octobre.
1948.

◁ **Les constructeurs** automobiles ressortent des véhicules d'avant-guerre, bientôt supplantés par le succès des modèles économiques conçus dès le Front populaire (2 CV Citroën) ou sous l'Occupation (4 CV Renault).
L'Illustration.

LA VICTOIRE DES COMMUNISTES EN CHINE

Unis contre les Japonais, nationalistes et communistes chinois se déchirent à nouveau dès la fin de la guerre. En 1949, la République populaire de Chine consacre la victoire de Mao Zedong.

Depuis 1931, les militaires au pouvoir au Japon ont opéré un lent grignotage de la Chine. La Mandchourie, les provinces septentrionales, la zone démilitarisée de Hebei sont placées sous leur protection. En juillet 1937, la guerre éclate officiellement.

L'influence croissante des communistes

Les Japonais s'emparent de Pékin, de Shanghai, et de la nouvelle capitale du pays, Nankin. Devant l'ennemi com-

Mao Zedong avec ses troupes, en Chine septentrionale. Mieux organisés, plus discipli-nés que les nationa-listes, les communistes ont l'appui de la population.
◁ 1947.

mun, les communistes de Mao Zedong et les nationalistes de Tchang Kaï-chek concluent en 1938 un accord de coopération et d'union. La guerre civile marque une pause.

Les Japonais tiennent toute la Chine de l'Est, urbanisée, industrialisée, et largement pourvue en voies de communication. Les communistes s'installent dans le Nord, autour de Yan'an. Tchang Kaï-chek dirige de Chongqing, dans le sud-ouest du pays, le gouvernement de la Chine libre. Il obtient l'aide de l'U.R.S.S. puis, la Chine entrant dans le second conflit mondial, celle des Alliés. Utilisant le pays comme une base arrière pour leurs attaques contre le Japon ou la Birmanie, les États-Unis financent le gouvernement de Tchang Kaï-chek et son armée. La Chine obtient également l'abolition des « traités inégaux » conclus au XIXe siècle : les puissances européennes renoncent à leur contrôle sur les douanes chinoises et au privilège d'extraterritorialité dont bénéficiaient leurs ressortissants.

Le parti communiste chinois, fondé le 1er juillet 1921, ne compte que 20 000 membres. Pourtant, ses actions de guérilla exaspèrent l'occupant. De plus, dans le Nord, le parti met sur pied une réforme agraire, revoit le système d'imposition, soutient des programmes d'alphabétisation, accroissant ainsi son audience dans les campagnes. À l'inverse, les nationalistes se montrent corrompus, incapables de faire face à la pénurie, qui provoque une inflation galopante... En outre, la tension n'a jamais cessé entre les deux camps. Et, le 4 janvier 1941, des troupes de Tchang Kaï-chek attaquent et anéantissent la Nouvelle Quatrième Armée – une unité de soldats communistes opérant dans le sud du pays. Cette action déconsidère le régime de Tchang Kaï-chek. En 1945, le P.C.C., avec Mao Zedong pour dirigeant incontesté, peut s'enorgueillir de compter un million de membres.

Les communistes traversent le fleuve Jaune en 1948 : comme la Longue Marche, ce type d'exploit est traité par l'art officiel de façon héroïque et lyrique. ▷

◁ **De nombreux étudiants** de la Chine nationaliste suivent un entraînement militaire dans les écoles d'officiers. L'armée de Tchang Kaï-chek est de bonne qualité, mais le régime est déconsidéré.

1948. *L'Illustration.*

Dirigeant du parti dès sa création, en juillet 1921, Mao Zedong impose un communisme à la chinoise, dont les paysans sont les forces vives.

LE GRAND TIMONIER

Né en décembre 1893 à Shaoshan, dans la province du Hunan, Mao Zedong grandit dans une famille paysanne aisée. Rallié très tôt à la cause républicaine, aide-bibliothécaire à l'université de Pékin, il découvre la théorie marxiste et, dès 1919, y adhère pleinement. Après l'héroïque Longue Marche (1934-1935) et le succès du gouvernement de Yan'an, Mao s'affirme comme le chef du parti. Mais il se heurte aux adeptes du modèle soviétique : gardant la tête du P.C.C., Mao abandonnera la présidence du pays en 1959. À travers la répression de toute opposition et le culte personnel qui lui sera rendu jusqu'après sa mort, en septembre 1976, le Grand Timonier parviendra à imposer comme norme « la pensée Mao Zedong », recueillie en particulier dans le *Petit Livre rouge.*

Les premières heures de la République

À partir de 1946, la guerre civile reprend. Les nationalistes jouissent d'une nette supériorité militaire : leurs troupes ont été armées et entraînées par les États-Unis. Mais les communistes bénéficient d'un plus grand soutien populaire. En 1949, ils réussissent à prendre les principales villes. À Pékin, le 1er octobre, ils proclament la naissance de la République populaire de Chine. Leurs forces conquièrent peu à peu tout le pays. Le 8 décembre, Tchang Kaï-chek est vaincu. Il doit se retirer à Formose (Taïwan) où la protection américaine lui permettra de maintenir jusqu'à sa mort une minuscule Chine nationaliste.

Au plan international, le nouveau régime est isolé. Seule l'U.R.S.S. apporte son soutien officiel à la République populaire et lui offre une assistance technique et économique. Dans le pays, la Constitution de 1954 promulgue de nouvelles institutions. La dictature du prolétariat s'organise. Les communistes prennent en main tous les postes clefs. La Chine entre dans la phase de la « Nouvelle Démocratie » : pour permettre une reprise économique rapide, les changements radicaux sont remis à plus tard.

Premier souci de Mao Zedong, attentif aux paysans, une réforme agraire est lancée. La propriété privée n'est pas abolie, mais les terres sont redistribuées à l'échelon des villages. Le gouvernement encourage la création de coopératives agricoles puis, en 1955, impose une collectivisation générale. L'activité industrielle, et tout d'abord l'industrie lourde, en 1953, se

Les paysans chinois se familiarisent avec un tracteur. Mao impose la collectivisation en 1955.

1951. *Ogonek*. Institut ▽ d'études slaves, Paris.

Appuyées sur les *xiang*, divisions administratives de la Chine traditionnelle, les communes populaires marquent une réelle tentative de décentralisation.

LES COMMUNES POPULAIRES

Pour lancer le « Grand Bond en avant », en 1958, Mao Zedong décide la création de communes populaires. La première est fondée dans le Henan, et s'appelle Spoutnik. Le pays est divisé en unités de production de base, comptant 20 000 personnes environ. Les habitants y sont responsables du secteur agricole, du développement des industries locales et du fonctionnement des services publics – sociaux, culturels, militaires et financiers. S'écartant du modèle soviétique de collectivisation, les communes populaires doivent permettre un développement économique satisfaisant ainsi qu'un meilleur jeu démocratique. Pour Mao, comme pour Lénine à ses débuts, l'État centralisé est un héritage « bourgeois ». Constatant l'échec du système, le gouvernement chinois mettra fin aux communes populaires en 1982.

conforme au modèle soviétique de planification quinquennale. Le développement économique ainsi réglé, reste à consolider la ligne du parti.

La mise au pas

Depuis toujours, le P.C.C. exige de ses membres une stricte orthodoxie : les premières campagnes de « rectification » politique ont commencé dès la fin des années 1930. Ce dogmatisme ne connaîtra qu'une brève accalmie, lors du mouvement des « Cent Fleurs ». Pendant presque deux ans, en 1956-1957, le pays jouit d'un relatif libéralisme culturel. La liberté d'expression étant presque totale, les critiques se multiplient. Le parti renoue alors avec sa tradition : la censure. L'éducation idéologique des masses cède la place à l'endoctrinement. La propagande exalte les héros communistes, impose l'étude des textes fondateurs du marxisme-léninisme, et use, au besoin, de l'emprisonnement ou de l'exil aux confins du pays à l'égard des récalcitrants. Mais le parti ose également s'élever contre certains travers de la société chinoise, qu'il souhaite remodeler : il suscite un début d'émancipation de la femme et une prise de conscience de la paysannerie.

Très critique à l'égard du modèle soviétique, Mao souhaite que la révolution chinoise trouve son propre rythme. Fin 1957, pour accélérer les progrès économiques, il fait accepter au Comité central l'idée d'un « Grand Bond en avant ». Chantre de la décentralisation, il crée des communes populaires dans les campagnes. Mais, dans les faits, les années du « Grand Bond », de 1958 à 1961, se traduisent par la mise au travail forcé du peuple et par le règne de la terreur. C'est un échec grave, qui engendre la désorganisation économique du pays. La famine qui s'ensuit provoque plusieurs dizaines de millions de morts. □

△ **Mao Zedong** et les dirigeants chinois commémorent la naissance de la République populaire. L'art officiel s'inspire du « réalisme socialiste ». 1962.

◁ **Manifestation** à Pékin en l'honneur de Staline. La « lune de miel » soviéto-chinoise pâlit sous Khrouchtchev et les Russes cessent toute assistance technique en 1961. 1950.

Parce qu'il est situé aux confins de la Chine et de l'Inde, le Tibet, plateau de l'Himalaya à l'économie pauvre, représente un enjeu stratégique.

LE TIBET, OTAGE DE LA CHINE

En 1950, les troupes communistes victorieuses ont conquis l'ensemble du territoire chinois. Elles marchent alors sur le Tibet et l'occupent. Le dalaï-lama, souverain du pays, signe avec la Chine, en 1951, le traité de Pékin, qui inclut le Tibet dans la République populaire. Mais il garantit à la région son autonomie, la reconnaissance de ses institutions séculaires et le maintien de la monarchie théocratique. Pourtant, dès 1956, les Chinois interviennent au Tibet pour y accélérer les réformes économiques et sociales. En 1959, le clergé bouddhiste et la population se soulèvent. La dureté de la répression entraîne le départ pour l'Inde du dalaï-lama et de nombreux Tibétains. Depuis, et malgré les appels à la communauté internationale du dalaï-lama en exil, la Chine populaire continue d'opprimer la culture traditionnelle tibétaine.

LE CULTE DE MAO

L'ancien aide-bibliothécaire de l'université de Pékin a sans doute été l'homme le plus adulé de ce siècle, ne serait-ce que pour des raisons démographiques : à sa mort, en 1976, le nombre des Chinois approchait le milliard. Dès la Longue Marche, il est le chef du parti communiste, et la victoire de 1949 est la sienne. Conformément à une tradition qui date de la révolution russe, la propagande s'empare des hauts faits des communistes pour édifier les masses : Mao Zedong, l'homme qui a pris la tête du prolétariat, des « paysans pauvres et moyens pauvres », figure sur des affiches, est le héros de films et de reportages, et sa photographie trône dans toutes les grandes entreprises du pays. Mis à l'écart après l'échec du « Grand Bond en avant » (1958-1961), Mao utilisera la célébrité qu'il a acquise pour assurer son pouvoir lors de la Révolution culturelle (1966). Le Grand Timonier incarne alors la Révolution elle-même : des millions de Gardes rouges brandissent son portrait, en même temps que le célèbre *Petit Livre rouge.* Du Pacifique aux confins de l'Himalaya, son visage idéalisé orne les objets de la vie quotidienne, des mouchoirs aux livres pour enfants.

▷
Le Grand Timonier est statufié dans la plupart des villes chinoises. À l'instar d'un Lénine ou d'un Atatürk, un mausolée lui est consacré à Pékin.
1978.

Mao au milieu des △ élèves et enseignants de Chaochan. De nombreux jeunes étudiants se retrouveront quelques années plus tard chez les Gardes rouges.
1959.

Le Grand Timonier △ aux champs. Les paysans de Kouang-tong l'accueillent avec des sourires obligatoirement radieux...
Vers 1958.

ao reçoit des «héros
ı travail». Plus spon-
née que les tableaux
ficiels, l'imagerie chi-
ıise est souvent de
eilleure facture.
51. Lin Kang. Coll. part.

Affiche contemporaine de la Révolution culturelle. Le pouvoir de Mao est alors à son apogée. ▷
1968.

FRANCE

Le new-look

■ Autres temps, autres mœurs : aux robes courtes (pénurie de tissu oblige) et aux cheveux permanentés de la Libération succèdent des silhouettes sophistiquées, surmontées de grands chapeaux. Le couturier Christian Dior lance le new-look : épaules rondes, taille fine, jupe longue et ample, très hauts talons. La nouvelle mode remporte un immense succès auprès des femmes élégantes et des journalistes américaines qui se pressent aux présentations des collections, mais le peuple de Paris n'apprécie pas cet étalage de luxe : lorsque les premiers mannequins du new-look sortent dans la rue, leurs longues jupes sont mises en pièces par les marchandes de la rue Mouffetard. Fils d'un industriel ruiné, Dior a travaillé avant la guerre chez Schiaparelli, Piguet, Lelong avant d'ouvrir, en 1946, sa propre maison de couture, avec le soutien de l'industriel Boussac. L'année suivante, il lancera le parfum « Miss Dior », puis toutes sortes de produits griffés, qui feront entrer la haute couture dans l'ère industrielle. □

ASIE DU SUD-EST

Les Philippines et les États-Unis

■ Leur indépendance ayant été proclamée le 4 juillet 1946, les Philippins célèbrent leur fête nationale le même jour que les Américains. Dominion américain depuis 1902, les Philippines s'étaient peu à peu émancipées à partir de 1907, élisant président le nationaliste Quezón, lequel prend Osmeña pour vice-président et rétablit le tagalog comme langue nationale. Pendant la guerre, l'archipel est occupé par les Japonais puis repris par MacArthur après de très durs combats. Le mouvement des Huks, alliés du parti communiste et qui avaient combattu les Japonais, prend la tête de la résistance à l'occupant. En 1945, Quezón étant mort en exil aux États-Unis, Osmeña prend la tête du nouveau gouvernement. Mais c'est MacArthur qui détient la réalité du pouvoir ; il soutient contre Osmeña la candidature de Manuel Roxas, chef du parti libéral, bien moins nationaliste. Celui-ci remporte les élections le 23 avril 1946, mais ne vaincra qu'en 1950, et avec l'aide des Américains, la rébellion des Huks. □

BELGIQUE

Dupuis, *Spirou* et les autres

■ Le journal *Spirou* devient hebdomadaire le 10 janvier 1948 et passe également à une numérotation continue. Ce journal pour la jeunesse, d'abord mensuel, avait été fondé en 1938 par Jean Dupuis. Sa publication avait été interrompue en 1943, le fondateur refusant de travailler sous la direction d'un administrateur allemand. Dès la Libération, les jeunes lecteurs devaient retrouver leurs héros : Tif et Tondu, Dick Tracy et Tex le cow-boy, venus d'Amérique, ainsi que la série *Spirou et Fantasio*, pour laquelle André Franquin succède à Jijé. Dans l'hebdomadaire, qui a aussi une édition en flamand, on trouve des biographies illustrées, avec d'abord celle de Godefroy de Bouillon. La première des *Belles Histoires de l'Oncle Paul* ne commencera qu'en 1951, avec des illustrations de Paape, et Peyo fera son entrée l'année suivante pour reprendre la série *Johan et Pirlouit*, apparue en 1947, où les Schtroumpfs, petits bonshommes bleus au bonnet blanc, ne jouent encore qu'un rôle secondaire. □

PAYS-BAS

Femmes sur le trône

■ La reine Wilhelmine des Pays-Bas abdique en 1948, trois ans après son retour triomphal. Traditionnellement neutres, les Pays-Bas n'avaient pourtant pas pu échapper à l'occupation en 1940. La reine et sa famille avaient pris la direction de Londres et passé une partie de la guerre au Canada. Née en 1880, Wilhelmine avait succédé en 1890 à son père Guillaume III et sa mère avait assuré la régence. Les Néerlandais vont donc connaître plus d'un siècle de règnes féminins : la reine abdique en faveur de sa fille, Juliana, qui elle-même n'a que des filles, dont l'aînée, Beatrix, lui succédera. □

Le marsupilami, dans *Spirou et Fantasio*. 1960. Franquin et Greg. Dupuis.

Modèle de Christian Dior. *1949. L'Illustration.*

TCHÉCOSLOVAQUIE

Le mort de Prague

■ Jan Masaryk a-t-il été assassiné ? Le 10 mars 1948, il est « tombé » par la fenêtre de son ministère, et la thèse officielle du suicide, soutenue par les nouveaux dirigeants communistes de Tchécoslovaquie, est sérieusement mise en doute par ses partisans. Masaryk, ministre du gouvernement en exil pendant la guerre, participait, aux côtés de communistes, au gouvernement de Front national dirigé par le président Benes. Le « coup de Prague » de février 1948 avait vu le triomphe des communistes, soutenus par les milices populaires. Le 25 février, après la démission maladroite des ministres modérés, Benes avait dû confier le pouvoir au communiste Gottwald. La Tchécoslovaquie devenait pour quarante ans une démocratie populaire : une situation à laquelle Masaryk n'a probablement pas pu se résigner. □

OCÉAN INDIEN

Rébellion à Madagascar

■ La grande île, colonie française, avait été occupée par les Anglais, qui l'avaient aussitôt remise aux autorités de la France libre. Les nationalistes dominent dans la représentation parlementaire de l'après-guerre : quand, en 1946, la colonie devient un territoire d'outre-mer, ses députés appartiennent presque tous au Mouvement démocratique de la révolution malgache (M.D.R.M.), et ils se satisfont mal des bribes de liberté qui leur sont accordées. Le 30 mars 1947, une rébellion éclate sur la côte est. Le socialiste Marius Moutet, ministre de la France d'outre-mer, affirme qu'il ne cédera pas et ordonne une impitoyable répression. Les combats durent jusqu'au 12 avril et ils font 80 000 morts. Le M.D.R.M. est dissous, ses chefs emprisonnés, et il n'y aura pas d'élections libres à Madagascar avant 1954. □

MAGHREB

Le retour d'Abd el-Krim

■ Abd el-Krim s'est évadé : le héros de la guerre du Rif, qui avait mobilisé les forces de l'Espagne et de la France entre 1923 et 1926, avait été fait prisonnier et incarcéré à la Réunion. L'émir en exil y avait recréé l'ambiance d'un village marocain, grâce à sa nombreuse famille. Mais il profite de son transfert en France, le 31 mai 1947, pour fausser compagnie à ses geôliers lors de l'escale du Caire. Il y fonde, le 9 décembre, le « Comité pour la libération de l'Afrique du Nord », regroupant le Tunisien Bourguiba et d'autres chefs marocains qui désignent Abd el-Krim comme président à vie. La lutte pour l'indépendance du Maghreb commence donc dès 1948, mais Abd el-Krim n'y jouera pas un très grand rôle. Le héros a vieilli et il s'entend mal avec les autres nationalistes. Il mourra en exil, au Caire, en 1963. □

1948 - 1952

Lorsque, le 14 mai 1948, David Ben Gourion proclame la naissance de l'État d'Israël, le combat des sionistes, commencé à la fin du XIXe siècle, trouve son aboutissement. Au lendemain de l'Holocauste, en effet, la nécessité de donner une patrie aux Juifs d'Europe s'est imposée aux instances internationales. Mais l'opposition à l'État juif, considéré comme une monstrueuse séquelle du colonialisme, devient le trait d'union entre les pays musulmans. L'Est et l'Ouest ne tardent pas à prendre parti : d'abord favorable à la création d'Israël, l'U.R.S.S. se fait le champion de la cause arabe tandis que les États-Unis soutiennent les sionistes. Le Moyen-Orient n'est d'ailleurs que l'un des théâtres de la guerre froide qui commence et se répercute dans les affaires intérieures des États par la « chasse aux sorcières » et la psychose atomique. À la même époque, dans l'hémisphère austral, l'Argentine de Perón nie la lutte des classes et communie dans le culte d'Evita, épouse du chef de l'État et madone des *descamisados*.

Bureau de vote à Tel-Aviv, 1950.

GUERRE FROIDE ET PSYCHOSES

Au moment où Américains et Soviétiques affichent leur volonté de s'affronter par tous les moyens et en tous lieux, la prise du pouvoir par les communistes en Tchécoslovaquie, le 25 février 1948, achève de raidir les positions des anciens alliés.

◁ « **Hourra,** nous vivons encore ! » : levée, le 12 mai 1949, du blocus de Berlin mis en place par les Soviétiques le 24 juin 1948. Elle annonce la fin de l'administration quadripartite de la capitale.

Seul pays de l'Est à avoir accepté le plan Marshall, la Tchécoslovaquie doit y renoncer en juin 1947 après le veto de l'Union soviétique. Le noyautage communiste entraîne des interdictions de journaux, des arrestations et des manifestations « spontanées », qui permettent à Gottwald, président du Conseil et secrétaire général du P.C. tchèque, d'imposer le « coup de Prague » au président de la République, Beneš, qui démissionne un peu plus tard.

Les Occidentaux décident alors d'unifier leurs zones d'occupation en Allemagne par une réforme monétaire – création du Deutsche Mark – à laquelle Staline riposte par une mesure analogue et par le blocus de Berlin.

L'Alliance atlantique

Cette épreuve de force, de juin 1948 à mai 1949, tourne bientôt à l'avantage des Américains, qui ravitaillent la capitale par un pont aérien. La crise entérine la partition allemande : créée le 23 mai 1949, la République fédérale d'Allemagne recouvre les zones d'occupation occidentale ; la République démocratique allemande naît le 7 octobre dans la zone soviétique.

Déjà, le 11 juin 1948, quoique peu enclin à rompre son traditionnel isolationnisme, le Congrès américain vote la résolution Vanderberg, qui autorise les États-Unis à s'impliquer dans une alliance extérieure même en temps de paix. Inquiets, les pays d'Europe occidentale y voient le seul remède face à la menace soviétique. Signé à Washington en avril 1949, le pacte de l'Atlantique Nord est concrétisé par l'Organisation du traité de l'Atlantique Nord (O.T.A.N.), devenue opérationnelle en 1952, sans que l'U.R.S.S. ait pu en bloquer le processus. La Grèce et la Turquie y adhèrent cette même année, et l'Allemagne fédérale la rejoint en 1955 ; cette alliance est fortifiée par le rejet français de la Communauté européenne de défense (C.E.D.) en 1954.

Le SACEUR, commandement de l'O.T.A.N., estime le rapport des forces conventionnelles trop favorable à l'U.R.S.S. Afin de pouvoir faire face à une attaque massive des troupes soviétiques, les Américains installent des armes nucléaires tactiques dès 1953.

Affrontements en Corée

La construction atlantique paraît vite incomplète après la victoire des communistes chinois à l'automne 1949. Celle-ci ruine le système des Nations unies, mais les Américains décident de soutenir le gouvernement nationaliste de Tchang Kaï-chek, réfugié à Formose. Installés au Japon depuis 1945, les États-Unis s'engagent ainsi sur un nouveau théâtre, à peine moins périlleux ; la brutale invasion de la Corée du Sud par les troupes communistes nord-coréennes en juin 1950 achève de le démontrer. En novembre, la

Membres de la milice △ populaire de Prague. L'aide de l'Armée rouge est inutile, car les communistes contrôlent la police et l'armée.

1948.

◁ **Caricature** des deux Allemagnes aux prises avec Staline et l'Oncle Sam. Le 23 mai 1949 naît la République fédérale d'Allemagne, tandis que le 7 octobre est créée la République démocratique allemande.

1949. Chancel. *Oxygène*. Coll. part.

En Union soviétique et dans ses satellites d'Europe centrale, la répression prend la forme spectaculaire de procès politiques.

L'AVEU, TECHNIQUE PSYCHOLOGIQUE

Selon un rituel familier depuis les purges staliniennes, les anciens responsables communistes de haut rang font la confession interminable de leurs trahisons supposées, sous les insultes d'un procureur politique. László Rajk, ministre hongrois des Affaires étrangères, est ainsi exécuté pour « titisme » en 1949. Les procès de Prague de 1952 mènent à la potence les principaux responsables du « coup de Prague » de 1948. Artur London, l'un des rares accusés survivants, décrit le processus du lavage de cerveau dans *l'Aveu* : combinant la torture physique et la pression psychologique, l'accusateur parvient à convaincre le détenu de reconnaître des fautes imaginaires dans l'intérêt du parti. Il confirme donc *le Zéro et l'Infini*, roman d'Arthur Koestler publié en 1940 et alors très controversé, qui décrivait des mécanismes identiques.

Chine intervient aux côtés de la Corée du Nord, à laquelle les Soviétiques accordent un soutien diplomatique. En revanche, les États-Unis sont investis d'un mandat du Conseil de sécurité de l'O.N.U. pour rétablir la situation. Le front est stabilisé début 1951, et une guerre de positions dure jusqu'aux accords de Panmunjom, qui rétablissent le statu quo ante. Comme l'Allemagne, la Corée devient un abcès de fixation, mais Américains et Soviétiques ne laissent pas l'affaire dégénérer : Truman refuse vivement d'utiliser l'arme atomique contre la Chine.

Le président américain reste toutefois très impressionné par les progrès nucléaires soviétiques. Des scientifiques comme le physicien d'origine hongroise Edward Teller, les fortes pressions du Congrès le poussent à décider la construction de bombes thermonucléaires au mois de janvier 1950. Le premier essai a lieu à Eniwetok, fin 1952. En août 1953, quoique moins avancés, les Soviétiques révèlent l'existence d'armes à fusion analogues. Ces quelques disparités, du reste fort momentanées, contribuent à développer la compétition nucléaire et à édifier des arsenaux surdimensionnés. Cette course aux armements soumet les économies des deux pays à rude épreuve, surtout en U.R.S.S.

La stratégie indirecte

La guerre directe comporte désormais de tels risques de destruction totale que les deux protagonistes privilégient plutôt une stratégie indirecte. Celle-ci vise à la déstabilisation de l'adversaire par l'exploitation de ses faiblesses internes et par la création de zones d'insécurité à sa périphérie. Avant tout psychologique, cette action recourt à une propagande effrénée.

L'Union soviétique s'efforce de soutenir partout dans le monde les guérillas et les mouvements de décolonisation, rebaptisés « luttes de libération nationale ». Les États-Unis créent alors des alliances régionales, propres selon eux à endiguer les progrès du communisme : l'ANZUS en 1952 (Pacifique sud), ou l'O.T.A.S.E. en 1954 (Asie du Sud-Est). Des traités de coopération semblables sont établis avec les pays du Moyen-Orient, dont les ressources énergétiques prennent un caractère stratégique vital.

△ **Manifestation** le 6 juin 1953, place de la Nation, à Paris, en faveur des époux Rosenberg, victimes de la guerre froide et du maccarthysme.

Le nom de ce sénateur républicain du Wisconsin reste attaché à l'hystérie anticommuniste américaine de 1950 à 1954.

JOSEPH MCCARTHY

McCarthy se fait remarquer au mois de février 1950 lorsqu'il prétend détenir une liste de 250 agents communistes infiltrés au département d'État des Affaires étrangères. Il se fonde sur l'affaire Alger Hiss pour accréditer l'idée que les élites de la société américaine sont contaminées par les « rouges ». Sommé de rendre des comptes, il se réfugie dans la surenchère démagogique, où il excelle, et va jusqu'à mettre en cause l'armée et le Sénat eux-mêmes ! Le courant populiste, qui stigmatise les défauts les plus visibles de la classe dirigeante, se révèle ainsi toujours porteur, mais la carrière des politiciens qui s'en réclament est généralement brève. Contré par le président Truman, puis par son successeur Eisenhower, abandonné par les chefs du Parti républicain, McCarthy est officiellement blâmé par le Sénat en décembre 1954 et meurt, discrédité, trois ans plus tard.

Manifestation, ▷ à New York, contre le verdict qui condamne le cardinal hongrois Mindszenty aux travaux forcés à perpétuité pour s'être opposé au gouvernement communiste.
1948.

À l'intérieur, les États-Unis se mobilisent, non sans excès, contre la « menace rouge ». Si le parti communiste américain n'a qu'une audience quasi nulle, l'infiltration d'espions à la solde de l'U.R.S.S. constitue un réel danger. Des accusations portées contre plusieurs personnalités politiques et scientifiques donnent lieu à des poursuites justifiées. L'inculpation du diplomate Alger Hiss, coupable d'intelligence avec les services secrets soviétiques, propulse l'habile républicain Nixon sur la scène politique. L'arrestation et le procès des époux Rosenberg jettent la suspicion sur les milieux scientifiques. Mais ces affaires sont rapidement exploitées par la presse et par quelques démagogues soucieux de publicité personnelle : le sénateur McCarthy se rend célèbre par sa commission d'enquête sur les agissements communistes au sein des organes gouvernementaux américains. Sous l'impulsion plutôt agressive d'Edgar Hoover, directeur du FBI, ce dépistage tourne bientôt à une persécution administrative dénuée de fondements ; des « listes noires » sont dressées dans plusieurs catégories professionnelles, comme le cinéma. Ces actions, qui encouragent la délation et la calomnie, finissent par lasser l'opinion. Les présidents Truman et Eisenhower désamorcent cette procédure inquisitoriale avant d'écarter les trublions les plus notoires de la vie politique américaine.

Psychoses et terreur

La lutte contre le communisme provoque une répression violente dans tous les pays dépourvus de vie démocratique. Si les États-Unis sont rassurés par la détermination de leurs alliés face aux menées soviétiques, ils ne veulent pas voir les effets pervers de cette répression qui, ajoutés aux méthodes

L'O.T.A.N. est destinée à décourager toute agression soviétique en assurant aux pays d'Europe – Belgique, Danemark, France, Irlande, Italie, Luxembourg, Norvège, Pays-Bas, Portugal, Royaume-Uni –, ainsi qu'au Canada, l'appui militaire permanent des États-Unis. ▷
1950. *Paix et Liberté.*

L'espionnage lié à l'arme atomique donne des martyrs aux communistes et indigne violemment leurs adversaires.

LES ESPIONS DU NUCLÉAIRE

L'importance de l'arme atomique et le secret qui l'entoure favorisent la psychose de la guerre froide. Les confessions et la déclassification d'archives permettent de distinguer aujourd'hui deux canaux d'espionnage au profit de l'U.R.S.S. : la filière britannique, dite « de Cambridge », comporte Burgess, Philby, MacLean, Blunt et Cairncross (lequel reconnaîtra sa participation en ... 1991 !) ; la filière américaine, issue du laboratoire de Los Alamos, se compose de l'ingénieur May, du mécanicien Greenglass – frère d'Ethel Rosenberg – et aboutit à Klaus Fuchs. Arrêté en 1950 par les services britanniques, ce dernier avoue certains de ses contacts. Seuls les époux Rosenberg refusent de reconnaître leur culpabilité. Exaspérés par une campagne d'opinion mondiale, les Américains décident de faire un exemple : les Rosenberg sont condamnés à mort puis exécutés.

oppressives de confiscation et de conservation illégitime du pouvoir, confèrent à ceux qui la pratiquent un caractère de « despotisme oriental ». La Grèce, la Turquie, l'Iran, de nombreux pays d'Amérique latine connaissent des juntes militaires aux pouvoirs discrétionnaires : s'érigeant souvent en gardiens de l'ordre politique, ces régimes dictatoriaux prennent pour prétexte la lutte contre la subversion communiste non seulement pour interdire les activités politiques des partis d'extrême gauche, mais aussi pour briser toute revendication syndicale – même modérée –, étouffer les aspirations des classes sociales défavorisées et, plus largement, s'opposer à toute expression démocratique.

Le paroxysme de cette terreur est atteint dans l'U.R.S.S. stalinienne et ses satellites européens : avec un exceptionnel savoir-faire, la manipulation de la guerre froide devient un instrument de contrôle absolu de l'État socialiste. Les méthodes chères au NKVD, arrestations arbitraires, tortures, exécutions sommaires, reprennent comme au temps des purges d'avant-guerre. L'administration du goulag se charge des déportations de masse vers les camps sibériens. Au nom de la lutte marxiste-léniniste dirigée par Staline, le carcan idéologique, en partie relâché au cours de la « grande guerre patriotique », se resserre autour des intellectuels et des artistes, sommés une nouvelle fois de se plier aux canons étroits du « réalisme socialiste ». L'écrivain russe Alexandr Soljenitsyne laisse un témoignage sobre et poignant sur la fin de l'ère stalinienne avec son récit *Une journée d'Ivan Denissovitch,* paru en 1962.

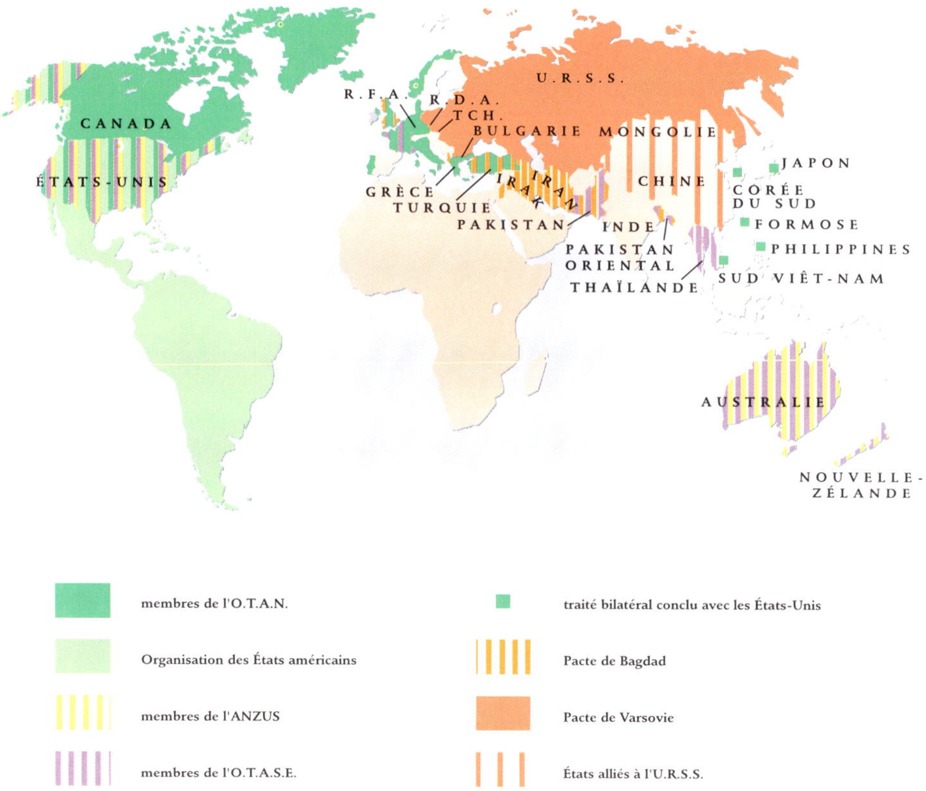

L'enjeu de l'Europe occidentale

Les menées soviétiques sont particulièrement redoutées en Europe occidentale. La lutte contre l'infiltration communiste est d'ailleurs plus délicate dans les pays de tradition démocratique, où les droits de l'homme sont mieux respectés. De plus, auréolés de leur combat au sein de la Résistance et sûrs de l'appui d'une part non négligeable de la population, les com-

Les « compagnons de route », artistes ou scientifiques séduits par le prestige du Parti communiste, en décuplent l'audience auprès du public.

YVES MONTAND

D'origine italienne, né en 1921, il poursuit une carrière originale de chanteur populaire aux côtés d'Édith Piaf, triomphant à Paris en 1953, et milite au sein du Mouvement de la paix, pourtant noyauté par les Soviétiques. Il donne à ses chansons une tournure très engagée, joue dans des pièces de théâtre et des films qui dénoncent le maccarthysme, comme *les Sorcières de Salem,* d'Arthur Miller (1953). Profondément troublé par la répression de la révolution hongroise de 1956, il prend quelque distance, mais conserve une sympathie « anti-impérialiste » d'inspiration cubaine. Il fustige l'ingérence des États-Unis en Amérique latine dans *État de siège,* puis incarne Artur London dans *l'Aveu,* tiré de l'ouvrage de l'ancien accusé du procès de Prague. En 1980, Yves Montand dénonce les supercheries idéologiques de l'Union soviétique, au nom des libertés démocratiques.

« **À notre cher Staline.** ▷ La nation. » Affiche soviétique à la gloire du petit père des peuples. Staline est presque considéré comme un dieu, en U.R.S.S. et à l'étranger.
1949. Coll. part.

munistes participent à des gouvernements d'union nationale en France et en Italie ; ils sont ainsi partagés entre leurs responsabilités ministérielles et la soumission idéologique à Moscou. En France, le socialiste Ramadier, président du Conseil, doit écarter les ministres communistes à cause de désaccords systématiques, en mai 1947. Étrillés par les virulentes critiques du Kominform, les communistes français corrigent leur « déviation », et lancent une partie des ouvriers dans la « lutte anti-impérialiste ». De l'automne 1947 à la fin de 1948, des grèves très dures prennent des allures d'émeutes, voire de guerre civile larvée. La social-démocratie peut croire en toute logique être la victime d'une tentative de coup de force, surtout après l'affaire de Prague. La réaction est conduite par des ministres à poigne, tel le socialiste Jules Moch à l'Intérieur, qui n'hésite pas à faire intervenir les troupes pour rétablir la légalité républicaine.

UN ALIGNEMENT AVEUGLE

Les soudaines révélations de Kravchenko sur la réalité du goulag et la véritable nature du régime soviétique dans son livre *J'ai choisi la liberté* inquiètent le Parti communiste français : elles peuvent en effet avoir des répercussions sur l'électorat, très marqué par les épreuves de la guerre, la Résistance et les déportations. Aussi le journal communiste *les Lettres françaises* poursuit-il l'auteur en diffamation. Le Mouvement de la paix, illustré par les colombes de Picasso, sert de courroie de transmission au parti, fidèle exécutant des instructions du Kominform. Les gouvernements successifs de la IVe République en limitent les effets, mais ne peuvent pas attaquer de front un parti qui représente le quart de l'électorat français. La situation est analogue en Italie, où le P.C. de Togliatti, rejeté dans l'opposition depuis 1947, s'aligne sur la politique du Kremlin. Communistes français et italiens vantent les mérites du « petit père des peuples » et manipulent adroitement l'opinion : lorsque le général américain Ridgway est promu commandant en chef des forces de l'O.T.A.N. en 1952, il devient la cible d'une extraordinaire campagne de dénigrement qui l'accuse, sans aucune preuve, d'avoir utilisé des armes bactériologiques en Corée. Les sabotages sont fréquents dans les usines d'armements alors que les Français combattent en Indochine contre le Viêt-minh, soutenu par le P.C.

Toutefois, l'efficacité générale des actions communistes se trouve affaiblie par des purges internes à l'appareil du parti. Elles reproduisent la violence verbale des procès staliniens pour « excommunier » jusqu'aux figures les plus notables de la Résistance, comme Charles Tillon et André Marty. Au moins ces derniers ont-ils la chance d'être protégés par les libertés « bourgeoises » et échappent ainsi au sort de leurs confrères d'Europe de l'Est.

Staline meurt le 5 mars 1953. Il faudra les aveux de Khrouchtchev, en 1956, pour dessiller les yeux de nombreux intellectuels et artistes occidentaux séduits par le communisme. □

▷ **Caricature** de Staline : son uniforme de maréchal vainqueur du nazisme lui permet de dissimuler ses intentions dictatoriales et de tenir en otage la colombe de la paix.
Vers 1950. *Paix et Liberté.* Coll. part.

LA GUERRE DE CORÉE

Ancienne vassale du Japon, la Corée se trouve dans une situation précaire entre 1945 et 1949 : deux zones, séparées par le 38e parallèle, sont occupées, l'une au nord par les Soviétiques, l'autre au sud par les Américains. Assuré du soutien minimal de l'U.R.S.S. et de l'appui armé de Mao Zedong, le communiste nord-coréen Kim Il-sung attaque la zone sud que dirige le nationaliste Syngman Rhee : le 28 juin 1950, Séoul tombe entre ses mains. La réaction soudaine des États-Unis compromet une affaire qui paraissait acquise. Profitant de la politique de la chaise vide pratiquée par l'U.R.S.S. au Conseil de sécurité, les Américains obtiennent un mandat international pour rétablir la paix en Corée. Chef du corps expéditionnaire, le général MacArthur opère un débarquement à Inchon, sur les arrières du dispositif nord-coréen et espère remporter une victoire totale ; mais son offensive vers le fleuve Yalu, le long de la frontière chinoise, précipite l'intervention des troupes de Mao, qui submergent les forces des Nations unies. MacArthur envisage alors le recours à des frappes nucléaires contre la Chine ; radicalement hostile à cette perspective, le président Truman le relève de son commandement le 11 avril 1951. Le conflit s'enlise, et les négociations entamées à Kaesong traînent jusqu'à l'armistice du 27 juillet 1953 : la ligne de cessez-le-feu passe au nord du 38e parallèle.

Femmes coréennes ▷ identifiant leurs époux tués par les forces communistes nord-coréennes. Les victimes furent enterrées vivantes dans des grottes près de Hamhung.
1953. US Army Photo.

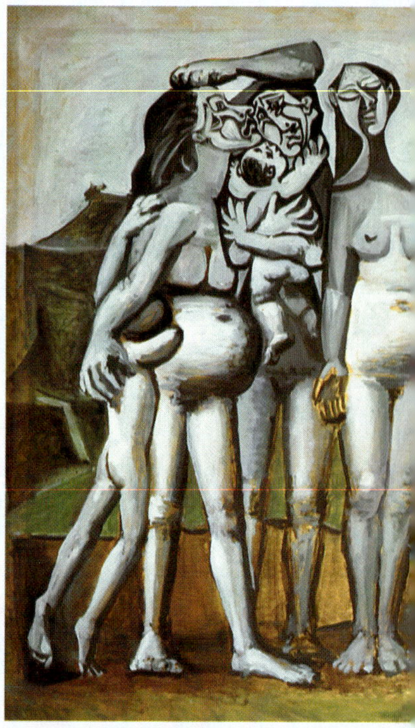

Massacre en Corée △ de Pablo Picasso. Dès le début, la guerre de Corée prend une signification internationale et fait craindre une troisième guerre mondiale.
1951. Musée Picasso, Paris.

◁ **La ligne** de démarcation séparant les deux Corées. Après la défaite du Japon, le pays est partagé en zone d'occupation soviétique au nord et américaine au sud, délimitées par le 38e parallèle.

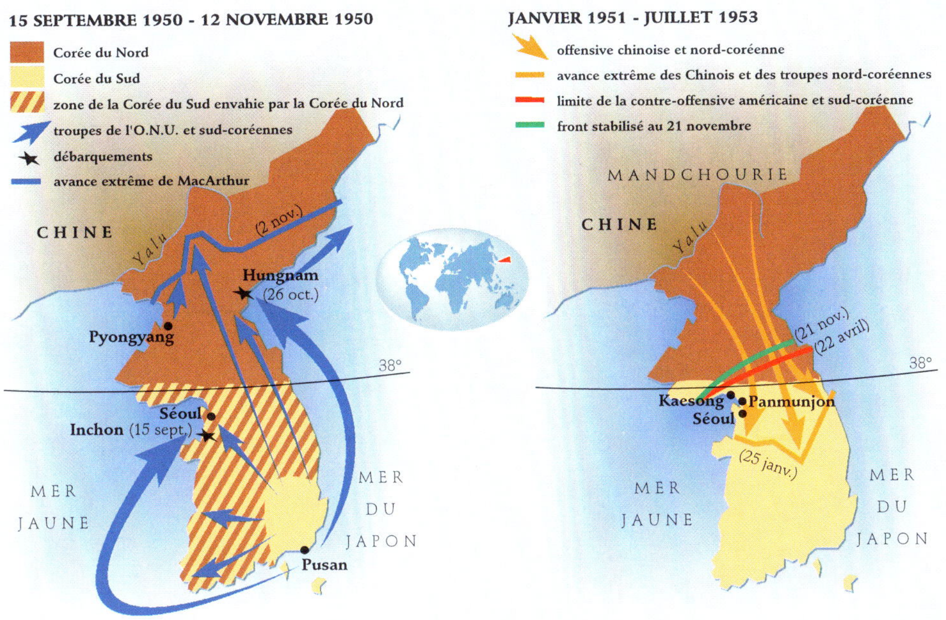

◁ **Des civils** sud-coréens, qui fuient la zone des combats, croisent des soldats américains se rendant en renfort sur le front. 1958.

△ **Un soldat** américain utilise une arme efficace et particulièrement redoutée, le lance-flamme, pour débusquer des tireurs communistes.

L'ARGENTINE DE JUAN PERÓN

Plus vaste pays d'Amérique latine après le Brésil, riche terre agricole, l'Argentine est aussi un foyer d'immigration européenne, qui connaît des tensions sociales et une grave instabilité politique à partir de 1930.

▽ **Il suffit** d'une photo et d'un titre de journal montrant des manifestants des faubourgs de Buenos Aires ayant ôté leurs chemises pour qu'Eva Perón s'empare du mot « descamisados » et en fasse un thème de propagande. 1952.

Affaibli par les répercussions de la crise économique de 1929, le président radical Yrigoyen a été renversé par l'armée en septembre 1930. Un nouveau coup d'État est intervenu en juin 1943, soutenu par les propriétaires fonciers et les conservateurs. Les militaires ont pratiqué une politique d'apparente neutralité afin de profiter des marchés d'exportation de produits alimentaires. Au lendemain de la Seconde Guerre mondiale, l'ambassadeur des États-Unis Braden cherche à éliminer du pouvoir ceux qui lui paraissent le plus compromis avec les puissances de l'Axe ; parmi eux, l'homme fort du régime, le vice-président Juan Perón.

L'ascension d'un chef

Né à Lobos en 1895, dans une famille d'éleveurs, Perón participe au coup d'État du général Uriburu en 1930. Officier d'état-major en 1938, détaché

Juan Perón. ▽ À l'étranger, il affirme son indépendance à l'égard des Occidentaux en accueillant des réfugiés nazis et en favorisant des relations diplomatiques avec l'U.R.S.S.

auprès de l'armée italienne de 1939 à 1941, il revient à Buenos Aires séduit par les méthodes et les réalisations du régime fasciste. Il fréquente les milieux favorables à l'Axe, prend une part active au coup d'État du 4 juin 1943 et entre au gouvernement. Chef de cabinet au ministère de la Guerre puis sous-secrétaire d'État au Travail, il gagne la confiance des ouvriers par des augmentations de salaires, la réduction du temps de travail et l'institution de contrats collectifs. Son influence s'élargit : en 1944, il ajoute à ses fonctions le ministère de la Guerre, puis la vice-présidence de la République.

Soutenue par l'ambassade américaine, une coalition de conservateurs et de libéraux évince Perón le 12 octobre 1945 et le fait emprisonner. Fausse victoire : un soulèvement populaire organisé par sa maîtresse, Eva Duarte, le ramène au pouvoir cinq jours plus tard. Le 24 février 1946, il est élu, en toute légalité, président de la République.

Le « justicialisme »

Perón exploite avec habileté les revendications sociales et le nationalisme argentin. Épaulé par des forces très hétéroclites – partis de gauche, nationalistes, armée, Église –, il dénonce les ingérences américaines et gouverne en despote. Il place ses fidèles, fusionne les partis laboriste et radical en un bloc dont il fait l'instrument de son pouvoir personnel, contrôle la presse et la radio, modifie la Constitution : le Congrès n'est plus qu'une chambre d'enregistrement. À mi-chemin du capitalisme et du socialisme, ce justicialisme est un régime corporatiste inspiré du fascisme italien : parti et syndicat uniques, mouvement d'embrigadement pour la jeunesse et les femmes. Devenue l'épouse de Perón, Eva, adulée par les masses, assure une bonne part de sa popularité au dictateur, à qui, du reste, tout paraît réussir.

Une révolution sociale

En effet, l'Argentine domine le marché mondial des céréales et celui de la viande. L'afflux de devises permet le

Idole des plus pauvres, Eva Perón fait oublier aux Argentins la rigueur du régime policier de son époux.

UN MYTHE MÉDIATIQUE

D'origine modeste, née en 1919, Eva Duarte débute comme actrice, sans beaucoup de relief, devient ensuite présentatrice à la radio : à ce poste, où elle excelle, elle peut faire appel au peuple pour soutenir Perón, qu'elle a rencontré en 1944. Directrice de la Fondation sociale, elle se charge de faire pleuvoir sur les plus démunis une masse de bienfaits. Chaque Argentin est tenu de contribuer à sa Fondation par le don annuel de deux jours de salaire. Ses discours accrocheurs, à la fois enflammés et larmoyants, font d'elle la « madone des sans-chemise », et elle a un réel désir de transformer la société, contribuant à l'instauration d'une législation féminine moderne. L'armée lui refuse néanmoins les honneurs de la vice-présidence. Elle meurt d'un cancer le 26 juillet 1952, hystériquement pleurée par tout un peuple orphelin, qui la considère comme une sainte. La découverte de sa somptueuse garde-robe n'a pas entamé son aura...

Dans les banlieues ▽ de Buenos Aires vivent des personnes déplacées, venues des provinces pauvres de l'intérieur, main-d'œuvre abondante, sans qualification et mal payée, qui est également méprisée par la bourgeoisie et par les partis de gauche. Juan Perón saura mobiliser cette masse en sa faveur.

rachat des grands services publics, aux mains de compagnies britanniques ou américaines. La banque centrale est nationalisée, un Institut argentin pour la promotion du commerce, créé. Une législation avancée profite aux ouvriers et aux paysans pauvres : congés payés, allocations familiales, retraites, assurances sociales, tribunaux du travail. Perón instaure un plan quinquennal d'industrialisation et exproprie les grands domaines agricoles, ce que l'oligarchie terrienne ne lui pardonnera pas. La propriété privée et la libre-entreprise subsistent, mais l'État dirige la production et le crédit. Influencé par son épouse, Perón accorde le droit de vote aux femmes et légalise le divorce, en dépit de l'hostilité de l'Église. En politique extérieure, il établit des relations diplomatiques avec l'U.R.S.S. et marque ses distances avec les États-Unis. Mais le péronisme, lié à un seul homme, repose sur trop de contradictions internes pour durer.

La chute

Les premiers signes de dégradation apparaissent dès 1950. La sécheresse amoindrit une production agricole déjà en baisse à cause de l'industrialisation. La viande est même rationnée tandis que les cours mondiaux chutent. Perón doit redonner la primauté à l'agriculture. La mauvaise gestion des sociétés nationalisées et une corruption accrue provoquent une crise financière ; l'industrie n'est plus capable de résorber l'exode rural. Prix et salaires sont bloqués, les importations réduites. La division du pouvoir pratiquée par le couple présidentiel affaiblit Perón : « Evita » fait campagne auprès

Tandis que les vainqueurs éliminent les partisans de Perón des cadres de l'État, celui-ci prépare inlassablement son retour depuis son exil madrilène.

LA FIN DU PÉRONISME

Après la chute de Perón, ses partisans forment toujours une puissante opposition et gardent le contrôle des syndicats. En 1958, ceux-ci font élire à la présidence le radical Frondizi, qui leur est favorable. L'instabilité économique et politique dure néanmoins jusqu'aux élections présidentielles de mars 1973, remportées par le péroniste Campora, qui se démet en faveur du vieux général. Revenu en Argentine, Perón connaît une réélection triomphale – 62 p. 100 des voix – en septembre. Il nomme sa nouvelle épouse vice-présidente, essaie de relancer l'économie, signe des accords avec la C.G.T., mais le calme ne revient pas. Débordé par l'aile gauche de son parti, il rompt avec elle lors de son discours du 1er mai 1974. Perón meurt le 1er juillet, laissant le pays au bord du chaos.

△ **L'élevage.** Dans les premières années, le péronisme profite de la demande mondiale en viande et en céréales, les principales exportations argentines. L'État, imposant des prix très bas aux éleveurs et aux agriculteurs, bénéficie de marges considérables.

des déshérités sur fond de larmoyants discours populistes, tandis que son mari reste fidèle à ses orientations. Les ambitions d'Eva tournent court et elle est obligée de refuser la vice-présidence par suite du veto de l'armée. Perón, lui, doit renoncer à la politique distributive des années fastes pour redevenir l'homme des industriels et des militaires. La mort d'Eva, en juillet 1952, l'isole ; la classe moyenne ne soutient plus son ouvriérisme démagogique et répugne à l'aspect policier de sa dictature. L'Église appuie la jeune bourgeoisie et les conservateurs ; une partie de l'armée, la marine surtout, s'inquiète de la mégalomanie d'un chef prêt à déclencher une nouvelle révolution sociale pour sauver son régime. En 1954, Perón engage une politique de laïcisation, opère la séparation de l'Église et de l'État, supprime l'enseignement confessionnel des écoles publiques. Le pape Pie XII l'excommunie un an plus tard et l'Église se range alors du côté des opposants. Au même moment, Perón désoriente ses fidèles en revenant sur son nationalisme économique : il accorde une concession pétrolière à la Standard Oil of California en mai 1955.

Un premier soulèvement, le 16 juin 1955, prend la forme d'un putsch militaire : le palais présidentiel, à Buenos Aires, est bombardé, faisant 160 victimes. Perón, absent de la capitale, réussit à rétablir l'ordre et propose en vain une trêve à l'opposition. Il appelle la C.G.T. à le soutenir, laisse des milices ouvrières se constituer et décréter une grève générale. Un second coup d'État, mené de nouveau par l'armée, le renverse le 16 septembre. Exilé le 20, il se réfugie à Madrid et ne reverra son pays qu'en novembre 1972. □

◁ **L'industrie** automobile. Un plan quinquennal d'industrialisation est mis en place dès 1947, opérant ainsi une immense transformation économique du pays. Perón veut favoriser la modernisation et l'indépendance.

Lors du coup d'État ▷ de 1955 par la junte militaire, un péroniste reconnu est lynché dans la rue, sous les yeux d'un marin, qui reste impassible. Perón doit s'exiler en septembre, pour dix-sept ans.

◁ **La fête** du Travail. Sous son propre portrait et sous celui de sa femme, décédée en juillet 1952, mais toujours très présente dans le cœur des Argentins, Juan Perón salue la foule, entourée des membres du gouvernement et de la C.G.T. Le régime se flatte de ses réalisations sociales.
1953.

Au cours de sa carrière, Perón profite d'appuis très variés, mais l'indéfectible soutien des *descamisados,* ouvriers déracinés, sert de pilier à son régime.

LES FIDÈLES DES FIDÈLES

L'accroissement démographique est important à partir de 1930, mais très inégal, car il vide les campagnes au profit des villes. La population compte 20 millions d'habitants en 1960, dont 7,5 millions rien qu'à Buenos Aires. La capitale accueille un flot de migrants, de ruraux et de pauvres, lesquels fournissent au péronisme le gros de ses troupes. Le peu de poids de la petite exploitation dans un pays voué aux grandes haciendas en explique le nombre élevé. L'industrie les absorbe d'autant plus volontiers que le marxisme les touche peu : ils sortent du paternalisme campagnard pour se jeter dans celui du justicialisme. Après la chute de Perón, certains d'entre eux prêtent leur appui à la guérilla des *montoneros,* influencée par les castristes et les *tupamaros* d'Uruguay.

LA NAISSANCE D'ISRAËL

Alors que les protectorats du bassin méditerranéen recouvrent leur indépendance, la création de l'État d'Israël débouche sur des conflits qui enflamment le Proche-Orient. Le nouvel État ne peut survivre qu'en se battant contre ses voisins.

La fin de la guerre amène une mutation profonde du Proche-Orient. Les Français quittent la Syrie et le Liban en 1946 ; les Britanniques évacuent la Palestine en 1948, Chypre, le Koweït, Aden et les émirats du golfe Persique de 1959 à 1971. Le nationalisme est doublé d'un esprit de transformation de la politique intérieure : la petite bourgeoisie, incarnée par les officiers, remplace les anciens cadres. La Syrie subit trois coups d'État en 1949, le colonel Nasser renverse la monarchie égyptienne en 1952 et nationalise le canal de Suez, l'Iraq connaît une sanglante révolution de palais en 1958. Enfin, de 1951 à 1953, l'Iranien Mossadegh prône l'indépendance économique avant d'être chassé par le chah et l'armée.

▽ **Couverture** du journal suisse *Pour tous,* du 16 août 1948. De jeunes Arabes acclament leur roi, Abdullah Hussein de Transjordanie, et la Légion arabe, prête à concrétiser la « Grande Syrie » contre l'État d'Israël.

Le retrait britannique

En Palestine britannique, les rivalités qui opposent Juifs et Arabes croissent ; chaque communauté met sur pied des organisations de combat. Police supplétive juive, la Haganah protège les *kibboutzim,* mais des groupes clandestins comme l'Irgoun ou Stern préconisent l'usage du terrorisme également contre les Anglais. En mars 1945, les pays arabes signent le pacte de la Ligue arabe, où sont admis les Palestiniens. La situation du Royaume-Uni, autorité de tutelle, devient délicate ; le blocus des côtes pour empêcher l'immigration clandestine dresse contre elle l'opinion internationale, surtout après le refoulement du navire *Exodus* en juillet 1947. Des attentats de la Haganah, de l'Irgoun et du groupe Stern frappent soldats ou fonctionnaires anglais : une explosion ravage l'hôtel King David occupé par l'état-major britannique à Jérusalem, le 22 juillet 1946. Les Arabes ne sont pas en reste et s'attaquent aux possessions juives : le siège de l'Agence juive de Jérusalem est dynamité en mars 1948.

Impuissant malgré la présence de 100 000 soldats et la proclamation de la loi martiale, le Royaume-Uni se tourne vers l'O.N.U., qui organise une enquête. La commission préconise la fin du mandat anglais mais se divise sur le statut de la Palestine : la majorité suggère deux États indépendants, la minorité propose la création d'un État fédéral palestinien à deux entités, l'une juive, l'autre arabe. L'O.N.U. décide le partage, et le Royaume-Uni annonce son retrait pour le 15 mai 1948. Les Juifs précipitent l'affaire : quelques heures avant la fin du mandat, le 14 mai, à Tel-Aviv, le Conseil national juif proclame la création de l'État d'Israël, présidé par Chaïm Weizmann et gouverné provisoire-

◁ **David Ben Gourion** proclame l'indépendance d'Israël en 1948 à Tel-Aviv, sous le portrait de Theodor Herzl, qui fonda le mouvement sioniste en 1897.

L'*Exodus* tente de ▽ débarquer clandestinement 4 300 Juifs en Palestine. Arraisonné par les Britanniques, il est renvoyé en Allemagne.
1947.

Véritable pionnier du sionisme avec Golda Meir et Levi Eshkol, David Ben Gourion reste la personnalité la plus marquante de l'État d'Israël.

UN FONDATEUR DE L'ÉTAT HÉBREU

Né en Pologne, Ben Gourion s'établit en Palestine à 20 ans, fait des études de droit à Constantinople mais est expulsé par les Turcs en 1915. Propagandiste sioniste aux États-Unis, il revient en Palestine en 1917, fonde le syndicat Histadrouth en 1921, puis devient secrétaire général du parti socialiste Mapai. Il fait partie de l'Agence juive et favorise l'immigration des Allemands juifs fuyant le nazisme. Il proclame l'indépendance d'Israël en 1948. Premier ministre, il établit la *loi du retour,* signe un accord de réparation avec l'Allemagne en 1951 et engage la campagne du Sinaï en 1956. Son tempérament autoritaire suscite des oppositions, et il quitte le pouvoir en 1963. Devenu simple député, ce non-conformiste pense que la paix passe par des négociations avec les Arabes.

ment par David Ben Gourion. La Ligue arabe condamne cette décision et a recours à la guerre pour récupérer une terre considérée comme sienne.

Une victoire décisive

Le premier conflit israélo-arabe débute le jour même du départ des Anglais et dure jusqu'en janvier 1949, malgré les efforts du médiateur de l'O.N.U., le comte Bernadotte, qui sera assassiné en septembre 1948. Israël a une population de 650 000 habitants face à 30 millions d'Arabes et paraît perdu : les Transjordaniens assiègent Jérusalem, et les Égyptiens traversent le Néguev. Mais les États-Unis et l'U.R.S.S. soutiennent le nouvel État, qui aligne 80 000 citoyens aguerris, en armes dès la fin de l'été 1948. Ceux-ci reçoivent de l'armement tchèque, dont quelques avions, reprennent la Galilée aux Libanais et aux Syriens, encerclent une partie de l'armée égyptienne au nord-est de Gaza et pénètrent dans le Sinaï. Des armistices signés à Rhodes consacrent l'occupation de fait d'Israël sur 78 p. 100 de l'ancienne Palestine au lieu des 55 p. 100 concédés par l'O.N.U. Environ 800 000 Arabes d'Israël se réfugient dans les pays voisins. Reconnu par la plupart des nations, sauf par les pays arabes, le nouvel État adhère à l'O.N.U. Ses voisins adoptent des mesures de rétorsion : interdiction des navires hébreux dans le canal de Suez et le golfe d'Aqaba, blocus économique, sabotages divers. Les Israéliens répliquent par des attaques contre les camps palestiniens du Liban et de Jordanie.

△ **En pleine guerre,** des officiers de l'armée israélienne et de la Légion arabe de Glubb pacha se rencontrent sous la surveillance des membres de l'O.N.U.
1948.

La population israélienne est constituée de deux souches principales : une immigration massive mais aussi les jeunes générations nées dans le nouvel État.

MIGRANTS ET *SABRAS*

Israël compte environ 720 000 ressortissants en 1948 et multiplie ce chiffre par quatre en trois décennies. L'immigration d'Européens juifs, dont beaucoup sont des rescapés des camps de la mort, est suivie de celle en provenance des pays arabes. Depuis 1960, la croissance naturelle l'emporte sur l'immigration : nés sur place, les *sabras* créent l'unité nationale au sein d'une population très hétérogène. L'un des plus célèbres est le général Moshe Dayan, héros de la guerre du Sinaï. En 1971, le taux de natalité est de 23 p. 1000 ; 33 p. 100 des Israéliens ont moins de 14 ans. Cette population se répartit d'inégale façon : jusqu'à 5 000 habitants au km² à Tel-Aviv, contre 14 à Beersheba. Le taux de natalité très supérieur des Arabes instaure un déséquilibre croissant.

Abadan, port d'Iran ▷ sur le golfe Persique, spécialisé dans le raffinage et l'exportation de pétrole. Depuis la Seconde Guerre mondiale, l'exploitation du pétrole accroît l'importance des pays arabes, mais leur unité souffre de divisions profondes.

Du Sinaï au Kippour

La guerre froide donne une autre dimension au conflit. Les Américains soutiennent Israël, et les Soviétiques les pays arabes. En 1956, la création d'un commandement arabe unifié menace les Israéliens, qui attaquent alors les Égyptiens dans le Sinaï, le 29 octobre, tandis que Français et Britanniques débarquent à Port-Saïd pour faire jonction avec les unités du général Moshe Dayan et reprendre le contrôle du canal de Suez. Nasser est sauvé par l'intervention des États-Unis et de l'U.R.S.S., dont les menaces provoquent l'arrêt des hostilités. Les Israéliens évacuent le Sinaï en mars 1957, et une force internationale s'installe à la frontière israélo-égyptienne.

Le 23 mai 1967, Nasser exige le retrait de ces troupes ; la fermeture du golfe d'Aqaba à toute navigation israélienne permet à l'État hébreu d'invoquer son encerclement pour livrer la guerre-éclair des six jours (5-11 juin 1967). Israël s'assure la maîtrise des airs par la destruction au sol de l'aviation arabe, tandis que ses forces mécanisées pulvérisent les troupes adverses et occupent le Sinaï, le plateau du Golan, Jérusalem et la Cisjordanie. La paix s'avère toutefois impossible en dépit de la pression de l'O.N.U., dont la célèbre résolution 242 exige le retrait des troupes israéliennes de tous les territoires conquis.

Déclenchée le 6 octobre 1973 par le président égyptien Sadate, une quatrième guerre prouve la valeur opérationnelle des forces arabes. Surpris, les Israéliens se ressaisissent au bout de quelques jours et préservent leur territoire. Peu après ce dernier conflit, un rapprochement diplomatique israélo-égyptien esquisse l'espoir d'une paix générale au Proche-Orient. □

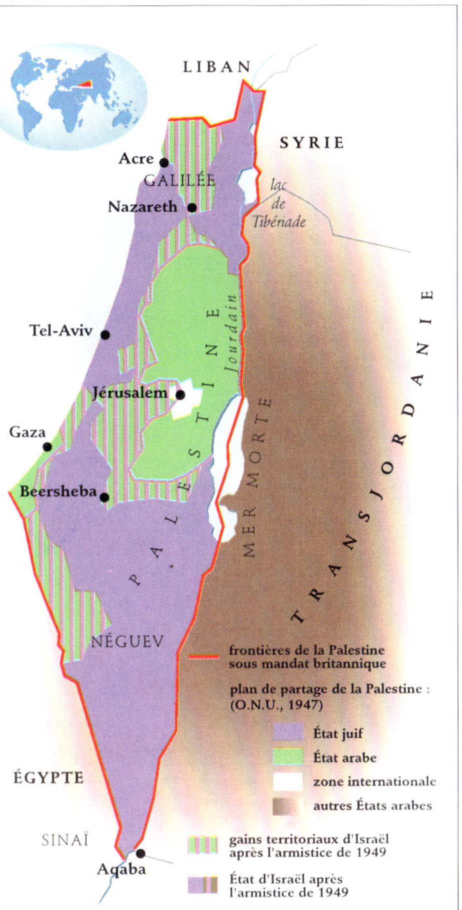

La Haganah ▷ (mot hébreu signifiant « défense »), organisation militaire juive, tolérée comme police sous le mandat britannique, constitue les cadres de base de l'armée israélienne.

Les lois religieuses d'Israël assimilent le régime à une théocratie, mais les institutions politiques assurent l'égalité des droits entre Juifs et Arabes.

UNE DÉMOCRATIE AU PROCHE-ORIENT

L'absence d'état civil, la prééminence des tribunaux rabbiniques pour le mariage et le divorce, la *loi du retour* qui définit la nationalité israélienne par le fait d'être juif forment quelques restrictions, tempérées par le libre exercice des libertés fondamentales. Bien qu'aucune constitution n'ait été votée, les institutions reposent sur la responsabilité gouvernementale devant la Knesset, chambre unique élue à la proportionnelle. Travaillistes et Likoud (droite) alternent au pouvoir, mais l'appoint nécessaire de petits partis religieux ou libéraux rend la vie politique assez instable. L'enseignement primaire est obligatoire et gratuit. La peine de mort est abolie, sauf trahison en temps de guerre. Principal syndicat, la Histadrouth complète l'organisation sociale d'Israël.

LES *KIBBOUTZIM*

Israël a toujours considéré la mise en valeur des terres comme économiquement vitale et d'essence biblique. Très tôt, l'Agence juive rachète des terres aux Arabes et crée des villages agricoles exploités collectivement : le *moshav* est un village coopératif, tandis que le *kibboutz* est une libre association de plusieurs familles renonçant à la propriété individuelle pour mener une vie communautaire assez frugale. Le kibboutz fournit logement, nourriture, vêtements, services, loisirs et prend en charge l'éducation des enfants en échange du travail de chacun. Autogéré, il pratique la démocratie directe avec une assemblée et un secrétariat. Il développe sa production avec l'aide d'agronomes. Durant les guerres israélo-arabes, les kibboutzim de première ligne forment des points d'appui ou des « marches » de colonisation militaire. Conquérants du désert, les kibboutzim irriguent les terres et reboisent le pays : dans la « forêt des martyrs » près de Jérusalem, 6 millions d'arbres pérennisent le souvenir des Juifs massacrés par les nazis. Le premier kibboutz fut fondé en 1909 à Degania. En 1973, 231 de ces villages communautaires regroupent 93 000 habitants.

▽ **Le moshav,** différent du kibboutz, est un village de propriété privée édifié selon un plan circulaire, qui place au centre les installations publiques, entourées par les fermes.
1933.

Ticket d'autobus ▷ de Tel-Aviv à la gloire du travail de défrichage et de mise en valeur des terres ancestrales par les kibboutzniks.
1950. Coll. part.

◁ **Nurserie** du kibboutz Evron. L'éducation collective des enfants a pour conséquence une socialisation précoce : les liens entre enfants du même âge sont très étroits.

▽ **Construction** d'un pipeline dans la colonie de Jechean, qui doit acheminer de l'eau de Tel-Aviv à Beersheba. Les kibboutzniks ont les moyens de faire appel à la technique occidentale.

▽ **Naissance** d'un *sabra.* Le premier enfant de nouveaux immigrés italiens, dans le kibboutz San Nicandro, porte la robe de sa patrie d'origine. 1951.

◁ **Veillée** dans un kibboutz. Le manque de préparation au métier de colon a contraint les kibboutzniks à recréer, de façon totalement différente, le monde clos du ghetto pour survivre dans un environnement hostile.

Un plan de Rashomon. *1951. Akira Kurosawa.*

JAPON

Le succès de Kurosawa

■ En 1951, la *Mostra* de Venise décerne son Lion d'or à *Rashomon,* de Kurosawa. Le titre du film vient de la porte de Rasho, où un bonze découvre un enfant abandonné. L'œuvre, construite sur des flash-back, raconte une affaire de viol dans le Japon médiéval. Elle fait découvrir à l'Occident un cinéma inconnu jusque-là, et ses plus grands interprètes : Machiko Kyo, Masayuki Mori, et surtout l'acteur-fétiche de Kurosawa, Toshiro Mifune. C'est avec lui qu'il a tourné ses deux films précédents, dont, en 1949, *Chien enragé,* le pendant japonais du *Voleur de bicyclette,* qui raconte l'errance d'un alcoolique dans le Tokyo sombre des années de guerre. □

INDE

Ville nouvelle

■ Le 19 décembre 1950, les autorités du Pendjab prennent la décision audacieuse de confier la réorganisation de leur capitale, Chandigarh à un architecte novateur, Le Corbusier. Il leur faut, en effet, affirmer leur identité indienne dans une province divisée par la partition toute récente entre l'Inde et le Pakistan, et qui comprend la ville sacrée des sikhs, Amritsar. À Chandigarh, Le Corbusier appliquera ses théories sur l'urbanisme au plan directeur de la cité achevée en 1958, où il utilise les jeux de l'ombre et de la lumière, à l'aide de très grands pare-soleil. Il associe à son œuvre les architectes Maxwell Fry et Jane Drew. □

FRANCE

Une médaille pour les dérivées

■ Laurent Schwartz, un mathématicien de 35 ans, reçoit en 1950 la médaille Fields, la plus haute distinction internationale dans son domaine. Ancien membre du groupe Bourbaki, le chercheur a travaillé sur la théorie des fonctions et sur les équations aux dérivées partielles. En 1945, il avait émis la *Théorie des distributions,* « formes linéaires continues sur l'espace des fonctions à support compact », et ses travaux avaient amélioré l'outil mathématique pour les physiciens. Mais les ouvrages les plus connus de Laurent Schwartz porteront, dans les années 1970, sur la réforme de l'enseignement. □

La Haute Cour à Chandigarh. *1958. Le Corbusier.*

IRAN

Le pétrole et la politique

■ Mossadegh a-t-il voulu détrôner le chah, ou simplement mettre fin à des décennies d'hégémonie britannique ? Né en 1881, Mohammad Hedayat, dit Mossadegh, a été ministre des Finances de l'Empire perse dès 1916, et s'est toujours montré très hostile à l'influence anglaise et aux intérêts de la puissante Anglo-Iranian Oil qui exploite le pétrole iranien. Emprisonné pour son opposition à Reza Chah, il est libéré et élu député en 1944. Il fait aussitôt voter une loi qui interdit toute concession pétrolière sans autorisation du Parlement, de façon à préserver les réserves du pays. Il fonde, en 1949, le parti du Front national, et devient Premier ministre en 1951. C'est alors qu'il entreprend de nationaliser l'Anglo-Iranian Oil, et d'expulser les techniciens britanniques de la compagnie. Les représailles économiques et la réaction internationale sont telles que le chah l'oblige à démissionner en 1952 ; mais Mossadegh revient au pouvoir sous la pression populaire. Le chah, dont il veut limiter le pouvoir, doit s'enfuir ; il est cependant rétabli dans toute son autorité par le coup de force du général Zahedi (19 août 1953). Jugé, condamné à mort, Mossadegh est amnistié en 1956 et vivra dans une retraite totale jusqu'à sa mort, en 1967. □

FRANCE

Un barrage contre le Pacifique

■ Marguerite Duras publie en 1950 son premier grand roman *Un barrage contre le Pacifique,* à l'écriture originale mais assez réaliste. Née en Indochine en 1914, elle est arrivée en France en 1927, et c'est dans sa propre vie qu'elle a trouvé les personnages de son livre, « une famille de pierre ». L'héroïne, qui s'épuise en essayant d'endiguer l'océan, est la propre mère de l'auteur, « écorchée vive de la misère », dira plus tard Marguerite Duras dans *l'Amant.* C'est le premier d'une longue série de portraits de femmes solitaires, condamnées à une attente pathétique et vaine. □

ÉTATS-UNIS

Chantons sous la pluie

■ Hollywood se regarde dans le miroir du cinéma. Dans *Chantons sous la pluie,* le danseur Gene Kelly rend un émouvant hommage aux débuts du « parlant », en décrivant les mésaventures des vedettes du muet supplantées par une nouvelle vague de comédiens capables de chanter et de danser. Il s'agit là sans doute du film musical le plus éblouissant des années 1950, pour lequel l'athlétique Gene Kelly s'est associé à son ancien chorégraphe, Stanley Donen. C'est le second film réalisé par un comédien qui appartient à la « bande » que le producteur Arthur Freed a su réunir autour de lui. □

ÉTATS-UNIS

Hitchcock

■ Où l'ancien élève du collège jésuite Saint Ignatius de Londres a-t-il appris à doser l'humour, le suspense et l'angoisse ? Après *la Corde, les Trente-Neuf Marches* et *l'Ombre d'un doute,* films policiers, il retrouve dans *les Amants du Capricorne* le goût du passé et de la psychologie dont il avait fait preuve dans sa première production américaine, *Rebecca. Les Amants du Capricorne* se situent dans l'Australie de 1835, où se déchire le couple formé par lady Harrietta (Ingrid Bergman) et un ancien forçat (Joseph Cotten). On y retrouve le thème, cher à Hitchcock, de la femme qui se dégrade par amour et l'inquiétant personnage de la gouvernante abusive. □

ÉTATS-UNIS

Étude intime

■ La publication d'un ouvrage fort savant de l'université d'Indiana offusque l'Amérique des ligues de vertu : le docteur Alfred Charles Kinsey, zoologiste et médecin, fait paraître en 1948 un livre fondé sur la technique des enquêtes par questionnaires : *le Comportement sexuel de l'homme,* qui dit tout sur le mâle américain. Sa compagne est, elle aussi, un objet d'études puisque un second livre, en préparation, traitera du comportement sexuel de la femme : il paraîtra en 1953. À la même époque, le docteur Pincus poursuit ses travaux sur les glandes endocrines qui lui permettront de mettre au point la première pilule contraceptive. □

1952 - 1956

Staline est mort. Dans le monde entier, des millions d'enfants pleurent « celui que nous aimons le plus », les Soviétiques font la queue des heures durant pour saluer sa dépouille mortelle. Mais déjà, comme une croûte de glace à l'époque du dégel, le système stalinien se fissure : dès le mois de juillet, l'armistice de Panmunjon met fin à la guerre de Corée, un des épisodes les plus sanglants de la guerre froide ; bientôt Khrouchtchev, une fois ses rivaux liquidés, dénoncera les crimes de Staline. L'antagonisme des blocs n'a pas pour autant pris fin : en Indochine, le combat de la France pour préserver l'Empire se transforme en une guerre contre les communistes du Nord Viêt-nam. Hostiles, en principe, à toute forme de colonialisme, les États-Unis soutiennent alors de leurs subsides le gouvernement français. De même, en 1955, ils jugeront dangereuses les revendications des « peuples de couleur », qui, réunis à Bandung, affirment leur volonté de refuser toute ingérence étrangère dans leurs affaires intérieures.

Budapest, 1956.

L'U.R.S.S. DE KHROUCHTCHEV

Le 5 mars 1953, la disparition inopinée de Staline, qui n'a pas préparé sa succession, crée un vide politique. Partagés entre la peur de l'inconnu et l'espoir d'un relâchement de la terreur policière, les Soviétiques abordent une ère plus paisible.

◁ **La mort de Staline** rend les communistes du monde entier « orphelins de père », comme le montre cette vitrine parisienne du quotidien *l'Humanité,* ornée de fleurs. La guerre a fait de Staline un héros.
1953.

Les derniers mois de la dictature stalinienne sont dominés par la crainte de nouvelles purges, avec la révélation de l'imaginaire complot des « assassins en blouses blanches », lequel a pour origine une propagande antisioniste accrue : en effet, les médecins arrêtés sont presque tous juifs.

Le 9 mars 1953, les funérailles du dictateur s'accompagnent de scènes d'hystérie, plus révélatrices de l'angoisse face à l'incertitude de l'avenir que d'un réel chagrin. Mais, assez vite, les proches collaborateurs du disparu improvisent une direction collégiale.

L'ascension de Khrouchtchev

De ce groupe surgissent quelques noms : Malenkov, ancien secrétaire personnel de Staline, homme d'appareil sans relief, devient président du Conseil des ministres ; vétéran du parti bolchevique, Molotov retrouve les

Affaires étrangères ; Beria, chef incontesté de la police politique, domine le ministère de l'Intérieur. À côté de Malenkov émerge un « apparatchik » d'origine paysanne, membre du bureau politique, Nikita Sergueïevitch Khrouchtchev. Son parcours est « honorable ». Ingénieur, il s'occupe de l'industrialisation de Moscou et de la construction du métro. Premier secrétaire du Parti communiste d'Ukraine, il élimine sans douceur les nationalistes. Durant la « grande guerre patriotique », il organise des unités de partisans, prend part aux batailles de Stalingrad et de Koursk. Premier secrétaire du P.C. de la région de Moscou en décembre 1949, cet homme pragmatique, dur mais enclin à la bonhomie, gagne la confiance de Staline.

Quoique Malenkov fasse figure de successeur probable de ce dernier, l'affrontement est inévitable entre Khrouchtchev et Beria, les deux « hommes forts » de la nouvelle direction. Le premier remplace Malenkov au secrétariat du Comité central, s'assure le soutien du Parti communiste et de l'armée, dirigée par le populaire Joukov, pour éliminer le second à titre définitif : arrêté le 26 juin 1953, Beria est jugé, puis fusillé six mois plus tard. Dès lors, aucun obstacle n'arrête l'ascension de Khrouchtchev.

Un dégel progressif

Si la fidélité à la voie tracée par Staline continue officiellement de prévaloir, un discret vent de réformes souffle sur l'Union soviétique, dans tous les domaines de la vie publique. En politique intérieure, les poursuites relatives au « complot des blouses blanches » sont abandonnées dès avril ; peu après, les mesures d'amnistie de certains détenus du goulag traduisent la nette volonté des dirigeants de briser le pouvoir absolu de la police politique, privée de son terrible chef après l'exécution de Beria. Ce coup d'arrêt à la

Les funérailles de ▷ Staline se déroulent à Moscou le 9 mars. Pour les officiels, l'avenir est incertain. Ils ne se doutent pas que le corps du dictateur sera retiré du mausolée de Lénine huit ans après les obsèques, en 1961. 1953.

▽ **Ces jeunes ouvriers** russes écoutent la nouvelle funèbre à la radio. Ils n'ont guère connu que le communisme et sa propagande. Les révélations du XXe Congrès en 1956 sur les crimes de Staline les plongeront dans la stupéfaction. 1953.

Chef de la police politique de 1938 à 1953, Lavrenti Beria se pose en réformateur radical après la mort de Staline.

UN BOURREAU «RÉNOVATEUR»

Sa carrière, qui a débuté en 1921, est vouée au service d'un État totalitaire, policier et exterminateur : il est responsable des purges de 1936-1938 et du travail forcé durant la guerre de 1941-1945. Son rôle après la mort de Staline est moins connu : il amnistie un million de détenus, adoucit le régime des camps, prône une politique plus souple des nationalités en U.R.S.S. et critique la socialisation forcée menée par Walter Ulbricht en Allemagne orientale ! Khrouchtchev fait arrêter Beria le 26 juin 1953 et celui-ci est jugé à huis clos dans un climat ambigu : l'homme en sait trop long sur les compromissions de ses rivaux pour ne pas être gênant... L'accusé ne se voit pas reprocher ses crimes : on l'accuse d'être un espion anglais depuis les années 20 ! Il est fusillé le 23 décembre 1953 devant de rares témoins, dont le maréchal Joukov.

terreur est marqué par des mesures hautement symboliques de libéralisation culturelle : en 1954 paraît *le Dégel*, roman d'Ilya Ehrenbourg dont le titre symbolise l'esprit du temps ; fustigé comme « décadent » par Lénine et Staline, Dostoïevski revient en faveur.

Le fonctionnement des institutions est humanisé. Certes autoritaire et imprévisible, Khrouchtchev accorde la garantie tacite aux responsables du parti d'être désormais à l'abri des purges : il se considère comme le premier des militants et apparaît ainsi comme le restaurateur du P.C., dont le rôle directeur fut si malmené au long des vingt années précédentes.

Soucieux des besoins de la population, Malenkov révise le plan quinquennal pour accroître la production des biens de consommation, jusque-là délaissés au profit de l'industrie lourde. Khrouchtchev, quant à lui, se fait l'avocat d'un ambitieux programme agricole. Il veut encourager l'initiative individuelle des kolkhoziens – à l'encontre du dogme de la production collective – et créer les conditions d'un accroissement des récoltes par la conquête des terres vierges de Sibérie. Cependant, moins audacieux que Malenkov, il conserve sa priorité absolue à l'industrie : il ménage les secteurs de l'équipement militaire, malgré les prémices de la détente, mais il insiste également sur la nécessité d'alléger les contraintes politiques pesant sur les ingénieurs et techniciens et envisage une certaine autonomie des entreprises par rapport au plan. Opposé aux vues économiques de Malenkov, Khrouchtchev l'évince du gouvernement au profit du terne maréchal Boulganine, au mois de février 1955.

Détente et XXe congrès

Cette embellie intérieure n'aurait qu'une portée limitée si elle n'était pas prolongée par les relations internationales. En plusieurs étapes, le Kremlin s'éloigne du schéma de la guerre froide : en 1955, réconciliation spectaculaire avec Tito, qui fut honni par la propagande de Staline, fin de la guerre de Corée, reconnaissance de l'Autriche neutre ou visites officielles à l'étranger effacent l'image monolithique de l'Union soviétique et autorisent une nette amélioration des relations avec les pays occidentaux.

Bain de foule chaleureux pour Nikita Khrouchtchev. À l'opposé de Staline, toujours terré au Kremlin ou dans sa datcha, le nouveau premier secrétaire, plutôt jovial, ne répugne pas au contact. ▷
1958.

Khrouchtchev voue la Sibérie à devenir la contrée du futur, capable de sortir l'U.R.S.S. de son retard technologique et de ses difficultés économiques.

LA TERRE DE LA GRANDE PROMESSE

Ses richesses naturelles inépuisables, ses vastes espaces inexploités permettront de transformer cette région de l'exil et du malheur en pays de cocagne. De grands travaux – barrages, centrales hydroélectriques, voies ferrées, édification de villes nouvelles – s'ajoutent au mythe de l'« Eldorado » sibérien : or noir, vert (bois), bleu (gaz), blanc (eau) et mou (fourrures) promettent un an 2000 mirifique à l'*Homo sovieticus*... Cependant, les conditions climatiques éprouvantes jointes à l'incohérence de la planification marxiste-léniniste et la vaniteuse présomption de dompter la nature débouchent sur des catastrophes écologiques et de vives désillusions : les Terres vierges ne seront pas le grenier à céréales de l'Union soviétique. Les échecs de la « conquête de l'Est » contribuent à la chute de Khrouchtchev et aux massifs achats de blé à l'Occident capitaliste.

Affiche en faveur des kolkhozes. Point faible de l'économie soviétique, l'agriculture ne parvient pas à nourrir le pays, qui connaît de plus un sensible accroissement démographique. ▷
1953.

Après la liquidation de Beria, le « rapport secret » sur les crimes de Staline constitue le second événement clé de l'ère khrouchtchévienne. Devenu premier secrétaire du parti, Khrouchtchev dresse lors du XXe Congrès du P.C.U.S., en février 1956, un bilan détaillé – mais incomplet – des abus de pouvoir et exactions du défunt « père des peuples ». Si le tableau est noir, l'analyse reste faible : Staline, ses nombreux excès, ses erreurs fatales, son culte exorbitant de la personnalité apparaissent comme une tumeur maligne dans un corps sain et sont dénoncés comme le pur effet d'une psychologie individuelle perverse. Khrouchtchev évite avec soin de s'interroger sur les racines du phénomène, pour ne pas déclencher une remise en cause du système marxiste-léniniste ou de sa propre autorité : comme les principaux dirigeants soviétiques, il est lui-même un pur produit du stalinisme. Pour asseoir son pouvoir sur le P.C.U.S., il blâme exclusivement la répression qui a décimé le parti sous Staline et néglige les millions de citoyens anonymes broyés par la terreur : il ne vise que la refonte du monopole politique du Parti communiste.

En dépit de leurs limites, ces révélations si imprévues provoquent un bouleversement complet en U.R.S.S. : la peur fait place à l'enthousiasme et à l'optimisme, qui persisteront jusqu'à la chute de Khrouchtchev. D'anciens condamnés sont réhabilités et le système judiciaire est réformé en 1957.

Effets imprévus du XXe Congrès hors de l'U.R.S.S., les révoltes polonaise et hongroise de 1956 ne sont pas résolues de façon identique. Le Polonais Gomulka convainc les Soviétiques de la nécessité de vastes réformes, alors que le Hongrois Imre Nagy est rapidement débordé : l'émeute contre le stalinisme dégénère en révolution antisoviétique, écrasée par les chars russes après quelques jours d'hésitation. Cette crise de Budapest laisse des traces, et Khrouchtchev aura bien du mal à peaufiner son image de champion de la coexistence pacifique, défenseur d'un socialisme humanisé.

LES BÉVUES DE « MONSIEUR K. »

En 1958, Khrouchtchev se débarrasse de Boulganine, cumule les fonctions de président du Conseil et de premier secrétaire du parti, entame de vastes réformes administratives et fait de l'agriculture son cheval de bataille.

Ouvriers agricoles ▽ et jeunesses communistes sont requis pour « les colonnes de choc des semailles de printemps ». La conquête des « terres vierges » ne donne cependant pas les résultats escomptés.
V. Svarog.

L'édition de ce bref chef-d'œuvre, en novembre 1962, constitue l'apogée symbolique de la déstalinisation.

UNE JOURNÉE D'IVAN DENISSOVITCH

Le poète Alexandre Tvardovski, rédacteur en chef de *Novyï Mir*, perçoit immédiatement l'intérêt littéraire et documentaire du manuscrit anonyme de Soljenitsyne. Il convainc Nikita Khrouchtchev de le laisser publier en dépit des réserves des gardiens de l'orthodoxie. Récit dépouillé de la journée ordinaire d'un paysan russe, prisonnier dans un camp, ce livre est inspiré de la propre expérience de l'auteur, condamné à huit ans de bagne pour avoir « mal parlé » de Staline : un travail d'esclave, la faim, la peur des geôliers, l'attente inlassable d'une libération. Soljenitsyne fait d'un simple kolkhozien le héros nullement idéalisé d'un drame vécu et partagé par des millions de Soviétiques, conférant ainsi au texte la portée universelle d'un manifeste contre la tyrannie.

Mais, dans ce domaine, les résultats ne sont pas à la hauteur des espérances de « Monsieur K. », dont les décisions hâtives désorganisent un rendement agricole déjà faible ; les livraisons obligatoires sont supprimées ainsi que les stations de machines et tracteurs, dont le matériel est vendu aux kolkhozes. Ces mesures ne sont pas mauvaises en elles-mêmes, mais elles ne font l'objet d'aucune expérimentation préalable et la récolte de blé demeure constamment inférieure à ce qu'elle était en 1913 ! Les essais d'introduction du maïs, imposés par un Khrouchtchev désireux de dépasser la production céréalière américaine, se soldent par une véritable catastrophe : l'U.R.S.S. est contrainte à des achats massifs de blé aux États-Unis et au Canada dès 1963.

Le début des années 60 est marqué par une recrudescence des grands travaux de style stalinien : le rêve d'une nouvelle frontière à l'est de l'Oural occupe les esprits des dirigeants, au détriment du reste du pays. L'industrie est réorganisée sur des bases régionales, mais le VIe plan quinquennal doit être abandonné faute d'investissements. Seul succès notable, les Soviétiques devancent les Américains dans la conquête de l'espace et envoient le premier satellite *Spoutnik* autour de la Terre en 1957. Cependant, Khrouchtchev annonce le passage de la société soviétique au « paradis » communiste à l'horizon de... 1980.

MÉCOMPTES EXTÉRIEURS

La politique étrangère de Khrouchtchev diffère sensiblement de celle de son prédécesseur. Si, pour la postérité, il reste l'homme qui frappe de sa chaussure le pupitre de la tribune de l'O.N.U., il sait également, si nécessaire, se montrer réaliste et prudent.

En réponse à l'O.T.A.N., les Soviétiques créent en 1955 le pacte de Varsovie, alliance militaire des pays satellites du bloc de l'Est. Ils accordent une aide financière et militaire à plusieurs nations du tiers-monde, comme l'Égypte de Nasser, l'Inde de Nehru ou la Chine de Mao Zedong.

Premier chef de gouvernement soviétique à voyager à l'étranger, Khrouchtchev veut donner aux Occidentaux l'image du plébéien jovial et débonnaire : il privilégie le dialogue direct avec les États-Unis, qu'il visite en septembre 1959. Mais, bien que les relations se réchauffent avec Eisenhower, il fait capoter le sommet de Paris en mai 1960 après l'affaire de l'avion espion U2. Il rencontre le jeune président Kennedy à Vienne l'année suivante, mais sans résultat. Il subit bientôt de nets revers : la crise de Ber-

◁ **Les Russes** doivent une large part de leur alimentation aux lopins individuels : pour vendre ce poulet examiné par une vétérinaire, cette femme a dû payer une taxe de deux roubles.
1955.

Des Soviétiques ▽ de tous âges se pressent autour de la voiture d'un visiteur en Asie centrale. Le petit Russe du milieu, de type slave, contraste avec les autres habitants, d'origine turco-mongole.
1958.

La condamnation des crimes de Staline est réitérée au XXIIe Congrès du P.C.U.S. en octobre 1961. Elle s'adresse cette fois au peuple soviétique tout entier.

STALINE CHASSÉ DU MAUSOLÉE

Le propos de Khrouchtchev n'est pas innocent : il vise les nostalgiques d'un ordre révolu comme les opposants à sa politique et lui permet d'instaurer son propre culte de la personnalité ! Ce nouveau réquisitoire est ponctué de mesures symboliques : dès le lendemain du discours de Khrouchtchev, avant même la fin du Congrès, le corps du dictateur est retiré du mausolée de Lénine où il repose depuis 1953, toutes ses statues sont déboulonnées, sauf dans quelques localités de Géorgie, son pays natal. Les innombrables villes, kolkhozes, usines, rues ou stades portant son nom sont débaptisés : ex-Tsaritsyne, Stalingrad s'appelle désormais Volgograd ; la capitale du Tadjikistan, Stalinabad, devient Douchanbe. Autrefois glorifiés sans retenue, les mérites réels ou supposés du défunt « petit père des peuples » sont contestés, voire niés, dans tous les manuels officiels.

lin, en août 1961, n'aboutit qu'à la construction du « mur de la honte » ; son bras de fer avec les Américains lors de l'affaire des fusées russes à Cuba s'achève par une retraite sans gloire. Ses maladresses politiques conduisent à une brouille définitive avec la Chine, inquiètent ses conseillers et ternissent son image auprès des Soviétiques ; ceux-ci le considèrent comme un chef vantard qui promet plus qu'il ne tient.

L'échec final

Au demeurant, les files d'attente s'allongent toujours devant les magasins pour acheter du pain fait avec du blé canadien, de la viande rouge importée d'Argentine, des fruits et légumes roumains ou bulgares, du beurre danois... La popularité de Khrouchtchev en pâtit fâcheusement au sein de toutes les couches de la population et jusque dans le Parti communiste. Le chef du Kremlin biaise avec une nouvelle dénonciation du culte de la personnalité de Staline, au cours du XXIIe Congrès du parti, à l'automne 1961. La persécution antireligieuse renaît avec la destruction ordonnée de milliers d'églises.

Quelques années ont suffi pour que toutes les bases d'un possible renouveau s'effondrent. Les désastres agricoles aliènent à Khrouchtchev la sympathie des kolkhoziens et de la population citadine. Ses interventions intempestives dans le domaine scientifique, pour des raisons de prestige personnel, ou dans la vie culturelle – persécution contre Boris Pasternak, « privé » de Nobel – irritent les intellectuels ; son « caporalisme » artistique, ses accès d'autoritarisme rétif à toute critique, sa direction des affaires brutale et désinvolte minent son autorité.

En octobre 1964, accusé par le Praesidium du Soviet suprême d'avoir restauré le culte de la personnalité, commis des abus de pouvoir et des fautes de gestion ou pris des initiatives dangereuses, Khrouchtchev est destitué et remplacé par une direction collégiale. Signe des temps : comme Malenkov ou Boulganine, il finit ses jours dans une retraite paisible. Le stalinisme est bien mort. □

◁ **L'entretien** de la voirie incombe aussi aux femmes : le régime communiste proclame l'égalité absolue des sexes, y compris pour les travaux pénibles. Cependant, les femmes n'ont pas accès au pouvoir suprême.
1955.

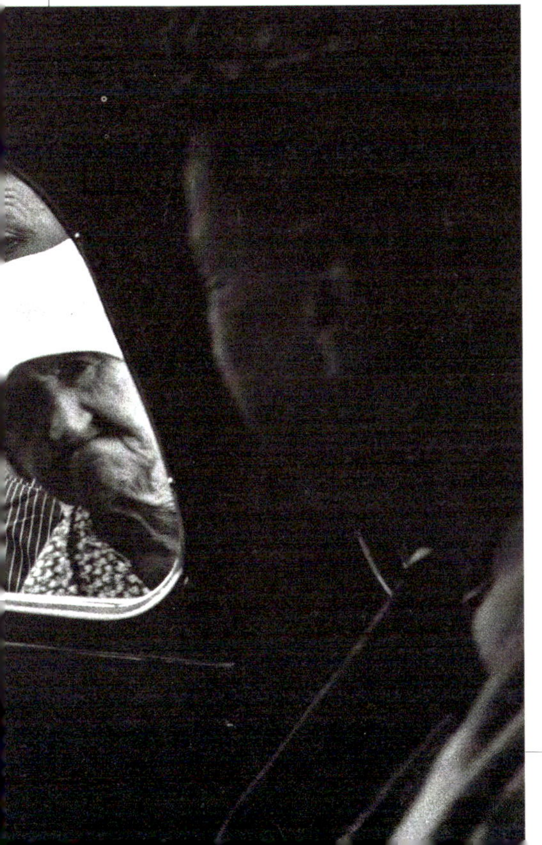

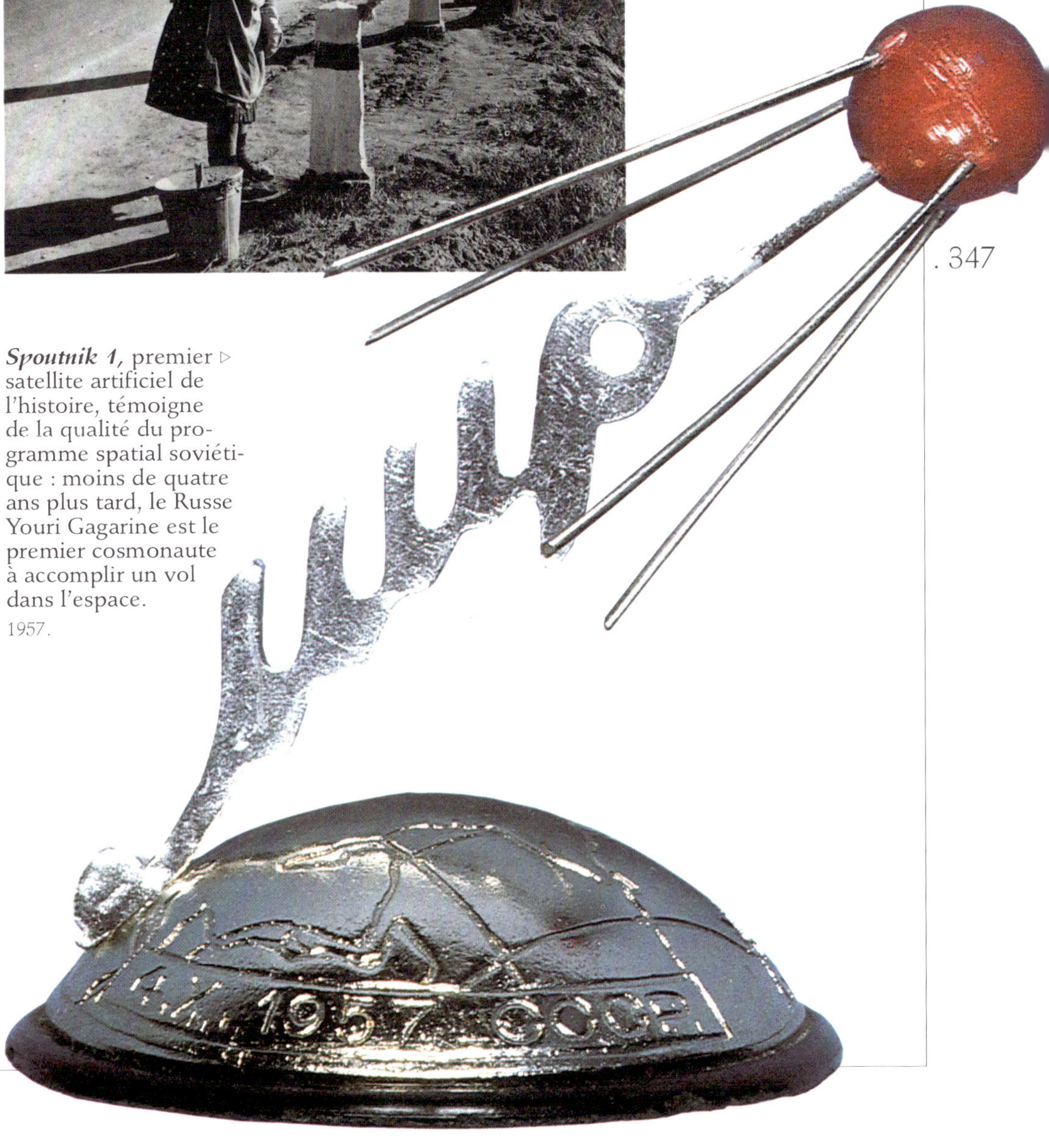

Spoutnik 1, premier ▷ satellite artificiel de l'histoire, témoigne de la qualité du programme spatial soviétique : moins de quatre ans plus tard, le Russe Youri Gagarine est le premier cosmonaute à accomplir un vol dans l'espace.
1957.

LE GOULAG

Dès 1919, la Russie soviétique ouvre des camps où prisonniers de droit commun et « contre-révolutionnaires » sont astreints au redressement par le travail. La terreur des années 30 donne à l'univers concentrationnaire une extension énorme : à la mort de Staline, on estime qu'il existe 165 camps où huit à dix millions de personnes purgent des peines parfois très lourdes. Les détenus sont rassemblés en commandos auxquels est confiée une tâche ; de sa réalisation dépend la nourriture des membres de l'équipe. Or les normes sont très élevées, alors que le travail est pénible et l'outillage insuffisant. Faim, froid et manque d'hygiène, aggravés par la terreur que font régner les « droit commun », auxiliaires de l'administration, sur les « politiques », expliquent la surmortalité. Après la mort de Staline, le régime des camps s'humanise : des millions de détenus sont amnistiés de 1954 à 1956. Les tribunaux spéciaux sont abolis, les juges et les administrateurs de camps sont mis à la retraite. Néanmoins, les *zeks,* détenus « coupables de rien », restent en butte à l'hostilité du pouvoir et d'une partie de l'opinion.

Ses mines de sel ▽ et un climat polaire arctique meurtrier assurent une réputation redoutable à la « colonne 125 », subdivision administrative du « camp de rééducation par le travail » (nom officiel) de Vorkouta.
Vers 1940.

Camp de Sibérie. ▷ La moindre peccadil
peut valoir à n'impo
quel Soviétique un
« allez simple » dans
un camp de concent
tion, réalité occultée
par les communistes
occidentaux jusqu'ap
le XXe Congrès.
Musée d'Histoire contemporaine, Paris.

Un officier du système pénitentiaire soviétique en uniforme de parade. La garde des camps échoit aux troupes du ministère de l'Intérieur, longtemps dirigé par le sinistre Lavrenti Beria. ▷
Musée d'Histoire contemporaine, Paris.

Un instant de détente ▽ pour cette équipe mixte de déforestation. Les camps s'humanisent sous Khrouchtchev et certains détenus libérés s'installent en Sibérie comme travailleurs libres.

Musée d'Histoire contemporaine, Paris.

◁ **L'intérieur** de ce baraquement à Panychev, près de Perm, évoque irrésistiblement *Une journée d'Ivan Denissovitch,* d'Alexandre Soljenitsyne, publié en 1962.

Vers 1940.

△ **Cet homme** au visage marqué par les épreuves a retrouvé les siens. Encore est-il jeune : certains rescapés ont parfois passé vingt ans dans le système concentrationnaire soviétique et ne parviennent pas à se réadapter à une vie normale.

Musée d'Histoire contemporaine, Paris.

L'ÉMERGENCE DU TIERS-MONDE

La conférence afro-asiatique d'avril 1955 réunie à Bandung, en Indonésie, qui prône la solidarité entre ses membres et l'hostilité au colonialisme, marque l'entrée sur la scène internationale du « tiers-monde ».

En août 1952, le démographe français Alfred Sauvy écrit dans l'hebdomadaire *l'Observateur* que la bipolarité née de la guerre froide ne doit pas occulter l'existence d'un troisième monde représenté par les pays sous-développés, dont la plupart sont encore des colonies européennes. Évoquant, en un parallèle bientôt célèbre, les trois ordres de la société française à la veille de la Révolution, Sauvy emprunte sa conclusion à Sièyes : « Ce *tiers-monde,* ignoré, exploité, méprisé comme le tiers état veut, lui aussi, être quelque chose. » L'expression fait son chemin et la prédiction est confirmée à Bandung moins de trois ans plus tard. Confrontées depuis 1945 aux revendications nationalistes, les puissances coloniales doivent désormais compter avec un nouvel acteur politique international. Ce dernier affirme le droit de tous les peuples à la dignité ou au développement et s'exprime au nom des deux tiers de l'humanité.

◁ **Affiche anticoloniale** en français et en arabe. Le soutien actif du Front de libération nationale de l'Algérien Ben Bella par l'Égypte de Nasser est un des motifs de l'expédition française de Suez. *1956.*

Les secousses de l'après-guerre

La Seconde Guerre mondiale modifie profondément les relations qui régissaient jusque-là les nations développées et les pays pauvres. La charte de l'Atlantique, d'août 1941, signée par les Américains et les Britanniques, exige « que soient rendus les droits souverains et le libre exercice de gouvernement à ceux qui en ont été privés par la force ». La formule vise les dictatures de l'Axe combattues par les Alliés, mais son interprétation s'avère plus générale ; dès 1947, fidèle à la tactique préconisée par Lénine, l'U.R.S.S. profite de la guerre froide pour s'affirmer « l'adversaire de l'exploitation coloniale sous toutes ses formes » et utilise la tribune de l'O.N.U. à cet effet. Surtout, la Déclaration universelle des droits de l'homme adoptée par l'O.N.U. le 10 décembre 1948 proclame que « tous les êtres humains naissent libres et égaux en dignité et en droits ».

Les nombreux partis nationalistes des pays colonisés expriment l'impatience de tout ou partie des populations autochtones, lesquelles ont souvent soutenu l'effort de guerre des métropoles. « Nous sommes rassasiés de bonnes paroles jusqu'à la nausée, dit le modéré Léopold Senghor en 1945, ce qu'il nous faut, ce sont des actes. » L'émancipation touche d'abord l'Asie, où la victoire japonaise a démenti la supériorité des Européens. La Birmanie recouvre sa souveraineté en 1948 et trois pays naissent du défunt empire des Indes britanniques : Union indienne, Pakistan, Ceylan. Les Pays-Bas sont impuissants à réprimer la guérilla de Sukarno et doivent reconnaître en décembre 1949 l'indépendance de l'Indonésie, proclamée dès août 1945. La France se maintient encore en Indochine face au Viêt-minh d'obédience communiste, mais la défaite militaire de Diên Biên Phu (7 mai 1954) la décide à clore un conflit coûteux : en juillet, la conférence de Genève reconnaît l'indépendance des Nord et Sud Viêtnam. Les derniers soldats français quittent l'ex-Indochine en 1956.

En revanche, les manifestations nationalistes parfois violentes en Afri-

L'Européen Tito △ conduit l'Africain Nasser et l'Asiatique Nehru au rendez-vous de Brijuni. Ils y définissent les bases d'un « neutralisme actif », d'où naîtra le Mouvement des pays non-alignés en 1961.
1956.

◁ **La conférence de Bandung,** inaugurée le 18 avril 1955 par le président indonésien Sukarno, introduit un nouvel acteur diplomatique, le tiers-monde, sur une scène principalement dominée jusqu'alors par l'Europe et les États-Unis.
1955.

Officier, diplômé de l'académie militaire du Caire, ce fils d'un petit fonctionnaire des postes préside aux destinées de l'Égypte de 1952 à sa mort, en 1970.

GAMAL ABDEL NASSER

En 1948, il participe à la première guerre contre Israël et la défaite arabe le convainc de la nécessité d'un changement de régime. Son organisation clandestine des officiers libres provoque l'abdication du roi Farouk. Nasser partage d'abord le pouvoir avec le général Néguib, le trouve trop modéré et l'évince en 1954. Maître absolu de l'Égypte, il siège à Bandung ; sa politique d'indépendance l'amène à nationaliser le canal de Suez en 1956 et la défaite franco-britannique lui vaut un prestige considérable. Avec Nehru et Tito, il incarne le mouvement des non-alignés, quoiqu'il accepte l'aide économique du bloc communiste. Champion de l'unité arabe, il institue une éphémère République arabe unie avec la Syrie en 1958, mais ce jumelage échoue en 1961. La défaite de la guerre des Six-Jours contre Israël n'affecte pas sa popularité : mort à 52 ans, le raïs est pleuré par toute l'Égypte.

que du Nord et en Afrique noire se heurtent à l'hostilité ou à l'incompréhension des nations coloniales.

UNE INITIATIVE ORIGINALE

Réunie à l'initiative des cinq premiers pays émancipés – Birmanie, Ceylan, Inde, Pakistan et Indonésie –, la conférence de Bandung regroupe les délégués de 23 nations asiatiques et 6 africaines : ils représentent 57 p.100 de la population mondiale. D'idéologies disparates – la Turquie occidentalisée côtoie la Chine populaire et les deux Viêt-nam antagonistes –, ces pays presque tous pauvres affirment leur solidarité avec les peuples encore colonisés. Dominée par les figures du président indonésien Sukarno, du raïs égyptien Nasser, du Premier ministre chinois Zhou Enlai et de son homologue indien Nehru, cette conférence marque « la victoire morale des peuples de couleur » et « la fin du complexe d'infériorité » (Léopold Senghor). Le communiqué final du 24 avril 1955 prône la coopération politique, économique et culturelle, dénonce le racisme et le colonialisme, rejette la politique des blocs et propose dix principes destinés à assurer la paix mondiale ainsi que le respect de « l'égalité de toutes les races et de toutes les nations, petites et grandes ».

LES NON-ALIGNÉS

L'année d'après, Nasser, Nehru et le maréchal Tito se retrouvent à Brijuni (Yougoslavie) et définissent les bases

Ayant utilisé l'occupation japonaise, puis le soutien américain, pour conduire l'Indonésie à l'indépendance, Sukarno gardera le pouvoir jusqu'en 1966.

L'INDONÉSIE DE SUKARNO

Ingénieur, Sukarno fonde en 1927 le Parti national indonésien, ce qui lui vaut la prison puis l'exil. Les Japonais, qui débarquent à Java en 1942, le libèrent. Pour maintenir leur pouvoir, ils jouent sur les divisions entre musulmans (80 p. 100 de la population) et nationalistes « laïques » comme Sukarno. Dès la capitulation du Japon, ce dernier proclame, le 17 août 1945, la République indonésienne et en devient le président. Mais La Haye veut récupérer ses colonies. Aux négociations laborieuses succède l'épreuve de force : deux « opérations de police » sont prévues en juillet 1947 et décembre 1948. L'O.N.U. et les États-Unis font pression, obligeant les Pays-Bas à reconnaître l'indépendance en décembre 1949.

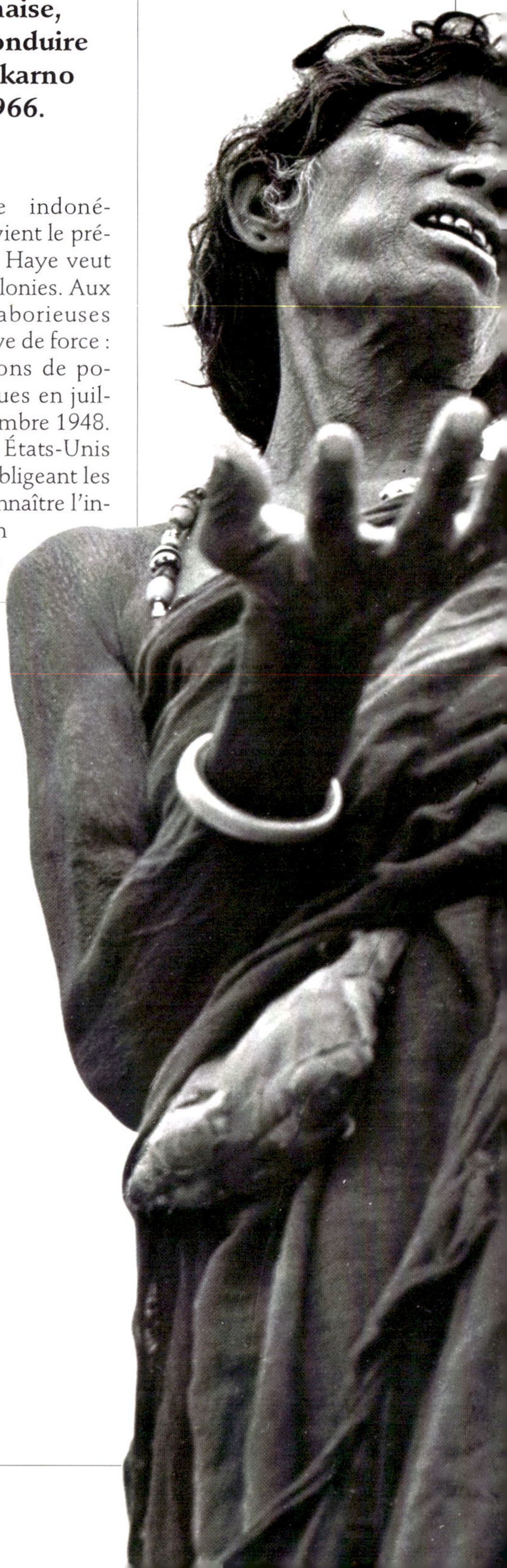

Un roi africain ▽ et sa cour s'apprêtent à recevoir le général de Gaulle à Abidjan. Les formes traditionnelles du pouvoir persistent au moins extérieurement, surtout en Afrique noire et en Inde, où les maharajas reçoivent une liste civile.

d'un « neutralisme actif », conforme à leurs ambitions et susceptible d'intéresser d'autres nations. Le mouvement des pays non-alignés naît officiellement à la conférence de Belgrade, au mois de septembre 1961 : sans former de nouveau bloc, il désire participer au règlement des problèmes internationaux, réitère les principes émis à Bandung et réclame un désarmement complet dans l'intérêt de l'humanité.

Les critères d'appartenance aux non-alignés paraissent contraignants : engagement en faveur de la coexistence pacifique, soutien des mouvements de libération nationale, refus des alliances militaires avec les grandes puissances comme de toute base étrangère sur son territoire. Certains pays n'hésitent pas à les tourner. Toutefois, les non-alignés deviennent la plus vaste organisation internationale après l'O.N.U. : 47 pays sont représentés à la conférence du Caire en 1964 ; ils sont 75 à Alger en 1973 et 102 à Belgrade en 1989 (à la même époque, 159 pays sont membres de l'O.N.U.).

Un bilan mitigé

Sans doute, les pays non-alignés ont accéléré la décolonisation, mais ils ne pèsent guère dans les négociations de désarmement. Leur revendication, vers 1970, d'un « nouvel ordre économique international » est balayée par la dépression née en 1973-1974. L'élargissement à des pays peu respectueux de l'esprit des fondateurs, la disparition de ces derniers (Nehru en 1964, Nasser en 1970 et Tito en 1980) et les divergences nationales ont, à terme, affaibli le mouvement. Né en 1955, le tiers-monde est éclaté à la fin du siècle entre prospérité et misère. Enfin, les cibles de naguère, dans un contexte de polarisation, ont laissé place à d'autres préoccupations, dont la plus lancinante reste, souvent, le développement économique et social. □

La guerre israélo- △ égyptienne de Suez provoque le rationnement du pétrole en Égypte. Des habitants de Port-Saïd attendent une distribution sous la surveillance de soldats français et britanniques.
1956.

◁ **Femme indienne** et son enfant durant une famine au Bihar. Pauvreté endémique et épidémies sont les dénominateurs communs de nombreux pays du tiers-monde.
1951.

Quarante nations africaines accèdent à l'indépendance entre 1955 et 1970. Tardive mais rapide, la décolonisation s'effectue plutôt en douceur.

L'AFRIQUE SOUVERAINE

Soucieuses de préserver leur influence économique et culturelle, les métropoles coloniales infléchissent leur politique africaine après 1945. Leurs concessions aux courants nationalistes accompagnent un développement local institutionnel et social souvent négligé jusque-là. À part quelques épisodes violents – répression de l'insurrection malgache de 1947, révolte des Mau-Mau kenyans en 1952, guerre d'Algérie de 1954 à 1962, guérilla dans les colonies portugaises émancipées en 1974, guerre civile dans l'ex-Congo belge après 1960 –, la transition est pacifique. Les nouveaux États conservent presque tous des liens étroits avec leurs anciennes métropoles et se regroupent dans l'Organisation de l'unité africaine, créée en 1963.

LA FRANCE AU TEMPS DE LA GUERRE D'INDOCHINE

Comme toute société en cours de mutation, la France de la IVe République connaît des inquiétudes, liées à la perte de son empire colonial et à une vie politique instable.

La vague de décolonisation touche la IVe République de plein fouet, mais peu de Français en mesurent la portée réelle de façon logique ou sereine. Pourtant, les affrontements politiques parfois âpres n'empêchent pas l'émergence d'une France moderne et bientôt prospère.

L'empire craque

En Indochine, la guerre entre les soldats français, soutenus par les États-Unis, et les troupes du communiste Hô Chi Minh, appuyé par la Chine à partir

▽ **Les appareils** électroménagers comme cette machine à laver se répandent dans les foyers français, au moment où disparaissent les tickets de rationnement issus de l'Occupation. La croissance sort le pays d'un certain archaïsme.
1949.

de 1949, fait rage depuis 1946. La chute du camp retranché de Diên Biên Phu, le 7 mai 1954, fait tomber le gouvernement Laniel et décide son successeur, Pierre Mendès France, désigné en juin 1954, à signer les accords de Genève, le 20 juillet. Ceux-ci entérinent la fin de l'Indochine française, premier pas vers une décolonisation totale en Asie : le Viêt-nam, le Laos et le Cambodge accèdent à l'indépendance.

Une série de troubles graves en Tunisie et au Maroc décident la France à émanciper ces deux protectorats en mars 1956. En revanche, l'octroi progressif de l'autonomie politique aux colonies d'Afrique noire se déroule calmement. Quant à l'Algérie, déjà secouée par les émeutes de Sétif de mai 1945, elle est ensanglantée par la « Toussaint rouge » de novembre 1954. Les attentats meurtriers du nouveau Front de libération nationale (F.L.N.) marquent la naissance d'un conflit appelé à de sombres développements.

Les cent jours de Mendès France

Né en 1907, avocat membre du Parti radical, Pierre Mendès France est député depuis 1932. Président du Conseil en juin 1954, il obtient le soutien des gaullistes, qui n'oublient pas qu'il a été

Affiche poujadiste. ▷ Ce parti hétéroclite connaît une éphémère flambée, surtout provoquée par l'instabilité de la IVe République, à laquelle il ne survivra pas.
1956.

◁ **Pierre Mendès France** à la tribune, en campagne électorale, lors d'un débat contradictoire avec le communiste Jacques Duclos. Le « style P.M.F. », moderne et sans concession, jusqu'à la brutalité, irrite les uns et séduit les autres.

École primaire. ▽ Une forte natalité et la scolarité prolongée jusqu'à seize ans nécessitent de gros investissements destinés à l'instruction.
1956.

C'est particulièrement à Jean Vilar que le théâtre français doit de connaître un extraordinaire dynamisme et de partir à la rencontre de nouveaux publics.

LE THÉÂTRE POUR TOUS

Dans la France de l'après-guerre, l'art dramatique trouve en Jean Vilar un extraordinaire prophète. Révélé en 1945 par sa mise en scène de *Meurtre dans la cathédrale,* de T.S. Eliot, il s'attache à faire découvrir ou redécouvrir le théâtre à des publics très divers, mais sans transiger sur la rigueur et la qualité. En septembre 1947, Jean Vilar inaugure la grande aventure du Festival d'Avignon. Dans le décor grandiose du palais des Papes, les auteurs les plus classiques – Corneille, Kleist, Musset, Molière... – retrouvent une seconde jeunesse, grâce à une mise en scène épurée et à des interprètes exceptionnels, comme Gérard Philipe, qui triomphe dans *le Cid.* En 1951, Jean Vilar se voit proposer la direction du T.N.P. (Théâtre national populaire), installé à Chaillot : il y poursuit la même démarche d'ouverture. Le public ne s'y trompe pas : de novembre 1951 à juillet 1953, le T.N.P. donne plus de 3 000 représentations et accueille plus de 5 millions de spectateurs.

ministre du général de Gaulle, et forme un gouvernement composé de radicaux, d'indépendants, d'anciens du R.P.F. Il refuse cependant de comptabiliser les voix des communistes qui votent en sa faveur, par hostilité au totalitarisme stalinien. Il s'adresse directement à l'opinion lors de causeries radiodiffusées, dans lesquelles il appelle à un « effort de rénovation » et au « redressement ».

Ne craignant pas l'impopularité, il prend des mesures délicates, comme celle qui vise les « bouilleurs de cru ». Le privilège de distiller l'alcool, dont disposaient jusque-là tous les agriculteurs, devient viager, ce qui devrait limiter l'alcoolisme. Pour compenser la perte, Mendès encourage la consommation de lait, distribué aux enfants des écoles. L'impopularité de ses mesures explique en partie pourquoi, en février 1955, son gouvernement est renversé par une coalition hétéroclite de M.R.P. qui ne lui pardonnent pas d'avoir abandonné la C.E.D. (Communauté européenne de défense), de radicaux de droite qui l'accusent d'avoir bradé les colonies, et de communistes. Edgar Faure, son ministre des Finances, qui le remplace mène, mais plus souplement, la même politique. Mis en minorité par l'Assemblée, il aura le courage de la faire dissoudre pour provoquer des élections générales.

Des institutions contestées

Les difficultés coloniales ne sont pas étrangères au malaise politique et à la désaffection générale vis-à-vis de la IVe République. De plus, l'évolution économique rend certains des cadres

La 4 CV de Renault, ▷ petite berline à quatre portes fabriquée de 1946 à 1961, connaît un vif succès en raison de son prix modique. La France commence à s'ouvrir à la modernité et à la consommation de masse.
1954.

▽
Les habitudes vestimentaires, que la publicité évoque avec un ton nouveau, évoluent vers plus de simplicité et d'hygiène, mais la séduction reste.
1955.

traditionnels caducs : les victimes de ce mouvement irréversible accusent la classe politique d'être à l'origine de leurs maux. Les institutions et la pratique politique consacrent la prééminence de la Chambre des députés, que déprécie la domination des partis dirigés par des « revenants » de la IIIe République : elle provoque une grave instabilité ministérielle qui dégrade de façon importante, dans l'opinion, l'image du régime. Quelques hommes à forte personnalité se maintiennent un peu plus longtemps, comme René Pleven ou Guy Mollet, mais surtout Antoine Pinay ou Pierre Mendès France, victimes cependant du système des partis. Liés par leur devoir constitutionnel, les présidents de la République Vincent Auriol et René Coty ne peuvent que protester contre cette valse ministérielle : 40 gouvernements en douze ans !

Dénoncée par le R.P.F. (Rassemblement du peuple français) du général de Gaulle, la faiblesse politique est exploitée par le « poujadisme », fronde antifiscale animée par Pierre Poujade, papetier-libraire à Saint-Céré (Lot), vite transformée en contestation du régime et en refus de l'évolution économique. Étendue au monde agricole, aux commerçants et artisans, elle attire même la classe moyenne urbaine autour de mots d'ordre propres à la droite populiste : défense des « petits », antiparlementarisme, nationalisme, xénophobie latente, voire antisémitisme. Fort d'un succès éphémère – 12 p. 100 des voix aux législatives de 1956 –, ce mouvement témoigne des doutes de la société française face aux mutations qui la traversent. □

△
La cité des « chiffonniers d'Emmaüs » à Neuilly-Plaisance. La récupération des métaux ou d'objets recyclables assure des compléments indispensables de ressources aux plus démunis.
1954.

◁
Épicerie ambulante. Victimes de l'exode rural, les petits commerces de village se raréfient. Le colportage revient au goût du jour. Signe des temps : il est motorisé.

Né en 1908, Henri Grouès, dit « l'abbé Pierre », devient le porte-parole charismatique des plus démunis.

L'APPEL DE L'ABBÉ PIERRE

Faute de logements, bien des familles s'entassent dans des bidonvilles à Nanterre ou à Saint-Denis. Fondateur de Emmaüs International, association de communautés de « chiffonniers » qui abritent les plus démunis, l'abbé Pierre est une figure déjà connue : résistant, député de 1945 à 1951, il transforme son bureau de l'Assemblée en atelier de menuiserie et réserve son indemnité parlementaire à l'achat et l'entretien d'une maison pour les pauvres ! Doté d'une forte personnalité, ce « saint Vincent de Paul du XXe siècle » alerte les Français sur la question du logement, en particulier au cours de l'hiver 1954. Il réquisitionne un hôtel, un central téléphonique : les dons et paquets affluent de tout le pays, triés, empaquetés et acheminés par des volontaires. Son action caritative décide les pouvoirs publics à accorder les crédits nécessaires pour élargir le parc immobilier.

LA GUERRE D'INDOCHINE

L'insurrection lancée en 1945 par le Viêt-minh (Front pour l'indépendance du Viêt-nam) conduit à la République démocratique du Viêt-nam, dirigée par le communiste Hô Chi Minh. Un compromis semble encore possible avec la France : par les accords signés en mars 1946 entre Hô Chi Minh et Jean Sainteny, la France reconnaît la république du Viêt-nam, État associé à l'Union française ; un référendum devait décider de l'éventuelle réunion de la Cochinchine au Viêt-nam. Mais le haut-commissaire Thierry d'Argenlieu ne se résigne pas et suscite au sud la création d'une république de Cochinchine. Représailles et attentats du Viêt-minh provoquent en novembre 1946 le bombardement de Haiphong. Hô Chi Minh prend le maquis, la guerre d'Indochine commence. L'armée tient les villes, les voies de communication, le fleuve Rouge, mais la guérilla occupe la montagne et les villages, multiplie attentats et attaques de convois. Paris expédie des troupes de plus en plus nombreuses : 150 000 hommes en 1948. En 1953, le haut commandement français décide de porter un coup au cœur du dispositif viêt-minh en créant un abcès de fixation dans la cuvette de Diên Biên Phu, un site trop isolé des bases françaises. Harcelée par les soldats viêt-minh, mal ravitaillée, comptant de nombreux blessés, la garnison doit se rendre le 7 mai 1954.

△ **Prisonniers** français de Diên Biên Phu. Navarre a sous-estimé les capacités logistiques du général Giap, dont les 40 000 soldats ravitaillés par 80 000 coolies ont raison des 12 000 hommes du camp retranché.
1954.

▷ **Le conflit** idéologique prend le pas sur la guerre coloniale. Le besoin de cadres est permanent, pour la jeune armée vietnamienne instituée par le général de Lattre, comme pour le corps expéditionnaire français.
1951.

◁ **Soldat viêt-minh** prisonnier. Certains retournent combattre avec les Français : la domination viêt-minh dans les zones « libérées » n'est pas aussi idyllique que le proclame l'« oncle Hô ».
1952. *L'Illustration.*

△
Largage de parachutistes au-dessus de Diên Biên Phu. Les Français éprouvent de sérieux mécomptes pour ravitailler des défenseurs déjà trop peu nombreux sur un aussi vaste périmètre.
1953. *L'Illustration.*

▽
Les deux divisions de Giap, bien dotées en armes antiaériennes, désorganisent la logistique française, reposant sur la seule armée de l'air, alors que la piste d'atterrissage tombe sous le feu de l'artillerie viêt-minh.
1954.

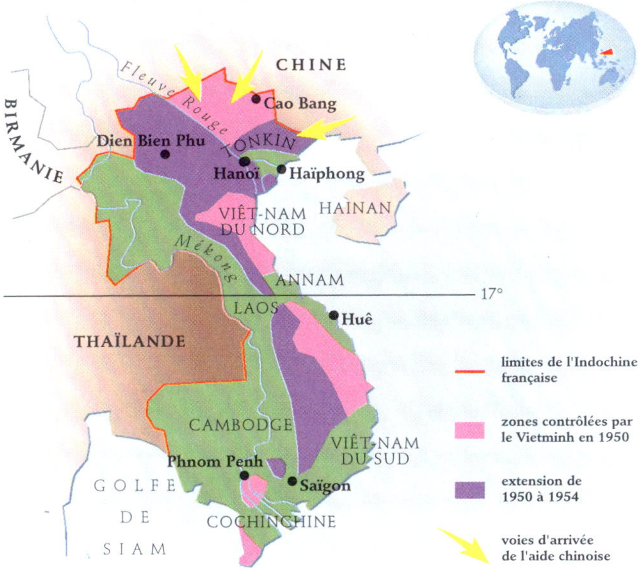

ÉTATS-UNIS

La Nuit du chasseur

■ Les mains de l'inquiétant prédicateur sont tatouées de deux inscriptions contradictoires : *Love* et *Hate*, Amour et Haine. Une ambiguïté à la mesure du personnage, séduisant et dangereux, qui incarne le Mal. Poursuivis, dans une angoisse onirique, par un dangereux psychopathe qui a déjà tué leur mère, deux enfants échapperont de justesse à la mort. Robert Mitchum est le héros de *la Nuit du chasseur* (1955), l'unique film, fort et cruel, de Charles Laughton. □

JAPON

Le cinéma d'Ozu

■ Yasujiro Ozu réalise en 1953 *Tokyo monogatari*, une chronique de la capitale. Contrairement aux autres cinéastes japonais, il s'intéresse peu aux paroxysmes sentimentaux, et se refuse à chanter l'héroïque passé de son pays. Ozu, qui a commencé en tournant des films comiques, s'intéresse cependant à la tradition japonaise. Son dernier film, qui sortira en 1962, l'année même de la mort d'Ozu, sera le célèbre *Goût du saké*, fait de notations discrètes, de longs silences et d'une grande tension psychologique. □

ÉTATS-UNIS

Pollock et le *dripping*

■ Soutenu par Peggy Guggenheim, mécène et peintre elle-même, Jackson Pollock poursuit ses recherches picturales. Le mural qu'il avait réalisé pour l'entrée de l'appartement Guggenheim, à New York, était déjà un simple et vigoureux lacis de couleurs. L'artiste systématise ce type de peinture en pratiquant le *dripping* : la toile est déposée sur le sol, et le pratiquant promène au-dessus d'elle un bâton trempé dans de la peinture ou, mieux, une boîte de métal percée de trous d'où s'écoulent des filaments de couleurs. Ainsi, dit Pollock, « le hasard retrouve-t-il sa place primordiale dans l'acte créateur, auquel participe le corps tout entier ». □

La reine Élisabeth II. *1953.*

GRANDE-BRETAGNE

La reine en direct

■ Le 2 juin 1953, le monde entier assiste, grâce à la première retransmission en Eurovision, au couronnement de la reine Élisabeth II. Les magazines illustrés et les actualités télévisées ont, depuis des années, diffusé l'image fraîche et souriante de cette souveraine de vingt-sept ans : à l'occasion des fêtes de la Libération, de son mariage avec Philip d'Édimbourg en 1947, de la mort de son père, le roi George VI. Mais il s'agissait d'images différées, contrôlées. Désormais, c'est en direct et en gros plan que le monde participe aux fastes de la cour d'Angleterre, commentés pour les téléspectateurs français par Léon Zitrone. Les foyers équipés d'un téléviseur sont encore peu nombreux (50 000 en France) et les badauds se pressent dans les cafés, aux devantures des magasins qui vendent des appareils ménagers, pour voir une jeune femme devenir « reine du Royaume-Uni de Grande-Bretagne et d'Irlande du Nord, chef du Commonwealth ». □

ÉTATS-UNIS

Rock around the Clock

■ Commentateurs et sociologues s'avouent dépassés par les flots d'« hystérie » et l'incompréhensible violence qui accompagnent les spectacles de certains jeunes gens. Bill Haley, qui enregistre en avril 1954 *Rock around the Clock*, Elvis Presley, puis Chuck Berry, Eddie Cochran, Jerry Lee Lewis, Budy Holly et Gene Vincent déchaînent l'enthousiasme de nouveaux consommateurs : les teen-agers américains, trop jeunes pour avoir connu la guerre, et qui se laissent emporter par des flots de musique plus rythmée et plus syncopée encore que le be-bop, le rock'n' roll, ainsi nommé à cause de la cadence qu'il imprime. Sur scène, les chanteurs aux déhanchements suggestifs portent encore smoking scintillant et nœud papillon, mais leurs groupies définissent un nouveau « look », propre à la jeunesse, jeans et chemise à carreaux, comme l'acteur James Dean, ou blouson de cuir et bottes de moto comme le Marlon Brando de *l'Équipée sauvage*. □

U.R.S.S.

Les Juifs d'U.R.S.S.

■ Le mois de juillet 1953 voit la réhabilitation totale des « blouses blanches », ces médecins qui, affirmait Staline, avaient tenté de l'empoisonner. Juifs pour la plupart, les accusés étaient à la fois victimes de l'antisémitisme traditionnel de la Russie soviétique et de leur réticence à admettre les conclusions du biologiste Lyssenko quant à l'hérédité des caractères acquis. La mort de Staline (mars 1953) les a sauvés in extremis et leur réhabilitation est l'un des premiers actes de la nouvelle troïka au pouvoir en U.R.S.S. Ces faits nouveaux ne mettront pas fin pour autant à un antisémitisme déguisé : à partir de 1956, l'U.R.S.S. soutient définitivement la cause des Palestiniens contre Israël et ses dirigeants auront beau jeu d'accuser de « sionisme » les Juifs qui, par choix politique, ou en raison de leurs relations familiales, manifestent quelque sympathie pour Israël. □

ITALIE

Le maire et le curé

■ 798 000 exemplaires vendus en France, c'est le best-seller de la guerre froide. Le couple infernal des années 50 est celui que forment le maire communiste et le curé, incarnation de la démocratie chrétienne, d'un petit village de la plaine du Pô. Les chroniques humoristiques du journaliste italien Giovanni Guareschi mettent en scène l'irréductible opposition de Don Camillo et Peppone, qui, unis pendant la résistance au fascisme, obéissent l'un au Vatican, l'autre à Moscou. Anticommuniste, Guareschi donne toujours le dernier mot à Don Camillo, curé de choc, force de la nature, à qui le Christ du maître-autel s'adresse directement : il faut dire qu'il est aidé par le cléricalisme latent des villageois, qui, communistes ou pas, tiennent à faire baptiser leurs enfants et à se marier religieusement ; les petites « victimes » du prêtre inspiré rassurent, en France comme en Italie, ceux qui craignent un Parti communiste résolument hostile à la « démocratie bourgeoise ». □

1956 - 1959

Le jour de la Toussaint 1954, les nationalistes algériens donnent le signal d'une rébellion qui se poursuivra jusqu'à l'indépendance complète de leur pays. À peine sortie du guêpier indochinois, la France, qui a su accorder leur autonomie à la Tunisie et au Maroc, s'enferre à nouveau dans un conflit colonial. Celui-ci met fin à l'« expérience Mendès France » avant de causer la chute du régime. Quoique très attachés à la Communauté française, les Français de métropole se lasseront vite, en effet, de la « sale guerre », dont ils imputent les échecs aux ministres socialistes. « Avoir vingt ans dans les Aurès » marque toute une génération de jeunes Français qui, appelés à des « opérations de maintien de l'ordre » dans les départements algériens, sont confrontés aux cas de conscience d'une guerre civile. Un combat d'autant plus anachronique que, pour la jeunesse occidentale, le temps n'est plus à l'héroïsme. Environ deux ans avant les accords d'Évian, l'émission « Salut les copains » conviera les jeunes Français à préférer le twist à la politique.

La casbah d'Alger.

LES TRENTE GLORIEUSES

De 1945 à 1975, les pays capitalistes bénéficient d'une croissance exceptionnelle par son ampleur et sa régularité. Les « Trente Glorieuses », selon l'expression de l'économiste Jean Fourastié, bouleversent l'activité économique et transforment la société.

Au sortir de la guerre, la productivité augmente et les échanges de biens ou de capitaux se mondialisent. La consommation de masse se généralise, les campagnes se vident au profit des métropoles, les femmes entrent sur le marché du travail. La croissance est cependant inégale selon les pays, les secteurs économiques, et elle ne bénéficie pas à toute la population. En outre, l'essor des économies libérales de l'Occident s'accompagne d'une exploitation des ressources du tiers-monde, qui fournit à bas prix les matières premières indispensables aux industries. Et, en effet,

Freeway à New York. Le développement de l'industrie automobile est l'un des moteurs de la croissance économique des Trente Glorieuses, fondée sur la consommation de masse.

◁ 1968.

c'est avec le relèvement brutal des prix du pétrole, en 1973, que s'achève cette ère de prospérité exceptionnelle.

Une croissance continue

Les économies des belligérants, ravagées en 1945, ont commencé à se relever nettement dès 1950. L'indice qui mesure la production mondiale s'élève de 100 en 1950 à 270 en 1970. Le taux de croissance moyen des nations capitalistes est de 5 p. 100 – dans les meilleures années du XIXe siècle, au temps de la « révolution industrielle », il atteignait à peine 2,5 p. 100. Pendant les vingt-huit ans qui suivent la guerre, le développement économique est continu, sans aucun recul de la production. Quelques courts ralentissements (des récessions) se produisent : en 1949, après l'achèvement de la reconstruction européenne, en 1953, à la fin du conflit de Corée. Mais, fait exceptionnel, aucune dépression (recul de l'activité) n'est observée.

L'essor du commerce et de la recherche

Sous l'impulsion des États-Unis, les pays occidentaux choisissent le retour au libre-échange. L'accord du GATT (*General Agreement on Tariffs and Trade*, accord général sur les tarifs douaniers et le commerce), signé en 1947 à Genève, organise les politiques douanières des 23 signataires, qui représentent 80 p. 100 du commerce mondial. Il prévoit la suppression des contingents (qui réglementent les quantités autorisées à l'importation), l'abandon des pratiques discriminatoires (qui interdisent de fait l'entrée des marchandises) et l'abaissement progressif des tarifs douaniers. À la veille du choc pétrolier, les barrières douanières sont partout en voie d'abandon, et notamment en Europe, où les six pays du Marché commun ont opté pour la libre circulation des biens. Parallèlement, la révolution qui a lieu dans les transports réduit les coûts du fret. Les flottes se spécialisent, la taille des navires augmente, le trafic se fait de plus en plus massif et lointain. Pendant les Trente Glorieuses, le volume du commerce mondial progresse de 8 p. 100 par an, soit plus vite que la production. Cette libéralisation des échanges sert

L'ère de l'ordinateur est déjà là dans les entreprises : au premier plan, quatre unités à disques magnétiques ; au deuxième, l'imprimante ; au troisième, le lecteur-trieur de cartes et, au quatrième, les dérouleurs de bandes magnétiques. Au centre, l'unité de traitement.

◁ Vers 1965. IBM.

Le commerce ▽ des céréales est un puissant instrument de pression politique américain vis-à-vis du tiers-monde.

Reflet de la mondialisation des échanges, la création de grandes firmes internationales est caractéristique des Trente Glorieuses.

LES MULTINATIONALES

L'essor du commerce international, la chute des coûts des transports, le développement des télécommunications incitent les entreprises à créer leurs propres filiales à l'étranger. Les grandes sociétés peuvent ainsi contrôler leurs approvisionnements en énergie et matières premières, profiter pleinement de la main-d'œuvre bon marché des pays sous-développés, prendre plus aisément le contrôle de leurs concurrents, s'installer au cœur des pays dynamiques ou dans des paradis fiscaux. Les firmes américaines initient ces délocalisations : après la guerre, la santé du dollar leur permet de prendre pied partout. Dénoncées par les uns comme des menaces pour l'indépendance nationale, les multinationales sont considérées par d'autres comme l'un des facteurs essentiels de la croissance économique mondiale.

les intérêts des consommateurs, mais elle conduit à une forte dépendance des pays les uns vis-à-vis des autres.

Par ailleurs, la guerre froide et la montée de la concurrence internationale poussent les grandes nations à rivaliser entre elles pour maintenir ou accentuer leur influence. L'avance technologique dont jouissent les États-Unis leur permet de vendre leurs brevets dans le monde. Mais, partout, l'accent est mis sur la recherche. L'action conjointe de l'État, des grands laboratoires, des universités, des fondations scientifiques débouche sur d'immenses progrès techniques, largement et rapidement diffusés parmi les populations dont le mode de vie change.

Les modes de vie se transforment

En 1945, à l'exception des États-Unis qui sont déjà mécanisés, le travail dans les campagnes reste notablement archaïque. Durant les Trente Glorieuses, le monde agricole va mener sa « révolution silencieuse ». Grâce à l'aide de l'État, qui soutient les prix, aux initiatives des syndicats et à la soif de nouveauté des jeunes générations, le mode de vie paysan va changer d'une manière radicale. La motorisation et la mécanisation s'imposent. Le recours aux engrais chimiques et aux espèces végétales hybrides nées de la recherche en laboratoire permet de tripler les rendements. Mais le progrès s'accompagne d'un regroupement des exploitations ; il réduit les besoins en main-d'œuvre et engendre un exode rural, dont les jeunes sont les principales victimes et qui désertifie les campagnes. Les agriculteurs doivent affronter l'isolement, l'endettement – revers inévitable de la modernisation – et voient leurs prix de vente laminés par la surproduction.

L'industrie, moteur essentiel de la croissance, absorbe la majorité des investissements et attire un nombre de plus en plus élevé d'actifs. Mais, dès le début des années 60, les secteurs traditionnels (sidérurgie, textile, chantiers navals ...) ne progressent plus que lentement. Là aussi, la concentration érode l'emploi. Les industries de pointe, dynamiques, jouent un rôle stratégique dans la compétition internationale et bénéficient donc d'un soutien constant de l'État. L'aéronautique

Les cinq premiers ▽ Mirage III de Marcel Dassault, construits en 1964, sont aujourd'hui encore en service. De profondes modifications, dues à l'évolution des techniques, apparaissent, comme la recherche sur le décollage vertical.
1992.

Rationalisé, le travail industriel génère d'importants gains de productivité, dont salariés et consommateurs profitent aussi.

LE TAYLORISME-FORDISME

Inventé à la fin du XIXe siècle, le taylorisme, organisation scientifique de l'emploi industriel, qui conduira au travail à la chaîne, accroît fortement les rendements. Le fordisme, basé sur une large diffusion de produits standardisés bon marché, suppose qu'une partie des gains de productivité soit consacrée à l'augmentation des salaires. La hausse des revenus des travailleurs, augmentant leur pouvoir d'achat, assure l'écoulement de la production. Le cercle vertueux du taylorisme-fordisme associe un essor rapide de l'industrie, des profits importants pour l'entrepreneur et l'épanouissement de la consommation de masse. Mais, à la fin des Trente Glorieuses, les ouvriers rejettent l'usine « taylorienne », qui asservit l'homme aux cadences de production.

profite de l'essor des avions à réaction dans les années 50, puis de la compétition engagée entre Soviétiques et Américains pour la conquête de l'espace. L'invention du transistor, en 1948, puis l'apparition des circuits intégrés, en 1961, assurent le succès croissant de l'ordinateur. À partir des années 50, la télévision conquiert le monde et le développement des télécommunications commence à faire de la planète un village.

Le progrès bouleverse les habitudes. Le secteur chimique fournit des quantités croissantes de produits de synthèse. Les textiles synthétiques, les plastiques s'imposent au quotidien. La recherche médicale permet d'allonger l'espérance de vie. Les grandes industries de consommation – automobile, électroménager, électronique grand public – prospèrent et le taux d'équipement des ménages progresse rapidement.

À partir de 1960, le secteur tertiaire, qui regroupe les activités de service, tend à devenir prédominant. L'amélioration des conditions de vie favorise les activités de loisirs, le tourisme, la culture, mais elle entraîne aussi l'explosion des dépenses de santé, d'instruction, de logement. À la fin des Trente Glorieuses, la structure sociale a changé : face aux ouvriers et aux paysans, employés et cadres (les « cols blancs ») sont largement majoritaires.

Le palmarès du développement

Dévasté en 1945, le Japon occupe, dès 1969, le troisième rang mondial, derrière les États-Unis et l'U.R.S.S. Cet étonnant redressement a tout d'abord une cause politique : les États-Unis

Publicité de 1969 ▷ pour Michelin. La petite entreprise auvergnate est devenue une multinationale. Sa politique industrielle l'incite à contrôler Citroën, puis la Compagnie des machines Bull.
Coll. part.

▽ **Bâtiment** en préfabriqué. La construction rapide et bon marché d'H.L.M. dans les banlieues a pour but de rattraper le retard en matière de logement et d'accueillir une main-d'œuvre en croissance.

Suscitant des besoins accrus en matière de logement, d'équipement des ménages et d'infrastructures d'accueil, le baby-boom stimule la croissance.

BABY-BOOM ET BABY-KRACH

Entre 1945 et le début des années 60, la plupart des pays occidentaux voient leur natalité exploser. C'est le « baby-boom ». En France, le nombre des naissances annuelles, qui avoisinait 550 000 avant la guerre, s'établit à 800 000 pendant vingt-huit années consécutives. De 1946 à 1970, la population augmente de 10 millions. Les enfants du baby-boom arrivent en masse sur le marché du travail vers la fin des années 1950. Mais la hausse de la productivité a déjà entraîné un ralentissement des créations d'emploi. Les problèmes d'insertion qui s'ensuivent expliquent en partie le malaise étudiant, qui culminera en 1968. En outre, depuis 1963, dans les pays développés, la courbe des naissances a nettement fléchi. En 1970-1980, le chiffre moyen d'enfants par femme, inférieur à deux, ne suffit plus à assurer le renouvellement des générations. Le « baby-krach » succède au baby-boom.

souhaitent opposer à la Chine communiste un voisin puissant. Le tiers du commerce du Japon est donc orienté vers son partenaire américain. Et le Japon dispose d'atouts importants. La main-d'œuvre, abondante, est traditionnellement respectueuse de la hiérarchie et s'astreint à une discipline de travail rigoureuse. L'inexistence de la couverture sociale, qui oblige les salariés à économiser, et le très fort rendement des capitaux placés en banque assurent au pays une épargne élevée qui irrigue les circuits financiers. De plus, l'État encourage l'adaptation rapide de la production à la demande mondiale. L'industrie textile traditionnelle disparaît au profit de la fabrication d'appareils électroménagers, de la construction navale, de l'automobile, de l'électronique. Le taux de croissance du Japon atteint 10 p. 100 par an, soit deux fois celui des nations d'Europe occidentale.

Cependant, les pays d'Europe sont les grands bénéficiaires des Trente Glorieuses, et on a pu parler, par exemple, de « miracle allemand ». Ruinée par la guerre, la R.F.A. s'engage dès 1950 dans une croissance forte, régulière et saine. Elle met à profit l'aide américaine du plan Marshall. Elle bénéficie, avec l'arrivée massive de réfugiés est-allemands, d'un accroissement de sa main-d'œuvre. En 1948-1949, la réforme monétaire annule l'inflation. La bonne santé économique du pays attire les capitaux étrangers. En 1961, alors que le Deutsche Mark vient d'être revalorisé pour la première fois, il apparaît déjà comme une des monnaies les plus solides du monde.

La France réussit également une modernisation spectaculaire. Handicapée, malgré l'immigration, par une persistante pénurie de main-d'œuvre, des guerres coloniales, une carence en ressources énergétiques, elle se dote pourtant d'une agriculture performante et d'une industrie diversifiée. Mais elle souffre de sa fragilité commerciale et d'une maîtrise tardive de l'inflation.

Face aux réussites européenne et japonaise, la croissance américaine semble plus modeste. Après l'embellie de l'ère Kennedy, la productivité du pays tend à être rattrapée par celle des autres nations. L'excédent commercial diminue ; l'inflation s'aggrave et le dollar voit son prestige décliner face au Mark. Cependant, les compagnies américaines continuent de contrôler une importante partie de

Équivalent français du *Welfare State* né en Angleterre dans les années 1940, l'État providence a pour ambition d'assurer à tous le bien-être social.

L'ÉTAT PROVIDENCE

En 1942, l'économiste William Beveridge publie un livre blanc : *Report on Social Insurance and Allied Services.* L'État aurait pour devoir la lutte contre la misère, le chômage et la maladie. Le concept de *Welfare State,* d'État providence, est né. Fondé sur la solidarité, le système vise à redistribuer les richesses pour offrir à chacun un minimum vital et assurer à tous la couverture des grands risques sociaux – maladie, invalidité, accident, chômage, vieillesse. Il conduit également à une intervention croissante de l'État en faveur des régions et des secteurs en difficulté. Mais, depuis les années 70, l'État providence se heurte à une double crise, de financement et de légitimité. Parce qu'il est très coûteux pour la collectivité, certains économistes y voient l'une des causes de la dépression actuelle.

Touristes américains △ à Tahiti. Le boom de la croissance favorise la création de nouveaux loisirs pour les classes moyennes : le tourisme à l'étranger.

◁ **En Bretagne,** les inconvénients de la haute technologie font réfléchir. Des militaires nettoient les rochers pollués par la marée noire due au *Torrey Canyon.* 1967.

l'industrie au Canada et en Europe. Les États-Unis demeurent la première puissance agricole mondiale et leur supériorité technologique reste indéniable. En outre, ils ont su imposer l'*American way of life* à une partie de l'Occident.

La croissance menacée

En 1973, les trois quarts de la production mondiale sont assurés par six pays seulement : États-Unis, U.R.S.S., Japon, R.F.A., France et Royaume-Uni. La croissance ne gomme pas les inégalités régionales : l'essor des échanges maritimes favorise le littoral, mais les « pays noirs » sont confrontés au déclin du charbon et du textile. Les montagnes et de nombreuses zones rurales se désertifient. Les plans d'aménagement du territoire se révèlent incapables de limiter l'attrait qu'exercent les régions fortes, les grandes villes, les axes navigables, les fronts de mer.

Le progrès social est indéniable : le niveau de vie triple en Europe. Le « cercle vertueux » du taylorisme-fordisme assure une consommation de masse, qui évite la surproduction. Le développement de l'État providence se traduit par l'acquisition de droits nouveaux : droit au travail, à un revenu minimal, à une protection contre la maladie, les accidents, à une prise en charge des retraites. Mais le coût de la croissance est élevé. Les travailleurs indépendants, paysans, artisans, petits commerçants, s'effacent au profit de salariés dont la vie se résume trop souvent au triptyque « métro-boulot-dodo ». Les sociétés industrielles sécrètent des catégories d'exclus : minorités raciales aux États-Unis, travailleurs immigrés en Europe, employés de petites entreprises au Japon. À la fin des années 60, le malaise social s'étend à l'ensemble des pays développés.

Les revendications du tiers-monde

En outre, les pays sous-développés – qui regroupent les deux tiers de la population mondiale – ne disposent que de 10 p. 100 des richesses. Selon les principes de la division internationale du travail posés au XIXe siècle, le tiers-monde fournit à l'Occident matières premières et énergie. Mais, après le boom suscité par la guerre de Corée (1950-1953), les cours ne cessent de s'effondrer. Dès 1960, le Sud réclame une réforme du commerce international. Dans le même temps, la consommation accrue d'hydrocarbures aggrave la dépendance des nations industrialisées à l'égard des pays producteurs. En 1973, le Japon importe plus de 85 p. 100 de l'énergie qu'il consomme, la C.E.E. 60 p. 100, les États-Unis 13 p. 100. De plus, depuis la fin des années 60, l'inflation s'accélère. Le déficit chronique de la balance des paiements aux États-Unis affaiblit sa monnaie. Or, le dollar est la seule devise convertible en or. Fournissant les liquidités nécessaires aux échanges internationaux, il assure le financement de la croissance internationale. En 1971, sa convertibilité est suspendue. La croissance, devenue malsaine, est en sursis. □

Publicité de 1965 △ pour les téléviseurs de la firme néerlandaise Philips. Dans le cadre du Marché commun, les barrières douanières tombent progressivement, ouvrant le marché français à la concurrence internationale.

Paris-Match.

◁ **La favela** São Berneda. Le Brésil fait partie de ces pays du tiers-monde qui connaissent des taux de croissance de 5 à 15 p. 100 l'an. Par leur situation sociale et économique, ils appartiennent à la fois au monde développé et au monde sous-developpé.

LA CONSTRUCTION EUROPÉENNE

À la fin des années 40, la montée en puissance potentiellement menaçante de l'U.R.S.S. et l'aide américaine à la reconstruction accélèrent le rapprochement entre les nations européennes. Mais le rêve d'une Europe unie achoppe sur deux points d'importance. Sur le plan politique, les États ne peuvent accepter de voir réduire leur souveraineté. Dans le domaine militaire, le Parlement français refuse de ratifier le traité instituant la C.E.D., la Communauté européenne de défense. Le processus d'intégration se limite donc au champ économique, avec, en 1951, la création de la C.E.C.A., la Communauté économique du charbon et de l'acier. Puis, le 25 mars 1957, la R.F.A., la Belgique, la France, l'Italie, le Luxembourg et les Pays-Bas approuvent le traité de Rome. Les Six acceptent de réaliser entre eux la libre circulation des marchandises et de mettre en œuvre une politique économique et financière commune. Le Marché commun se révèle un puissant stimulant pour la croissance. L'ouverture des frontières et la concurrence favorisent la concentration des entreprises, la modernisation des techniques et le renouveau de la production. Durant les Trente Glorieuses, la Communauté devient l'un des foyers actifs de la prospérité. Cette réussite explique l'élargissement de la C.E.E. à de nouveaux membres et l'attraction qu'elle exerce aujourd'hui sur les pays d'Europe centrale.

Photo de l'Europe ▷ prises par Meteosat. Les accords communautaires qui ont peu à peu structuré l'Europe de l'Ouest redonnent au continent une place importante sur la scène internationale.

Affiche évoquant △ le traité de Rome. La réalisation de l'union douanière au sein de la C.E.E. est plus rapide que prévu. Les droits de douane sont abaissés dès 1961 et définitivement supprimés en 1968.
Viou. 1956.

Manifestation de ▷ paysans à Bruxelles, le 23 mars 1971. À l'initiative de la France, l'harmonisation des politiques économiques commence par une politique agricole commune (P.A.C.), qui va rencontrer de nombreuses résistances.

△ **L'écu** *(European Currency Unit)*. Le 5 décembre 1978, un accord financier crée le système monétaire européen, ou S.M.E.
1987.

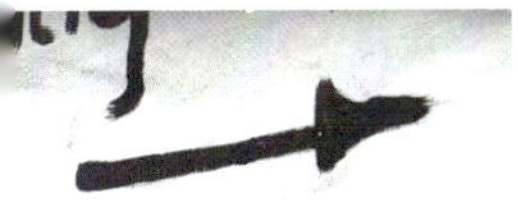

△ **De Gaulle** reçoit en novembre 1964 Adenauer, l'artisan de l'intégration de la R.F.A. dans l'Europe occidentale et du rapprochement franco-allemand.

▽ **Les chefs** de gouvernement des Six signent le 25 mars 1957, à Rome, les traités instituant la Communauté économique européenne (C.E.E.) et la Communauté européenne de l'énergie atomique (EURATOM). C'est l'acte de naissance de l'Europe.

L'AMÉRIQUE TRIOMPHANTE

Prospères et libres, les États-Unis donnent l'image fascinante d'une société d'abondance qui est encore seulement un rêve pour la plus grande partie du monde.

Président depuis la mort de Roosevelt, en avril 1945, Harry Truman a été réélu en 1948, mais, à l'expiration de ce mandat, il se retire de la vie politique. Les Américains confient alors le pouvoir suprême à une figure rassurante, le républicain Dwight Eisenhower, né en 1890. Alors que la guerre froide donne aux États-Unis le sentiment d'avoir pour mission de préserver le monde libre de l'influence communiste, ce patriote irréprochable, qui a mené une carrière brillante au plus haut niveau dans l'armée – c'est lui, en particulier, qui a supervisé les débarquements en Afrique du Nord et en Normandie –, jouit d'une grande popularité : « I like Ike » (surnom du candidat) proclament les affiches de la campagne.

◁ **Eisenhower** renforce les alliances ébauchées par Truman et s'applique à constituer un empire militaire américain tout en s'engageant dans une politique de détente vis-à-vis de l'U.R.S.S. 1955.

La fin du maccarthysme

Or, plus que jamais, l'Amérique a besoin de repères et de stabilité. L'hystérie anticommuniste orchestrée par McCarthy, sénateur du Wisconsin, bat son plein : toute personne suspecte de sympathies communistes, voire même simplement libérales, est sommée de se justifier, courant le risque d'être révoquée ou de ne plus trouver de travail. Mais McCarthy, grisé par le succès, s'attaque à l'armée. C'est plus le président Eisenhower ne peut en supporter : encouragé par la Maison-Blanche, le Sénat met sur pied une commission d'enquête. Blâmé officiellement le 2 décembre 1954, McCarthy perd toute crédibilité auprès de l'opinion et sombre dans l'alcoolisme.

Une ère de croissance

Dopée par la Seconde Guerre mondiale, l'économie américaine doit se garder de la récession économique que pourrait entraîner le retour à la paix. De 1947 à 1951, le plan Marshall lance un vaste programme de reconstruction de l'Europe. Constitué à 85 p. 100 d'aides gratuites et à 15 p. 100 de prêts

Personnages malsains, comportements névrotiques, société folle : les auteurs s'éloignent du roman policier classique, dont l'énigme est résolue à la fin.

ROMANS ET FILMS NOIRS

C'est au cours de l'entre-deux-guerres que le roman policier américain se transforme et se lance dans l'exploration des noirceurs de l'âme humaine. Les écrivains campent des personnages troubles, tirés de faits divers macabres : tueurs à gages, vamps, policiers douteux, détectives paumés... En 1930, Dashiel Hammet invente Sam Spade, le héros cynique du *Faucon maltais.* Dans *le Grand Sommeil,* en 1939, Raymond Chandler dépeint une Amérique peuplée de désaxés. Le cinéma offre un tremplin à ces nouveaux héros. Et le public français découvre après la guerre un genre qui fera florès : le film noir. Ses vedettes – Humphrey Bogart, Ava Gardner, Rita Hayworth – entrent au panthéon des stars universelles.

Les hydrocarbures ont doté le Texas d'un important pôle industriel, créant ainsi un nouveau personnage mythique : le milliardaire texan, caractérisé par ses énormes cigares et ses Cadillac.
1963. ▽

◁ **Le musée** Guggenheim, à New York, édifié en 1959 par Frank Lloyd Wright. Rompant avec la tradition, celui-ci conçoit une grande spirale de 400 m en béton armé, qui monte jusqu'à une coupole de verre éclairant l'ensemble, et le long de laquelle les tableaux sont exposés sans cadres, comme dans un atelier.

à long terme, le plan coûte 12,4 milliards de dollars. Mais les nations dévastées se relèvent, entraînant un accroissement de la consommation et du commerce mondial dont les États-Unis sont les principaux bénéficiaires, d'autant plus que l'*American way of life* apparaît comme un modèle pour les populations européennes. Le cinéma, en particulier, est le vecteur privilégié de la diffusion des habitudes de consommation américaine et de l'idéologie anti-communiste. C'est pourquoi les accords Blum-Byrnes de mai 1946 prévoient un quota pour les films américains, en échange d'une nouvelle ligne de crédit consentie à la France. À l'instar de Roosevelt, Ike Eisenhower démarre une politique de grands travaux. Des canaux navigables vont relier le Saint-Laurent au lac Supérieur. En 1956, la construction de 65 000 kilomètres d'autoroutes est programmée – elle ne sera achevée qu'en 1980. La santé des entreprises est le premier souci du Président, qui a fait sienne la devise du grand patron Charles Wilson, son ancien employeur : « Ce qui est bon pour la General Motors est bon pour les États-Unis et réciproquement. » En 1955, l'Amérique – qui compte 7 p. 100 environ de la population mondiale – produit 50 p. 100 des richesses. Reflet de cette prospérité, la démographie explose : 140 millions en 1945, les Américains sont 180 millions en 1960 – et le baby-boom se prolonge jusqu'en 1959. Socialement, la composition de la population se modifie. Le nombre des « cols blancs » – employés de la classe moyenne – ne cesse de croître, alors que les ouvriers perdent de leur importance.

L'ascension et la chute d'un fils de mineur témoignent de l'ambiguïté du rôle joué par les syndicats dans la société américaine.

MORT D'UN CAMIONNEUR

Jimmy Hoffa, dit *Riddle* (« énigme »), est né en 1913 dans une famille pauvre de l'Indiana. En 1924, il vient à Detroit, capitale de l'automobile. Dès quatorze ans, il travaille comme magasinier et adhère à des associations syndicales. En 1957, il est élu président du syndicat des camionneurs. Dans cette branche comme dans la métallurgie, les centrales syndicales sont puissantes : reconnues par les patrons, elles jouent le rôle de véritables contre-pouvoirs. Redoutable négociateur, Hoffa est également soucieux de faire fructifier les capitaux du syndicat, qui permettent en particulier d'indemniser les grévistes. C'est peut-être pour cette raison qu'il commence à fréquenter la mafia, devenant la cible préférée de l'attorney général, Robert Kennedy. Jugé en 1967, Hoffa est emprisonné puis libéré en 1971. A-t-on eu peur d'éventuelles révélations ? Il est vu pour la dernière fois le 30 juillet 1975, attablé dans un restaurant avec deux membres de la mafia. Son corps ne sera jamais retrouvé.

▽ **Un cinéma** *drive-in*. Le rayonnement culturel des États-Unis à travers le monde est aussi largement établi que leur puissance économique ou militaire, comme en témoigne l'omniprésence des produits audiovisuels américains. Cependant, le *drive-in,* qui unit le cinéma et l'automobile, n'a guère fait école outre-Atlantique.

LA « SOCIÉTÉ D'ABONDANCE »

La publicité commence un règne sans partage, appuyée sur un nouveau média : la télévision. En 1956, 81 p. 100 des familles possèdent un téléviseur, 96 p. 100 un réfrigérateur, 70 p. 100 un aspirateur, 90 p. 100 une machine à laver le linge, 75 p. 100 une voiture. Et 60 p. 100 sont propriétaires de leur logement. C'est la « société d'abondance » décrite par l'économiste John Kenneth Galbraith. La consommation de masse, soutenue par le recours très répandu au crédit, met fin à certaines valeurs de l'Amérique traditionnelle. L'épargne, le contrôle de soi, la tempérance s'effacent au profit du culte de l'abondance et de la réussite matérielle. L'Amérique puritaine semble changer en profondeur, même si le modèle familial classique, avec la mère au foyer, reste le fondement de la société. En 1953, Hugh Hefner lance un nouveau magazine au succès foudroyant : *Playboy.*

Mais les inégalités demeurent et, parallèlement, une autre Amérique est en train de naître, celle de la contestation : pacifique avec les beatniks, parfois farouche avec les mouvements féministes et touchant au cœur du tissu social avec la minorité noire (qui représente 10 p. 100 de la population). En 1955, le pasteur Martin Luther King dirige le boycott des autobus ségrégationnistes de Montgomery (Alabama), qui dure 381 jours. En avril 1960, le vote de la loi sur les droits civiques est acquis. Mais la violence n'est pas loin : ces années sont aussi celles du triomphe des *Black Muslims,* le mouvement extrémiste et séparatiste noir qui manifeste son refus des valeurs chrétiennes « blanches » par l'attachement à l'islam. Il est vrai que l'Amérique triomphante coïncide encore largement avec l'Amérique blanche. □

Marilyn Monroe ▷ par Andy Wahrol. Le pop art renverse les valeurs et doit son nom à l'intérêt qu'il porte à la culture de masse de la société de consommation.
1962. Coll. part.

La Fureur *de vivre* ▽ met en scène des adolescents mal dans leur peau et livrés à eux-mêmes, à l'époque où les bandes de jeunes délinquants se multiplient aux États-Unis.
1955. Coll. part.

La jeunesse ne se reconnaît pas dans le triomphe de la société de consommation. *Beat generation* et culture rock expriment le même malaise.

BEATNIKS ET ROCKERS

La *beat generation* (littéralement, la « génération foutue ») méprise l'idéologie de la réussite et le culte de l'argent. Les beatniks s'inspirent de la sagesse orientale, consomment de la drogue et revendiquent une sexualité libre. Leurs modèles sont des écrivains critiques à l'égard de la société de consommation : Allen Ginsberg (*Howl,* 1956), Jack Kerouac (*Sur la route,* 1955) et William Burroughs (*le Festin nu,* 1959). Le malaise des jeunes se traduit aussi par l'engouement pour une nouvelle musique, violente et sauvage, considérée avec méfiance par les adultes : le rock'n'roll. En 1954, Bill Haley enregistre *Rock around the Clock* et Elvis Presley entame sa formidable carrière, suscitant l'hystérie sur son passage. Au cinéma, toute une frange de la jeunesse se reconnaît dans deux nouvelles idoles non conformistes : James Dean, l'adolescent rebelle de *la Fureur de vivre* (1955), et Marlon Brando, le blouson noir de *l'Équipée sauvage* (1953).

LA GUERRE D'ALGÉRIE

La fin de la Seconde Guerre mondiale a accéléré le processus de décolonisation. Mais la France, dont l'empire colonial s'effrite peu à peu, souhaite traiter le problème algérien comme une affaire intérieure.

▷ **Jacques Massu** dirige les opérations à Alger en 1957, où il reçoit les pleins pouvoirs pour mettre fin aux attentats. Il devient président du Comité de salut public en mai 1958, puis préfet en 1959. Son rappel est l'occasion de l'émeute du 24 janvier 1960.
1958.

A LA DIFFÉRENCE DES AUTRES possessions françaises, l'Algérie, colonisée dès 1830, relève du ministère de l'Intérieur et compte une forte population européenne. En outre, ses gisements de pétrole et de gaz pourraient assurer l'indépendance énergétique de la France. Pour la métropole, l'Algérie est donc un sujet particulièrement sensible.

L'ESSOR DU NATIONALISME ALGÉRIEN

En Algérie, trois mouvements nationalistes se sont développés. Leurs positions varient de la demande d'une véritable intégration pour les musulmans à la revendication d'indépendance. En 1943, ils s'unissent : leur « Manifeste du peuple algérien » réclame la constitution d'un État indépendant. L'agitation gagne. Le 8 mai 1945, une émeute à Sétif fait 103 morts parmi les Européens et 5 000, dit-on, parmi les Algériens.

L'adoption, en 1947, d'un nouveau statut pour l'Algérie n'apaise pas les tensions : un million d'Européens bénéficient d'une représentation égale à celle des neuf millions de musulmans. Les indépendantistes, dirigés par Messali Hadj, se radicalisent et lancent le Mouvement pour le triomphe des libertés démocratiques, le M.T.L.D. Quelques militants (Boudiaf, Bitat, Belkacem Krim, Aït Ahmed, Ben Bella et Khider) souhaitent inaugurer la guérilla. Ils fondent un comité révolutionnaire, d'où émerge le Front de libération nationale. En 1954, le F.L.N. n'est encore qu'un groupe armé.

La guerre de libération

Le 1er novembre 1954 éclatent « les événements d'Algérie » : plusieurs attentats spectaculaires sont perpétrés par les nationalistes. Durant quatre ans, les gouvernements de la IVe République vont tenter de maintenir la colonie dans le giron français. Nommé gouverneur en 1955, Jacques Soustelle propose des réformes visant l'intégration des musulmans. Mais, en 1956, l'Algérie voit la Tunisie et le Maroc, ses voisins, obtenir l'indépendance. Avec leur aide, le F.L.N. se fortifie. L'insurrection, d'abord limitée aux Aurès, ne cesse de s'étendre. La même année, le Front républicain (qui rassemble la gauche non communiste) reconnaît la « personnalité algérienne ». Mais, devant l'opposition des pieds-noirs, le gouvernement de Guy Mollet recule. Robert Lacoste, qui succède à Soustelle au poste de gouverneur, reçoit pour mission d'obtenir un cessez-le-feu par les armes. Le contingent se renforce : de 100 000 hommes un an plus tôt, il passe à 400 000. Bientôt, le F.L.N. recule et une solution négociée paraît possible. Mais, en

Les « événements ▷ d'Algérie », selon la dénomination officielle, prennent de plus en plus, aux yeux de l'opinion, la tournure d'une véritable guerre.
1956. Fontaine.

Premiers bataillons ▽ F.L.N. Leur riposte se résume à des opérations de guérilla et à de nombreuses actions terroristes dans les campagnes et dans les villes.
1957.

D'abord favorable à l'Algérie française, la métropole se lasse de plus en plus de cette « sale guerre » : en 1962, elle approuvera l'indépendance à 90 p. 100.

L'OPINION FRANÇAISE ET L'ALGÉRIE

Officiellement, les actions menées par l'armée ne sont que des « opérations de maintien de l'ordre » contre des « terroristes ». Cependant, après les massacres du Constantinois (1955), les socialistes évoquent une « guerre imbécile et sans issue » avant de faire volte-face et de décider l'envoi du contingent, mesure impopulaire et très coûteuse. Au même moment arrivent en métropole les premières dénonciations des moyens employés pour venir à bout des fellagas. Hommes d'Église, étudiants et syndicalistes dénoncent les « corvées de bois », demandent comment a « disparu » le mathématicien Maurice Audin, défendent le journaliste communiste Henri Alleg, qui publie en 1957 *la Question,* aussitôt interdite. Autour de Jean-Paul Sartre et Simone de Beauvoir, les « porteurs de valise » font passer la frontière à l'argent recueilli par le F.L.N. en métropole ; ils seront jugés et condamnés en 1962.

octobre, un avion frété par le gouvernement marocain est détourné sur Alger ; cinq chefs nationalistes sont arrêtés. Ben Bella est parmi eux : il restera interné en France jusqu'en 1962. Tout est remis en cause.

De janvier à septembre 1957, le F.L.N. lance la bataille d'Alger. Les attentats se multiplient. À l'intérieur du pays, dans le bled, l'Armée de libération nationale résiste : le congrès de la Soummam (août 1956) a renforcé son unité. En février 1958, la France bombarde un village frontalier tunisien, Sakiet-Sidi-Youssef (69 morts).

Le tollé international qui s'ensuit fait craindre aux pieds-noirs que la métropole ne sacrifie leurs intérêts. Le 13 mai 1958, à Alger, les Français d'Algérie descendent dans la rue et occupent le Gouvernement général.

Le retour de de Gaulle

Face aux émeutes, à l'insubordination d'une partie de l'armée – les généraux Massu et Salan se sont joints aux insurgés –, le président René Coty fait appel au général de Gaulle. Investi comme président du Conseil le 1er juin 1958, de Gaulle obtient les pleins pouvoirs pour six mois. Cette crise porte le coup de grâce à la IVe République.

Le 4 juin, à Alger, la foule hurle « Algérie française ». De Gaulle répond : « Français, je vous ai compris ». Au Gouvernement provisoire de la République algérienne, le G.P.R.A., qui vient de se constituer, il offre la « paix des braves ». Le G.P.R.A. refuse. L'armée commandée par le général Challe quadrille efficacement le pays, mais la guerre continue. La solution ne peut être que politique. Le 16 septembre 1959, de Gaulle se prononce pour l'autodétermination. En janvier, s'estimant trahis, les pieds-noirs investissent Alger : la troupe doit intervenir pour mettre fin à la « semaine des barricades ». Le 11 avril 1961, lors d'une

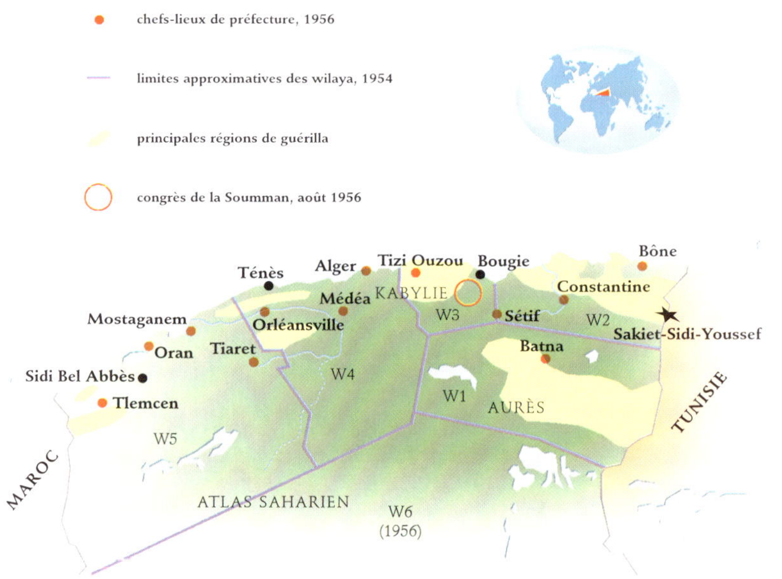

Les partisans de l'Algérie française créent dans les dernières heures de la guerre une organisation du désespoir, chargée d'empêcher l'inévitable.

L'O.A.S.

Née de l'échec du putsch d'avril 1961, l'Organisation armée secrète est dirigée par le général Salan. Jouhaud, Gardy, Argoud, Godard et Gardes, tous hauts gradés, en sont nommés lieutenants. L'objectif de l'O.A.S. est simple : maintenir une Algérie française. À l'automne 1961 et pendant l'hiver 1962, elle pratique un terrorisme aveugle et multiplie les assassinats, mais sans réussir à tuer de Gaulle, plusieurs fois visé. Paradoxalement, sa violence conduit le G.P.R.A. à négocier sérieusement. Au lendemain des accords d'Évian, l'O.A.S. se lance dans une politique de sabordage : incendie de la faculté d'Alger, sabotage d'installations pétrolières, destruction d'écoles, meurtres de fonctionnaires. En vain : l'armée tire sur les manifestants de l'O.A.S. le 26 mars 1962, rue d'Isly, à Alger. Le dernier combat pour l'Algérie française laisse dans la rue 49 morts et 200 blessés.

conférence de presse, de Gaulle se montre acquis à l'indépendance. Révoltés, Salan, Challe, Zeller et Jouhaud (« un quarteron de généraux en retraite », dira de Gaulle) provoquent un putsch, qui avorte rapidement. Décidé à poursuivre la lutte, Salan prend la tête de l'Organisation armée secrète, mais ne peut empêcher la conclusion des accords d'Évian, le 19 mars 1962. Le 1er juillet 1962, les Algériens approuvent l'indépendance par 5 975 581 « oui » contre 16 534 « non ».

L'Algérie indépendante

Cependant, dès l'été 1962, un conflit oppose le G.P.R.A. et le « bureau politique » formé autour de Ben Bella. Le nouvel État frôle la guerre civile. Le 25 septembre 1962, l'Assemblée nationale constituante proclame la naissance de la République démocratique et populaire algérienne. Le gouvernement Ben Bella compte cinq militaires, dont le futur président Houari Boumediene. Le pays s'engage dans une révolution socialiste, mais il est désorganisé par l'exode de 800 000 Européens. La Constitution est promulguée le 8 septembre 1963 et Ben Bella, élu président. Cependant, l'instabilité demeure : le F.L.N., parti unique, est tiraillé entre ses nombreux courants. Le 1er juin 1965, Boumediene renverse Ben Bella et instaure un régime militaire. □

Base aérienne ▷ d'Hussein-Dey, près d'Alger. Le contingent résiste au putsch, organisé pour bloquer l'évolution vers l'indépendance.
1961.

Tiraillé par des dissidences internes, notamment dans les maquis tenus par des partisans de Messali Hadj, le F.L.N. tente de faire l'unité du mouvement de libération.

LE CONGRÈS CLANDESTIN DE LA SOUMMAM

Le 24 août 1956 s'ouvre à la Soummam une réunion des responsables des wilayas, les cinq circonscriptions militaires qui partagent le pays (une sixième est créée cette même année), visant à unifier l'ensemble de l'insurrection. L'Armée de libération nationale (A.L.N.) se dote d'un état-major unique, sous l'autorité de Belkacem Krim, un des fondateurs du F.L.N. Le Conseil national de la révolution, qui compte trente-quatre membres, et le Comité de coordination et d'exécution, composé de cinq militants, sont chargés de définir et de mettre en œuvre la ligne politique du F.L.N. Les combattants réaffirment leurs objectifs : créer une République sociale et démocratique, et maintenir une direction collégiale. Cet idéal soude les énergies – jusqu'au lendemain de la victoire seulement.

◁ **Après le rappel** du général Massu, les pieds-noirs dressent des barricades dans Alger et l'armée intervient : il y a une vingtaine de morts et de nombreux blessés.

Après l'échec des ▷ négociations avec le G.P.R.A., en juin 1960, de Gaulle, en proposant le référendum du 8 janvier 1961, rend légale la procédure de l'autodétermination.

LES ACCORDS D'ÉVIAN

Le retour de De Gaulle au pouvoir, en juin 1958, marque le début de véritables négociations entre le gouvernement français et le F.L.N., qui est déjà admis comme le représentant du peuple algérien. Certes, les deux parties hésitent à conclure et les pourparlers de Melun (25-29 juin 1960) échouent. Mais le G.P.R.A. se déclare prêt à les reprendre dès janvier 1961. La question de la trêve des armes, le statut des Européens, et surtout le contrôle du Sahara – où sont situés les gisements de pétrole – constituent des points fondamentaux de divergence. Ajournée en juin, la discussion recommence en juillet, sans plus de succès. Mais, durant l'automne 1961 et l'hiver 1962, l'O.A.S. déchaîne une campagne de violence. G.P.R.A. et mandataires français se rassoient à la table et, le 19 mars 1962, les accords d'Évian sont signés. La France renonce au Sahara et les Algériens se prononceront par référendum sur l'indépendance. Les Français d'Algérie ne pourront être privés de leurs biens sans indemnité. La France maintiendra un contingent de 80 000 hommes pendant trois ans, conservera les aérodromes sahariens pendant cinq ans et la base navale de Mers el-Kébir. Mais certaines clauses se révèlent caduques dès la signature : les nouvelles autorités ne parviendront pas à faire coexister Français et Algériens et une large majorité de pieds-noirs ne restera pas.

Affiche du F.L.N. △ évoquant la libération et la construction du pays. En mars 1963, les exploitations agricoles abandonnées par les pieds-noirs sont nationalisées et attribuées aux anciens combattants.
1963.

Belkacem Krim est ▷ le chef de la délégation du F.L.N. lors des conférences d'Évian et de Lugrin en mai 1961. Il refuse un cessez-le-feu tant que l'indépendance n'aura pas été reconnue.

△ **Célébration** de l'indépendance par la jeunesse algéroise, le 3 juillet 1962. Le jour même, le président du G.P.R.A., Ben Khadda, s'installe à Alger, mais le vice-président, Ben Bella, que les autorités françaises ont libéré dès mars 1962, refuse de le suivre.

△
Départ des pieds-noirs dans le port d'Alger. Les garanties sur les personnes et les biens énoncées par les accords d'Évian se révèlent rapidement illusoires, entraînant un exode massif vers la métropole.
1962.

▽
Ahmed Ben Bella. Suite à l'attaque de la poste centrale d'Oran en 1949, il est condamné à sept ans de prison, s'évade et rejoint Le Caire, où il joue un rôle prépondérant dans la délégation extérieure du F.L.N.

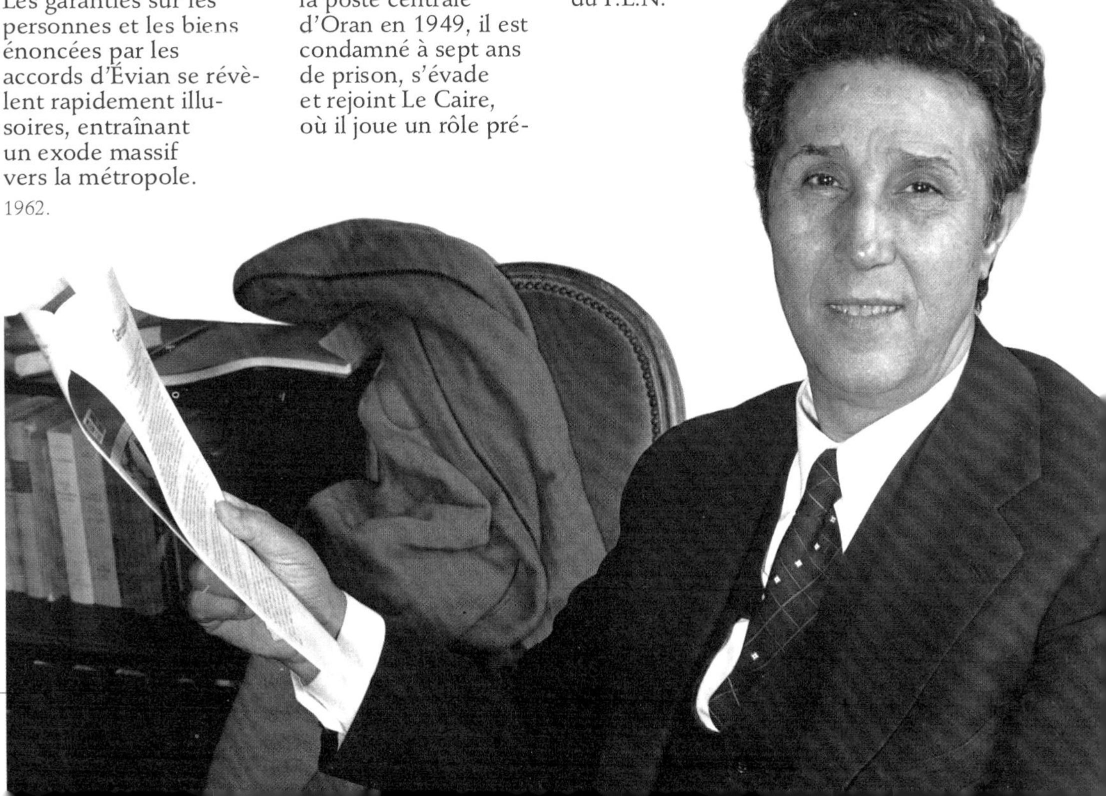

ITALIE

L'avènement de Jean XXIII

■ Pie XII meurt le 9 octobre 1958. Le 28, les cardinaux réunis en conclave désignent pour lui succéder le patriarche de Venise. Après Mgr Eugenio Pacelli, aristocrate romain, l'anneau du pêcheur échoit ainsi à Giuseppe Roncalli, fils d'un petit exploitant piémontais, né à Sotto il Monte, près de Bergame, en 1881. On dit le nouveau pontife beaucoup plus sensible aux questions sociales que son prédécesseur, et il est très populaire en Italie. Peu sensible aux malédictions du passé, il ose prendre le nom de « Jean », porté pour la dernière fois par Baldassare Cossa, le dernier antipape du Grand Schisme d'Occident (1410-1415). Mgr Roncalli sera donc le second mais le seul « vrai » Jean XXIII. □

Mgr Makarios à Chypre. *1959.*

CHYPRE

Grecs contre Turcs

■ La guerre civile qui déchire Chypre depuis plus de dix ans est sur le point de s'achever. Peuplée à 80 p. 100 de Grecs et à 20 p. 100 de Turcs, cette île, un peu plus grande que la Corse, est située en Méditerranée orientale, près des côtes turques et syriennes ; elle était depuis 1925 une colonie de la Couronne britannique. Les Anglais lui proposent en 1947 un statut libéral, que rejette la majorité de la population qui demande purement et simplement l'*enosis,* l'union avec la Grèce, ce que la minorité turque ne peut admettre ; en riposte, cette dernière exige le *taksim* (partage de l'île entre la Grèce et la Turquie). L'Organisation nationale des combattants chypriotes (EOKA), dirigée par le colonel Ghrivas, engage alors une guerre civile où les Britanniques tentent tant bien que mal de préserver les intérêts turcs. L'Église orthodoxe autocéphale de l'île, dirigée d'une main de fer par Mgr Makarios, appuie les Grecs, mais ne parvient pas à faire admettre l'*enosis.* L'accord anglo-helléno-turc, signé à Zurich en janvier 1959, aboutit en fait à un compromis, dans lequel la communauté internationale reconnaît l'indépendance de l'île, où les deux communautés rivales entament une difficile cohabitation. □

BRÉSIL

Le roi Pelé

■ La Coupe du monde de football revient au Brésil, qui bat la Suède en finale grâce à la virtuosité d'un jeune homme de dix-sept ans, Edson Arantes Do Nascimento, dit Pelé. Issu d'une famille modeste du Minas Gerais, il ne marquera pas moins de 1 283 buts au cours de sa longue carrière, toujours du pied gauche. Il y eut même un match mémorable où il mit huit fois le ballon dans les buts, sept autres où il marqua sept fois, et vingt-huit où il marqua quatre fois, méritant, en 1971, son titre de « meilleur joueur de tous les temps ». □

FRANCE

La trisomie 21

■ Le « syndrome de Down », décrit en 1866, touche environ un enfant sur six cents, un sur 150 quand la mère a plus de quarante ans. L'enfant souffre d'arriération mentale, il a les yeux bridés, écartés, ce qui lui donne un faciès « mongoloïde » caractéristique. Ce sont deux médecins français, les professeurs Jérôme Lejeune et Raymond Turpin, qui découvrent en 1959 les causes du mongolisme. Travaillant sur les anomalies chromosomiques, ils prouvent que les mongoliens ont trois chromosomes 21 au lieu de deux. □

L'atomium à l'Expo 58 de Bruxelles.

BELGIQUE

À la gloire de la science

■ Le 17 avril 1958, le roi des Belges, Baudouin Ier, inaugure l'« Expo 58 ». Sur plus d'un million de mètres carrés, 51 pays montrent le meilleur de leurs productions. Le clou de la manifestation, visible de partout, se trouve au pavillon belge : il s'agit d'une gigantesque structure de 40 mètres de haut, l'Atomium. Cette sculpture-monument représente un cristal de métal, grossi 200 milliards de fois. Celui-ci est formé d'un « noyau » auquel sont reliées neuf sphères de 20 mètres de diamètre, qui représente un atome. Dans son discours, le roi a bien précisé cependant que ni la science ni la technique ne suffisent à faire une civilisation. □

ÉTATS-UNIS

Les Dix Commandements

■ « Du sang, du sexe et de la Bible »... Réalisé selon la formule définie par le producteur Cecil Blount De Mille, qui se voulait le « Victor Hugo du cinéma », *les Dix Commandements* ont pour vedette Charlton Heston, qui campe un inoubliable Moïse, et Yul Brynner, un Ramsès inquiétant. La machinerie hollywoodienne a fonctionné à plein rendement pour cette superproduction, où la mer s'ouvre pour engloutir les chars de Pharaon et où le veau d'or brille de tous ses feux. Ce péplum très réussi est la dernière grande production de Cecil B. De Mille, qui meurt le 21 janvier 1959, privant le 7e art américain d'un de ses plus grands noms. □

INDE

L'enjeu du Ladakh

■ Aux confins de l'Inde et de la Chine, la vallée du Ladakh est une étendue aride et caillouteuse de 95 000 km^2. Peuplée de nomades et de troupeaux de yacks, elle s'étage entre 3 000 et 6 000 mètres d'altitude, sur les pentes de l'Himalaya. Depuis 1947, le maharaja de Jammu, son souverain, ayant décidé de rejoindre l'Union indienne, le Ladakh fait partie de celle-ci. Mais, après que l'Armée rouge a envahi le Tibet, en 1958, la Chine veut construire une route pour relier le Xinjiang au Tibet, et il lui faut passer par le Ladakh. L'occupation de l'Aksai Chin par l'Armée rouge, en 1959, est à l'origine d'un très grave conflit entre la Chine et l'Inde. □

ARGENTINE

Un pilote d'exception

■ Son nom est en passe de devenir un nom commun. Est un « vrai Fangio » celui qui, conducteur exceptionnel, est doué de toutes les audaces et de toutes les chances. L'Argentin Juan Manuel Fangio, né à Mar del Plata en 1911, domine le sport automobile de l'après-guerre. Record inégalé, il est cinq fois champion du monde, dont quatre fois consécutives (1951, 1954, 1955, 1956 et 1957). Il est le héros de tout un peuple, si bien que, pour populariser leur lutte contre Batista, les révolutionnaires cubains l'enlèvent durant vingt-quatre heures, le 23 février 1958, avant de le libérer sous les acclamations des habitants de La Havane. □

1959 - 1963

Au début des années 60, la guerre froide s'estompe, mais pour peu de temps. Depuis janvier 1959, les *barbudos* de Fidel Castro sont au pouvoir à La Havane ; toute la presse, y compris celle des États-Unis, célèbre ces jeunes gens en *battle dress,* leur équipée sur le rafiot *Gramma,* leurs exploits dans la jungle. Le ton change vite : dès que Castro annonce la nationalisation des biens américains, il devient un suppôt du communisme, mis au ban du commerce international ; il n'a dès lors plus d'autre choix que d'entrer dans le camp soviétique. L'aversion de l'Occident envers Cuba culmine lorsque la CIA découvre que l'U.R.S.S. y construit une base qui met la Floride à portée de missile russe. L'ultimatum qui suit fait – brièvement – redouter au monde une guerre nucléaire. La guerre froide est de retour, et l'installation du téléphone rouge entre la Maison-Blanche et le Kremlin est loin d'apaiser toutes les craintes.

Fidel Castro, 1979.

LA COEXISTENCE PACIFIQUE

La politique extérieure soviétique passe du monolithisme stalinien à la « coexistence pacifique », proposée par Nikita Khrouchtchev à partir de 1956 pour éviter la guerre, sans renoncer pour autant à la compétition idéologique.

▽ **Khrouchtchev** s'enthousiasme pour le maïs de l'Iowa lors de son périple américain. Il veut l'acclimater en Union soviétique, espérant un miracle d'autosuffisance alimentaire.
1959.

La stratégie stalinienne impliquait la guerre froide, la course aux armements et la dénonciation permanente de l'agression du « camp impérialiste ». Interprétée un peu vite à l'Ouest comme le début d'une détente véritable, la politique de son successeur modifie le climat des relations internationales de façon durable, procure à l'U.R.S.S. de nombreux avantages et suscite aussi des effets pervers. Maintenue par Leonid Brejnev après 1964, la coexistence pacifique se révèle très ambiguë, car les motivations et les discours des dirigeants soviétiques sont souvent contraires à la pratique. Du reste, elle ne met pas fin à la guerre froide.

Contrainte ou pari ?

Au XXe Congrès du parti communiste en 1956, Khrouchtchev affirme que la coexistence pacifique « a été et demeure la ligne générale de la politique

Terreur, dollar et △ Ku Klux Klan : Moscou fustige l'impérialisme américain avec des « clichés » staliniens à peine retouchés.
1978.

extérieure de notre pays », déclare que l'État socialiste n'a pas besoin d'une guerre d'agression pour gagner la compétition mondiale et conclut : « Il n'y a que deux voies : ou bien la coexistence pacifique, ou bien la guerre la plus destructrice de l'histoire. Il n'y a pas de troisième voie. » En 1959, il ajoute : « Que ton voisin te plaise ou non, il n'y a rien d'autre à faire qu'à trouver un terrain d'entente avec lui, car nous n'avons qu'une seule planète. » Mais on lit dans la déclaration signée à Moscou par 81 partis communistes en 1960 : « La coexistence entre États aux régimes sociaux différents... ne signifie pas la conciliation des idéologies socialiste et bourgeoise. Au contraire, elle implique le renforcement de la lutte de la classe ouvrière et de tous les partis communistes pour le triomphe des idées socialistes. »

Les raisons qu'ont les Soviétiques d'adopter cette nouvelle ligne apparaissent fort complexes. Certes, ils veulent faire une pause dans la course aux armements pour réduire les risques d'une guerre nucléaire destructrice. Proposition a priori généreuse : l'envoi du premier *Spoutnik,* en 1957, prouve qu'ils disposent, les premiers, d'un « lanceur ». Mais le but réel est plus prosaïque : Khrouchtchev souhaite dynamiser l'économie soviétique. L'héritage stalinien se traduit par de graves insuffisances dans la production agricole, un certain retard technologique, un prélèvement excessif des ressources au profit du seul secteur mi-

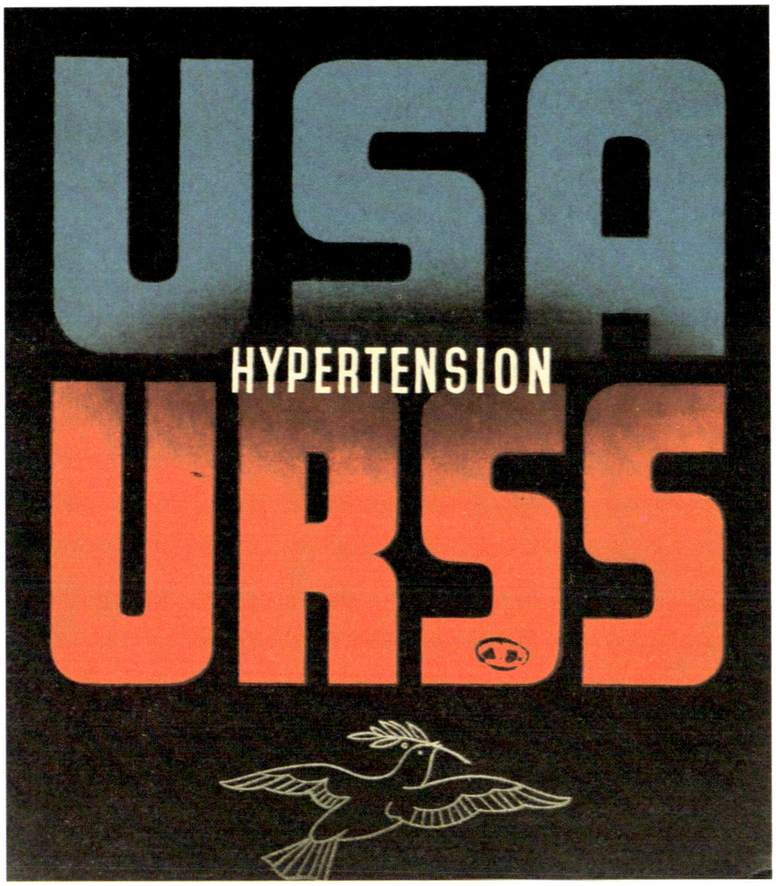

△ **La rivalité** soviéto-américaine est si prononcée qu'elle sert d'argument publicitaire à l'industrie pharmaceutique française, pour un médicament contre l'hypertension...
Bibliothèque des Arts décoratifs, Paris.

Les moyens traditionnels de communication diplomatique ne suffisent plus lorsque deux hommes seulement tiennent dans leurs mains le sort du monde.

LE « TÉLÉPHONE ROUGE »

La crise des missiles de Cuba a pu être dénouée, mais le monde entier éprouve le sentiment d'avoir échappé de justesse à une Troisième Guerre mondiale. Aussi, dès décembre 1962, John Kennedy propose l'installation d'une ligne téléphonique directe entre le Kremlin et la Maison-Blanche, pour faciliter la communication entre les deux Grands en cas de crise grave. L'U.R.S.S. ayant donné son accord, le « téléphone rouge » – en fait, un téléscripteur – est installé à l'été 1963. Aucune inauguration particulière n'a été prévue à Washington car, dans l'esprit des Américains, un tel système n'est qu'un ultime recours. Soucieux de l'indépendance de la France, le général de Gaulle obtient, en novembre 1966, l'installation d'un appareil équivalent entre Paris et Moscou.

Discussion amicale ▷ entre Mao et Khrouchtchev. Les divergences idéologiques n'apparaissent pas encore et la coopération technique soviétique est d'un précieux secours pour la Chine restée paysanne.

litaire. La population soviétique manque des biens de consommation les plus élémentaires. Désireux d'accorder des crédits conséquents au secteur civil, le premier secrétaire veut placer la compétition des deux « Grands » sur le terrain économique ; il est d'ailleurs convaincu que cette nouvelle orientation démontrera la supériorité du système soviétique sur le capitalisme.

Une politique de séduction

L'attitude pacifique de Khrouchtchev vise à favoriser une ouverture qui permettra de développer de fructueux échanges commerciaux avec l'Ouest ; l'Union soviétique a un besoin pressant de combler ses déficits technologiques et de se procurer des biens d'équipement qu'elle est incapable de produire. Toujours au XXe Congrès du parti, Khrouchtchev proclame : « Au mot d'ordre du bloc de l'Atlantique nord "Armons-nous", nous opposons le mot d'ordre "Faisons du commerce". » Pour lui, cette politique est également destinée à affaiblir l'adversaire : la réduction du sentiment de menace soviétique sur l'Occident rend moins légitime la position américaine d'« endiguement » *(containment),* adoptée en 1947. Khrouchtchev semble même parier sur un découplage stratégique entre Europe et États-Unis et un relâchement des liens « atlantiques ».

La coexistence pacifique doit aussi rassurer et séduire le tiers-monde

Des Berlinois tentent de voir au-delà du « mur de la honte ». Les parpaings ont remplacé les barbelés. Le refus des Occidentaux de céder aux pressions soviétiques, joint à l'hémorragie de populations fuyant les pays socialistes, pousse les autorités est-allemandes à fermer tous les accès vers l'ouest.

◁ 1962.

Kennedy n'avait pas hésité à considérer publiquement *Bons Baisers de Russie* comme l'un de ses ouvrages favoris.

JAMES BOND 007

C'est en 1953, dans *Casino royal,* que le personnage de James Bond, dû au romancier britannique Ian Fleming, apparaît pour la première fois. Toujours « au service secret de Sa Majesté », il affrontera avec succès les plus terribles ennemis du monde libre comme le D^r No, le trafiquant d'or Goldfinger, une organisation secrète japonaise qui veut déclencher une guerre mondiale *(On ne vit que deux fois)* et, naturellement, les Soviétiques *(Bons Baisers de Russie, l'Espion qui m'aimait...).* Les aventures de 007 (le double zéro signifie « permis de tuer ») s'inspirent directement de la réalité, Ian Fleming ayant été contacté par l'Intelligence Service en 1939. Les nombreuses adaptations cinématographiques, à partir de 1962, connaissent également un grand succès, mais au prix d'un certain affadissement du personnage, compensé par l'humour, les célèbres *James Bond girls* et des gadgets délirants.

au lendemain de la conférence de Bandung. Vingt-neuf pays pauvres, regroupant plus de la moitié de la population mondiale, refusent la guerre froide comme le système bipolaire et se prononcent pour la coexistence. La reprise de cette position par les Soviétiques prouve leur désir d'étendre leur influence aux pays du Sud.

Une pratique déroutante

De nombreux gestes paraissent démontrer le sérieux de la politique de Khrouchtchev : l'acceptation de l'armistice de Panmunjom, qui met fin à la guerre de Corée en 1953 ; une attitude modérée à la conférence de Genève, laquelle entérine l'indépendance complète de l'ex-Indochine française ; la suppression, l'année suivante, du Kominform dû à Jdanov... Mieux, le premier secrétaire se réconcilie avec Tito le « déviationniste » au cours d'un spectaculaire voyage à Belgrade en 1955 et accepte le retour du réformiste Gomulka en Pologne, en 1956. Il manifeste comme les Américains sa nette désapprobation de l'intervention franco-britannique de soutien à Israël contre Nasser. En 1959, il est le premier dirigeant soviétique à se rendre en voyage officiel aux États-Unis ; en 1961, il participe au sommet de Vienne avec le président Kennedy.

Toutefois, l'esprit d'ouverture et de tolérance à l'égard des pays de l'Est connaît de sérieuses limites : le pacte de Varsovie accentue la présence militaire soviétique dans ces mêmes pays, et la répression de la révolution hongroise de 1956 dément toute évolution vers un allégement de la tutelle soviétique. En 1962, Khrouchtchev impose au Conseil d'aide économique mutuelle (C.A.E.M. ou Comecon), sorte de Marché commun des pays de l'Est, les principes de la division du travail :

△ **Khrouchtchev** et Kennedy à Vienne en juin 1961, au sommet de Vienne. Quoique les deux hommes aient l'air de sympathiser, les relations entre les deux pays sont faites de tensions et de crises, comme celle, en 1962, des missiles soviétiques à Cuba.
1961.

◁ **Policiers** berlinois devant la porte de Brandebourg, face au secteur oriental désormais inaccessible. Symbole d'une paranoïaque guerre des nerfs, ces barbelés provisoires coupent la ville en deux à partir des 14 et 15 août 1961.
1961.

Le rapprochement de l'Allemagne fédérale avec les pays de l'Est est l'un des aspects les plus importants de la détente permise par la coexistence pacifique.

L'OSTPOLITIK

Chef du parti social-démocrate ouest-allemand (SPD), Willy Brandt devient chancelier en 1969. Sans remettre en cause l'Alliance atlantique, il souhaite normaliser les relations et nouer des liens commerciaux avec les démocraties populaires. En 1970, il signe le traité de Moscou, qui permet la visite de Brejnev à Bonn trois ans plus tard, reconnaît la ligne Oder-Neisse par le traité de Varsovie avec la Pologne et fait un geste spectaculaire de réconciliation lorsqu'il s'agenouille devant le monument dédié aux victimes des nazis. En 1972, le Traité fondamental entre les deux Allemagnes comporte une reconnaissance mutuelle qui facilite leur accession à l'O.N.U. en 1973. Certes, la partition allemande est pérennisée, mais l'*Ostpolitik* réduit la tension en Europe au profit du dialogue des deux blocs. Les initiatives du chancelier Brandt ouvrent notamment la voie à la conférence d'Helsinki.

chaque « démocratie populaire » est spécialisée dans une gamme d'activités industrielles ou agricoles qui la lie davantage à Moscou.

Face aux Occidentaux, il réveille la question berlinoise en 1958 et exige leur retrait de l'ancienne capitale du Reich : faute d'entamer leur résolution, il ordonne en août 1961 l'édification d'un mur qui interdit toute fuite des Allemands de l'Est. Déjà, en 1960, Khrouchtchev avait fait échouer la conférence de Paris, qui devait officialiser la détente entre États-Unis et Union soviétique, en exigeant des excuses publiques d'Eisenhower après le survol d'un avion-espion américain au-dessus du territoire soviétique. Plus grave, la construction à Cuba de rampes de lancement pour fusées à têtes nucléaires capables de frapper les villes américaines déclenche une extrême tension entre Washington et Moscou : résolu à ne pas tolérer cette menace directe, Kennedy fait déployer une flotte au large de l'île afin d'intercepter les bateaux soviétiques transportant les fusées. Khrouchtchev ordonne alors à ses navires de rebrousser chemin. Mais l'incident a été important et Américains comme Soviétiques feront désormais tout pour empêcher le retour d'une semblable crise.

UNE DÉTENTE LIMITÉE

L'article 26 de la charte de l'O.N.U. souhaitant que ne soit détourné « vers les armements que le minimum des ressources humaines et économiques du monde », la coexistence pacifique ouvre un dialogue en faveur d'une limitation des arsenaux, surtout atomiques. En 1961, États-Unis et Union soviétique s'accordent sur la création d'un comité de désarmement, qui siège à Genève et où 18 pays sont représentés ; en 1963, le traité de Moscou n'autorise que les essais nucléaires souterrains. Un traité de « non-prolifération », signé en 1968, vise à maîtriser le risque nucléaire : en dépit des contraintes imposées, il est ratifié par 148 nations. Les négociations SALT *(Strategic Arms Limitation Talks)*, décidées en 1968, débouchent en 1972 sur un accord « SALT I » : Russes et Américains acceptent une limitation contrôlée de leurs missiles antibalistiques (ABM). En 1973, à Vienne, ils s'essaient à la réduction mutuelle des forces conventionnelles en Europe.

Signé à Moscou en 1972 par Brejnev et Nixon, ce traité vise à maintenir l'équilibre de la terreur, gage paradoxal de la paix entre Soviétiques et Américains.

L'ACCORD SALT I

Les deux pays s'imposent des plafonds réciproques pour leurs stocks de missiles stratégiques intercontinentaux, dont la portée supérieure à 5 500 km menace le territoire adverse. Ni réduction ni destruction de l'arsenal nucléaire, la convention définit une règle de parité : aucun des deux antagonistes ne doit déséquilibrer la situation à son profit, se mettant à l'abri d'une « deuxième frappe » ennemie et empêchant ainsi le fonctionnement du principe de dissuasion. Mais l'accord n'arrête pas la course aux armements et laisse de côté les forces nucléaires intermédiaires ou tactiques, de portée moyenne (500 à 5 500 km). Le déploiement de missiles tactiques soviétiques SS-20 oblige l'O.T.A.N. à installer des fusées Pershing de même nature afin de protéger l'Europe occidentale.

△ **Le président** Kennedy répond aux dangereuses provocations de Khrouchtchev par des interventions extérieures massives, qui portent un tort moral considérable aux États-Unis.
1961.

◁ **Missiles** soviétiques à Cuba. Armes de destruction dans la profondeur, ils peuvent porter une charge nucléaire.
1967.

Progrès souvent surestimés : la course aux armements se poursuit jusque vers 1980, tandis que l'Union soviétique s'assure une énorme supériorité en hommes et en matériels de combat sur le théâtre européen. L'accord SALT I a des effets pervers, car la limitation prévue est contournée par les améliorations techniques : le « mirvage » permet d'installer plusieurs charges nucléaires dans un seul missile.

Le commerce Est-Ouest

À partir de 1970, l'U.R.S.S. développe des échanges commerciaux avec l'Ouest ; bien vite, cette ouverture très pacifique se heurte à de forts déficits chroniques pour les pays de l'Est. Les résultats politiques sont en revanche plus positifs : Moscou peut se permettre de dénoncer l'impérialisme américain tout au long de l'intervention militaire des États-Unis au Viêt-nam. Vers la fin des années 1970, la situation est inversée : les percées soviétiques en Afrique et l'invasion de l'Afghanistan aliènent à l'U.R.S.S. de Brejnev les sympathies issues de son plaidoyer en faveur de la coexistence et de la paix, alors que les Américains réduisent leurs interventions extérieures.

La coexistence pacifique affaiblit d'ailleurs la cohésion du camp socialiste, puisqu'elle est une des principales raisons de la rupture sino-soviétique. Dès la fin des années 1950, Mao Zedong dénonce l'attitude de « renoncement » de Khrouchtchev face à « l'impérialisme américain, tigre de papier » et affirme que « le vent d'est l'emporte sur le vent d'ouest ». De plus, les pays de l'Est souhaitent un assouplissement de la mainmise soviétique, mais les quelques velléités de libéralisation intérieure sont vite étouffées : les troupes du pacte de Varsovie mettent au pas l'expérience du « printemps de Prague » en août 1968.

Les accords d'Helsinki

La détente culmine en 1975 avec la conférence d'Helsinki sur la sécurité et la coopération en Europe, qui réunit 35 nations ainsi que les États-Unis et le Canada. L'acte final affirme trois principes : le renforcement de la sécurité européenne, le développement de la coopération économique et technique, enfin la défense des droits de l'homme – la fameuse « troisième corbeille ». Dénoncée par certains comme une concession excessive à l'U.R.S.S. et comme la reconnaissance du partage de l'Europe imposé par Staline, cette conférence amorce en réalité peu à peu la désagrégation du bloc soviétique : les résistances aux innombrables violations des droits de l'homme sont encouragées dans tous les pays de l'Est, tandis que la circulation des idées de liberté et des produits occidentaux finit par exercer une très forte séduction sur l'ensemble du système soviétique. □

△ **Le débarquement** américain de la baie des Cochons, en avril 1961, contribue à rejeter Fidel Castro dans l'orbite de Khrouchtchev ; le *Líder máximo* transforme Cuba en république marxiste-léniniste.

1961.

◁ **Héritiers** des *barbudos,* ces miliciens cubains à l'armement disparate s'entraînent au combat. Argument de la propagande castriste, l'alerte d'avril 1961 dresse Cuba contre les États-Unis, qui font dès lors figure d'éternel agresseur.

1961.

L'ÉQUILIBRE DE LA TERREUR

L'ordre international qui prévaut de 1947 à 1990, souvent qualifié de « bipolaire », organisé autour des États-Unis et de l'Union soviétique, est surtout structuré par l'idéologie et la force nucléaire. L'idéologie oppose deux modèles de société – démocratie jointe à l'économie de marché et communisme planificateur – d'autant plus antinomiques qu'ils s'affirment universels. La force nucléaire sert paradoxalement la paix : pour échapper à un conflit atomique qui relèverait du suicide collectif, c'est la logique de « dissuasion réciproque » qui prévaut, conduisant à la « sanctuarisation » des territoires américain et soviétique et de leurs proches alliés. La guerre n'est donc plus possible qu'au sud et sous forme conventionnelle. La crédibilité de l'arme nucléaire repose sur la capacité de « seconde frappe » atomique, où l'attaqué peut infliger à l'attaquant des destructions analogues à celles qu'il a subies. Cette doctrine de la dissuasion amène la France à se doter d'un armement nucléaire dont la puissance, très inférieure à celle des deux « Grands », suffit néanmoins à protéger le territoire national. Après la crise de 1962, les négociations entre Soviétiques et Américains évitent la prolifération nucléaire sans arrêter la course aux armements, par crainte d'être dépassé par l'adversaire. La désagrégation de l'Union soviétique met fin à cette rivalité en 1990.

Montrer sa force △ pour ne pas avoir à s'en servir : l'envoi de ces missiles intercontinentaux serait suivi d'une riposte analogue de l'adversaire, en l'occurrence les États-Unis.

1967. Agence Tass, Moscou.

△ **Lockheed** F 104 G *Starfighter* de l'armée ouest-allemande. Mal utilisé, cet intercepteur connaît de nombreux déboires.

Ambassade d'Allemagne, Paris.

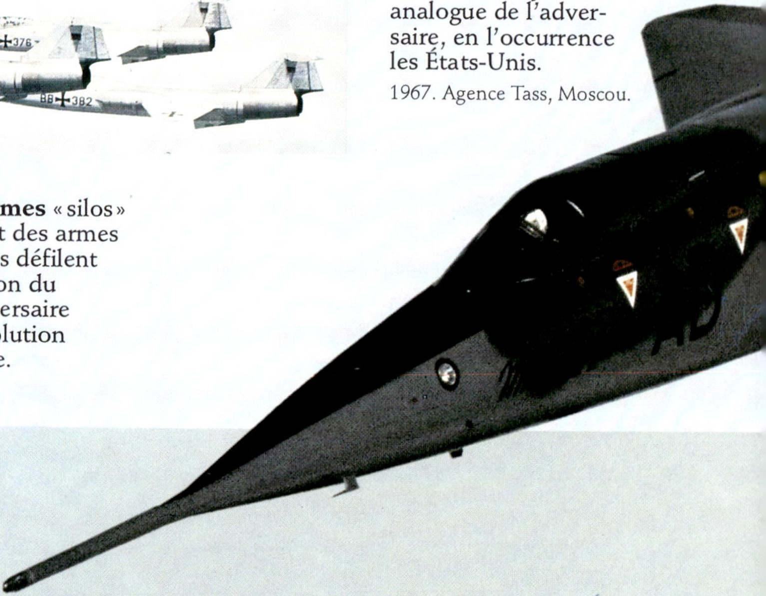

▽ **Ces énormes** « silos » contenant des armes atomiques défilent à l'occasion du 50e anniversaire de la révolution d'Octobre.

1967.

△ **Porte-avions** nucléaire américain *Theodore Roosevelt.* Son autonomie étendue évite l'utilisation d'une flotte de soutien coûteuse.
1967.

△ **Bombardier** Dassault *Mirage IV.* Ce biréacteur équipe les Forces aériennes stratégiques françaises dès 1964, mais est délaissé peu à peu au profit des missiles océaniques stratégiques, beaucoup moins vulnérables.
1965.

△ **Soviétiques** et Américains construisent aussi des sous-marins nucléaires lanceurs d'engins stratégiques. Leur discrétion et leur mobilité les rendent moins détectables que les silos enterrés.
1967.

◁ **Les armements** conventionnels deviennent d'une précision redoutable : ce missile tiré du cuirassé américain *New Jersey,* vétéran de 1945, peut couler un narive de fort tonnage sans les servitudes de maintenance des canons lourds.

VATICAN II

Depuis la fin de la guerre, les Églises chrétiennes manifestent une volonté d'union face aux horreurs du totalitarisme. Au milieu des menaces, la « barque de saint Pierre » réaffirme sa dimension universelle par la prise en compte de la mutation de la société.

Le pape pie XII meurt en novembre 1958, au terme de dix-neuf années d'un pontificat difficile marqué par la Seconde Guerre mondiale. Sur la fin, une certaine reprise en main de l'Église se manifeste par le refus de participer au Conseil œcuménique des Églises, fondé en 1948, et par la proclamation du dogme de l'Assomption, auquel les protestants sont opposés. Pie XII se préoccupe des communautés missionnaires d'Afrique et d'Asie, ainsi que de la situation dramatique de l'Église catholique dans les pays communistes, où elle est souvent réduite au silence, ses prêtres, emprisonnés, et ses fidèles, persécutés. De tels bouleversements rendent définitivement caduque le concile de Vatican I, interrompu en 1870 par la guerre franco-allemande.

Le « bon pape Jean »

L'Église catholique est traversée par plusieurs courant d'œcuménisme venant de tous les pays, animés par les clercs ou les laïques, comme en témoigne la communauté de Taizé, créée en 1944. Inquiet, le conclave des cardinaux élit un pape de transition, Angelo Roncalli, cardinal de Venise, qui prend le nom de Jean XXIII. Né à Bergame, âgé de 78 ans, ce prélat

◁ **Le pape** Jean XXIII ne fait pas de concessions aux idéologies opposées à la doctrine catholique. Mais, d'esprit plus pratique et moins mystique que Pie XII, cet ancien diplomate négocie une habile détente avec les pays communistes.
1962.

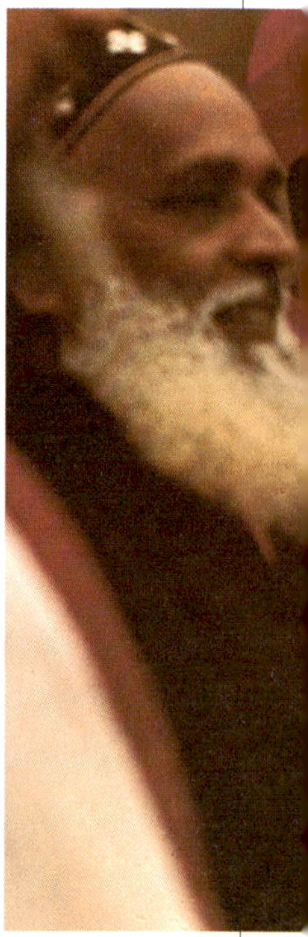

Vatican II affirme ▷ la vitalité du catholicisme dans les pays du tiers-monde, accélère le ralliement à Rome de nombreuses communautés chrétiennes orientales et consacre l'œcuménisme, resserrement des liens avec les Églises séparées, orthodoxe et protestantes.
1962.

d'origine paysanne, dont les allures de curé de campagne tranchent sur l'ascétisme aristocratique de Pie XII, étonne tout le monde : sa simplicité le pousse à supprimer les fastes de l'étiquette vaticane, ses visites dans les hôpitaux et prisons de Rome, ville dont il est l'évêque, ses rencontres avec les communistes – le quart de l'électorat italien – surprennent ou choquent son entourage. Pour unifier l'Église, but de son pontificat, il sait qu'une rénovation de la vie des clercs et des fidèles est indispensable : on l'appellera l'*aggiornamento,* la « remise à jour ».

UNE PRÉPARATION MINUTIEUSE

Le 25 janvier 1959, à Saint-Paul-hors-les-murs, Jean XXIII annonce à dix-sept cardinaux ses trois décisions nées de ses réflexions depuis son élection : réunion d'un synode diocésain pour la ville de Rome, refonte du Code de droit canon qui date de 1917 et convocation d'un concile pour étudier les problèmes de l'Église. Dès le lendemain, le journal du Vatican, *L'Osservatore romano,* précise : « En ce qui concerne le concile œcuménique, dans la pensée du Saint-Père, il n'a pas seulement pour but le bien spirituel du peuple chrétien, mais il veut être également une invitation aux communautés séparées pour la recherche de l'unité à laquelle tant d'âmes aspirent. » Cet appel éveille un écho favorable auprès des communautés catholiques ou chrétiennes. Malgré une opposition traditionaliste et le souhait de la curie de réduire la portée de l'union des Églises, les courants les

Surnommé *Giovanni fuori le mura* par les Romains ravis de leur nouvel évêque, Jean XXIII a accompli une longue carrière au service de la diplomatie vaticane.

UN PAPE NON-CONFORMISTE

Le futur pape, diplomate dans l'entre-deux-guerres, a établi des liens solides avec les autorités religieuses orthodoxes de Turquie, Bulgarie et Grèce : son ami le patriarche Athênagoras est le premier rallié à l'idée de l'unité des chrétiens. Nonce apostolique à Paris, il s'intéresse aux Églises protestantes et au Conseil œcuménique des Églises, dirigé par le pasteur Boegner. Il reçoit les Juifs et fait supprimer des textes catholiques le terme de « perfides », autrefois utilisé à leur sujet dans l'accusation de déicide. Novateur parfois discuté, Jean XXIII est réaliste lorsqu'il propose trois étapes dans l'union des chrétiens : « le rapprochement, la prise de contact, enfin la réunion fraternelle ». Il ne s'agit pas de la faire sous sa houlette et de chercher les torts des « frères séparés » mais, dit-il, « les responsabilités sont partagées, réunissons-nous et finissons-en avec les discussions ».

Une séance du concile Vatican II à Saint-Pierre de Rome. Les évêques, confrontés aux défis du monde moderne, approuvent des modifications de forme, expressions plus adaptées d'une foi toujours identique. ▽
1962.

plus divers sont acceptés, même ceux naguère désavoués. Des commissions préparatoires et un Secrétariat pour l'unité sont institués, des observateurs non catholiques sont invités ; les premières réponses favorables émanent du patriarche orthodoxe de Constantinople et de l'Église anglicane.

L'ESPOIR DU CONCILE

Après trois ans de labeur, les commissions préparatoires envoient leurs propositions à tous les diocèses pour recueillir leurs avis et corrections ; les réponses traduisent la volonté des catholiques d'être écoutés de la hiérarchie. Quatre sessions sont prévues pour le concile, solennellement inauguré à Rome le 11 octobre 1962 par Jean XXIII, entouré de 2 778 prélats de toutes races et nationalités, dont 45 p. 100 venant du tiers-monde. Les 31 observateurs deviennent 93, dont 29 laïques, une commission centrale présidée par le Saint-Père coordonne l'ensemble des travaux et un Secrétariat des médias s'ajoute au Secrétariat pour l'unité des chrétiens. Enhardie, la majorité des participants décide du choix des membres des commissions. Deux tendances se dégagent assez vite, les traditionalistes – la curie, des prélats italiens, espagnols ou d'Amérique latine – et les novateurs – autres pays d'Europe, d'Afrique et d'Asie. La présence des observateurs leur rap-

État indépendant depuis 1929, le Vatican administre les différents rouages de l'Église catholique romaine.

LEXIQUE DE L'ÉGLISE CATHOLIQUE

La curie romaine est constituée de cardinaux dirigeant chacun une congrégation (services administratifs de l'Église). Un conclave réunit les cardinaux, chargés d'élire le successeur d'un pape défunt ; depuis 1970, seuls votent les prélats de moins de quatre-vingts ans. Le pape débat des questions de doctrine avec certains évêques, des théologiens et parfois les supérieurs des grandes congrégations au cours d'un concile. Un concile œcuménique regroupe, quant à lui, les évêques du monde entier sous l'autorité du pape pour une raison particulière, condamnation d'un schisme ou réforme de l'Église. Un synode diocésain réunit les ecclésiastiques d'un diocèse sur demande de l'évêque pour étudier la pastorale et la vie de la communauté. Enfin, les jeunes gens appelés à la prêtrise sont formés dans les séminaires, en principe au nombre de un par diocèse.

▽ **Religieuses** franciscaines dans les quartiers déshérités de Bogota (Colombie). L'Église réaffirme sa vocation au service des plus pauvres et son action caritative se traduit par la construction de dispensaires, d'écoles, de chapelles, palliant les injustices sociales les plus criantes.
1966.

pelle le but du concile : dialogue des catholiques avec toutes les autres Églises comme avec les non-chrétiens.

La nécessaire conciliation

Cette dualité oblige le pape à des compromis ambigus et d'application délicate. Jean XXIII n'assiste qu'à la première session et meurt le 3 juin 1963. Sa succession échoit au cardinal Montini, qui choisit le nom de Paul VI. Fidèle à l'esprit de Vatican II, il éprouve des difficultés à le traduire dans les actes et rappelle le message de son prédécesseur, « ouvrir à l'Église des sentiers nouveaux et faire jaillir sur la terre de nouvelles et fraîches sources de grâce ». Les trois dernières sessions subissent quelques modifications : la curie perd son pouvoir en faveur d'un synode épiscopal de 150 évêques, un Secrétariat pour les non-chrétiens et un Secrétariat pour les incroyants remplacent celui pour l'unité des chrétiens, les femmes sont admises aux travaux (huit religieuses et sept laïques). Une réforme de la liturgie simplifie les célébrations et supprime le latin au profit des langues vernaculaires. Des questions subsistent cependant : célibat des prêtres, participation des femmes à la vie de l'Église.

Rassembleur, visionnaire, homme de charité et de prière, Jean XXIII aura marqué son époque, dont il a su comprendre les attentes. Si certains chrétiens ont été choqués ou déconcertés par les nouvelles orientations de l'Église catholique, en revanche les jeunes communautés africaines et asiatiques affirment leur vitalité et de nouveaux mouvements d'Église apparaissent à partir de 1970.

Maison paroissiale à Meyrin (Suisse). Le concile encourage les laïques à participer activement à la vie de leur paroisse, en liaison avec le curé.

Le pape Paul VI et le patriarche de Constantinople Athênagoras à l'église orthodoxe Saint-Georges (Istanbul). 1967.

LA RÉVOLUTION CASTRISTE

Menée par Fidel Castro, la révolution cubaine de 1959 arrache l'île à la domination économique des États-Unis et en fait une tête de pont révolutionnaire en Amérique latine, puis une alliée inconditionnelle de l'Union soviétique.

L'OPPOSITION au dictateur Batista, au pouvoir depuis 1933, grandit après la Seconde Guerre mondiale, alors que la population supporte de plus en plus mal la domination américaine. Né de l'annulation des élections de 1952 par le dictateur, le mouvement révolutionnaire de Fidel Castro se veut d'abord légal. Mais, le recours de Castro devant la Cour des garanties constitutionnelles ayant été rejeté, celui-ci décide de passer à l'action directe.

LA CONQUÊTE DU POUVOIR

Aidé de ses partisans, Castro essaie de s'emparer de la caserne de la Moncada, dans la province d'Oriente, mais il

▽ **Ernesto** Guevara, ministre de Castro. Docteur en médecine et homme d'action plus que gestionnaire, ce théoricien de la guérilla préconise l'initiative insurrectionnelle pour réaliser les conditions d'une révolution. Il sacrifie sa vie à ce principe. 1963.

échoue ; arrêté, condamné à 15 ans de réclusion dans l'île des Pins, gracié peu après, il s'exile au Mexique, où il se lie avec l'Argentin Ernesto Guevara et le général Alberto Bayo. Ceux-ci l'aident à préparer un débarquement et arment le navire *Gramma,* qui accoste sur la côte orientale de Cuba le 2 décembre 1956. Dix jours plus tard, les troupes gouvernementales s'emparent des rebelles : une poignée d'entre eux parvient à se réfugier dans la Sierra Maestra. Surnommés *barbudos,* ils recrutent et entraînent de nombreux paysans pauvres. En avril 1958, ils disposent de forces suffisantes pour déclarer la guerre au régime de Batista, attaquent des casernes, multiplient les attentats urbains et accroissent leurs effectifs. Débordé, abandonné par sa propre armée, Batista s'envole pour les États-Unis le 1er janvier 1959 alors que Castro et ses *barbudos* font une entrée triomphale à La Havane. Le 16 janvier, Castro devient Premier ministre ; son frère Raúl dirige les forces armées.

Vers le socialisme

Ni marxiste ni léniniste, le régime affiche sa volonté révolutionnaire, mais hésite sur la voie à suivre. La réforme agraire du 4 juin 1959, assez modérée, fixe à 400 hectares le seuil d'expropriation des grands domaines, dont la terre est distribuée aux paysans démunis, et prévoit l'indemnisation des anciens propriétaires. Son application provoque un conflit avec les sociétés sucrières, qui demandent l'intervention de Washington. Quoique Eisenhower reconnaisse le nouveau régime, la suspicion s'installe, qu'un voyage de Castro aux États-Unis ne parvient pas à dissiper. Les crises se succèdent à partir de 1960 : les Américains réduisent le quota sucrier cubain sur leurs marchés, puis proclament l'embargo sur les exportations de biens d'équipement vers l'île. En réplique, Fidel Castro nationalise les biens américains et signe un accord commercial avec l'Union soviétique, qui s'engage à acheter le sucre cubain, puis le pétrole. L'échec, en avril 1961, de l'expédition anti-castriste de la baie des Cochons soutenue par la CIA et par le président Kennedy, raidit l'opposition aux États-Unis : Cuba se déclare république socialiste marxiste-léniniste et se place sous la protection de Moscou. Dix-huit mois plus tard, la crise des fusées met le monde au bord de la guerre nucléaire. Enfin, une nouvelle loi agraire collectivise les terres d'une superficie supérieure à 67 hectares et crée sur le modèle soviétique des fermes d'État qui regroupent 70 p. 100 de la surface cultivée.

▽ **Fidel Castro** et ses *barbudos* sont accueillis à La Havane par une foule bon enfant qui ne regrette pas le régime corrompu de Batista. Castro bénéficie du soutien massif d'une population qui attend des réformes modérées vers plus de justice. Mais les rapports envenimés avec les États-Unis bouleversent la situation.
1959.

Figure mythique du révolutionnaire romantique, ce fils de famille aisée abandonne la médecine pour se consacrer aux problèmes économiques et sociaux.

ERNESTO « CHE » GUEVARA

Né en 1928, cet Argentin fils d'architecte obtient son doctorat de médecine en 1953 puis séjourne dans plusieurs pays d'Amérique latine (Bolivie, Venezuela, Pérou, Guatemala), où il complète sa formation. Il se joint à Castro en 1955 à Mexico et participe à toutes les opérations aboutissant à la chute de Batista. Naturalisé cubain, président de la Banque nationale, il devient ministre de l'Industrie en 1961. En désaccord avec Castro, ce porte-parole du tiers-monde quitte la scène politique en avril 1965 pour aider une rébellion au Congo. Il est signalé à Saint-Domingue fin 1966 puis en Bolivie en avril 1967, où il dirige un foyer de guérilla dans la région de Nancahuazu. Ses partisans sont bientôt décimés par l'armée bolivienne. Le 9 octobre 1967, il est capturé et exécuté le lendemain à Higueras dans des circonstances mal élucidées ; sa mort marque l'échec des mouvements de guérilla.

La consolidation du régime

Chef « charismatique », Castro galvanise les foules par ses discours-fleuves et des manifestations populaires ; en 1962, tous les partis de gauche fusionnent dans les Organisations révolutionnaires intégrées (ORI), dont il devient le premier secrétaire. Dirigé par un Conseil des ministres relayé par des délégués du pouvoir central dans les provinces, le régime cubain ressemble plus à une dictature du tiers-monde qu'à une « démocratie populaire » d'Europe centrale. Le castrisme repose sur l'adhésion apparente des masses paysannes, la volonté et la certitude d'être un modèle pour les autres pays d'Amérique latine, un anti-impérialisme nord-américain virulent, d'ailleurs aggravé par les maladresses des États-Unis. Modèle supposé « exportable », la révolution cubaine est promue avec talent par Castro, figure marquante des pays non-alignés en dépit de sa satellisation croissante dans l'orbite soviétique : prix Lénine de la paix et Étoile d'or en 1961, il fait adhérer l'île au Comecon en juillet 1972, tandis que son armée sert les intérêts soviétiques en Afrique après 1975.

Une expansion entravée

Cuba bénéficie, semble-t-il, d'une rapide croissance économique et sociale lors des premières années du cas-

◁ **La population** participe au développement économique de Cuba, mais le secteur agricole connaît de sérieux mécomptes après une collectivisation de type soviétique.

La canne à sucre ▷ demeure la principale ressource de l'île, qui n'ose pas rompre avec cette monoculture pourvoyeuse de revenus. Soumis à l'embargo économique américain, le sucre cubain est acheté par les Soviétiques.

Fidel Castro, leader révolutionnaire du tiers-monde, encourage tous les mouvements de libération et de décolonisation.

LA TRICONTINENTALE

Du 3 au 15 janvier 1966 se tient à La Havane une « conférence de solidarité entre les peuples d'Asie, d'Afrique et d'Amérique latine ». Dans la lignée historique de Bandung, la Tricontinentale réunit 14 délégations gouvernementales venues de différents pays du tiers-monde, dont la Chine, des représentants de mouvements nationaux (Sud-Viêt-namiens, Angolais, Mozambicains, Palestiniens), et les leaders de mouvements d'opposition comme le Marocain Mehdi Ben Barka, soit quatre-vingt-un pays en tout, plus l'U.R.S.S. Le Viêt-nam est au centre de toutes les discussions, et les participants sont unanimes à condamner l'intervention américaine ; même accord pour « oublier » les tensions qui opposent la Chine à l'U.R.S.S. et approuver avec force la fondation de l'O.L.A.S., Organisation latino-américaine de solidarité. Apogée de la popularité révolutionnaire de Castro, la conférence n'aura pourtant pas l'impact souhaité : la deuxième, prévue pour 1968, n'aura jamais lieu.

trisme. L'irrigation permet la culture du riz ; la vigne, les fraises, les prairies artificielles apparaissent ; les plantations de café et d'agrumes, l'élevage sont développés, et le niveau de vie de la population connaît une nette amélioration. D'incontestables progrès médicaux sont accomplis – baisse de la mortalité infantile, éradication du paludisme, de la poliomyélite – et des hôpitaux modernes sont construits. L'instruction publique enregistre de nets succès contre l'analphabétisme, fait progresser l'enseignement primaire et secondaire. Le nouveau régime se donne pour objectifs d'éliminer le jeu, la mendicité, la prostitution. En revanche, l'industrialisation de l'île sur le modèle soviétique s'avère coûteuse et ses résultats décevants grèvent l'économie cubaine.

De plus, son hostilité vis-à-vis des États-Unis, si proches, contraint Cuba à un effort militaire hors de proportion avec ses ressources limitées ; assez vite, une économie de guerre est instituée et la population soumise à un strict rationnement alimentaire. La pénurie chronique altère quelque peu la confiance populaire initiale envers le régime castriste et explique les nombreuses campagnes de reprise en main idéologique du *Líder máximo*. □

Usine de cigares ▷ à La Havane. Exportée surtout vers les pays capitalistes, cette production de luxe procure à l'économie cubaine les devises fortes dont elle a un pressant besoin.

Fidel Castro est un partisan résolu de la lutte armée contre l'impérialisme américain, position éclairée par son passé militant.

LA JEUNESSE DE CASTRO

Né en 1927 dans une famille de planteurs, il s'oriente vers le droit ; président de la Fédération universitaire des étudiants, il fait ses premières armes révolutionnaires en République dominicaine au cours d'une expédition malheureuse contre le président Trujillo en 1947 et se trouve en Colombie lors du soulèvement du Bogotazo. Rentré à Cuba, il ouvre un cabinet d'avocat et défend les pauvres. Membre du Parti du peuple cubain, candidat aux élections de 1952, il proteste en vain contre l'annulation du scrutin. Il organise alors un groupe d'action, mais échoue dans l'assaut de la caserne de la Moncada à Santiago de Cuba avec 150 jeunes partisans, le 26 juillet 1953. Exilé à Mexico, il fonde le Mouvement du 26-Juillet et consacre toute sa vie à la lutte contre Batista.

LE COMBAT CASTRISTE

Victime du blocus imposé par les États-Unis, mis à l'écart de la diplomatie traditionnelle, Castro se pose très vite en leader de tous les combats anti-impérialistes. Cuba, base de départ de la guérilla qui doit embraser l'Amérique latine, devient le haut lieu de la révolution mondiale. C'est à Cuba que les « terroristes » du monde entier désirent aller, et l'aéroport de l'île n'accueille pas moins de 145 avions détournés entre 1961 et 1973. Les « révolutionnaires » du monde entier y affluent pour recevoir entraînement militaire et formation idéologique. Progressistes européens et chefs du tiers-monde font un triomphe au *Líder máximo* quand il inaugure les travaux de la Tricontinentale de La Havane, mais le mouvement ne tarde pas à s'essouffler : le non-alignement fait long feu, et Cuba, obligée de vendre tout son sucre à l'U.R.S.S., devient en fait un pays du bloc de l'Est. Le rêve révolutionnaire de Che Guevara s'éteint sous les balles de l'armée régulière bolivienne en 1967, tandis que l'opinion mondiale dénonce de plus en plus bruyamment la répression qui vise les opposants au régime comme le poète Armando Valladares ou le pianiste Miguel Angel Estrella, emprisonnés durant plus de vingt ans. À l'image du révolutionnaire bon enfant succède celle du tyran auquel les *balseros* tentent d'échapper par tous les moyens.

Un instant de repos ▽ pour le personnel du Tropicana, l'un des plus importants casinos de La Havane. Le jeu et la prostitution sont les deux mamelles du Cuba de Batista.
1954.

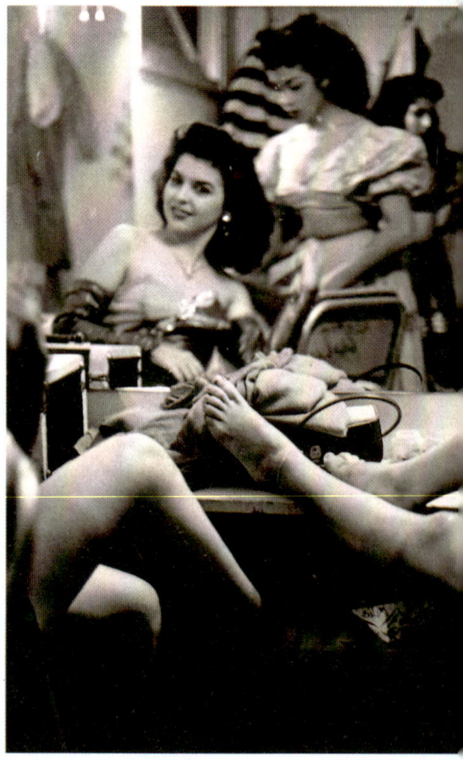

◁ **Che Guevara.** L'ascétisme révolutionnaire balaie la corruption antérieure, mais le régime castriste va engendrer peu à peu pauvreté et délinquance.

△
« **Messieurs** les impérialistes, nous n'avons absolument aucune peur de vous », proclame ce panneau de propagande. Les côtes de Floride ne sont qu'à 180 km de Cuba, un bon prétexte pour mobiliser une population désabusée par l'échec économique du castrisme.
1980.

Partie de chasse ▷ avec Khrouchtchev près de Kiev. Les deux hommes se restaurent dans un cadre fort peu tropical, mais Castro devient un commensal régulier de « Monsieur K. » et de ses successeurs.
Agence Novosti, Pa

△ **Des marins** américains « tirent une bordée » à La Havane. Le Cuba des années 1950 n'est qu'un gigantesque lupanar sucrier sous la domination des États-Unis.
1954.

△ **Fidel** Castro rencontre des dirigeants africains à l'O.N.U. La révolution est un produit d'exportation au même titre que les cigares, mais beaucoup moins apprécié. Du reste, soumis à Moscou, le castrisme perd son aura « romantique ».

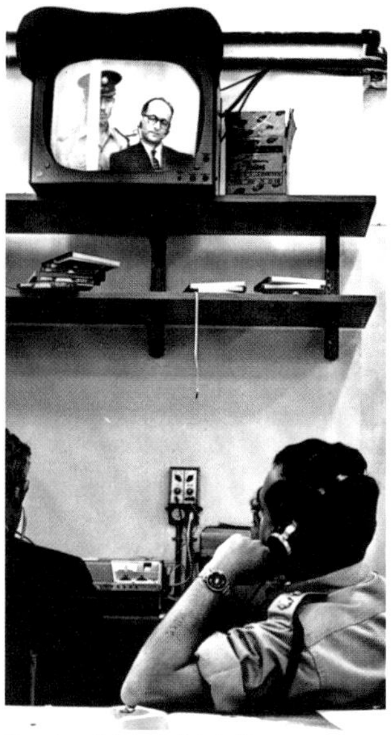

Procès télévisé d'Adolf Eichmann : l'officier israélien est un rescapé d'Auschwitz. *1961.*

FRANCE

L'Année dernière à Marienbad

■ A (Delphine Seyrig) a-t-elle rencontré auparavant cet X, un étranger au fort accent italien (Giorgio Albertazzi) ? L'a-t-elle aimé ? Qu'a-t-elle vécu avec M (Sacha Pitoëff), qui passe ses journées à disputer de mystérieuses parties avec X ? Dans un château fantomatique et irréel, Alain Resnais tourne, après *Hiroshima mon amour,* un film dont les admirateurs sont aussi enthousiastes que les détracteurs sont sévères, et qui recevra, en 1961, le Lion d'or à la Mostra de Venise. Le décor, qui contribue tant à l'ambiance onirique, est celui d'une ville d'eaux tchèque à demi déserte, Marianske Lazné, dont le nom allemand est, précisément, Marienbad. □

ALBANIE

Le Général de l'armée morte

■ Ismaïl Kadaré, né en 1936, formé à l'Institut Gorki de Moscou est journaliste, poète, et s'impose comme un maître de la nouvelle. Sans s'opposer au régime communiste albanais, il n'en distille pas moins, dès son premier roman, une subtile critique contre le pouvoir en place ; *le Général de l'armée morte,* publié en 1963, mêle, à travers la recherche de l'identité albanaise, le passé historique du pays et des évocations très personnelles de son enfance. La ligue des écrivains albanais condamnera à plusieurs reprises le « traitement subjectiviste » des éléments historiques, sans toutefois interrompre la carrière du plus grand de ses confrères. □

CHINE

La révolte du Tibet

■ État théocratique indépendant, le Tibet a été envahi par la Chine en 1951, mais, malgré un statut de semi-autonomie, la population ne se résigne pas à l'annexion, ni à obéir au « lama pantin » qui a été adjoint par les autorités chinoises au 14e dalaï-lama. Le 28 mars 1959, après les fêtes du nouvel an tibétain, le Kasha, Conseil tibétain, proclame l'indépendance du pays, aussitôt envahi par de nouvelles troupes chinoises. Les combats sont d'une grande violence et le Potala, palais-monastère du dalaï-lama, est en partie détruit. Mais ses principaux occupants ont pu quitter Lhassa et trouver refuge en Inde, avant que la révolte ne soit écrasée. □

ISRAËL

Mort d'un bourreau

■ Adolf Eichmann, jugé en 1961, est exécuté en 1962 à Ramla, en Israël. Ainsi la justice israélienne punit-elle l'un des principaux responsables des crimes nazis. Né en 1906, Eichmann adhère au parti nazi en 1934 et s'illustre dans les services de protection de Heydrich et de Himmler. Remarqué par ses chefs pour son antisémitisme virulent, il est envoyé dès 1938 en Autriche pour s'occuper du « problème juif », et il contribue à mettre en place la « solution finale » à Prague puis en Pologne. Après la mort de Heydrich dans l'attentat préparé par la résistance tchèque, Eichmann devient, en 1942, responsable de l'extermination, sur place ou dans les camps, des Juifs de treize pays. Réfugié en Argentine grâce aux réseaux de solidarité mis en place par les dignitaires hitlériens, il est recherché par les services du « chasseur de nazis » Simon Wiesenthal, qui a juré de retrouver et de faire condamner tous les responsables du génocide, et qui « localise » Eichmann dans ce pays. Malgré déguisement, fausse identité et précautions, Eichmann est enlevé par le Mossad, les services secrets israéliens. Le retentissement de son procès devant la Cour suprême d'Israël est mondial. □

Delphine Seyrig et Giorgio Albertazzi dans l'Année dernière à Marienbad. *1961. Alain Resnais.*

IRAN

L'empereur et la bergère

■ L'impératrice Soraya, dont les yeux verts avaient fait les beaux jours des magazines du monde entier, est remplacée. Mohammad Reza Pahlavi, chah d'Iran, qui veut absolument avoir un héritier, a dû répudier son épouse, après sept ans de mariage, et donner au pays une nouvelle impératrice. Le 21 décembre 1959, à Téhéran, il convole en troisièmes noces avec une étudiante en architecture, Farah Diba : ils auront quatre enfants. □

MAROC

Tremblement de terre à Agadir

■ La Méditerranée se ferme : la plaque africaine « percute » en effet la plaque européenne, ce qui expose les pays riverains de la Méditerranée à des risques de séisme. Le 1er mars 1960, c'est le Maroc qui en est victime : la ville d'Agadir, peuplée de plus de 35 000 personnes, dont 6 000 ressortissants français, est détruite à plus de 90 p. 100. On déplore 2 500 morts et au moins 30 000 sans-abri. La Croix-Rouge française propose son assistance. □

AFRIQUE

Sécession du Congo ex-belge

■ Le Congo belge est devenu indépendant dans d'assez bonnes conditions : en 1960, le gouvernement belge se résout à accorder l'indépendance, pour éviter que ne se reproduisent les événements qui avaient ensanglanté Léopoldville l'année précédente. Des élections ont lieu, l'indépendance est proclamée le 30 juin, les chambres se réunissent et désignent comme Premier ministre le progressiste Patrice Lumumba, et comme président de la République Joseph Kasavubu. Pourtant, dès le 11 juillet, le pays est en guerre : la riche province minière du Katanga fait sécession, sous le commandement de Moïse Tschombé, ce qui avantage d'importants groupes financiers européens. L'armée belge, dont les officiers sont ulcérés d'avoir dû renoncer à leur tutelle sur l'armée congolaise, prend le contrôle du Katanga ; Patrice Lumumba fait appel aux Casques bleus et menace de demander l'assistance de l'U.R.S.S., ce qui lui vaut d'être destitué et arrêté quoiqu'il dispose toujours de la majorité à l'Assemblée. Le colonel Mobutu s'empare alors du poste de Premier ministre, Lumumba est assassiné, tandis que des troupes mal contrôlées massacrent les Européens. □

1963 - 1967

Le rêve américain se brise à Dallas. Le président enthousiaste qui proposait à ses compatriotes de nouvelles frontières à vaincre, celles de l'inégalité, de la misère et du racisme, est tombé sous les balles d'un meurtrier. Par la suite, le mythe Kennedy est sapé par des révélations sensationnelles et, surtout, par la guerre du Viêt-nam, dans laquelle il engage son pays ; pourtant, le président assassiné incarne un idéal de justice, de paix et de jeunesse. Dans les années soixante, d'ailleurs, la jeunesse est une valeur sûre. C'est en grande partie parce qu'il incarne la jeunesse et la séduction que Kennedy est devenu président des États-Unis, triomphant, lors d'un des premiers débats télévisés de l'histoire, de son adversaire, Richard Nixon. C'est la jeunesse des millions de gardes rouges qui fait la force du président Mao, lequel lance sur la Chine sa grande Révolution culturelle prolétarienne. On en dénonce très tôt les excès et les dégâts, on n'en découvrira les conséquences dramatiques – 10 millions de morts – que plus tard, mais elle fascine une partie de la jeunesse occidentale.

John Fitzgerald Kennedy.

LA RÉVOLUTION CULTURELLE

Pour affirmer son pouvoir sur la Chine et sur le Parti communiste, Mao Zedong lance, en novembre 1965, la Révolution culturelle, qui déchaîne la terreur.

L'ÉCHEC COMPLET du Grand Bond en avant suscite d'âpres critiques au sein du Parti communiste chinois contre la ligne imposée par Mao Zedong. Le ministre de la Défense, Peng Dehuai, oblige le « grand timonier » à une autocritique publique. Les intellectuels, les artistes, le maire de Pékin renchérissent ; à partir de 1959, Mao n'est même plus président de la République : le poste échoit à Liu Shaoqi. Cependant, Mao conserve son emprise sur le Parti, la population et l'armée, fort de l'appui des chefs militaires comme Lin Biao. De plus en plus autoritaire et sûr de

◁ **Mao Zedong.** Fils de paysans aisés, il fait des études rudimentaires, devient aide-bibliothécaire à l'université de Pékin, où il entre en contact avec la pensée marxiste et défend l'idée d'une révolution s'appuyant sur la paysannerie.

l'adéquation de sa pensée à la situation chinoise, il veut définitivement bouleverser la société : dès 1962, il s'attaque à la bureaucratie du Parti.

Une lutte pour le pouvoir

Cet état de choses est très lié à l'évolution interne de l'Union soviétique, où Khrouchtchev dénonce les excès du stalinisme et s'ouvre vers les États-Unis. Aux yeux de Mao, il s'agit d'une véritable trahison de l'idéal marxiste-léniniste : l'Union soviétique restaure en partie le capitalisme et sa bureaucratie défend ses propres intérêts au détriment de ceux du « peuple ». Remarquant que ses collaborateurs sont gagnés par les idées « néfastes » de Khrouchtchev, Mao décide d'éliminer ces « contre-révolutionnaires » au profit d'une jeune « avant-garde », plus pure, plus « rouge »... Il vante ainsi les mérites des soldats, véritables héros révolutionnaires selon lui.

La Révolution culturelle débute officiellement en novembre 1965. Ses premières victimes sont le ministre de la Culture, des écrivains, mais elle prend un tour très politique à partir de 1966, puisque Mao en profite pour supprimer ses compétiteurs les plus sérieux. Communiste de la première heure à la carrière exemplaire, Liu Shaoqi fait l'objet d'une campagne de diffamation avant d'être démis de toutes ses fonctions : maltraité à plusieurs reprises ainsi que sa femme par les gardes rouges, il meurt en prison, en 1969. D'autres personnages aussi influents connaissent un destin analogue. Le secrétaire général du Parti, Deng Xiaoping, est contraint de s'effacer. Mao s'adjoint de zélés collaborateurs : outre son ancien secrétaire politique Chen Boda, un petit groupe d'idéologues, qu'il désigne lui-même sous le nom de « Bande des Quatre », réunit sa femme Jiang Qing et trois partisans acharnés de la Révolution culturelle, Wang Hongwen, Zhang Chunqiao et Yao Wenyuan. Ils dirigent à leur gré les actions des jeunes Chinois fanatisés, surtout des étudiants.

Zhou Enlai, le pragmatique au rôle modérateur, parmi les armées de libération populaire. Il échappe de peu à la Révolution culturelle. ▽

La population chinoise est la première du monde et elle pourrait atteindre les deux milliards en 2050.

LE QUART DE L'HUMANITÉ

« **D**e toutes les choses dans ce monde, les êtres humains sont les plus précieuses... C'est une très bonne chose que la Chine ait une grande population » écrivait Mao en 1949, se situant ainsi dans la ligne de Staline, qui pensait que la révolution avait besoin de forces vives. Devant la surpopulation des provinces orientales, la contraception y est tolérée en 1954 mais, en 1957, les partisans du contrôle des naissances sont considérés comme des « révisionnistes de droite ». La tendance s'inverse dans les années 1960, cependant la Révolution culturelle interdit toute limitation des naissances de 1966 à 1969. Après cette date, la Chine met en place une planification coercitive qui sépare les couples trop féconds, encourage la stérilisation ou l'avortement. Depuis 1979, la norme est celle de l'enfant unique, mais il a fallu « autoriser » les ruraux à avoir un second enfant si le premier est une fille, pour limiter les cas d'infanticides.

« **Nous libérerons** ▽ Taïwan ! » L'île, refuge des forces nationalistes de Tchang Kaï-chek à partir de 1949 et de deux millions de Chinois continentaux, n'a cessé d'être revendiquée par les communistes.
Coll. part.

La Chine sacrifiée

Mao embrigade cette jeunesse malléable dans l'organisation quasi militaire des « gardes rouges », lesquels exécutent aveuglément ses ordres et lui vouent un véritable culte. Par millions, ils défilent devant le « grand timonier », brandissant le *Petit Livre rouge* comme une arme ou un talisman. Ils ne se bornent pas à réciter les litanies de ce recueil de la « pensée Mao Zedong » : ils usent de moyens bien plus expéditifs pour tout détruire, les individus d'abord, les institutions ensuite. Mao leur octroie des pouvoirs très importants, les encourage à combattre leurs professeurs, puis tous les symboles de l'ancienne Chine ou de la « société bourgeoise » : religion des ancêtres, confucianisme, livres, musique, architecture, « art bourgeois »... et les cadres du Parti. Ils humilient et jugent en public ces « ennemis », brûlent livres et œuvres d'art : toute la Chine est prise dans une spirale de folie destructrice. La même année (1966), la Révolution culturelle contamine les usines et les fermes, dont la production chute au nom de la pureté idéologique. Déportés dans les campagnes pour se « rééduquer » par le travail manuel, de nombreux artistes, professeurs et savants succombent aux mauvais traitements ou sortent définitivement brisés de ces épreuves. Les gardes rouges eux-mêmes rejoignent les campagnes, où ils sont à leur tour broyés par le système qu'ils ont engendré.

À l'origine, Mao Zedong leur accorde le soutien de l'armée chinoise, qui les aide à s'organiser et s'armer. Il s'ensuit une vague de violence meurtrière : des groupes rivaux s'affrontent dans un climat d'anarchie qui menace l'unité du pays. Sous l'impulsion du Premier ministre Zhou Enlai, le gouvernement fait volte-face en 1967 et

△ **Affiche** d'un ballet représentant la Chine émancipée et soutenue par le mouvement de la Révolution culturelle de Mao Zedong, qui la libère du passé et de la culture traditionnelle élitiste.

Coll. part.

Commerçants, financiers, travailleurs immigrés ou réfugiés politiques, les Chinois ont fondé des communautés nombreuses et prospères sur les deux rives du Pacifique.

LA DIASPORA CHINOISE

Les Chinois de l'étranger sont près de trente millions. Parmi eux, les plus riches sont probablement ceux de Singapour, une cité-État de 620 km², confucéenne et anglophone, où vivent plus de deux millions d'habitants, chinois à 80 p. 100. À l'extrémité de la péninsule malaise, ils sont les maîtres d'un des quatre « Nouveaux Dragons » d'Asie du Sud-Est, et possèdent le premier aéroport du monde. Autre dragon chinois : Hongkong, ancienne concession britannique qui doit revenir à la mère patrie en 1997, tout en conservant un statut propre, et Taïwan, une « petite Chine toute seule », qui prétend toujours incarner la légitimité politique et la résistance face à la Chine populaire. Nombreuses sont les grandes villes d'Europe et d'Amérique à avoir leur *Chinatown*. Que ces Chinois soient hostiles ou favorables au pouvoir en place à Pékin, ils sont tous profondément attachés à la terre de leurs ancêtres, avec laquelle ils conservent de nombreux liens familiaux et économiques.

Les gardes rouges ▷ avec leur arme et le *Petit Livre rouge*. Dans l'excès et les désordres, ils mènent un effort de renouvellement et de rectification idéologique. Ils répandent aussi l'idolâtrie envers leur chef, à travers ce recueil de la pensée de Mao Zedong.

redonne à l'armée son rôle de maintien de l'ordre : les gardes rouges les plus dangereux sont éliminés. Mais le mouvement maoïste se poursuit sous le contrôle des comités révolutionnaires, qui mettent en place une nouvelle administration civile et militaire.

Des tensions politiques

La Révolution culturelle écarte du Parti communiste nombre de ses fondateurs, accentue l'autorité de Mao et accroît l'emprise de l'armée sur l'appareil politique. En avril 1969, le IXe Congrès désigne un successeur au « grand timonier », en la personne de l'énigmatique ministre de la Défense, le maréchal Lin Biao. Ancien héros de la Longue Marche et de la guerre contre le Japon puis contre les nationalistes, ce dernier affiche vite une indépendance qui inquiète Mao Zedong. Il revient sur ce choix initial, mais la mort « providentielle » – et suspecte – de Lin Biao, fuyant vers l'Union soviétique après l'échec d'une conspiration, le débarrasse d'un redoutable rival.

Au début des années 1970, les luttes de factions déchirent le Parti communiste. La Bande des Quatre relance le combat révolutionnaire contre les derniers vestiges « conservateurs » : c'est l'occasion de s'attaquer au Premier ministre Zhou Enlai et à son protégé Deng Xiaoping, souvent opposés aux excès des gardes rouges. La disparition de Zhou Enlai, en janvier 1976, puis celle de Mao, le 9 septembre, précipite les conflits de succession.

Les démonstrations de sympathie pour les deux chefs disparus se muent aussi en manifestations politiques lors du long deuil national : des banderoles apparaissent, soutenant Deng Xiaoping et condamnant Jiang Qing, veuve de Mao. Cette dernière entame une campagne de diffamation publique contre l'ancien secrétaire général du Parti. Mais le nouveau Premier ministre Hua Guofeng souhaite en finir avec la Révolution culturelle et fait exclure la Bande des Quatre du Parti. Le procès de ces derniers, en 1980, sera un modèle du genre : au lieu de les condamner simplement pour « extrémisme », la justice chinoise les accusera de complot, de trahison, d'« embourgeoisement » et de maints actes « contre-révolutionnaires ». Le XIe Congrès, en

L'usine de Foshan, △ la ville de la poterie du sud de la Chine, produit des bustes de Mao Zedong. Les 120 employés confectionnent 3 000 statuettes par jour. Celles-ci participent, comme le *Petit Livre rouge*, au développement du culte du « grand timonier » et trouvent leur place dans chaque famille. 1967.

Poussés par un idéal égalitaire, les gardes rouges s'en prennent à des cibles faciles, les cadres et les intellectuels.

LES ÉCOLES DU 7-MAI

Les gardes rouges ont mis au point une déclaration en seize points qui définit les « éléments engagés dans la voie capitaliste », les *zouzipai*, qu'il faut débusquer. La révolution révèle la profonde antipathie des ouvriers et des étudiants pour leurs supérieurs, cadres ou professeurs, assimilés à des contre-révolutionnaires. Ceux qui ont survécu aux séances d'autocritique et aux sévices – le fils de Deng Xiaoping restera paralysé – sont envoyés en « rééducation » à la campagne dans les Écoles du 7-mai, ainsi nommées car, le 7 mai 1966, Mao avait appelé les cadres à se réhabiliter par le travail manuel. Le coût humain et économique de cette politique est énorme : la production est désorganisée faute de cadres compétents. Seule l'armée est épargnée, comme le prouve le lancement du premier satellite artificiel chinois.

1977, retient l'idée d'étudier de plus près l'histoire de la politique du Parti depuis sa fondation, ce qui aboutit à une critique relative de Mao Zedong et à une « démaoïsation » partielle.

Mal connu, le bilan de la Révolution culturelle apparaît néanmoins désastreux ; en 1976, des révoltes paysannes secouent la Chine, où des millions de personnes auraient péri de malnutrition et de mauvais traitements.

Affiche datant de ▽ la Révolution culturelle et vantant la modernité et la rentabilité de la ville modèle de Tat-Chaï.
Coll. part.

L'évolution économique

La Chine populaire suit au début le modèle soviétique et son premier plan quinquennal (1953-1957) donne la primauté au développement de l'industrie lourde, option néanmoins remise en cause dès les années 1960 : après l'arrêt de l'assistance soviétique, le gouvernement fait de l'agriculture le secteur économique prioritaire, dans un pays qui compte 80 p. 100 de paysans. Il s'écarte de l'orthodoxie soviétique avec le Grand Bond en avant, qui privilégie un mode de développement décentralisé en petites unités de production, les communes populaires. Il encourage aussi les industries légères – machines-outils, chimie, engrais. Après l'échec du Grand Bond en avant, la Chine adopte une économie plus mesurée, réduit la taille des communes populaires et réintroduit la notion de profit : la vente des produits sur des marchés libres est autorisée. Après la Révolution culturelle, la Chine renonce au zèle idéologique et remet à l'honneur le travail intellectuel des ingénieurs, des spécialistes et des savants. Mao lui-même a conscience de ce dont la Chine a besoin pour devenir une grande puissance et lance l'idée des Quatre Modernisations : agriculture, armée, industrie et sciences. Elle est surtout mise en œuvre par Deng Xiaoping.

La Chine moderne

Deng Xiaoping a connu une brutale mais courte disgrâce en 1976 ; réhabilité, il revient au premier plan l'année suivante. Né en 1904, proche de Mao dès les années 1930, il a gravi patiemment les échelons du Parti : il entre au Comité central en 1945, devient secrétaire général en 1956. Critiqué durant la Révolution culturelle pour son pragmatisme économique et sa volonté de rapprochement avec le monde occidental, il échappe au pire grâce à la

protection de Zhou Enlai. Tenace, il finit par imposer sa politique de libéralisation économique. Le nouveau président de la République nommé en 1988, Yang Shangkun, est un de ses disciples. Du reste, ses avis paraissent plus écoutés que ceux du Premier ministre en titre, Li Peng.

Une réforme radicale intervient en 1984 : sans renoncer au marxisme-léninisme, le gouvernement laisse les Chinois créer de petites entreprises privées, tandis que le pays s'équipe de matériels japonais et occidentaux. L'ouverture reste toutefois timide et alterne avec des velléités de repli. Ces deux conceptions cohabitent, en particulier géographiquement : alors que la Chine est soumise au socialisme, des zones économiques spéciales sont établies dans des régions délimitées, où des sociétés occidentales peuvent s'associer aux entreprises chinoises et investir dans l'économie locale. Le gouvernement autorise aussi les jeunes cadres chinois à se former dans les universités des pays capitalistes.

La politique étrangère

Très liée à l'Union soviétique depuis 1949, la Chine répudie le système de Khrouchtchev, pour des raisons idéologiques : le divorce est consommé en 1963. La Chine se dote alors de l'arme nucléaire et suit ses propres choix de politique étrangère. Les graves incidents frontaliers du fleuve Oussouri, en mars 1969, mettant aux prises troupes soviétiques et chinoises, font même craindre une guerre entre les deux pays. Longtemps tenue à l'écart de la communauté internationale au profit de Taïwan, la Chine populaire est reconnue par la France en 1964 ; elle se rapproche spectaculairement des États-Unis, démarche concrétisée par la visite du président Nixon en 1972 – le « sommet du siècle », selon la presse américaine – et par la signature d'un traité de coopération : l'ancien « tigre de papier » américain devient un allié éventuel contre Leonid Brejnev. Cette étape importante fait accéder la Chine aux hautes instances internationales et marque le début d'une normalisation avec les pays occidentaux et avec le vieil adversaire japonais. Une réconciliation interviendra même avec l'U.R.S.S. de Gorbatchev.

En revanche, malgré des débuts d'autocritique, le Parti communiste chinois n'est pas enclin à remettre sérieusement en question son rôle politique, ni décidé à abandonner ses prérogatives : les manifestations étudiantes en faveur de la démocratie seront ainsi très durement réprimées, en juin 1989, place Tian'anmen. □

Encadrée à tous les niveaux et à tous les moments de sa vie, la population chinoise a été la cible de campagnes de propagande diverses et contradictoires.

L'ENDOCTRINEMENT

La Révolution culturelle est marquée par des slogans imagés, imposés par les responsables de quartiers, d'immeubles, d'ateliers, de cellules. Les « Cent-Fleurs » font espérer le pluralisme et précèdent le Grand Bond en avant ; le développement harmonieux de l'industrie et de l'agriculture revient à « marcher sur ses deux jambes » (1960). Il est des slogans plus prosaïques, comme celui qui, en 1958, déclare les moineaux « ennemis du peuple ». « Prendre modèle sur Dazhaï », collectivité modèle des années 60, est remplacé en 1973 par « Compter sur ses propres forces ». En 1978, Deng Xiaoping fera approuver les Quatre Modernisations (industrie, agriculture, sciences, armée), mais, en 1983-1984, les effets de l'ouverture seront dénoncés comme « pollution spirituelle ». D'abord enthousiastes, les Chinois ne montrent plus, à la fin des années 80, qu'une indifférence lassée.

Usine de tissage ▽ du coton, à Sian. Au-dessus de certains métiers à tisser sont suspendus des drapeaux rouges signalant les meilleurs ouvriers. Le tableau d'honneur, qui est également rouge avec des lettres d'or, est un autre élément important de l'émulation socialiste. Les portraits dorés des plus méritants y sont souvent fleuris.

◁ **Dans** chaque foyer trône en bonne place le portrait du président Mao. Cette pratique intensive du culte de la personnalité permet d'établir un parallèle entre la Chine de Mao et l'U.R.S.S. de Staline.

« C'est vous les contre-révolutionnaires ! » crie, le 29 décembre 1980, la veuve de Mao au juge qui l'accuse. Cette petite femme, aux épaisses lunettes et au chignon serré, a été le partisan le plus ardent du « gauchisme » maoïste, qu'elle a tenté de perpétuer après la mort de son époux. Ancienne actrice, née en 1913, Jiang Qing avait épousé Mao en 1938, mais n'avait jamais vraiment accédé au pouvoir. C'est grâce à la Révolution culturelle qu'elle entre au Bureau politique du Parti en 1969. À partir de 1972, le « groupe de Shanghai » exerce le pouvoir avec l'aval de Mao, très affaibli. Ce groupe est animé par les « Quatre » : la femme du grand timonier ; Wang Wonwen, ancien ouvrier radical, initiateur de la Révolution culturelle ; Yao Wenyuan, journaliste qui, avec l'accord de Mao, avait lancé les premières critiques contre l'art « révisionniste et bourgeois » ; et Zhang Chungqiao, membre de la Commune de Shanghai. Ils seront arrêtés dès le 6 octobre 1976 et inculpés de complots. La presse et les caricaturistes se déchaînent contre eux, surtout contre Jiang Qing, dont on dénonce l'autoritarisme et le goût du luxe. Accusée de toutes les dépravations, elle n'est pourtant jugée, avec ses « complices », qu'en 1980, car les dirigeants chinois ont attendu pour faire le procès de la Bande des Quatre d'avoir décidé d'une ligne politique nette.

LA BANDE DES QUATRE

Réunion à Pékin ▷ à l'époque de Mao. De gauche à droite : Zho De, l'ancien vice-président de la République, Yao Wenyuan, l'un des membres de la Bande des Quatre, et Hua Guofeng, président du Parti communiste.

△ **Le procès** de la Bande des Quatre, au cours duquel comparaissent seize accusés, dont Yao Wenyuan, Zhang Chunqiao, Qiu Huizuo, Wu Faxian et Jiang Qing. Au second plan sont rassemblés 880 représentants du peuple chinois. 1980-1981.

◁ **Caricature** de Jiang Qing, troisième épouse de Mao Zedong. Longtemps tenue à l'écart, elle profite de la Révolution culturelle pour s'imposer.

◁ **Représentation** satirique de la Bande des Quatre : Jiang Qing prend soin de masquer les méfaits de ses acolytes.
1978. Coll. part.

△ **Les photos** du procès sont exposées à Shanghai. L'élimination de la Bande des Quatre et de leurs complices, qui constituent l'aile radicale du Parti, signifie la fin de la révolution permanente et la volonté d'affronter les graves problèmes que dix années de désordre ont entraînés.
1981.

◁ **Manifestation** à Pékin contre la Bande des Quatre, le 21 octobre 1976. Ces derniers sont accusés d'avoir voulu assassiner Mao, d'avoir persécuté les hauts cadres du Parti, exterminé des milliers de personnes, tenté un coup d'État et une insurrection armée.
1976.

LA GUERRE DES SIX-JOURS

Menacé dès sa création, le jeune État d'Israël doit défendre son existence par les armes. En 1967, il prend l'initiative d'attaquer ses adversaires par surprise, mais l'agression lui fait perdre son image de nation assiégée.

Jeep israélienne paradant avec le portrait du colonel Nasser, qui symbolise l'ennemi n° 1 d'Israël. L'État hébreu s'estime menacé par la politique panarabe de l'Égypte et par le fait qu'elle ait obtenu le départ des forces internationales. ▽ 1967.

Au lendemain de la crise de Suez, l'Union soviétique renforce ses liens avec l'Égypte de Nasser, tandis que les États-Unis prennent Israël sous leur protection, illustrant la règle fondamentale de la coexistence pacifique : un affrontement mesuré des deux « grands » par États interposés. La Syrie et l'Iraq suivent l'Égypte, le Liban et la Jordanie n'échappent à cette évolution que par un débarquement de marines américains à Beyrouth et l'arrivée de troupes britanniques à Amman. Cependant, les Soviétiques ne contestent pas l'existence même d'Israël et personne ne prend au sérieux les revendications palestiniennes.

La montée des périls

Israël s'estime bien protégé par ses alliances et ne songe pas à corriger le statu quo issu de l'expédition de Suez, car cela serait considéré comme une agression ; aussi le petit État fête son dixième anniversaire avec éclat en 1958 et fortifie son économie par les travaux d'irrigation du Neguev. De leur côté, les pays arabes veulent effacer le demi-échec de 1956 et adoptent la cause du panarabisme incarné par Nasser, le raïs, cimenté par une opposition irréductible à Israël.

Toutefois, le maître de l'Égypte, arguant de l'impréparation militaire des Arabes, refuse de suivre l'équipe des colonels au pouvoir à Damas, qui le pousse à la reprise du combat à partir de 1964. Il arme néanmoins son pays par précaution, et tout le Proche-Orient l'imite, bénéficiant de la précieuse manne soviétique. Déjà, les premiers commandos palestiniens apparaissent ; l'O.L.P. a été fondée en juin 1964. En 1966, les incidents à la frontière syrienne se succèdent, et au printemps 1967, les déclarations belliqueuses enveniment encore un peu plus la situation. Ainsi, lorsque les Soviétiques informent – faussement – Nasser que les Israéliens veulent renverser le gouvernement syrien, le raïs décide d'intervenir. Il obtient le départ des troupes de l'O.N.U., qui surveillaient dans la bande de Gaza la ligne d'armistice de 1956 ; après l'évacuation de Charm el-Cheikh, il instaure le 22 mai le blocus du détroit de Tiran, qui commande la navigation vers le port israélien d'Eilat. Décision considérée à Tel-Aviv comme un *casus belli :* le 5 juin 1967, à titre préventif, Israël réplique par une démonstration magistrale de la guerre-éclair, menée sur trois axes offensifs, Égypte, Jordanie et Syrie.

Des opérations foudroyantes

Les armées arabes disposent d'une supériorité écrasante. L'Égypte possède trois types de missiles, Al Zafer, Al Kahir et Al Ared (la Victoire, le

Un soldat de l'armée ▷ israélienne observe depuis le désert du Sinaï l'incendie des raffineries de pétrole de Suez.

▽ **Moshe Dayan,** ministre de la Défense, et Yitzak Rabin, chef d'état-major de l'armée, à Jérusalem : deux organisateurs de la victoire d'Israël.
1967.

Le chef du mouvement palestinien de résistance Al Fath (la Conquête) depuis 1968 préside aussi aux destinées de l'Organisation de libération de la Palestine (O.L.P.).

YASSER ARAFAT

Né à Jérusalem en 1929 dans une famille aisée, il se réfugie à Gaza puis au Caire, après la défaite de 1948. Il y fait ses études et rencontre ses futurs adjoints de al-Fath, dont Abou Jihad. Lui-même prend le nom de guerre d'Abou Ammar. Il participe à la guerre de 1956, comme officier dans l'armée égyptienne. Installé au Koweït, il publie *Notre Palestine,* où il soutient que la libération de la Palestine est d'abord l'affaire des Palestiniens. Doctrine quasi hérétique à l'époque du panarabisme triomphant, ce nationalisme est promu par la défaite de 1967 : dès juin, le congrès de al-Fath réuni à Damas décide d'intensifier la lutte armée. Les blindés israéliens ne parvenant pas à déloger les Palestiniens de leur base jordanienne de Karameh, Arafat argue de ce succès pour devenir chef de l'O.L.P. en 1969. Sa vie se confond dès lors avec cette organisation, dont il est le symbole.

Conquérant, l'Avant-garde), d'origine soviétique, aligne 550 avions de combat (chasseurs Sukhoi, Mig 17, 19 et le moderne 21, des bombardiers Tupolev), 1 400 blindés dont une centaine de chars T55, avec dispositif de tir infrarouge autorisant le combat de nuit, 300 000 combattants, dont 130 000 réservistes. La marine se compose de 114 bâtiments. Équipée de matériel soviétique, l'armée syrienne compte 100 000 hommes, mais les purges successives ont diminué le nombre des officiers. La Jordanie fournit sa Légion arabe à la bravoure légendaire : 40 000 hommes, 200 chars et 80 avions d'origine britannique ou américaine. L'Iraq participe aux combats aériens, engageant 200 avions ; il dispose en outre de 300 blindés. Enfin, 15 000 Palestiniens répartis en commandos équipés d'armes légères forment une force d'appoint non négligeable pour infiltrer l'ennemi.

◁ **Yasser Arafat** représente l'O.L.P. à la conférence de presse de Beyrouth en 1970. Cette organisation, armée et financée par les États arabes, réunit de nombreux groupes politiques palestiniens, souvent en désaccord.

▽ **Entraînement** de commandos palestiniens en Jordanie. Par leur présence et leurs méthodes d'action terroristes, ils deviennent des éléments de trouble pour les pays arabes, exposés aux représailles des Israéliens. Hussein de Jordanie éliminera les bases de la résistance palestinienne dès 1970.
1969.

Les Israéliens leur opposent 450 avions de combat pour la plupart d'origine française (MD 450 Ouragan, Mystère IV, Super-Mystère B2, le tout nouveau Mirage III, et des bombardiers Vautour), 800 chars Centurion, Patton M 48 et Panhard AMX 13, ainsi qu'une marine de guerre réduite à 37 navires seulement. Cependant, ils compensent leur infériorité numérique par un meilleur entraînement, un moral à toute épreuve et une foi « biblique » dans la victoire, fortifiée par la conviction de lutter pour la survie même de leur patrie.

Israël compte également sur l'effet de surprise pour prendre un avantage décisif. Le 5 juin, l'aviation égyptienne est détruite au sol par les chasseurs bombardiers israéliens volant en rase-mottes, et donc non repérés par les radars. L'attaque terrestre du Sinaï repousse les Égyptiens vers l'ouest : les Israéliens atteignent le canal de Suez à El-Kantara, tandis que de violents affrontements de chars ont lieu à Bir Gafgafa et qu'une flottille mouille devant Charm el-Cheikh. Le 8 juin, les

troupes israéliennes prennent le contrôle de toute la rive ouest du canal de Suez. En Cisjordanie, elles s'emparent de Jérusalem les 6 et 7 juin, occupent Naplouse, Jéricho et Ramallah. Comme l'Égypte, la Jordanie obtient un cessez-le-feu. Dernière zone de combat, la frontière syrienne s'embrase le 8 ; les Israéliens conquièrent le plateau du Golan le 9 et progressent vers Damas, lorsqu'un cessez-le-feu met fin à la lutte, le 11 juin. En six jours, les troupes israéliennes ont anéanti trois armées, détruit un matériel considérable (dont 80 p. 100 du matériel égyptien) et conquis des territoires quatre fois plus vastes que leur État au prix de pertes très limitées (679 tués, 2 563 blessés), bien inférieures à celles de leurs adversaires.

De nouveaux enjeux

Mais la victoire militaire se double d'une position diplomatique difficile. Désormais, l'État hébreu fait figure d'agresseur non seulement aux yeux des Arabes, dont le rêve d'unité est brisé, mais aussi aux yeux d'une partie de l'opinion publique internationale. L'O.N.U. adopte la résolution 242 du Conseil de sécurité : celle-ci exige le retrait israélien des territoires conquis en échange de la reconnaissance d'Israël par tous les États de la région et de la libre navigation dans le canal de Suez et dans le golfe d'Aqaba. Les chefs palestiniens ont alors beau jeu de montrer que le terrorisme et la guérilla peuvent être plus efficaces qu'une guerre conventionnelle ; leur cause prend le relais du panarabisme nassérien.

Enfin, si Israël tient des gages territoriaux pour négocier la paix, les États arabes réunis à Khartoum en août 1967 refusent toute tractation avec l'« ennemi sioniste ». Récusant les droits palestiniens, Israël installe des colonies de peuplement juif dans les territoires occupés. La guerre n'est pas finie. □

La sécurité d'Israël repose sur une armée bien équipée et motivée, mais aussi sur un service d'espionnage militaire performant.

LE SHIN BET

Service secret de l'armée israélienne, le plus efficace du Proche-Orient, il repose sur des réseaux et des hommes bien infiltrés : Kamal Amin Tabet, l'ami intime des politiciens syriens, n'est autre que l'espion israélien Élie Cohen, démasqué après trois ans d'activités et pendu en place publique à Damas. Des Égyptiens, des Jordaniens, des Syriens, des Palestiniens travaillent pour le Shin Bet, dont les agents sillonnent les grandes capitales. Au cœur des trafics d'armes et de matériel militaire (dont l'affaire fameuse des « vedettes de Cherbourg », subtilisées à Noël 1969), le Shin Bet surveille aérodromes et voies de communication, liquide les « gêneurs » : l'assassinat, en juin 1980, de Tahia El-Machad, coordinateur du programme atomique irakien, porte sa marque. Il est en liaison souvent étroite avec les services britanniques, français, américains ou turcs. Il possède un équivalent civil tout aussi redoutable, le Mossad.

Femmes palestiniennes dans la vieille ville de Jérusalem, au lendemain du conflit. Le quartier arabe a été conquis le deuxième jour de la guerre, ainsi que toute la Cisjordanie. △
1967.

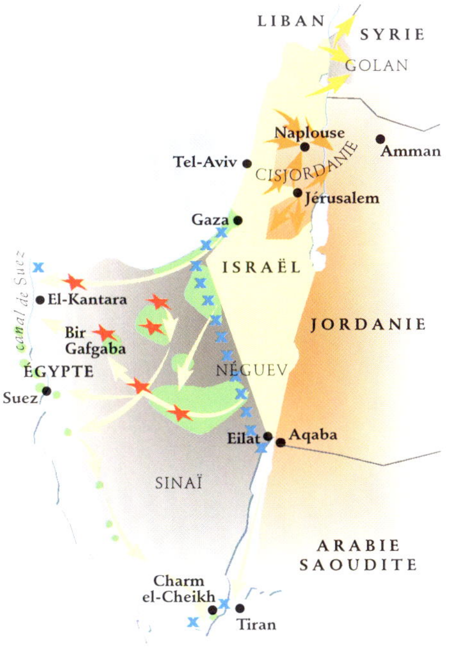

L'AMÉRIQUE DE KENNEDY

En janvier 1961, l'opinion publique américaine tombe sous le charme du nouveau et jeune couple présidentiel Kennedy. Mais elle souhaite aussi voir appliquer une « autre politique » dans un pays confronté au problème de l'intégration des Noirs et de la persistance de la pauvreté.

Nous nous trouvons aujourd'hui au bord d'une nouvelle frontière, la frontière des années soixante, une frontière de possibilités inconnues, de périls inconnus, une frontière d'espoirs et de menaces irréalisés. Le discours du candidat démocrate à la présidence des États-Unis, John Fitzgerald Kennedy, reflète la volonté de combattre des problèmes cruciaux comme les inégalités sociales, la discrimination raciale ou la pauvreté. Toutefois, il demeure flou, campagne électorale oblige, et les propos du rival républicain Richard Nixon diffèrent peu, même si ce dernier se révèle moins convaincant lors des débats télévisés. D'ailleurs, en dépit de son indéniable charisme, Kennedy obtient difficilement la victoire en novembre 1960, avec seulement 100 000 voix d'avance, soit la plus petite majorité à une élection présidentielle depuis 1884 : ce scrutin « sur le fil » témoigne de la méfiance des électeurs américains.

Un culte médiatique

Kennedy a parfaitement compris, dès la campagne, tout le parti à tirer des moyens modernes de communication et de diffusion : sa prise de fonction du 21 janvier 1961 est un « couronnement », un « mariage » de la Maison-Blanche avec la télévision et avec Hollywood. Le premier président catholique et d'origine irlandaise des États-Unis met en scène sa propre famille, symbole de réussite sociale et rappel de l'appui que le « clan Kennedy » a toujours dispensé à l'un de ses plus brillants membres. Marié avec une « princesse », la séduisante Jacqueline Lee Bouvier, et père de deux enfants, jeune (quarante-trois ans lors de son élection), sportif, élégant, souriant, il n'hésite pas à s'entourer d'intellectuels, flattés d'être invités chez le « prince », d'artistes de réputation internationale – Pablo Casals, Igor Stravinski – et de gloires du cinéma : ses relations avec Marilyn Monroe et d'autres actrices finissent d'ailleurs par ternir son image de marque. À l'étranger, il bénéficie de la même faveur, notamment lors de sa visite au général de Gaulle en 1961. Il est vrai que la presse à sensation contribue au culte du nouveau président.

John Kennedy n'est toutefois pas exempt de qualités d'homme d'État : son don de la rhétorique non dénué de souffle épique, sa grande force de travail jointe à une exceptionnelle capacité d'assimilation, son opportunisme et son cynisme lui permettent de dominer les dossiers complexes ou les moments délicats : l'affaire des fusées de Cuba, en octobre 1962, le voit triompher de Khrouchtchev.

Chapeau de campagne ▽ présidentielle de 1960. Instrument de propagande, il fait partie de tous les meetings.

Coll. part.

Citoyens américains depuis 1924, les Indiens sont toujours relégués dans les « réserves » de l'Ouest.

LE RETOUR DES INDIENS

Quoique soumis au chômage, à la misère et à l'alcoolisme, les Indiens connaissent une expansion démographique : ils sont un million en 1970, contre 250 000 à peine en 1900. Des travaux historiques, des films et l'actif *American Indian Movement*, créé en 1968, contribuent à raviver le sens de leur identité et à dénoncer injustices et spoliations. Les chefs sioux Russel Means et Dennis Bank organisent des actions spectaculaires pour sensibiliser le public : occupation de l'île d'Alcatraz (1969), saccage du Bureau des Affaires indiennes à Washington et, surtout, siège de Wounded Knee : de février à mai 1973, une centaine de Sioux tiennent tête à l'armée fédérale là où leurs ancêtres furent massacrés en 1890. D'autres Indiens comme les Navajos choisissent une voie plus légaliste pour obtenir une certaine autonomie et tirer profit des ressources de leurs territoires.

◁ **John F. Kennedy** en tournée électorale, en compagnie de sa femme, Jackie. Sa victoire est celle de la jeunesse – il a 43 ans – et du dynamisme.

1960.

John Kennedy ▷ est soutenu activement par son frère Robert (à gauche), qu'il nommera attorney général (ministre de la Justice) dès son élection et qui sera, lui aussi, assassiné.

1957.

À L'ASSAUT DES DIFFICULTÉS

Pour « remettre le pays en marche », Kennedy essaie de combler le déficit de la balance des paiements avec ses alliés européens, qu'il explique par le coût élevé de l'entretien des troupes américaines de l'O.T.A.N. En 1962, la ratification du *Trade Expansion Act* (TEA) obtient de la Communauté économique européenne d'importantes baisses tarifaires qui stimulent l'économie américaine. Faisant appel aux syndicats, Kennedy jugule l'inflation au rythme annuel de 1,1 p. 100. Cet appui ouvrier lui permet de triompher en avril 1962 du président de l'US Steel, responsable d'une augmentation brutale des prix de l'acier.

Sa politique en faveur des Noirs, un des volets importants de son programme, devient plus volontariste au cours de l'hiver 1962-1963, sous l'impulsion du pasteur Martin Luther King, partisan d'une stratégie non-violente et assimilatrice, et des mouvements pour l'égalité des droits. Les émeutes raciales du Mississippi, accentuées par l'extrémisme du gouverneur Wallace, font deux morts et plusieurs centaines de blessés : en juin 1963, Kennedy présente au Congrès un projet de droits civiques plus égalitaire. La lutte contre les inégalités sociales préoccupe également le président. Déjà, à l'automne de 1962, il s'était engagé dans un programme contre la pauvreté, le Congrès ayant repoussé le *Medicare,* assurance-maladie limitée aux personnes âgées.

Mais, à partir de 1963, le budget américain connaît un déficit permanent, causé par les flottements de l'économie, les ambitions sociales du prési- dent et l'intervention militaire au Viêt-nam. Les démocrates essuient des échecs législatifs et Kennedy voit baisser sa popularité de 80 à 59 p. 100 en novembre 1963. Songeant à se représenter en 1964, il entame une tournée du pays. Mais il est assassiné le 22 novembre 1963 à Dallas, dans des conditions très mystérieuses : le meurtrier présumé, Lee Harvey Oswald, est abattu à son tour le lendemain. Le rapport de la commission Warren estimera qu'il a agi seul, malgré de nombreux détails inexpliqués, si bien que certains évoquent, mais sans preuves décisives, un véritable complot.

L'APRÈS-KENNEDY

Le vice-président Lyndon B. Johnson lui succède sans délai, conformément à la Constitution. Il est tout le contraire de Kennedy : issu d'une famille texane très modeste, il a gravi tous les éche-

Le mythe Kennedy n'a pas résisté aux enquêtes impitoyables menées par les journalistes américains dans les années 1980.

LA LÉGENDE NOIRE DU CLAN KENNEDY

La victoire électorale de John Kennedy est celle d'une famille. Le patriarche, Joe, a acquis une immense fortune qui lui a permis de soutenir Roosevelt et d'obtenir le poste d'ambassadeur au Royaume-Uni de 1937 à 1940. On découvrira plus tard que sa richesse doit beaucoup à ses trafics au temps de la prohibition et à ses liens avec la mafia. Mais c'est surtout la légende du président Kennedy qui a été « revisitée » : le livre qui a valu à John le prix Pulitzer en 1954 a été écrit par un nègre, son héroïsme pendant la Seconde Guerre mondiale était probablement surfait, enfin l'époux modèle collectionnait les conquêtes. John disparu, son frère Robert prend la tête du clan mais il est aussi assassiné en 1968. Enfin, le dernier frère, Edward, renonce à représenter le parti démocrate aux élections présidentielles à la suite d'un accident de voiture où sa secrétaire trouve la mort, en 1969.

La marche de △ Washington : cinquante mille manifestants contre la guerre du Viêt-nam défilent jusqu'au Pentagone. La résistance au service militaire s'exprime de toutes les manières, jusqu'à l'exil au Canada.
1967.

La marche des féministes à New York, le 26 août 1970 : date symbolique célébrant le cinquantième anniversaire de la ratification du dix-neuvième amendement à la Constitution américaine, qui instaurait le vote des femmes. ▷

lons du parti démocrate depuis ses débuts personnels avec Roosevelt. « Animal politique », ce « Machiavel en chapeau Stetson » s'avère un excellent médiateur, doué d'une grande énergie et d'une vitalité dont il n'avait pu faire preuve dans l'ombre de Kennedy. Il continue la voie tracée par ce dernier, qui n'avait pas eu le temps de concrétiser certaines propositions, et déclare « une guerre sans merci à la misère » en janvier 1964. Facilement élu contre le républicain Goldwater au mois de novembre et conforté par ce succès, il lance le mot d'ordre de la « grande société », lutte à la fois contre la misère et la discrimination raciale.

Ce démocrate plutôt conservateur signe la loi sur les droits civiques le 2 juillet 1964 ; en août, l'*Economic Opportunity Act* accorde un budget d'un milliard de dollars à une administration, l'*Office of Economic Opportunity,* pour créer des programmes d'apprentissage et des services sociaux. En 1965, le Congrès adopte le *Medicare* et le *Medicaid,* qui instaurent les bases d'un système national de santé ; ainsi, le *Welfare State* offre des allocations de chômage, des prestations en nature pour les familles nombreuses et la quasi-gratuité des soins médicaux aux personnes âgées et aux indigents.

Ces mesures sont-elles trop tardives ? L'été 1965 voit s'embraser le quartier de Watts, à Los Angeles : les émeutes urbaines et raciales font 225 morts et 4 000 blessés jusqu'en 1968. Cette violence et l'escalade de l'engagement dans la guerre du Viêtnam conduisent alors nombre d'électeurs à douter de la possibilité d'instaurer la « grande société ». □

Lyndon B. Johnson, ▷ le nouveau président, avec sa femme et Jackie Kennedy, prête serment, quelques heures après l'assassinat de John Kennedy, le 22 novembre 1963.

Le stéréotype du « sexe faible » est remis en cause par une nouvelle analyse de la place de la femme dans la société américaine.

LE FÉMINISME

En 1963, jeune psychologue diplômée de Berkeley, Betty Friedan publie *la Femme mystifiée :* elle y dénonce l'hypocrisie d'une société fondée sur l'égalité des sexes mais où les relations sont faites d'inégalités permanentes. Trois ans plus tard, elle crée un groupe de pression, la *National Organization for Women,* NOW dont le sigle signifie, « maintenant ». Les adhérentes, recrutées dans la classe moyenne, exigent une totale égalité des droits. Journaux, livres et programmes universitaires contribuent à la fondation et au développement d'un nouveau mouvement, plus radical, le *Women's Liberation Movement,* dit familièrement *Women's Lib.* Le vote d'un amendement sur l'égalité des droits par le Congrès en 1972 donne satisfaction aux féministes ; l'avortement est légalisé en 1973. Après 1980, le mouvement inspire le courant du « politiquement correct », qui dénonce les expressions et les comportements sexistes.

LA CROISADE DES DROITS CIVIQUES

Citoyens de « seconde zone » au sud des États-Unis durant les années 1950, les Noirs sont victimes de discriminations à l'école, au travail et dans les lieux publics. En 1954, un arrêt de la Cour suprême met fin à la doctrine « séparés mais égaux » de 1896 et donc à la ségrégation scolaire. En 1957, des familles noires inscrivent leurs enfants au lycée « blanc » de Little Rock et le président Eisenhower doit expédier 1 000 parachutistes pour protéger les élèves noirs et faire respecter la décision de la Cour suprême. En novembre 1956 à Montgomery (Alabama), le pasteur Martin Luther King encourage les Noirs à ne pas utiliser les autobus municipaux où la ségrégation est imposée. Le succès de l'opération l'incite à créer, en 1957, la *Southern Christian Leadership Conference* (SCLC), qui séduit la bourgeoisie noire par sa non-violence. Le 28 août 1963, trois cent mille personnes rassemblées à Washington écoutent Martin Luther King : « Je faits un rêve, dit-il, que mes quatre enfants vivront un jour dans une nation où ils ne seront pas jugés en fonction de la couleur de leur peau, mais en fonction de leur caractère. »

▽ **Martin Luther King** prononce son célèbre discours *I have a dream* (« Je fais un rêve ») en août 1963, à Washington, lors d'une spectaculaire marche de la liberté qui réunit plus de 300 000 personnes.

La deuxième marc[he] de Selma, symbole [de] l'oppression. Longu[e] de quatre-vingts kil[o]mètres, elle dure qu[a]tre jours, protégée [par] le gouvernement.

Manifestants pacifistes malmenés par les policiers et leurs chiens. Les forces de l'ordre n'hésiteront pas à utiliser la cavalerie, les gaz, les matraques et les fouets pour disperser la foule. ▷

« S'ils condamnent Bobby Seale, nous retiendrons la nuit et l'Amérique ne connaîtra d'autres lumières que les flammes du brasier révolutionnaire »

△ **Affiche** des Panthères Noires demandant la libération de leur chef, accusé de provocation à l'émeute dans l'Illinois.
1970. Coll. part.

◁ **« Pouvoir blanc »** et « pouvoir noir » s'entretuent, symbole des extrémistes des deux bords prônant l'isolement et le séparatisme.
1967. T. Ungerer. Librairie du Congrès, Washington.

Les funérailles ▽ de Martin Luther King, en avril 1968. Il a été assassiné à Memphis au cours d'une de ses actions non-violentes en faveur d'une grève.

Fille pleurant. *Roy Lichtenstein. 1963. Coll. part.*

ÉTATS-UNIS

Le pop art

■ La culture de masse et celle de l'élite seraient-elles sur le point de se rejoindre ? Loin des recherches d'avant-garde, le peintre américain Roy Lichtenstein, né en 1923, transpose dans ses toiles l'univers de la bande dessinée. Chaque œuvre prétend restituer, démesurément grossis, les couleurs et les personnages d'une seule image de ces *comics* dont les Américains sont si friands. Avec minutie et en gros plan, l'artiste peint les détails des situations les plus convenues, des visages les plus stéréotypés, allant jusqu'à restituer les petits points de la trame d'imprimerie qui caractérise les illustrations des quotidiens. □

GRANDE-BRETAGNE

Répulsion

■ Le réalisateur Roman Polanski a dû quitter sa Pologne natale. À partir de 1965, il travaille en Occident, en Grande-Bretagne d'abord, puis aux États-Unis. *Répulsion,* réalisé en 1965, se situe dans un univers clos, où des objets anodins engendrent la peur, et où l'angoisse peut être source de plaisir. Deux ans plus tard, le metteur en scène ajoute l'humour à la terreur dans *le Bal des vampires,* où il interprète lui-même le rôle du héros ; l'héroïne, Sharon Tate, n'est autre que sa future femme, qui mourra bientôt lors d'un drame dont la violence et l'horreur surpasseront toutes les fictions imaginées par Polanski. □

AFRIQUE

L'impossible unité

■ Une fois décolonisées les nations africaines de l'ancien Empire français (1960), les autres puissances européennes doivent se résoudre à accorder l'indépendance à leurs possessions : la Sierra Leone a obtenu l'indépendance en 1961, devenant un État membre du Commonwealth britannique ; puis ont suivi, en 1962, le Rwanda et le Burundi (belges), le Tanganyika (britannique), qui devient la Tanzanie, et l'Ouganda, qui, dans un premier temps, fait partie, lui aussi, du Commonwealth. Les jeunes nations d'Afrique parlent haut et fort à l'Assemblée générale de l'O.N.U., mais leur pouvoir reste limité. Pour l'accroître, elles tentent de s'unir et se réunissent le 25 mai 1963 dans la plus ancienne capitale d'Afrique noire, Addis-Abeba, siège de la millénaire monarchie éthiopienne. Les trente pays représentés signent, à l'initiative du Ghanéen N'krumah, la charte de l'O.U.A. (Organisation de l'unité africaine). Cependant, en dépit du nom qu'ils ont donné à leur organisation, les participants ne parviendront jamais à parler d'une seule voix. Au fil des conflits et des antagonismes, ils ne pourront que préserver, tant bien que mal, les frontières définies par le colonisateur, pérennisant ainsi les divisions artificielles qu'ils avaient voulu abolir. □

AFRIQUE DU SUD

« Développement séparé »

■ Depuis le 13 septembre 1966, l'Afrique du Sud a un nouveau Premier ministre, B. J. Vorster. Ancien ministre de la Justice, il succède à H. F. Verwoerd, assassiné par un malade mental (blanc), en pleine séance du Parlement. Dès 1948, Verwoerd avait pratiqué une politique visant à préserver la prééminence de la population blanche. Celle-ci est en effet minoritaire en Afrique du Sud, du fait de l'importante immigration bantoue liée à la croissance économique. Dès la fin de la guerre, le président Malan avait appliqué l'apartheid, défini comme un « développement séparé » des deux communautés : toute relation sexuelle est interdite entre Blancs et Noirs, à qui sont assignées des « aires » strictement délimitées (*Group Area Act,* 1951). Des lois restreignent de plus en plus étroitement les droits civiques des Noirs, qui se voient exclus des consultations électorales et réduits à manifester pour faire valoir leurs revendications. Vorster, qui restera au pouvoir jusqu'en 1978, s'efforce de briser l'isolement diplomatique de l'Afrique du Sud, dû à la réprobation de la communauté internationale. Quoique favorable à l'apartheid, il introduit certains facteurs de changement en accordant l'autonomie ou l'indépendance aux États bantous. □

FRANCE

Le désir de l'Autre

■ Les *Écrits* de Jacques Lacan paraissent en 1967. En dehors de sa thèse et de quelques travaux de jeunesse, le célèbre psychanalyste a finalement peu publié ; ce sont ses élèves, auditeurs de ses fameux séminaires, qui réunissent et publient le texte de ses communications. Lacan pense que c'est par la parole que l'être humain peut accéder à l'intersubjectivité. Cette relation est due, non seulement à un besoin physiologique, mais aussi au « désir de l'Autre ». L'exploration de l'inconscient qu'il entreprend confronte donc les apports de la linguistique à la quête psychanalytique. □

ÉTATS-UNIS

La conquête de l'espace

■ Alors que l'U.R.S.S. semble marquer toujours plus de points dans la conquête de l'espace, les États-Unis grignotent patiemment l'avance de leur rival. Certes les Soviétiques, après avoir envoyé Iouri Gagarine dans l'espace en avril 1961, sont les premiers à faire sortir un homme de sa capsule en mars 1965, mais les Américains progressent dans le domaine des réalisations techniques : le 16 mars 1966, la capsule *Gemini VIII* et la fusée *Agena* réussissent le premier arrimage dans l'espace, ouvrant ainsi la voie à des ravitaillements en plein vol, donc à des missions longues et complexes. □

Plage de l'Afrique du Sud, autorisée uniquement aux Blancs. *1975.*

1967 - 1968

Si les Français n'aiment guère la IVe République, associée à l'incurie politique et aux déchirements de la décolonisation, ils éprouvent en revanche un respect particulier pour la Ve République. Le nouveau régime, porté sur les fonts baptismaux par l'homme du 18-Juin, en reçoit dès l'origine une sorte d'onction. De plus, comme par miracle, la stabilisation politique coïncide avec la modernisation et le développement des structures économiques et sociales. Les Trente Glorieuses s'épanouissent : le général endosse une blouse blanche pour visiter la première centrale atomique française tandis que Mme de Gaulle, à défaut de faire ses courses dans un supermarché ou de devenir l'idole des jeunes grâce à « Salut les copains », baptise le *France* à Saint-Nazaire. Il ne reste plus, pour achever l'édification du mythe des années de Gaulle, qu'à oublier la guerre d'Algérie, le désarroi des oubliés de la croissance, voire même le déclassement diplomatique d'une France qui, en dépit de l'extraordinaire « présence » gaullienne, n'est définitivement plus une grande puissance.

Charles de Gaulle à Strasbourg, 1965.

LA GUERRE DU VIÊT-NAM

Tendus vers un seul but, l'endiguement du communisme, les États-Unis s'engagent au Viêt-nam dans un conflit lointain, coûteux et d'une légitimité douteuse. Ce « long cauchemar », selon les mots du président Gerald Ford, marquera en profondeur la conscience américaine.

En juillet 1954, les accords de Genève mettent fin à la guerre d'Indochine. Le Viêt-nam est scindé en deux États, Sud Viêt-nam et Nord Viêt-nam, séparés par le 17e parallèle. Au nord s'installe une République démocratique, étroitement liée à la Chine et à l'U.R.S.S., sous la présidence de Hô Chi Minh. Au sud, le Premier ministre Ngô Dinh Diêm dépose l'empereur en 1955 et instaure une véritable dictature.

La naissance du Viêt-cong

Aux États-Unis, l'endiguement du communisme est un impératif politique. Due au secrétaire d'État John Foster Dulles, la « théorie des dominos » triomphe : elle postule que, si un pays tombe aux mains des communistes, toute la région suivra. Cette thèse conduit les États-Unis à soutenir le gouvernement sud-vietnamien de Saigon, malgré sa corruption évidente et

◁ **L'enlisement** américain au Viêt-nam pourrait être symbolisé par cette photographie, où des soldats progressent dans une nature hostile.

l'hostilité croissante de la population. Le 20 décembre 1960, Hô Chi Minh annonce la création d'un Front national de libération, résurgence de l'ancienne Ligue du Viêt-minh qui avait lutté contre les Français. Pour contrecarrer l'aura du nom Viêt-minh auprès de la population, les Américains forgent une appellation pour désigner ces combattants : le Viêt-cong, d'après le mot *congsam,* « rouge ».

Soutenu par la République démocratique d'Hô Chi Minh, le Viêt-cong multiplie les opérations de guérilla au Sud Viêt-nam. Dès 1961, Kennedy renforce son aide économique et technique au régime de Saigon. Les États-Unis envoient des « conseillers » – en fait des militaires –, pour repousser les attaques communistes. Les Américains arment les habitants des hauts plateaux au nord de Saigon et les font entraîner par les « bérets verts » – forces spéciales dépendant de la CIA. À la mort de Kennedy, en novembre 1963, près de 16 000 soldats et « conseillers » sont installés dans le pays. La même année, les suicides de bonzes s'immolant par le feu pour protester contre le régime alertent l'opinion. Abandonnée par les États-Unis, la famille Ngô s'effondre. En quatre ans, neuf chefs d'État se succèdent à la tête du pays. Alors que la guerre s'emballe, en 1967, c'est le général Nguyên Van Thiêu – un fantoche aux mains des Américains, selon le Viêt-cong – qui préside aux destinées du Sud Viêt-nam.

L'engrenage

Le président Johnson, qui a succédé à Kennedy, est partisan de la manière forte : il veut faire plier Hô Chi Minh et intimider les Soviétiques et les Chinois dont l'appui logistique est considérable. Dès le début de 1964, les bombardements sur le Viêt-nam du Nord commencent, et ils ne cesseront de s'intensifier. Un engrenage implacable se met en place : en 1966, l'Amérique a engagé 184 000 soldats au Viêt-nam, ils sont 485 000 en 1968 et leur nombre atteindra 536 000 en 1969. Mais l'armée n'est pas préparée à la guérilla. Les mines et les pièges, qui tuent ou mutilent les soldats, sont responsables de 25 p. 100 des pertes.

▽ **Soldats** sud-vietnamiens, équipés d'uniformes et de matériels américains. L'emploi massif de l'hélicoptère accroît l'efficacité des opérations commandos et permet de récupérer les blessés.
1965.

Vietnamiennes △ armées de fusils M16 américains, dans le delta du Mékong. Ce conflit idéologique se double d'une guerre civile nord-sud.

Un million six cent mille jeunes Américains ont combattu au Viêt-nam. Leurs témoignages ont donné lieu à une littérature abondante.

« PUTAIN DE MORT »

Les récits ont emprunté toutes les formes littéraires : de la bande dessinée caricaturale, où le Viêt-cong « Charlie » grimace sous un faciès odieux, au plaidoyer pacifiste. En 1961, *Catch 22* de Joseph Heller prend les militaires pour cible, tandis que *Slaughterhouse,* de Kurt Vonnegut (1969), analyse le drame humain du conflit vietnamien. Norman Mailer a tenté d'expliquer la guerre, et parfois de l'excuser, dans *Pourquoi nous sommes au Viêt-nam* (1967) et *les Armées de la nuit* (1968). Avec *Putain de mort,* paru en 1981, Michael Herr restitue avec force les combats des unités américaines. Couronnée par le prix Pulitzer en 1989, *l'Innocence perdue* est le récit d'un ancien correspondant au Viêt-nam, Neil Sheelan.

Agissant en petites unités, le Viêt-cong harcèle les positions américaines et tend des embuscades meurtrières. Les armes qu'il ramasse après la bataille lui fournissent un matériel de première qualité. Au plus fort du conflit, 120 000 Viêt-congs tiennent ainsi tête à l'armée la plus puissante du monde.

La République démocratique du Viêt-nam offre un appui de plus en plus massif aux combattants du Sud. Mais la surveillance aérienne américaine impose d'acheminer le matériel du Nord destiné au Sud à travers la jungle des hauts plateaux. En huit ans, à partir de 1965, le Viêt-cong va entièrement aménager un lacis de routes de montagnes datant de l'époque coloniale. En ligne droite, 400 kilomètres environ séparent le point de départ des convois, au Nord Viêt-nam, de leur arrivée dans le Sud. Une fois achevée, la « piste Hô Chi Minh » couvre 15 400 kilomètres. Ainsi, dès qu'une voie est atteinte par les bombardements, les camions peuvent en emprunter une autre. Malgré l'intensité des raids aériens, ce sont probablement plus des deux tiers de l'aide nord-vietnamienne qui parviennent au Sud.

Pourtant, l'état-major américain recourt à toute la puissance de feu de ses chasseurs bombardiers. Sa tactique est immuable : des commandos partent en reconnaissance, évaluent le potentiel ennemi et font leur rapport. Aussitôt, les superforteresses volantes B52 décollent et déversent sur la zone des tonnes de bombes au napalm et de bombes à billes. Des troupes héliportées sont ensuite larguées sur le terrain pour « nettoyer » l'objectif.

Les ravages de la guerre totale

Peu efficaces, les raids aériens contribuent à convaincre définitivement une population déjà en partie acquise à la cause viêt-cong. En 1965, le Cambodge et le Laos – qui partagent une frontière avec le Viêt-nam, au sud de la piste Hô Chi Minh – sont bombardés sans déclaration de guerre préalable. Tout naturellement, les guérilleros communistes de ces deux royaumes – les Khmers rouges et le Pathet Lao – vont apporter leur aide au mouvement de libération vietnamien. De plus, la piste Hô Chi Minh, comme le voisinage de toutes les bases américaines, est arrosée de défoliants et d'herbicides. Un tiers de la forêt est ainsi dévasté. Les civils souffrent de maladies de la peau, des enfants naissent affligés de malformations : la dioxine que contiennent ces produits toxiques provoque des ravages.

Luttant contre un ennemi insaisissable au sein d'une population hostile, les troupes américaines se désagrègent. Désertions, rébellions, consommation de drogue, trafics en tout genre se multiplient. Épuisés par la guerre totale, les soldats cèdent à tous les excès. Violences, viols, tortures et meurtres de civils redoublent à partir du printemps 1967. Ils culminent le 16 mars 1968 avec le massacre de My

Les chansons rock qui dénoncent la guerre relient les soldats du Viêt-nam aux manifestants des campus.

LES CHANTEURS CONTRE LA GUERRE

Protestant avec leur musique contre les injustices sociales, Joan Baez et Bob Dylan, puis, avec eux, la majorité des stars du rock américain voient dans le conflit du Viêt-nam un symbole de la violence des nations occidentales. Joan Baez dénonce le militarisme ; dans *Slissed,* Paul Simon prône le pacifisme. *Unknown Soldier* des Doors, *Machine Gun* de Jimi Hendrix ou *Lost in the Flood* de Bruce Springsteen évoquent toutes une cause perdue. Popularisées par la radio et la télévision, ces chansons sont reprises par le public dans les concerts, mais aussi au cours des manifestations. Et ce sont elles que les *boys* écoutent à Saigon et dans les bases militaires. Parfois taxés de défaitistes, ces refrains ébranlent à leur manière la bonne conscience d'une certaine société américaine.

▽ **Messe** au bivouac, célébrée par un aumônier militaire. La croisade anticommuniste et manichéenne prônée par certains évêques américains n'a guère d'impact auprès des combattants, qui songent plutôt à leurs camarades tués dans la jungle ou les rizières. Les *boys* sont ainsi les premiers à contester la légitimité de la guerre.

Lai, un hameau de la province de Quang Ngai. Sous les ordres du lieutenant William Calley, des hommes de la 23e division d'infanterie tuent 347 personnes, vieillards, femmes, enfants et bébés. Les cadavres des buffles, des cochons, des poulets sont précipités dans les puits pour empoisonner l'eau ; les maisons sont incendiées.

La contestation intérieure

Largement relatés par la presse, ces actes contribuent à retourner l'opinion américaine. Jusqu'en 1966, en effet, la majeure partie de la population accepte la guerre. Si le Congrès se montre réticent, c'est pour des raisons budgétaires. Pourtant, des intellectuels et des journalistes dénoncent un conflit qui leur paraît injuste et immoral. Certains soulignent les menaces que l'impérialisme fait peser sur la paix du monde, d'autres ajoutent que le coût du conflit interdit de réaliser des programmes sociaux. La contestation atteint également les campus universitaires, même si la conscription touche d'abord assez peu les étudiants. Des millions de jeunes obtiennent des sursis, environ 500 000 désertent et se réfugient au Mexique ou au Canada.

En 1968, l'offensive dite « du Têt » démontre la détermination du Viêt-cong. Le 30 janvier, dans tout le Viêt-nam du Sud, des dizaines de milliers de combattants communistes attaquent simultanément les cantonnements, les postes militaires, de police, les centres administratifs, les stations de radio, les prisons... Pendant vingt-cinq jours, le drapeau viêt-cong flotte sur Huê, la citadelle impériale. À Saigon, les Viêt-congs investissent l'ambassade américaine. Surpris et désemparé par l'ampleur de l'attaque, l'état-major américain recourt à une tactique d'anéantissement : pour mettre fin aux combats qui, pendant quinze jours, ensanglantent Saigon, il écrase la ville de toute sa puissance de feu. Mais, aux États-Unis, la télévision a pénétré dans tous les foyers et, avec elle, les journaux télévisés. L'information n'est pas censurée. Sur leurs écrans en couleurs, les Américains voient chaque soir voler en éclats le

△ **Des paysans** acheminent des munitions à bicyclette. Cette logistique, inspirée par Giap à Diên Biên Phu en 1954, a raison des puissants moyens américains.
1969.

Des millions d'Américains cherchent à savoir si un de leurs proches ne croupit pas dans une geôle vietnamienne.

LE MYSTÈRE DES DISPARUS

« Il en faudrait davantage comme lui », déclarait en 1985 le président Reagan, après avoir vu le film *Rambo II,* où le héros se donne pour mission de récupérer les soldats américains prisonniers des « rouges ». En effet, après la signature des accords de Paris en 1973, seuls 590 prisonniers américains ont été libérés. Or, selon les statistiques officielles, 2 273 hommes auraient disparu au Viêt-nam et, si la mort de 1 101 d'entre eux est pratiquement certaine, on ne sait rien du sort des MIA (*missing in action,* disparus au combat). En 1990, la rumeur selon laquelle il y aurait toujours des prisonniers américains au Viêt-nam est étayée par la publication d'une photo qui représenterait trois officiers MIA. Cependant, l'association *Operation Rescue,* qui a diffusé le document, se révèle incapable d'en indiquer l'origine. Mais les familles concernées sont des proies faciles pour des individus sans scrupules, si bien que *Time* a pu parler d'une « industrie des MIA ».

pays qu'ils sont censés secourir. Pour la majorité d'entre eux, l'offensive du Têt montre non seulement que la fin de la guerre n'est pas en vue, mais encore que Johnson les a trompés : la débauche de vies humaines et d'argent est clairement inutile.

Un « front intérieur » se développe et les médias relaient les manifestations qui mobilisent le pays. Une nouvelle gauche se dessine, mélange hétéroclite de pacifistes, de maoïstes et d'humanistes. Profitant de cet élan, le SDS *(Students for a Democratic Society)*, un mouvement socialiste lancé en 1960 par le jeune activiste Tom Hayden, élargit son audience dans les universités. La contestation s'étend aux classes moyennes et défavorisées, les plus touchées par le conflit. En effet, la conscription est très discriminatoire. Les Noirs, les « Chicanos » (originaires du Mexique) sont mobilisés en masse, tout comme les petits employés et les ouvriers, qui subiront la majorité des pertes au combat. Un sentiment d'injustice naît à l'égard d'une élite « planquée », qui décide de la guerre mais n'y envoie pas ses fils. Confronté à l'inquiétude de l'opinion publique, le président Johnson annonce le 31 mars 1968, en pleine année électorale, l'arrêt des bombardements sur le Viêt-nam du Nord. Conscient de son échec, il renonce également à se représenter. Des négociations s'ouvrent à Paris. Mais cela ne suffit pas à sauver les démocrates : en novembre 1968, le républicain Richard Nixon remporte les élections présidentielles.

◁ **Loin de la folle guerre** du Viêt-nam, le concert de Woodstock, premier des grands festivals de *pop music,* se veut un rassemblement « de musique et de paix ». 1969.

Une pacifiste américaine, arrêtée au cours d'une manifestation à Washington, se défend à l'aide d'une branche contre le policier qui l'appréhende. ▽

« Gagner la paix »

Lorsqu'il entre à la Maison-Blanche, Richard Nixon déclare : « Il faut terminer la guerre et gagner la paix. » Avec l'aide d'un professeur de Harvard, Henry Kissinger, nommé conseiller

Alors que 80 millions de litres de produits toxiques sont déversés sur la jungle vietnamienne, les écologistes dénoncent le péril nucléaire et la fin des baleines.

LES AMIS DE LA TERRE

En 1972, le Club de Rome, qui rassemble des scientifiques et des universitaires soucieux de l'avenir de l'humanité, publie des chiffres alarmants. Accroissement démographique, destruction des ressources naturelles, déboisement de la forêt amazonienne, pollution des pôles : toute la planète est en péril. À la technologie ravageuse répond une sacralisation de la nature. Les groupuscules écologistes, nés en Californie, se rallient à un cri : « Nous n'avons qu'une seule Terre. » Le mouvement se colore de philosophie zen et d'un panthéisme romantique. Malgré tout, de tels arguments sensibilisent l'opinion. Une industrie de recyclage se met en place, les grandes cités adoptent des plans antipollution et Greenpeace devient le symbole de la défense des océans.

pour la sécurité nationale, il décide d'une nouvelle stratégie, qui prend le contrepied de celle de son prédécesseur. Sur la scène internationale, il lance une grande offensive diplomatique qui assouplit les relations entre les États-Unis et les deux alliés du Viêt-nam, la Chine et l'U.R.S.S. En 1971, il reconnaît la République populaire de Chine et s'y rend en visite l'année suivante. Avec Moscou, il négocie des accords sur la production et l'emploi des armes atomiques. Dans le même temps, il entreprend de « vietnamiser » la guerre en équipant l'armée sud-vietnamienne, pour pouvoir dégager progressivement les troupes américaines. Mais il n'en continue pas moins d'apporter une aide importante au Sud Viêt-nam et, pour montrer sa détermination et détruire les zones de repli du Viêt-cong, il ordonne l'invasion du Cambodge en avril 1970, puis celle du Laos en février 1971. Avec l'extension du conflit aux deux nations voisines, les manifestations prennent un tour plus violent. Le 4 mai 1970, à Kent State University, dans l'Ohio, la police tue quatre étudiants. Le 14, deux jeunes filles noires sont abattues dans le Mississippi.

En mars 1972, les Américains s'apprêtent à évacuer leurs dernières troupes terrestres. Pensant sûrement renverser sans difficulté le « fantoche » Thiêu, le Viêt-cong déclenche une offensive générale. Mais les troupes du Sud Viêt-nam résistent. La politique de Nixon commence à porter ses fruits. Simultanément, les pourparlers engagés en 1968 progressent enfin. Le 27 janvier 1973, les accords de Paris mettent un terme au conflit et reconnaissent l'indépendance du Sud.

Mais le Viêt-cong ne se satisfait pas de cet armistice. En 1975, il envahit le Viêt-nam du Sud. La débâcle américaine est totale. En avril, les derniers soldats s'enfuient en hélicoptères. Pour la première fois de leur histoire, les Américains ont perdu une guerre. Le bilan est lourd. Certaines années, le budget militaire a englouti 25 milliards de dollars. Le Viêt-nam a reçu plus de 6 millions de tonnes de bombes – presque deux fois plus que l'Allemagne et le Japon pendant la Seconde Guerre mondiale – causant un million de morts. C'est avec le sentiment d'une innocence perdue que les États-Unis se réveillent de ce « long cauchemar ». □

Rival malheureux ▷ de Kennedy en 1960, le républicain Richard Nixon succède à Johnson en 1968.

1968. J. Machaelson. Stanley King Collections, New York.

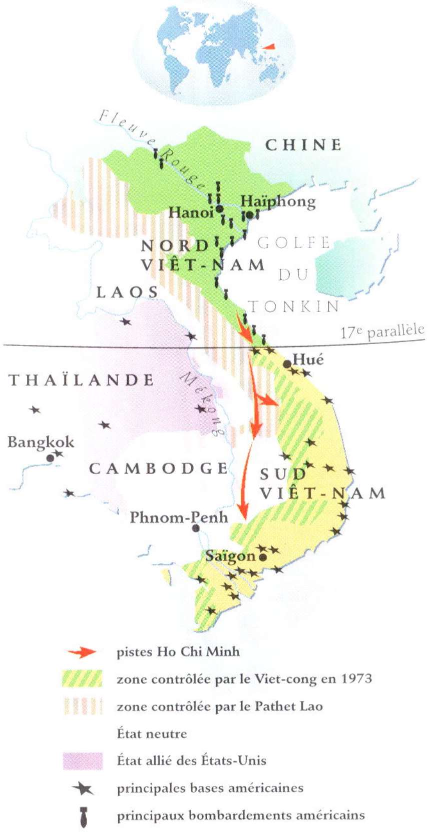

LA GUERRE AU CINÉMA

La débâcle au Viêt-nam a fortement ébranlé le mythe américain. La télévision a montré en direct la fuite sans gloire des derniers soldats décollant du toit de l'ambassade américaine, à Saigon. Les vétérans, les *vets,* souffrent de ce qu'ils ont vu ou fait et sont mal acceptés par une société qui se sent coupable. Certains sombrent dans l'alcoolisme et la violence, d'autres se réfugient dans les Rocheuses. Pour surmonter le traumatisme qui atteint toute la société, Hollywood met en scène le Viêt-nam. Non sans naïveté parfois, lorsque Silvester Stallone – Rambo – sauve seul l'honneur de la nation. Mais la guerre inspire aussi des réalisateurs talentueux. En 1978, avec *Voyage au bout de l'enfer,* Michael Cimino présente le drame de ces *boys* issus de la classe ouvrière et jetés dans un conflit qui ne les concerne pas. L'année suivante, Francis Ford Coppola emprunte à un roman de Conrad une narration symbolique de l'horreur : c'est *Apocalypse Now.* Dévoilant l'entraînement des marines puis les atrocités des combats dans *Full Metal Jacket* (1987), Stanley Kubrick rend lisible la déshumanisation programmée des soldats. Quant à Oliver Stone, vétéran du Viêt-nam, il se libère de cette sinistre période en réalisant un triptyque saisissant : *Platoon* (1986), *Né un 4 juillet* (1989), *Entre ciel et terre* (1993). Les Américains ne s'y trompent pas, qui font de ces films des succès du box-office.

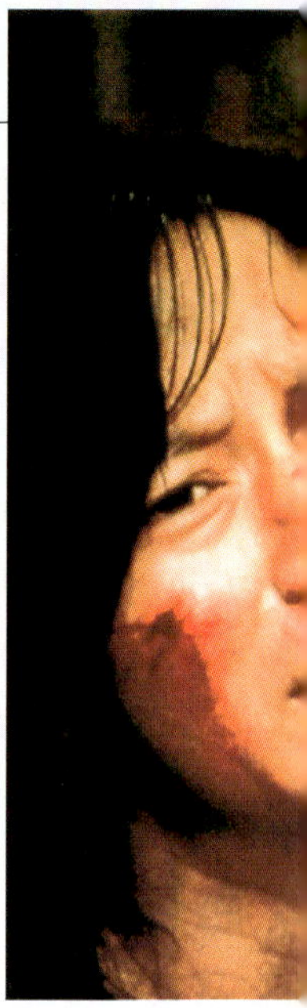

▷ **Le film** *Outrages,* avec Thuly Thu et Michael J. Fox, reconstitue le terrible massacre du village de My Lai, en mars 1968.

▽ ***Rambo :*** un héros souvent brocardé pour son hypertrophie musculaire, mais dont le succès est symptomatique de l'Amérique des années Reagan.
1985.

△
Coming home. Plus de 50 000 soldats américains sont tués et des dizaines de milliers blessés. Parfois mutilés ou paralysés, souvent incapables de se réadapter à une vie « normale », ils restent incompris de la société américaine.
S. Schapiro.

△ *Platoon.* Dotés de gros budgets, les films américains s'offrent des reconstitutions très réalistes, telle l'évacuation de ces combattants par hélicoptère.
1986.

◁ *Outrages.* Peu habitués aux combats de guérilla, les Américains y répondent par des représailles violentes et par l'utilisation d'armes chimiques.

▷
Apocalypse now évoque dans un style baroque et saisissant les troubles du comportement survenus chez des hommes livrés à eux-mêmes.
1979.

LA GRANDE-BRETAGNE DES ANNÉES 1960

Au début des années 60, le Royaume-Uni a perdu l'*imperium mundi,* piétine aux portes de l'Europe, mais donne toujours le ton : les guitares électriques l'emportent sur les cornemuses.

◁ **Cité** ouvrière à Nelson (Lancashire). Ces alignements de maisons de briques sont communs à tout le nord de l'Angleterre industrielle et minière. L'après-guerre voit le début du déclin des industries traditionnelles.

Harold Macmillan, Premier ministre conservateur, assurait, en 1961, ressentir « un vent nouveau » qui, soufflant sur le royaume de Sa Très Gracieuse Majesté, en ébranlait dangereusement les fondations. En effet, les hurlements de jeunes gens armés de guitares électriques et les déhanchements de jeunes filles en minijupes surprennent autant les respectables gentlemen à chapeaux melon que les ouvriers buvant de la bière dans les pubs.

La fin de l'Empire

En apparence, la Grande-Bretagne est l'un des grands vainqueurs de la Seconde Guerre mondiale. Elle est

membre permanent du Conseil de sécurité de l'O.N.U., dispose d'une zone d'occupation en Allemagne et domine encore le plus vaste empire colonial du monde. Ses institutions sont extraordinairement stables ; la famille royale incarne parfaitement ces certitudes, et sa popularité est amplifiée par la radio, les actualités cinématographiques, la presse quotidienne et les newsmagazines puis par la télévision.

Arrière-petit-fils de la reine Victoria, première impératrice des Indes, le roi George VI en sera le dernier empereur. Les photographies de lord Mountbatten entre Nehru et Jinnah, l'adhésion de l'Inde au *Commonwealth* ne doivent pas faire illusion : la décolonisation de l'Empire britannique ne s'effectue pas sans heurts. Dans les territoires où les colons étaient nombreux, comme le Kenya ou la Malaisie, les Britanniques maintiennent leur présence le plus longtemps possible, fût-ce au prix de guerres très dures : le Kenya accède à l'indépendance en 1963 seulement, Aden et le Sud-Yémen en 1967. Le Royaume-Uni doit aussi renoncer progressivement à ses possessions des Antilles.

Dans le même temps, sa politique extérieure est strictement alignée sur celle des États-Unis, auxquels la

L'audace et l'inventivité des couturiers britanniques font de Londres le centre mondial de la mode, avant Paris.

CARNABY STREET

Les premiers à se distinguer par leurs vêtements sont les *Teddy Boys,* spécialistes d'une excentricité uniforme et codifiée. Portant favoris et boucles longues, ils se vêtent, à prix d'or, de chemises à jabot, de gilets chatoyants, de larges pantalons recouverts de longs manteaux victoriens. Ils se fournissent dans une petite rue du centre de Londres, Carnaby Street. C'est là qu'en 1965 une styliste inconnue, Mary Quant, invente la minijupe, qui triomphe grâce aux nouveaux collants. Dès lors, l'Angleterre donne le ton dans tous les domaines : on imite les coiffures lisses et les nuques dégagées du coiffeur Vidal Sassoon, on vante les grâces androgynes du mannequin Twiggy et l'on fait un triomphe aux photographies de David Bailey.

△ **Éducation** toute britannique : ces jeunes élèves de Hill House – institution très huppée naguère fréquentée par le prince Charles – apprennent la civilité vis-à-vis des automobilistes londoniens.
1967.

◁ **Les Beatles** à leurs débuts. De gauche à droite : George Harrison, Paul Mac Cartney, John Lennon, Ringo Starr. Moins sulfureux que les Rolling Stones, ils choquent pourtant une partie de l'opinion.
1963.

Grande-Bretagne est unie par une aversion commune pour le communisme, considéré comme un totalitarisme, et par les liens noués pendant la guerre. C'est cet atlantisme intransigeant qui pousse le général de Gaulle, soucieux d'indépendance et hostile à la bipolarisation du monde, à refuser par deux fois l'admission de la Grande-Bretagne dans l'Europe des Six.

La rançon de la gloire

Affaibli par la guerre, à la tête d'un potentiel industriel vieilli, le pays connaît de graves difficultés économiques, en dépit de l'aide américaine (plan Marshall), et reste en marge des Trente Glorieuses, avec une croissance annuelle de 2 p. 100 par an seulement. La livre sterling doit être dévaluée en 1949. Les secteurs les plus traditionnels, comme la sidérurgie et le textile, sont secoués par des grèves dures, menées par une classe ouvrière fortement syndicalisée, aguerrie et combative. C'est pour elle qu'est mis en place le premier système de sécurité sociale complet, inspiré par le plan Beveridge de 1942. « Jamais les Anglais n'ont aussi bien vécu », assure Harold Macmillan. Mais, pour opérer une véritable redistribution des revenus, il faut faire des prélèvements massifs. Or, le poids des impôts directs est tel, assurent les conservateurs, qu'ils découragent toute initiative, suppriment le sens de l'effort et causent la fuite des capitaux.

De plus, le *Welfare State* est accusé de déstabiliser la famille traditionnelle, dont la subsistance ne dépend plus désormais du seul paterfamilias, mais des prestations. Tout cela malmène la « culture de la déférence » envers la gentry et les classes possédantes, dont l'existence même semble menacée, malgré la solidité des traditions.

L'autre Angleterre

À la fin des années 1950, la population britannique devient multiraciale, en raison de l'afflux des Jamaïcains, des Pakistanais et des Africains ; les « gens de couleur » représentent 2 p. 100 de la population totale en 1972, mais près de 20 p. 100 dans certains quartiers. Le député conservateur de Wolverhampton, Enoch Powell, peut alors se déchaîner contre une immigration qui inquiète et change l'allure des *suburbs* des villes industrielles, que les ouvriers abandonnent pour les demeures plus coquettes des villes nouvelles.

Mais ni le confort ni l'esthétique conventionnelle des nouveaux logements ne peuvent satisfaire les jeunes générations, avides de tous les plaisirs dispensés par les centres-villes. La *working class* ne se reconnaît pas dans ces jeunes gens hargneux dont la rue est le domaine. D'abord violents et racistes, les *Teddy Boys* cessent, dès 1959, de s'affronter entre bandes pour se défouler de façon plus paisible : par le vêtement. Ils seront relayés, à partir de

Le système scolaire britannique perpétue les inégalités et les bizarreries de la société traditionnelle.

LE SYSTÈME SCOLAIRE

Un des films les plus corrosifs des années 1960 est *If*, qui décrit la révolte des élèves d'une très élégante *public school* (école privée, comme son nom ne l'indique pas...). Les *public schools* incarnent l'élitisme de la société britannique, elles reçoivent 450 000 élèves à la fin des années 1960, contre dix millions dans l'enseignement public, et servent toujours de modèle aux *grammar schools*, les meilleures écoles secondaires publiques, jugées bien plus performantes que les *secondary modern schools*, réservées aux enfants sans grandes ambitions scolaires. En 1944, la loi Butler prévoyait l'accession de tous les enfants à l'enseignement secondaire, mais son application fut décevante. C'est pourquoi, à la fin de cette même décennie, les communes mettent en place des *comprehensive schools*, où sont reçus tous les enfants, mais dont les détracteurs dénoncent la pédagogie fumeuse, la discipline relâchée et l'égalitarisme réducteur.

▽ **Paradoxe** britannique : deux policiers sans arme séparent les groupes rivaux des élégants *mods* et des négligés *rockers* devant le tribunal de Margate, après les bagarres qui les ont opposés sur la plage de cette cité balnéaire.

1960, par les hippies, dont le modèle est Jim Haynes, militaire américain qui quitte son régiment stationné à Édimbourg pour mener une vie errante et promouvoir une culture *underground*. En 1967, plusieurs milliers de hippies se retrouvent pour un *be-in* à Woburn Abbey. Bien différents sont les *Skinheads*, taciturnes et résolument prolétaires, et les *Hell Angels* vêtus de cuir, qui mènent leur croisade contre les immigrés et les intellectuels.

Quatre garçons dans le vent

Marqués par le rock'n'roll et le folk américains, des chanteurs connaissent des succès plus ou moins éphémères. Le premier est probablement Cliff Richards. Mais le mouvement s'épanouit en 1963 à Liverpool, alors que l'abolition du service militaire prolonge l'adolescence et que l'argent de poche augmente le pouvoir d'achat des teen-agers. Les Beatles lancent une musique novatrice, conjuguant de multiples influences, et sont très vite l'objet d'une *beatlemania* effrénée qui gagne les États-Unis, puis le reste du monde. Dans leur sillage émergent les Rolling Stones, dont le leader, Mick Jagger, atteint les sommets de la séduction et de la provocation, et les Who, qui n'hésitent pas à détruire leurs instruments sur scène.

En 1965, la reine élève les Beatles au rang de *member of the British Empire*, au grand dam des colonels des Indes, qui sont nombreux à renvoyer leur décoration. Mais, en 1969, c'est John Lennon qui rend sa médaille, pour protester contre la guerre du Viêt-nam. □

◁ **Twiggy**, le mannequin vedette des années 60, pose ici avec Patrick MacNee, le célèbre interprète de la série télévisée *Chapeau melon et bottes de cuir*.

▷ **Les stylistes** londoniens inventent une mode excentrique et résolument « jeune », alors que les capitales latines – Paris et Rome – restent plus attachées aux traditions de l'élégance et du « bon goût ». 1965.

Le Royaume-Uni est formé de quatre nations différentes, qui préservent jalousement leur identité.

PARTICULARITÉS ET PARTICULARISMES

Outre l'Angleterre, la Grande-Bretagne comprend le pays de Galles et l'Écosse ; avec l'Irlande du Nord (Ulster), elle forme le Royaume-Uni. À la fin des années 1960, les nationalismes se réveillent. Les 35 p. 100 de catholiques de l'Ulster, qui ne s'étaient jamais résignés à la partition de leur île, fondent l'Association des droits civiques, qui se heurte violemment à l'extrémisme des protestants « orangistes ». Les troubles qui éclatent à Londonderry, banlieue populaire de Belfast, suscitent l'intervention de l'armée britannique. Les nationalismes sont moins violents en Écosse et au pays de Galles, mais, là aussi, les partis « nationaux » marquent des points aux élections et font campagne pour la sauvegarde des langues celtiques. Cependant, les revendications d'indépendance ne semblent guère réalistes.

LA FRANCE DES ANNÉES DE GAULLE

Revenu au pouvoir en juin 1958, le général de Gaulle s'attache d'abord à réformer les institutions. Soucieux d'offrir à la France un grand destin, le premier président de la Vᵉ République mène une politique ambitieuse d'indépendance nationale.

Approuvée par référendum le 28 septembre 1958, la Constitution qui fonde la Vᵉ République établit un régime nouveau. Elle assure la prééminence de l'exécutif sur le législatif – donc du président sur les Assemblées – et permet un net renforcement du pouvoir personnel du chef de l'État.

Les colonies françaises

Rappelé au pouvoir pour résoudre la crise algérienne, de Gaulle s'attache à clarifier la situation de tout l'Empire colonial. Profitant du vote de la Constitution, il propose aux colonies d'Afrique noire l'indépendance ou leur maintien dans une « Communauté » autorisant une large autonomie à chaque pays. Seule la Guinée opte pour la souveraineté immédiate. Mais tous les autres États y accèdent pacifiquement, en 1960, tout en gardant des liens avec la métropole.

◁ **Le général** de Gaulle donne une conférence de presse, véritable spectacle où il étrille souvent les journalistes par ses bons mots ou sa verve caustique.

En Algérie, de Gaulle finit par engager la France dans la voie des négociations, en dépit de l'armée et des Européens d'Algérie. Plusieurs discours jalonnent l'évolution du chef de l'État et préparent l'opinion à l'inéluctable séparation. Malgré un climat d'extrême violence, les accords d'Évian du 18 mars 1962 consacrent l'indépendance. En août, de Gaulle échappe à un attentat au Petit-Clamart. Mais c'en est enfin fini de la réprobation internationale sur cette question. Et la métropole accueille avec soulagement la fin de la guerre, même si cela provoque un exode massif des pieds-noirs.

LA POLITIQUE DE PRESTIGE

En 1962, de Gaulle fait approuver une réforme constitutionnelle : à l'avenir, le chef de l'État sera élu au suffrage universel direct. L'État gaullien brille alors de tous ses feux. Voyages présidentiels en province, fréquentes interventions à la télévision, conférences de presse étincelantes : de Gaulle use de ses nombreux atouts pour établir un contact direct avec l'opinion et asseoir son incontestable popularité. Le pouvoir se personnalise et le chef de l'État parvient tout à la fois à marginaliser les partis traditionnels et à maintenir ses propres partisans sous tutelle.

De Gaulle, qui s'est toujours fait « une certaine idée de la France », souhaite lui rendre son rang et son prestige dans le monde. Le maître mot de sa politique est donc l'indépendance. C'est d'abord l'armée qui doit disposer des moyens de garantir la souveraineté du pays. Dès 1960, la France se dote d'une force de frappe atomique. En 1966, elle quitte le commandement intégré de l'Organisation du traité de l'Atlantique Nord. Cette alliance militaire, créée en 1949 et réunissant alors douze pays, est largement dominée par les États-Unis ; à défaut d'y figurer en égale, la France marque ses distances. En outre, de Gaulle multiplie les manifestations de la singularité

◁ **De Gaulle** prononce un discours en Andorre, dont il est le co-prince, en tant que président de la République française. Ses prises de position parfois surprenantes n'entament guère son prestige ni sa popularité.
1967.

▽ **André Malraux,** Georges Pompidou et Michel Debré écoutent une conférence de presse du général de Gaulle. Georges Pompidou est Premier ministre depuis 1962 et André Malraux ministre des Affaires culturelles.
1967.

À mesure que le niveau de vie général s'élève, l'état d'esprit des Français change : à partir des années 1960, les activités de loisir sont nettement valorisées.

LES FRANÇAIS EN VACANCES

Durant la décennie 1960-1970, le tourisme de masse explose véritablement en France. Les salariés ont gagné une troisième semaine de congés payés en 1956, et la quatrième commence à être instituée. Un peu plus de la moitié des Français partent en vacances chaque été. Bien sûr, les différences régionales et sociales sont encore sensibles. Le Club Méditerranée, fondé en 1950, connaît un succès foudroyant et démocratise l'exotisme. Mais un tourisme populaire de proximité se développe aussi : les colonies de vacances se généralisent et le nombre des terrains de camping augmente considérablement. Les pouvoirs publics mènent d'ailleurs une politique active en la matière et mettent notamment en valeur le littoral languedocien autour de la station futuriste de La Grande-Motte. Les vacances d'été font dorénavant figure de rite, de passage obligé dans le calendrier social.

diplomatique française. En 1964, il reconnaît la Chine populaire. En 1966, à Phnom Penh, il dénonce le rôle des États-Unis dans la guerre du Viêt-nam. En 1967, il condamne Israël et la guerre des Six-Jours. La même année, il s'exclame au Canada : « Vive le Québec libre ! » et il améliore les relations avec l'U.R.S.S., mais au moment de la crise de Cuba, il apporte à Kennedy l'entier soutien de la France.

La France s'affirme également par ses réalisations technologiques. Les centrales nucléaires, l'aéroport d'Orly, le tunnel du Mont-Blanc, l'usine marémotrice de la Rance, l'avion *Caravelle,* le paquebot *France* sont autant de vitrines d'une nation dynamique et prospère. Jamais l'économie n'a connu une telle expansion. Le taux de croissance du pays s'établit en moyenne à 5,5 p. 100 par an. Le niveau d'investissement dans l'industrie progresse de plus de 7 p. 100 chaque année. L'agriculture se modernise. Et la construction européenne, liée à l'Allemagne, ouvre l'horizon international. Dans les entreprises, les mots d'ordre sont concentration et constitution de grands groupes. Le capitalisme hexagonal se met à l'heure de son temps.

Des équilibres pourtant fragiles

Mais l'euphorie de la croissance masque de profondes mutations. On souligne déjà le dépeuplement rural et on annonce la fin du monde paysan. La consommation de masse voit le jour. Les grandes surfaces assurent leur emprise : le premier supermarché Carrefour est ouvert dans la banlieue parisienne en 1963. Vers le milieu des années 1960, près de la moitié des Français possèdent un téléviseur et une automobile. Plus de 50 p. 100 partent chaque année en vacances. La société se rassemble autour d'une culture

Dans le milieu des années 1960, le Tour de France passionne plus que jamais les Français avec les deux rivaux Jacques Anquetil et Raymond Poulidor.

« VAS-Y POUPOU »

Anquetil est le symbole même du succès. Il domine le cyclisme français et international (Tours d'Italie, d'Espagne...) depuis la retraite de Louison Bobet. En 1964, il fête sa cinquième victoire dans la Grande Boucle. Roi du contre-la-montre, Anquetil est un champion rationnel. Il gère son temps, les précieuses minutes d'avance qu'il arrache à ses adversaires. Poulidor, qui occupe le plus souvent la deuxième place au classement général et aux arrivées d'étapes, fait figure d'éternel second. Mais il représente l'amateur plein de vie, malchanceux et jovial, et c'est à lui que le public réserve son affection. Anquetil et sa rigueur, « Poupou » et sa bonhomie : la France change, elle le sent, et, pour un temps, elle récuse l'efficacité et s'abandonne à une douce nostalgie.

▽ **Jacques** Anquetil et Raymond Poulidor au départ de la course cycliste Paris-Nice. Les deux sportifs ont les faveurs du public, le premier pour ses brillants résultats, le deuxième pour son endurance. Depuis 1952, la télévision « couvre » le Tour de France, augmentant la popularité des coureurs.
1963.

commune. Au cinéma, Bourvil et Louis de Funès attirent un public nombreux. Le sport se donne en spectacle : la France organise les jeux Olympiques d'hiver de Grenoble, en 1968.

Mais la société n'est pas exempte de tensions. Le baby-boom de l'après-guerre conduit à découvrir, au milieu des années 60, une « planète jeune » de plus en plus soucieuse de reconnaissance. Les moins de vingt ans représentent un tiers de la population. L'accès aux études, largement démocratisé, retarde l'entrée dans le monde adulte. L'essor des médias et leur internationalisation offrent à la jeunesse de nouveaux repères. C'est le triomphe des Beatles, des cheveux longs, des minijupes, du jean. Une culture contestataire émerge. Elle dénonce en bloc la guerre du Viêt-nam, les valeurs sociales, le culte de la réussite et de l'argent ; elle critique les structures traditionnelles : la famille, l'école, l'armée, l'État, l'Église. Elle adopte volontiers pour emblème la figure mythique du révolutionnaire Che Guevara.

Insensiblement, la contestation se diffuse dans la société, d'autant que le partage des fruits de la croissance est biaisé. Les élections présidentielles de 1965 sont un premier signe de l'érosion du système gaullien. Contre toute attente, à l'issue du premier tour de scrutin, de Gaulle se trouve mis en ballottage par François Mitterrand. De Gaulle remporte les élections, mais, en l'absence du triomphe attendu, ce succès s'apparente à un demi-échec. Âgé de 75 ans en 1965, le président de la République incarne désormais le passé pour une part minoritaire mais croissante de l'opinion. □

△
Sylvie Vartan et Johnny Halliday. Influencés par le rock, avec un côté gentiment provocateur, les « idoles des jeunes » renouvellent la chanson française. Trente ans plus tard, ils font toujours recette auprès de leurs admirateurs.
1963.

◁
Le paquebot *France* au Havre. Ce navire magnifique connaît un destin curieux : victime de la crise du pétrole, de la concurrence aérienne et de la surenchère syndicale, il est racheté par un armateur norvégien en 1979.

Assurant le succès fulgurant d'une nouvelle forme de culture, la bande dessinée, les Français des années 1960 se reconnaissent dans les Gaulois d'hier.

ASTÉRIX LE FRANÇAIS

Largement popularisée depuis l'entre-deux-guerres, dominée ensuite par les succès d'Hergé, le père de Tintin, et de « l'école franco belge », la B.D. est enfin reconnue comme une forme de culture à part entière et elle peut s'émanciper du ghetto de la littérature pour enfants. Fin 1959, René Goscinny et Albert Uderzo fondent un nouveau journal, *Pilote*. En 1961, ils publient le premier volume des aventures d'Astérix le Gaulois. Le succès est foudroyant. Rapidement, les ventes de chaque nouvel album dépassent 500 000 exemplaires. Sans doute la société française se reconnaît-elle dans l'image que lui renvoient les sympathiques habitants du village d'Astérix et Obélix : querelleurs mais bon enfant, astucieux, rebelles – en dépit de la vérité historique – à l'occupation romaine (« Ils sont fous ces Romains ! ») et unis sous l'autorité bienveillante d'un chef ombrageux mais proche des siens.

LA TÉLÉVISION

En 1960, 13 p. 100 des ménages français sont équipés d'un téléviseur ; en 1968, ils sont 60 p. 100. Emblématique de la soudaine explosion de la télévision est la naissance, en 1964, d'une deuxième chaîne, qui, à partir de 1967, offre à quelques privilégiés des programmes en couleur. Étroitement contrôlée par le pouvoir politique, cette télévision conquérante est animée par des pionniers aux ambitions pédagogiques. Avec Pierre Sabbagh, Pierre Desgraupes, Pierre Dumayet, l'heure est aux émissions littéraires (« Lectures pour tous ») et historiques (« La caméra explore le temps »), aux magazines d'information (« Cinq colonnes à la une ») ou aux grandes dramatiques à vocation culturelle de Marcel Bluwal ou Stellio Lorenzi. Mais les goûts du public se portent déjà volontiers vers le divertissement. Les émissions de sport (« Télé-Match »), les jeux (« Intervilles »), le cirque (« La piste aux étoiles ») ou les variétés (« Le Palmarès des chansons ») popularisent des animateurs propulsés au rang de vedettes. En à peine dix ans, la télévision modèle de façon irréversible le rythme quotidien des foyers et impose les éléments d'une nouvelle culture collective.

◁ **Le réalisateur** Marcel Bluwal filme pour la télévision plusieurs pièces de théâtre comme *le Mariage de Figaro,* en 1961.

Les « trois Pierre », ▷ Lazareff, Desgraupes et Dumayet, créent « Cinq colonnes à la une », émission à vocation pédagogique destinée à un large public.

◁ **La télévision** pénètre dans les foyers les plus modestes : considérée de plus en plus comme un bien d'équipement de base, elle bouleverse le temps consacré aux loisirs.

La présentatrice ▷ Catherine Langeais. Les femmes annoncent les programmes, mais il faut attendre quelques années pour les voir occuper des postes d'habitude réservés aux hommes, notamment aux informations.

ierre Sabbagh,
ı pipe et son pin-
ɔuin-mascotte. Il
occupe avec talent
e l'émission littéraire
Lectures pour tous ».

▽ **Léon Zitrone** s'entretient avec le président américain Johnson. C'est le commentateur attitré des événements concernant les grands de ce monde.

▽ **Poésie** traditionnelle, mais sur fond de « modernes » H.L.M. « Bonne Nuit les petits » est créé par Claude Laydu. Nounours et le marchand de sable ont rassuré, avec Nicolas et Pimprenelle, les petits Français des années 1960.

1963. Institut national de l'audiovisuel, Bry-sur-Marne.

ROYAUME-UNI

Au nom de l'humanité

■ Bertrand Russell, prix Nobel de littérature, et Jean-Paul Sartre entreprennent de rendre justice au peuple vietnamien. Les deux philosophes citent les États-Unis à comparaître devant le « tribunal Russell », fondé en 1961 pour condamner les manquements aux droits de l'homme. Bertrand, 13e comte Russell, est aussi célèbre pour ses recherches sur l'épistémologie que pour son athéisme militant et ses excentricités. Ce pacifiste convaincu, né en 1872, n'hésita pas en 1914 à braver l'opinion publique et fut emprisonné pour objection de conscience en 1916. Ses engagements politiques lui ont valu le surnom de « lord rouge ». □

AFRIQUE DU SUD

Un cœur tout neuf

■ En décembre 1967, un chirurgien encore inconnu, le professeur Barnard, fait irruption au premier plan de l'actualité : il vient, après une opération de cinq heures, de réussir la première greffe du cœur dans un hôpital du Cap. Le patient, Louis Washansky, 55 ans, était dans un état désespéré quand on lui a implanté le cœur d'une jeune femme, morte dans un accident quelques heures avant l'intervention. On maîtrise mal les problèmes liés à la compatibilité des tissus, et le patient mourra 18 jours plus tard, victime d'une réaction de rejet. Mais cette greffe d'un cœur humain n'est que la première d'une longue série. □

ÉTATS-UNIS

2001, l'Odyssée de l'espace

■ La vedette du dernier film de Stanley Kubrick n'est pas son acteur principal, Keir Dullea, mais un ordinateur. Après avoir, dans *Docteur Folamour,* dénoncé le danger nucléaire, le cinéaste s'interroge sur les limites du pouvoir des machines. Ayant rencontré un étrange monolithe noir, qui, depuis l'aube de l'humanité, accroît l'agressivité de ceux qui le croisent, l'ordinateur de bord d'un vaisseau spatial prend le contrôle de l'équipage. Avec l'aide et les conseils de techniciens de la NASA, Stanley Kubrick a réalisé un film qui est tout à la fois un documentaire très précis et une œuvre de science-fiction novatrice, destinée à un public adulte. □

Le pape Paul VI à Rome.

ITALIE

Entre progressisme et tradition

■ Élu en 1963, après la mort de Jean XXIII, le pape Paul VI continue l'œuvre hardiment rénovatrice de son prédécesseur : partisan d'une étiquette simplifiée, ouvert au dialogue avec les autres religions et avec les non-croyants, il est le premier pontife à sortir de Rome pour voyager à l'étranger. En matière doctrinale, il est cependant plus traditionnel et affirme dans ses encycliques la sainteté de l'Église, la dignité du célibat des prêtres et le respect de la vie humaine. Mais le saint-père sait se montrer progressiste dans le domaine social en publiant, en 1967, *Popularum progressio,* encyclique qui fait le point sur la doctrine sociale de l'Église et prend en compte les recherches les plus récentes de l'économie politique. □

Le « tribunal Russell » à Stockholm. *1967.*

GRÈCE

Le pouvoir des colonels

■ 21 avril 1967 : pour éviter un soi-disant « putsch de gauche », les chars des cadets de l'école d'artillerie occupent tous les carrefours d'Athènes, encerclent le bâtiment de la Radio, le palais royal, le Parlement et l'aéroport. Une junte militaire, animée par trois colonels, Papadhopoulos, Makarezos et Pattakos, prend les commandes de l'État. Parmi les premières mesures édictées par les conjurés : l'interdiction de la minijupe et l'obligation pour les garçons de porter les cheveux très courts. L'O.T.A.N. et les alliés européens de la Grèce font part de leurs réserves et s'interrogent sur l'avenir et les orientations du nouveau régime. Le jeune roi Constantin a l'intention de restaurer la démocratie : en décembre, il tente de diffuser un appel dans ce sens, mais l'émetteur dont il dispose est de très faible puissance, et l'armée ne le suit pas. Le souverain doit s'exiler à Rome avec sa femme, sa fille et la reine-mère, l'impopulaire reine Frederika. En septembre 1969, les Grecs accorderont leur confiance au Premier ministre Papadhopoulos, l'homme de la junte : par référendum, ils approuvent à 91,9 p. 100 (il y a 77,5 p. 100 de participants) la suppression des droits fondamentaux du Parlement. □

AFRIQUE NOIRE

Génocide au Biafra

■ Depuis mai 1967, les Biafrais, de l'ethnie Ibo, ont fait sécession sous la direction du colonel Ojukwu. Fortement christianisés, les Biafrais n'ont que peu de points communs avec les Peuls, les Haoussas et les Yorubas, islamisés, qui forment les trois quarts de la population. Mais le Nigeria n'entend pas se laisser déposséder d'une province qui fournit 60 p. 100 de la production du pays, et le Nord procède à de véritables massacres. En 1968, il meurt entre 8 000 et 10 000 Ibos par jour. □

IRAN

Les fastes de la monarchie

■ Au pouvoir depuis 1941, le chah d'Iran, heureux père d'un héritier mâle, peut recevoir la couronne impériale en octobre 1967. Tous les chefs d'État et de gouvernement sont conviés aux fêtes du couronnement, pour lesquelles on a eu recours aux plus célèbres bijoutiers, brodeurs et couturiers. Preuve de modernité, l'impératrice Farah est couronnée en même temps que son époux. Mais les gages donnés à l'Occident ne doivent pas faire illusion : l'Iran subit une dictature très autoritaire. □

ROYAUME-UNI

Navigateur solitaire

■ Sir Francis Chichester, anobli par la reine, est devenu pour la presse britannique « le plus fameux marin depuis Nelson » et 700 000 personnes sont venues l'accueillir à Plymouth. Âgé de soixante-cinq ans, atteint dix ans plus tôt d'un cancer en principe incurable, il « boucle », le 27 mai 1967, un tour du monde à la voile en solitaire, accompli à bord d'un voilier de 16 mètres, le *Gipsy Moth IV.* Le marin a ainsi parcouru 28 000 miles sur toutes les mers du globe. □

1968 - 1972

Un vent de folie souffle sur le Vieux Continent. Malgré le rideau de fer, l'Est et l'Ouest sont au diapason : en Pologne, en Tchécoslovaquie, en France, la jeunesse étudiante descend dans la rue pour crier sa soif de liberté et de reconnaissance. Ce que les Tchèques réclament, c'est le droit de ne plus en référer à Moscou pour choisir leur gouvernement. Les jeunes Français, quant à eux, se sentent certes incompris par le pouvoir distant incarné par un général de soixante-dix-huit ans, mais ils jouissent déjà de ces libertés démocratiques que leurs camarades tchèques tenteront jusqu'au bout de défendre face aux chars russes. Que manque-t-il donc à ces enfants de la prospérité et de la société de consommation ? Les événements de mai expriment un malaise diffus mais réel, malaise à la fois politique et social qui ne se laisse pourtant régler ni par des augmentations de salaires ni par des consultations électorales. Seuls les graffitis parisiens proposent une solution – ou plutôt un rêve – à la mesure des attentes des jeunes acteurs : « changer la vie ».

La Sorbonne, mai 1968.

LES CRISES DE 1968

Les pays industrialisés subissent des crises de croissance sérieuses au cours des années 1967-1968 : une aspiration à une société plus respectueuse de l'individu et de son bien-être succède à l'expansion économique et militaire soutenue depuis la fin de la guerre.

Le rajeunissement consécutif au baby-boom oblige les pays développés à tenir compte d'un nouvel acteur social, la jeunesse. Selon le philosophe Marcuse, le monde étudiant doit être « délivré » de l'appareil de production ; il est « récupérable », car pas encore intégré à la « société de consommation ».

Des États-Unis à l'Europe

Vers 1965, l'université américaine de Berkeley apparaît comme premier foyer de révolte : les étudiants criti-

▽ **Rudi Dutschke,** chef de la Ligue des étudiants socialistes allemands (SDF), défile à la tête d'une manifestation contre la guerre du Viêt-nam, le 18 février 1968 à Berlin. L'anti-impérialisme est commun à tous les mouvements de 1968.

quent les interventions de leur pays au Viêt-nam ou à Saint-Domingue, combattent la ségrégation raciale et accueillent avec sympathie les mouvements de guérilla en Amérique latine. La contagion gagne l'Allemagne au printemps 1967, l'Italie en novembre puis Londres et, surtout, Paris.

« Quand la France s'ennuie »

Un article clairvoyant de Pierre Viansson-Ponté, publié le 15 mars 1968 dans *le Monde,* souligne que les Français ne s'intéressent pas aux grands problèmes de l'heure et que, faute d'idéal, la jeunesse se morfond. Au pouvoir depuis dix ans, le général de Gaulle pourrait en dire autant.

Le 22 mars, une centaine d'étudiants occupe les locaux administratifs de l'université de Nanterre. À l'initiative de Daniel Cohn-Bendit, étudiant en sociologie, tous les groupuscules gauchistes – trotskistes, maoïstes et anarchistes – se fédèrent dans un mouvement d'extrême gauche. Ils s'attaquent à Nanterre, la faculté la plus ouverte aux réformes, suspectée d'assujettissement à la logique du marché et de l'entreprise.

Le 2 mai, l'organisation d'une « journée anti-impérialiste » et l'occupation des amphithéâtres de Nanterre conduisent le doyen à fermer la faculté. Le lendemain, la cour de la Sorbonne est occupée et la police intervient sans douceur (100 blessés et 600 arrestations), donnant prise à la stratégie gauchiste provocation-répression-solidarité. Cette brutalité et la fermeture, à trois semaines des examens, de la faculté des lettres de Nanterre accroissent l'audience de la fronde.

Le 4 mai, les cours sont suspendus à la Sorbonne ; le 6, le Quartier latin connaît de nouveaux affrontements (plus de 900 blessés et 400 arrestations) ; le 7, 30 000 étudiants défilent sur les Champs-Élysées. Mais, dans la nuit du 10 au 11 mai, l'événement prend une tournure insurrectionnelle.

◁ **Herbert Marcuse.** Philosophe américain d'origine allemande, il se consacre à l'étude de la civilisation moderne, accusant la société de consommation de produire pour produire.
1973.

Les athlètes noirs ▽ américains sur le podium des jeux Olympiques de Mexico, en 1968, saluent leur hymne national tête baissée et poing ganté de noir dressé en signe de protestation, tandis que défile, aux États-Unis, une manifestation du Black Power (« pouvoir noir »).

Lénine confiait à une minorité agissante le rôle actif d'« avant-garde du prolétariat ». Des groupes d'obédience communiste émergent lors des événements de 1968.

DES MENEURS EXTRÉMISTES

Ayant rompu avec le Parti communiste en 1960 à propos de la guerre d'Algérie, l'Union nationale des étudiants de France (U.N.E.F.) subit aussi des schismes, car certains adhérents créent leurs propres formations. La Jeunesse communiste révolutionnaire réunit des trotskistes autour d'Alain Krivine, l'Union des jeunesses communistes marxistes-léninistes se veut maoïste. Trois personnes se distinguent particulièrement : Daniel Cohn-Bendit, étudiant en sociologie, est le principal meneur des occupations de Nanterre ; cet anarchiste veut fédérer les groupes d'extrême gauche, mais son autorité sur le mouvement de mai reste limitée ; secrétaire général du Syndicat national de l'enseignement supérieur (S.N.E.-Sup), maître-assistant à la faculté des sciences de Paris, Alain Geismar est le principal animateur des événements, avec Jacques Sauvageot, dirigeant de l'U.N.E.F.

Des scènes d'émeute

Le Quartier latin offre un visage d'émeute : soixante barrages défient les forces de l'ordre. Jets de pavés, de « cocktails Molotov », incendies de véhicules, fracas des grenades lacrymogènes puis offensives : de sévères échauffourées font 1 100 blessés, dont 367 graves. À l'aube, l'ordre est rétabli. Toutefois, les nouvelles se propagent rapidement à Paris et en province, tandis que les étudiants recueillent les sympathies ouvertes d'une partie de la population parisienne et des hommes politiques de l'opposition parlementaire. Les tentatives d'apaisement du Premier ministre Georges Pompidou – réouverture de la Sorbonne, libération des étudiants arrêtés – sont un échec : dès le lundi 13 mai, la Sorbonne est occupée. Une manifestation hostile au général de Gaulle réunit 200 000 étudiants, lycéens et ouvriers, auxquels se joignent syndicats et partis de gauche. Le chef de l'État ne mesure pas l'ampleur du malaise et maintient son voyage en Roumanie.

Des grèves soudaines touchent plusieurs usines à Paris et en province dès son départ : deux millions de grévistes le 18 mai, six millions le 20 et dix millions le 24 paralysent toute la France. La crise est devenue sociale.

Le régime menacé ?

De Gaulle écourte son voyage et cherche à reprendre les affaires en main, mais ses paroles ou ses actes tombent dans l'indifférence générale. La nuit du 24 au 25 mai voit des émeutes se reproduire, plus dures que les précédentes : à Paris, les manifestants attaquent plusieurs commissariats de police, tentent d'incendier la Bourse ; à Lyon, un commissaire est tué. L'État semble dépassé par les troubles, craignant un coup de force des gauchistes et des communistes. La menace vient plutôt de la Fédération de la gauche démocrate et socialiste : le 28 mai, son président, François Mitterrand, se pose en recours et préconise la formation d'un gouvernement provisoire, dirigé par Pierre Mendès

Les événements de Mai 1968 conservent quelques aspects énigmatiques, accréditant des thèses diverses sur leurs origines.

LES ÉNIGMES DE MAI

Si la spontanéité du mouvement est corroborée par le désarroi gouvernemental, certains observateurs incriminent la Tricontinentale, organisation révolutionnaire internationale créée à Cuba en 1966, surtout polarisée contre la guerre du Viêt-nam : en février 1968, l'U.N.E.F., la J.C.R. et des « comités Viêt-nam » participent à des « journées anti-impérialistes » à Paris ; la Ligue des étudiants socialistes allemands (SDS) de Rudi Dutschke collabore avec la J.C.R. En revanche, le P.C.F. marque ses distances avec les étudiants contestataires et profite du climat social pour consolider des acquis concrets. La « disparition » du chef de l'État à Baden-Baden, le 29 mai, est-elle volonté de recul par rapport à l'événement, fuite par peur de l'émeute, moyen d'éviter un bain de sang en cas de menace sur l'Élysée ? Le rôle exact de Georges Pompidou est mal connu : cherchait-il à dessaisir le général de Gaulle de ses prérogatives ?

△ **Mai 68** à Paris : les forces de l'ordre, comprenant policiers et C.R.S., affrontent plusieurs « nuits des barricades » contre les manifestants. Malgré des combats très violents, aucune victime ne sera déplorée.

À la Sorbonne, ▷ à Paris, les étudiants et les ouvriers se regroupent sous les mêmes drapeaux révolutionnaires et les portraits de Marx, Lénine, Staline et Mao.

France. Plus pragmatiques, les syndicats ouvriers négocient avec le patronat et le gouvernement, qui leur concèdent d'importants avantages salariaux et statutaires par les accords de Grenelle (27 mai 1968).

Le 29 mai, le général de Gaulle disparaît pendant sept heures pour une visite au général Massu, à Baden-Baden. De retour le 30, ayant pris du recul et décidé à regagner le terrain perdu, il annonce un remaniement ministériel, la dissolution de l'Assemblée nationale et le maintien du Premier ministre. Le soir même, un défilé sur les Champs-Élysées, à l'appel des gaullistes, réunit plus d'un million de Français.

Une «chambre introuvable»

Les dépôts de carburant de la région parisienne sont alors dégagés après deux semaines de paralysie, mais il faut attendre une quinzaine de jours pour que les grèves cessent, face à un pouvoir qui retrouve son autorité et sa détermination. Le 12 juin, les manifestations sont interdites ; le théâtre de l'Odéon et la Sorbonne sont évacués par la police. La majorité des Français approuve le rétablissement de l'ordre : les élections des 23 et 30 juin sont un triomphe pour le président de Gaulle. Pour la première fois dans l'histoire de la République, un parti politique – l'U.D.R. – obtient la majorité absolue des sièges. Mais, dès juillet, le chef de l'État remplace Georges Pompidou, qui se pose de plus en plus en rival, par Maurice Couve de Murville.

Pour rétablir son autorité, de Gaulle s'adresse directement au peuple, déclarant considérer le référendum sur le Sénat et les régions comme un test de l'attachement des Français à sa personne. Au soir du 27 avril 1969, le «non» l'emporte par 53,7 p. 100 des voix : de Gaulle démissionne aussitôt, non sans amertume. Sans l'avoir pressentie, le chef de l'État s'est heurté à la crise de croissance d'une génération.

◁ **Grève** aux usines Renault. Les accords de Grenelle, négociés entre patronat, gouvernement et syndicats, sont refusés par les ouvriers de la Régie Renault. Les syndicats sont surpris par l'explosion sociale de mai 1968 ; ils tentent après coup de reprendre la maîtrise du mouvement avec des revendications «classiques».

Tête du défilé des ▷ partisans du général de Gaulle le 30 mai 1968, place de la Concorde, à Paris. André Malraux et d'autres personnalités conduisent cette marche, «victoire du parti de l'ordre, plus large que le parti gaulliste», d'après Raymond Aron.

Le printemps de Prague

Premier secrétaire du Parti communiste tchécoslovaque (P.C.T.) et président de la République, Antonin Novotny connaît une opposition accrue au sein du P.C.T. : Alexandre Dubcek prend la tête du groupe des « libéraux ». En mai 1964, 3 000 étudiants manifestent à Prague contre la dictature policière et, en juin 1967, le régime est ouvertement critiqué. Six mois plus tard, de nouvelles manifestations étudiantes provoquent la visite de Brejnev ; il repart en déclarant que l'U.R.S.S. ne se mêlera pas des affaires internes de la Tchécoslovaquie.

Début janvier 1968, le Comité central du P.C.T. décide de séparer la fonction de premier secrétaire de celle de chef de l'État : Dubcek succède à Novotny à la tête du parti et essaie de donner un « visage humain » au communisme. La presse écrite se libère ; l'impopulaire Novotny doit se retirer et le général Svoboda devient président de la République. En avril, le P.C.T. publie son programme d'action : la voie tchécoslovaque du socialisme veut réaliser la démocratisation sous l'égide d'un parti communiste à l'autorité renforcée. Cette conception plutôt restrictive de la liberté inquiète néanmoins le Kremlin et les pays frères, qui craignent l'extension du mouvement. Déjà, des heurts se produisent en Pologne.

L'occupation russe, ▷ à la suite du « printemps de Prague », se heurte à la résistance de la population.

▽ **Visite** de Leonid Brejnev à Alexandre Dubcek peu avant l'intervention militaire soviétique du 20 août 1968.

Le 27 juin, l'écrivain Vaculik et 70 personnalités font paraître un « manifeste des deux mille mots », que Dubcek juge trop provocateur. Ce texte accroît l'hostilité des autres pays d'Europe de l'Est, déjà aiguillonnée par les décisions du Parlement tchécoslovaque : réhabilitation des condamnés politiques et abolition de la censure. Seule la Roumanie refuse de condamner l'évolution en cours à Prague.

LE COUP DE FORCE

Vers la mi-juillet, les pays membres du pacte de Varsovie adressent une mise en garde à la Tchécoslovaquie. Dubcek accepte de rencontrer une nouvelle fois Brejnev, puis de se rendre, le 3 août, au sommet du pacte de Varsovie. La tension décroît et Dubcek déclare même à la télévision que le « processus socialiste de renaissance » n'est pas menacé par l'extérieur.

Dans la nuit du 20 au 21 août 1968, les armées du pacte de Varsovie envahissent le territoire tchécoslovaque, officiellement appelées par le Parti communiste. Dubcek est prisonnier en Union soviétique. La population résiste de façon non violente, et le président Svoboda se rend à Moscou pour obtenir la libération de ses ministres ; les Soviétiques tolèrent le maintien de Dubcek, à condition qu'il se consacre au « renforcement du socialisme ».

Mais, les réticences de Dubcek et les manifestations populaires entravent la « normalisation ». Le suicide de l'étudiant Jan Palach, le 16 janvier 1969, émeut l'opinion internationale. Le 17 avril, Dubcek est remplacé par Gustav Husak. Le 21 août 1969, les blindés de l'armée tchécoslovaque répriment brutalement des manifestations antisoviétiques : c'est la fin du « printemps de Prague ». □

Affiche pragoise △ d'août 1968 dénonçant l'Armée rouge délivrant la Tchécoslovaquie du joug nazi pour mieux lui imposer celui de l'impérialisme soviétique.

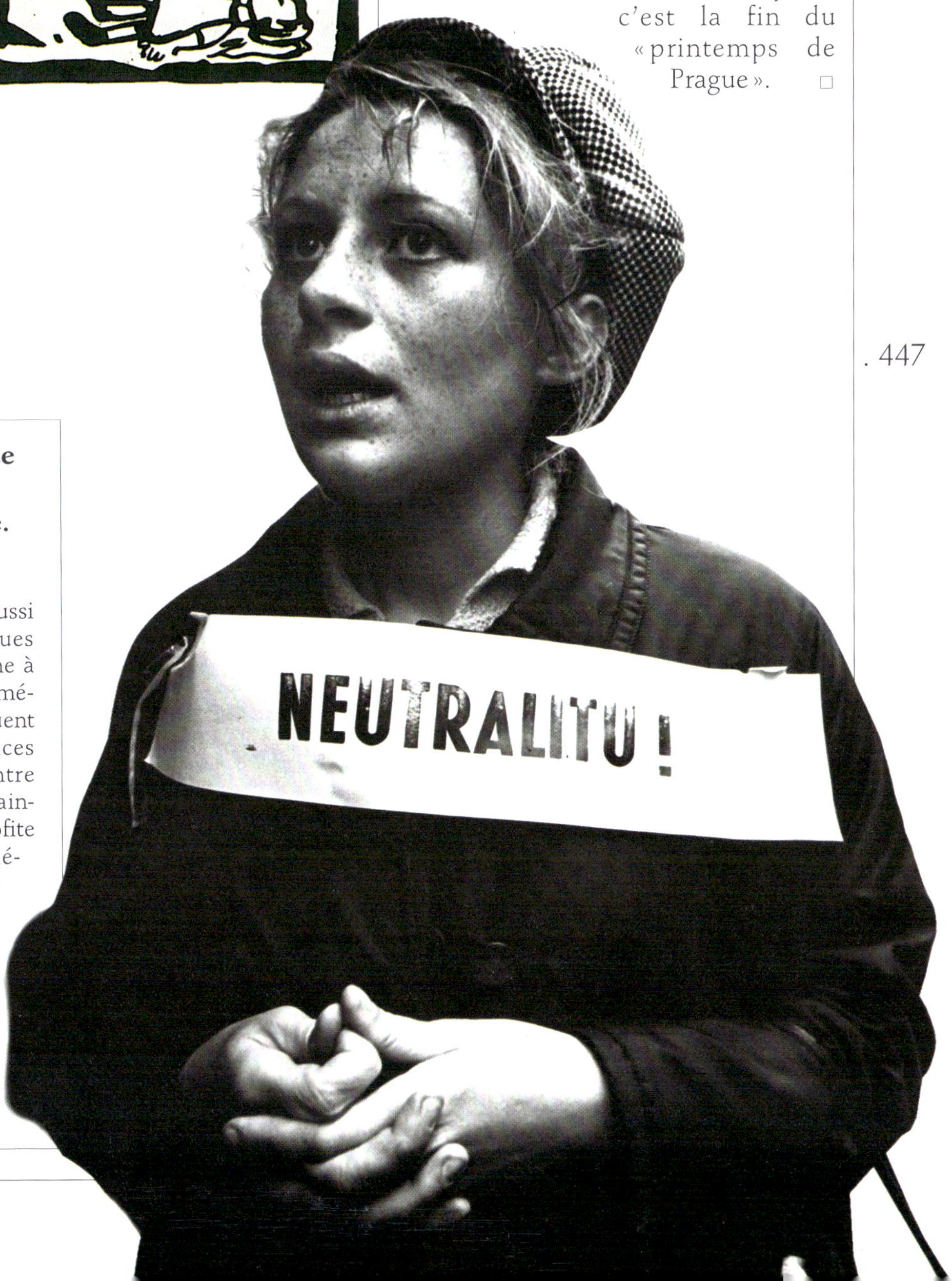

Étudiante pragoise ▷ arborant une affiche « Neutralité », afin que l'Union soviétique n'intervienne pas dans le processus d'évolution politique de son pays.

De graves incidents secouent le Mexique de juillet à octobre 1968. Ils mettent aux prises étudiants et forces de l'ordre.

RÉVOLTES À MEXICO

Les premiers affrontements se soldent par sept morts, en juillet, lorsque les étudiants occupent la cité universitaire de la capitale mexicaine. L'armée les en déloge deux mois plus tard puis prend le contrôle du stade olympique. Une nouvelle flambée de violence survenue peu de temps après tue dix-huit personnes. Enfin, une fusillade lors d'un rassemblement organisé par le Comité étudiant de grève provoque un drame : plus de trente morts et une centaine de blessés graves. Un vent de révolte souffle aussi sur les jeux Olympiques qui ont lieu à l'automne à Mexico. Les athlètes américains noirs se distinguent par leurs performances sportives, et l'un d'entre eux, Tommy Smith, vainqueur du 200 m, en profite pour déclarer : « L'Amérique blanche ne nous reconnaît qu'en tant que champions olympiques, mais l'Amérique noire a compris pourquoi nos poings gantés de noir étaient levés vers le ciel. »

MAI ET LES MÉDIAS

La crise du printemps 1968 donne libre cours à un foisonnement verbal : bravant l'autorité des générations plus âgées, la jeunesse prend la parole. Dans les rues ou les amphithéâtres, sur les affiches ou les tracts, ce besoin d'expression conjugue des éléments divers ; fort individualisme : « Ni dieu ni maître », « Il est interdit d'interdire » ; critique de la société et de la culture classique, jugées « bourgeoises » : « Tous enseignants, tous enseignés » ; refus de la « dictature » de l'économie : « On ne tombe pas amoureux d'un taux de croissance de 5 p. 100 » ; contestation du pouvoir personnel du général de Gaulle : « Dix ans, ça suffit » ; certain rapprochement avec la Résistance : « C.R.S. = SS » ; appels à la solidarité : « Libérez nos camarades », « Étudiants, enseignants, travailleurs, solidaires ». Le tout est mêlé d'utopie : « L'imagination au pouvoir », « Prenez vos désirs pour des réalités », « Sous les pavés, la plage ». La fonction politique des affiches est clairement affirmée par leur graphisme ou leur symbolisme : œuvre des étudiants des Beaux-Arts, elles sont destinées, comme les dazibaos chinois, à la lecture collective. Si de nombreux journalistes de l'O.R.T.F. font grève contre la censure pratiquée par la radio et la télévision d'État, les deux stations périphériques *RTL* et *Europe 1* font preuve d'audace. Enfin, une presse écrite parallèle, bouillonnante et de vie brève, commente les événements à sa façon.

△ **Affiches** politiques sur les murs de Paris, souvent signées du seul tampon de leur lieu d'origine. Leur foisonnement, leur qualité, leur mode de réalisation et leur impact donnent à Mai 68 une coloration très particulière.

◁ **Affiche** dénonçant la répression policière face à la protestation étudiante symbolisée par Daniel Cohn-Bendit, expulsé de France sous le prétexte de sa nationalité allemande. Autre version connue : « Nous sommes tous des Juifs allemands. »
Coll. part.

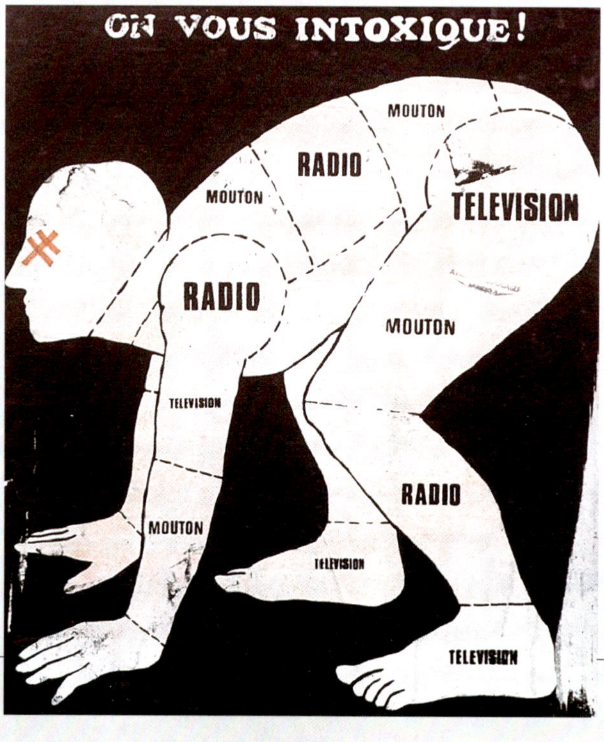

◁ **Caricature** de la société « bourgeoise » conditionnée par les médias, subordonnés au gouvernement gaulliste. C'est d'ailleurs par le biais de la radio que le général lance, le 30 mai 1968, son appel aux Français, qui sera suivi une heure plus tard du défilé sur les Champs-Élysées.
Coll. part.

◁ **Beaucoup** d'affiches s'inspirent des recherches graphiques des artistes russes qui ont soutenu la révolution des soviets (Malevitch, Koslinsky...) et qui sont connus des élèves des Beaux-Arts.
Coll. part.

△ **Appel** pour le journal *la Cause du peuple.* Appuyant les grèves, les manifestations et l'action de rue, les affiches composent le miroir du quotidien des événements de Mai 68.
Coll. part.

▽ **Affiche** de l'Atelier populaire de Mai 68. Avec les bombages, les affiches ont constitué des réponses immédiates aux prises de position officielles. Cette réplique à de Gaulle est un exemple significatif.
Coll. part.

L'AFRIQUE INDÉPENDANTE

Depuis la fin de la Seconde Guerre mondiale, les colonies d'Afrique noire réclament leur autonomie ou leur indépendance. Elles sont, du reste, encouragées par le succès des mouvements nationalistes de l'Asie. Leur pression s'accroît avec la conférence de Bandung, en 1955.

Dans ce souhait d'indépendance, d'autres soutiens apparaissent, motivés par l'hostilité au colonialisme ou à l'impérialisme « capitaliste » : les États-Unis, l'Union soviétique, l'Organisation des Nations unies elle-même, l'ensemble des Églises chrétiennes, une partie de l'opinion européenne souhaitent voir l'Afrique recouvrer sa souveraineté et agissent en ce sens. Instruite par la récente expérience indienne, la Grande-Bretagne est la plus rapide à comprendre les revendications nationalistes de ses colonies africaines.

Le pragmatisme britannique

Les Anglais traitent chaque pays au cas par cas, sachant tout le bénéfice qu'ils peuvent retirer d'une séparation à l'amiable : ils maintiennent leur puissance le plus longtemps possible, mais « décrochent » au bon moment. Sous l'impulsion de Kwame Nkrumah, le

territoire de la Côte-de-l'Or (Gold Coast, aujourd'hui le Ghana) connaît une transition dont le schéma est repris quelques années plus tard pour les autres colonies : mise en place d'une assemblée, puis d'un gouvernement africain autonome, lequel évolue progressivement vers l'indépendance complète. De fait, en 1957, la Côte-de-l'Or est le premier pays d'Afrique noire à accéder à la souveraineté nationale, dans une atmosphère de liesse populaire. Ses habitants ont soudain l'impression de clore une période qu'ils considèrent à juste titre comme l'une des moins heureuses de leur longue histoire : la colonisation avait mis sous tutelle le puissant royaume des Achantis et démantelé son économie traditionnelle, pour faire de lui un simple producteur de matières premières. Après cette première réussite, l'autorité britannique procède d'une façon analogue avec les autres territoires de l'Afrique anglophone.

Le bon ordre français

Pays centralisateur, la France préfère concéder les mêmes avancées à toutes ses colonies, de façon simultanée, quoique celles-ci présentent de nombreuses disparités économiques et culturelles. Certes, les réticences sont nombreuses au début : si la première conférence de Brazzaville, réunie en 1944 sous l'égide du général de Gaulle, prévoit une plus grande participation des Africains à la vie publique des colonies, elle écarte nettement l'éventualité, même lointaine, de constituer des gouvernements autonomes dirigés par ceux-ci. En réalité, la position française évolue très vite sous l'influence des députés africains élus à l'Assemblée nationale grâce à la Constitution de 1946 et à l'Union française. Ceux-ci adoptent deux tactiques, à la fois opposées et complémentaires : la conciliation, incarnée par le Sénégalais Léopold Sédar Senghor, et un nationalisme plus entier, représenté par un

Kwame Nkrumah, ▽ dit Osagyefo (« le chef victorieux »), l'homme du panafricanisme et du socialisme africain, a néanmoins établi dans son pays, le Ghana, un régime reposant sur un parti unique.

◁ **À Kinshasa,** au Zaïre, en janvier 1969 : l'Ivoirien Houphouët-Boigny, le Nigérien Diori, le Zaïrois Mobutu, le Sénégalais Senghor et le Tchadien Tombalbaye.

△ **Fête** de l'indépendance du Cameroun, à Garoua, le 1er janvier 1960. Le président Ahidjo a préparé et assuré cet événement.

Dès leur accession à l'indépendance, de nombreux États africains changent de noms et retrouvent leurs appellations traditionnelles, antérieures à la colonisation.

DES NOMS SYMBOLIQUES

Première colonie devenue indépendante, la Côte-de-l'Or (Gold Coast) choisit en 1957 le nom de Ghana, premier empire noir connu des historiens, qui remonterait au IVe siècle. Pour d'autres pays, la reprise du nom d'origine de la région efface le souvenir de la colonisation : la Rhodésie du Sud s'intitule Zimbabwe, appellation d'un ancien royaume prestigieux ; le Soudan français redevient le Mali. En revanche, plusieurs jeunes nations conservent le nom qui rappelle leurs premiers contacts avec les Européens : c'est le cas de la Côte-d'Ivoire. Certains, tels l'Angola et les deux Congos, n'ont jamais perdu leur nom d'origine ; ils changent parfois d'identité, bien après l'indépendance, sous l'égide d'une nouvelle politique ou d'un nouvel « homme fort » : le Congo ex-belge s'appelle Zaïre en 1971, le Dahomey redevient Bénin en 1975 et la Haute-Volta est rebaptisée Burkina en 1984.

jeune Ivoirien, Félix Houphouët-Boigny. Ils conjugent leurs efforts pour abolir le travail forcé dès 1946, tandis que l'importante loi-cadre Defferre est votée dix ans plus tard : elle accorde le suffrage universel à tous les Africains et assure une décentralisation partielle de l'administration.

La Constitution de la Ve République (1958) va plus loin et propose l'autonomie dans le cadre de l'Union française. Ce nouveau statut séduit les Africains, qui l'acceptent massivement, à l'exception de la Guinée : sous l'influence de Sékou Touré, le « non » l'emporte. Ce pays accède alors immédiatement à l'indépendance. Les autres colonies s'inspirent de cet exemple : elles demandent leur indépendance, qu'elles obtiennent en 1960.

Les indépendances conflictuelles

Tout ne se passe pas partout de manière aussi paisible, et le nationalisme africain se heurte parfois violemment aux Européens. La répression de l'insurrection malgache de 1947 fait 80 000 morts ; toutefois, l'île reste calme au moment de la décolonisation. De son côté, la Grande-Bretagne a fort à faire au Kenya, où sévit la révolte des Mau-Mau, de 1952 à 1963, date de l'indépendance du territoire. En Rhodésie du Sud, les colons blancs font sécession en 1965, bien décidés à conserver le pouvoir, d'où ils ne seront finalement chassés qu'en 1980, sous la triple pression de la population africaine en révolte, de l'O.N.U. et des États-Unis. Farouchement opposés à la perte de leur empire, les Belges em-

◁ **Portrait** géant de Jean Bedel Bokassa dominant la foule lors de l'anniversaire de l'indépendance de la République centrafricaine, en 1971. Il se fera désigner président à vie en 1972 avant de se faire couronner empereur.

Le découpage arbitraire imposé par les Européens au fur et à mesure de leurs conquêtes sur place ne tenait pas compte des réalités humaines de l'Afrique.

DES FRONTIÈRES INADAPTÉES

La question des frontières africaines est l'une des plus cruciales survenues lors des indépendances. Certaines ethnies sont ainsi partagées entre plusieurs États, d'autres sont au contraire regroupées sur un même territoire, alors que tout les oppose, langue, religion, économie et mode de vie, compliquant l'unité nationale de ces nouveaux pays. Néanmoins, dès 1963, ceux-ci s'accordent pour reconnaître ces frontières aux tracés parfois aberrants, bien conscients de la nécessité d'éviter des conflits armés. Mais, quarante ans après l'émergence de ces jeunes nations, la question du découpage demeure un problème essentiel aux yeux de nombreux observateurs africains : plusieurs tentatives sécessionnistes en témoignent.

pêchent la formation d'une classe politique au nom de la doctrine « pas d'élite, pas d'ennuis ». Ils autorisent trop tardivement la formation de partis politiques et doivent quitter le Congo précipitamment, peu après les émeutes de Léopoldville en 1959. Une situation délicate perdure dans les colonies portugaises d'Angola et du Mozambique, qui mènent une guérilla tenace contre la métropole dirigée par Salazar, puis par Caetano : elles ne recouvrent leur souveraineté qu'en 1974, à la faveur de la « révolution des Œillets ».

UN BILAN MITIGÉ

Les conditions de la décolonisation ont donc beaucoup influé sur l'avenir des pays africains. Au Congo belge, en Angola et au Mozambique, l'absence d'une classe dirigeante pouvant administrer ces grands pays contribue à une situation troublée, propice aux désordres et à la guerre civile. Ailleurs, si la transition s'effectue sans difficultés majeures, le pouvoir est fréquemment confisqué par des hommes ambitieux et autoritaires, qui imposent une nouvelle loi du silence sur le continent, excluant leurs concitoyens de la gestion des affaires publiques. □

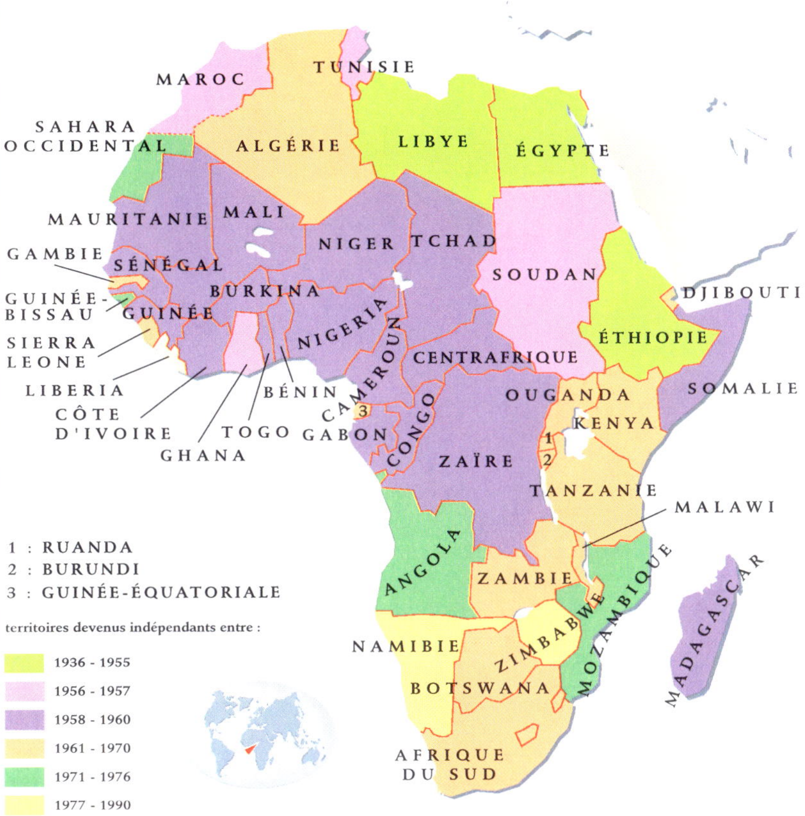

À la fin de la Grande Guerre, la colonie allemande du Cameroun est partagée entre la France et la Grande-Bretagne, sous mandat de la S.D.N.

LA RÉUNIFICATION DU CAMEROUN

La France a reçu 90 p. 100 du territoire ; la Grande-Bretagne, deux bandes limitrophes du Nigeria, au nord et au sud. En 1961, les deux territoires nouvellement souverains organisent un référendum sur un projet de réunification. Les populations du sud du Cameroun britannique optent pour leur rattachement au Cameroun français, celles du nord choisissent de demeurer au sein du Nigeria. La réunification du pays s'avère évidemment moins simple dans les faits : chaque zone possède sa langue vernaculaire, à côté de l'anglais ou du français, mais aussi un passé, une histoire, une tradition administrative héritée de la période coloniale, une attitude vis-à-vis de l'ancienne métropole qui lui sont propres. L'organisation fédérale du Cameroun jusqu'en 1972 permet une période de transition axée sur le respect de ces spécificités ; à cette date, le pays devient une république unitaire.

◁ **Manifestation** de nationalistes noirs en Rhodésie contre l'accord anglo-rhodésien du 24 novembre 1971, qui prévoit une évolution progressive vers l'égalité politique des Noirs et des Blancs. Il faudra attendre 1976 pour voir la mise en place d'un gouvernement démocratique.
1972.

ON A MARCHÉ SUR LA LUNE

« Un petit pas pour l'homme, un grand bond pour l'humanité », s'exclame l'Américain Neil Armstrong, le 21 juillet 1969, lorsqu'il pose le pied sur la Lune, distante d'environ 400 000 kilomètres de la Terre. Ainsi s'accomplit un vieux rêve de l'humanité.

Entamée avec le nucléaire militaire, la compétition américano-soviétique se poursuit dans le domaine spatial dès 1957 : premiers à placer un satellite artificiel (Spoutnik 1) sur orbite, les Soviétiques prouvent aux États-Unis leur capacité d'envoyer des missiles intercontinentaux ; les Américains ripostent avec leur propre satellite, Explorer 1, le 31 janvier 1958. Les deux pays se livrent alors une concurrence acharnée, à forte implication idéologique, mais les Soviétiques conservent une supériorité impressionnante jusqu'en 1965.

La fusée Saturne 5 décolle au cap Canaveral, emportant le vaisseau spatial Apollo 11. 350 000 techniciens de l'industrie aérospatiale ont participé à cette entreprise colossale.

◁ 1969.

Des hommes dans l'espace

Le 12 avril 1961, à bord de Vostok 1, le Soviétique Iouri Gagarine tourne, le premier, autour de la Terre, pendant 1 h 48 min. L'Amérique talonne l'U.R.S.S., mais le vol d'Alan Shepard, le 5 mai suivant, est moins spectaculaire : il ne dure que 15 minutes.

Trois semaines plus tard, Kennedy propose une « nouvelle frontière » à son pays : s'emparer de la première place dans la conquête de l'espace. Il faut surmonter le « Pearl Harbor scientifique » infligé par les succès soviétiques et réussir, dans un délai de dix ans, l'envoi d'un homme sur la Lune, suivi de son retour sur Terre.

Les Soviétiques devancent encore les Américains : le 18 mars 1965, Alexis Leonov évolue dans l'espace hors de Voskhod 2 ; un engin spatial soviétique inhabité, Sond 5, tourne autour de la Lune et revient sur la Terre en septembre 1968. Mais, le 24 décembre suivant, les trois astronautes américains de la mission Apollo 8 accomplissent le premier vol circumlunaire « habité ».

Victoire pour la NASA

Le 16 juillet 1969, la fusée Saturne 5 décolle du pas de tir de cap Canaveral (Floride). Elle emporte le vaisseau spatial Apollo 11 et trois membres d'équipage : Neil Armstrong, chef de la mission, Edwin Aldrin et Michael Collins. Apollo 11 possède un compartiment moteur, une cabine de pilotage et un module lunaire, le LEM. Cet ensemble est arrimé au troisième étage de la fusée, bientôt séparé des deux autres.

Trois jours plus tard, le vaisseau spatial atteint le point d'équigravisphère,

Badge commémorant △ l'exploit des premiers hommes qui ont marché sur la Lune. Un procédé ostentatoire pour permettre au monde entier de se remémorer l'avance spectaculaire des Américains sur les travaux de leurs rivaux soviétiques.

◁ **Edwin Aldrin** descendant du module lunaire, le LEM, et s'apprêtant à mettre le pied sur la Lune, est photographié par le chef de la mission, Neil Armstrong. L'objectif fixé à la NASA par John Kennedy est atteint.
1969.

L'humanité se dirige-t-elle vers le « village planétaire », dénoncé par l'universitaire canadien H. M. McLuhan ?

UN « VILLAGE PLANÉTAIRE » ?

Pour la première fois dans l'histoire des découvertes, toute la Terre assiste en direct à la « promenade » sur la Lune d'Armstrong et d'Aldrin grâce à la radio et, surtout, à la télévision. Double exploit : faire marcher un homme sur une autre planète d'une part, retransmettre l'image et le son de cet événement à 528 millions de téléspectateurs, d'autre part. La France de 1969 compte déjà, pour 50 millions d'habitants, 10 millions de postes de télévision, contre 1,5 million en 1960 et... 300 en 1950. Mais cette « mondialisation » de l'information revêt un aspect moins serein : dans *la Galaxie Gutenberg* et dans *Pour comprendre les médias,* publiés respectivement en 1962 et 1964, le sociologue canadien Herbert Marshall McLuhan attire l'attention sur la remise en cause de la suprématie de l'écrit par les moyens modernes – audiovisuels – de communication à l'échelle planétaire.

passant ainsi de l'attraction terrestre à l'attraction lunaire, avant de se satelliser autour de la Lune, sur une orbite de 120 km. Le 20 juillet, à 17 h GMT (heure du méridien de Greenwich), le LEM, où Armstrong et Aldrin ont pris place, se détache de la capsule Apollo pilotée par Collins ; après de délicates manœuvres, les deux hommes « alunissent » à 20 h 17. Le 21 juillet 1969, revêtu d'un scaphandre, Neil Armstrong s'extrait du LEM, se mesure à la très faible pesanteur qui rend chaque geste difficile et incertain, puis pose le pied sur la Lune : il est 2 h 56 GMT (soit 3 h 56 en France).

D'APOLLO À SOYOUZ

Aldrin le rejoint vingt minutes plus tard et les deux astronautes profitent de leur « promenade » : ils installent des instruments scientifiques, ramassent des roches et filment leur exploit.

Le président Nixon s'adresse directement à Armstrong et Aldrin, qui viennent de planter le drapeau américain sur la Lune : « Grâce à ce que vous avez fait, les cieux sont devenus une partie du monde de l'homme. Et, tandis que vous nous parlez de la mer de la Tranquillité, vous nous inspirez le désir de redoubler d'efforts pour amener la paix et la tranquillité dans le monde ».

Encouragée par cet extraordinaire succès, la NASA organise cinq autres débarquements lunaires. Apollo 17

Outre de plus vastes connaissances sur la Terre, la course à l'espace génère des « retombées » technologiques.

LA PERCÉE DE L'INFORMATIQUE

Les progrès accomplis dans le domaine spatial vont de pair avec ceux de l'électronique, surtout depuis l'invention, en 1964, des circuits intégrés, qui permettent la naissance d'une « troisième génération » d'ordinateurs, avec microprocesseurs, après les énormes postes à lampes de 1945 et les matériels à transistors de 1958, de taille déjà réduite. Désormais miniaturisés, ces appareils ont des capacités accrues. Ils sont massivement utilisés dans les circuits électroniques des fusées ; leur extension au domaine public favorise l'apparition du micro-ordinateur. Commercialisé depuis le début des années 80, celui-ci intéresse les entreprises et les particuliers avec ses possibilités infinies pour un coût de plus en plus bas.

▽ **La sonde** spatiale soviétique Luna 16 quitte la surface de la Lune pour retrouver la Terre le 24 septembre 1970. Elle efface ainsi l'échec de Luna 15, qui n'a pu alunir, malgré deux tentatives.

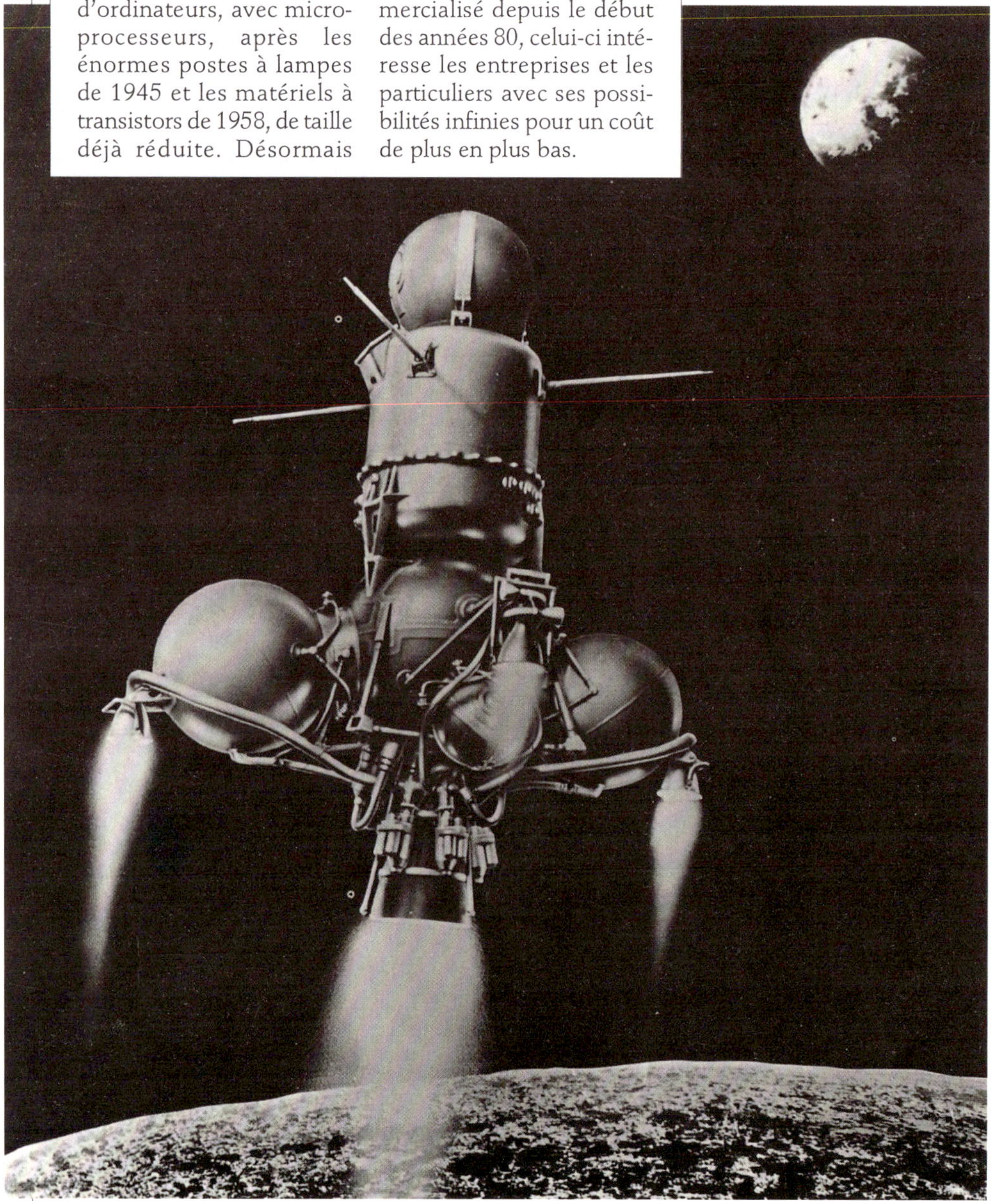

△ **La Terre sainte** et la mer Morte vues du ciel, grâce au satellite Landsat 1. Les États-Unis règnent sur le domaine du satellite météorologique, dont les applications civiles sont multiples.

clôt la série en décembre 1972 ; depuis l'année précédente, les Soviétiques ont repris l'initiative avec les stations spatiales habitables Soyouz.

La terre repensée

La maîtrise de l'espace facilite la connaissance de la Terre et, peut-être, le rapprochement de ceux qui y vivent.

De façon paradoxale, les mouvements écologistes apparus après 1970 revendiquent une telle approche, alors qu'ils suspectent le progrès technologique. Quoi qu'il en soit, les satellites artificiels déterminent une prise de conscience des problèmes du globe. En 1960, les Américains lancent deux satellites, l'un météorologique (Tiros 1), l'autre destiné aux télécommunications (Echo 1) ; en 1964, ils mettent au point un système de navigation terrestre : l'usager peut se situer à 450 mètres près grâce à un récepteur relié à trois ou quatre satellites. Enfin, l'observation directe de la Terre débute en 1972 : le programme « Earth Resources Technology Satellite » prévoit les récoltes ou étudie la géologie d'une région ; rebaptisé Landsat, il est un prolongement direct – mais plus pacifique – de la télédétection spatiale militaire. □

▷ **Les six** premiers cosmonautes soviétiques : I. Gagarine, G. Titov, A. Nicolaïev, P. Popovitch, V. Poykowski et V. Terechkova. Les premiers vols ont démontré la possibilité de maintenir l'homme en état d'apesanteur sans effets nocifs importants.

Les astronautes ▷ Armstrong, Aldrin et Collins sont acclamés par la foule en liesse dans les rues de New York. La gloire tirée de cet événement mondial compense les 22 milliards de dollars engagés.
1969.

Par une ironie des choses, la Lune est mieux connue que le fond des océans, pour l'étude desquels les difficultés ne manquent pas.

PROFONDEURS INCONNUES

Avec ses 11 034 mètres de profondeur, la fosse des Mariannes (océan Pacifique) est le point le plus bas du globe terrestre. Pendant l'été 1993, un robot japonais y est descendu jusqu'à 10 911 mètres, sans battre le record de 1960 : – 11 000 mètres. Les fonds abyssaux commencent à 3 000 mètres et restent à explorer en quasi-totalité. Bien qu'ils ne s'aventurent guère au-dessous de 500 mètres, les sous-marins nucléaires bénéficient de ce milieu si méconnu : leur discrétion acoustique et magnétique les rend peu détectables. Toutefois, le satellite franco-américain *Topex-Poséidon,* lancé en 1992, parvient à déterminer le niveau de la mer et à analyser les couches sous-marines plus ou moins sonores. Ainsi, les sous-marins nucléaires deviendraient plus aisément repérables de l'espace que de la Terre.

LE RÊVE ET LA RÉALITÉ

Lucien de Samosate au IIe siècle, Cyrano de Bergerac au XVIIe, Jules Verne et H. G. Wells au XIXe sont quelques-uns des auteurs qui ont imaginé l'homme posant le pied sur la Lune. Prenant le relais de la littérature, le cinéma s'intéresse très tôt à cette fascinante aventure. Ainsi, *le Voyage dans la Lune,* premier long-métrage de science-fiction de l'histoire du cinéma, est l'œuvre du Français Georges Méliès, en 1902. Vingt-quatre ans plus tard, avec *Une femme sur la Lune,* Fritz Lang montre une inspiration plus rigoureuse, alors que le concept de la fusée moderne vient d'être défini. Produit aux États-Unis par George Pal en 1950, *Destination Lune* devient la référence mythique des astronautes américains, tant l'esthétique de Chesley Bonestell – père du « space art » – est proche de la réalité. Un autre film-culte, *2001 : l'Odyssée de l'espace,* de Stanley Kubrick, sort en 1968. Comme pour échapper aux difficultés de la vie sur terre au long des années 30, la bande dessinée s'évade dans l'espace avec les aventures de Flash Gordon (Guy l'Éclair). Elle reflète la guerre mondiale, ou la guerre froide après 1945, notamment avec *le Secret de l'Espadon* et *S.O.S. Météores,* de E. P. Jacobs, et, dans une certaine mesure, avec *Objectif Lune, On a marché sur la Lune* et *l'Affaire Tournesol* d'Hergé.

△ **Illustration** pour les *États et Empires de la Lune,* de Cyrano de Bergerac : le voyage imaginaire permet d'exposer des opinions audacieuses.

2001 : *l'Odyssée de l'espace,* de Stanley Kubrick. Œuvre très ambitieuse et qui fit date dans la science-fiction, ce film s'interroge sur la maîtrise de la technologie par l'homme. ▷
1968.

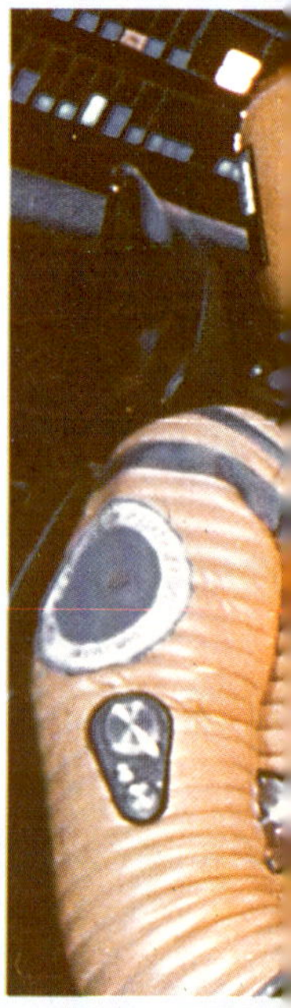

L'Étoffe *des héros,* de Philip Kaufman, fresque évoquant avec un grand souci de vérité la conquête spatiale par les Américains. La course à l'espace qui oppose ces derniers aux Soviétiques les incite à lancer le programme Mercury. ▽
1984.

◁ **Installation** pour le lancement des engins spatiaux d'*Une femme sur la Lune,* réalisé en 1928 par Fritz Lang.

***Le Secret** de l'Espadon* ▷ est la première des aventures de Blake et Mortimer, dues à Edgar P. Jacobs : les lecteurs belges puis français sont plongés dans une guerre mondiale.
1947.

***Le Voyage** dans la Lune,* ▽ de Georges Méliès, est inspiré de Jules Verne à la façon d'une revue des Folies-Bergère. Cette œuvre va imposer au cinéma le procédé de la mise en scène.
1902.

MEXIQUE

Les jeux Olympiques

■ Plus de trois millions de spectateurs ont assisté aux 16es jeux Olympiques, à Mexico, où les performances des athlètes ont été d'un très bon niveau en dépit de l'altitude. La course à pied a vu le triomphe des athlètes de couleur. Les deux Allemagnes ont concouru séparément, et les performances des robustes nageuses de l'Est furent si stupéfiantes que le C.I.O. décida de soumettre toutes les concurrentes à des tests de « féminité ». □

Patrouille de soldats britanniques à Londonderry. *Coll. part.*

TCHÉCOSLOVAQUIE

Pour la liberté

■ Jan Palach ne supporte pas de voir chaque jour les chars russes stationnés sur les places et les ponts de la capitale tchèque. Pendant un temps, la jeunesse de Tchécoslovaquie a cru le dialogue possible avec les soldats venus d'U.R.S.S. Obligés d'apprendre le russe à l'école, ils ont tenté de discuter avec des soldats et en ont convaincu quelques-uns. Mais le commandement des troupes du pacte de Varsovie a compris le danger et opère des rotations très rapides. Impossible alors de dialoguer avec des soldats venus d'Asie centrale. Le 19 janvier 1969, à Prague, Jan Palach se dirige vers la place Venceslas un bidon d'essence à la main, et, après avoir expliqué à la morne foule alentour les raisons de son geste, il s'immole par le feu, comme les bonzes du Viêtnam. Cet acte est loin d'être inutile : le 25, ses obsèques déclenchent la première manifestation patriotique depuis l'occupation, et pendant celle-ci, un autre étudiant, Jan Zajic, s'immole de la même façon. Vingt ans plus tard, en janvier 1989, c'est à l'occasion de l'anniversaire de sa mort que commenceront les manifestations de la « révolution de velours ». □

FRANCE

Le général est mort

■ Le 9 novembre 1970, les Français apprennent avec stupéfaction que Charles de Gaulle est mort, peu avant de dîner, dans sa propriété de Colombey-les-Deux-Églises. La nouvelle bouleverse, car, de guerres en crises, on pensait presque que le général était éternel. Certes, il avait quitté le pouvoir après le vote négatif des Français au référendum d'avril 1969 ; mais son ombre planait sur la vie politique française, et les journaux avaient tous reproduit les photos de sa haute silhouette arpentant une plage irlandaise, au moment de l'élection présidentielle remportée par Georges Pompidou. Les funérailles à Colombey sont d'une grande simplicité, mais la messe dite à Notre-Dame de Paris en présence des chefs d'État et de gouvernement du monde entier est une cérémonie grandiose. Seules fausses notes : les sanglots du général Bokassa qui hurle « mon papa, mon papa ! », au grand agacement de l'amiral Philippe de Gaulle ; et le journal *Hara-Kiri,* qui titre « Bal tragique à Colombey : un mort », faisant allusion à l'incendie d'un dancing qui avait fait 146 morts le 1er novembre. □

AFRIQUE

Du Congo au Zaïre

■ Les pays qui ont conquis depuis peu leur indépendance tentent de retrouver une identité niée par la colonisation. Dans l'ex-Congo belge, le général Mobutu Sese Seko abandonne son ancien prénom de Joseph et renoue avec la tradition africaine. Il prend bien soin d'arborer en public le bâton noueux des chefs coutumiers et leur coiffure de fourrure. Le 27 octobre 1971, le Congo change de nom : il devient le Zaïre, avec pour capitale Kinshasa. □

Affiche contre l'agrandissement du camp militaire du Larzac. *1973. Coll. part.*

IRLANDE DU NORD

Catholiques et protestants

■ La petite ville de Londonderry, dans la banlieue de Belfast, est devenue le haut lieu de l'affrontement des deux communautés en Ulster. C'est là, en effet, que le 30 janvier 1972 les soldats de l'armée britannique, envoyés pour faire régner l'ordre, tirent sur des manifestants qui dénoncent les mesures d'internement administratif visant des catholiques ; il y a 13 morts. À partir du *Bloody Sunday,* l'Armée républicaine irlandaise (IRA) ne recule devant aucun attentat pour faire triompher la cause des séparatistes catholiques et contrer les « orangistes », protestants fidèles à la Couronne. Le porte-drapeau des catholiques est une jeune fille indomptable, Bernadette Devlin, qui représente Londonderry aux Communes. □

ISRAËL

Les vedettes de Cherbourg

■ Les garde-côtes français sont fort étonnés de constater, au matin du 25 décembre 1969, que cinq navires amarrés sous leurs yeux ont disparu. Il s'agit de cinq vedettes lance-missiles, de type « Misvatch », qui faisaient partie des douze canonnières commandées par Israël. Après la guerre des Six-Jours, la France avait abandonné son alliance traditionnelle avec l'État hébreu avant de se rapprocher des États arabes et de décréter l'embargo sur toutes les armes destinées au Moyen-Orient. Les vedettes commandées, et en grande partie payées, n'avaient donc pas été livrées. En s'en emparant, le Mossad (services secrets israéliens) démontre une nouvelle fois sa redoutable efficacité et ridiculise le gouvernement français. □

FRANCE

Pour les droits de l'homme

■ C'est le Français René Cassin qui reçoit, en octobre 1968, le prix Nobel de la paix, vingt ans après avoir achevé la rédaction de la Déclaration universelle des droits de l'homme adoptée par l'O.N.U. Juriste, René Cassin avait été l'un des premiers compagnons du général de Gaulle à Londres avant de se consacrer à la politique internationale et de tenter d'instaurer un nouvel ordre mondial, source de paix et de justice. Fidèle à l'idéal de la Libération, il inspire une Déclaration qui répète les principes du XVIIIe siècle – liberté, égalité, droit d'expression, tolérance –, et qui, condamnant totalitarisme et racisme, définit un second type de droits, économiques et sociaux : droit au travail, à l'éducation, à la santé, aux loisirs... □

PAYS DÉVELOPPÉS

L'« invention » de l'écologie

■ Le mot « écologie » n'est apparu en France qu'en 1874 : il était né en Angleterre quelques années plus tôt et désignait « l'étude des milieux où vivent et se reproduisent les êtres vivants » *(Petit Robert).* Le souci de préserver les milieux de vie date des années 60. Dès 1967, le Club de Rome dénonce les dangers que la croissance incontrôlée fait courir à l'environnement, et les premières marées noires suscitent l'indignation de tous. Après l'échec politique des mouvements de contestation qui ont caractérisé 1968, les militants écologistes se retrouvent pour défendre la nature, et le mouvement rallie toutes les sympathies, dans les fermes des Cévennes peuplées de « babas cool » comme sur les campus de Californie. □

1972 - 1975

En 1973, le monde passe de l'euphorie au doute. L'année aura été celle de toutes les illusions : jusqu'en octobre, la croissance des pays industrialisés bat des records. Après la guerre du Kippour et le premier choc pétrolier, les pays en voie de développement peuvent espérer que leur heure est venue : la hausse du prix du prétrole puis des matières premières fait croire à l'avènement d'un nouvel ordre économique mondial, plus favorable au tiers-monde. Mais rien de tout cela n'a de réalité : la croissance est, depuis des années, minée par l'implosion du système monétaire international, due à la déstabilisation du dollar ; la société de consommation est remise en cause par les écologistes tandis que l'essoufflement des gains de productivité incite à porter un regard plus critique sur les modes de production. Autre illusion, la conquête du pouvoir économique par les États les plus pauvres : une décennie plus tard, il apparaîtra clairement que le Nord n'a pas perdu sa prééminence, car il a su jouer sur les divisions entre les pays producteurs de pétrole et utiliser ses capacités d'adaptation pour absorber la hausse des cours.

La pénurie d'essence aux États-Unis, mars 1974.

UNE CRISE MONDIALE

Après la croissance ininterrompue des Trente Glorieuses, le monde développé est soudain confronté à une crise économique de grande ampleur qui annonce des mutations décisives.

▽ **La révolution** iranienne, dirigée par l'ayatollah Khomeyni en 1979, provoque un second choc pétrolier : le prix de l'or noir est multiplié par deux entre le début et la fin de cette année.
1979.

Le 6 octobre 1973, profitant de la fête juive du Yom Kippour, les armées égyptienne et syrienne attaquent Israël par surprise. Si cette offensive est jugulée avec promptitude, l'Organisation des pays exportateurs de pétrole (O.P.E.P.) décide de réduire les livraisons de pétrole à l'Occident, jusqu'à restauration « des droits légaux du peuple palestinien ». Ce premier « choc pétrolier » conduit au quadruplement du prix de l'or noir en trois mois. Vingt ans après, quoique la contrainte énergétique ait disparu en 1986, l'économie mondiale n'a pas retrouvé la prospérité de naguère.

Austérité et chômage

En 1974 et 1975, les activités liées à l'énergie – donc à son prix – sont les premières touchées : construction automobile, aéronautique et chantiers navals. Face à une brutale poussée inflationniste, un déséquilibre de leurs

balances commerciales et l'impossibilité de poursuivre une croissance fondée sur une énergie peu coûteuse, les pays importateurs de pétrole instituent des politiques d'austérité qui provoquent la montée du chômage. L'Occident connaît alors la « stagflation », combinaison délétère d'atonie économique et de forte hausse des prix.

Mais l'enrichissement rapide des pays de l'O.P.E.P. leur permet de se fournir auprès des pays industrialisés : ils ouvrent de vastes chantiers, achètent des produits manufacturés et recyclent leurs capitaux dans les entreprises et les banques européennes, japonaises ou américaines. Massivement prêtés au tiers-monde, ces « pétrodollars » amortissent les difficultés et maintiennent le dynamisme du commerce international. Les salaires continuent d'augmenter dans les pays développés, où les chômeurs reçoivent des allocations ; la reprise paraît s'installer à partir de 1976. La crise du pétrole est assimilée à un accident de parcours certes douloureux, mais temporaire.

UNE NOUVELLE RÉCESSION

Au début de 1979, le triomphe de la révolution islamique en Iran amène un effondrement de l'exportation d'or noir, suivi d'un second « choc pétrolier » : le prix du baril passe de 13 à 30 dollars en deux ans. À la même époque, les États-Unis pratiquent une politique visant à contracter la masse monétaire pour vaincre l'inflation ; du coup, l'envol des taux d'intérêt américains attire les capitaux et pousse le dollar à la hausse, contraignant les autres pays à relever leurs propres taux. La combinaison de tous ces facteurs a des effets désastreux sur l'économie internationale, frappée par une deuxième crise de 1980 à 1983.

La réduction des achats de matières premières fait chuter le cours ; privés

△ **Plate-forme** d'extraction pétrolière en mer du Nord. La flambée des cours assure sa rentabilité, mais les dures conditions de travail requièrent du personnel hautement qualifié.
1983.

◁ **Vision** d'Apocalypse : pendant la guerre du Kippour, déclenchée par l'Égypte et la Syrie, des entrepôts syriens de pétrole sont la proie des flammes.
1973.

Succédant à Nasser en 1970, Sadate abandonne le rêve de l'unité arabe mais rend à l'Égypte sa dignité perdue.

LA GUERRE DU KIPPOUR

Le 6 octobre 1973, la défense israélienne est surprise en pleine fête du Yom Kippour (le Grand Pardon) par une offensive conjointe de la Syrie et de l'Égypte. Pour la première fois, des troupes arabes parviennent à faire reculer Tsahal, l'armée israélienne. En quelques jours, celle-ci redresse la situation, d'abord face à la Syrie puis sur le front égyptien, en envahissant le Sinaï puis en franchissant le canal de Suez pour marcher sur Le Caire. Washington et Moscou imposent un cessez-le-feu le 22 octobre mais l'Égypte a conquis assez de prestige pour pouvoir entamer des négociations avec l'État hébreu. En novembre 1977, le président égyptien ose se rendre à Jérusalem pour négocier une paix séparée avec ses ennemis d'hier et prononce même un discours devant la Knesset, le Parlement israélien. Geste courageux : le 6 octobre 1981, Sadate tombe sous les balles d'intégristes musulmans.

de recettes, les pays du tiers-monde doivent négocier un rééchelonnement de leurs dettes et, faute de crédits nouveaux, accepter de rigoureux plans d'austérité imposés par le Fonds monétaire international (F.M.I.). La banqueroute de l'économie mexicaine en 1982 révèle d'ailleurs les considérables problèmes des nations de l'hémisphère Sud, ainsi que la fragilité du système bancaire du monde développé, encombré d'insolvables créances.

Aux États-Unis, les énormes dépenses budgétaires inspirées par le président Reagan suscitent dès 1983 une forte reprise, qui profite aussi au Japon. En revanche, la lutte contre l'inflation menée en Europe a pour résultats une aggravation du chômage et le repli industriel : les « pays noirs » de l'acier et du charbon sont sinistrés par la crise de la sidérurgie, tout comme les zones portuaires dominées par la pétrochimie ; le marché du travail est partagé entre des privilégiés qui conservent leurs avantages acquis et un nombre croissant de laissés-pour-compte, réduits aux emplois intérimaires ou peu qualifiés, précaires et mal payés. Cependant, l'audience des syndicats auprès des salariés diminue.

▽
Les chantiers navals de Dunkerque sont durement concurrencés par certains pays d'Asie, comme le Japon, la Corée et Taïwan.
1985.

UN OPTIMISME PRÉMATURÉ

En 1986, la baisse conjointe du prix du pétrole et du cours du dollar soulage l'économie mondiale, qui amorce une nouvelle reprise. La réduction des effectifs, des salaires et des charges permet aux entreprises de reconstituer leurs trésoreries et leurs profits. Les industries de pointe bénéficient d'une croissance exponentielle grâce aux biotechnologies, à l'informatique et aux télécommunications – disques laser compacts, magnétoscopes, téléphones mobiles, micro-ordinateurs – et deviennent des secteurs moteurs de l'économie. Le recul de l'inflation et les avantages fiscaux accordés aux épargnants profitent aux valeurs boursières, qui connaissent soudain l'engouement du public ; le rentier, quelque peu oublié, renaît. De 1987 à 1990, l'embellie est confirmée ; les économistes émettent des pronostics optimistes, prévoyant la fin des difficultés. De plus, la chute du communisme à l'Est, la disparition des symboles de la guerre froide – mur de

Une innovation française, d'abord expérimentale, devient un nouvel outil de communication de masse.

LE MINITEL

Lancé en 1978 par les P.T.T., le plan télématique français a pour objectif de substituer un annuaire électronique à l'annuaire en papier (très coûteux), tout en autorisant l'accès de l'usager à des services d'information. Ouvert à partir de 1982, le réseau télématique national devient opérationnel l'année suivante avec l'accès au service de l'annuaire électronique, puis, en 1984, au service du kiosque. Après la méfiance de la presse, qui, au début, voit dans le Minitel un concurrent direct en raison des messages qu'il permet d'acheminer, l'engouement des Français pour ce nouvel outil de communication se confirme. Celui-ci tient à un certain nombre de facteurs : distribution gratuite et massive des terminaux, simplicité d'utilisation et très importante gamme de services disponibles. Le Minitel devient rapidement un instrument interactif en permettant, par exemple, de relier les usagers de la télévision avec ceux qui la font.

Berlin, « rideau de fer » – sont saluées avec enthousiasme comme le début d'un « nouvel ordre mondial » fondé sur le droit, la démocratie et l'économie de marché. Serait-ce « la fin de l'histoire », selon le mot de l'universitaire américain Fukuyama ? La brusque tension de la situation politique au Proche-Orient balaie cet optimisme prématuré lorsque l'Iraq envahit le Koweït en août 1990.

Troisième rechute

La victoire de la coalition militaire dirigée par les États-Unis libère le Koweït au début de 1991 mais n'empêche pas une nouvelle récession mondiale. Les « locomotives » (les pays les plus dynamiques) sont en panne : la richesse financière du Japon est amputée par une crise de la Bourse de Tokyo ; l'Allemagne réunifiée assume le coût de l'intégration des *Länder* de l'Est. Pour éviter un dérapage inflationniste et attirer les capitaux nécessaires, elle maintient des taux d'intérêt élevés qui affectent ses voisins et accentuent les réticences à l'union européenne. Les États-Unis subissent un déficit budgétaire et un endettement public jamais atteints, alors que leur balance commerciale reste déficitaire en dépit de mesures protectionnistes et de la baisse du dollar. Les services sociaux sont délabrés, tandis que le pays semble renouer avec les violences raciales. Enfin, la transition des ex-pays communistes vers des régimes libéraux s'avère plus délicate que prévu : la liberté économique profite surtout aux anciens apparatchiks et à des mafias de toutes sortes, alors qu'un chômage massif et une misère galopante provoquent des migrations spontanées ou d'inquiétantes réactions politiques.

Des signes de reprise apparaissent en 1994. L'Asie du Sud-Est continue sa

Usines abandonnées ▽ du nord de la France. Le textile, la sidérurgie, le charbon connaissent de graves difficultés. De nombreuses régions industrialisées d'Europe sont ainsi ruinées au profit de pays à main-d'œuvre bon marché, sans protection sociale. La logique de la rentabilité ignore les drames humains engendrés par le chômage massif des pays développés.

Entre les pays développés et le tiers-monde, la différence du coût du travail humain est énorme.

LA DÉLOCALISATION

Les entreprises occidentales préfèrent fermer leurs usines d'Europe pour assurer une part variable de leur production dans des pays qui leur offrent bas salaires, conditions fiscales favorables et garanties politiques. La délocalisation accélère l'industrialisation de l'Asie du Sud-Est ; après les « quatre dragons » (Corée du Sud, Hongkong, Singapour et Taïwan) apparaît une autre génération de nouveaux pays industrialisés (N.P.I.) : les « bébés tigres » (Indonésie, Philippines, Thaïlande), les « zones économiques spéciales » de Chine populaire et même le Viêt-nam. En contrepartie de cette mondialisation, le chômage des pays développés connaît une progression inquiétante : certains préconisent l'instauration d'un dispositif douanier contre les pays à bas salaires, sans syndicats et à la protection sociale inexistante, où les droits de l'homme et les normes de l'Organisation internationale du travail (O.I.T.) ne sont guère respectés.

croissance spectaculaire, qui englobe aussi la côte chinoise et même le Viêtnam. Mais l'économie de la planète reste déséquilibrée et fragile.

Des causes multiples

La durée de cette dépression dément l'explication par la seule augmentation du prix des produits pétroliers. Les économistes ont pu démontrer que les premiers signes de dérèglement sont apparus à la fin des années 60. L'interprétation des mécanismes dépressifs reste néanmoins objet de controverses. Pour certains, ils marquent l'usure du taylorisme : le « travail en miettes » est rejeté par le monde ouvrier dès avant 1970 ; la croissance de la productivité ne suffit plus à couvrir les hausses de salaires. Pour éviter de perdre des parts de marché, les entreprises « délocalisent » leur production vers les pays à bas salaires. Les « néolibéraux », pour leur part, accusent les effets pervers de l'intervention de l'État, dont les dépenses sociales pèsent sur les créateurs de richesses, dénoncent le soutien coûteux de secteurs non rentables, l'aggravation de l'inflation par le déficit budgétaire et la paralysie de l'esprit d'entreprise par des réglementations jugées abusives. Pour les monétaristes enfin, l'émission excessive de liquidités dérègle le système monétaire international, induisant ainsi des difficultés économiques.

Les pouvoirs publics hésitent. L'échec des relances tentées par le Français Jacques Chirac, le Britannique James Callaghan et l'Américain Jimmy Carter dans les années 70 explique le recours général aux remèdes préconisés par les libéraux au cours de la décennie suivante : Margaret Thatcher en Grande-Bretagne, Ronald Reagan aux États-Unis mettent à la mode les privatisations, la déréglementation et la défiscalisation. Mais, là encore, les résultats ne sont guère probants : malgré quelques velléités protectionnistes, le maintien du libre-échange limite les marges de manœuvre.

Une portée incertaine

En 1974, des observateurs parlent volontiers de « revanche du Sud ». Or, la dépression n'a fait qu'accélérer la partition de cet hémisphère en sous-groupes : l'Asie du Sud- Est émerge,

▷ **Chômeurs** américains. Indemnités diverses, stages de formation ou reconversion pèsent très lourdement sur les budgets sociaux des nations développées, surtout en Europe occidentale.

▽ « **Nouveaux** pauvres » dans le métro parisien. Chômeurs de longue durée, non reclassés, ils survivent misérablement grâce à la charité individuelle, donnant l'image d'une société « à deux vitesses ».

tandis que l'Afrique piétine ou régresse. Pour certains, la montée du chômage et les politiques de rigueur menaceraient de briser l'union européenne, mais d'autres parient sur la création d'une grande Europe. Autre débat : y a-t-il mondialisation de l'économie ou résurgence des nationalismes ?

Du point de vue social, les prestations de solidarité sont remises en cause et l'individualisme triomphe. La réduction ou la modulation du temps de travail, l'essor d'une société de « temps libre » permettraient peut-être l'adaptation à une technologie qui nécessite moins de travail humain.

VERS LA CROISSANCE ?

L'impact économique est plus clair : une nouvelle division internationale du travail se met en place. Les pays développés transfèrent une partie de leurs activités industrielles au tiers-monde tandis qu'ils accroissent leur propre secteur tertiaire. La gestion des entreprises se préoccupe davantage de l'utilisation optimale des compétences. Un autre paysage industriel, fondé sur la création de « technopôles », apparaît. Ainsi, au-delà des difficultés quotidiennes, surgissent les conditions d'une future croissance. □

Dormeurs « sans ▽ domicile fixe » à Londres. Toutes les métropoles européennes sont confrontées à la montée de la pauvreté, voire de la misère, qui s'étale désormais au grand jour.

En 1960, cinq pays exportateurs de pétrole s'unissent pour protester contre la baisse des prix imposée par les pays consommateurs d'Occident.

L'O.P.E.P.

L'Organisation des pays exportateurs de pétrole est fondée par l'Arabie saoudite, l'Iran, l'Iraq, le Koweït et le Venezuela. Elle s'ouvre au cours des années 60 notamment à l'Algérie, à la Libye et à l'Indonésie. En 1973, l'O.P.E.P. contrôle plus de la moitié de la production mondiale et les deux tiers des réserves. Alors toute-puissante, elle peut se permettre d'imposer ses prix, mais décline après 1980 : elle subit, d'une part, la concurrence de nouvelles zones d'extraction – Alaska, mer du Nord, Mexique – et n'assure plus que le tiers de l'offre pétrolière mondiale ; d'autre part, victime de ses divisions, elle n'arrive pas à faire respecter les quotas de production imposés à ses membres, seul moyen d'éviter la chute des cours. La révolution iranienne et la guerre du Golfe ont accentué l'éclatement de ce cartel pétrolier.

LA « CHASSE AU GASPI »

Le choc pétrolier de 1973 montre à l'Occident à quel point il dépend du Moyen-Orient. Les Pays-Bas et la Belgique, alliés d'Israël, sont victimes de l'embargo décidé par l'O.P.E.P. et doivent interdire la circulation en automobile certains dimanches. En Italie, on envisage de ne laisser rouler que les voitures aux immatriculations paires les jours pairs et impaires les jours impairs. La France diversifie ses sources d'approvisionnement : elle achète désormais des hydrocarbures à l'Algérie, à l'U.R.S.S., au Gabon. Les gouvernements incitent à traquer le gaspillage : il faut mieux isoler les habitations, réduire le chauffage, rationaliser la production, mettre au point des automobiles moins gourmandes, récupérer les métaux, le papier et les matières plastiques, pour la plus grande joie des écologistes. Le recours aux énergies nouvelles connaît des fortunes diverses : les centrales nucléaires se multiplient, mais les énergies dites « douces » (solaire, géothermie, pompes à chaleur, éoliennes) ne sont pas très efficaces. De plus, les Américains refusent de changer de mode de vie : le plan Carter d'économies d'énergie ne sera jamais vraiment appliqué. Cependant, du fait des nouveaux comportements, des mutations technologiques et de la récession, le marché du pétrole devient bientôt excédentaire, et le cours du baril s'effondre après 1983.

△ **La forte** augmentation du carburant automobile grève les budgets familiaux. Le réflexe économique est encouragé par les pouvoirs publics : la sagesse au volant diminue la consommation... et le déficit de la balance commerciale.
1975.

▷ **Un travail** précaire : cet homme déjà âgé essaie de survivre en collectant des boîtes de conserves, à New York. Le recyclage des ordures ménagères s'avère indispensable à cause de la surconsommation et de la pollution.

◁ **Aubaine** pour les ferrailleurs – ou certains sculpteurs – les cimetières de voitures prolifèrent au rythme de l'industrie automobile. Mais la nature n'est pas un dépotoir : les constructeurs de la fin du siècle étudient de nouveaux matériaux composites et biodégradables.

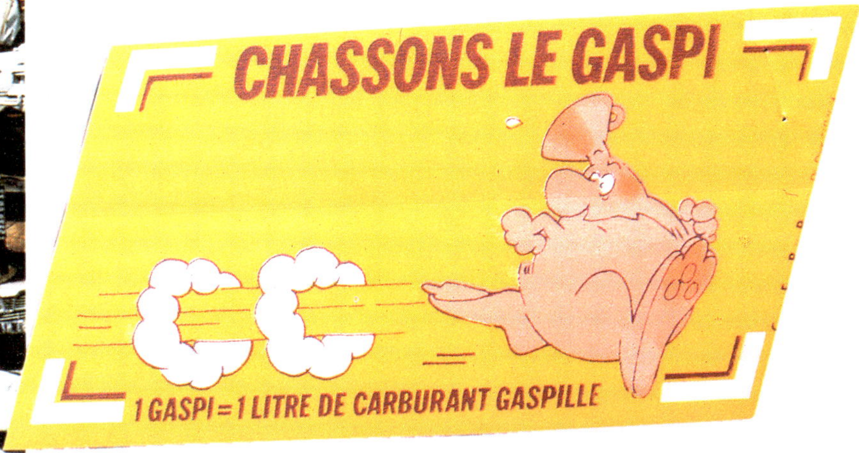

△ **L'Agence** nationale pour les économies d'énergie est créée en 1975. À travers le personnage glouton du « gaspi », elle incite, grâce à des avantages fiscaux, entreprises et particuliers à moderniser leurs installations thermiques.

Entrepôt parisien de ▽ collecte et pilonnage de vieux papiers. Produit d'une industrie polluante, la pâte à papier est récupérée après emploi. Si l'utilisation des produits ainsi recyclés n'est pas encore systématique, le public, sensible aux thèses écologiques, s'y montre très favorable. 1987.

LA CONSTRUCTION EUROPÉENNE

Exprimée aux XVIIIe et XIXe siècles par Rousseau, Hugo, Proudhon, Mazzini ou Nietzsche, l'idée d'une Europe unie est longtemps victime de l'expansionnisme nationaliste. Les désastreux bilans des deux guerres mondiales aboutissent à la prise de conscience générale d'un destin commun.

Réapparu avec acuité durant la résistance au nazisme, le projet d'union européenne trouve urgence et force dans le contexte de la guerre froide : il semble l'unique moyen d'assurer une paix définitive entre l'Allemagne et la France, de relever les économies ruinées par le conflit de 1939-1945 et de contrer l'influence soviétique, qui vient de boucler l'Europe orientale derrière le rideau de fer. Ses pionniers sont issus de la démocratie chrétienne : l'Allemand Konrad Adenauer, l'Italien De Gasperi et le Français Robert Schuman.

Les prémices

Le Benelux, union douanière de la Belgique, des Pays-Bas et du Luxembourg, naît dès la libération de 1944. Deux ans plus tard, Churchill appelle à la création d'« États unis » d'Europe, et le congrès des mouvements européens à La Haye, en mai 1948, soutient ces

premières initiatives, aidées par les Américains : l'Organisation européenne de coopération économique distribue les subsides du plan Marshall, tandis que le traité de Bruxelles, signé en mars 1948 contre l'éventuelle menace allemande, puis la formation de l'O.T.A.N. en avril 1949, pour faire face aux Soviétiques, protègent l'Europe occidentale. En mai 1949, le Conseil de l'Europe instaure une concertation politique, culturelle et sociale de ses dix nations signataires.

Le système Monnet

Inspirée par Jean Monnet, l'intégration économique vise à préparer l'union politique ; l'Union européenne des paiements et la Communauté européenne du charbon et de l'acier (C.E.C.A.) apparaissent en 1950 et 1951. Six ans plus tard, le traité de Rome institue la Communauté européenne de l'énergie atomique et la Communauté économique européenne, qui aboutit au « marché commun », union douanière pour les produits industriels. En 1962, la politique agricole commune (P.A.C.) est chargée d'assurer l'autosuffisance alimentaire des pays de la C.E.E.

La libéralisation des échanges économiques profite au Marché commun jusqu'à la crise de 1973-1974.

En revanche, l'échec de la Communauté européenne de défense, en 1954, gèle les tentatives d'union politique. Hostile à la conception fédéraliste de l'Europe, de Gaulle préconise la seule coopération des États : le plan Fouchet – politiques étrangère et militaire communes – échoue en 1961, et la France refuse même de siéger au Conseil des ministres de la Communauté, de juillet 1965 à janvier 1966. Mais trois projets sont adoptées : l'Union européenne occidentale en 1954, le traité d'amitié franco-allemand en 1963 et le rapport Davignon, instaurant la consultation des États en politique étrangère.

Affiche en faveur ▽ de l'adhésion de la Grande-Bretagne à la C.E.E. Soumise à référendum le 23 avril 1972, celle-ci est ratifiée par le peuple français en dépit d'une forte abstention.
1972.

◁
Le Parlement européen à Strasbourg. Ses 518 députés votent le budget, contrôlent en principe la Commission et le Conseil, mais leur autorité et leurs compétences réelles restent sujettes à interrogation.
1978.

Siégeant à Bruxelles, elle est au cœur du système institutionnel de la Communauté européenne et bénéficie de pouvoirs étendus.

LA COMMISSION EUROPÉENNE

Ses 17 membres sont nommés pour quatre ans (cinq à partir de 1995), d'un commun accord entre les « Quinze ». Les commissaires – 2 pour les grands pays : l'Allemagne, la France, l'Italie, l'Espagne et la Grande-Bretagne – sont indépendants des États et gèrent chacun un portefeuille spécialisé. Leur président est chargé de représenter la Communauté à l'extérieur. Ce collège s'appuie sur 16 000 fonctionnaires répartis en 23 directions générales. Le rôle de la Commission l'apparente à un exécutif européen. Elle a le monopole de l'initiative et ses projets de directives sont transmis au Conseil des ministres ou au Parlement. Elle met aussi en œuvre les décisions prises par le Conseil, administre budget et fonds communautaires, régionaux et sociaux. Enfin, elle a un pouvoir de contrôle : gardienne des traités, elle veille au respect de la libre concurrence entre les États.

De six à quinze

Les décennies 1970-1990 sont illustrées par le trio élargissement, approfondissement, achèvement. En 1973, les « Six » deviennent « Neuf » avec les adhésions de la Grande-Bretagne (acquise en trois candidatures et onze ans de négociations), du Danemark et de l'Irlande ; la Grèce devient membre en 1981 ; les « Dix » passent à « Douze » en 1986, lorsque l'Espagne et le Portugal sont acceptés. Enfin, au début de 1995, l'Autriche, la Finlande et la Suède rejoignent la Communauté européenne. Depuis 1974, le Conseil européen assure le fonctionnement de la C.E. ; à cette réunion régulière des chefs d'État et de gouvernement s'ajoutent la Commission de Bruxelles, sorte d'exécutif délégué, et le Parlement européen, élu au suffrage universel direct en 1979, mais dont le rôle reste encore mal défini. L'entrée en vigueur du système monétaire européen, fondé sur l'écu (unité de compte européenne), permet à la C.E.E. de devenir une zone de stabilité monétaire et de faible inflation, en dépit de quelques distorsions. L'Acte unique complète le S.M.E. par la constitution d'un « grand marché intérieur », sans obstacles à la circulation des marchandises, des capitaux, des services et des personnes au 1er janvier 1993.

Les événement survenus à l'Est (effondrement du communisme, guerre civile en Yougoslavie) décident les « Douze » à hâter l'union politique, pour établir un pôle de stabilité sur le Vieux Continent ; ils favorisent la réunification allemande, puis signent le traité de Maastricht (7 février 1992). La Communauté s'ouvre à l'Europe de l'Est : en 1989, programme Phare d'aide à la restructuration économique en faveur de la Pologne, de la Hongrie, étendu en 1990 à l'ex-R.D.A., à la Tché-

▽
Destruction de fruits importés. Les paysans européens ont de sérieux griefs contre la politique agricole commune : endettés par des investissements à long terme, ils sont victimes des importations sauvages qui font baisser les cours. Une logique absurde : le contribuable verse des subventions à l'agriculture la plus performante du monde !
1982.

Supranationalité ou « Europe des patries » ? Deux conceptions de la construction communautaire sont en jeu depuis l'origine.

DEUX LOGIQUES OPPOSÉES

La première met en avant la notion de supranationalité – ou fédéralisme – et souhaite la création d'un pouvoir européen, ce qui implique le transfert partiel de la souveraineté des nations vers la Communauté. L'Allemagne, la Belgique, l'Espagne et l'Italie, qui ont des structures constitutionnelles fédérales ou décentralisées, soutiennent cette orientation. L'autre logique limite la construction européenne à une confédération, caractérisée par une coopération intergouvernementale des États membres, mais sans aucune perte de la souveraineté nationale. La France gaulliste et le Royaume-Uni de Margaret Thatcher ont incarné cette « Europe des patries ». N'ayant été exclues ni l'une ni l'autre, ces deux conceptions connaissent un développement parallèle depuis les années 70.

coslovaquie, à la Bulgarie et à la Yougoslavie ; création en 1991 de la Banque européenne pour la reconstruction et le développement (B.E.R.D.), censée apporter une aide commerciale et financière pour faciliter la transition vers l'économie de marché. D'autre part, l'Espace économique européen (E.E.E.) étend le marché unique aux pays de l'A.E.L.E. (Association européenne de libre-échange) en 1992.

Un pari gagné

Idée floue en 1945, la construction européenne apparaît, un demi-siècle plus tard, comme une réussite exceptionnelle. Première puissance économique du globe et première source d'aides publiques au développement du tiers-monde, la Communauté est le principal pilier d'une architecture européenne qui comprend l'U.E.O. (10 pays), l'E.E.E. (19 pays), le Conseil de l'Europe (33 pays) et la C.S.C.E. (forum paneuropéen de 52 nations). Elle espère ainsi devenir une grande puissance politique et militaire, capable d'affronter avec efficacité les problèmes délicats posés par l'Europe centrale, par l'Afrique, porteuse de flux migratoires massifs, et par le dynamisme de l'Asie. □

◁ **Sommet** européen de Bruxelles. Les nombreuses mesures indispensables au bon fonctionnement de la Communauté sont débattues par les chefs d'État ou de gouvernement.
1984.

▽ **Enfants** méditerranéens à Bruxelles. En dépit de l'unité politique affirmée de la Communauté, la « citoyenneté européenne » reste un vœu pieux si elle tend à gommer les caractères et les racines socioculturelles des peuples.

Trente-cinq ans après le traité de Rome, une nouvelle étape importante est franchie vers l'union politique, économique et monétaire.

LE TRAITÉ DE MAASTRICHT

Le traité institue une politique étrangère et de sécurité commune, définit une « citoyenneté européenne » et prévoit l'extension de compétences communautaires déjà existantes : cohésion économique et sociale, recherche et développement. Il ouvre aussi de nouveaux champs d'action : politique industrielle, réseaux d'énergies, de transports, protection des consommateurs, éducation, santé, culture... L'objectif avoué de l'union économique et monétaire est de remplacer à la fin du siècle les monnaies nationales par une monnaie unique, l'écu, émise par une banque centrale européenne. Sa réalisation suppose une convergence accrue des politiques économiques de chaque État membre, raison pour laquelle le traité de Maastricht est dénoncé comme une dérive dangereuse vers le fédéralisme et la supranationalité par les partisans de la souveraineté nationale.

LES ANNÉES NOIRES DE L'AMÉRIQUE LATINE

À la fin des années 60, dix ans après le choc de la révolution cubaine, la situation de l'Amérique latine semble stabilisée. Mais les difficultés économiques accroissent les déséquilibres sociaux et suscitent une agitation que des régimes dictatoriaux s'emploient à réprimer.

Dès 1968, le Pérou profite d'un contexte international favorable, les États-Unis se désintéressant, à cause de la guerre du Viêt-nam, de leur « chasse gardée » en Amérique latine. La « révolution humaniste » de Juan Velasco Alvarado veut instaurer « l'harmonie, la justice et la dignité », combattre le dualisme de la société et transformer les conditions de vie dans les *barriadas,* bidonvilles de Lima, tout en maintenant jusqu'en 1973 un pouvoir autoritaire, hostile au marxisme. Puis c'est au Panamá qu'un régime réformiste met fin à la dictature d'Alfredo Arias, impose « une nouvelle échelle des valeurs humaines » et parvient à convaincre les États-Unis de Jimmy Carter de signer une convention restituant le canal au Panamá, le 31 décembre 1979. Entre 1969 et 1971, le réformisme triomphe aussi en Bolivie, de même qu'entre 1972 et 1976 en Équateur – où la découverte de gisements pétroliers exacerbe les convoitises – au Hondu-

ras (1972-1975), à la Jamaïque, proche de Cuba (« socialisme démocratique », 1972-1980, de Michael Manley), et, brièvement, au Salvador en 1979. Mais c'est le Chili qui s'est engagé le plus loin sur la voie de la réforme, suscitant l'intérêt et l'admiration de l'opinion internationale. C'est là aussi que la mise en place d'un régime autoritaire a été le plus spectaculaire et a provoqué l'indignation la plus grande.

L'échec de l'expérience chilienne

Le démocrate-chrétien Eduardo Frei tente depuis 1964 de faire la « révolution dans la liberté » : la réforme agraire touche près de 1 400 domaines, redistribue 3 600 000 hectares aux petits paysans et oblige les propriétaires à verser un salaire à leurs ouvriers. Mais ces réformes sont insuffisantes pour l'Unité populaire, coalition constituée autour du Parti socialiste de Salvador Allende par l'aile gauche de la Démocratie chrétienne, les communistes, les radicaux et une petite formation de gauche, l'APL. Même si Allende fait peur, car il incarne une volonté profonde de transformation, il remporte les élections de septembre 1970. N'ayant pas la majorité absolue, il est désigné par le

◁ **Une ligne** de chemin de fer au Chili. La géographie très particulière, le relief tourmenté et les ressources minières limitées ne favorisent guère le dynamisme économique du pays.

Prise du palais ▽ présidentiel de la Moneda à Santiago du Chili, lors du coup d'État militaire de septembre 1973. Le président Allende y trouve la mort, dans des circonstances mal éclaircies.

Au cours d'une carrière consacrée au socialisme, Salvador Allende devient partisan d'une transition pacifique vers une société plus juste.

UN MYTHE ASSASSINÉ

Héritier d'une longue tradition familiale libérale, proche du radicalisme, Salvador Allende adhère à la franc-maçonnerie et étudie la médecine. Découvrant la misère des bidonvilles, il s'oriente vers la politique. En 1933, il est cofondateur du Parti socialiste. En 1938, il dirige la campagne du radical Aguirre Cerda, premier président du Front populaire, et il est élu député. Il devient ministre de la Santé et administre la Sécurité sociale ouvrière. Sénateur à partir de 1945, Allende est candidat à l'élection présidentielle en 1952, 1958 et 1964, avant de s'imposer en 1970. Après la démission du général Prats, il commet l'erreur de se fier à Pinochet et à ses amitiés maçonniques au sein de l'armée. Il trouve la mort en septembre 1973, lors de l'attaque du palais présidentiel.

◁ **Le général** Augusto Pinochet met fin à l'expérience Allende par le coup d'État de septembre 1973. Commandant en chef de l'armée chilienne, nommé président de la République en 1974, il est déconsidéré par les excès de son régime et quitte le pouvoir en 1990. Un gouvernement démocratique lui succède. 1983.

Congrès en octobre, en dépit des pressions des États-Unis, des multinationales et de l'armée, et applique sans délai le programme de l'Unité populaire : la réforme agraire est accentuée, des coopératives sont fondées pour éviter l'émiettement des terres. Toutes les industries de base sont nationalisées, le cuivre – jusque-là aux mains de firmes américaines –, les nitrates, le fer, l'acier et le charbon. Seize banques passent sous le contrôle de l'État, les retraites sont revalorisées, les bas salaires augmentés, les familles mieux aidées. Mais les difficultés s'accumulent : les paysans multiplient les occupations de terres, des grèves éclatent, les classes moyennes, inquiètes, veulent arrêter la « machine infernale », la hausse des prix (160 p. 100 en 1972) accable les couches populaires. Le pouvoir est débordé par les violences de la gauche révolutionnaire et déstabilisé par les manifestations orchestrées par la droite, où se rejoignent démocrates-chrétiens et fascistes.

Le 1er décembre 1971, la première manifestation des « casseroles vides » manifeste le mécontentement des ménagères envers une disette qui n'existe pas encore. La pression s'accentue en 1972 : violences, attentats contre les sièges des partis de gauche et, surtout, longue grève des camionneurs qui paralyse un pays étiré sur 4 300 km du nord au sud. Les commerçants, les médecins et les avocats se mettent à leur tour en grève, les patrons ferment leurs usines, la CIA et les grandes sociétés américaines complotent quasi ouvertement pour renverser Allende, à qui l'on refuse les crédits dont on abreuve ses adversaires. Ce dernier remporte les élections de mai 1973 mais commet l'erreur de nommer à la tête de l'armée un conspirateur, le général Pinochet. Le 11 septembre 1973, un putsch militaire sanglant renverse le chef de l'État, qui meurt les armes à la main dans le palais présidentiel de la Moneda, à Santiago. L'armée annonce qu'il s'est

Poète chilien de la « latino-américanité » et de l'humanisme socialiste, il s'engage dans tous les conflits de son temps.

PABLO NERUDA

Très jeune, il s'oriente vers la poésie tout en menant une carrière de diplomate : à 23 ans, il est consul à Rangoon, puis à Ceylan, Batavia, Singapour et Buenos Aires. À Madrid, il se range du côté des républicains, rencontre Lorca et Albertí, et défend la République espagnole. En 1940, il est consul au Mexique et en 1945, élu au Parlement, à Santiago. Membre du Parti communiste, il est obligé, en 1947, de quitter son pays. Il part pour l'U.R.S.S. Il est déjà célèbre pour des ouvrages comme *Vingt Poèmes d'amour* (1924) et *Espagne au cœur* (1938). De retour au Chili, il publie son chef-d'œuvre, le *Chant général* (1950). Le gouvernement Allende le nomme ambassadeur à Paris. Il reçoit le prix Nobel en 1972, mais, malade, doit rentrer au Chili pour mourir en septembre 1973, au lendemain de la chute d'Allende. Les partisans de Pinochet iront jusqu'à brûler ses livres et saccager sa maison.

Jeune garçon guarani ▷ au Paraguay. Bordé par le Brésil, l'Argentine et la Bolivie, pauvre et peu peuplé, sans façade maritime, le pays vit sous la férule autoritaire du général Stroessner de 1954 à 1989, date à laquelle il est renversé.

▽ **Le général** argentin Videla préside la cérémonie du deuxième anniversaire d'une dictature réputée plus dure encore que celle de Pinochet, pourtant très répressive. La défaite militaire des Malouines face aux Britanniques, en 1982, achève de ruiner le prestige de la junte, dont la chute survient l'année suivante.

suicidé et met en place un nouveau régime, qui lance une vigoureuse croisade libérale et antimarxiste.

Les régimes terroristes

Le coup d'État de Pinochet avait été précédé par une junte militaire en Uruguay et par le coup d'État du Bolivien Banzer (1971), lui aussi soutenu par les États-Unis, inquiets du rapprochement de la Bolivie avec Cuba. Il est suivi, quelques jours plus tard, par le retour de Perón en Argentine, retour qui favorisera l'ascension du terrible général Videla. En Amérique centrale, et principalement au Guatemala et au Salvador, les tensions redoublent car le mécontentement des Indiens renforce celui des paysans pauvres et attise l'agitation des ouvriers et chômeurs des villes ; en 1975, au Pérou, un coup d'État militaire renverse Velasco Alvorado. Partout, militaires, policiers et tortionnaires s'entendent pour imposer un « terrorisme d'État ».

Au Chili, la police secrète, la Dina, dont toutes les bavures sont couvertes, surveille les opposants. Pinochet, qui veut « remodeler l'âme populaire » et imposer la « chilénité », propose une nouvelle révolution économique, capitaliste et libérale, voulue par les « Chicago boys », les économistes monétaristes inspirés par Milton Friedman. Le régime n'a pas d'assise légale : il gouverne par décrets-lois, emprisonne et déporte en toute illégalité. Pinochet poursuit les partisans de l'ancien régime, qui peuvent être assassinés n'importe où, comme l'ancien ministre des Finances, Orlando Leiter, abattu à Washington en 1976.

En Argentine, la junte militaire multiplie elle aussi les exactions : opposants et suspects disparaissent mystérieusement au cours de voyages en hélicoptère, après avoir subi des « interrogatoires » dans les caves de la célèbre École technique de la marine. Peu à peu cependant, en Argentine et au Chili, l'opposition se fait entendre, avec le soutien des pays occidentaux, des mouvements de défense des droits de l'homme et d'une grande partie de la hiérarchie catholique. La presse, le cinéma, la chanson popularisent la lutte des « folles de mai » qui, en Argentine, tournent en silence sur une place de Buenos Aires pour obtenir des nouvelles de leurs fils et de leurs maris disparus. Après le répit obtenu grâce à la Coupe du monde de football, la junte argentine ne survivra pas à son échec dans la guerre des Malouines (1982), et le Chili ne verra jamais le « nouveau type de citoyen » dont rêvait Pinochet, contraint à libéraliser son régime à partir de 1978. □

△
Combattants du Front sandiniste de libération nationale au Nicaragua. Ils chassent le dictateur héréditaire Somoza, mais les sympathies avouées du nouveau régime pour Cuba et l'U.R.S.S. provoquent une scission chez les sandinistes et la poursuite d'une guerre civile larvée jusqu'en 1992.
1979.

Une femme d'origine modeste symbolise et galvanise la résistance des Amérindiens d'Amérique centrale.

RIGOBERTA MENCHÚ

Née en 1959, sur les hauts plateaux du Guatemala, Rigoberta Menchú est très tôt confrontée à la violence. La population guatémaltèque est formée à 45 p. 100 d'Indiens, qui vivent dans les montagnes de l'ouest du pays, et dont les luttes se confondent avec celles des paysans pauvres durement réprimées par l'armée. Ses parents et son frère ayant été assassinés sous ses yeux, la jeune femme décide de faire connaître au monde entier les malheurs de son peuple. Pour cela mais aussi, dit-elle, pour lire la Bible, elle s'initie à l'espagnol, apprend à lire et à écrire. Se définissant comme une « révolutionnaire chrétienne », elle brave les menaces et milite activement au sein du Conseil international des Indiens. Au fil des livres, des articles et des conférences faites dans le monde entier, elle dénonce les atrocités des militaires et évoque leurs victimes, qui se comptent en dizaines de milliers. En 1992, elle reçoit le prix Nobel de la paix.

BRASÍLIA

La Constitution brésilienne de 1891 prévoyait l'édification d'une nouvelle capitale, située au centre d'un pays immense, trop tourné vers l'Océan. En 1956, le président Kubitschek de Oliveiro décide d'appliquer la mesure : la nouvelle ville, Brasília, sera située sur les hauts plateaux méridionaux du bassin amazonien ; les plans sont confiés à Lucío Costa, et la réalisation des bâtiments à Oscar Niemeyer, ami personnel du président. Lucío Costa définit un urbanisme simple, inspiré des cités romaines, où se coupaient à angle droit un axe nord-sud et un axe est-ouest. La voie nord-sud de Brasília, longue de 10 km, est à usage résidentiel : elle est bordée de part et d'autre par 30 quartiers d'habitation. L'axe est-ouest, long de 6 km, forme l'artère politique de la ville ; il est ponctué par les réalisations monumentales de Niemeyer, qui a choisi d'utiliser le béton, matériau peu coûteux, et de répondre à la simplicité du plan par des formes tout à la fois élaborées et épurées. L'ensemble est une réussite architecturale fascinante, mais les espoirs placés dans la nouvelle capitale ont été en partie déçus : Brasília n'a pas rééquilibré l'expansion économique du pays.

▽ **Le Sénat** et la Chambre des députés, œuvres d'Oscar Niemeyer, présentent la configuration originale d'un œil fermé et d'un autre ouvert autour du palais des Congrès, place des Trois-Pouvoirs.

La cathédrale de ▷ Brasília, résolument futuriste, traduit la hardiesse de la technique du béton armé ; elle accueille les visiteurs avec les statues des quatre Évangélistes.

◁ **Vue** de Brasília. Contrairement aux mégapoles déshumanisées d'Amérique du Nord, cette ville administrative très aérée s'étend sur près de 6 000 km^2 et compte moins de 2 millions d'habitants.
1990.

▽ **Monument** des Guerriers, ou Bâtisseurs de la ville (les deux Candangos) de Bruno Giorgi. Brasília relève d'une audace architecturale certaine, mais son gigantisme monumental est-il réellement adapté à l'individu ?

△
Quartier des ministères. Capitale politique dès 1960, Brasília n'a pas l'envergure économique de São Paulo ou de Rio de Janeiro.
1985.

▽ **Intérieur** de la cathédrale Saint-Jean-Bosco à Brasília. Symboles de continuité culturelle avec le Vieux Continent, les vitraux sont dépouillés de fantaisie.

FRANCE

L'influence gauchiste

■ Le mouvement de contestation de mai 1968 a, malgré sa défaite politique, profondément marqué les Français et nombreux sont les militants qui poursuivent le combat politique. Les gauchistes tentent de rallier à leur mouvement le monde ouvrier, et tout particulièrement les usines Renault. C'est là que, le 25 février 1972, un vigile abat un jeune militant maoïste, Pierre Overney, dont l'enterrement sera suivi par 400 000 personnes. On décèle aussi l'influence des « contestataires » dans l'affaire Brigitte Dewevre, jeune fille assassinée à Bruay-en-Artois : le juge d'instruction, apparemment hostile à l'establishment, s'obstine à mettre en cause un notable de la petite ville, avant d'être dessaisi de l'affaire. Un an plus tard, le 31 juillet 1973, les horlogers des usines Lip refusent la mise en liquidation de l'entreprise et poursuivent une fabrication sauvage. Bientôt, un quotidien se fera l'écho de ces luttes : Serge July, un ancien de la gauche prolétarienne, annonce le lancement de *Libération*. □

ITALIE

Le cinéaste et le roi fou

■ Entre 1971 et 1973, Visconti réalise *Ludwig*, une biographie de Louis II de Bavière. La tonalité de l'œuvre est celle, tourmentée, des tableaux de Caspar David Friedrich, mais l'obsession de la décadence s'y enlise dans une théâtralité un peu boursouflée, qui frôle le ridicule. Clin d'œil de cinéphile, Visconti a choisi Romy Schneider pour jouer, dans ce film très sombre, le rôle de la cousine du roi, « Sissi », qu'elle avait tenu quinze ans plus tôt dans une série « à l'eau de rose ». L'atmosphère passéiste de *Ludwig*, le bric-à-brac décadent du décor, la complaisance manifeste du réalisateur susciteront la réprobation de la gauche italienne, en dépit des sympathies affirmées du cinéaste pour le Parti communiste italien. Les intellectuels auront alors beau jeu de rappeler que Luchino Visconti, descendant d'une grande famille de *condottieri*, a hérité de son père le titre de duc de Modrone. □

ALLEMAGNE FÉDÉRALE

Le pouvoir de la presse

■ *L'Honneur perdu de Katharina Blum* est l'un des derniers romans de Heinrich Böll, peintre de la société allemande depuis la fin de la Seconde Guerre mondiale. L'auteur y décrit les excès auxquels peut conduire la lutte contre le terrorisme. Dans une Allemagne où les portraits des membres présumés des Brigades rouges invitent à la délation, où les extrémistes exécutent les vedettes du grand patronat, la presse joue un rôle essentiel. Le groupe d'hebdomadaires et de quotidiens détenus par le magnat Axel Springer recherche le sensationnel à tout prix pour faire augmenter les tirages et les recettes. C'est ce que dénonce Böll, en décrivant la descente aux enfers d'une jeune fille qui a croisé par hasard un terroriste et qui, interrogée par la police, est désignée au grand public comme ayant pris part à ses crimes. Völker Schlöndorff tirera du roman un film qui remportera un immense succès. □

GRÈCE

La fin des « colonels »

■ Après l'alerte de 1973, qui les a conduits à proclamer la république pour barrer la voie à un éventuel retour du roi Constantin II, les colonels grecs souhaitent se donner, grâce à une victoire militaire, la popularité qu'ils n'ont jamais vraiment eue. Ils tentent donc de renverser le gouvernement chypriote de Mgr Makários. L'archevêque orthodoxe parvenait tant bien que mal à équilibrer la balance entre les deux communautés, grecque et turque, et persistait à refuser la présence d'officiers grecs proches des mouvements les plus extrémistes de l'île. Le débarquement tenté en juillet 1974 est un échec, dû en grande partie à l'intervention immédiate de l'armée turque. L'armée grecque éclate alors en factions opposées, tandis que la foule conspue la junte dans les rues d'Athènes. Le 23 juillet, les colonels remettent le pouvoir aux mains des civils. De retour d'exil, Constantin Caramanlis forme un gouvernement provisoire, qui rétablit la Constitution de 1952, à l'exception des articles qui concernent le roi. □

SUÈDE

Le meilleur des *masters*

■ Au mois de juin 1974, le plus jeune vainqueur des internationaux de tennis de France, à Roland-Garros, est un Suédois de 18 ans, Björn Borg. Son revers lifté a eu raison de l'Espagnol Orantes en cinq sets : une fulgurante carrière s'ouvre devant lui. Il triomphe à nouveau l'année suivante, cette fois de l'Argentin Vilas, et fait sensation en ne perdant qu'un seul set sur l'ensemble du tournoi. Ses cheveux longs retenus par un bandeau blanc, son intense concentration et sa musculature font de lui l'idole du public huppé, en particulier féminin, de Roland-Garros. En 1975, puis en 1976, il remporte aussi le tournoi (sur gazon) de Wimbledon, suscitant la même ferveur chez les demoiselles de la gentry britannique. □

Le joueur de tennis suédois Björn Borg. *1975. C. Vioujard.*

PORTUGAL

La « révolution des œillets »

■ Le Portugal, au point mort depuis 1926, revient à la vie. Le professeur Salazar avait dû, en 1968, céder le pouvoir à Marcelo Caetano, qui n'était pas parvenu à donner au pays un vernis démocratique suffisant pour le rendre « présentable », d'autant plus que le Portugal est englué dans des luttes coloniales. En février 1974, le général de Spínola préconise une solution civile aux problèmes coloniaux, ce qui lui vaut d'être mis à l'écart de l'armée et déclenche un mouvement de révolte chez les capitaines. Ceux-ci dénoncent le « mythe de l'apolitisme de l'armée » et renversent Caetano en avril 1974. La foule en liesse tend des œillets rouges aux militaires, les libertés démocratiques sont rétablies après un demi-siècle de dictature, le Mozambique et l'Angola accéderont en 1975 à l'indépendance. □

1975 - 1979

Pendant la guerre froide, l'opinion internationale a redouté une troisième guerre mondiale, que les potentiels nucléaires des deux grands auraient transformée en une apocalypse. La crise des fusées soviétiques à Cuba, en 1962, a représenté le paroxysme de cette terreur. Or, dans les années 1970, le monde redécouvre que la guerre dite « conventionnelle » – tristement conventionnelle, en effet – est toujours d'actualité et qu'elle a, elle aussi, fait des « progrès » : toujours plus destructrice et toujours plus coûteuse. Pourtant, ce ne sont pas les ennemis d'hier qui ont repris les armes. C'est le tiers-monde qui se déchire, de multiples manières : conflits frontaliers, nouvelles guerres de religion, guerres civiles, guérillas, révolutions... Des nations à l'identité fragile, qui comptent déjà parmi les plus pauvres de la planète, dépensent une part importante de leurs maigres ressources pour acheter des armes à l'Occident, spectateur plus ou moins complice ou acteur en coulisse. La paix est-elle un luxe ?

Camp de réfugiés de Gando.

LA DÉTENTE EN QUESTION

En juillet 1975, dans l'espace, les cabines Apollo et Soyouz s'arriment. À bord, Américains et Soviétiques se congratulent. Ce geste fortement symbolique consacre la détente qui semble présider alors aux relations Est-Ouest, mais non sans accroc.

Le dénouement de la crise de Cuba, en 1962, a rapproché les deux supergrands, reliés dorénavant par le « téléphone rouge » (un télex). Grâce à cette liaison directe, chacun espère éviter de déclencher « par erreur » une guerre totale. Devant l'urgence et l'intérêt général, les désaccords de détail s'effacent. Les relations s'assouplissent. Les Soviétiques parlent de « coexistence pacifique » et les Occidentaux, de « détente ».

Les accords SALT 1

Entre 1960 et 1970, les États-Unis et l'U.R.S.S. se sont dotés d'arsenaux nucléaires susceptibles de tuer plusieurs fois (en anglais, *overkill*) l'ensemble de

Anniversaire de la Révolution d'Octobre. Le culte de la personnalité de Brejnev a remplacé celui de Khrouchtchev. L'édifice paraît solide, mais comme les dirigeants, le régime se survit.
◁ 1978.

Alexandre Soljénitsyne ▽ expulsé d'U.R.S.S. témoigne contre le système concentrationnaire soviétique et pour les dissidents à Zürich d'où, ironie du sort, Lénine partit s'emparer du pouvoir.
1974.

la population ennemie. Mais les deux puissances ont investi sur dix ans des sommes supérieures à toutes les dépenses militaires effectuées dans le monde pendant la première moitié du XXe siècle ; poursuivre un tel effort paraît insoutenable. L'Amérique et l'Union soviétique entament donc en 1969, à Helsinki, une négociation qui aboutira en mai 1972, à Moscou, à la signature des accords SALT 1. Paraphés par Nixon et Brejnev lors de leur premier sommet, les *Strategic Arms Limitation Talks* consacrent « l'équilibre de la terreur » et instaurent un nouveau concept : MAD, ou *Mutual Assured Destruction* – toute attaque nucléaire entraînerait avec certitude la destruction de la partie adverse. L'accroissement du potentiel atomique étant inutile, les accords SALT 1 gèlent les armements à leur niveau du début des années 70. Mais il apparaît vite que les Occidentaux ont surestimé le retard soviétique en matière d'ogives à têtes multiples. La parité établie par les accords SALT 1 s'avère illusoire.

La conférence d'Helsinki

À ce gel des armements fait écho une initiative qui vise à donner un cadre à la politique de détente. En août 1975, la conférence d'Helsinki réunit tous les États européens (sauf l'Albanie), l'Union soviétique, les États-Unis et le Canada. Comme l'énonce l'acte final, il s'agit de « faire de la détente un processus tout à la fois continu, de plus en plus viable et global, de portée universelle ». Trois axes majeurs – trois « corbeilles » – sont adoptés : les États coopéreront dans les domaines de l'économie, de la science, de la technique et de l'environnement. Par ailleurs, afin d'assurer la sécurité en Europe, ils établiront un « climat de confiance » en s'informant sur leurs manœuvres militaires. Enfin, les États amélioreront le

◁ **Andréi Sakharov** attend le verdict du procès de Youri Orlov à Moscou. Prix Nobel de la paix en 1975, il devient le principal porte-parole des dissidents soviétiques après l'exil de Soljénitsyne. 1978.

△ **La « troïka »** Podgorny-Brejnev-Kossyguine salue la foule lors d'une manifestation officielle. Au pouvoir depuis 1964, les trois hommes ne tolèrent aucune critique vis-à-vis du régime soviétique.

Né en Ukraine en décembre 1906, Leonid Brejnev devient premier secrétaire du parti communiste d'Union soviétique en octobre 1964. Il le restera jusqu'en 1982.

LE BREJNÉVISME

Sous son autorité, le régime se montre hostile aux réformes et intensifie la répression contre la dissidence. La doctrine dite de la souveraineté limitée étouffe toute contestation en Europe de l'Est. Le « brejnévisme » devient vite synonyme de sclérose du pouvoir et de dogmatisme. L'U.R.S.S. renforce ses interventions dans le tiers-monde et accentue ses pressions sur l'Europe occidentale. Brejnev inaugure également de nouvelles stratégies mondiales. En installant des missiles SS-20 sur le continent européen, il essaie d'éloigner l'Europe de ses alliés américains. Avec l'invasion de l'Afghanistan, il espère contrôler bien une région proche des États pétroliers du golfe Arabo-Persique. Les interventions en Afrique lui permettent d'occuper un terrain où les Américains sont presque absents. Enfin, son soutien au Viêt-nam contient la puissance de la Chine.

sort des familles séparées, rendront possibles les mariages entre citoyens de nationalités différentes et faciliteront le travail des journalistes. Sous la forme d'une déclaration de bonnes intentions politiques, les accords d'Helsinki condamnent aussi toute ingérence. Ce dernier point, qui garantit l'exercice des libertés fondamentales, va être largement invoquée par les défenseurs des Droits de l'homme. Ainsi, en janvier 1977, plus d'une centaine d'hommes politiques et d'intellectuels tchécoslovaques réclament, dans la Charte 77, le respect des accords d'Helsinki. « Ces droits fondamentaux n'existent pour l'instant dans notre pays que sur le papier », affirment-ils. Cette revendication provoque des raidissements dans le bloc communiste. En U.R.S.S., le dissident Youri Orlov, l'un des fondateurs du comité de surveillance des accords d'Helsinki, est arrêté en février 1977. La *Pravda,* organe officiel du parti communiste, dénonce les « renégats » qui violent la loi « en se livrant à la propagande et à des actes antisoviétiques ». La doctrine officielle est à la détente, mais, pour l'U.R.S.S., toute mention aux Droits de l'homme constitue une critique intolérable.

TURBULENCES DANS LA ZONE SOVIÉTIQUE

En octobre 1964, Leonid Brejnev a succédé à Nikita Khrouchtchev comme premier secrétaire du parti. Il associe son nom à la doctrine de la « souveraineté limitée » : la souveraineté des pays satellites de l'U.R.S.S. est limitée par leurs obligations envers le « camp socialiste ». Le contrôle de Moscou sur ces nations est justifié par la relation qui existe entre pays communistes et qui repose sur « l'interventionnisme » et la « solidarité prolétarienne ». En 1968, le Kremlin avait ainsi défendu l'intervention soviétique en Tchécoslovaquie. Dans les années 70, la « doctrine Brejnev » est toujours d'actualité.

▽
Lech Walesa connaît un destin étonnant : co-fondateur du syndicat libre *Solidarité,* il dialogue d'égal à égal avec le gouvernement, auquel il succède dix ans plus tard.
1980.

Ouvrier polonais ▽ devant le portrait du pape Jean-Paul II. L'élection du cardinal Wojtyla au trône de Saint-Pierre en 1978 contribue à ébranler le communisme dans toute l'Europe orientale.
1980.

En 1976, six ans après les grèves de Gdansk et de Gdynia, les chantiers navals se soulèvent à nouveau. À la tête des grévistes, un ouvrier électricien : Lech Walesa.

LECH WALESA

D'abord mécanicien, puis ouvrier électricien à Dobrzyn, il se rend en 1967 à Gdansk, aux chantiers Lénine. Membre du comité de grève, il est licencié et emprisonné en 1970, puis réembauché sous la pression de ses camarades. Lorsque les grèves reprennent en août 1980, Walesa conduit tout naturellement le mouvement, puis la délégation qui conclut les accords de Gdansk. Catholique pratiquant, il bénéficie de l'appui de l'église polonaise – l'évêque de Cracovie, Karol Wojtyla, vient d'être élu pape. Le catholicisme constitue alors un véritable mouvement d'opposition. Mais, en 1981, le général Jaruzelski décrète l'état d'urgence. Walesa, comme les autres dirigeants de Solidarité, est placé en résidence surveillée. Soutenu par l'Europe occidentale, le syndicat entre dans la clandestinité. En 1983, Lech Walesa reçoit le prix Nobel de la paix. En 1990, il est élu président de la République.

Mais les Occidentaux tolèrent de moins en moins les atteintes aux libertés fondamentales. Les dissidents se voient reconnus par l'opinion mondiale. En 1970, Alexandre Soljenitsyne reçoit le prix Nobel de littérature. L'auteur du *Premier Cercle* n'est édité qu'en Occident, et Moscou lui refuse le droit de se rendre à Stockholm pour recevoir sa récompense. Quatre ans plus tard, il est expulsé d'U.R.S.S. pour avoir dénoncé l'univers concentrationnaire dans *l'Archipel du Goulag*. L'année suivante, en 1975, l'Académie suédoise distingue une autre figure de la dissidence soviétique en accordant le prix Nobel de la paix au physicien Andreï Sakharov. Militant pour les Droits de l'homme, Sakharov est arrêté souvent et interné en hôpital psychiatrique. En janvier 1980, il est encore relégué à Gorki, une ville dont l'accès est interdit aux étrangers. La répression des mouvements d'opposition est d'autant plus sévère en Union soviétique que Brejnev a accentué à son profit le culte de la personnalité en accédant, en juin 1977, à la présidence du Soviet suprême. L'homme qui détient tout le pouvoir a alors soixante-dix ans. Le régime tourne à la gérontocratie.

À l'été 1980, en prise à de terribles difficultés économiques et sociales, les ouvriers polonais des chantiers navals de Gdansk manifestent. Un électricien, Lech Walesa, négocie avec le pouvoir communiste. Le 31 août, les accords de Gdansk satisfont l'ensemble des revendications des grévistes. Les augmentations demandées sont accordées, le droit de grève est reconnu, des syndicats indépendants pourront se constituer, les prisonniers politiques seront libérés. En septembre, une union de syndicats libres donne naissance à *Solidarnosc* (Solidarité), que préside Walesa. Dès lors, la pression soviétique se fait explicite et l'Agence Tass qualifie le Congrès de Solidarité d'« orgie antisocialiste et antisoviétique ». En février 1981, le général Jaruzelski – dont les vues sont conformes à celles du Grand Frère soviétique – prend la tête du gouvernement. En décembre, il instaure l'état d'urgence. Tous les acquis sont remis en cause. Signe de faiblesse devant l'opinion publique mondiale ou, au contraire, suprême habileté, l'U.R.S.S. n'a pas eu à intervenir directement. La crise polonaise témoigne cependant de la volonté hégémonique qu'entend encore exercer le régime soviétique.

▽
Le général Jaruzelski. Premier secrétaire du Parti ouvrier unifié polonais (POUP) après les renvois de Gierek et Kania, il doit faire face aux revendications de Solidarité et aux menaces d'intervention soviétique.
1989.

La stratégie mondiale en U.R.S.S.

Mais l'Union soviétique n'entend pas se cantonner à un rôle secondaire dans les pays qui, selon Yalta, se situent hors de sa zone. Elle offre donc son appui à un certain nombre d'États ou de mouvements du tiers-monde.

En mars 1977, Nicolas Podgornyï, président du Praesidium du Soviet suprême, se rend en Tanzanie, en Zambie et au Mozambique. Le même mois, Fidel Castro visite la Libye, la Somalie, l'Éthiopie, la Tanzanie, le Mozambique et l'Angola. En Afrique,

Perdant le monopole de l'arme nucléaire de portée intercontinentale, les États-Unis abandonnent la doctrine des « représailles massives » pour celle de la « riposte graduée ».

LES ÉTATS-UNIS ET L'EUROPE

Au début des années 50, les États-Unis défendent la stratégie du « New Look » : toute agression contre l'Europe de l'Ouest entraînerait des représailles massives. Ils peuvent alors étendre leur « parapluie nucléaire » à l'Europe, sans que l'U.R.S.S. soit en mesure de répliquer. Mais la mise sur orbite du premier Spoutnik, en 1957, démontre que des missiles soviétiques, disposant d'un lanceur, peuvent atteindre le continent américain. L'O.T.A.N. adopte donc, dix ans plus tard, la doctrine de la « riposte graduée » : il s'agit de maîtriser l'escalade d'un conflit, pour retarder le plus longtemps possible sa nucléarisation. Parallèlement, depuis 1952, l'O.T.A.N. s'est fixé comme priorité le renforcement de ses armements conventionnels. La récente révolution des technologies militaires – apparition d'armes dites « intelligentes », observation par satellite, etc. – y contribue.

Moscou décide de la stratégie, fournit de l'argent et des armes, et délègue des experts militaires. De son côté, La Havane dépêche d'importants corps expéditionnaires – notamment en Angola et en Éthiopie. Cette stratégie s'avère efficace : en 1977, trois ans après la chute de l'empereur Hailé Sélassié, l'Éthiopie rejoint le bloc socialiste. Mais cette politique est coûteuse : selon le Pentagone, entre 1970 et 1976, l'U.R.S.S. aurait ainsi distribué trois milliards de dollars à onze pays africains. En outre, une telle pratique n'est pas toujours couronnée de succès : l'Égypte, qui a reçu plus de la moitié de cette manne, dénonce en mars 1976 le traité d'amitié qui la liait à l'Union soviétique ; Sadate refuse de faire partie de la zone d'influence communiste. Enfin, cette option engendre quelques contradictions. Dans la Corne de l'Afrique, l'Éthiopie et la Somalie sont en guerre ; avec le ralliement de la première au camp soviétique, l'U.R.S.S. se trouve soutenir les deux États, qu'elle tente de reconcilier. En vain : la Somalie se sépare en septembre 1978 de ses conseillers soviétiques. Mais l'intervention de l'U.R.S.S. et de Cuba aux côtés de l'Éthiopie oblige, en mars 1978, le président somalien Siyad Barre à rappeler ses troupes, entrées en Éthiopie.

L'année suivante, le Kremlin montre une fois encore les limites qu'il entend fixer à la détente. En Afghanistan, le gouvernement tente d'imposer un système d'inspiration marxiste et se heurte à la révolte de la population. Le 24 décembre 1979, l'Armée rouge envahit l'Afghanistan. Cette intervention directe hors de la sphère soviétique rompt l'équilibre instauré à Yalta. Les États-Unis mettent en place, dès janvier, un embargo céréalier à l'encontre de l'U.R.S.S. À leur suite, les nations occidentales – sauf la France – boycottent les jeux Olympiques de Moscou. Le 21 janvier 1980, prenant acte de ce coup porté à la détente, le président Carter désigne comme l'une des priorités de sa politique étrangère le renforcement de la puissance militaire des États-Unis et de leurs alliés. Mais les forces du pacte de Varsovie ont déjà accru leur potentiel au cours des années précédentes.

Euromissiles et armes conventionnelles

De 1972 à 1979, l'U.R.S.S. a déployé en Europe quatre nouveaux types de missiles intercontinentaux et un système à moyenne portée, le SS-20. Cet engin balistique mobile supporte trois têtes nucléaires de 150 kilotonnes. Son faible rayon d'action (500 km) implique qu'il ne menace que le continent

▽ **Le traité SALT 2** signé par Carter et Brejnev le 18 juin 1979 à Vienne fixe des limitations quantitatives et définit des restrictions d'ordre qualitatif.
1979.

européen. En outre, les pays du pacte de Varsovie ont singulièrement renforcé leur armement conventionnel – chars, missiles guidés antichars, pièces d'artillerie, avions de combat, etc. Dans certains domaines, la capacité du bloc communiste est deux ou trois fois supérieure à celle de l'O.T.A.N. Face à une agression conventionnelle du bloc communiste, cette supériorité conduirait nécessairement les membres de l'O.T.A.N. à recourir les premiers aux armes nucléaires. En septembre 1977, le chancelier ouest-allemand Helmut Schmidt sonne l'alarme. Il demande aux Américains de négocier avec les Soviétiques pour obtenir l'élimination des SS-20 ou, à défaut, de déployer en Europe des forces nucléaires équivalentes à celles du Pacte. Deux ans plus tard, en décembre 1979, l'O.T.A.N. avalise cette orientation : 108 Pershing et 464 missiles de croisière seront déployés fin 1983 si les SS-20 ne sont pas démantelés à cette date. Mais une partie de l'opinion publique à l'ouest désapprouve ce qui lui semble une surenchère. Le président François Mitterrand stigmatise cette crise des euromissiles par ces mots : « Les pacifistes sont à l'ouest, les missiles à l'est. » En novembre 1983, les premiers Pershing sont déployés en Grande-Bretagne et en Allemagne fédérale. L'O.T.A.N. a montré sa détermination.

Quelques mois plus tard, en mars 1983, le président américain Ronald Reagan présente son programme de « guerre des étoiles ». L'Initiative de défense stratégique a pour ambition de constituer dans l'espace un bouclier interdisant toute frappe atomique contre les États-Unis. Mais c'est le concept même de dissuasion nucléaire qui est remis en cause par ce projet auquel les Européens ne sont pas véritablement associés. La détente n'a-t-elle été qu'une illusion ? □

△ **L'inquiétude** des Européens face à la prolifération des armes nucléaires est très vite relayée par plusieurs « mouvements de la paix », soutenus par les partis communistes occidentaux.
1983.

Des pacifistes manifestent contre l'OTAN en Allemagne fédérale au nom du slogan, considéré par certains comme défaitiste, « plutôt rouges que morts ». ▷
1984.

En 1987, le traité sur l'élimination des forces nucléaires intermédiaires marque une étape capitale dans la tentative de dénucléarisation mondiale.

LA DÉNUCLÉARISATION

Conséquence de la crise des euromissiles, le déploiement des Pershing de l'O.T.A.N. en Europe, qui commence en novembre 1983, pousse les Soviétiques à infléchir leur politique. En 1986, le président Gorbatchev propose aux États-Unis un plan de désarmement visant à « libérer la Terre des armes nucléaires d'ici la fin du siècle ». Le traité de Washington, conclu en 1987 avec Ronald Reagan, concerne des armes dont la portée varie de 500 à 5 500 kilomètres. Envisageant leur élimination – et non plus, seulement, leur limitation –, il marque un véritable tournant. Mais ce traité est parfois mal reçu à l'Ouest. L'U.R.S.S. peut encore menacer l'Europe alors que les seules armes de l'O.T.A.N. sur le sol européen susceptibles d'atteindre le territoire soviétique seront démantelées. Les forces nucléaires françaises se trouvent dès lors en première ligne.

L'AFGHANISTAN

En avril 1978, des militaires prosoviétiques du Parti démocratique populaire afghan renversent la dictature du général Daoud. À la tête du coup d'État, Nur Muhammad Taraki instaure la République démocratique d'Afghanistan. Mais des soulèvements au sein de l'armée et la rébellion islamique mettent en difficulté le régime. Taraki est chassé dès l'année suivante par son Premier ministre, Hafizullah Amin. Combattant les traditions musulmanes et tentant d'instaurer un système inspiré des principes marxistes, le pouvoir se heurte à un refus de plus en plus virulent, notamment à celui des mollahs ; il se tourne alors vers Moscou. L'aide soviétique est d'abord matérielle, puis, très vite, l'U.R.S.S. envoie sur place des coopérants et des techniciens. Mais, devant l'ampleur des mouvements d'opposition, le Kremlin décide d'intervenir militairement. Le 24 décembre 1979, des parachutistes sont largués sur la capitale, Kaboul. Le contingent va bientôt atteindre 120 000 hommes. Les montagnards afghans résistent cependant et profitent de tous les avantages du relief ; à partir de 1985-1986, les Américains fournissent aux moudjahidine des missiles sol-air. L'Armée rouge perd pied dans les montagnes d'Afghanistan. Devant l'ampleur de la défaite qui se dessine, Gorbatchev annonce en février 1988 le retrait des troupes soviétiques.

▽ **Char soviétique** T 55 en Afghanistan. Vulnérable en montagne, cet engin est utilisé en plaine pour contrôler les routes ; son canon de 100 mm et sa mitrailleuse de 12,7 mm s'avèrent alors disuasifs.

◁ **Maquis afghan.** Ces guerriers, mal armés mais soutenus par une foi inébranlable, défient la plus grande armée du monde.

△ **Réfugiés afghans** à Peshawar, au Pakistan. L'intervention soviétique, la dureté des combats avec les résistants, provoquent l'exode misérable des populations civiles.
1986.

▽ **Départ** des Soviétiques, blindés fleuris pour la circonstance. Russes et Ukrainiens ont vite remplacé les contingents originaires d'Asie centrale.
1988.

◁ **Défilé** militaire féminin pour le huitième anniversaire de la révolution marxiste-léniniste afghane. Babrak Karmal a remplacé Hafizullah Amin en décembre 1979.
1986.

Camp de l'armée ▽ soviétique. Partis accomplir « leur devoir d'internationalistes prolétariens », les soviétiques connaissent surtout l'horreur de la « sale guerre » afghane.

LA FIN DES DICTATURES EN EUROPE

Dans les années 70, victimes de leurs contradictions et de la modernisation économique, les derniers régimes dictatoriaux d'Europe, en Espagne, au Portugal et en Grèce, s'effacent au profit de pouvoirs démocratiques.

Au cours des années 70, le Portugal, l'Espagne et la Grèce vont rejoindre le camp des démocraties. Pourtant, l'Espagne vit depuis plus de trente-six ans sous la main de fer du Caudillo : Franco a pris le pouvoir en 1939, il ne le quitte qu'à sa mort, en 1975. Au Portugal, Salazar gouverne de 1932 à 1970 – et ses successeurs jusqu'en 1974 : près de quarante-deux années. En Grèce, le coup d'État du 21 avril 1967 a installé à la tête de l'État une junte militaire. Elle y reste jusqu'en 1974.

Des régimes anachroniques

Méridionales, ces dictatures sont en partie les héritières du fascisme mussolinien. Elles s'imposent à des sociétés archaïques et sont soutenues par les armées, les Églises et les grands propriétaires terriens. Partageant une idéologie fondée sur la haine du marxisme et de la franc-maçonnerie, et sur

la crainte des bouleversements sociaux, elles prônent la renaissance de la nation (le *Regeneraçao* de Salazar). Elles s'appuient aussi sur une police très efficace et sur l'aveugle fidélité de l'armée. Enfin, elles ignorent les partis politiques. Mais, à l'heure de la décolonisation et des Trente Glorieuses, ces régimes sont rapidement entraînés dans des évolutions qui les fragilisent.

La mort des dictatures

Aucun pays européen ne peut vivre en autarcie. Ces dictatures sont, elles aussi, atteintes par les événements internationaux. Bouleversée par d'intenses mutations à partir des années 60, en plein essor économique, l'Espagne accède au rang de puissance moyenne – et s'ouvre donc sur l'extérieur. Dans les classes moyennes, un désir de liberté plus vif se fait jour. Le clergé ne soutient plus inconditionnellement le régime. Les mouvements d'opposition dans les provinces basques et en Catalogne affaiblissent le pouvoir. Mais le régime se raidit. En juin 1973, le remaniement ministériel inflige un désaveu aux artisans du miracle économique. Le 20 décembre suivant, le chef du gouvernement est assassiné. Dès lors, une lutte pour le pouvoir s'engage entre les fidèles phalangistes et les « libéraux ». À la mort de Franco, le 20 novembre 1975, son successeur désigné, le roi Juan Carlos, tient en main la clé du problème. Sera-t-il l'héritier scrupuleux du franquisme ou fera-t-il évoluer le régime ? Il opte pour l'évolution.

Au Portugal, ce sont avant tout les problèmes coloniaux qui entraînent l'effondrement du régime. Salazar (qui meurt le 27 juillet 1970) s'opposait à toute décolonisation, son successeur, Marcelo Caetano, au pouvoir depuis 1968, poursuit sa politique. Mais, en

Franco meurt ▽
à 83 ans après une longue maladie. Dernier dictateur survivant de la Deuxième guerre mondiale, il a été le chef suprême de l'Espagne sous le nom de « Caudillo », durant 39 ans.
1975.

L'armée, avec qui le peuple fraternise, offre au Portugal une transition sans à-coups vers la démocratie.

LA RÉVOLUTION DES ŒILLETS

Tout commence par le bouillonnement des idées et la lassitude de l'opinion. L'ancien gouverneur de Guinée, le général António de Spínola, fait paraître un livre : *le Portugal et son futur.* Ses thèses anticolonialistes séduisent les officiers et les militaires qui vivent en contact des réalités d'outre-mer. Le 25 avril 1974, le peuple de Lisbonne apprend qu'une junte de militaires, dirigée par le général de Spínola, a investi la ville. Le régime de Marcelo Caetano au pouvoir depuis 1968, n'a opposé aucune résistance. Spínola se voit confier la présidence du Portugal. Une semaine plus tard, le 1er mai, œillets à la boutonnière, les Portugais fraternisent avec l'armée qui s'est engagée à garantir les libertés et à organiser des élections. Le gouvernement reconnaît rapidement l'indépendance de la Guinée-Bissau, négocie celle du Mozambique et celle de l'Angola. Le Portugal est devenu une démocratie.

◁
Roi d'Espagne désigné par Franco pour lui succéder, Juan Carlos Ier mène son pays vers la démocratie.
1975.

▷
« **La Révolution** des œillets » à Lisbonne. Guerres coloniales et hausse des prix entraînent la chute de Caetano. Le Portugal devient une démocratie, qui hésite un temps, entre le communisme d'Alvaro Cunhal et le « progressisme » d'Otelo de Carvalho.
1974.

Angola, au Mozambique et en Guinée, des mouvements de guérilla ont éclaté depuis 1961. Pour rétablir l'ordre dans ses colonies, le pays consent d'énormes sacrifices financiers. Les jeunes gens sont envoyés combattre outre-mer. Une partie de l'Église s'éloigne du pouvoir. Et l'armée se détourne peu à peu de l'« État nouveau » de Caetano. Il faudra peu de choses pour qu'elle se soulève.

En Grèce, le général Papadhopoulos a réuni tous les pouvoirs entre ses mains. Premier ministre, ministre de la Défense et des Affaires étrangères, il devient président de la République en 1973. Le 25 novembre 1973, il est renversé par le général Ghizikis – qui se montre également impuissant à diriger le pays. Le « régime des colonels » est aussi impopulaire qu'autoritaire. Au début 1974, l'armée elle-même commence à prendre ses distances. La défaite grecque devant les Turcs à Chypre met le feu aux poudres.

Le retour des démocraties

La question chypriote empoisonne les rapports de la Grèce et de la Turquie. Sur l'île, Chypriotes grecs et turcs se sont déjà affrontés, entraînant une intervention de l'O.N.U. en novembre 1967. Le 15 juillet 1974, des officiers grecs – appuyés par Athènes – renversent le président Makarios. Le 20, la Turquie intervient. Elle est rapidement victorieuse. Mais les États-Unis ne peuvent tolérer un conflit qui menace le dispositif de l'O.T.A.N. ; en effet, les deux pays intéressés font partie de l'organisation. Ayant découvert l'impuissance politique de la junte, les États-Unis, par la voix de Kissinger, annoncent des changements au sein du gouvernement grec. Le 23 juillet au matin, le président Ghizikis appelle pour former le gouvernement l'un de ses plus ardents détracteurs, l'ancien ministre Constantin Karamanlis, qui s'est exilé à Paris. Ce dernier accepte. En deux jours, la démocratie est res-

▽
Georges Papadhopoulos, autoritaire Premier ministre grec depuis 1967. La crise de 1973 remet en cause ses succès économiques. Renversé et emprisonné, il est condamné à mort en 1975, mais n'est pas exécuté.

Cet homme d'appareil venu de la droite traditionnelle, finit par incarner la résistance des politiques grecs au régime des colonels.

CONSTANTIN KARAMANLIS

Né en 1907, Constantin Karamanlis est tout d'abord élu député, puis nommé ministre du Travail en 1946 et des Travaux publics en 1952. Partisan de l'Alliance atlantique, il soutient l'adhésion de la Grèce à l'O.T.A.N. Entre 1955 et 1958, puis à partir de 1961, il est Premier ministre. Mais, en désaccord avec le palais – notamment sur une réforme qu'il soutient pour réduire les prérogatives du roi –, il démissionne en 1963. Aux élections du 3 novembre, le parti social-démocrate de Papandhréou l'emporte. Karamanlis quitte la Grèce pour Paris. Rappelé à Athènes en 1974 après la crise de Chypre, il restaure la démocratie. Son parti, la Nouvelle Démocratie, une formation libérale de droite, remporte les élections du 17 novembre 1974 et Karamanlis forme un gouvernement.

taurée. Le 8 décembre, un référendum rétablit la République parlementaire.

Au Portugal, le 25 avril 1974, une junte de militaires anticolonialistes se dresse contre Caetano. Le 1er mai, c'est la « Révolution des œillets » : le peuple et l'armée fraternisent. Le général António de Spínola devient président de la République. Le pouvoir, exercé par des militaires progressistes, des socialistes et des communistes, rétablit toutes les libertés publiques. Les élections du 27 avril 1975 donnent la majorité absolue au parti socialiste : leur chef, Mario Soares, est nommé Premier ministre. L'avenir de la démocratie est enfin assuré.

En Espagne, Juan Carlos mène une transition en douceur. Il nomme Premier ministre le libéral Adolfo Suárez, qui vient de l'appareil franquiste. En 1976, Suárez instaure un régime parlementaire, en mars 1977, il légalise le parti communiste. Le 6 décembre 1978, une Constitution démocratique peut être adoptée. Elle rompt définitivement avec le franquisme : abolition de la peine de mort, rétablissement du divorce. En 1982, c'est le Parti socialiste ouvrier espagnol qui remporte les élections. Son chef, Felipe Gonzáles, déclare : « Ce sont la démocratie et le peuple qui l'emportent. » □

Actrice célèbre et ▷ engagée, égérie du parti socialiste grec Pasok, Mélina Mercouri mène la bataille électorale à Athènes avant de devenir ministre de la Culture du gouvernement Papandréou.
1981.

▽
Papadhopoulos reçoit Mgr Makarios, président de Chypre. Les colonels veulent réunir l'île à la Grèce et le renversent en 1974. L'intervention militaire turque coupe Chypre en deux zones. Revenu au pouvoir, Makarios ne contrôle plus que la partie grecque.
1968.

Fils du comte de Barcelone, Juan Carlos est né à Rome en 1938. L'habileté politique du jeune roi lui permet d'engager l'Espagne dans la voie de la démocratie.

UN BOURBON DÉMOCRATE

En 1947, Franco fait publier une loi de succession : régent à vie de la monarchie espagnole, il se réserve le droit de désigner ou de révoquer son successeur. Élevé dans le sérail franquiste, mais exilé jusqu'à l'âge de dix-sept ans en Italie, en Suisse et au Portugal, le jeune Juan Carlos est autorisé à revenir en Espagne. Il entre à l'académie militaire de Saragosse et sert dans la marine, puis dans l'armée de l'air. La loi organique de 1966 réaffirme que l'Espagne est une monarchie. Dès juillet 1969, Franco fait approuver la désignation de l'infant comme son successeur. Devenu roi en 1975 et malgré son serment de fidélité prêté au Mouvement national franquiste, Juan Carlos Ier d'Espagne engage son pays dans la voie de la démocratie. Les menaces des nombreux partisans du franquisme et la tentative de coup d'État du 24 février 1981 n'entament en rien sa résolution.

LES CONFLITS DU TIERS-MONDE

Les États du tiers-monde se déchirent : révolutions et guerres civiles se multiplient. Loin d'apaiser les tensions, les grandes puissances s'affrontent par nations interposées.

Commençant souvent par une guerre civile, les conflits locaux des années 1975 à 1980 tendent à s'internationaliser progressivement sous la pression des pays voisins. Ils reproduisent, à leur échelle, le clivage Est-Ouest.

L'indépendance troublée de l'Angola

Ancienne colonie portugaise, l'Angola accède à l'indépendance en 1975, après la victoire de la « Révolution des œillets ». Très vite, les mouvements nationalistes s'opposent les uns aux autres. Soutenu par l'U.R.S.S. et bénéficiant de l'appui d'un corps expéditionnaire cubain de 15 000 hommes, le M.P.L.A. (Mouvement pour la libération de l'Angola) l'emporte, en février 1976. L'Angola passe alors dans le « camp socialiste » malgré une opposition armée dont la fraction la plus active va être l'U.N.I.T.A., qui tiendra sous son contrôle une large partie du pays. Dans le même temps, aux frontières de l'État, les forces de la SWAPO exigent l'indépendance de la Namibie, que l'Afrique du Sud occupe bien que l'O.N.U. lui ait retiré son mandat. Or, les combattants de la SWAPO trouvent refuge en Angola. Le régime sud-africain décide donc d'appuyer militairement l'U.N.I.T.A. Mais ce mouvement d'opposition armée bénéficie déjà, quant à lui, de l'aide des États-Unis. Dès lors, le conflit s'installe durablement, mettant en présence une nouvelle fois les deux grandes puissances.

◁ **« Marche verte »** des Marocains dans l'ex-Sahara espagnol partagé avec la Mauritanie. Algériens et Libyens soutiennent alors l'éphémère « République démocratique sahraouie ».
1975.

Hissène Habré et ▷ ses « rebelles toubous », au Tchad. Il combat le président Tombalbaye. Premier ministre en 1978, hostile à l'ingérence libyenne sur son territoire, il bat les troupes de Khadafi.
1976.

Le Liban déchiré

Le même mécanisme – une guerre civile qui s'internationalise – est à l'œuvre au Liban. Le 13 avril 1975, des miliciens de confession chrétienne, les phalangistes, exécutent les passagers d'un car palestinien. Cet acte déclenche un conflit armé entre les phalangistes et les partisans de l'organisation de libération de la Palestine (O.L.P.) établis au Sud-Liban en 1970. Les combats détruisent Beyrouth. En 1976, la Syrie, qui cherche à dominer le pays en affaiblissant chaque parti, intervient militairement, d'abord contre les milices chrétiennes, puis contre les Palestiniens progressistes. En mars 1978, en réplique à un attentat palestinien, Israël occupe le Sud Liban pendant trois mois. Une force des Nations unies, la F.I.N.U.L., s'interpose. Mais les efforts de l'Égypte et d'Israël pour promouvoir la paix dans la région et la signature des accords de Camp David entre les deux pays ne règlent pas la question. En juillet 1980, les affrontements internes redoublent. Et aux attentats palestiniens répondent des raids israéliens. Le Liban ne parvient pas à se reconstruire.

Le Sahara occidental

Territoire désertique, la province espagnole du Sahara occidental est convoitée par le Maroc et la Mauritanie : elle compte d'importants gisements de phosphates. En octobre 1975, la Cour internationale de justice de La Haye rend un avis sur le litige frontalier en préconisant l'organisation d'un référendum. En novembre, l'Espagne convient de partager ce territoire entre les deux pays. Mais les populations ne l'entendent pas ainsi. Soutenu par l'Algérie, le Front Polisario de libération s'oppose à cette double annexion. En février 1976, il proclame la naissance de la République arabe sahraouie démocratique et des affrontements opposent le Front Polisario à ses voisins. En 1979, la Mauritanie renonce à ses prétentions sur la région qui lui avait été concédée. Immédiatement, cette dernière est annexée par le Maroc. Les condamnations de l'O.N.U. n'y font rien : en 1980, pour réduire la résistance sahraouie, le souverain marocain Hassan II fait édifier autour de la région un mur censé l'encercler.

L'ethnologue ▽ Françoise Claustre, otage d'Hissène Habré au Tibesti pendant près de trois ans. Cet épisode resté mal connu traduit les rivalités internes de certains pays africains. F. Claustre est libérée en 1977.
1975.

Unis dans un Front patriotique, les mouvements noirs de libération de Rhodésie font reculer l'apartheid.

DE LA RHODÉSIE AU ZIMBABWE

Ancienne colonie britannique où les Blancs – qui ne représentent que 5 p. 100 de la population – monopolisent le pouvoir, la Rhodésie du Sud pratique l'apartheid. Mais le gouvernement de Ian Smith doit affronter la rébellion armée du Front patriotique. À partir de 1974, la pression internationale s'accentue. La plupart des pays membres de l'O.N.U. condamnent le régime et demandent un cessez-le-feu. En 1978, un accord est signé avec les trois partis nationalistes noirs modérés et, en 1979, un gouvernement multiracial est constitué. Aux élections législatives de 1980, l'Union nationale africaine du Zimbabwe (ZANU), dirigée par Robert Mugabe, obtient la majorité absolue. Désigné comme Premier ministre, celui-ci forme le gouvernement du Zimbabwe indépendant.

Des extrémismes politiques

En avril 1975, des régimes communistes s'installent au Cambodge et au Viêt-nam (qui sera officiellement réunifié l'année suivante). Le maximalisme révolutionnaire prévaut dans les deux pays. En avril 1976, les Khmers rouges cambodgiens proclament le Kampuchéa démocratique. Khieu Samphan et son Premier ministre Pol Pot imposent un communisme rural par la terreur et le massacre massif des populations – un « autogénocide ». Soutenu par l'Union soviétique, le Viêt-nam invoque cette raison pour entrer en guerre contre le Cambodge à partir de mai 1977 et, en janvier 1979, il occupe le pays. Dès le mois suivant, la Chine envahit le Viêt-nam. Officiellement, il s'agit de « donner une leçon » aux forces vietnamiennes, mais en réalité Pékin veut avant tout contrer l'influence soviétique grandissante dans la région. Aguerrie par trente ans de combats, l'armée vietnamienne oppose une résistance inattendue et la Chine préfère se retirer. Le Cambodge reste occupé. L'Occident découvre peu à peu le drame des boat people : depuis 1975, trois millions d'Indochinois ont préféré fuir à bord d'embarcations de fortune dans une mer de Chine où les pirates règnent en maîtres plutôt que de demeurer dans leur pays.

La révolution iranienne

C'est aussi par son extrémisme doctrinal et sa violence que se distingue la révolution iranienne. Au milieu des années 70, le chah – dont les liens avec les États-Unis sont très étroits – dirige un royaume en pleine croissance économique, mais au régime autocratique et fortement répressif. En 1978, les émeutes antigouvernementales prennent une telle ampleur que le chah quitte son pays. Un mois après son départ, en février 1979, l'ayatollah Khomeyni rentre en Iran et fait triompher la révolution. En avril, la Républi-

En 1978, le prix Nobel de la paix récompense Anouar el-Sadate et Menahem Begin, dont les pays ont jusque-là vécu en guerre.

LES ACCORDS DE CAMP DAVID

Le 17 septembre 1978, à Camp David (l'une des résidences du président des États-Unis), le chef de l'État égyptien, Anouar el-Sadate, et le Premier ministre israélien, Menahem Begin, signent un accord-cadre. Le premier volet envisage la restitution du Sinaï à l'Égypte et la liberté de passage des bâtiments israéliens sur le canal de Suez. Le second prévoit la négociation d'un statut d'autonomie pour les Palestiniens de la bande de Gaza et de Cisjordanie. En mars 1979, un traité de paix concrétise cet accord. Le Sinaï est effectivement rendu à l'Égypte en 1982. Mais le deuxième volet des accords de Camp David reste lettre morte – Begin n'entendait pas régler la question palestinienne. En 1981, Sadate est assassiné par un commando de musulmans intégristes. Le Caire se trouve diplomatiquement isolé dans le monde arabe.

Exode de Viêtnamiens. Bravant requins, tempêtes et pirates, des millions d'Indochinois fuient le régime de « l'oncle Hô ».

1979. ▷

▽ **Beyrouth** dévastée. Factions libanaises et Palestiniens s'y affrontent. Les Syriens tirent prétexte de ce désordre pour investir le Liban.

1981.

que islamique est proclamée. Son premier président, le modéré Bani Sadr, est destitué un an à peine après sa nomination. Le pouvoir religieux a pris le dessus. Toute opposition est violemment réprimée. La guerre civile s'installe au Kurdistan et au Khuzestan. L'anti-impérialisme fanatique du régime conduit des étudiants à prendre en otage, en novembre 1979, les membres de l'ambassade américaine de Téhéran. Leur détention, qui est ouvertement soutenue par l'ayatollah Khomeyni, viole toutes les conventions diplomatiques. Elle ne prendra fin qu'en janvier 1981.

Durant deux ans et contre toute attente, un État du tiers-monde tient tête à l'Occident, sans pour autant chosir l'alternative communiste. Depuis lors, les pays développés s'interrogent sur cette « nouvelle voie » : l'intégrisme et le fanatisme vont-ils devenir l'arme du Sud contre le Nord ? □

△
Ces paysans cambodgiens fuient les zones contrôlées par les Khmers rouges. Victorieux en 1975, ces derniers exterminent le quart de la population avant d'être chassés par les Viêtnamiens.
1973.

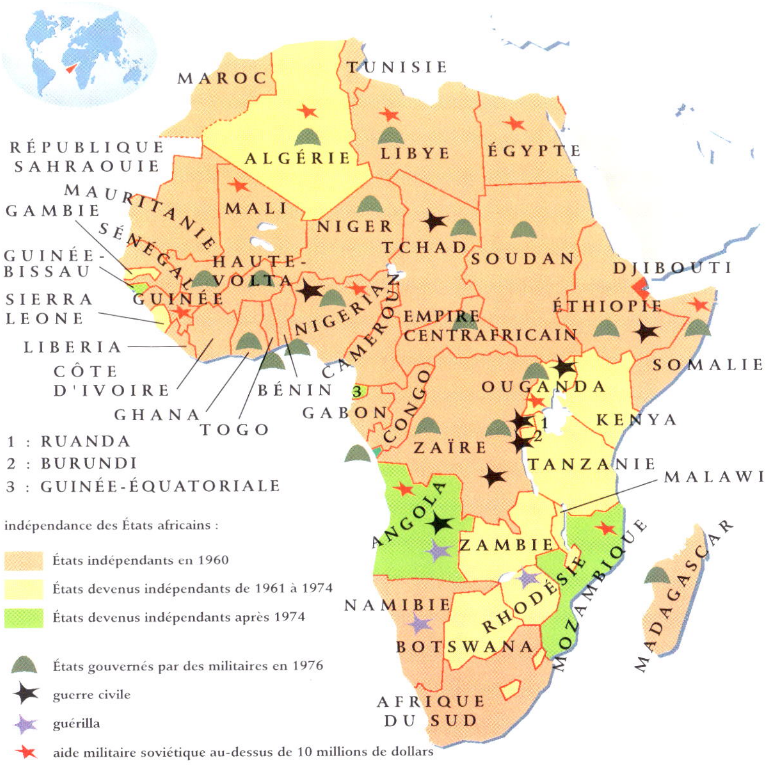

Fragilisées par le choc pétrolier des années 1973-1974, les nations occidentales ouvrent le dialogue avec le tiers-monde.

LE DIFFICILE DIALOGUE NORD-SUD

En 1962, la première Conférence des Nations unies pour le commerce et le développement cherche à prendre en compte les inégalités des échanges entre le tiers-monde et les pays développés. Mais l'Occident montre peu d'enthousiasme. Après le choc pétrolier, le débat s'ouvre enfin. Il apparaît vite que le Nord entend cantonner la discussion aux questions énergétiques. Le Sud, en revanche, souhaite une appréhension globale de ses problèmes, qui considère son endettement, la fluctuation des cours des matières premières, les barrières douanières et l'aide au développement. Il faudra attendre le sommet de Cancún, en octobre 1981, pour que vingt-deux chefs d'État occidentaux et du tiers-monde envisagent un nouvel ordre économique mondial.

LE TIERS-MONDE AGRICOLE

A la fin des années 40, le tiers-monde exporte trois fois plus de produits agricoles qu'il n'en importe. Mais, vers 1955, le phénomène s'inverse : les exportations fléchissent, tandis que les importations augmentent. En 1970, l'excédent commercial agricole du tiers-monde, qui atteignait 190 p. 100 en 1940, est tombé à 67 p. 100. Dix ans plus tard, il n'est plus que de 7 p. 100. Plusieurs facteurs expliquent cette chute vertigineuse. La demande des pays développés en matière de produits tropicaux s'affaiblit, freinant les exportations. Parallèlement, le tiers-monde, dont le taux de croissance démographique explose, voit ses terres les plus fertiles accaparées par les cultures destinées à l'exportation. Son déficit alimentaire grandissant oblige donc le Sud à importer des céréales, et on a pu alors dire que le Nord affamait le Sud. Dans les années 70, les complexes agroalimentaires des pays occidentaux prennent le contrôle tant des cultures vivrières que des cultures destinées à l'exportation. Ainsi, au Brésil, l'introduction du soja s'effectue au détriment de l'agriculture de subsistance – et donc de l'alimentation locale, dont les prix augmentent.

Repiquage du riz ▷ sur les hauts plateaux de Madagascar. La pauvreté endémique de la Grande-Île trouve d'abord son origine dans les choix économiques et idéologiques du président Didier Ratsiraka.
1993.

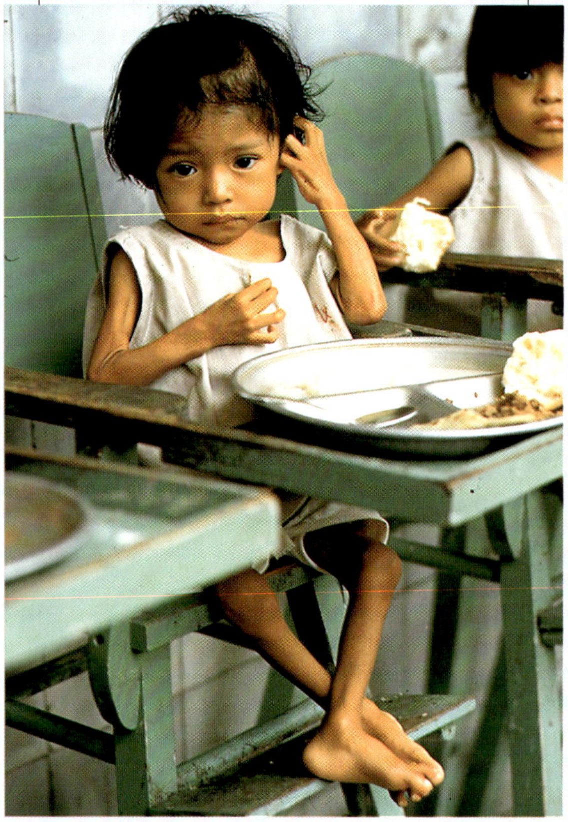

◁ **Enfants** guatémaltèques victimes de la faim. Pauvre, soumis à l'influence économique des États-Unis et à la guerre civile, le Guatemala est de plus ravagé par des tremblements de terre en 1976.

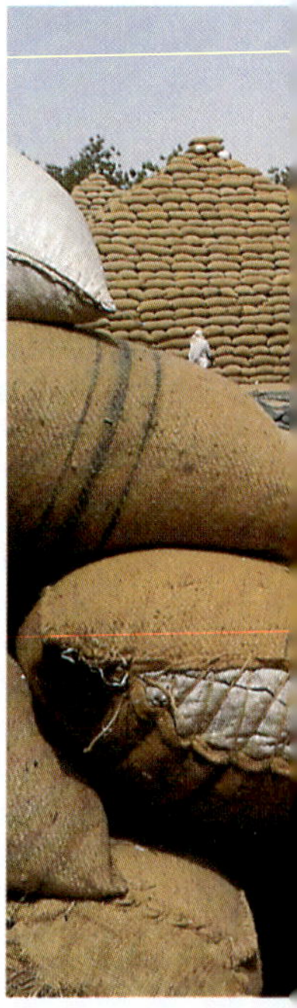

Le Niger est devenu ▷ exportateur d'arachide. Au demeurant, le sol aride se prête mal à l'agriculture. Le pays reste pauvre et compte davantage sur ses mines d'uranium.
1987.

Champs de canne ▷ à sucre de l'île Maurice. La monoculture est surtout destinée à l'exportation. Qu'il y ait surproduction et les cours s'effondrent, au grand dam des producteurs...

Séchage du café △ au Brésil. Au contraire du Nordeste frappé par la sécheresse, le Minas Gerais a des terres fertiles, érodées par la monoculture du café.

▽ **Arrosage** de palmiers à huile. L'Afrique manque d'ingénieurs agronomes et d'une politique agricole adaptée aux besoins réels de ses habitants.

Greniers à céréales ▽ des Haoussas, au nord du Niger. Les cultures vivrières traditionnelles subsistent dans des régions peu peuplées.
1987.

ITALIE

Morts en tout genre

■ Comme l'Allemagne, l'Italie est déchirée par les actions terroristes menées aussi bien par les Brigades rouges, mouvement d'extrême gauche, que par l'Ordre noir néofasciste, responsable de l'attentat qui fait douze morts dans l'express Rome-Munich en 1974. Les Brigades rouges tirent dans les jambes de ceux qu'ils considèrent comme les ennemis du peuple, les enlèvent, les assassinent. Leur victime la plus célèbre est le leader démocrate-chrétien Aldo Moro, dont les « confessions », arrachées par ses geôliers, défraient longtemps la chronique en 1978. Pendant ces années noires, l'Italie est décidément accablée de tous les maux : le 10 juillet 1976, les habitants de la ville de Seveso sont asphyxiés par le nuage de dioxine qui s'est échappé des réacteurs chimiques d'Icmesa, filiale suisse du groupe Hoffman-Laroche. En 1980, le responsable de la sécurité de cette firme est assassiné par les terroristes du groupe Prima Linea. □

Manifestation en hommage à Aldo Moro en Italie.
1978. J. Pavlovsky, Sygma, Paris.

ALLEMAGNE FÉDÉRALE

Terroristes et geôliers

■ Le groupe Fraction Armée rouge est formé d'extrémistes pour qui, après l'échec des mouvements révolutionnaires, la seule forme d'action possible est le terrorisme. Son chef, Andreas Baader, arrêté en 1968, est libéré par un commando en 1970, puis repris en 1972. Bientôt, tous les membres de la bande à Baader sont sous les verrous. Mais, le 18 octobre 1977, on retrouve les principaux leaders du mouvement, Baader, Gudrun Ensslin et Karl Raspe, « suicidés » dans leur prison : les a-t-on assassinés ? Leurs partisans menacent de perpétrer 100 000 attentats, ce qui n'empêche pas un autre membre de la bande, Ingrid Schubert, de se suicider à son tour, le 11 novembre. Malgré ce dénouement spectaculaire, les actions terroristes se poursuivront en R.F.A., qu'elles émanent de Fraction Armée rouge ou d'une organisation plus extrémiste encore, Matin rouge, responsable de l'enlèvement et de l'assassinat du patron des patrons allemands, Hanns Martin Schleyer. □

ESPAGNE

Monarchie et démocratie

■ Après une interminable agonie, Francisco Franco y Bahamonde est mort le 20 novembre 1975. Ses médecins, parmi lesquels son gendre, le marquis de Villaverde, l'avaient maintenu en survie artificielle depuis le 14 octobre, par crainte des désordres qui, disaient-ils, frapperaient l'Espagne. Sa succession est pourtant prévue : elle échoit à un Bourbon, Juan Carlos Ier. Personne n'ose prévoir quel sera l'avenir de ce jeune homme silencieux de dix-sept ans. On l'a vu assister, le visage fermé, à la manifestation franquiste du 1er octobre, après que l'exécution d'anarchistes basques eut suscité la réprobation internationale. À l'étonnement général, Juan Carlos se montrera un habile politique et, à la tête du *movimiento,* saura établir en Espagne une démocratie stable, après quarante ans de fascisme et malgré une situation économique critique. □

MOYEN-ORIENT

Guerre civile au Liban

■ Chassés de chez eux par quatre guerres israélo-arabes, durement contrôlés en Jordanie, les Palestiniens sont de plus en plus nombreux à se réfugier au Liban. Si tous les pays arabes affirment les soutenir, aucun d'entre eux ne se soucie d'améliorer leurs conditions de vie, et nombreux sont les extrémistes qui se félicitent de disposer, grâce à eux, d'un *casus belli* permanent. La présence des Palestiniens met en péril l'équilibre de la vie politique libanaise, où chrétiens et musulmans se partagent les charges gouvernementales. La communauté musulmane, minoritaire et désavantagée à l'époque du mandat français, se voit renforcée. En avril 1975, les milices chrétiennes déclenchent contre les Palestiniens une guerre civile qui durera jusqu'en 1990 et qui viendra à bout de l'indépendance du Liban, pour le plus grand profit de la Syrie et d'Israël. □

ÉTATS-UNIS

Les chiffres du succès

■ L'un des films les plus rentables de l'histoire du cinéma est probablement, à ce jour, *la Guerre des étoiles,* produit par la Fox en 1975. Pour un coût de 18 millions de dollars, le film engrange 10 millions de dollars de bénéfice dès la mise en exploitation. Il rapportera plus de 300 millions de dollars entre 1975 et 1977. George Lucas, le metteur en scène, a réuni, pour mettre en œuvre cette épopée, tous les ingrédients du succès : une histoire de science-fiction convaincante, des décors, des trucages et des effets spéciaux très réussis, des personnages attachants, y compris les seconds rôles – tous les jeunes spectateurs se prennent d'affection pour les deux petits robots R2D2 et CCPO. La Fox saura prolonger le succès en donnant une suite à cette saga de l'espace : *L'empire contre-attaque* (1980) et *le Retour du Jedi* (1983). Le succès est toujours au rendez-vous. □

FRANCE

Innovations et déceptions

■ Depuis le 19 mai 1974, la France a un nouveau président, Valéry Giscard d'Estaing. Âgé de quarante-huit ans, il fait figure de jeune homme si on le compare à ses prédécesseurs. Dès son accession au pouvoir, V. Giscard d'Estaing se montre libéral : il fait abaisser à dix-huit ans l'âge de la majorité légale, lance une réforme des prisons, et son ministre de la Santé, Simone Veil, fait adopter par le Parlement la loi sur l'interruption volontaire de grossesse, qui met fin à des décennies d'avortements clandestins. Pourtant, la cote de popularité du président s'effondre très vite. Les réformes lui ont aliéné les sympathies de son électorat conservateur, sans pour autant lui valoir celles de la gauche. De plus, c'est en 1975 que la France est touchée par la crise économique, dont les effets suscitent l'animosité des Français. □

1979 - 1985

La première victime de la crise est le mythe de l'État-Providence. Pendant les Trente Glorieuses, l'État fut une sorte de Robin des Bois, prenant aux riches et donnant aux pauvres, grâce aux prestations sociales ; une fois la récession installée, l'échec des solutions dirigistes, inspirées de Keynes, provoqua l'abandon de cette approche. Le plus célèbre représentant du néolibéralisme est Margaret Thatcher. Premier ministre du pays qui a inventé la sécurité sociale, elle mène avec détermination une politique radicalement différente de celle de ses prédécesseurs, libéralisant la production et défendant la livre sterling. L'amélioration, incontestable, du bilan économique a pour contrepartie l'extension de la pauvreté. Mais la popularité de la « Dame de fer » résiste plus de dix ans à l'aggravation des inégalités, sans doute grâce à une politique étrangère qui rend aux Britanniques le goût de l'empire : « Maggie » engage la flotte de Sa Majesté dans la guerre des Malouines, guerroie contre la Communauté européenne et traite par le mépris la grève de la faim des leaders catholiques irlandais.

Margaret Thatcher, 1982.

LES ÉTATS-UNIS DE NIXON À CLINTON

Les présidents républicains et démocrates qui se succèdent à la tête des États-Unis échouent à donner un nouvel élan au pays. Alors que se dessine le XXIe siècle, la première puissance mondiale doit encore parvenir à conjuguer prospérité économique et justice sociale.

▽ **Signature** à Washington, par l'Américain Carter, l'Égyptien Sadate et l'Israélien Begin, des accords auxquels ont abouti les pourparlers du 5 au 17 septembre 1978 à Camp David. Ils prévoient la restitution progressive du Sinaï à l'Égypte et la liberté de passage pour les navires israéliens.

En juin 1972, à Washington, en pleine campagne électorale, cinq « plombiers » sont surpris en train de poser des micros dans l'immeuble où le Parti démocrate a installé son siège de campagne : l'affaire du Watergate vient de commencer. Après l'enquête du *Washington Post* et une longue bataille de procédure, le Sénat met en évidence la complicité du président républicain Richard Nixon et ses manœuvres pour tenter d'étouffer le scandale.

L'Amérique en crise

Menacé par une procédure de destitution, l'*impeachment,* Nixon démissionne le 8 août 1974. Parallèlement, une enquête du Sénat a démontré que la CIA, soutenue par la Maison-Blanche, a investi des sommes très importantes pour faire échouer le gouvernement socialiste du président Allende au Chili. La centrale d'espionnage a fiché 7 millions de personnes, dont 500 000 Américains. Alors que le vice-président Gerald Ford succède à Richard Nixon, l'Amérique des années 1970 traverse une crise politique et morale majeure.

Afin d'éviter un procès honteux à son prédécesseur, le nouveau président amnistie Nixon et, dans le même

temps, les déserteurs et les insoumis de la guerre du Viêt-nam. Mais pour nombre d'Américains cette clémence est une preuve de faiblesse, voire de compromission avec la précédente administration. Malgré son intégrité, Gerald Ford se heurte à la méfiance du Congrès, où la majorité démocrate s'oppose à la plupart des mesures qu'il envisage. En dépit d'un certain succès dans sa lutte contre l'inflation, le gouvernement se montre incapable d'enrayer l'augmentation du chômage et de juguler le déficit budgétaire. Les républicains perdent les élections de 1976.

Une politique de bonnes intentions

Jimmy Carter, trente-neuvième président des États-Unis, est un démocrate sincère. Il entend mettre la morale au premier plan de son action. En politique extérieure, il sanctionne les pays qui violent les droits de l'homme comme l'Argentine, l'Ouganda ou l'Éthiopie, et adresse une lettre personnelle de soutien au dissident soviétique Andreï Sakharov. Pourtant, l'influence des États-Unis dans le monde diminue. Certes, en septembre 1978, Carter parvient à faire signer à Camp David un accord de paix entre Israël et l'Égypte. Mais, en novembre 1979, l'affaire de la prise d'otages du personnel de l'ambassade des États-Unis à Téhéran souligne son impuissance. Le gouvernement multiplie les démarches envers l'Iran et, en avril 1980, il tente une opération de commando, qui échoue. Carter apparaît comme un homme hésitant, incapable de se tenir à une position ferme. Les États-Unis ont perdu la face.

Sa politique intérieure est également très décevante. Écologiste convaincu, Carter lance un grand plan de lutte contre le gaspillage de l'énergie, qui se solde par un échec. En 1971, les États-Unis importaient 25 p. 100 du pétrole qu'ils consommaient. En 1979, ce chiffre a doublé et le prix, lui, a été multiplié par quinze. En octobre, Paul Vocker, que le président vient de nommer à la tête du *Federal Reserve Board* – l'équivalent de la Banque de France –, renonce à fixer les taux d'intérêt et laisse librement jouer la concurrence.

Dans un pays où △ des centaines d'Églises se disputent la piété des fidèles, les interpellations résonnent comme des slogans publicitaires.
1980.

La société américaine se passionne pour les *serial killers*, les tueurs en série qui, comme Ottis Toole ou Henry Lucas, assassinent, découpent ou dévorent leurs victimes.

La culture du crime

La littérature et le cinéma recourent largement au suspense criminel. C'est sur les vieilles terreurs des pactes avec le démon et des malédictions que Stephen King et Olive Baker bâtissent leurs best-sellers. Tirés de faits divers réels, ou largement inspirés de la peur que provoque une certaine actualité, les *thrillers* (films « à sensations fortes ») américains conquièrent un public mondial. Ainsi, en 1990, Hannibal le Cannibale est le héros du *Silence des agneaux*, de Jonathan Demme, d'après le roman de Tom Harris. Dans *Chute libre*, en 1993, Joel Schumacher transforme un citoyen honorable en vengeur paranoïaque. Le crime attire le public dans les salles. La télévision n'est pas en reste : les émissions qui invitent le spectateur à dénoncer des criminels ou qui retransmettent en direct des opérations de police ainsi que les procès les plus retentissants battent des records d'audience.

◁ **Manifestation** des syndicats. Sous la présidence de Jimmy Carter, l'inflation persiste et le taux de chômage reste inquiétant. Ce sont les Noirs, les jeunes, les femmes, les ouvriers peu qualifiés qui sont touchés les premiers.
1975.

En quelques mois, la Bourse de Wall Street enrichit les spéculateurs. Mais ces profits se font au détriment de la majorité des salariés.

Un gouffre sépare les promesses du candidat Carter et les réalisations effectives de son mandat. La communauté noire, qui le soutenait massivement, se plaint de son attentisme. Or, si Carter accomplit quelques actions symboliques – comme la nomination d'un Noir, Andrew Young, au poste d'ambassadeur à l'O.N.U. –, il renonce à faire réellement progresser les droits civiques. Sa politique permet la création de dix millions d'emplois en quatre ans, mais c'est au prix d'un déficit budgétaire qui inquiète les financiers. En novembre 1980, c'est le candidat républicain, Ronald Reagan, qui accède à la présidence.

La révolution conservatrice

Cet ancien acteur d'Hollywood, qui a été pendant huit ans gouverneur de Californie, défend un projet politique libéral. La « théorie de l'offre » – de l'économiste californien Arthur Laffer – suppose une diminution des impôts (de 10 p. 100 par an pendant trois ans), qui doit permettre la reprise des investissements et donc la relance de l'économie. La perte de recettes qui résulte de cette baisse des prélèvements est compensée par des coupes sombres dans les budgets fédéraux.

Dans la mise en œuvre de cette « révolution conservatrice », les programmes sociaux sont ainsi les premiers à souffrir de réductions budgétaires drastiques. La pauvreté et la précarité augmentent, non seulement chez les Noirs mais aussi parmi les ouvriers blancs. L'Amérique découvre dans ses rues un nombre croissant de *homeless,* les sans-abri. L'interventionnisme de l'État est désigné comme la cause de tous les maux. Pour desserrer encore l'emprise étatique sur la vie quotidienne des citoyens – et réaliser de nouvelles économies –, les fonctionnaires quittant les administrations ne sont pas remplacés. Dans l'enseignement, notamment, les recherches pédagogiques sont partiellement ou totalement suspendues – et le secrétaire d'État en charge de l'Enseignement va jusqu'à proposer la suppression de son propre ministère !

Dans l'industrie et les services, la dérégulation (suppression de certaines contraintes réglementaires) entraîne une concurrence à outrance dont les répercussions sur l'économie sont parfois dramatiques. En août 1981, dans le secteur aéronautique, 10 000 aiguilleurs du ciel se mettent en grève. Les banques et les caisses d'épargne se

◁ **Les « télévangélistes »** adaptent la religion au petit écran. Leur message, simple et teinté de conservatisme, séduit l'Amérique profonde.

Dans une société où la jeunesse, la santé et la beauté sont des valeurs fortes, les plus grands sportifs sont de véritables héros.

LA MYSTIQUE DU SPORT

Les champions américains jouissent d'une notoriété et de revenus qui ne cèdent en rien à ceux des stars d'Hollywood. Le sprinter le plus rapide au monde, Carl Lewis, les basketteurs « Magic » Johnson ou Michael Jordan sont l'objet d'un véritable culte. Comme au cinéma, le public, en particulier les jeunes, adule ses anges maudits : le boxeur Mike Tyson, condamné à sept ans de réclusion pour viol, s'est vu proposer des cachets faramineux pour remonter sur le ring dès sa sortie de prison. L'Amérique a suivi en direct minute par minute le procès du joueur de football O.J. Simpson, accusé d'un double meurtre. Le sport est le domaine par excellence du self-made-man : pour les minorités raciales, il représente une chance quasi unique d'atteindre le haut degré de l'échelle sociale. Dans un pays fortement individualiste, le champion accomplit un rêve : la totale réalisation de soi.

▽ **Immigrants haïtiens** installés en Floride. La misère a poussé des milliers de Haïtiens à une émigration clandestine, surtout vers les États-Unis.

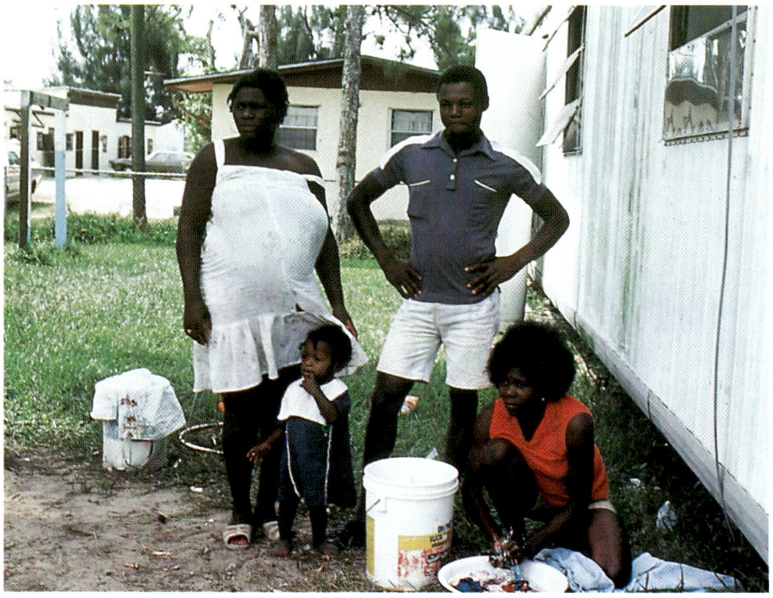

livrent une bataille acharnée sur le marché du crédit. Dans un premier temps, le consommateur en tire avantage : les placements qu'on lui propose sont très attractifs, et les crédits bon marché. Mais nombre de caisses d'épargne sombrent les années suivantes dans des faillites retentissantes, entraînant leurs clients dans la ruine.

Parallèlement, pour que l'Amérique retrouve son rang de première puissance mondiale, Reagan augmente le budget militaire de 7,3 p. 100 par an – une hausse sans précédent, qui sera presque totalement engloutie par un nouveau projet : l'Initiative de défense stratégique. Rebaptisé « guerre des étoiles », ce coûteux programme de « parapluie nucléaire » sera pourtant abandonné quelques années plus tard. Toutefois, l'économie américaine se redresse. La croissance est effectivement stimulée par de nouveaux investissements. Wall Street retire des profits sans précédent de la spéculation. Grâce à une politique monétaire très stricte, l'inflation est en baisse. Petites et moyennes entreprises se créent à un rythme rapide, permettant à l'emploi de progresser. Malgré son coût social démesuré, ce miracle économique séduit les Américains. Dans la nouvelle campagne présidentielle qui l'oppose à un adversaire démocrate sans grand charisme, Walter Mondale, Ronald Reagan peut se prévaloir de son bilan. Très religieux et adversaire de l'avortement, il regagne à nouveau la confiance de l'Amérique profonde. Il est réélu avec 59 p. 100 des voix.

L'Irangate

Cependant, la seconde présidence du « grand communicateur », entre 1984 et 1988, ne connaît pas les succès attendus. Entamant sa crédibilité, les médias soulignent le rôle que sa femme, Nancy (dont les avis dépendraient des prédictions d'un astrologue californien), jouerait dans les prises de décision politiques. En 1986, pourtant, l'économie poursuit son redressement, et une loi fiscale diminue la contribution des particuliers tout en augmentant celle des entreprises, de sorte que le produit total reste inchangé. En politique extérieure, Reagan et son homologue soviétique, Mikhaïl Gorbatchev, avancent la main dans la main. À 69 p. 100 d'opinions favorables, la cote de popu-

◁ **Ronald Reagan** et son épouse Nancy. Le charisme du « grand communicateur » lui permet longtemps de séduire un électorat méfiant à l'égard des hommes politiques traditionnels.

Reagan célèbre le *Labor Day* (fête du Travail) en Californie. Après une carrière de comédien, il devient gouverneur de Californie, puis président en 1980.

◁ 1984.

Grâce à sa diversité, le cinéma américain touche tous les publics, s'adjugeant 80 p. 100 du marché mondial.

ENFANTS PRODIGES DU CINÉMA

La science-fiction bénéficie du développement des effets spéciaux : George Lucas avec *la Guerre des étoiles* (1977) et Steven Spielberg avec *E.T.* (1982) renouvellent entièrement le genre, qui y gagne un public mondial. Des réalisateurs de talent s'y essaient, avec succès : Ridley Scott tourne *Blade Runner* en 1983 et Paul Verhoven *Total Recall* en 1990. Mais le triomphe de *Danse avec les loups* (1990) de Kevin Costner ou les comédies très personnelles de Woody Allen, comme *Meurtre mystérieux à Manhattan* (1994), démontrent le formidable éclectisme des créateurs américains. Les studios Disney continuent de dominer l'univers du dessin animé et, tous les ans, pour Noël, captivent le public des enfants.

larité du président bat des records. Mais, en novembre, le scandale de l'Irangate (ainsi appelé par référence à l'affaire du Watergate) éclate... L'administration américaine est convaincue d'avoir – malgré l'embargo – négocié des ventes d'armes à l'Iran pour obtenir la libération d'otages. En outre, les profits de ces ventes ont servi à soutenir la guérilla au Nicaragua. Les deux dernières années du mandat de Reagan sont assombries par un lourd climat de suspicion, et la reprise économique semble s'essouffler.

En 1988, Reagan, qui a accompli les deux mandats autorisés par la Constitution, ne peut se représenter. C'est son vice-président, George Bush, qui est élu. L'Amérique s'enfonce à nouveau dans la crise. Occultées par l'entourage présidentiel pendant les années Reagan, les difficultés dont l'Amérique est coutumière réapparaissent : la pauvreté de certains groupes sociaux et les menaces de la concurrence internationale. Certes, la guerre du Golfe, réponse à l'invasion du Koweït par l'Iraq, démontre que les États-Unis sont encore le « gendarme du monde », mais une nouvelle prudence prévaudra lors du déclenchement du conflit dans l'ex-Yougoslavie.

Le plus grand refuge ▽ de sans-abri, à New York. Les États-Unis comptent 35 millions de pauvres, dont environ 4 millions de personnes âgées. La protection sociale est, par rapport à l'Europe, moins complète. 1992.

Une société en mutation

Depuis les quinze dernières années, les États-Unis ont accompli leur troisième révolution industrielle. Les nouvelles technologies – biogénétique et micro-informatique – ont éclipsé le système traditionnel de production dominé par l'acier et l'automobile. La Floride, le Texas et, surtout, la Californie, avec Silicon Valley, sont devenus les modèles du développement du XXIe siècle. L'Ouest attire les entreprises : les syndicats n'y sont pas implantés et les nouvelles industries ne dépendent pas des matières premières qui ont fait la gloire du Nord-Est. Le monde rural ne représente plus qu'un infime pourcentage de la population active. L'habitat se concentre autour de

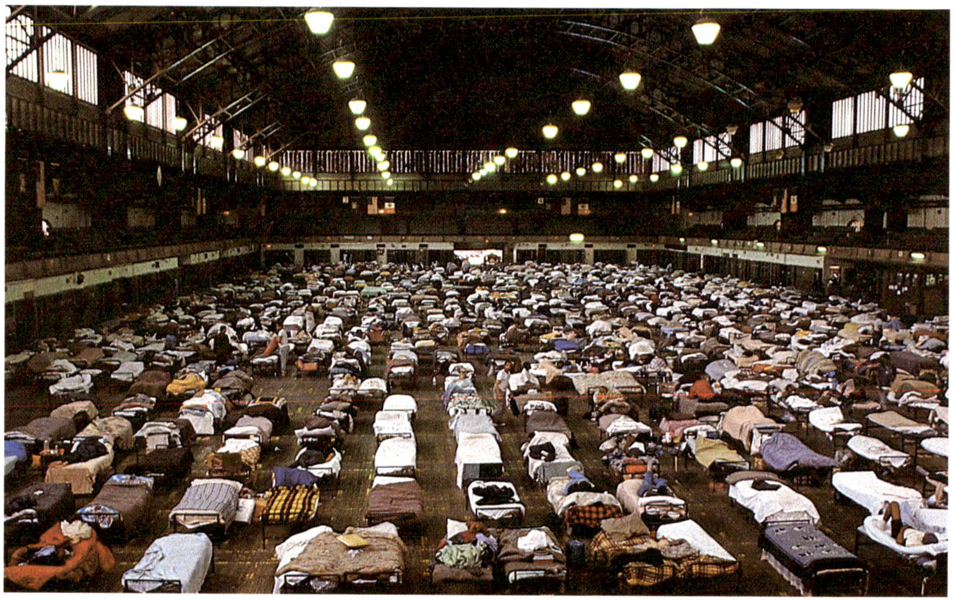

« Magic » Johnson △ sur le podium des jeux Olympiques de Barcelone, en 1992. Demi-dieu du basket américain, idole de millions de jeunes, il a annoncé officiellement sa séropositivité en 1991.

L'assaut de la ferme ▷ de Waco. La secte de David Koresh soutient en avril 1993 un long siège, qui se soldera par un carnage lors de l'attaque lancée par la police.

mégalopoles comme New York, Washington et Los Angeles : en 1990, près de 80 p. 100 des Américains vivent sur 15 p. 100 du territoire. Dans les centres des grandes villes, où tentent de survivre les plus pauvres, une véritable « économie de la drogue » côtoie et parfois remplace les activités légales. Par ailleurs, la dislocation de la cellule familiale, l'impuissance du système scolaire et la difficile coexistence des groupes ethniques provoquent une hausse continue de la criminalité. Dans le même temps, les États-Unis découvrent leur dépendance vis-à-vis des autres nations et la vulnérabilité de leur économie face à la concurrence : en 1990, 30 p. 100 des automobiles vendues dans le pays étaient importées. De plus, les multinationales américaines, dont le critère prééminent est le profit, délocalisent leur production vers les pays aux coûts salariaux les plus faibles. Enfin, l'Europe et le Japon, avec lesquels de délicates négociations commerciales sont lancées, menacent l'avancée technologique du pays.

L'émergence de la « politique spectacle »

La société américaine s'enfonce dans une crise morale et sociale que révèle le désenchantement général de la population à l'égard de la politique. Près de 50 p. 100 des Américains se sont détournés des partis, et la candidature du milliardaire texan Ross Perot aux élections de 1992 montre la vigueur du populisme. Le poids des syndicats diminue tandis que croît l'influence des lobbyistes, ces juristes appointés par des groupes de pression pour convaincre les élus de défendre leurs intérêts. La prolifération des procès en tout genre dénote aussi l'impuissance du législateur à réguler une société inquiète. Enfin, si les Américains ont conservé une véritable estime pour la presse écrite, seule une élite lit encore les journaux. La radio et, surtout, la télévision, se sont arrogé un énorme pouvoir. Les politiciens se plient donc au jeu de la « politique spectacle » et martèlent leurs idées dans des spots télévisés de trente secondes. L'élection en 1992 du démocrate Bill Clinton ne déroge pas à ces règles. La jeunesse du président, son ambition avouée d'être un nouveau Kennedy ont emporté, autant que son programme, l'adhésion de ses concitoyens. Mais, dès les premiers mois de son mandat, Clinton voit son élan arrêté par le Sénat, qui refuse à plusieurs reprises la nomination de secrétaires d'État. Des scandales gauchissent l'image des proches du président : lui-même et son épouse, Hillary, sont mis en cause dans des transactions immobilières.

Le XXe siècle a permis aux États-Unis d'affirmer leur supériorité militaire et économique, de proposer un modèle social et politique. À l'aube du XXIe siècle, la « Grande Nation » semble douter d'elle-même, mais elle n'a épuisé ni ses ressources ni son dynamisme. □

La statue la plus célèbre du monde symbolise aux yeux des Américains une des valeurs fondatrices de leur société : la liberté.

LES CENT ANS DE MISS LIBERTY

En 1886, le peuple français offre au peuple américain une statue gigantesque, œuvre du sculpteur Auguste Bartholdi sur une armature de fer due à Gustave Eiffel : *la Liberté éclairant le monde.* Érigée dans la rade de New York, elle accueille des millions d'émigrants et devient un des symboles les plus forts du « rêve américain » : sur le livre des lois qu'elle tient dans sa main gauche est gravée la date de la déclaration de l'indépendance américaine (4 juillet 1776). Le 4 juillet 1986, l'Amérique de Reagan célèbre fastueusement le centenaire de « Miss Liberty » : la statue restaurée, dont la torche a été redorée par des artisans français, est au centre du plus grand feu d'artifice jamais tiré aux États-Unis. Le président Reagan profite de l'occasion pour réveiller la fierté de son peuple et rappeler les ambitions de son pays : « Nous sommes les gardiens de la flamme de la liberté. »

Fresques murales ▽ peintes par Chico dans le district du Lower East Side de New York, quartier d'artistes. Les « graffiteurs », ces peintres spontanés, ont été découverts par des galeries d'avant-garde. Les plus célèbres produisent désormais sur toile leurs signes drolatiques, joyeux, agressifs ou cruels. 1990.

UNE CULTURE MONDIALE

En 1986, le « M » jaune des fast-foods McDonald's brille dans le ciel de l'U.R.S.S., signe éclatant de l'amélioration des rapports entre Washington et Moscou. Depuis la fin de la Seconde Guerre mondiale, en effet, les alliés des États-Unis sont gagnés par les modes de vie américains. Libérées par les G.I.'s, les populations d'Europe occidentale et d'Asie mâchent du chewing-gum, portent des *battle dress,* et fument des cigarettes blondes. Partout s'imposent valeurs et références américaines : à Hongkong, où la densité humaine dépasse 5 300 habitants au kilomètre carré, la publicité du cow-boy Marlboro, fondée sur le mythe des grands espaces, remporte un succès éclatant. Le symbole le plus clair de cette « américanisation du monde » est la bouteille de Coca-Cola, un soda consommé de Manille à Anchorage et de Londres à Pékin, sauf dans les pays où triomphe son concurrent – américain lui-aussi –, Pepsi-Cola. Hollywood diffuse, dans les films d'abord, puis dans les feuilletons, des modèles qui font rêver toutes les catégories sociales. Ainsi, à Alger, les aventures de l'abominable J.R. et de sa malheureuse épouse Sue Ellen (*Dallas*) mettent-elles fin un temps aux embouteillages.

◁ **Symbole** du « rêve américain », cette publicité de Coca-Cola sur la façade délabrée d'un petit café à Abidjan, donne une idée de la puissance économique de l'Amérique, prête à conquérir cet enjeu stratégique que représente le continent africain.
1977.

Photo de la famille ▷ du célèbre feuilleton télévisé *Dallas.* La série a été diffusée dans plus de 60 pays, toujours avec succès.
1983.

◁ **Disney** à la conquête de l'Europe. Malgré le choix stratégique du lieu d'implantation (Marne-la-Vallée, près de Paris), ce Disneyland à la française n'a pas rencontré le succès escompté.
1992.

▽ **Débarquement** des contingents américains de l'O.N.U. en Somalie, en décembre 1992. La puissance diplomatique et militaire des États-Unis est un vecteur efficace de diffusion, à l'échelle mondiale, de la culture et du mode de vie des Américains.

McDonald's à ▷ Moscou ! Le mode de vie américain fait aussi rêver une population russe désenchantée.
1990.

◁ «**Yankee**, rentrez chez vous ! » : revendication nationaliste aux Philippines. L'interventionnisme constant des États-Unis dans ce pays a nourri un fort sentiment anti-américain.
1994.

MARGARET THATCHER AU POUVOIR

Dans un contexte de crise économique, Margaret Thatcher, à la tête du Parti conservateur anglais, remporte les élections de mai 1979. Première femme à être en charge d'un gouvernement occidental, la « Dame de fer » incarne un pouvoir personnalisé et autoritaire.

Le Parti conservateur prône le retour à l'économie de marché, à la concurrence, et le rejet de l'interventionnisme étatique. Il entend aussi restaurer les valeurs victoriennes de la loi et de l'ordre et rendre au Royaume-Uni son rang sur la scène internationale. Ce programme séduit la classe moyenne et une partie du monde ouvrier. Le 4 mai 1979, Margaret Thatcher entre au 10, Downing Street. Elle sera reconduite deux fois dans ses fonctions, en juin 1983 et en juin 1987, établissant ainsi, malgré de virulentes critiques, un record de longévité à la tête du gouvernement de Sa Majesté : plus de onze ans.

Une révolution libérale

L'objectif prioritaire du nouveau Premier ministre est la rénovation et la libéralisation de l'économie britannique. Le gouvernement entend juguler l'inflation en limitant la création de monnaie. Parallèlement, il engage une réduction des dépenses publiques : les subventions aux entreprises, les allocations de sécurité sociale attribuées aux particuliers sont revues à la baisse. L'administration centrale supprime des emplois, mais les budgets de la Défense, de la Justice et de la Police ne subissent pas la même rigueur : l'État

◁ **La campagne électorale** de Margaret Thatcher. En 1975, elle est élue présidente du Parti conservateur et devient chef de l'opposition. Aux élections de 1979, elle distance le travailliste Callaghan et sera la première femme à la tête d'un gouvernement européen.
1975.

Une puissante ▷ expédition britannique, constituée d'une centaine de navires, d'une dizaine de milliers d'hommes et d'une flotte aérienne, s'apprête à reconquérir les îles Malouines. Cette victoire contre l'Argentine va renforcer l'image de Margaret Thatcher dans son pays.

doit rester fort. Les privatisations complètent le désengagement étatique. Elles comportent quatre volets : la vente des logements sociaux, la mise en concession des services publics (distribution d'eau, ramassage des ordures), la cession des grandes entreprises publiques (British Petroleum, Jaguar, Rolls Royce, British Gas, British Airways...) et l'introduction d'un secteur privé dans les domaines de la santé et de l'enseignement.

Le gouvernement libère les prix et les salaires. Il encourage les investisseurs étrangers en dérégulant les activités de la City et met en œuvre une réforme fiscale. Mais la diminution de l'impôt sur le revenu et sur les bénéfices des sociétés est compensée par une hausse de la T.V.A. Le retour à l'équilibre budgétaire, présenté par Margaret Thatcher comme une de ses grandes réussites, est en réalité largement dû aux recettes des privatisations et des gisements pétroliers de la mer du Nord. En 1990 est votée la *Poll Tax*. Ce nouvel impôt local, dû par tout adulte, ne tient aucun compte des inégalités de revenus : sur une même commune, son montant est égal pour tous. La *Poll Tax* suscite de violentes manifestations, voire des émeutes, qui seront la cause directe du départ de Margaret Thatcher en novembre 1990.

Sur l'ensemble de la période, le bilan économique doit être nuancé. De 1979 à 1981, la stricte gestion de la masse monétaire entraîne une profonde récession. L'amélioration de la productivité, la désindustrialisation et les faillites d'entreprises non concurrentielles accroissent le chômage. Mais, de 1982 à 1986, l'économie se redresse : la croissance est forte, l'inflation maîtrisée, la balance des paie-

Belfast. En 1981, ▽ plusieurs dirigeants de l'IRA, détenus en Angleterre, meurent au terme d'une grève de la faim.

1981.

En 1979, le Royaume-Uni verse au budget communautaire plus qu'il ne reçoit. Margaret Thatcher réclame la réduction de la contribution britannique.

MARGARET THATCHER ET L'EUROPE

L'ampleur de ses importations en provenance de pays tiers (souvent du Commonwealth) vaut à la Grande-Bretagne d'acquitter un quart des droits de douane perçus par la C.E.E. Et le Royaume-Uni ne profite guère des subventions de la politique agricole commune, qui absorbe 70 p. 100 du budget communautaire. Margaret Thatcher met alors en avant le principe du « juste retour » : les sommes versées par son pays et les contreparties financières dont il bénéficie doivent être équilibrées. Le leitmotiv thatchérien « I want my money back » provoque de vifs débats avec les autres nations européennes, et notamment la France. Margaret Thatcher obtient pourtant satisfaction lors du Conseil européen de Fontainebleau, en juin 1984. À partir de 1985, la contribution britannique est réduite d'un tiers. Ce régime dérogatoire est reconduit en 1988 et en 1992.

ments excédentaire. Le chômage diminue, les capitaux étrangers affluent. Pourtant, à partir de 1988, la surchauffe de l'économie débouche à nouveau sur l'inflation, le déficit extérieur et la chute de la livre.

Un coût social élevé

Dès les premières années, Margaret Thatcher s'est attachée à diminuer les pouvoirs des collectivités locales en matière de logement et d'enseignement. Ses gouvernements limitent également le poids des syndicats, les *trade-unions* : traditionnellement associés au processus de prise de décisions économiques et politiques sous les gouvernements travaillistes, ils sont désormais considérés comme des contre-pouvoirs paralysants et des sources de rigidités. Des lois successives (en 1980, 1982 et 1984) encadrent et réduisent l'action des syndicats. En outre, le déclin de l'emploi industriel, l'échec de la grande grève des mineurs en 1984-1985 entraînent le recul de leurs effectifs. Or la politique néolibérale renforce les inégalités sociales et instaure une société à deux vitesses. La réforme fiscale pénalise les faibles revenus, qui bénéficient peu de la baisse des impôts directs mais souffrent de l'augmentation uniforme de la T.V.A. À partir de 1989, la hausse des taux d'intérêt – destinée à combattre l'inflation – rend impossible à beaucoup le remboursement des crédits immobiliers. La réduction des prestations sociales paupérise une partie non négligeable de la population : ouvriers des régions en déclin, immigrés, femmes seules avec des enfants, personnes âgées, chômeurs. En 1990, on recense neuf millions de pauvres – dont trois millions d'enfants.

Les inégalités régionales se sont aussi accrues. Le nord du pays souffre de la désindustrialisation tandis que le sud, dans l'orbite du « grand Londres », bénéficie de la reprise et de la manne liée aux spéculations financières. Mais, partout, les équipements collectifs – les hôpitaux, les aéroports, les routes – se dégradent. De plus, les tensions sociales engendrent un climat de violence. En 1985, le centre de Birmingham s'abandonne à l'émeute. La même année, le déchaînement des hooligans au cours des matchs de foot-

Margaret Roberts naît en 1925. Son père, épicier et maire de Grantham, lui transmet son sens de l'économie et les valeurs de l'Église méthodiste.

UNE CARRIÈRE FULGURANTE

À Oxford, Margaret Roberts préside l'Union des étudiants conservateurs et se passionne pour la politique. En 1950 et 1951, elle se présente à Dartford, mais échoue dans cette circonscription travailliste. Mariée en 1951 à un homme d'affaires, Denis Thatcher, elle quitte son emploi de chimiste et devient avocate. En 1959, à trente-quatre ans, elle entre au Parlement. De 1961 à 1964, elle travaille auprès du ministre des Pensions et des Assurances sociales. Son parti étant alors dans l'opposition, elle devient porte-parole du « cabinet fantôme ». Edward Heath lui attribue, en 1970, le ministère de l'Enseignement. Après leur défaite de 1974, les conservateurs la choisissent pour succéder à Heath à la tête du parti. Le 4 mai 1979, elle est nommée Premier ministre. Elle quittera ses fonctions onze ans plus tard, le 28 novembre 1990 ; en décembre, elle devient « lady Margaret ».

Manifestation réclamant la démission de Margaret Thatcher, à la suite de la mise en place de la *Poll Tax*. Le nouvel impôt fait scandale, car il ponctionne autant les pauvres que les riches. ▷
1990.

ball cause 39 morts au stade belge du Heysel – et 95 quatre ans plus tard, à Sheffield. Dans certains quartiers, les skinheads font régner la terreur. En Irlande du nord, Margaret Thatcher se montre d'abord intraitable, laissant mourir d'une grève de la faim dix militants nationalistes incarcérés (dont Bobby Sand en mai 1981), avant de chercher une solution politique. Cependant, la guérilla urbaine se poursuit en Ulster et les attentats de l'IRA, parfois en plein cœur de Londres, ne cessent pas : 11 morts à Regent's Park en 1982, 5 à Brighton en 1984 (dans l'hôtel occupé par Mme Thatcher).

Le réveil national

C'est un commentateur soviétique qui, en 1976, surnomme Margaret Thatcher la « Dame de fer ». Très ferme à l'égard de l'U.R.S.S., elle resserre ses liens avec les États-Unis. Dans le Commonwealth, elle négocie la restitution de Hongkong à la Chine, prévue pour 1997. Mais elle s'isole des pays africains en refusant de voter des sanctions contre l'Afrique du Sud. Elle ne craint pas d'engager son pays dans la guerre des Malouines ; la victoire anglaise assure sa réélection en 1983.

Face à la C.E.E., dès 1979, elle fait campagne pour la réduction de la contribution britannique au budget européen. Farouche adversaire de la supranationalité, elle s'oppose à la création de la monnaie commune et maintient la livre hors du système monétaire européen jusqu'en octobre 1990. En revanche, elle joue un rôle actif dans la réforme de la politique agricole commune et milite pour une zone de libre-échange. Enfin, avec la création du tunnel sous la Manche, elle met fin à l'insularité britannique.

À son départ, Margaret Thatcher peut se prévaloir du dynamisme de l'économie britannique, elle a su également encourager le mérite et le travail. Cependant, le bilan social, préoccupant, pèse sur l'avenir. En novembre 1990, c'est le plus « thatchérien » des candidats à sa succession – issu comme elle d'un milieu modeste – qui la remplace : John Major, qui sera cependant souvent vilipendée dans son propre camp. □

Les sikhs de Londres ▽ célèbrent l'assassinat, par quelques-uns des leurs, d'Indira Gandhi, qui refusait d'accéder à leurs revendications nationalistes.
1984.

△ **Manchester.** La politique de libéralisme économique absolu prônée par Margaret Thatcher conduit à la dégradation des équipements collectifs et des services publics, victimes des restrictions budgétaires. Une partie d'entre eux sera par la suite, d'ailleurs, privatisée.
1982.

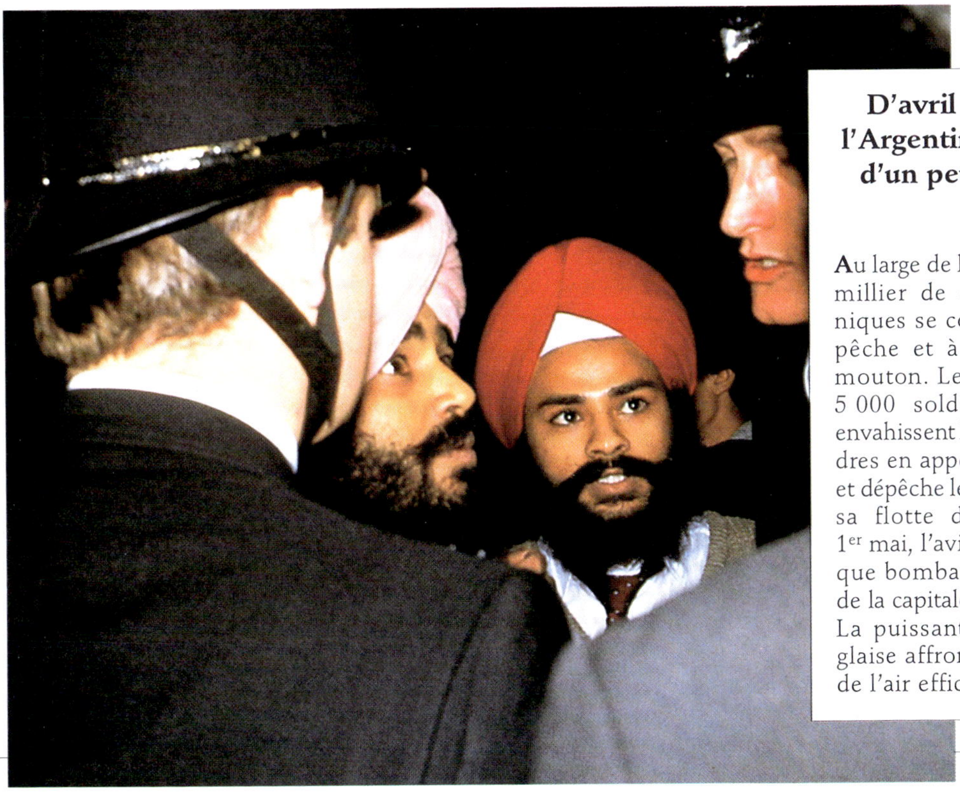

D'avril à juin 1982, le Royaume-Uni et l'Argentine combattent pour la possession d'un petit archipel d'intérêt stratégique.

MALOUINES OU FALKLANDS

Au large de l'Argentine, un millier de sujets britanniques se consacrent à la pêche et à l'élevage du mouton. Le 2 avril 1982, 5 000 soldats argentins envahissent l'archipel. Londres en appelle à l'O.N.U. et dépêche les deux tiers de sa flotte de guerre. Le 1er mai, l'aviation britannique bombarde l'aéroport de la capitale, Port Stanley. La puissante marine anglaise affronte une armée de l'air efficace, qui coule notamment le croiseur *Sheffield.* Les 20 et 21 mai, les hommes de la Royal Navy débarquent. Le 14 juin, ils occupent Port Stanley. L'Argentine capitule. La guerre, dont les médias ont été tenus écartés, a fait environ un millier de morts. Le Royaume-Uni a perdu une douzaine de navires, mais sa victoire lui redonne le sentiment d'être un grand pays alors que l'Argentine, humiliée, se débarrasse du régime du général Galtieri.

LE MIRACLE JAPONAIS

Ruiné en 1945, le Japon occupe dès 1968 le troisième rang dans l'économie mondiale. Alors que les nations occidentales baignent dans l'euphorie des Trente Glorieuses, le taux de croissance japonais est deux fois plus élevé que ceux des pays d'Europe et des États-Unis.

En août 1945, les forces alliées qui occupent le Japon se fixent pour objectif la transformation des institutions politiques et économiques. Dès 1946, une nouvelle constitution est promulguée : le Japon devient une monarchie parlementaire et laïque. Le 28 avril 1952, le traité de San Francisco, signé l'année précédente, prend effet : le pays recouvre sa souveraineté. Le « miracle japonais » commence.

Le rôle de l'État

De nombreux facteurs sont à l'origine de cet incroyable essor économique. L'accord nippo-américain signé en 1954 assure au Japon un important soutien financier et technique. La démilitarisation limite les dépenses de l'armée à 1,5 p. 100 du budget national. De plus, le pays jouit d'une stabilité politique remarquable : à l'exception de deux courtes périodes (1947-1948 et 1993-1994), le Parti libéral-démocrate, émanant des milieux d'affaires, gouverne depuis 1955. L'État peut donc donner une impulsion cohérente à l'économie. Sans remettre en cause l'alliance américaine, la diplomatie japonaise multiplie les accords commerciaux bilatéraux : avec la Chine, l'U.R.S.S., les puissances euro-

◁ **La société Matshushita.** Paternalisme et obéissance sont librement acceptés par la plupart des salariés. Chaque matin, les hymnes à la gloire de l'entreprise sont entonnés par des haut-parleurs et repris en chœur par les travailleurs.

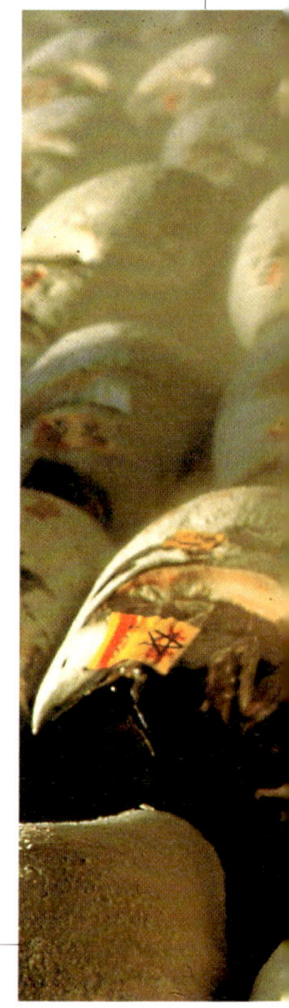

Le marché au thon. ▷ Tsujiki, à Tokyo, est le plus grand marché du monde avec 450 tonnes de poisson par jour. Le Japon est un grand consommateur de produits de la mer : l'alimentation se compose essentiellement d'assortiments de poissons crus (*sushi*) et frits (*tempura*).

péennes. Le Japon se tourne également vers les pays sous-développés d'Asie du Sud-Est et les riches nations riveraines du Pacifique : Australie, Nouvelle-Zélande, Canada.

Le gouvernement met sur pied une planification souple de l'économie et un contrôle des investissements et du commerce extérieur. Dans l'industrie légère et l'agriculture, il organise la diffusion de l'innovation. Dans l'industrie lourde, il créé lui-même les entreprises nécessaires au développement. L'impôt foncier et l'épargne assurent le financement des investissements. Enfin, depuis la révolution industrielle de l'ère Meiji (1868), le Japon bénéficie d'une structure économique dualiste, dont il tire le meilleur profit.

Le dualisme économique

Dans le Japon moderne, en effet, deux secteurs coexistent. Le premier compte des entreprises de dimension internationale, appartenant aux industries de pointe. Ces anciens *zaibatsu* n'hésitent pas à s'endetter très lourdement, si bien qu'ils doivent atteindre très vite un niveau de productivité élevé. Dès 1950, pour rattraper son retard sur les pays les plus avancés, le Japon importe et copie des techniques étrangères, évitant ainsi le lourd investissement de la recherche. Ces importations culminent vers 1964. Le pays assimile ainsi les technologies les plus avancées ; grâce à l'habileté de la main-d'œuvre et aux capacités d'adaptation de ses chefs d'entreprise, le Japon les perfectionne et en réduit bien souvent le coût de production.

◁ **Photo** officielle du mariage de l'héritier du trône impérial Nahurito et de Masako Owada. Le Japon est le seul pays au monde où la même dynastie règne depuis plus de deux mille ans.

1993.

Vus de l'étranger, les Japonais semblent ne former qu'un seul peuple, très uni. Cependant, depuis l'époque des Tokugawa (XVIIe-XIXe siècles), le Japon a ses parias.

LES *BURAKUMIN*

Les *burakumin,* les « habitants des villages », ne font pas partie de la « bonne société ». Ils ne sont ni samouraïs, ni paysans, ni artisans, ni marchands. Ce sont des marginaux qui exercent des métiers considérés comme impurs : bouchers, tanneurs, fossoyeurs. Autrefois, on les désignait même du terme de « non-personnes », et des lois entérinaient leur infériorité. S'ils ont obtenu l'égalité devant la loi, leurs terres restent les moins fertiles, et leurs travaux sont pénibles et mal payés. Ils vivent souvent dans des ghettos insalubres, font moins d'études que les autres Japonais et sont touchés par de nombreuses maladies. Les *burakumin* essaient toujours de cacher leurs origines pour ne pas subir de discrimination. Le gouvernement tente aujourd'hui d'estomper cette ombre au tableau d'un Japon riche et moderne, en lançant des mesures spéciales de développement en faveur de ces « parias ».

À côté de ce secteur moderne, les petites et moyennes entreprises représentent, en 1967, 99 p. 100 de l'ensemble des établissements industriels et assurent 42 p. 100 de la production totale. Insuffisamment équipées, recourant à une main-d'œuvre pléthorique, ces firmes fabriquent artisanalement des produits traditionnels ou remplissent des fonctions de sous-traitants pour les multinationales. En 1980, les salaires y sont en moyenne deux fois inférieurs à ceux des groupes. Mais les deux univers sont complémentaires. L'existence d'une main-d'œuvre précaire et sous-payée permet de freiner la hausse générale des salaires et retarde la syndicalisation. Le Japon s'intègre donc dans les échanges mondiaux en bénéficiant à la fois des technologies les plus avancées et des avantages du travail bon marché.

Le niveau de vie s'élevant, le Japon se dote des structures nécessaires à la production de biens de consommation. De 1950 à 1970, dopé par la demande intérieure et le commerce international, le produit national brut japonais quintuple. Le taux de croissance s'établit aux alentours de 10 p. 100. Au début des années 70, le Japon domine sans conteste la construction navale, le marché des motocyclettes, des appareils photographiques, des transistors... Ses productions d'automobiles, de téléviseurs, de fibres artificielles lui assurent le deuxième rang mondial. Les deux chocs pétroliers de 1974 et 1978 freinent un instant l'essor de l'économie : le Japon se heurte à la fois à la hausse des prix du pétrole et à la récession mondiale. Or l'archipel, pauvre en ressources naturelles, est très dépendant de ses importations. Mais, grâce à la souplesse du marché du travail, l'économie se rétablit rapidement. Cependant, la crise qui frappe de nouveau le

Le jardin de pierres △ et de sable du Ryoan-ji, à Kyoto, est considéré comme une des réalisations les plus pures de l'esthétique zen.

▽ **Practice de golf** à trois étages. Le Japon compte 15 millions de golfeurs. Il n'y a pourtant que 1 400 terrains. On estime à 2 p. 100 les privilégiés qui jouent régulièrement et qui peuvent s'affilier à des clubs dont la carte de membre atteint parfois des prix exorbitants.

Le capitalisme japonais est né pendant le gouvernement de Meiji, mais il n'a pris sa forme actuelle qu'après la Seconde Guerre mondiale.

L'ENTREPRISE JAPONAISE : UNE GRANDE FAMILLE ?

À la fin de la guerre, les forces d'occupation décrètent des lois antimonopoles et font dissoudre les *zaibatsu,* conglomérats industriels détenus par les grandes familles. Cependant, l'organisation du travail au Japon garde un caractère paternaliste. Les grandes entreprises exigent une loyauté sans faille de leurs salariés, fiers de leur côté de pouvoir porter le nom de leur employeur sur leur carte de visite. Elles leur offrent en retour une vie sociale variée : discussions dans les groupes de travail, animations, clubs, voyages, services matrimoniaux... mais imposent aussi une forte pression pour encourager l'ardeur au travail, si bien que, parfois, leurs employés n'osent plus prendre de congés. Ce modèle de dévotion à l'entreprise semble de plus en plus remis en question : les jeunes Japonais sont entrés eux aussi dans la société des loisirs.

Japon en mai 1991 s'installe plus durablement. Les marchés boursiers et immobiliers s'effondrent. La pression sur le yen effrite la compétitivité des produits nippons, ce qui n'empêche pas les partenaires du Japon (en particulier les États-Unis et l'Europe) de manifester leur irritation à propos du déficit chronique de leurs échanges commerciaux avec l'archipel. Entre 1992 et 1994, l'État injecte dans les circuits économiques 45 000 milliards de yens – 10 p. 100 du P.N.B. Les abattements d'impôts et la déréglementation des entreprises, qui cassent les prix, encouragent la reprise de la consommation. Au cours de l'été 1994, l'économie semble se reprendre. Le Japon sort de la plus longue récession qu'il ait connue depuis les années 50.

Une société en mutation

Conséquence du « miracle » économique, le niveau de vie s'élève à partir des années 60. Le pays se lance dans une « révolution de la consommation ». Mais toute la population ne bénéficie pas de l'expansion : le revenu des travailleurs indépendants s'érode, celui des exploitants agricoles et des salariés des petites entreprises stagne. Les capitaux se concentrent sur l'industrie privée, alors que la construction d'équipements collectifs souffre d'une faiblesse de financement chronique. La carence des services sociaux oblige les ménages à épargner environ 20 p. 100 de leurs revenus. L'industrialisation et l'urbanisation accélérées entraînent d'importants problèmes de pollution et de dégradation des sites. L'exode rural s'intensifie. Les valeurs traditionnelles s'estompent : aspirant au mode de vie occidental, la jeunesse conteste les fondements de la société, l'obligation de réussite et la soumission absolue au patronat. Le « modèle japonais » a-t-il atteint les limites de son succès ? □

Le kendo. Cet art ▷ martial fut pendant plus de mille ans réservé aux samouraïs. Sept millions d'adeptes témoignent de sa popularité. Le sabre est aujourd'hui en bambou, mais la force des coups nécessite de se protéger.

Harajuku est le principal lieu de ralliement ▽ des adolescents, aux vêtements extravagants, qui dansent le dimanche au son d'une puissante musique diffusée par d'immenses enceintes.

TOKYO

La ville de Tokyo, ayant été détruite par un tremblement de terre en 1923 puis, en 1945, par les bombardements des Alliés, compte peu de vestiges de son passé. L'agglomération actuelle est une mégalopole gigantesque qui regroupe plus de 30 millions de personnes – soit le quart de la population japonaise –, dont 12 millions pour la seule ville de Tokyo. Surpeuplée, elle est sans doute la ville où le coût du mètre carré est le plus élevé au monde, et nombre de ses habitants sont rejetés en banlieue. Il est difficile de trouver un centre à Tokyo : elle est formée d'une juxtaposition de quartiers aux personnalités affirmées. Le Palais impérial marque encore le cœur de la ville. Harajuku est le quartier des jeunes, que l'on voit parfois danser et chanter dans la rue. À Asakusa, on découvre un Japon plus traditionnel, autour du temple de la déesse Kannon et des cerisiers en fleurs. Le Kabutocho, la Bourse de Tokyo, est une des grandes places financières de la planète. Le manque d'espace est la rançon de cette activité débordante, et, si Tokyo a longtemps été célébrée comme la ville la plus sûre du monde, cette image flatteuse est aujourd'hui ternie par l'augmentation de la criminalité, l'apparition de groupes de sans-abri dans les gares, les problèmes de perte d'identité et de pollution dans une agglomération monstrueuse.

△ **Le quartier de Shinjuku** est l'un des plus animés de Tokyo. Temple du gadget et de l'électronique, il attire, dans la journée, un grand nombre de touristes.

La baie de Tokyo. △ Choisie comme siège du gouvernement shogunal en 1603, la ville prit le nom d'Edo, « porte de la Baie », jusqu'à ce qu'elle soit rebaptisée Tokyo, « capitale de l'Est », en 1868. Son développement est lié à l'importance de son trafic portuaire.

Shinjuku. De l'autre ▷ côté du parc de Shinjuku Gyoen s'élèvent les nouveaux gratte-ciel du « Manhattan de Tokyo » qui abritent les sièges de grandes entreprises comme Mitsui ou Sumitomo, des hôtels de luxe et le nouvel hôtel de ville.

L'hôtel de ville. △ Depuis 1991, les deux tours jumelles de l'architecte Tange Kenzo dominent la capitale de leurs 265 m de hauteur. Tange a beaucoup travaillé à Tokyo, à partir de 1960.

◁ **Shinjuku.** À l'est de la gare s'étend un réseau de rues alignant les cafés, les cinémas, les salles de jeux électroniques et de mah-jong, les sex-shops et les cabarets qui donnent à ce quartier sa réputation sulfureuse.

MOYEN-ORIENT

Paix en Galilée

■ Tsahal, l'armée israélienne, entre au Sud-Liban le 6 juin 1982. Pour Israël, il est temps en effet de mettre fin aux opérations terroristes menées depuis le territoire libanais par les Palestiniens. Ayant conclu un accord avec les Syriens, force dominante au nord du Liban, les Israéliens sont aux portes de Beyrouth-Ouest en juillet. Après de multiples cessez-le-feu, les forces palestiniennes se retirent devant une force d'interposition de l'O.N.U., mais entre 500 000 et 600 000 réfugiés palestiniens continuent à s'entasser dans des camps. Privés de leurs défenseurs, ils sont la cible des phalanges chrétiennes, les féroces « Kataëb » ; ce sont elles, qui, sans que les occupants israéliens s'y opposent, perpètrent les terribles massacres des camps de Sabra et Chatila en septembre 1982 (selon les sources, entre 400 et 3 500 morts). □

ISLANDE

Combat de dames

■ En 1980, l'Islande est le premier État au monde à être gouverné par une femme élue au suffrage universel. Le 30 juin, c'est en effet Vigdis Finnbogadottir, née en 1930, qui est élue présidente de la République islandaise, indépendante du Danemark depuis 1944. Nul, apparemment, ne se repentira de ce choix, puisque Mme Finnbogadottir sera reconduite dans ses fonctions, en 1984, avec 93 p. 100 des suffrages, contre 3 p. 100 seulement à son adversaire, une autre femme, Mme Thorsteinsdottir. Mieux encore, en 1992, elle sera la seule candidate à l'élection, et donc désignée sans vote. □

INDE

Au service des plus pauvres

■ Le prix Nobel de la paix 1979 échoit à une femme sans âge et sans nationalité, inconnue du plus grand nombre. Agnes Gonxha Bajaxhiu, en religion Mère Teresa, est née en 1910 à Skopje, en Yougoslavie. Catholique, elle est entrée en religion chez les sœurs de Loreto, avant de fonder, en 1950, la congrégation des Missionnaires de la charité, qui se consacre aux plus pauvres de Calcutta, assistant les enfants abandonnés, les mourants gisant sur les trottoirs de la ville et les affamés des bidonvilles. En Inde, le sari blanc à bande bleue des religieuses est très populaire ; il le deviendra dans le monde entier. □

ASIE DU SUD-EST

Le grand Viêt-nam

■ Le Viêt-nam, unifié depuis 1975, est devenu une grande puissance. Alors que, durant la guerre qui l'opposait aux États-Unis, il avait toujours veillé à tenir la balance égale entre les deux grands pays communistes, il peut, une fois vainqueur, se permettre de rompre avec la Chine et se rapprocher de l'U.R.S.S., un allié plus lointain et plus « rentable ». En 1978, le Viêt-nam entre dans le Comecon, marché commun des pays de l'Est, et expulse des milliers de Chinois installés sur son territoire. L'année suivante, sous prétexte de soutenir le Funsk, mouvement d'opposition aux Khmers rouges, l'armée vietnamienne entre au Cambodge, suscitant une intervention de la Chine. La guerre, préparée par de très nombreux incidents de frontière, tourne en quelques semaines à l'avantage du Viêt-nam. □

La guerre civile à Beyrouth. *1976.*

AFRIQUE

Valse de chefs d'État

520 .

■ L'année 1979 est difficile pour les tyrans africains. Le général Idi Amin Dada, pourtant nommé président à vie en 1976, est renversé par les Ougandais, aidés par les Tanzaniens, et fuit vers la Libye. En Centrafrique, Jean Bedel Bokassa, au pouvoir depuis 1966, et qui s'était fait couronner empereur en 1979, est écarté par David Dacko, son ancien opposant, appuyé par la France. Les outrances des deux chefs d'État firent les délices de la presse occidentale, qui avait transmis la demande en mariage d'Amin Dada à la princesse Anne d'Angleterre et diffusé les photos du sacre napoléonien de Bokassa Ier. Mais ces anecdotes burlesques avaient fait oublier les excès des deux dictatures : expulsion des Juifs et des Indiens hors de l'Ouganda, où d'hypothétiques complots étaient férocement réprimés, massacres de milliers d'opposants, tortures en Centrafrique, où les dernières victimes de Bokassa avaient été des écoliers, incapables de se procurer les uniformes exigés. □

POLOGNE

Un prêtre assassiné

■ Malgré le « coup d'État » du général Jaruzelski, en décembre 1982, et la défaite apparente du syndicat Solidarité, l'Église catholique demeure la principale force politique de Pologne. C'est dans les sermons que l'opposition peut s'exprimer, et dans le secret des sacristies qu'elle trouve refuge. Parmi les prêtres les plus en vue, le père Popieluszko irrite les forces traditionnelles du pays, le parti et l'armée. Le 10 octobre 1984, ses paroissiens apprennent avec horreur qu'il a été assassiné, battu à mort par des « inconnus », qui seront jugés et condamnés en février 1985, à Torun. □

JAPON

La musique entre les oreilles

■ Grâce aux progrès de la miniaturisation, la firme Sony met au point en 1982 un lecteur de cassettes transportable, que l'on écoute avec un casque, le Walkman. Rebaptisé « baladeur » en France, il connaît aussitôt un immense succès. Au moins trois millions d'appareils y sont en service à la fin des années 80, et 67 p. 100 des 15-19 ans en possèdent un. Ce phénomène de société inquiète les chercheurs en acoustique ; en effet, 20 p. 100 des jeunes gens reconnaissent écouter leur appareil plus de cinq heures par jour, à un niveau sonore supérieur à 100 décibels. □

EUROPE DE L'OUEST

Le rêve des petites filles

■ Le jouet le plus vendu dans l'Europe des années 1980 fait frémir les féministes. Cheveux longs, jambes interminables, garde-robe glamour, la poupée Barbie est l'archétype de la séduction – elle n'est jamais plus belle qu'en robe de mariée. Elle a été créée en 1959 par un designer de génie, Jack Ryan, qui dessina aussi les missiles Hawk et Sparrow, et donna à la poupée le diminutif du prénom de sa fille, Barbara. Depuis 1961, Barbie a un *boy-friend,* Ken, et, depuis 1964, une petite sœur, Skipper. Elle est devenue parlante en 1969. Dans son monde de rêve, où le rose bonbon domine, vivent aussi deux chats, un chien et quatre chevaux. Sept cents millions de poupées furent vendues entre 1960 et 1990, ce qui représente plus de 50 p. 100 des ventes de la firme Mattel (3e fabricant mondial de jeux et de jouets), laquelle exploite méthodiquement le filon, en créant pour Barbie et ses amis des accessoires nouveaux et en entretenant la passion des petites filles par tout un réseau de clubs. □

1985 - 1990

La guerre froide est finie ; elle s'achève faute de combattants. En novembre 1989, quarante ans après la fondation de la R.D.A. et de la R.F.A., la chute du mur de Berlin témoigne de l'effondrement du communisme et de l'échec de celui qui voulait le sauver, Mikhaïl Gorbatchev. Quatre ans plus tôt, celui-ci était devenu le premier secrétaire du parti communiste de l'Union soviétique, succédant à des vieillards désignés par d'autres vieillards, impuissants à trouver des solutions aux problèmes économiques qui accablaient les pays de l'Est. Mais le système soviétique, rigide, miné par la corruption et le secret, ne peut supporter ni la *perestroïka* (restructuration) ni la *glasnost* (transparence) voulues par Gorbatchev ; il se fissure dès les premières tentatives de réformes. Bientôt, la C.E.I. (Communauté d'États indépendants) remplacera l'U.R.S.S. De gré ou de force, les pays frères se libèrent eux aussi de l'emprise communiste : la logique des blocs n'a plus lieu d'être.

Déboulonnage de la statue de Lénine à Bucarest.

LA FRANCE DES ALTERNANCES

Malgré un redressement réel, les difficultés économiques et le chômage marquent encore la France de la fin des années 1980. La succession des alternances au sommet de l'État apaise les conflits politiques, mais un nombre croissant de citoyens se désintéresse de la vie publique.

Plus de dix ans après les débuts de la crise mondiale, lors du choc pétrolier, la France connaît encore une récession profonde. À l'embellie de la fin des années 1980, avec des taux de croissance de l'ordre de 3 p. 100, a succédé, au début des années 1990, un recul absolu d'environ 1 p. 100 par an. L'activité demeure structurellement fragile, en particulier dans le domaine industriel.

La crise économique et sociale

Face à la concurrence mondiale, les entreprises françaises souffrent de leur manque de spécialisation. Par ailleurs, bien qu'il diminue, leur endettement les pénalise encore très fortement. Malgré le soutien de l'État, des secteurs entiers – la construction navale, les machines-outils, le textile – n'en finissent pas de sombrer. La sidérurgie, la construction automobile poursuivent une restructuration socialement

coûteuse où les suppressions d'emplois succèdent aux fermetures de sites. Le chômage atteint un niveau particulièrement élevé. Vers 1985, on compte deux millions et demi de demandeurs d'emploi. Ils sont plus de trois millions en 1993-1994, soit entre 12 et 12,5 p. 100 de la population active. En outre, la durée moyenne d'inscription à l'Agence nationale pour l'emploi augmente et s'établit à 380 jours. Parallèlement, le recours au travail précaire – intérimaire, à temps partiel, à durée déterminée – connaît un essor considérable. Pour toute une frange de la population, une spirale impitoyable s'installe qui mène des emplois instables aux stages de réinsertion plus ou moins adaptés puis au chômage de longue durée. L'exclusion devient un phénomène sensible, en particulier dans les grandes villes, et l'on estime que plus de trois millions de Français vivent des situations de dénuement extrême en matière de logement, de nourriture ou de santé. Dans une France « à deux vitesses », la nouvelle pauvreté s'installe.

François Mitterrand ▽ en Normandie. « Sphinx » politique, l'ancien adversaire du général de Gaulle s'accommode fort bien des institutions de la Vᵉ République, qu'il critiquait naguère. 1987.

Les éléments de redressement

L'économie retrouve pourtant peu à peu le chemin de la croissance. Après l'échec relatif des efforts de relance du gouvernement Mauroy en 1981-1982, les socialistes ont opéré un revirement complet. La politique de rigueur qu'ils mettent en œuvre bénéficie d'un large consensus. Contrôle du déficit budgétaire, taux d'intérêt élevé, désindexation des salaires qui n'augmentent

◁ **Deux présidents** de la République. De formation littéraire, François Mitterrand succède en 1981 au polytechnicien Valéry Giscard d'Estaing. Assez vite, il gomme la facette socialiste pour acquérir une stature « gaullienne ». 1985.

La France a progressivement fermé ses frontières. Pourtant les communautés issues de l'immigration connaissent fréquemment des difficultés d'intégration.

LA QUESTION DE L'IMMIGRATION

Dans les années 1980, les étrangers représentent environ 7 p. 100 de la population, auxquels s'ajoutent les Français issus d'une immigration récente. Les difficultés d'intégration que rencontrent ces communautés – notamment celle des Maghrébins – entraînent chez les uns des réactions racistes et chez les autres une tendance au repli, manifestations spectaculaires, quoique minoritaires. Face à la montée des tensions, de nouvelles formes d'engagement émergent. En 1984, le mouvement S.O.S. Racisme accède en quelques mois à une immense popularité. « Touche pas à mon pote ! » devient le slogan de toute une génération. Mais il faudra du temps à la société encore en crise pour bâtir une France « plurielle ».

Édith Cresson. ▷ Première femme à devenir Premier ministre, d'un franc-parler parfois excessif, elle ne parvient pas à rassurer une opinion inquiète. Pierre Bérégovoy la remplace après l'échec socialiste aux élections cantonales de 1992. 1991.

plus avec le coût de la vie : les gouvernements qui se succèdent – de gauche ou de droite – poursuivent un même objectif, la « désinflation compétitive », qui renforcerait la position de la France dans les échanges internationaux. De plus de 10 p. 100 par an au début des années 1980, le taux d'inflation est ainsi ramené entre 2 et 3 p. 100 – un meilleur résultat que celui de l'Allemagne fédérale sur qui pèse, il est vrai, le coût de la réunification.

La reprise est fragile, mais certains secteurs, comme l'automobile ou la sidérurgie, semblent se redresser après de sévères « dégraissages » qui ont durement affecté les régions concernées. La construction aéronautique et les télécommunications prouvent leur dynamisme en emportant des marchés à l'exportation. Le franc reste stable. L'inflation est maîtrisée. La balance commerciale, chroniquement déficitaire depuis le début de la crise, affiche un excédent à partir de 1992. Par ailleurs, la dynamique née de la construction communautaire européenne incite les entreprises à rationaliser leur production et à multiplier les partenariats avec leurs homologues étrangers. L'économie est à même d'aborder, en 1993, l'échéance du Marché unique et paraît assez armée pour affronter l'horizon de la monnaie commune, prévue pour 1999 par les accords de Maastricht. Malgré ses difficultés sociales, la France des années 1990 s'affirme comme l'un des membres les plus performants de l'O.C.D.E. (Organisation de coopération et de développement économiques), qui regroupe les principaux pays développés.

DE LA VAGUE ROSE À LA COHABITATION

L'apaisement des grands conflits idéologiques et la succession des alternances tranquilles marquent l'évolution politique de ces dix dernières années. Après leur accession au pouvoir en 1981 (la « vague rose » des présidentielles et des législatives), les socialistes subissent une érosion constante de leur popularité. Enlisés dans la guerre scolaire à propos du statut de l'enseignement privé en 1983-1984, déstabilisés par le fossé qui se creuse entre les illusions des débuts et la pratique gestionnaire qui prévaut désormais, atteints par la persistance de la crise et l'aggravation du chômage, ils perdent la majorité à l'Assemblée lors des élections législatives de mars 1986. La montée en puissance de l'extrême droite n'assure qu'une courte victoire à la droite modérée. Refusant de démissionner comme certains commentateurs le demandent, François Mitterrand nomme à la tête du gouvernement le président du Rassemblement pour la République : Jacques Chirac. Une expérience inédite s'ouvre alors : celle d'une « cohabitation » entre un président socialiste et un Premier ministre R.P.R.

Matignon entend appliquer un programme largement inspiré de la vague néolibérale qui triomphe alors aux

Le mouvement écologiste semble séduire une frange assez importante de la population. Mais cette recomposition du paysage politique pourrait s'avérer éphémère.

LA FRANCE VERTE

L'écologie politique est issue des combats pour la défense de l'environnement des années 1960 et 1970 et de leur remise en cause du productivisme. Les candidats écologistes aux élections présidentielles de 1974, 1981 et 1988 débutent modestement : René Dumont ne recueille que 1,3 p. 100 des suffrages, Brice Lalonde 3,9 p. 100 et Antoine Waechter 3,8 p. 100. Pourtant, lors des européennes de 1989, les Verts passent la barre des 10 p. 100. Malgré leurs divisions, ils totalisent 14 p. 100 des votants aux régionales de 1992 puis retombent à 10,7 p. 100 aux législatives de 1993. Mais les « déçus du socialisme », voire les « déçus des partis traditionnels », ont largement contribué à cette flambée : le succès écologiste reflète le malaise politique ambiant.

▽ **Manifestation** de chômeurs, place de la Bastille, à Paris. La montée continue du chômage inquiète l'opinion publique. Si aucune catégorie n'est à l'abri, certaines sont plus exposées : femmes, jeunes, personnes peu qualifiées, ou âgées de plus de cinquante ans.
1985.

États-Unis avec Ronald Reagan et en Grande-Bretagne avec Margaret Thatcher. Dès l'automne, le ministre de l'Économie, Édouard Balladur, entreprend une série de privatisations. Les sociétés nationalisées par la gauche en 1981-1982 (Rhône-Poulenc, Paribas, Thomson...), mais également celles qui l'avaient été à la Libération (comme la Société générale), sont rendues au secteur privé. Pour favoriser l'activité et établir les conditions d'une concurrence saine, la réglementation administrative en matière économique et sociale est assouplie. Mais l'impact de ces mesures tarde à se faire sentir. Des mouvements sociaux spectaculaires, comme l'opposition des jeunes au projet de réforme de l'enseignement supérieur présenté à l'automne 1986 par le secrétaire d'État Alain Devaquet, fragilisent l'assise du Premier ministre. Dès l'hiver 1987, l'élan réformateur du gouvernement est brisé. La gestion au jour le jour prédomine.

Les alternances

En mai 1988, la campagne pour les élections présidentielles oppose plutôt deux hommes que deux projets antagonistes. Au second tour, profitant vraisemblablement de sa bonne image auprès de l'électorat centriste, François Mitterrand l'emporte sur Jacques Chirac, avec 54 p. 100 des suffrages. Mais, en juin, les élections législatives qui suivent la dissolution anticipée de l'Assemblée nationale ne dégagent aucune majorité franche. Le gouvernement dirigé par Michel Rocard doit passer des alliances, au coup par coup, sur chaque projet de loi.

Le parti socialiste de 1988 a changé et sa politique semble plus proche d'une social-démocratie à l'allemande que du grand élan réformateur teinté de marxisme qui prévalait en 1981. Au gouvernement de Michel Rocard (de 1988 à 1991) succède celui d'Édith Cresson (la première femme à Matignon, en 1991 et 1992) puis celui de Pierre Bérégovoy (1992 et 1993). Mais tous gèrent le pays avec le même pragmatisme rigoureux et le même réformisme prudent. Il en résulte une apparence d'immobilisme et une absence de grands desseins qui engendrent le mécontentement d'une partie de la gauche. En outre, la récession qui frappe le pays au début des années 1990 et l'ampleur du chômage nourrissent un malaise croissant dans l'opinion. Puisque l'expérience de 1986-1988 a prouvé, malgré certaines tensions, que la cohabitation était possible, rien n'interdit à un corps électoral de plus en plus volatil de réagir par un nouveau vote-sanction. En mars 1993, le scrutin des élections législatives confirme le déclin du parti communiste et le recul sensible d'un parti socialiste de plus en plus discrédité. Le R.P.R. et l'U.D.F. bénéficient d'une confortable majorité à l'Assemblée. Le gouvernement d'Édouard Balladur s'engage dans une seconde cohabitation.

Abandon et désolation d'une usine fermée. La restructuration de l'économie accentue la montée du chômage dans les zones d'industries anciennes et aliènent à la gauche une part non négligeable de son électorat traditionnel, parfois au profit du Front national. ▷

◁ **Chaîne** de montage robotisée aux usines Peugeot, à Sochaux. La guerre économique oblige les industriels à moderniser leurs installations pour conserver leurs parts de marché. La concurrence est âpre et les techniciens remplacent les « O.S. » peu qualifiés. 1993.

La crise des identités collectives

Lors de nombreuses consultations électorales, l'ampleur des taux d'abstention manifeste ce que l'on analyse comme un désintérêt des Français pour la vie publique, alors que, traditionnellement, voter est considéré comme un « devoir civique ». Le militantisme décline. L'image des hommes politiques souffre d'une dévalorisation diffuse, encore aggravée par de retentissantes « affaires » de corruption ou de financement illégal des partis. Cette désaffection répond sans doute à une dilution des repères traditionnels : un « brouillard idéologique » a succédé aux rigides affrontements droite-gauche du temps de la guerre froide. Mais l'apaisement des tensions partisanes (on parle de « consensus mou ») entraîne l'érosion des engagements. L'instabilité croissante du corps électoral témoigne d'une crise de confiance globale : le politique, soumis aux diktats de l'économie, ne paraît plus à même de proposer et de forger un destin collectif, si bien que les Français s'en détournent. Le référendum sur l'avenir de la Nouvelle-Calédonie, organisé en novembre 1988, rend visible cette lassitude : plus de 63 p. 100 des inscrits ne se déplacent pas pour voter.

Plus globalement, le sentiment d'appartenance à une collectivité s'affaiblit. Les identités religieuses s'estompent : la proportion des catholiques pratiquants dépasse à peine 10 p. 100 de la population – et, dans cette frange même, l'adhésion au catholicisme a le plus souvent cessé de guider les conduites et de dicter les choix personnels, en particulier dans le domaine de la sexualité. L'islam, devenue la deuxième religion en France, suscite parfois des réactions de peur ou d'hostilité. De la même manière, l'idée de classe sociale s'effrite : en 1987, seules 56 p. 100 des personnes interrogées estiment « appartenir à une classe sociale » clairement définie – contre 68 p. 100 en 1976. Malgré l'existence, et parfois l'aggravation, de disparités considérables entre les Français, les comportements sociaux et culturels se sont uniformisés, si bien que la population ne se reconnaît plus dans les

◁ **Manifestation** des infirmières. Les hôpitaux publics français manquent de personnel et celui-ci proteste contre des conditions de travail de plus en plus dégradées. Le malaise perdure, faute d'une vraie réforme hospitalière.
1988.

▽ **Les « tags »,** ou graffiti muraux, fleurissent sur les murs des banlieues, à l'imitation des villes américaines, et suscitent des réactions fort diverses. Certains y voient l'indice d'une « contre-culture » ; d'autres, le signal d'une révolte.
1990.

classifications sociologiques héritées du passé. Les jeunes générations, par exemple, manifestent des goûts similaires en matière d'habillement, de loisirs... L'érosion des points de repère individuels et collectifs engendre un vrai désarroi, qui se manifeste notamment, sur le plan politique, par l'émergence de votes protestataires. C'est ainsi que l'extrême droite populiste, incarnée par le Front national de Jean-Marie Le Pen, s'enracine durablement dans l'opinion. Lors des législatives de juin 1981, le F.N. avait recueilli moins de 0,2 p. 100 des suffrages. Trois ans plus tard, aux élections européennes, il rassemble près de 11 p. 100 des votants et plus de 14 p. 100 aux présidentielles de mai 1988 !

En réalité, les tensions n'ont nullement disparu, mais elles s'expriment sur des terrains nouveaux et selon des modalités inédites. Les grandes questions de société – les débats sur les libertés, la culture, l'école ou les mœurs – demeurent capables de mobiliser massivement les Français. Bien qu'affaiblis par leurs divisions internes, les mouvements écologistes (les Verts, Génération Écologie, etc.) rencontrent un certain écho dans la population. Le succès de S.O.S. Racisme et des Resto du cœur, fondés par Coluche en 1985, l'audience des Téléthons démontrent également que la France peut encore se passionner, mais pour des causes qui lui semblent hors du champ de ce que l'on dénonce alors comme la « politique politicienne ». L'heure est moins aux adhésions entières et définitives qu'aux « émotions », à la générosité « humanitaire », aux engagements « à la carte », comme en témoigne, sur un autre terrain, le recul du taux de syndicalisation qui chute d'environ 20 p. 100 au début des années 1980 à 11 p. 100 dix ans plus tard.

Les Français s'affirment à cet égard comme les enfants d'une culture de masse qui engendre dans le même temps une standardisation des comportements et un morcellement des identités. Confrontés à un présent difficile et à un avenir incertain, face à l'éclatement de plus en plus fréquent de la cellule familiale traditionnelle, perdant peu à peu confiance dans les structures institutionnelles et dans leur capacité à vaincre la crise, les Français tendent à privilégier le repli sur soi. Le mythe des « gagneurs » s'estompe et la préservation de la vie privée participe à une recherche diffuse de valeurs et de normes rassurantes. La définition d'un nouveau dynamisme et d'une nouvelle cohésion, sociale et culturelle, représente sûrement l'un des enjeux majeurs de cette fin de siècle. □

Michel Colucci, dit ▽ Coluche. Chansonnier et acteur, il mobilise également les énergies : son action caritative des Resto du cœur permet aux sans-abri de manger à leur faim. 1986.

Dans la plupart des pays occidentaux, les années 1980 marquent le recul du syndicalisme : en France, seuls 11 p. 100 des salariés sont syndiqués en 1990.

LA CRISE DU SYNDICALISME

De tous les pays membres de l'O.C.D.E., la France est celui qui compte le plus faible taux de syndicalisation. Elle le doit à quelques spécificités hexagonales. Tout d'abord, le paysage syndical français est morcelé : en plus des organisations spécialisées (comme le syndicat du Livre), pas moins de quatre fédérations à vocation généraliste (la C.G.T., la C.F.D.T., F.O. et la C.F.T.C.) se partagent les suffrages du monde du travail. En outre, et depuis leur naissance, les syndicats français défendent de véritables projets de société. L'évolution des comportements les fragilise donc au plus haut point : exposées à la crise de l'engagement politique et des identités collectives, confrontées à l'érosion du militantisme et du travail ouvrier, les centrales syndicales se heurtent à l'affirmation de « coordinations » qui regroupent des salariés partageant les mêmes revendications catégorielles.

LES GRANDS TRAVAUX DE PARIS

Souvent contestés et critiqués parce que coûteux, les « grands travaux du président » sont sans doute ce qui restera des deux septennats de François Mitterrand. Avant lui, tous les présidents de la Vᵉ République, aux pouvoirs presque régaliens, ont aussi laissé leur marque sur la capitale : Charles de Gaulle, pourtant peu porté sur les beaux-arts, se donne un prestigieux ministre de la Culture, André Malraux, qui ordonne le ravalement des monuments et immeubles de Paris. Georges Pompidou, grand amateur d'art contemporain, fait débuter sur le « plateau Beaubourg » la construction du célèbre Centre d'art contemporain qui portera son nom. À Valéry Giscard d'Estaing, Paris doit l'initiative du musée de l'Art du XIXᵉ siècle, dans l'ancienne gare d'Orsay, et celle de la Cité des sciences à la Villette. Mais c'est François Mitterrand qui, aidé de Jack Lang, ministre de la Culture, est à l'origine de la construction de monuments nouveaux : l'Opéra-Bastille, le Conservatoire national de musique à la Villette et surtout la Très Grande Bibliothèque de France rééquilibrent vers l'est la vie culturelle de la capitale. À l'ouest, l'Arche de la Défense célèbre le bicentenaire de la Révolution française et de la Déclaration des droits de l'homme et du citoyen. Mais la réalisation la plus célèbre reste le Grand Louvre, due à l'architecte Pei ; elle fut suivie par la rénovation du Muséum d'histoire naturelle.

△ **Le Centre** Pompidou a longtemps suscité de vives controverses. Surnommé « la raffinerie » par ceux que rebute son architecture, il est néanmoins un lieu d'expositions très fréquenté et apprécié.
1977. R. Piano et R. Rogers.

Le musée d'Orsay, ▷ installé dans une ancienne gare, est consacré à l'art français du XIXᵉ siècle dans toute sa diversité : peinture, sculpture, photographie, arts décoratifs...
1986. G. Aulenti et A.C.T.

◁ **Le Muséum** d'histoire naturelle. Après des années d'hibernation, les célèbres collections de Buffon, souvent uniques au monde, sont restaurées pour être de nouveau offertes à l'admiration du public.
1994. P. Chemetov et B. Huidobro.

△ **La pyramide** du Grand Louvre, au centre de la cour Napoléon. Le monument de Pei a ses admirateurs et ses détracteurs. En revanche, la réussite incontestable du musée reste sa consécration totale à l'art et à l'histoire : le déménagement du ministère des Finances, qui occupait l'aile nord, a beaucoup contribué au doublement des surfaces ouvertes au public.
1989. Pei.

La pyramide du ▷ Louvre abrite les escaliers aboutissant au hall souterrain d'accueil des visiteurs. Les travaux de rénovation du musée ont également permis de retrouver et de mettre en valeur des vestiges du Louvre de Charles V et du Paris médiéval.
1989. Pei.

◁ **L'Opéra**-Bastille est l'un des chantiers les plus controversés par son choix architectural et un coût bien supérieur au devis. Consacré à l'art lyrique, il laisse à l'Opéra Garnier les spectacles de danse.
1989. C. Ott.

LE RÉVEIL ISLAMIQUE

L'année 1979 est marquée par l'émergence d'une contestation islamique radicalisée. Au centre de cette flambée d'activisme, la révolution iranienne renverse une monarchie vieille de 2 500 ans et porte au premier plan une autorité religieuse propre au chiisme : l'ayatollah.

En Iran, d'immenses manifestations contestent régulièrement un régime monarchique autoritaire, tourné vers l'Occident, qui règne par la terreur et la brutalité. Le 16 janvier 1979, sous la pression de la rue, le chah Reza Pahlavi quitte l'Iran. En février, l'artisan et le symbole de cette révolution, l'ayatollah Khomeyni, rentre triomphalement à Téhéran après quinze ans d'exil.

Le rejet de l'Occident

Depuis le démantèlement de l'opposition laïque au début des années 1950, le clergé chiite s'est imposé comme la seule force capable de mobiliser les mécontents. L'ayatollah Khomeyni est l'un des plus hauts dignitaires de ce clergé. Installé dans la ville sainte de Qom, le « guide de la Révolution » galvanise la foule autour de ses mots d'ordre. L'Iran doit rompre avec les valeurs matérialistes occidentales et revenir à une société conforme aux règles de la *charia,* le droit islamique. Récusant les deux modèles idéologiques qui dominent le monde, le capitalisme et le socialisme, l'Iran montre aux pays musulmans l'exemple d'une troisième voie. Il est l'avant-garde de la révolution mondiale qui reconstituera l'*umma,* la communauté des croyants de

Funérailles de l'ayatollah Khomeyni à Téhéran. Ce religieux chiite, exilé en Europe, revient en Iran en 1979, prenant une revanche sur la dynastie de Reza Pahlavi. ▽
1989.

l'islam, destinée à être le fer de lance de la lutte du tiers-monde contre l'impérialisme et le colonialisme.

La mise en œuvre de cette idéologie se traduit par un revirement de la politique étrangère. Le régime rompt avec Israël et les pays arabes conservateurs (Arabie Saoudite, Égypte). Il soutient la cause palestinienne ainsi que les mouvements chiites qui se manifestent en Iraq, au Liban, en Afghanistan. Les pays occidentaux – et plus particulièrement la France et les États-Unis en raison de leurs liens avec le chah – sont qualifiés de « grands Satans ». L'Iran menace de représailles mais se défend de toute responsabilité dans les actions terroristes qui atteignent ces deux nations : prise en otage du personnel de l'ambassade américaine à Téhéran en 1979, envoi de commandos suicide en 1983 contre les contingents français et américains de la force multinationale stationnés à Beyrouth, enlèvements et séquestrations de ressortissants français au Liban, attentats à Paris en 1986...

UN ÉTAT RELIGIEUX

En mars 1979, la République islamique est proclamée. En décembre, avec 99,5 p. 100 de voix pour, mais environ 50 p. 100 d'abstentions, le pays adopte par référendum une constitution qui assure la suprématie du clergé chiite. La *velayat faghih*, la souveraineté du docteur de la loi, garantit à l'ayatollah Khomeyni des pouvoirs considérables. Contestée par d'autres ayatollahs, cette doctrine lui délègue un pouvoir temporel absolu : la direction de l'armée, le contrôle du pouvoir exécutif – ni le chef de l'État ni le chef de gouvernement ne peuvent agir sans son approbation – et la faculté de nommer les membres du conseil qui vérifie la conformité des lois avec la *charia*. En outre, l'Assemblée législative – élue au suffrage universel – est dominée par ses partisans. L'Iran devient ainsi une théocratie islamique.

Maître de l'Iran, Khomeyni instaure un « ordre moral » qui se fonde sur une lecture absolutiste de la loi coranique. Il rétablit, pour les femmes, le port obligatoire du voile, le *tchador*, que le chah avait aboli en 1935. La prostitution, les jeux de hasard, la consommation d'alcool et de stupéfiants sont sévèrement réprimés. La milice armée des *Pasdaran*, les gardiens de la révolution, quadrille le pays et élimine les opposants. Le parti communiste Tudeh, les Kurdes, les partisans d'un régime parlementaire, les défenseurs de la laïcité sont poursuivis. On estime à environ 200 000 le nombre des victimes de la répression entre 1979 et

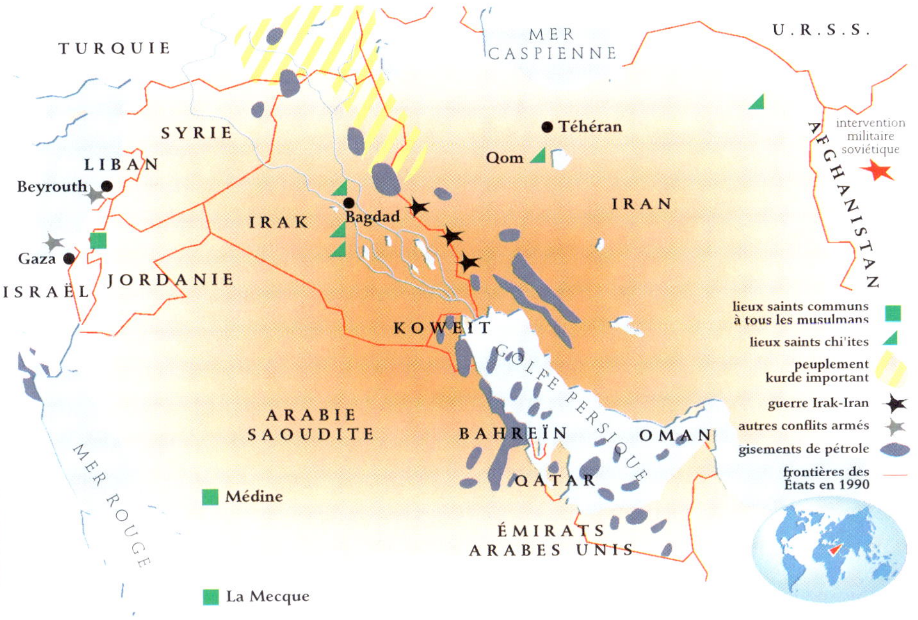

◁ **La prière** du vendredi. Régime théocratique, l'Iran de Khomeyni et de ses successeurs remet à l'honneur les pratiques musulmanes et la charia, manifestant ainsi son opposition à l'Occident « athée », qu'il soit communiste ou capitaliste.
1992.

Figure la plus marquante de la révolution iranienne, l'ayatollah Khomeyni devient pour le monde le symbole du fondamentalisme chiite.

RUHOLLAH KHOMEYNI

Né en 1902, Ruhollah Moussavi Khomeyni fait ses études de théologie à Qom, où il enseigne lui-même à partir de 1930. Hostile aux mesures de laïcisation prises par le chah et à la réforme agraire de 1962, il est arrêté en 1963. Exilé en Turquie puis en Iraq, il prône l'islamisation des affaires publiques et acquiert une grande audience grâce à la diffusion de cassettes engagées et à la publication de son manifeste, *Pour un gouvernement islamique*. En 1978, expulsé d'Iraq, Khomeyni s'installe en France, à Neauphle-le-Château, d'où il appelle ses compatriotes à renverser la monarchie. En février 1979, trois millions de personnes acclament son retour dans les rues de Téhéran. « Guide de la Révolution », il reste le chef politique et religieux de l'Iran jusqu'à sa mort, le 3 juin 1989. L'imam Ali Khamenei lui succède.

1983. Au sein du pouvoir, les rivalités entre radicaux et modérés conduisent à des éliminations brutales. Bani Sadr, qui avait été élu président de la République en janvier 1980 avec 75 p. 100 des suffrages, est destitué en juin 1981 et contraint à l'exil. Son successeur, Ali Radjai, et le Premier ministre, Mohamad Bohonai, meurent l'année suivante dans un attentat. L'ayatollah Montazeri, considéré un temps comme le dauphin de Khomeyni, tombe en disgrâce en 1986. Ses partisans sont emprisonnés et exécutés. Mais la violence des affrontements entre clans rivaux ne remet pas en cause l'unanimité populaire autour de l'ayatollah Khomeyni, le seul véritable pilier du régime. Lorsque ce dernier meurt le 3 juin 1989 à 87 ans, ses obsèques se déroulent au milieu d'une véritable marée humaine : dans la foule hystérique, on relève huit morts et plus de cinq cents blessés.

L'isolement de l'Iran

Quant à la politique étrangère des premières années, elle se solde par un échec. L'Iraq, laïque et panarabe, déclenche contre son voisin une guerre longue et meurtrière, de 1980 à 1988. Dans le monde arabe, la révolution iranienne rencontre peu d'écho, les musulmans restant majoritairement acquis au sunnisme. Le *jihad,* la guerre sainte islamiste, en utilisant le terrorisme dans le monde, isole le pays sur la scène internationale. D'autant que des commandos n'hésitent pas à intervenir à l'étranger contre des personnalités iraniennes : l'ancien Premier ministre Chahpur Bakhtiyar sera assassiné en 1991 à Suresnes. En 1989, Khomeyni, qui souhaite affirmer son autorité spirituelle sur la communauté musulmane mondiale, prononce une *fatwa,* un jugement religieux. Il condamne à mort Salman Rushdie, l'auteur britannique d'origine indienne des *Versets sataniques,* jugé coupable d'apostasie, et promet la gloire à tout croyant qui exécutera la sentence. Les pays européens rappellent leurs ambassadeurs, mais l'Iran maintient la *fatwa,* qui reste encore en vigueur à ce jour. Après la mort de Khomeyni, l'essentiel des activités terroristes prend

Femmes voilées ▽ devant une peinture murale anti-américaine. Les contrevenantes au voile ou à la séparation des sexes dans les lieux publics sont passibles de sévères punitions.

Les femmes enrégimentées et armées de fusils Kalachnikov participent à des manifestations officielles, brandissant les portraits des « martyrs » morts pendant la guerre contre l'Iraq. ▷

Contrairement à l'islam sunnite, le chiisme repose sur un clergé hiérarchisé, au sommet duquel se trouve l'*imam,* le guide, chef spirituel et temporel de la communauté.

LA HIÉRARCHIE DU CLERGÉ CHIITE

Dans l'islam chiite, le titre d'imam, reconnaissance suprême, a d'abord été réservé aux descendants d'Ali, le premier imam, et de Fatima, la fille du Prophète. Cependant, en 1979, il a été donné à Khomeyni, puis à Ali Khamenei. Dépositaires du sens secret de la révélation coranique, les imams sont les successeurs légitimes du Prophète. Le titre honorifique d'*ayatollah,* le plus élevé de la hiérarchie cléricale, s'acquiert dans une université religieuse. Les docteurs de la loi les plus compétents, les *mujtahid* (« sources d'imitation »), exercent une influence considérable : c'est à leurs interprétations que le fidèle doit se référer pour tout ce qui concerne sa conduite. Quant au titre de *mollah,* il désigne un homme formé dans une école religieuse, quel que soit son rang hiérarchique. Dans la pratique, le terme désigne les membres du bas clergé.

fin. Durant la guerre du Golfe, en 1990, la modération du président Rafsandjani permet au pays de normaliser ses relations avec l'Iraq et l'Arabie Saoudite, et d'accélérer son rapprochement avec les pays occidentaux.

La révolution iranienne est l'un des événements majeurs de ce siècle, voire même, pour certains, « le phénomène politique le plus important depuis la révolution russe de 1917 » : pour la première fois, en effet, le renouveau islamique en germe depuis le XIXe siècle prend une dimension mondiale et bouleverse la géopolitique. Les mouvements de réislamisation apparus au milieu des années 70 s'inspirent d'abord du modèle iranien de conquête du pouvoir, mais ils sont voués à l'échec. Aujourd'hui, ces groupes, comme le F.I.S. en Algérie, privilégient une approche « par la base », quadrillant l'espace social avant d'investir la scène politique. □

Tout sépare l'Iran perse, chiite et fondamentaliste de Khomeyni, de l'Iraq arabe, laïque et moderniste, dirigé par Saddam Husayn.

LA GUERRE IRAN-IRAQ

L'Iran souhaite étendre sa révolution vers la péninsule arabe et soutient l'importante minorité chiite irakienne ; l'Iraq veut se poser en champion du monde arabe et en rempart contre l'intégrisme. Un vieux litige territorial, qui semblait réglé depuis 1975, sert de prétexte. Privés de débouchés maritimes, les Irakiens exigent le contrôle du Chatt al-Arab, le cours d'eau qui sépare les deux nations. Pour les Iraniens, la frontière doit être établie au milieu du fleuve. Après des accrochages, l'Iraq déclenche le conflit en 1980. Succès et revers alternent dans les deux camps. Le front se stabilise en 1982, mais la violence des combats, le recours aux armes chimiques et l'attaque des installations pétrolières transforment l'affrontement en guerre totale. L'épuisement conduit les belligérants à accepter, en août 1988, un cessez-le-feu. En huit ans, la guerre a causé 1,2 million de morts.

◁ **Fantassin** iranien armé d'un RPG 7 (lance-roquettes antichar soviétique). Des décisions stratégiques contestables causent à l'Iran d'énormes pertes humaines, mais les troupes sont animées d'une grande ferveur religieuse et patriotique.
1987.

L'EFFONDREMENT DU COMMUNISME

Entre 1985 et 1989, Mikhaïl Gorbatchev tente de restaurer l'économie socialiste. Déstabilisés par une remise en cause radicale de leurs fondements, les pays de l'Est voient s'effondrer le communisme.

Mikhaïl Gorbatchev n'est âgé que de 54 ans quand il succède, à la tête du parti communiste de l'Union soviétique, à trois vieillards : Leonid Brejnev (1964-1982), Youri Andropov (1982-1984) et Constantin Tchernenko (1984-1985). Il engage aussitôt l'U.R.S.S. dans une politique de réformes qui, au premier abord, n'apparaît pas très neuve car, depuis Khrouchtchev, d'autres dirigeants avaient eu les mêmes velléités. Mais cette fois l'U.R.S.S. est entraînée sur la voie de changements radicaux, qui conduisent en quelques années à la disparition du communisme soviétique en Europe et en U.R.S.S.

Un pays en crise

En 1985, l'U.R.S.S. semble encore une superpuissance. Mais, dès son arrivée, Gorbatchev dénonce le coût exorbitant de cette position : pour maintenir

◁ **Manifestation** nationaliste à Tbilissi, en Géorgie. Profitant de la chute du communisme, les ex-républiques soviétiques proclament leur indépendance et rompent avec Moscou.
1991.

la pression sur le bloc de l'Est et assurer son influence sur le tiers-monde, l'U.R.S.S. doit entretenir une armée de 4 millions d'hommes, dont 600 000 hors du territoire national ; la course aux armements, l'aide économique et militaire aux « pays frères » (Cuba, Viêt-nam), l'intervention en Afghanistan absorbent près de 20 p. 100 du P.N.B. annuel et détériorent les relations avec les États-Unis et la Chine. En fait, l'U.R.S.S. se montre incapable de relever le défi que représente le projet américain de « guerre des étoiles ». La sous-compétitivité, le retard technologique, le gaspillage, la corruption font baisser la production et stagner les taux de croissance. Seconde puissance industrielle mondiale, le pays doit importer des céréales et des biens de consommation pour limiter la pénurie. La « patrie des travailleurs » est privée de liberté, dominée par une nouvelle bourgeoisie, la *nomenklatura*. L'immobilisme est favorisé par la gérontocratie et le népotisme, qui renforcent le conservatisme des structures en place : armée, parti, KGB, etc. Conscient de la gravité de la situation, Gorbatchev propose une réforme des mentalités et des structures administratives et économiques dont les maîtres mots sont *perestroïka* (restructuration), *glasnost* (transparence) et *democratisatsia* (démocratisation).

LA *PERESTROÏKA*

La priorité est de remettre sur pied l'économie et d'intensifier la croissance. Gorbatchev combat l'alcoolisme, encourage l'autogestion dans les entreprises d'État, autorise les coopératives et les activités privées dans l'artisanat, le commerce, l'agriculture. Il bénéficie pour cela de l'appui des dissidents, qu'il amnistie, de même qu'il fait réhabiliter les victimes du stalinisme. Le 26 mars 1989, les premières élections relativement libres depuis 1917 font entrer au Parlement des députés réformateurs très

Boris Eltsine et ▽ Mikhaïl Gorbatchev. Le premier succède au second grâce à sa soudaine popularité, acquise lors du coup d'État manqué de 1991. Pour la Russie commence une nouvelle ère troublée.
1990.

Queue devant un ▽ magasin de jouets, à Moscou : la pénurie fait toujours partie de la vie quotidienne. Lassés par soixante-dix ans de propagande, les Russes aspirent à de meilleures conditions d'existence.

L'« enfant terrible de la perestroïka » est un pur produit de la nomenklatura et un protégé de Mikhaïl Gorbatchev.

BORIS NIKOLAÏEVITCH ELTSINE

Issu d'une famille paysanne, Boris Eltsine est né le 1er février 1931 près de Sverdlovsk (aujourd'hui Iekaterinbourg) dans l'Oural. Membre du P.C. à partir de 1961, il fait carrière dans le secteur de la construction. Son ascension rapide dans l'appareil du parti est encore accélérée par Mikhaïl Gorbatchev : en 1978, il est membre suppléant du bureau politique puis premier secrétaire du parti à Moscou. Évincé de ses responsabilités fin 1987 à la suite de ses attaques contre la nomenklatura, Boris Eltsine cherche une légitimité « démocratique » : élu triomphalement au Congrès des députés du peuple en mars 1989, il devient président du Parlement de Russie en mai 1990. Démissionnaire du P.C. en juillet 1990, il est élu président de la Russie en juin 1991. Longtemps considéré à l'étranger comme un démagogue populiste trop porté sur la boisson, Boris Eltsine rassemble en Russie les démocrates déçus par Gorbatchev.

critiques à l'égard du parti communiste. Pour réussir son pari, Gorbatchev cherche donc des appuis extérieurs, justifiant sa politique d'ouverture par la fin de la course aux armements. Il multiplie les voyages à l'étranger, accepte le dialogue avec le pape Jean-Paul II et met fin à la présence soviétique en Afghanistan.

L'ouverture du rideau de fer

Durant la *perestroïka,* les pays satellites restent alignés sur l'U.R.S.S. comme ils l'étaient sous Brejnev : tous doivent se résoudre à la libéralisation prônée par Gorbatchev. Celui-ci a du mal à convaincre les dirigeants de la Bulgarie et de la R.D.A., mais il est très vite dépassé par les réformes entreprises dans les pays hostiles au « grand frère » soviétique. En Hongrie, en Pologne, la sortie du communisme s'amorce dès février 1989, par un processus naturel de libéralisation. En Tchécoslovaquie, le dramaturge dissident Vaclav Havel prend la tête de la « Révolution de velours », qui retire tout pouvoir au parti communiste. En R.D.A., des manifestations de masse poussent Erich Honecker à la démission en octobre 1989 ; l'année suivante R.D.A. et

L'idole déboulonnée. ▽
En Russie et dans les ex-« pays frères » (ici, à Bucarest), les statues de Lénine sont envoyées au pilon, tandis que les « apparatchiks » du régime se muent en capitalistes avisés.
1990.

Très différents à tous points de vue de leurs voisins slaves, les peuples baltes ont pourtant souvent subi leur domination.

LES PAYS BALTES

Rattachés à la Russie au XVIIIe siècle, les trois États baltes, la Lituanie, la Lettonie et l'Estonie tombent sous la domination russe en 1918. Indépendants en 1920, ils sont de nouveau annexés par l'U.R.S.S. en 1940. Les mesures de russification de la population imposées par Staline n'entament pas l'esprit national. Profitant de la *glasnost,* les manifestations nationalistes se multiplient à partir de 1986 et en 1988 des fronts nationaux se constituent. Au printemps 1990, les États baltes font figure de pionniers en proclamant leur indépendance. Malgré le blocus économique de la Lituanie (avril-juin 1990), l'intervention militaire soviétique à Riga et à Vilnius (début 1991), les trois États accèdent à l'indépendance le 21 août 1991.

Foule en liesse à Riga, ▽
le 4 mai 1990. Après un demi-siècle de domination soviétique, la Lettonie recouvre sa souveraineté. Mais une très forte minorité russe subsiste.
1990.

R.F.A. seront réunifiées. Dans l'Europe balkanique, le processus révolutionnaire est plus tardif et violent. Le 25 décembre, le dirigeant roumain Nicolae Ceaucescu est exécuté après une parodie de procès, mais les dirigeants du parti conservent en sous-main leur autorité.

La fin de l'U.R.S.S.

Très populaire à l'étranger – il reçoit en 1990 le prix Nobel de la paix –, Gorbatchev est de plus en plus contesté dans son propre pays où la *perestroïka* se transforme en révolution venue de la base. Les réformes économiques ont échoué, la production est désorganisée, les conditions de vie se sont dégradées ; en juillet 1989, les grèves des mineurs d'Ukraine et de Sibérie témoignent de l'ampleur du mécontentement. La *glasnost* démythifie tout le système, l'opinion est écartelée entre l'opposition conservatrice et les partisans de réformes radicales. Le rôle dirigeant du parti est abandonné en 1990 ; Gorbatchev, élu président de l'U.R.S.S., est déstabilisé par la tentative de coup d'État des conservateurs en août 1991. Dans le même temps, le pouvoir est confronté au réveil des nationalités, qui commence dans les pays Baltes et se poursuit dans de sanglants affrontements interethniques attisés par le renouveau de l'islam dans les républiques du Caucase et d'Asie centrale. Fin 1991, l'U.R.S.S. cède la place à la C.E.I. (Communauté d'États indépendants), à laquelle s'associeront la plupart des ex-républiques soviétiques, et où la Russie prédomine. Mikhaïl Gorbatchev démissionne alors pour laisser la place à son principal opposant, Boris Eltsine.

La vraie fin de la guerre froide

En décembre 1989, le sommet de Malte marque la fin de l'affrontement Est-Ouest, célébré avec éclat par le deuxième sommet de la Conférence pour la sécurité et la coopération en Europe, à Paris, en 1990. Le Comecon et le Pacte de Varsovie sont dissous en 1991, et l'U.R.S.S. cesse de soutenir ses alliés traditionnels : le Viêt-nam, qui doit quitter le Cambodge, le Nicaragua où le régime sandiniste s'est effondré en 1989, et l'Angola, évacué par les soldats cubains. Mais de nouveaux conflits éclatent, qui échappent au contrôle exercé autrefois par les deux Grands. Les pays de l'Est rencontrent des problèmes comparables à ceux de l'ex-U.R.S.S. : nationalismes, problèmes des minorités, économies désorganisées, sociétés en désarroi. La situation la plus dramatique est celle de l'ex-Yougoslavie, menacée de dislocation depuis la mort de Tito, où les Serbes ont entrepris depuis 1991 une « purification ethnique » à l'encontre des Bosniaques. Enfin, les accords sur le désarmement ne jouent vraiment qu'entre pays industrialisés tandis que les armes non conventionnelles prolifèrent dans le tiers-monde. □

◁ **Vaclav Havel,** écrivain et ancien animateur de la Charte 77, devient président de la Tchécoslovaquie ex-communiste, mais ne peut empêcher la partition de cette république fédérale.
1989.

Les brassages de population ont multiplié les zones revendiquées par plusieurs nationalités, dans un climat de violence.

CONFLIT INTERETHNIQUE AU HAUT-KARABAKH

La *perestroïka* réveille à partir de 1988 la querelle qui oppose les Arméniens chrétiens aux Azéris musulmans chiites sur le statut du Haut-Karabakh. Cette région autonome de 4 400 km², rattachée depuis 1923 à la république d'Azerbaïdjan, est peuplée à 80 p. 100 d'Arméniens qui aspirent à rejoindre la république d'Arménie. En février 1988, à Erevan, des manifestations exigent la restitution de ce territoire considéré comme historiquement arménien. Les violences interethniques provoquent d'importants flux de réfugiés. Moscou, soucieuse d'éviter une remise en cause des frontières internes de l'Union, perd le contrôle de ce conflit qui dégénère à partir de 1992 en une véritable guerre d'usure. Ce premier conflit a été suivi par de nombreux affrontements causés par l'imbrication des peuples caucasiens : Abkhazes contre Géorgiens, Ingouches contre Ossètes, Tchétchènes contre Russes...

LE MUR DE BERLIN

Le 8 novembre 1989, quand les manifestants de Berlin-Est attaquent à coups de pioche le béton du mur de Berlin et y ouvrent la première brèche sous les acclamations des adolescents de l'Ouest, le monde sait que la guerre froide s'achève. Berlin, divisée en deux secteurs par les accords de Potsdam (août 1945), a failli être la cause d'une troisième guerre mondiale au moment de la crise de 1948-1949. En pleine détente, l'édification brutale du mur (nuit du 13 août 1961) témoigna de la volonté de Khrouchtchev de garder en son pouvoir la R.D.A. C'est qu'il suffisait aux opposants au communisme de prendre le métro pour se retrouver à l'Ouest, causant une hémorragie de « cerveaux » moralement et économiquement insupportable. Cordon sanitaire destiné à préserver les pays de l'Est, il est le « mur de la honte » pour les Occidentaux, et surtout pour les habitant de Berlin-Ouest, enclavés en pays communiste. À l'Est, les « vopos » (*Volkspolizei,* police du peuple) tirent sur les candidats à l'évasion que n'ont pas découragés les rouleaux de barbelés, les clôtures électrifiées et les chiens policiers. Certains parviendront pourtant à déjouer la surveillance et à franchir le mur, en creusant des tunnels, ou même en ballon. À l'Ouest, une jeunesse de plus en plus contestataire s'exprime à coup de slogans, de graffiti et de dessins sur un mur dont les couleurs contrastent avec le gris sinistre de l'Est.

▽ **Des « vopos »** sans armes, juchés sur le « mur de la honte », regardent la foule venue de Berlin-Ouest. Moins d'une journée plus tard, sous la pression bon enfant des Berlinois, l'Allemagne sera réunifiée de facto. 1989.

△ **Le mur** de Berlin tombe sous la poussée des badauds. Couvert de graffiti du côté occidental, il était « protégé » à l'est par des chicanes, des barbelés, des miradors et les « vopos ». S'en approcher était risqué, le franchir par surprise restait un exploit surhumain. 1989.

◁ **Encouragée** par la population, cette Berlinoise s'attaque au « mur de la honte ». La chute de ce symbole de la terreur policière s'effectue sans violence ni ressentiment à l'égard des personnes.
1989.

▽ **L'humour** reste la meilleure arme contre l'arbitraire borné : « Je suis un Berlinois », dit cet extraterrestre, à l'instar du président Kennedy. Certaines fresques seront vendues aux enchères, atteignant des prix... astronomiques.
1989.

◁ **La famille** Leiternitz, venue d'Allemagne orientale, regarde avec émerveillement les magasins de la partie occidentale. Le chancelier Kohl impose une mesure psychologique coûteuse mais habile : la parité égale du mark-est avec le Deutsche Mark.
1989.

◁ **Une Allemagne** réunie, grande et libre. La volonté populaire et le flair politique d'Helmut Kohl ont mis fin à l'ultime séquelle de la Seconde Guerre mondiale. Mais la reconstruction économique est délicate.
1990.

Campagne électorale de Corazón Aquino aux Philippines.
1986.

PHILIPPINES

Une présidente nommée Cory

■ Les robes jaunes, le sourire et les lunettes de Corazón Aquino entrent dans l'histoire en 1986. Elle est la veuve de Benigno Aquino, un leader de l'opposition au président Marcos, assassiné à son retour d'exil, le 21 août 1983. Les deux millions de personnes qui avaient suivi ses funérailles avaient crié au monde entier leur haine de cette dictature. Malgré les élections truquées de février 1986, Marcos est contraint à l'exil. Mais, pour faire triompher la démocratie et sortir le pays du sous-développement, Cory Aquino devra affronter une agitation endémique, l'opposition communiste, les prises d'otages, les rébellions et les tentatives de coup d'État. □

CHINE POPULAIRE

La cinquième modernisation

■ En Chine, les idées occidentales progressent. Au printemps 1989, étudiants et intellectuels se réunissent sur la place Tian'anmen de Pékin pour demander la démocratie. Ils mettent tous leurs espoirs dans l'accélération des événements en U.R.S.S. et comptent sur la présence de journalistes occidentaux acquis à leurs idées. Pendant la visite de Gorbatchev à Pékin, ils demandent la démission de Deng Xiaoping, un des vieillards qui gouvernent la Chine : le 4 juin, au petit matin, les chars de l'armée, longtemps bloqués par la foule dans la banlieue de Pékin, pénètrent sur la place Tian'anmen et écrasent la rébellion, faisant probablement plusieurs milliers de morts. □

UNION INDIENNE

Assassinats et fanatisme

■ En 1989, le Premier ministre indien Rajiv Gandhi, compromis dans une affaire de pots-de-vin, doit démissionner. Il venait de faire exécuter deux des assassins de sa mère Indira. Fille du pandit Nehru, elle avait été Premier ministre de 1966 à 1984, date de sa mort, à l'exception d'une courte interruption entre 1977 et 1980. Cette même année, elle avait été la cible d'un attentat manqué, ce qui l'avait amenée à confier sa sécurité à des gardes sikhs, dont le courage est réputé en Inde. Mais l'intervention de l'armée contre le Temple d'or d'Amritsar, principal sanctuaire des sikhs, a aliéné à Indira Gandhi la sympathie de cette communauté, et, le 31 octobre 1984, elle est tombée sous les coups de ses propres gardes. Rajiv Gandhi mourra à son tour à cause de la révolte d'une minorité : le 21 mai 1991, il sera victime d'une bombe posée par les Tigres de libération de l'État tamoul. □

BELGIQUE

Le football et la mort

■ Au stade du Heysel, près de Bruxelles, les forces de l'ordre n'ont pas bien pris la mesure du fanatisme des supporters britanniques, ivres de chauvinisme et de bière. Alors que, en Grande-Bretagne, on prend bien soin de séparer les supporters des clubs adverses, la police belge, le 29 mai 1985, a laissé les hooligans, partisans de Liverpool, entrer en contact avec les Italiens venus soutenir la Juventus de Turin pour la finale de la Coupe d'Europe. L'affrontement fait 39 morts, dont 26 Italiens, la plupart par étouffement, car les supporters britanniques écrasent sciemment leurs « adversaires » contre le mur du stade. Six des victimes ne seront jamais identifiées. Le mois suivant, la Fédération européenne des associations de football suspend pour une durée indéterminée toute participation britannique à des rencontres internationales. Mais la leçon ne porte guère : en 1988, lors d'un match Angleterre-Écosse, à Wembley, les affrontements entre spectateurs font un mort et 90 blessés. □

Rajiv Gandhi aux obsèques de sa mère Indira Gandhi.
1984.

ARABIE SAOUDITE

Les lieux saints

■ Une des forces de la dynastie saoudite est son rôle de « gardien des lieux saints de l'islam », les villes de Médine et de La Mecque. L'afflux des pèlerins venus pour le pèlerinage, le *hadj*, apporte aux wahhabites sunnites de Ryad prestige et devises. Mais, le 31 juillet 1987, des affrontements entre des pèlerins iraniens chiites et la police font au moins 400 morts dans la foule qui fait le tour de la Ka'ba, la gigantesque « pierre noire ». Cependant, il est difficile d'en savoir plus, car l'accès des villes saintes est strictement interdit aux Occidentaux et, a fortiori, aux journalistes. □

ALLEMAGNE FÉDÉRALE

Tête de Turc

■ Pour comprendre « de l'intérieur » la condition des travailleurs immigrés, le journaliste allemand Gunther Wallraff se transforme en travailleur turc. Le cheveu brun, la peau basanée, il partage les logements précaires et les travaux pénibles dévolus aux Turcs, la communauté immigrée la plus nombreuse de la R.F.A. Ayant mis en cause les conditions de travail dans les aciéries du groupe Thyssen, il est attaqué en justice par cette firme et perd son procès. Plus grave : il souffrira longtemps des troubles neurologiques causés par son changement de personnalité. □

1990 - 1995

Malgré la fin de l'antagonisme Est-Ouest, le monde n'a pas trouvé son équilibre. Peut-on encore espérer l'avènement d'un nouvel ordre économique mondial ? Si quelques États, riches de pétrole ou d'une main-d'œuvre laborieuse, rejoignent le peloton des plus riches, nombreux sont les pays qui, en Afrique surtout, s'enfoncent dans le sous-développement. La misère des « pays les moins avancés » contraste avec la richesse des « pays du Nord », où une population vieillissante profite de tous les progrès, mais où vingt ans de récession ont accentué les contrastes entre nantis et exclus. L'espoir de voir une ère de paix succéder à la guerre froide a été déçu lui aussi : conflits frontaliers, guerres civiles et insurrections se déchaînent depuis que les deux Grands ont cessé de jouer les gendarmes du monde. Seules les organisations non gouvernementales permettent de croire en des solutions qui ne soient pas uniquement individuelles.

La Terre, vue par le satellite Écho 1.

DES PROBLÈMES MONDIAUX

À la fin du XXe siècle, les stratégies politiques et économiques des États se décident à l'échelle planétaire. Mais si cette mondialisation fait peser de nouvelles menaces sur l'ensemble de la Terre, les nations tentent d'y apporter en commun des réponses globales.

À L'AUBE DE L'AN 2000, la planète a connu deux conflits mondiaux et subi la politique « du bord du gouffre » de la guerre froide. Parallèlement, les échanges, en se libéralisant, sont devenus internationaux et les économies s'avèrent de plus en plus dépendantes les unes des autres. Dès lors, de nouveaux problèmes surgissent, qui ignorent les frontières. Parmi les plus préoccupants et les plus lourds de conséquences : l'état de la démographie mondiale.

UNE DÉMOGRAPHIE GALOPANTE ET DÉSÉQUILIBRÉE

Évaluée à 252 millions dans les premières années du christianisme, la population mondiale ne compte, en 1900, que 1,6 milliard d'individus. En 1950, elle atteint 2,5 milliards. À peine quarante ans plus tard, elle a doublé : en 1990, on estime que 5 milliards d'êtres humains peuplent la planète. Les chiffres révèlent une croissance exponentielle depuis le début du XXe siècle, si bien que les statistiques semblent montrer qu'à l'horizon 2025 la Terre comptera entre 7 et 8 milliards d'habitants. Cette augmentation est due à la conjonction de trois facteurs. Dans les pays développés, les progrès de la médecine abaissent le taux de

◁ **« Marée noire »** en Alaska. L'exploitation massive du pétrole a pour corollaire des risques accrus de pollution. Les progrès techniques permettent néanmoins de lutter contre ces fléaux écologiques devenus, hélas, classiques.
1989.

Un Russe victime ▷ de la catastrophe nucléaire de Tchernobyl. Les infrastructures vantées par le communisme soviétique ont mal vieilli, faute d'un entretien adéquat ; les systèmes de sécurité révèlent de graves lacunes.
1987.

mortalité. En même temps, dans le tiers-monde, la natalité augmente. Et partout, l'usage des engrais chimiques accroît considérablement les rendements agricoles, permettant de faire reculer les problèmes de nutrition.

Cependant, l'inégalité géographique des évolutions démographiques pose un problème crucial. Au milieu des années 90, un tiers de la population mondiale a moins de quinze ans. Mais ce sont principalement les nations sous-développées qui assurent cette croissance. Dans certains pays industrialisés (en Europe, en particulier), le renouvellement des générations n'est plus totalement assuré – ce qui pénalise lourdement la vitalité économique de ces États et érode leur influence politique dans les affaires du monde. Pourtant, ces nations, qui ne rassemblent qu'un peu plus d'un milliard d'individus, continuent d'accaparer 80 p. 100 de la richesse mondiale et d'être les principaux bénéficiaires des progrès et des innovations.

Cette inégalité est extrêmement sensible dans le domaine de la santé. Ainsi, deux cents millions d'Africains souffrent du paludisme et un million d'enfants en meurent chaque année. Avec neuf millions d'hommes et de femmes atteints par le virus du sida, c'est encore l'Afrique qui a le triste privilège de totaliser les deux tiers des cas recensés dans le monde.

L'aide internationale au développement

Face à ces déséquilibres, l'O.N.U. organise à Bucarest, en 1974, la première conférence mondiale sur la population. Ce sommet montre clairement l'opposition de deux thèses. Pour les pays industrialisés, la trop forte croissance démographique du tiers-monde est la cause du sous-développement. Pour le tiers-monde, en revanche, le véritable problème est le développement, et non le peuplement – et il est vrai qu'en Inde c'est la forte poussée démographique qui a assuré le succès de la « révolution verte ». Un consensus se dégage : politiques démographique et économique doivent aller de pair.

Créés en 1944, le Fonds monétaire international et la Banque mondiale

En 1986, la première catastrophe nucléaire de l'histoire rappelle que la radioactivité se joue des frontières.

TCHERNOBYL

Située en Ukraine, à 130 km de Kiev, la centrale nucléaire de Tchernobyl connaît le 25 avril 1986 un grave problème dans le circuit de refroidissement de l'un de ses réacteurs. Le lendemain, une explosion suivie d'un incendie se produit dans le réacteur, dispersant hors du cœur de celui-ci des débris et des gaz radioactifs. L'énergie dégagée est évaluée à 1 milliard de joules, soit l'équivalent de 250 kilogrammes de T.N.T. Ce n'est que le 28 avril que les autorités soviétiques confirment la réalité de l'explosion, qui a été détectée par des experts suédois. Un nuage radioactif touche l'Europe occidentale dans les jours qui suivent. Mais c'est aux abords de la centrale de Tchernobyl, puis en Ukraine et en Biélorussie, que l'on dénombre des victimes : officiellement 31 morts. Dix ans plus tard, ce chiffre est évalué à 90 000 et on recense 700 000 irradiés, sans parler de nombreuses malformations génétiques dont sont atteints certains enfants.

▽ **Conséquences** fâcheuses d'une déforestation anarchique à Madagascar : autrefois retenues par les arbres, les coulées de boue dévastent tout sur leur passage. L'érosion et l'appauvrissement des sols traduisent la faillite d'un dogme : celui de l'homme dominateur de la nature.
1989.

vont, au cours des années 80, intervenir de plus en plus fréquemment dans les plans de redressement économique que mettent en œuvre les pays en voie de développement. Mais l'assainissement des finances publiques qu'imposent ces deux institutions pour accorder un prêt ou le rééchelonnement de la dette extérieure exige que les pays bénéficiaires consentent d'importants sacrifices, notamment en matière de politique sociale. Les conditions, souvent drastiques et vivement critiquées, de cette aide semblent donc engendrer parfois une aggravation des conditions de vie des populations les plus défavorisées.

Démographie et environnement

L'augmentation de la population mondiale a, en outre, des incidences importantes sur l'environnement. Même si l'on admet généralement qu'en l'état actuel des techniques agricoles la Terre peut nourrir au moins 10 milliards d'individus, l'épuisement des ressources naturelles s'accélère, et on estime que la pression sur l'environnement devrait s'accroître de 50 p. 100 d'ici 2025. Mais le problème est déjà préoccupant aujourd'hui. Depuis la révolution industrielle, la teneur en gaz carbonique de l'atmosphère a augmenté de plus de la moitié. Et, selon certains scientifiques, cet excédent de gaz carbonique serait responsable d'un « effet de serre » qui, en provoquant un réchauffement du globe, entraînerait la fonte des glaciers et, par conséquent, une hausse du niveau des mers. Or, la pollution atmosphérique ne cesse de s'amplifier à mesure que s'intensifie l'urbanisation. Au début de l'ère industrielle, 3 p. 100 seulement de la population mondiale est citadine. En 1900, ce taux atteint 13 p. 100 et, en l'an 2000, trois milliards d'individus – soit près de la moitié de la population du globe – résideront dans des zones urbaines.

Avec la généralisation des avions à réaction au cours des années 60, le transport aérien mondial a pris une ampleur considérable.

LE TRANSPORT AÉRIEN MONDIAL

On estime que le trafic mondial de passagers a doublé tous les dix ans depuis 1960. La mise en service à partir des années 70 d'avions à grande capacité (200 à 400 passagers) pour répondre à l'afflux de la demande s'est traduite par une baisse majeure du prix du billet, et même par une « guerre des tarifs », encore accentuée – en particulier aux États-Unis – par la déréglementation, au cours des années 80. En 1990, plus d'un milliard de passagers ont emprunté un vol régulier. Le transport de fret connaît une évolution encore plus importante. Tout cela permet un développement sans précédent des échanges mondiaux. D'abord réservé à un petit nombre, ce moyen de transport s'est très largement démocratisé, mais ce phénomène s'accompagne aussi d'un engorgement des grands aéroports internationaux, qui pose des problèmes de ponctualité et – plus grave – de sécurité.

▽ **Le détournement** d'un Airbus d'Air France, en décembre 1994. Cette forme de piratage, utilisée par les partisans castristes ou palestiniens des années 60 et 70, est reprise par le terrorisme islamique. Mais les États ont appris à se protéger : le G.I.G.N. neutralise le commando et libère les otages.
1994.

Gangs urbains et multinationales du crime

Le déséquilibre géographique qui s'installe au profit des villes entraîne en outre d'importants problèmes de cohabitation interethnique et de coexistence entre nantis et exclus. Confronté à des fractures sociales de plus en plus apparentes et auxquelles il ne parvient pas à remédier, l'État perd peu à peu son autorité. Inversement, les « gangs » (groupes violents et illégaux constitués à l'échelle d'un quartier) s'imposent comme un nouveau pouvoir. C'est un cocktail de ce type (exclusion, carence étatique, bandes organisées) qui explose en avril et mai 1992, à Los Angeles. Après les émeutes qui s'étendent à la mégalopole et où les gangs n'ont joué qu'un rôle de déclencheur, on dénombre 58 morts et 2 400 blessés.

Le développement de la violence urbaine et son corrélat, l'affaiblissement des autorités, ne sont pas étrangers au renforcement des mafias. Ces sociétés secrètes, hyperhiérarchisées et cloisonnées, sont régies par des règles extrêmement strictes. Véritables États dans l'État, ces multinationales du crime – dont les plus importantes sont la Cosa Nostra sicilienne et les Triades du monde chinois – bénéficient d'une assise solide : elles contrôlent de larges territoires où les populations pauvres vivent sous leur « protection ». Et leur puissance les autorise à défier ouvertement le pouvoir central.

Parallèlement, de nombreux mouvements de guérilla pallient par le trafic de drogue le manque à gagner qu'a entraîné la défection de leur ancien trésorier, l'ex-U.R.S.S. Au début des années 90, le commerce de cocaïne finance le Sentier lumineux au Pérou et les Forces armées révolutionnaires colombiennes. L'héroïne subvient aux besoins des milices libanaises de la plaine de la Beqaa, du Parti des travailleurs du Kurdistan, des Tigres tamouls du Sri Lanka et des groupes armés de moudjahidine afghans. Le cannabis fournit des armes aux Forces démocratiques de Casamance et aux « seigneurs de guerre » somaliens.

Les limites de la coopération entre États

Face à ces menaces, les États tentent d'apporter deux solutions au règlement de ces conflits locaux et régionaux, pour beaucoup financés par le trafic de drogue. Tout d'abord, dans ce nouveau « désordre mondial » qui suit la guerre froide, les organisations internationales, et plus particulièrement l'Organisation des Nations unies, se

◁ **Manifestation** d'une organisation de lutte contre le sida à Washington. Si le sida a d'abord touché les homosexuels, aucun groupe ne peut aujourd'hui se considérer à l'abri du fléau : la prévention s'impose à tous.
1993.

Adolescent armé de ▷ Harlem : des « bandes » de plus en plus jeunes recrutent et tuent. Aux États-Unis, le droit de porter une arme est activement défendu par des groupes de pression.
1991.

Aujourd'hui, la science évalue mieux les conséquences, positives ou négatives, de l'activité humaine sur l'environnement.

UNE BIOSPHÈRE EN MUTATION

De la révolution industrielle du XIXe siècle aux années 1960, les pays occidentaux, tout à leur essor industriel, ne songent que rarement à s'interroger sur les méfaits de la pollution engendrée par la croissance économique. C'est à partir des années 70, avec en particulier le déclenchement de deux « chocs pétroliers », qu'une prise de conscience se généralise en Occident : les ressources naturelles ne sont pas illimitées, des dégâts irrémédiables peuvent affecter les équilibres écologiques de la planète. Mais il faut attendre les années 90 pour que cette prise de conscience devienne mondiale. En juin 1992, lors du sommet de Rio, est signée par plus de 150 pays une convention qui cherche à préserver l'avenir de la planète, à mieux en gérer les ressources et vise à stabiliser les gaz à effet de serre présents dans l'atmosphère, à un niveau qui ne soit pas nuisible pour le climat de la Terre. Le bilan de ce « sommet de la Terre » est cependant mitigé.

voient conférer un rôle de premier plan. Leurs troupes, mandatées par l'ensemble des pays membres, procèdent à des interventions d'urgence. Les forces de sécurité de l'O.N.U. – les Casques bleus – sont ainsi envoyées sur le terrain pour promouvoir la paix (séparation des belligérants, surveillance du respect des cessez-le-feu...) et prendre soin des réfugiés que les combats ou les massacres poussent à fuir leur pays. Dans les instances des Nations unies, la concertation entre grandes puissances et la prise de décisions ont été facilitées : au début des années 90, le recours au droit de veto dont disposent les cinq membres permanents du Conseil de sécurité (États-Unis, Russie, France, Grande-Bretagne et Chine) a été considérablement limité. Mais ces « missions humanitaires » de l'O.N.U. montrent cependant leurs limites. En s'interposant entre deux factions rivales sans prendre parti, les « soldats de la paix » – qui se trouvent parfois sous le feu des deux camps – gèlent des situations, voire entérinent de fait, par leur interposition entre les combattants, de pures et simples annexions territoriales.

Sur un autre plan, les sept pays les plus industrialisés (États-Unis, Japon, France, Allemagne, Grande-Bretagne, Italie et Canada) tentent de combler les nombreuses failles du système financier international dans lesquelles s'engouffrent les trafiquants de drogue pour recycler leurs gains. Les membres du G7, réunis à Paris en 1989, ont donc constitué un groupe spécialisé dans la lutte contre le blanchiment de l'« argent sale » et ont engagé une collaboration visant à lever le secret bancaire partout dans le monde. Les nations ont pris conscience de la gravité du phénomène et de l'urgence d'y apporter une réponse collective.

Mais la mise en œuvre de cette volonté politique soulève de nouveaux problèmes. Comment concilier lutte contre la drogue et non-ingérence dans les affaires intérieures des États ? En

Le ministre français ▽ de la Santé et de l'Action humanitaire, Bernard Kouchner, entame un voyage en Somalie au terme duquel il réclame une augmentation du volume d'aide à ce pays déchiré par la guerre.
1992.

Camp de réfugiés au ▽ Zaïre. Le continent africain manque de personnel médical pour endiguer les épidémies. L'aide humanitaire extérieure permet d'éviter le pire – provisoirement.
1994.

outre, certains pays du tiers-monde se livrent au trafic pour remédier à l'effondrement des ressources qu'ils tirent de l'exportation de matières premières. Comment les convaincre d'abandonner ce commerce, souvent vital pour leurs économies ?

La mondialisation du commerce

L'expansion économique des anciens pays sous-développés d'Asie, qui ont, en quinze ans, plus que doublé leurs parts de marché et réalisent aujourd'hui environ 20 p. 100 des échanges, a montré que le commerce international est un puissant facteur de croissance et de prospérité. Pour asseoir ce développement, les nations tentent donc de faire barrage aux protectionnismes et d'instituer un véritable système de libre-échange mondial. Dès 1947, à Genève, 23 pays ont paraphé les accords du GATT *(General Agreement on Tariffs and Trade)*, dont la vocation est de régir les échanges internationaux. Le cycle de l'Uruguay Round, ouvert en 1986 et conclu en 1993, prolonge cette convention. Les 117 pays signataires se fixent un triple objectif : assainir le commerce agricole, faussé jusque-là par le jeu des subventions étatiques ; libéraliser le secteur des services (représentant 20 p. 100 des échanges), à l'exception du domaine audiovisuel qui reste protégé au titre de l'« exception culturelle » ; ramener à 3 p. 100 les droits de douane qui frappent les marchandises – ce taux était de 40 p. 100 en 1940. Mais cette libéralisation profite essentiellement aux pays les plus avancés : à eux seuls, les membres du G7 assurent 54 p. 100 des échanges mondiaux.

En outre, la toute récente mondialisation des moyens de communication tend à aggraver une inégalité déjà criante. L'invention du système numérique, qui permet au téléphone de transmettre non seulement la voix humaine mais aussi des données informatiques, la mise au point de la « compression », qui optimise le transfert d'images et de sons, et celle de la fibre optique, qui autorise des communications à haut débit, ont amorcé la nouvelle ère du multimédia. Dans les États industrialisés, la vie quotidienne a déjà changé. Télécopieurs, micro-ordinateurs, réseaux informatiques, vidéo-conférences, services télématiques interactifs, accès au système Internet... ont ouvert la voie à ce que l'on appelle les « autoroutes de l'information ». Mais on peut craindre que cette « troisième révolution industrielle », bien amorcée dans les pays riches, ne creuse encore l'écart qui les sépare des nations défavorisées. □

◁ **Un Casque bleu** espagnol et une fillette bosniaque. D'âpres conflits déchirent l'ex-Yougoslavie ; les soldats de l'O.N.U. ne peuvent souvent que constater les dégâts.
1993.

Casque bleu ukrainien ▽ au milieu des ruines de la bibliothèque de Sarajevo. Les combats sont féroces, mais il s'agit aussi de détruire la mémoire et la culture des peuples.
1994.

Il est maintenant possible de modifier profondément des espèces animales ou végétales, mais est-ce sans risque ?

LES CULTURES TRANSGÉNIQUES

Face aux problèmes de pénurie alimentaire, certains pays en voie de développement se lancent dans la « révolution génétique ». En prenant des gènes étrangers qui sont issus de virus, de bactéries, de plantes et d'animaux, des généticiens parviennent peu à peu à cultiver des plantes qui résistent à des environnements jusque-là trop hostiles (sécheresse, gel, attaque de virus, etc.) ou qui présentent des caractéristiques intéressantes : ainsi, la tomate « Flour Sour », mise au point par la société américaine Calgene, reste ferme et mûre pendant des semaines. Mais cette pratique, en plein développement au cours des années 90, est réprouvée par de nombreux scientifiques occidentaux, qui y voient les prémices d'une catastrophe écologique. De plus, cette révolution commence à avoir des implications économiques majeures, comme l'atteste la commercialisation de tabac chinois d'origine transgénique.

LE POUVOIR DES IMAGES

Dans le dernier quart du XXe siècle, l'image prédomine dans la vie quotidienne des citoyens des pays industrialisés. Les plus fortes font le tour du monde, devenant le symbole d'une situation particulière, souvent tragique. Mais, qu'il s'agisse des actualités télévisées ou de la publicité, la réaction émotionnelle du spectateur tend à se substituer à sa réflexion. Or, cette « civilisation de l'image » permet de tronquer l'information : s'il n'est pas présenté au journal télévisé, un événement n'existe pas vraiment pour le public. Et des manipulations sont possibles : les pseudo-charniers découverts en Roumanie pendant la révolution de 1989 ont scandalisé l'opinion mondiale, mais il s'agissait d'une mise en scène. Un an plus tard, la crise puis la guerre du Golfe se feront notamment par l'intermédiaire de CNN, une chaîne de télévision américaine spécialisée dans l'information. Dans un autre domaine, celui de la stratégie militaire, l'enjeu est inverse : gagnera celui qui réussira à être « invisible ». C'est l'ambition du chasseur américain B2, mis au point au cours des années 80. Sa surface repérable au radar ayant été réduite au strict minimum, il peut pénétrer dans l'espace aérien ennemi sans être inquiété. Paradoxalement, l'absence d'image est donc aujourd'hui un facteur militaire décisif.

△ **Information** ou voyeurisme malsain ? L'agonie de la petite Omayra fut tournée en direct. Les images ont du poids : elles se vendent aussi à prix d'or.
1985.

▽ **Le « charnier »** de Timisoara, modèle d'intoxication. Ces prétendues « victimes de Ceaucescu » étaient en réalité décédées... dans un hôpital.
1989.

L'explosion de la ▷ navette Challenger a provoqué une vive émotion aux États-Unis, d'autant plus qu'une jeune enseignante faisait partie de l'équipage.
1986.

◁ **L'armée** chinoise mate la révolte étudiante de Pékin. Cette image forte restera comme un symbole de la courageuse résistance individuelle face au pouvoir.
1989.

Ce photographe a ▷ été le premier à « couvrir » l'accident nucléaire de Tchernobyl : un atout décisif dans une « course à l'image » très disputée mais parfois dangereuse, voire mortelle.
1986.

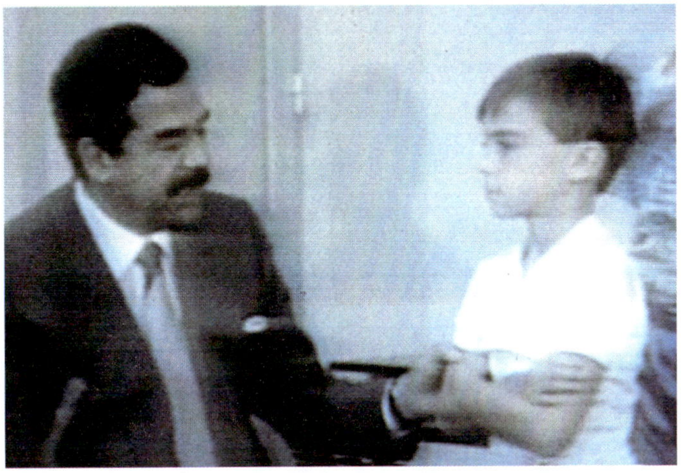

◁ **Saddam Husayn** et ses otages britanniques à la télévision irakienne. Dictateurs et terroristes aiment l'audiovisuel : la publicité ainsi faite autour de leurs actes constitue un moyen de pression efficace sur l'opinion publique.
1990.

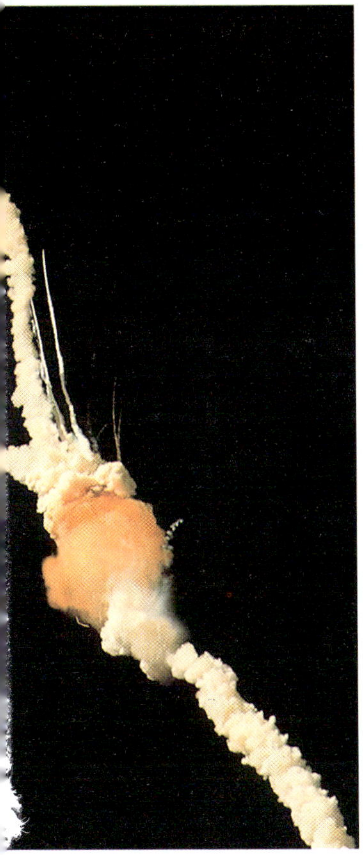

▽ **Scène** croquée sur le vif : lors de l'opération « Tempête du désert », un officier américain conduit une femme irakienne. Les journalistes suivent, faute d'un « scoop » plus sensationnel : en temps de guerre, la liberté de l'information est sévèrement limitée par les autorités militaires.
1991.

LE TRIOMPHE DE L'INDIVIDU

Sous le signe d'une mondialisation croissante, les dernières années du XXe siècle démontrent paradoxalement le retour en force de l'individu et du citoyen, valorisés par les droits de l'homme.

Depuis la Libération jusqu'aux années 80, à l'Est comme à l'Ouest, les institutions et les structures collectives ont joué un rôle fondamental. Dans le système communiste, l'individu n'avait pas d'autonomie et devait se reconnaître dans un projet collectif. Dans le système capitaliste, il avait certes plus de latitude, mais l'État providence avait mis en place une solidarité institutionnalisée et encouragé la négociation collective dans les entreprises. Or, le retour au libéralisme, à l'Ouest, puis l'effondrement du communisme, à l'Est, ont contribué à discréditer les solutions collectives, obligeant ainsi l'individu à assumer son propre destin – non sans danger.

Le culte du consommateur

Depuis les Trente Glorieuses, les entreprises ont appris à faire une large place au marketing – ensemble de

◁ **Un supermarché** français. La grande distribution a connu une croissance très importante, élargissant sans cesse la gamme de produits qu'elle propose aux consommateurs, jusqu'aux carburants ou aux bijoux.
1992.

techniques visant à anticiper les souhaits du consommateur pour lui proposer des produits adaptés à ses attentes – et la crise n'a fait qu'amplifier ce mouvement. Ainsi, la segmentation permet de mieux définir la cible, c'est-à-dire le client potentiel auquel on s'adresse en priorité : âge, sexe, catégorie socioprofessionnelle, revenu, habitudes de consommation... La mise au point d'un produit destiné au grand public fait l'objet d'investissements importants : tests, sondages et enquêtes donnent de précieux renseignements sur la réaction des consommateurs. Attentives à l'« air du temps », les entreprises se rallient à des courants porteurs, plus ou moins éphémères et parfois contradictoires : les aliments allégés et la cuisine du terroir, le « jetable » et le « recyclable », l'engouement pour la nature et l'exigence de la performance...

Les techniques de commercialisation ont également beaucoup progressé : si la grande distribution, en particulier en France, s'affirme comme un vecteur de poids, la vente par correspondance connaît elle aussi un fort développement, favorisé par la généralisation de la carte bancaire. Même la télévision est mise à contribution pour toucher un consommateur très sollicité : encore peu répandu en Europe, le « téléachat » est entré dans les mœurs outre-Atlantique.

« Chacun pour soi » ?

Consommateur plus libre, l'individu est dans le même temps plus exposé. Car la perte d'autorité des institutions, à commencer par l'État, et le rejet des solutions collectives poussent au repli et au « chacun pour soi ». Les individus les mieux armés – c'est-à-dire jeunes, diplômés, en bonne santé et socialement bien intégrés – peuvent y trouver leur intérêt. Mais les plus faibles sont menacés par le chômage, la précarité, voire l'exclusion. Pour remédier à l'impuissance collective, ce sont souvent

Krach boursier à New York. Les mouvements d'énormes masses de capitaux sanctionnent les décisions économiques des gouvernements, même dans les pays les plus riches.
1987.

Vente d'un tableau de Van Gogh à Londres, pour 200 millions de francs ! Spéculatif et soumis à des effets de mode, le marché de l'art peut aussi réserver de mauvaises surprises.
1987.

Les avancées de la science médicale n'excluent pas des reculs : de nouveaux défis de santé publique se font jour.

LES MALADIES INVAINCUES

Depuis leur apparition, les antibiotiques ont permis de sauver une multitude de malades infectés par des bactéries. Mais, à la fin du XXe siècle, les bactéries se sont adaptées et finissent, dans certains cas, par résister aux médicaments qui jusque-là les combattaient efficacement ; cette résistance est plus fréquente dans le cas d'antibiotiques provenant de substances naturelles. Apparu au début des années 80, le virus du sida semble être le résultat d'une génération spontanée. Transmissible par le sperme et par le sang de l'homme, ce virus s'est généralisé à l'ensemble de la planète en un temps record, à la vitesse des échanges mondiaux et des brassages de population. La Xe Conférence internationale sur le sida qui s'est tenue le 7 août 1994 à Yokohama (Japon) comptabilisait 4 millions de malades et 17 millions de séropositifs dans le monde. Toujours invaincu, le sida rappelle que l'homme ne peut échapper définitivement à la maladie.

les initiatives individuelles ou les associations privées qui tentent de raccommoder le « filet social ». Enfin, la solidarité familiale est très sollicitée : on observe unanimement que les personnes isolées sont les premières à « plonger ». Cependant, la récession qui frappe les pays industrialisés au début des années 90 sonne le glas du libéralisme à tout crin. Le gonflement du nombre des chômeurs et des sans-abri, la progression de la pauvreté sont tels que la paix sociale semble en danger. L'État se trouve donc obligé de réinvestir un terrain négligé depuis bientôt dix ans.

Les droits de l'homme en question

Alors que les régimes communistes implosent, la question des droits de l'homme resurgit dans le débat politique, où elle acquiert une nouvelle légitimité. En 1989, les nations condamnent quasi unanimement la répression exercée en Chine à l'encontre du mouvement démocratique étudiant. Au milieu des années 90, l'Organisation internationale du travail dénonce les 3 000 camps chinois de « rééducation », où entre 12 et 16 millions de prisonniers travailleraient au profit de l'« économie socialiste de marché ». Les pays industrialisés s'élèvent contre les versions modernes de l'esclavage, comme le travail des enfants ou la servitude pour dettes. Pour le seul Pakistan, on évalue à environ 20 millions de personnes, dont 7 millions et demi d'enfants, le nombre des individus ainsi exploités. En Afrique du Sud, le démantèlement de l'apartheid, la libération du prisonnier poli-

Un entrepôt de riz △ à Bangkok. L'Asie du Sud-Est joue un rôle croissant dans l'économie internationale après avoir atteint l'autosuffisance alimentaire.

Manger pour survivre. ▷ Ces deux Moscovites victimes du marasme économique de l'après-communisme fouillent une décharge publique. L'ex-U.R.S.S. connaît des temps très difficiles. 1991.

Depuis 1961, Amnesty International fait pression sur les États pour faire respecter les droits de l'homme dans le monde.

AMNESTY INTERNATIONAL

Scandalisé par la condamnation à sept ans de prison de deux étudiants portugais qui avaient levé leur verre à la liberté, l'avocat Peter Benenson publie le 28 mai 1961, dans *The Observer*, un texte appelant à la mobilisation de l'opinion publique internationale : c'est la naissance d'Amnesty International. L'organisation, dont le secrétariat international est à Londres, regroupe des sections nationales dans de très nombreux pays et s'est fixé quatre grands objectifs : la libération immédiate et sans condition de tous les prisonniers d'opinion, l'obtention pour les prisonniers politiques d'un procès équitable, l'abolition totale de la torture et de la peine de mort. Amnesty, qui a reçu le prix Nobel de la paix en 1977, refuse toute subvention pour assurer son indépendance. Elle agit par des campagnes d'envoi de lettres de protestation et par la prise en charge de cas précis confiés à des groupes ; elle publie également un célèbre rapport annuel.

tique le plus célèbre du monde, Nelson Mandela, l'élection de celui-ci à la présidence de la République en 1994 et la composition de son gouvernement – auquel Noirs et Blancs participent – illustrent l'importance retrouvée de l'humanisme. Les droits de l'homme redeviennent une valeur universelle.

VERS UNE CULTURE UNIVERSELLE ?

Parallèlement, au cours du dernier quart de siècle, la culture et les loisirs se sont démocratisés dans les pays industrialisés, créant un terrain commun au consommateur et à l'individu. Ainsi, la multiplication des chaînes de télévision – sur le réseau hertzien ou le câble – offre à tous un immense choix ; les prix des livres au format de poche autorisent un large accès à la lecture. L'importance accordée au domaine culturel se manifeste, notamment, par le maintien d'une « exception » en faveur de l'audiovisuel dans les négociations du GATT ou, en France, par la politique des grands travaux (rénovation du musée du Louvre, création de la Très Grande Bibliothèque). Enfin, la mondialisation des communications facilite – dans les pays avancés tout au moins – l'accès aux trésors de la pensée mondiale. □

La crise économique a modifié la nature des emplois, leur durée et le comportement des salariés, surtout dans les pays développés.

LES « PETITS BOULOTS »

Les contrats d'embauche à durée indéterminée, caractéristiques des Trente Glorieuses et considérés jusque-là comme la norme du travail salarié, tendent à disparaître au profit de contrats à durée déterminée, parfois précaires et souvent moins payés. Se développent également les stages, les travaux à temps partiel, saisonniers ou intérimaires, concernant surtout les jeunes dénués d'expérience professionnelle à leur entrée dans la vie active, et les emplois de proximité. Le volume de cette main-d'œuvre bon marché varie au gré de la conjoncture, mais près de 20 p. 100 des emplois proposés dans les pays développés relèvent de ces pratiques, qui profitent surtout aux entreprises. De plus, le délai séparant la fin des études et l'obtention d'un métier stable ne cesse de s'allonger, quel que soit le niveau du diplôme.

▽ **La fièvre** de l'or au Brésil : ces mines de la Serra Pelada attirent en masse ceux qui n'ont plus rien à perdre, ouvriers au chômage ou paysans expropriés du Nordeste.
1986.

DE NOUVEAUX ESPACES RÉGIONAUX

L'ordre bipolaire Est-Ouest a volé en éclats, laissant les opinions publiques et les gouvernements un instant désorientés. C'est le « désordre mondial ». Mais, sur chaque continent, les nations se rassemblent autour d'intérêts économiques ou politiques communs.

APRÈS LA DISPARITION du clivage Est-Ouest, l'affirmation de nouveaux espaces régionaux semble favoriser la dissolution du clivage Nord-Sud. En effet, le tiers-monde n'est plus homogène : il rassemble des pays nouvellement industrialisés, d'autres en plein développement, d'autres enfin qui demeurent sous-développés.

L'EUROPE

En matière d'unification régionale, l'Europe a été un précurseur. L'Acte unique et le traité de Maastricht ont mis en place, pour la fin du siècle, un espace économique sans frontières et une monnaie européenne. Mais, parmi les partenaires de la C.E.E., les partisans d'une Europe des nations, respectueuse des souverainetés, s'opposent aux tenants d'un espace véritablement fédéral. De plus, l'union politique tarde à se concrétiser.

◁ **Nelson** Mandela et Frederik De Klerk reçoivent le prix Nobel de la paix. L'Afrique du Sud rompt avec l'apartheid, qui lui avait valu d'être mise au ban de la communauté internationale.
1993.

À partir de 1989, les bouleversements que connaissent les pays de l'Est imposent une nouvelle dynamique à la construction européenne. Libérées de la tutelle soviétique, ces nations aspirent à adhérer bientôt à la C.E.E., véritable gage de développement économique. La Communauté doit donc envisager un élargissement rapide à de nouveaux pays membres.

De plus, la guerre civile qui déchire depuis 1991 l'ex-fédération yougoslave montre les limites de l'influence politique de la Communauté européenne, incapable de mettre fin à un conflit qui se déroule à ses portes. Cette crise révèle par ailleurs la résurgence toujours possible des conflits de nationalités. Au milieu des années 90, sur les questions de sécurité, l'Europe hésite encore entre deux solutions : s'en remettre à l'O.T.A.N. ou s'engager dans une véritable union qui inclurait une défense commune.

Le continent américain

L'Organisation des États américains regroupe toutes les nations du continent. Créée en avril 1948 dans le cadre de l'O.N.U., longtemps dominée par les États-Unis – qui en ont fait exclure Cuba en 1962 –, l'O.E.A. voit les pays d'Amérique latine s'affirmer en son sein à partir des années 80.

À côté de cet espace politique, de multiples organisations économiques voient le jour. Ainsi, les membres du Pacte andin (la Bolivie, la Colombie, l'Équateur, le Pérou et le Venezuela) envisagent, en 1995, l'application d'un tarif extérieur commun. Les treize États anglophones des Caraïbes, déjà réunis au sein du C.A.R.I.C.O.M., ont mis sur pied, en accord avec la Colombie, le Mexique, le Venezuela, la République dominicaine, Haïti, le Surinam et Cuba, l'Association des États caraïbes. L'Argentine, le Brésil, le Paraguay et l'Uruguay ont signé en 1991 l'accord M.E.R.C.O.S.U.R., pour un marché commun de l'Amérique latine. Enfin, l'Accord du libre-échange nord-américain (A.L.E.N.A.), entré en vigueur le 1er janvier 1994, prévoit la suppression progressive de toutes les barrières douanières entre les États-Unis, le

L'Israélien Rabin et le Palestinien Arafat font la paix sous les auspices du président des États-Unis. L'année suivante, la Jordanie met fin à l'état de belligérance avec Israël, dont l'existence n'est plus sérieusement contestée par ses voisins arabes.
1993.

Sommet de la Terre à Rio de Janeiro. Pour la première fois, les chefs des nations prennent collectivement conscience du lien existant entre la survie de l'espèce humaine et la protection des grands équilibres naturels de la planète.
1992.

L'évolution démographique divergente de ces ethnies risque de poser un problème majeur de cohabitation.

TURCS ET SLAVES EN ASIE CENTRALE

Au milieu des années 90, l'espace eurasien regroupe 100 millions de turcophones : 54 millions en Turquie, 30 millions dans les républiques de l'ex-Union soviétique, 6 millions en Chine, 5 millions en Iran, 2 millions en Afghanistan, 800 000 en Bulgarie et 150 000 en Moldavie. Dans le passé, les populations turcophones constituaient l'essentiel des sociétés nomades en Asie. Aujourd'hui, elles représentent près de 4 p. 100 de la population mondiale et occupent une zone discontinue qui s'étend sur environ 15 millions de km². Moins nombreux que les Slaves dans ces régions, les turcophones ont cependant une croissance démographique presque dix fois plus rapide. De plus, la Turquie, que la C.E.E. refuse d'admettre, se montre très active dans la région : en 1993, elle a engagé 1,2 milliard de dollars de prêts et de garanties. Elle concurrence ainsi particulièrement l'Iran, avec la bénédiction américaine.

Canada et le Mexique. Cette zone devrait permettre de créer en une quinzaine d'années le marché unifié le plus important du monde.

L'ASIE

Politiquement, la zone Asie-Pacifique n'a connu qu'une tentative d'organisation régionale, abandonnée en 1977 : l'O.T.A.S.E. – qui ambitionnait d'être le pendant asiatique de l'O.T.A.N.

Au plan économique, en revanche, l'Association des nations de l'Asie du Sud-Est (A.N.S.E.A.N.), créée en août 1967 par le sultanat de Brunei, l'Indonésie, la Malaisie, les Philippines, Singapour et la Thaïlande, est devenue un pôle régional majeur grâce à la rapidité de sa croissance économique. L'A.N.S.E.A.N., tout récemment élargie au Viêt-nam, formera sa propre zone de libre-échange d'ici l'an 2003.

En outre, l'Organisation pour la coopération économique en Asie-Pacifique (A.P.E.C.), fondée en 1989, a l'ambition de constituer pour 2020 une zone économique qui réunirait l'A.N.S.E.A.N., l'A.L.E.N.A., l'Australie, la Nouvelle-Zélande, la Papouasie-Nouvelle-Guinée, la Corée du Sud, Taïwan, Hongkong et la Chine.

Le centre de gravité de l'économie mondiale se déplace, à la fin du XXe siècle, de l'espace atlantique vers l'Asie.

L'ASIE, CENTRE DU MONDE ?

Si l'on intègre à l'Asie les États-Unis en raison de leur façade pacifique, on constate que ce pays, la République populaire de Chine et le Japon représentent à eux trois environ 18 p.100 du produit intérieur brut mondial (corrigé des parités de pouvoir d'achat). Par ailleurs, les pays de l'A.S.E.A.N., la Corée du Sud, Taiwan, Hongkong, le Viêt-nam, l'Australie, la Nouvelle-Zélande, le Canada et le Mexique constituent l'équivalent d'un deuxième Japon. Au total, le produit intérieur brut du Pacifique atteint près des deux tiers du P.I.B. mondial. La vitalité démographique de cette région est également un atout important : la Chine, en particulier, fait rêver les investisseurs. Cependant, le développement économique sans précédent de la sphère asiatique risque d'attiser les convoitises géopolitiques de certaines puissances régionales et par là même de créer des foyers de tensions susceptibles de dégénérer.

△ **Le souvenir** d'Emiliano Zapata reste vif chez les Indiens du Chiapas, lointains descendants des Mayas, au sud du Mexique, d'où était originaire le fameux chef révolutionnaire.
1994.

◁ **Afflux** brutal de réfugiés albanais à Brindisi, en Italie. La prospérité occidentale, géographiquement si proche, fait rêver les peuples d'Europe de l'Est.
1991.

Des Algériennes manifestent contre les islamistes, qui veulent bannir tout signe d'occidentalisation, comme la mode féminine, jugée « impie ». ▷
1994.

LE PROCHE ET LE MOYEN-ORIENT

Fondée en 1945, la Ligue arabe rassemble plus d'une vingtaine de nations du Proche et du Moyen-Orient, unies par une convention de défense commune et de coopération économique. À partir de 1964, les pays de la Ligue arabe se réunissent en sommet et placent la question palestinienne au centre de leurs préoccupations. Dans ces instances, la position du monde arabe à l'égard d'Israël évolue de la négation pure et simple à la reconnaissance implicite, au « sommet » de Fès de 1982. Parallèlement, l'Égypte, évincée après les accords de Camp David en 1979, ne réintègre le sommet qu'en 1987. Moins de dix ans plus tard, la guerre du Golfe divise profondément ces pays, révélant la précarité de leur unité.

Fondée en 1968, l'Organisation des pays arabes exportateurs de pétrole, une émanation de l'O.P.E.P., resserre les liens économiques entre nations arabes. Cinq ans après sa mise en place, l'O.P.E.P. a démontré sa puissance en déclenchant le premier « choc pétrolier ». Mais, là encore, intérêt collectif et intérêts particuliers des États se sont opposés : les quotas de production de l'« or noir » imposés aux pays membres n'ont guère été respectés.

L'AFRIQUE

Sur le continent africain, la principale enceinte de concertation est l'Organisation de l'unité africaine, créée en 1963. Reconnaissant l'intangibilité des frontières héritées de la colonisation, l'O.U.A. apparaît longtemps comme une structure de statu quo. Mais l'accueil de la République arabe sahraouie, en 1982, a provoqué une scission parmi ses membres. Paralysée par l'affrontement Est-Ouest pendant la guerre froide, l'O.U.A. a du mal à jouer un rôle vraiment actif, comme en témoigne son effacement dans les années qui ont suivi le démantèlement de l'apartheid en Afrique du Sud. □

◁ **Des hindous** détruisent une mosquée, prétendument édifiée sur un « lieu saint » de l'hindouisme. La lutte contre le fanatisme religieux est l'un des grands défis posés à l'Inde.
1992.

« Nid d'agents impérialistes » pour Staline, simple « machin » selon de Gaulle, l'O.N.U. veut se poser en recours d'un monde éclaté.

LES NOUVEAUX DÉFIS DE L'O.N.U.

Dag Hammaskjöld, secrétaire général de l'O.N.U. de 1953 à 1961, affirmait que « l'O.N.U. n'avait pas été créée pour conduire l'humanité au paradis, mais pour la sauver de l'enfer ». Depuis sa création en 1945 jusqu'à 1989, l'O.N.U. n'a cessé de lutter pour la paix, le développement et les droits de l'homme, malgré la paralysie que lui imposait l'antagonisme Est-Ouest. Cette action a été reconnue par l'attribution du prix Nobel de la paix à plusieurs de ses organismes. Depuis la fin de la guerre froide, l'action humanitaire et l'aide au développement se poursuivent, mais les interventions militaires, par le biais des Casques bleus, se multiplient dans les pays déchirés par les conflits : Somalie, Haïti, Rwanda, Bosnie.

RICHES ET PAUVRES

Depuis la Seconde Guerre mondiale, on a fréquemment opposé « pays développés » et « pays en voie de développement ». Mais, dans certains cas, ce terme fait figure d'euphémisme, tant la situation de certains États s'aggrave, au lieu de s'améliorer. De plus, il faut s'entendre sur les moyens d'évaluer le niveau de développement d'un pays. Le critère le plus utilisé a longtemps été celui du P.N.B. (produit national brut), qui donne la valeur de la production de biens et services réalisée par la population active d'un pays donné. Pour mieux comparer, on divise le P.N.B. par le nombre d'habitants. En 1992, la Suisse est en première position avec plus de 22 000 dollars par tête, tandis que l'Éthiopie ferme la marche avec 340 dollars, soit presque 65 fois moins. Cependant, économistes et sociologues récusent la fiabilité de ce critère comme indicateur de développement, car dans les pays peu développés une part importante de la production ne passe pas par les circuits monétaires classiques : le P.N.B. réel par habitant est donc plus élevé que ne le laissent croire les statistiques officielles. On préfère donc aujourd'hui utiliser l'indicateur de développement humain mis au point par l'O.N.U. et qui prend en compte, outre le P.N.B., l'espérance de vie, le taux d'alphabétisation et l'organisation de la scolarité.

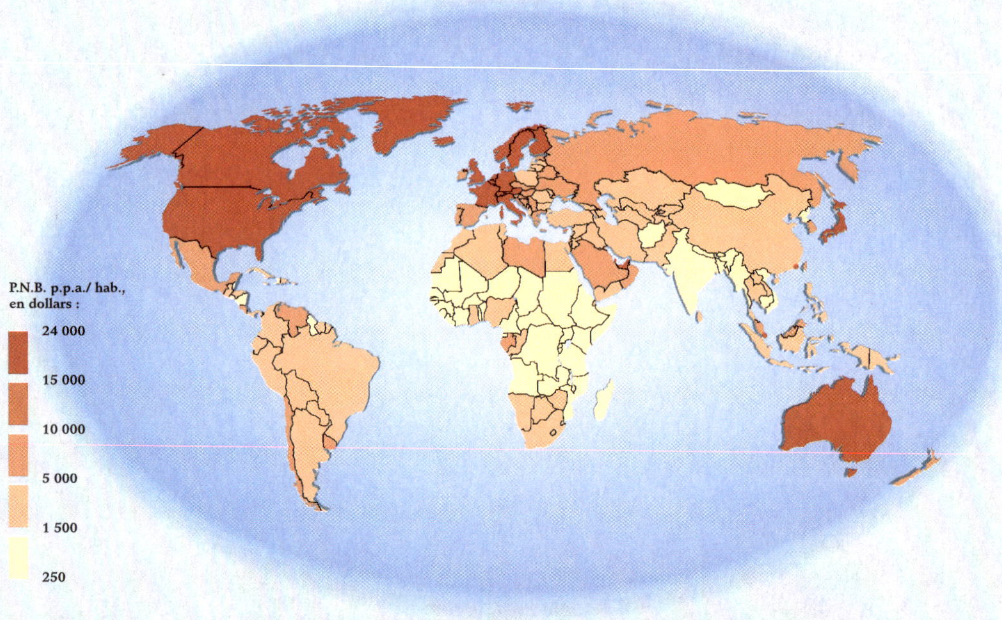

△ **Le produit national brut** (P.N.B.). À de rares exceptions près – les plus notables étant le Japon et l'Australie –, les États les plus riches se trouvent en Europe et en Amérique du Nord. L'Afrique fait figure de « continent de la pauvreté » avec deux pays seulement au-dessus de la barre des 5 000 dollars par habitant, alors que la moyenne mondiale s'établit à 5 290 dollars par habitant. À noter que le P.N.B. utilisé ici est appelé p.p.a. (parité de pouvoir d'achat) car il a subi une correction destinée à le rendre indépendant du taux de change entre la monnaie du pays considéré et le dollar. Ce nouveau mode de calcul, mis au point par le F.M.I. et la Banque mondiale, permet de mieux apprécier la production des États du tiers-monde, qui souffrent souvent de la faiblesse relative de leur monnaie.

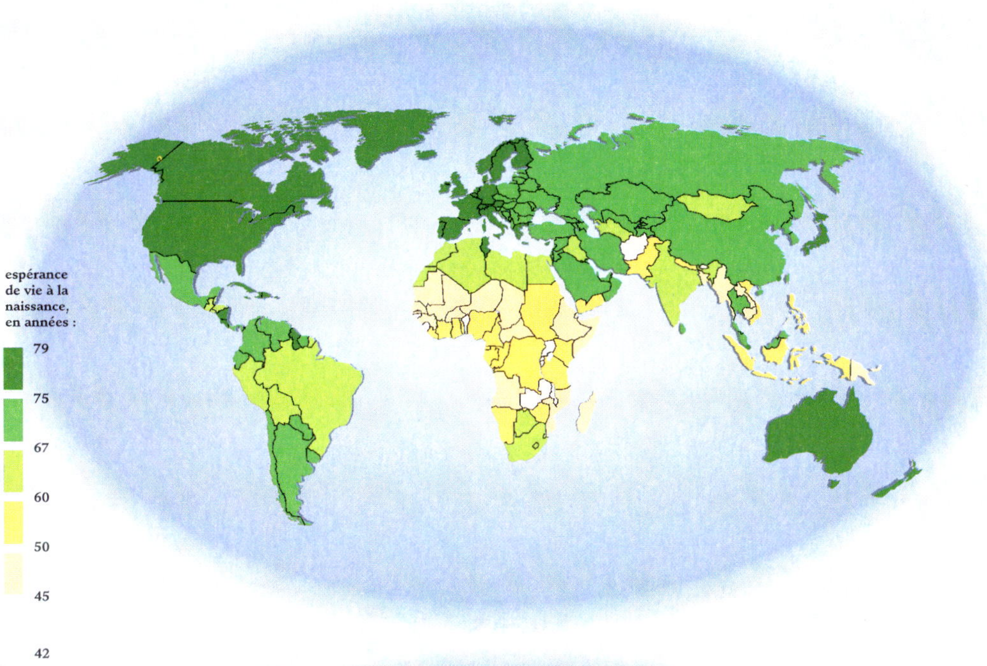

◁ **Espérance de vie.** Ce sont les Japonais – et plus exactement les Japonaises – qui bénéficient de la plus longue espérance de vie : 79 ans, contre 42 ans seulement pour l'Afghanistan, la Sierra Leone et la Guinée. Assez logiquement, les peuples qui résistent le mieux à la mort sont aussi les plus aisés, même si l'alimentation trop riche des nations occidentales contribue à l'augmentation des maladies cardio-vasculaires.

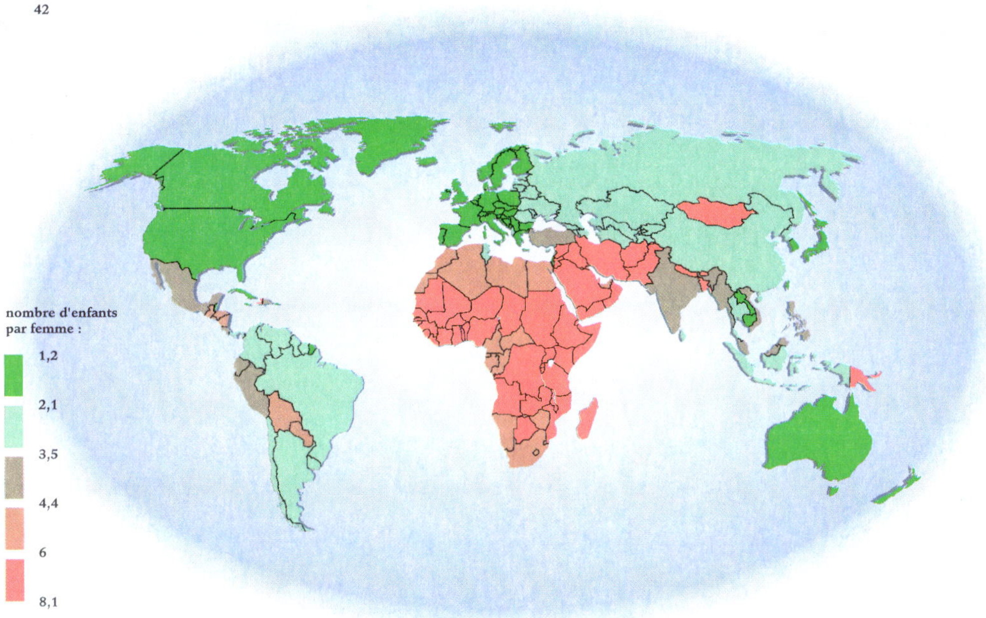

◁ **Fécondité.** Sud prolifique, Nord malthusien : la moyenne mondiale de 3,2 enfants par femme masque des situations extrêmes. Quoique la relation entre la fécondité et le développement économique soit très controversée, de nombreux pays tentent de maîtriser la croissance de leur population ou, à l'inverse, d'enrayer une baisse du nombre des naissances, considérée comme dangereuse.

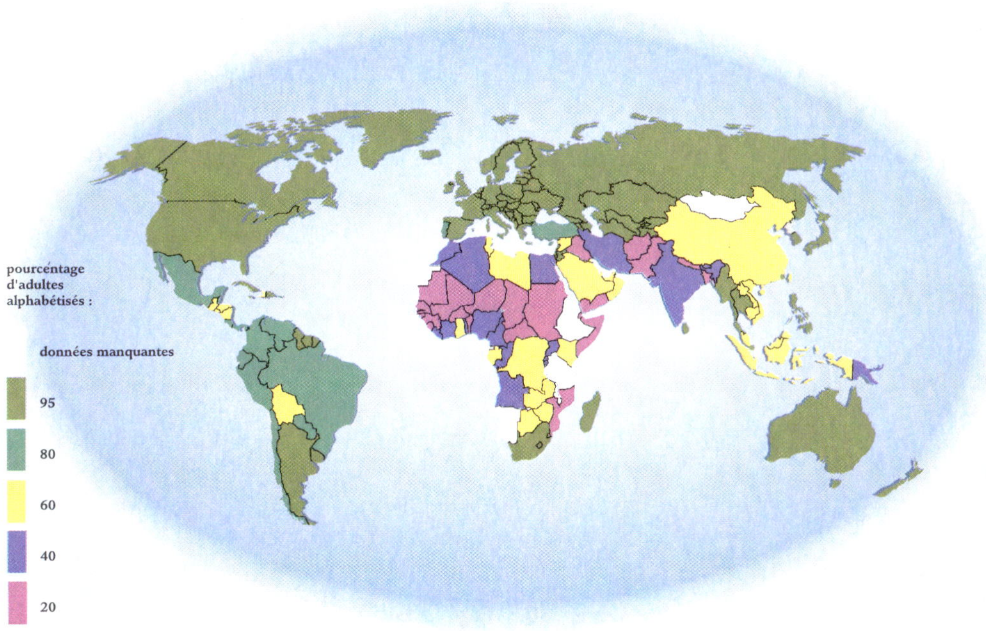

◁ **Taux d'alphabétisation.** Lire et écrire : des connaissances de base qui font défaut à 26 p. 100 de la population mondiale, alors que l'avenir d'un peuple se joue à l'école. Même dans les pays où la fréquentation de l'école primaire progresse, des disparités parfois importantes peuvent subsister : ainsi, les zones rurales sont généralement défavorisées par rapport aux villes et, surtout, les garçons ont presque toujours priorité sur les filles.

AFRIQUE NOIRE

Le continent de tous les dangers

■ C'est en Afrique que les conflits sont les plus violents, renforcés par les ravages causés par le sous-développement et les dictatures. La liste des « points chauds », d'origine ethnique, religieuse ou interétatique est presque impossible à établir : tensions depuis 1989 entre Maures et Sénégalais ; séparatisme de la Casamance sénégalaise ; 10 000 morts depuis 1989 dans les affrontements entre le Front patriotique et le pouvoir au nord-est du Liberia. Le Nigeria revendique la presqu'île camerounaise de Bakasi et encourage la rébellion des sécessionnistes anglophones du nord-ouest du Cameroun. L'Angola, ravagé par la guerre civile entre forces gouvernementales procommunistes et l'U.N.I.T.A., est loin d'être en paix, malgré le retrait de Cuba. La situation du Mozambique est tout aussi critique, mais le record de l'horreur a probablement été atteint dans les affrontements qui ont opposé les Hutus et les Tutsis du Rwanda et du Burundi en 1994-1995. □

Kippa et pistolet-mitrailleur Uzi : un « Haredi », juif extrémiste d'Israël. *1990.*

ASIE

Les traces de la guerre froide

■ En Indochine, la puissance vietnamienne est affaiblie par le déclin de l'ex-U.R.S.S. Les troupes de Hanoi ont dû quitter le Cambodge où des élections libres ont eu lieu en 1993, mais les Khmers rouges entretiennent toujours leur guérilla. Entre la Corée du Nord, une des dernières démocraties populaires, et la Corée du Sud, l'antagonisme est toujours intense. En Afghanistan, les troupes soviétiques se sont retirées en 1989, mais les factions issues de la résistance se déchirent. □

ASIE

Conflits locaux

■ Parmi les États asiatiques agités par des soubresauts internes, les plus gravement touchés sont Timor, ancienne colonie portugaise annexée malgré elle par l'Indonésie en 1975, et la Birmanie (Myanmar), où les guérillas indépendantistes des Chans et des Karens s'opposent à la dictature de Rangoon. □

ASIE

Moyen et Proche-Orient

■ L'État hébreu et les Palestiniens semblent s'acheminer vers une solution pacifique depuis qu'en 1994 Yasser Arafat est rentré à Jéricho, mais de nombreux « points chauds » subsistent, tout d'abord dans le golfe Persique, où la guerre Iran-Iraq (1980-1988) a fait près de un million de morts. En 1990, l'invasion du Koweït et l'intervention conduite par les États-Unis ont fait plus de 60 000 victimes, principalement civiles, dont 200 soldats alliés. Dans la région, la guérilla durement réprimée de la minorité kurde agite l'Iraq et la Turquie. Au Yémen, la réunification de 1989 entre le Nord et le Sud a été remise en cause au cours d'affrontements violents en 1994. □

AFRIQUE DU NORD

Islamistes et Sahraouis

■ En Algérie, après les troubles de 1988, le F.L.N. au pouvoir depuis l'indépendance est discrédité. En 1991, après l'annulation du premier tour des élections, favorable aux islamistes, la lutte entre les autorités militaires et le Front islamique s'intensifie, attentats et meurtres se multiplient. Du coup, l'Algérie a cessé de soutenir les rebelles sahraouis, qui refusaient d'être intégrés au royaume du Maroc, et qui ont dû se résoudre à de difficiles négociations, sous les auspices de l'O.N.U. □

AMÉRIQUE DU NORD

Le réveil indien

■ Premières victimes des conflits en Amérique du Sud (Guatemala, Brésil, Bolivie), les Indiens se révoltent aux États-Unis et au Canada, où les *native Americans* revendiquent les terres dont ils ont été spoliés, et au Mexique, où les Indiens du Chiapas, « zapatistes », sont entrés en rébellion en 1994. □

AMÉRIQUE LATINE

Trafiquants et dictateurs

■ Les États-Unis interviennent volontiers en Amérique centrale, où leurs intérêts sont très importants. En 1989, au Panamá, ils avaient contribué à la chute du dictateur Noriega, impliqué dans le trafic de drogue. Ils sont intervenus à l'automne 1994 à Haïti contre une dictature très sanglante, à l'origine d'un inquiétant afflux de réfugiés sur les côtes de Floride. En revanche, ils ne parviennent pas à réconcilier leurs alliés de l'Équateur et du Pérou, qu'opposent de très anciennes revendications territoriales. Ils ne peuvent ni mettre fin aux actions terroristes liées à la mafia de la drogue en Colombie, ni se résoudre à négocier avec Fidel Castro. Au Salvador, le gouvernement d'extrême droite et la guérilla sont parvenus à négocier, mais le terrorisme maoïste du Sentier lumineux poursuit son action au Pérou, où il a fait 25 000 morts depuis 1980. □

AFRIQUE NOIRE

Une lueur d'espoir

■ Les Noirs d'Afrique du Sud sont peut-être la seule population africaine à avoir bénéficié de la fin de la guerre froide : les États-Unis ayant cessé de soutenir un régime hostile à l'U.R.S.S., celui-ci a dû se transformer. Dès 1989, la Namibie, colonisée par l'Afrique du Sud, accédait à l'indépendance sous l'égide de l'O.N.U., puis, en 1994, Nelson Mandela et Frederik De Klerk mettaient fin à l'apartheid. Il leur reste à s'attaquer aux désordres entretenus par les Zoulous de l'Inkhata. □

ASIE

Le sous-continent indien

■ La puissance régionale dominante est indubitablement l'Union indienne, qui possède l'arme atomique et a gagné toutes ses guerres, y compris celles qui l'ont opposée à son puissant voisin chinois, lequel lui conteste toujours le Cachemire et le Sikkim. L'Inde est cependant déchirée par les luttes religieuses entre sa majorité hindouiste et les minorités de sikhs et de musulmans. Son gouvernement soutient le pouvoir central du Sri Lanka contre la guérilla indépendantiste menée par les Tamouls. □

AFRIQUE NOIRE

La Corne de l'Afrique

■ Dans cette zone longtemps « sensible » stratégiquement, l'Union soviétique et les États-Unis ont soigneusement entretenu des antagonismes dont ils se désintéressent aujourd'hui : Djibouti (480 000 habitants) est toujours divisé par la rébellion des Afars. En 1991, l'Érythrée a arraché son indépendance à l'Éthiopie, mais aucune conférence de paix n'a encore eu lieu, et rien n'est décidé quant au désert de l'Ogaden ou à la province indépendantiste du Tigré. Au Soudan, la très ancienne opposition entre les musulmans du Nord et les chrétiens et animistes du Sud a fait au moins 250 000 morts. □

ANNEXES

RÉGIMES ET DYNASTIES

EUROPE

De la guerre à la guerre, de la crise à la récession, l'Europe de l'Ouest, forte de ses traditions démocratiques, conserve tant bien que mal des institutions représentatives pluralistes, qu'il s'agisse de monarchies constitutionnelles ou de républiques parlementaires ; l'instabilité ministérielle est cependant souvent la rançon de la démocratie pluraliste. En Europe centrale et orientale, en revanche, les régimes autoritaires se suivent et ne se ressemblent pas : aux dictatures conservatrices de l'entre-deux-guerres succèdent des démocraties populaires, alignées de gré ou de force sur l'U.R.S.S., où, depuis 1917, la réalité du pouvoir appartient essentiellement au Premier secrétaire du parti communiste. En Europe du Sud, le franquisme espagnol a vécu plus longtemps que le fascisme italien, mais la démocratie a fini par triompher en 1975.

FRANCE

IIIe République

Présidents de la République
Raymond Poincaré (1913-1920)
Paul Deschanel (1920)
Alexandre Millerand (1920-1924)
Gaston Doumergue (1924-1931)
Paul Doumer (1931-1932)
Albert Lebrun (1932-1940)

Présidents du Conseil
Georges Clemenceau (1917-1920)
Alexandre Millerand (1920)
Georges Leygues (1920-1921)
Aristide Briand (1921-1922, 1925-1926, 1929)
Raymond Poincaré (1922-1924, 1926-1929)
Édouard Herriot (1924-1925, 1926, 1932)
Paul Painlevé (1925)
André Tardieu (1929-1930, 1932)
Théodore Steeg (1930-1931)
Pierre Laval (1931-1932, 1935-1936, 1936)
Édouard Daladier (1932-1933, 1934, 1938-1940)
Albert Sarraut (1933, 1936)
Camille Chautemps (1933-1934, 1937-1938)
Gaston Doumergue (1934)
Pierre Étienne Flandin (1934-1935)
Ferdinand Buisson (1935)
Léon Blum (1936-1937, 1938)
Paul Reynaud (1940)
Philippe Pétain (1940)

État français

Philippe Pétain (1940-1944)

Gouvernement provisoire

Présidents
Charles de Gaulle (1944-1946)
Félix Gouin (janv.-juin 1946)
Georges Bidault (juin-nov. 1946)
Léon Blum (déc. 1946-janv. 1947)

IVe République

Présidents de la République
Vincent Auriol (1947-1954)
René Coty (1954-1958)

Présidents du Conseil
Paul Ramadier (1947)
Robert Schuman (1947-1948, 1948)
André Marie (1948)
Henri Queuille (1948-1949, 1951)
Georges Bidault (1949-1950)
René Pleven (1950-1951, 1951-1952)
Edgar Faure (1952, 1955-1956)
Antoine Pinay (1952)
René Mayeur (1953)
Joseph Laniel (1953-1954)
Pierre Mendès France (1954-1955)
Guy Mollet (1956-1957)
Maurice Bourgès-Maunoury (1957)
Félix Gaillard (1957-1958)
Pierre Pflimlin (1958)
Charles de Gaulle (1958)

Ve République

Présidents de la République
Charles de Gaulle (1958-1969)
Intérim d'Alain Poher
Georges Pompidou (1969-1974)
Intérim d'Alain Poher
Valéry Giscard d'Estaing (1974-1981)
François Mitterrand (1981-1995)
Jacques Chirac (dep. 1995)

Premiers ministres
Michel Debré (1959-1962)
Georges Pompidou (1962-1968)
Maurice Couve de Murville (1968-1969)
Jacques Chaban-Delmas (1969-1972)
Pierre Mesmer (1972-1974)
Jacques Chirac (1974-1976)
Raymond Barre (1976-1981)
Pierre Mauroy (1981-1984)
Laurent Fabius (1984-1986)
Jacques Chirac (1986-1988)
Michel Rocard (1988-1991)
Edith Cresson (1991-1992)
Pierre Bérégovoy (1992-1993)
Édouard Balladur (1993-1995)
Alain Juppé (dep. 1995)

ROYAUME-UNI

Souverains
Les Hanovre
George V (1910-1936)

Les Windsor
En 1914, la dynastie abandonne son nom allemand et adopte celui de Windsor.
Édouard VIII (1936)
George VI (1936-1952)
Élisabeth II (dep. 1952)

Premiers ministres
David Lloyd George (1916-1922)
Andrew Bonar Law (1922-1923)
Stanley Baldwin (1923)
James MacDonald (1924)
Stanley Baldwin (1924-1929)
James Mac Donald (1929-1935)
Stanley Baldwin (1935-1937)
Arthur Neville Chamberlain (1937-1940)

Margaret Thatcher et François Mitterrand à Strasbourg. *1989.*

Winston Churchill (1940-1945)
Clement Attlee (1945-1951)
Winston Churchill (1951-1955)
Anthony Eden (1955-1957)
Harold Macmillan (1957-1963)
Alexander Douglas-Home (1963-1964)
Harold Wilson (1964-1970)
Edward Heath (1970-1974)
Harold Wilson (1974-1976)
James Callaghan (1976-1979)
Margaret Thatcher (1979-1990)
John Major (dep. 1990)

ALLEMAGNE

République de Weimar

Présidents de la République
Friedrich Ebert (1919-1925)
Paul von Hindenburg (1925-1934)

Chanceliers
Philipp Scheidemann (1919)
Gustav Bauer (1919-1920)
Hermann Müller (1920)
Konstantin Fehrenbach (1920-1921)
Joseph Wirth (1921-1922)
Wilhelm Cuno (1922-1923)
Gustav Stresemann (1923)
Wilhelm Marx (1923-1925)
Hans Luther (1925-1926)
Wilhelm Marx (1926-1928)
Hermann Müller (1928-1930)
Heinrich Brüning (1930-1932)
Franz von Papen (1932)
Kurt von Schleicher (1932-1933)

IIIe Reich

Adolf Hitler, Führer et chancelier (1934-1945)
Karl Dönitz (1945)

R.F.A.

Présidents de la République
Theodor Heuss (1949-1959)
Heinrich Lübke (1959-1969)
Gustav Heinemann (1969-1974)
Walter Scheel (1974-1979)
Karl Carstens (1979-1984)
Richard von Weizsäcker (1984-1990)

Chanceliers fédéraux
Konrad Adenauer (1949-1963)
Ludwig Erhard (1963-1966)
Kurt Kiesinger (1966-1969)
Willy Brandt (1969-1974)
Helmut Schmidt (1974-1982)
Helmut Kohl (1982-1990)

R.D.A.

Chefs de l'État
Wilhelm Pieck (1949-1960)
Walter Ulbricht (1960-1973)
Willi Stoph (1973-1976)
Erich Honecker (1976-1989)
Egon Krenz (1989)
Manfred Gerlach (1989-1990)
Sabine Bergmann-Pohl (1990)

Allemagne unie

Présidents de la République
Richard von Weizsäcker (1990-1994)
Roman Herzog (dep. 1994)

Chancelier fédéral
Helmut Kohl (dep. 1990)

Le chancelier allemand Konrad Adenauer.

SCANDINAVIE

Danemark

Souverains
Christian X (1912-1947)
Frédéric IX (1947-1972)
Marguerite II (dep. 1972)

Suède

Souverains
Gustave V (1907-1950)
Gustave VI Adolphe (1950-1973)
Charles XVI Gustave (dep. 1976)

Norvège

Souverains
Haakon VII (1905-1957)
Olav V (1957-1991)
Harald V (dep.1991)

ITALIE

Royaume d'Italie

Victor-Emmanuel II (1900-1946)
Mussolini, duce (1922-1943/1945)
Humbert II (1944-1946, lieutenant général du royaume)

République

Présidents de la République
Enrico De Nicola (1946-1959)
Luigi Einaudi (1948-1955)
Giovanni Gronchi (1955-1962)
Antonio Segni (1962-1964)
Giuseppe Saragat (1964-1971)
Giovanni Leone (191-1978)
Sandro Pertini (1978-1985)
Francesco Cossiga (1985-1992)
Oscar Luigi Scalfaro (dep. 1992)

U.R.S.S.

Secrétaires généraux (ou premiers secrétaires) du parti communiste de l'U.R.S.S.
Joseph Staline (1922-1953)
Nikita Sergueïevitch Khrouchtchev (1953-1964)
Leonid Ilitch Brejnev (1964-1982)
Iouri Vladimirovitch Andropov (1982-1984)
Konstantine Oustinovitch Tchernenko (1984-1985)
Mikhaïl Sergueïevitch Gorbatchev (1985-1991)

Président de Russie
Boris Nikolaïevitch Eltsine (dep. 1991)

TCHÉCOSLOVAQUIE

Ire République

Présidents de la République
Tomás Masaryk (1918-1935)
Edvard Benes (1935-1938)
Emil Hácha (1938)

IIe République

Présidents de la République
Edvard Benes (1946-1948)
Klement Gottwald (1948-1953)
Antonín Zápotocky (1953-1957)
Antonín Novotny (1957-1968)
Luvik Svoboda (1968-1975)
Gustav Husák (1975-1989)
Václav Havel (1989-1992)

République tchèque

Président de la République
Václav Havel (dep. 1993)

TURQUIE

Les Ottomans

Mehmed VI (1918-1922)

République

Présidents de la République
Mustafa Kemal Atatürk (1923-1938)
Ismet Inönü (1938-1950)
Celal Bayar (1950-1960)
coup d'État de Cemal Gürsel
Cemal Gürsel (1961-1966)
Cerdet Sunay (1966-1973)
Fahri Korutürk (1973-1980)
coup d'État de Kenan Evren
Kenan Evren (1980-1989)
Turgut Özal (1989-1993)
Süleyman Demirel (dep. 1993)

Mikhaïl Gorbatchev et Helmut Kohl signent en novembre 1991 un traité de coopération.

POLOGNE

République indépendante

Présidents de la République
Józef Pilsudski (1918-1922)
Gabriel Narutowicz (1922)
Stanislaw Wojciechowski (1922-1926)
Ignace Moscicki (1926-1939)
De 1926 à 1935, la réalité du pouvoir est détenue par Józef Pilsudski.

Gouvernement en exil

Chefs du gouvernement
Wladyslaw Rackiewicz (1939-1940)
Wladyslaw Sikorski (1939-1943)
Stanislaw Mickolajzik (1943-1944)
Thomasz Arciszewski (1944-1945)

Gouvernement provisoire (comité de Lublin)

Chefs du gouvernement
Edward Osubka-Morawski (1944)
Boleslaw Bierut (1945)
gouvernement de coalition de « front national »

République populaire

Présidents de la République
Boleslaw Bierut (1947-1952)
Alexandre Zawadzki (1952-1964)
Edward Ochab (1964-1968)
Marian Spychalski (1968-1970)
Jozef Cyrankiewicz (1970-1972)
Henryk Jablonski (1972-1985)
Wojciech Jaruzelski (1985-1989)

Premiers secrétaires du P.O.U.P. (communiste)
Boleslaw Bierut (1947-1956)
Wladyslaw Gomulka (1956-1970)
Edward Gierek (1970-1980)
Stanislaw Kania (1980-1981)
Wojciech Jaruzelski (1981-1989)

République polonaise

Présidents de la République
Wojciech Jaruzelski (1989-1990)
Lech Walesa (1990-1995)
Alexandre Kwasniewski (dep. 1995)

Premiers ministres
Czeslaw Kiszczak (1989)
Tadeusz Mazowiecki (1989-1990)
Jan Bielecki (1991)
Jan Olszewski (1991-1992)
Waldemar Pawlak (1992)
Hanna Suchocka (1992-1993)
Waldemar Pawlak (dep. 1993)

Le maréchal Pilsudski. *1928. Bibliothèque polonaise, Paris.*

ASIE

Dominés pour la plupart par l'Europe avant la Seconde Guerre mondiale, divisés ensuite entre l'hégémonie japonaise et l'hégémonie américaine, les États d'Asie s'émancipent à partir de 1945. Ils optent alors pour des régimes différents et des voies de développement opposées : le Japon devient une démocratie à l'occidentale et propose son miracle économique en exemple aux pays-ateliers d'Asie du Sud-Est ; la Chine se déclare communiste à partir de 1949 ; l'Indonésie, l'Inde et le Pakistan se veulent démocratiques, quoique leurs gouvernements fassent souvent preuve d'autoritarisme pour résoudre des problèmes internes ou des conflits frontaliers. Quant aux États du Moyen-Orient, placés sous mandat britannique et français après la Première Guerre mondiale, ils sont confrontés à la naissance d'Israël, source de plusieurs conflits, puis à la montée de l'islamisme ; les monarchies traditionnelles qui ont réussi à se maintenir ont bien du mal à voisiner avec des dictatures progressistes et belliqueuses.

INDE

Présidents
Rajendra Prasad (1950-1962)
Sarvepalli Radha Krisknan (1962-1967)
Zakir Hussain (1967-1969)
Varak Venkata Giri (1969-1974)
Fakhruddin Ali Ahmed (1974-1977)
Neelam Sanjiva Reddy (1977-1982)
Giani Zail Singh (1982-1987)
Ramaswami Venkataraman (1987-1992)
Shankar Dayal (dep. 1992)

Premiers ministres
Jawaharlal Nehru (1947-1964)
Lal Bahadur Shastri (1964-1966)
Indira Gandhi (1966-1977)
Moraji Desai (1977-1979)
Indira Gandhi (1980-1984)
Rajiv Gandhi (1984-1989)
Vishwanath Pratap Singh (1989-1990)
Chandra Shekhar (1990-1991)
Narasimba Rao (dep. 1991)

Indira Gandhi.

Mao Zedong en 1945.

CHINE

République chinoise

Présidents de la République
Sun Yat-sen (1912)
Yuan Shikai (1913-1916)
[Yuan Che-k'ai]

Chine populaire

Présidents de la République
Mao Zedong (1954-1959)
[Mao Tsö-tong]
Liu Shaoqi (1959-1969)
[Lieou Chao-k'i]
La fonction, supprimée lors de la Révolution culturelle, est restaurée en 1983.
Li Xiannian (1983-1988)
[Li Sien-nien]
Yang Shangkun (1988-1993)
[Yang Chang-k'ouen]
Jiang Zemin (dep. 1993)
[Tsiang Tsö-min]

Présidents (ou secrétaires généraux) du parti communiste
Mao Zedong (1949-1976)
[Mao Tsö-tong]
Hua Guofeng (1976-1981)
[Houa Kouo-fong]
Hu Yaobang (1981-1987)
[Hou Yao-pang]
Zhao Ziyang (1987-1989)
[Tchao Tseu-yang]
Jiang Zemin (dep. 1989)
[Tsiang Tsö-min]

JAPON

Empereurs
Taisho-tenno (1912-1926)
e. Taisho
p. Yoshihito
Showa-tenno (1926-1989)
e. Showa
p. Hirohito
Akihito (dep. 1989)
e. Heisei

Premiers ministres
Hara Takashi (1918-1921)
Haratue (1921-1924)
Kato Takaaki (1924-1926)
Wakatsuki Reijiro (1926-1927)
Tanaka Giichi (1927-1929)
Hamaguchi Osachi (1929-1930)
Wakatsuki Reijiro (1930-1931)
Inukai Tsuyoshi (1931-1932)
Takahashi Korekiyo (1932-1936)
Konoe Funimaro (1937-1940)
Tojo Hideki (1940-1944)
Koiso (1944-1945)
Suzuki (1945)
Yoshida Shigeru (1946-1947)
Katayama Tetsu (1947-1948)
Ashida Hitoshi (1948)
Yoshida Shigeru (1948-1954)
Hatoyama Ishiro (1954-1956)
Ishibashi Tanzan (1956-1957)
Kishi Nobusuke (1957-1960)
Ikeda Hayato (1960-1964)
Sato Eisaku (1964-1972)
Tanaka Kakuei (1972-1974)
Miki Takeo (1974-1976)
Fukuda Takeo (1976-1978)
Ohira Masayoshi (1978-1980)
Suzuki Zenko (1980-1982)
Nakasone Yasuhiro (1982-1987)
Takeshita Noboru (1987-1989)
Sosuke Uno (juin-juill. 1989)
Toshiki Kaifu (1989-1991)
Miyazawa Kiichi (1991-1993)
Morihiro Hosokawa (1993-1994)
Tomiichi Murayama (dep. 1994)

IRAN

Les Pahlavi

Reza Shah (1925-1941)
Mohammad Reza (1941-1979)

République islamique

Présidents
Bani Sadr (1980-1981)
Mohammed Ali Radjai (1981)
Ali Khamenai (1981-1989)
Hachemi Rafsandjani (dep. 1989)

ISRAËL

Présidents de la République
Chaïm Weizmann (1948-1952)
Isaac Ben Zvi (1952-1963)
Zalman Shazar (1963-1973)
Ephraïm Katzir (1973-1978)
Yitzhak Navon (1978-1983)
Chaïm Herzog (1983-1993)
Ezer Weizmann (dep. 1993)

Premiers ministres
David Ben Gourion (1948-1953)
Moshe Sharett (1953-1955)
David Ben Gourion (1955-1961)
David Ben Gourion (1961-1963)
Levi Eshkol (1963-1969)
Golda Meir (1969-1974)
Yitzhak Rabin (1974-1977)
Menahem Begin (1977-1983)
Yitzhak Shamir (1983-1984)
Shimon Peres (1984-1986)
Yitzhak Shamir (1986-1992)
Yitzhak Rabin (1992-1995)
Shimon Peres (dep. 1995)

PAKISTAN

Présidents de la République
Iskander Mirza (1956-1958)
Ayyub Khan (1958-1969)
Yahya Khan (1969-1971)
Ali Bhutto (1971-1973)
Chandhri Fazal (1973-1977)
Zia ul-Haq (1978-1988)
Ghulam Ishaq Khan (1988-1993)
Farroq Leghari (dep. 1993)

Les Israéliens Golda Meir et Shimon Peres rencontrent l'Égyptien Anouar el-Sadate en 1978.

AMÉRIQUE

Sur un continent dominé par le big stick (« gros bâton ») de l'Oncle Sam, les États-Unis et le Canada sont les seuls à bénéficier, depuis le début du XXe siècle, d'institutions démocratiques stables. En Amérique latine, au contraire, se succèdent régimes dictatoriaux et tentatives démocratiques, plus ou moins durables, parfois interrompues par des interventions nord-américaines, directes ou indirectes.

Prestation de serment de Bill Clinton, président des États-Unis. *1994.*

ÉTATS-UNIS

Présidents
Thomas Woodrow Wilson (1913-1921)
Warren Harding (1921-1923)
Calvin Coolidge (1923-1929)
Herbert Hoover (1929-1933)
Franklin Truman (1945-1953)
Dwight Eisenhower (1953-1961)
John Kennedy (1961-1963)
Lyndon Johnson (1963-1969)
Richard Nixon (1969-1974)
Gerald Ford (1974-1977)
Jimmy Carter (1977-1981)
Ronald Reagan (1981-1989)
George Bush (1989-1993)
Bill Clinton (dep. 1993)

CANADA

Chef de l'État : souverain britannique

Premiers ministres
Robert Borden (1911-1920)
Arthur Meighen (1920-1921)
William Mackenzie King (1921-1926)
Arthur Meighen (1926)
William Mackenzie King (1926-1930)
Richard Bennett (1930-1935)
William Mackenzie King (1935-1948)
Louis Saint-Laurent (1948-1957)
John George Diefenbaker (1957-1963)
Lester Pearson (1963-1968)
Pierre Elliott Trudeau (1968-1979)
Joe Clark (1979-1980)
Pierre Elliott Trudeau (1980-1984)
Brian Mulroney (1984-1992)
Jean Chrétien (dep. 1992)

MEXIQUE

Présidents de la République
Venustiani Carranza (1917-1920)
Triumvirat : Alvaro Obregón, Plutarco Elias Calles et Adolfo de la Huerta (1920-1924)
Plutarco Elias Calles (1924-1928)
Emilio Portes Gil (1928-1930)
Pascal Ortiz Rubio (1930-1932)
Abelardo Rodriguez (1932-1934)
Lazaro Cardenas (1934-1940)
Manuel Avila Camacho (1940-1946)
Miguel Valdes (1946-1952)
Adolfo Ruiz Corines (1952-1958)
Adolfo Lopez Mateos (1958-1964)
Gustavo Diaz Ordaz (1964-1970)
Luis Etchevarria Alvarez (1970-1976)
José López Portillo (1976-1982)
Miguel de la Madrid Hurtado (1982-1988)
Carlos Salinas de Gortari (1988-1994)
Ernesto Zedillo (dep. 1994)

Le président brésilien Fernando Henrique Cardoso. *1994.*

BRÉSIL

Ire République

Présidents de la République
Epitácio da Silva Pessoa (1919-1922)
Artur da Silva Bernardes (1922-1926)
Washington Luis Pereira de Sousa (1926-1930)

IIe République

Présidents de la République
Getúlio Dornelles Vargas (1930-1945)
José Linhares (1945-1946)
Eurico Gaspar Dutras (1946-1951)
Getúlio Vargas (1951-1954)
João Marques Filho (1954-1955)
Carlos Coimbra da Luz (1955)
Nereu de Oliveira Ramos (1955)
Juscelino Kubitschek de Oliveira (1956-1961)
Jânio da Silva Quadros (1961)
João Marques Goulart (1961-1964)
Humberto de Alencar Castelo Branco (1964-1967)
Arthur da Costa e Silva (1968-1969)
Emilio Garrastazu Medicis (169-1978)
João Baptista Figueiredo (1979-1985)
Tancredo de Almeida Neves (1985)
José Sarney (1985-1989)
Fernando Collor de Mello (1989-1992)
Itamar Fraco (1992-1994)
Fernando Henrique Cardoso (dep. 1994)

AFRIQUE

Les États du Maghreb, longtemps colonisés, ont connu des évolutions politiques différentes. La monarchie chérifienne, qui règne sur le Maroc depuis des siècles, s'oppose à la jeune république algérienne, alliée de l'U.R.S.S. En Afrique noire, des frontières artificielles, issues de la colonisation, séparent une multitude d'États, trop petits et trop instables pour sortir du sous-développement, encore aggravé par la corruption ; le pouvoir appartient la plupart du temps à des dictateurs, révélés par les luttes coloniales et solidement appuyés par leur clan ou leur ethnie d'origine. En Éthiopie, la monarchie chrétienne millénaire a été remplacée par une dictature athée de type communiste.

ALGÉRIE

Gouvernement provisoire de la république algérienne

Présidents
Ferhat Abbas (1958-1961)
Youssef ben Khedda (1961-1962)

République algérienne

Présidents de la République
Ahmed Ben Bella (1963-1965)
coup d'État de Houari Boumedienne
Houari Boumedienne (1965-1978)
Chadli Bendjedid (1979-1992)
Ali Kafi (1992-1994)
Liamine Zeroual (dep. 1994)

ÉGYPTE

Égypte moderne

Fu'ad Ier (1917-1936), sultan, puis roi à partir de 1922.
Farouk Ier (1936-1952)

République d'Égypte

Présidents de la République
Myhammad Néguib (1953-1954)
Gamal Abdel Nasser, Premier ministre (1954), puis président de la République (1956-1970)
Anouar el-Sadate (1970-1981)
Hosni Moubarak (dep. 1981)

ZAÏRE

Présidents de la République
Joseph Kazavubu (1960-1965)
Sese Seko Mobutu (dep. 1965)

Premiers ministres (jusqu'en 1965)
Patrice Lumumba (1960)
Joseph Ileo (1960)
coup d'État de Sese Seko Mobutu
Cyril Adoula (1961-1964)
Moïse Tschombé (1964-1965)
Evariste Kimba (1965)
coup d'État de Sese Seko Mobutu en 1965

Le président zaïrois Mobutu. *1991.*

ÉTHIOPIE

Empire

Zaoditou (1916-1928)
Ras Taffari Makonen, régent (1928-1930), empereur sous le nom de Hailé Sélassié Ier (1930-1974)
occupation italienne (1935-1941)

République

Présidents du Gouvernement provisoire
Michaël Aman Andom (1974)
Teferi Bante (1974-1977)
Mengistu Hailé Mariam (1977-1987)

Président de la République démocratique et populaire
Mengistu Hailé Mariam (1987-1991)
Meles Zenawi (dep. 1991)

Le colonel Chadli, futur président de la République algérienne. *1962.*

MAROC

Souverains
Mohammed V (1957-1961)
Hassan II (dep. 1961)

AFRIQUE DU SUD

Dominion du Commonwealth britannique

Premiers ministres
Jan Christaan Smuts (1919-1924)
James Hertzog (1924-1939)
Jan Christaan Smuts (1939-1948)
Daniel François Malan (1948-1954)
Johannes Gerhardus Strijdom (1954-1958)
Hendrik Frensch Verwoed (1958-1961)

République d'Afrique du Sud

Présidents de la République
Charles-Robert Swart (1961-1967)
Theophilus Ebenhaezer Donges (1967-1968)
Jim Fouché (1968-1975)
Nicolaas Diederichs (1975-1978)
John Balthazar Vorter (1978-1979)
Marais Viljoen (1979-1984)
Pieter Willem Botha (1984-1989)
Chris Heunis (1989)
Frederik W. De Klerk (1989-1994)
Nelson Mandela (dep. 1994)

Premiers ministres
Hendrik Frensch Verwoed (1961-1966)
Balthazar Johannes Vorster (1966-1967)
Pieter Willem Botha (1978-1984)
Fonction supprimée en 1984.

Nelson Mandela et Frederik De Klerk. *1994.*

INDEX

Le corps courant renvoie au texte des articles principaux et l'italique à celui des légendes.

A

B

C

D

E

F

G

H

I

J

K

L

M

N

O

P

Q R

S

T

U

VW

YZ

BIBLIOGRAPHIE

OUVRAGES GÉNÉRAUX

Atlas, dictionnaires et chronologies

Atlas des empires, de Babylone à la Russie soviétique, G. Chaliand, J.-P. Rageau, Payot, 1993.

L'Aventure des idées, éléments d'une chronologie, 1953-87, A. Simonin, *le Débat,* n° 50 (mai-août 1988).

Chronologie des relations internationales, C. Zorgbibe, P.U.F., 1991.

Chronologie illustrée de l'histoire universelle, dir. B. Villerval, Eclectis-Albin Michel, 1992.

Chronologie internationale, 1945-1985, E. Berg, « Que sais-je ? », P.U.F., 1987.

Dictionnaire de géopolitique, Y. Lacoste, Flammarion, 1993.

Dictionnaire encyclopédique d'histoire, M. Mourre, Bordas, 1986.

Grand atlas historique, dir. G. Duby, Larousse, 1995.

L'Histoire au jour le jour, 1944-1991, dir. P. Eveno, Le Monde, 1991.

Histoire de l'humanité, dir. P. Vidal-Naquet, Hachette, 1986.

Le Journal de l'année, Larousse (chaque année).

Histoire du monde

L'Art contemporain depuis 1945, J.-L. Pradel, Bordas, 1992.

L'État de la France et de ses habitants, dir. M. Verdié, La Découverte, 1990.

L'État des religions dans le monde, dir. M. Clévenot, Le Cerf, 1988.

L'État du monde, La Découverte (chaque année).

Le Fait religieux, dir. Jean Delumeau, Fayard, 1993.

Histoire de l'art, Gombrich, Flammarion, 1990.

Histoire de l'art, Châtelet et Groslier, Larousse, 1991.

Histoire de la vie privée, dir. G. Duby, Seuil, 1985.

Histoire des femmes, dir. G. Duby, M. Perrot, Plon, 1991.

Histoire diplomatique de 1919 à nos jours, J.-B. Duroselle, Dalloz, 1992.

Histoire du xxe siècle, S. Bernstein, P. Milza, Hatier, 1985-1987.

Le Monde depuis 1945, M. Crouzet, P.U.F., 1973.

Le Monde et son histoire, dir. M. Meuleau, Bouquins/Laffont, 1990.

Rapport annuel mondial sur les systèmes économiques et les stratégies, dir. Th. de Montbrial, IFRI/Dunod.

Rapport mondial sur le développement humain, Economica, 1994.

Le xxe siècle de 1914 à nos jours, R. Rémond, Seuil, 1974.

OUVRAGES THÉMATIQUES

Afrique

M. Cornevin, *Histoire de l'Afrique contemporaine de la Seconde Guerre mondiale à nos jours,* Payot, 1972.

S. Goumeziane, *le Mal algérien,* Fayard, 1994.

Ch. A. Julien, *Histoire de l'Algérie contemporaine,* P.U.F., 1968.

J. Ki-Zerbo, *Histoire de l'Afrique noire,* Hatier, 1978.

E. M'Bokolo, *l'Afrique au xxe siècle, le continent convoité,* Seuil, 1985.

J. Ziegler, *le Pouvoir africain,* Seuil, 1979.

Amérique

D. Arthaud, A. Kaspi, *Histoire des États-Unis,* Colin, 1985.

O. Dabène, *l'Amérique latine au xxe siècle,* Colin, 1994.

C. Fohlen, *la Société américaine, 1865-1970,* Arthaud, 1973.

A. Kaspi, *les Américains,* « Points », Seuil, 1986.

P. Melandri, *Histoire des États-Unis depuis 1865,* Nathan, 1989.

H. Rivière d'Arch (dir.), *l'Amérique du Sud aux xixe et xxe siècles,* Colin, 1993.

Asie

F. Abbad, *Histoire du Japon, 1868-1945,* Colin, 1992.

L. Bianco, *la Chine,* « Domino », Flammarion, 1994.

L. Bianco, *les Origines de la Révolution chinoise, 1915-1949,* Gallimard, 1975.

J. Chesneau, *l'Asie orientale aux xixe et xxe siècles,* P.U.F., 1971.

A. Daniélou, *Histoire de l'Inde,* Fayard, 1983.

A. Duret, *le Moyen-Orient, crises et enjeux,* Le Monde-Marabout, 1994.

F. Hérail, *Histoire du Japon,* Horvath, 1990.

P. Lorot, T. Schwob, *Singapour, Taiwan, Hongkong, Corée du Sud : les nouveaux conquérants ?,* Hatier, 1988.

E. O. Reischauer, R. Dubreuil, *Histoire du Japon et des Japonais,* Seuil, 1975.

M. Tréguier, *Guerres et paix au Moyen Orient,* Hatier, 1993.

Europe

M. Agulhon, A. Nouschi, *la France de 1940 à nos jours,* Nathan, 1971.

R. Aron, *Dix-Huit Leçons sur la société industrielle,* Gallimard, 1986.

E. Barnavi, *Histoire universelle des Juifs,* Hachette, 1988.

J.-F. Battail, R. Boyer, V. Fournier, *les Sociétés scandinaves de la Réforme à nos jours,* P.U.F., 1992.

J.-J. Becker, *Histoire politique de la France depuis 1945,* Colin, 1988.

J.-J. Becker, S. Berstein, *Victoire et frustrations, 1914-1929,* Seuil, 1990.

F. Bédarida, *le Génocide et le nazisme,* Presse-Pocket, 1992.

F. Bédarida, *la Société anglaise du milieu du xixe siècle à nos jours,* Seuil, 1990.

C. Brice, *Histoire de l'Italie,* Hatier, 1992.

D. Borne, *Histoire de la société française depuis 1945,* Colin, 1992.

J. Boudant, M. Gounelle, *les Grandes Dates de l'Europe communautaire,* Larousse, 1989.

H. Carrère d'Encausse, *le Grand Frère,* Fayard, 1983.

H. Carrère d'Encausse, *Lénine, la Révolution et le pouvoir,* Flammarion, 1979.

J. Chapsal, *la Vie politique sous la Ve République,* P.U.F., 1987.

T. Charmasson, A.-M. Lelorrain, M. Sonnet, *Chronologie de l'histoire de France,* P.U.F., 1994.

S. Cosseron, P. Favergeon, *l'Europe de 1815 à nos jours,* La Manufacture, 1991.

M. Crozet, *l'Économie mondiale de 1945 à nos jours,* Hachette, 1993.

F. Delalouche (dir.), *Histoire de l'Europe,* Hachette, 1992.

F.-G. Dreyfus, *Histoire de l'Allemagne,* Livre de poche, 1995.

H. Dubief, D. Borne, *le Déclin de la IIIe République, 1929-1938,* Seuil, 1975.

G. Duby (dir.), *Histoire de France,* Larousse, 1991.

G. Duby, R. Mandrou, J.-F. Sirinelli, *Histoire de la civilisation française,* Colin, 1984.

O. Duhamel, *les Démocraties, régimes, histoire, exigences,* Seuil, 1993.

G. Dupeux, *la Société française, 1789-1970,* Colin, 1974.

Y. Durand, *la France dans la Deuxième Guerre mondiale, 1939-1945,* Colin, 1989.

J.-G. Elgey, *Histoire de la IVe République,* t. I, *la République des illusions, 1944-1951,* t. II, *la République des contradictions, 1951-1954,* Fayard, 1968.

J. Favier (dir.), *Histoire de France,* t. VI, R. Rémond et J.-F. Sirinelli, *Notre siècle, 1918-1988,* Fayard, 1988.

F. Fejtö, *Histoire des démocraties populaires,* Seuil, 1969-1972.

M. Ferro, *Histoire des colonisations, Des conquêtes aux indépendances,* Seuil, 1994.

M. Ferro, R. Girault, *De la Russie à l'U.R.S.S., Histoire de la Russie de 1850 à nos jours,* Nathan, 1989.

A. Fontaine, *Histoire de la guerre froide,* Seuil, 1983.

J. Fourastié, *les Trente Glorieuses,* Fayard, 1979.

R. Girault, R. Frank, *Turbulente Europe et nouveaux mondes, 1914-1941,* Masson, 1988.

R. Grousset, *l'Empire des steppes,* Payot, 1984 ; *Histoire de l'Arménie,* Payot, 1989.

A. Guillaume, *l'Irlande : une ou deux nations ?,* P.U.F., 1987.

P. Guillaume, *le Monde colonial,* xixe-xxe, Colin, 1974.

R. Hilberg, *la Destruction des Juifs d'Europe,* Fayard, 1988.

J. Julliard, *Vie et mort de la IVe République,* Calmann-Lévy, 1968.

B. Kerblay, *la Russie de Gorbatchev,* la Manufacture, 1988.

E. Kogon, H. Langbein, A. Ruckerl, *les Chambres à gaz, secret d'État,* Seuil, 1984.

A. Kriegel, *les Internationales ouvrières , 1864-1943,* « Que sais-je ? », P.U.F., 1975.

M. Laran, J.-L. Van Regemorter, *Russie-U.R.S.S., 1870-1986,* Masson, 1988.

A.-M. Le Gloannec, *Un mur à Berlin,* Complexe, 1991.

P. Léon, *Histoire économique et sociale du monde,* t. V, dir. G. Dupeux, *Guerre et crise, 1914-1947,* Colin, 1982.

Y. Lequin (dir.), *Histoire des Français,* xixe-xxe *siècle,* Colin, 1983-1984.

J. Maitron (dir.), *Dictionnaire biographique du mouvement ouvrier français,* Éditions ouvrières, 1969-1993.

G. Martinet, *les Cinq Communismes,* Seuil, 1971.

R. Marx, *De l'Empire au Commonwealth, 1850-1994,* Ophrys, 1994.

P. Masson, *la Seconde Guerre mondiale,* Larousse, 1992.

J. Maurice, *l'Espagne au xxe siècle,* Hachette, 1992.

B. Michel, *Nations et nationalités en Europe centrale aux xixe et xxe siècles,* Aubier, 1995.

M. Michel, *Décolonisation et émergence du Tiers-Monde,* Hachette, 1993.

J.-L. Miege, *l'Expansion européenne et la décolonisation de 1870 à nos jours,* P.U.F., 1973.

P. Milza, J. Benteli, *les Fascismes,* Imprimerie nationale, 1985.

H. Neant, *la Politique en France,* xixe-xxe *siècle,* Hachette, 1991.

J. Néré, *les Crises économiques du xxe siècle,* Colin, 1989.

P. Nora, *les Lieux de mémoire,* Gallimard, 1984-1993.

R. O. Paxton, *la France de Vichy, 1940-1945,* Seuil, 1973.

Perville, *De l'Empire français à la décolonisation,* Hachette, 1991.

S. Romano, *Histoire de l'Italie du Risorgimento à nos jours,* Seuil, 1977.

J.-P. Rioux, *la France de la IIIe République,* Seuil, 1983.

P. Rosanvallon, *Histoire du suffrage universel en France,* Gallimard, 1992.

J. Rouan, *Histoire de l'Allemagne,* Seuil, 1993.

J.-F. Sirinelli, *Dictionnaire historique de la vie politique française au xxe siècle,* P.U.F., 1995.

E. Termine, A. Broder, G. Chastagnaret, *Histoire de l'Espagne contemporaine,* Aubier, 1989.

N. Werth, *Histoire de l'Union soviétique, de l'Empire russe à la C.E.I.,* P.U.F., 1992.

X. Yacono, *Histoire de la colonisation française,* « Que sais-je ? », P.U.F., 1988.

S. Yerasimos, *les Turcs,* Autrement, 1994.

Th. Zeldin, *Histoire des passions françaises,* Encre, 1979.

TABLE DES MATIÈRES

TABLE DES MATIÈRES

TABLE DES MATIÈRES

TABLE DES MATIÈRES

CRÉDITS PHOTOGRAPHIQUES

p. IX, Charmet J.-L. p. X, E.T. Archive. p. XI, Jourdes B. p. XII, Charmet J.-L. p. XIIIh, Photothèque Citroën. p. XIIIb, Nogues A. - Sygma. p. XIV, Smith G. - Liaison / Sygma. p. XV, Charmet J.-L. p. XVI, Spengler C. - Sygma. p. 1, Josse H. p. 2, Kharbine Tapabor. p. 2-3, Kharbine Tapabor. p. 3, Edimedia. p. 4-5, Tallandier. p. 5, Charmet J.-L. p. 6, Charmet J.-L. p. 7g, Kharbine Tapabor. p. 7d, Charmet J.-L. p. 8, Petzold. p. 8-9h, Petzold. p. 8-9b, Petzold. © S.P.A.D.E.M., Paris, 1995. p. 9hg, Petzold. p. 9hd, Pasquier - Rapho. p. 9b, Petzold. © S.P.A.D.E.M., Paris, 1995. p. 10h, Top. p. 11, Novosti. p. 12h, Coll. Larousse. p. 12b, Charmet J.-L. p. 13, L'Illustration - Sygma. p. 14g, Charmet J.-L. p. 14d, Tallandier. p. 15, Edimedia. p. 16, Harlingue - Roger-Viollet. p. 16-17, Dagli Orti G. p. 17, Boyer - Roger-Viollet. p. 18, Dagli Orti G. © A.D.A.G.P., Paris, 1995. p. 18-19h, Charmet J.-L. © A.D.A.G.P., Paris, 1995. p. 18-19b, The Kobal Collection. p. 19h, Charmet J.-L. p. 19b, Bulloz. © S.P.A.D.E.M., Paris, 1995. p. 20h, Charmet J.-L. p. 20b, Charmet J.-L. p. 21, Peter Newark's American Pictures. p. 22, The Granger Collection, New York. p. 23g, The Granger Collection, New York. p. 23d, The Granger Collection, New York. p. 24, The Granger Collection, New York. p. 24-25, The Granger Collection, New York. p. 25, U.P.I. - Bettmann Archive. p. 26g, Bettmann Archive. p. 26d, Edimedia. p. 27, U.P.I. - Bettmann Archive. p. 28, Bettmann Archive. p. 28-29b, Bettmann Archive. p. 28-29h, Coll. PROD/ DB. p. 29b, Coll. PROD/DB. p. 29h, Coll. PROD/DB. p. 29m, Coll. PROD/DB. p. 30, Charmet J.-L. p. 30-31, L'Illustration - Sygma. p. 32g, Edimedia. p. 32d, Charmet J.-L. p. 33, Roger-Viollet. p. 34, Lessing E. - Magnum. p. 34-35, Roger-Viollet. p. 35, Edimedia. p. 36, Edimedia. p. 36-37, APN. p. 37, APN. p. 38h, Edimedia. p. 38b, Edimedia. © A.D.A.G.P., Paris, 1995. p. 38-39, Giraudon. D.R. p. 39h, Lessing E. - Magnum. p. 39g, Edimedia. p. 39b, Scala. p. 40, Dagli Orti G. D.R. p. 41, Kharbine Tapabor. p. 42, Kharbine Tapabor. p. 42-43, Charmet J.-L. p. 43, Josse H. p. 44, Charmet J.-L. p. 44-45, Charmet J.-L. p. 45, Charmet J.-L. p. 46g, Charmet J.-L. p. 46d, Dagli Orti G. © A.D.A.G.P., Paris, 1995. p. 47h, Kharbine Tapabor. p. 47b, Josse H. © A.D.A.G.P., Paris, 1995. p. 48h, Loiseau M. - Archipress. © S.P.A.D.E.M., Paris, 1995. p. 48b, Sully-Jaulmes L. - Musée des Arts décoratifs, Paris. © S.P.A.D.E.M., Paris, 1995. p. 48-49, Sully-Jaulmes L. - Musée des Arts décoratifs, Paris. D.R. p. 49bg, Dagli Orti G. D.R. p. 49bd, Guillemot R./ C.D.A - Edimedia. © S.P.A.D.E.M., Paris, 1995. p. 49h, Musée des Arts décoratifs, Paris. D.R. p. 50, Charmet J.-L. p. 51b, Kharbine Tapabor. p. 51h, Charmet J.-L. p. 52-53, Charmet J.-L. p. 53, Charmet J.-L. p. 54, E.T. Archive. p. 54-55, Hulton Dutsch Coll. - Sipa Press. p. 55, Charmet J.-L. p. 56d, E.T. Archive. p. 56g, Charmet J.-L. p. 57, Kharbine Tapabor. p. 58g, Kharbine Tapabor. p. 58d, Mary Evans Pict. Lby. p. 58-59, Dagli Orti G. p. 58-59b, Fawcett Lby - Mary Evans Pict. Lby. p. 59h, E.T. Archive. p. 59bd, L'Illustration - Sygma. p. 60h, Charmet J.-L. p. 60b, Charmet J.-L. p. 61, Lessing E. - Magnum. © A.D.A.G.P., Paris, 1995. p. 62, Harlingue-Viollet - Roger-Viollet. p. 63, Charmet J.-L. p. 64g, Collection Ringart. p. 64-65d, Charmet J.-L. p. 65, Collection Ringart. p. 66b, Roger-Viollet. p. 66-67h, L'Illustration - Sygma. p. 67, Charmet J.-L. p. 68g, Boyer-Viollet - Roger-Viollet. p. 68-69h, Jobin - ANA. p. 68-69b, Jobin - ANA. p. 69h, Harlingue - Roger-Viollet. p. 69bg, Lénars C. p. 69bd, Lénars C. p. 70g, Roger-Viollet. p. 70-71d, Harlingue - Roger-Viollet. p. 71, Kharbine Tapabor. p. 72-73b, Musée Albert Kahn, Boulogne. p. 72g, Collection Ringart. p. 73, Harlingue - Roger-Viollet. p. 74g, Edimedia. p. 74-75d, Charmet J.-L. p. 75, Hulton-Deutsch - Sipa Press. p. 76-77g, Charmet J.-L. p. 76-77d, L'Illustration - Sygma. p. 77, Charmet J.-L. p. 78g, Kiessling H. - Bauhaus-Archiv, Museum für Gestaltung, Berlin. © A.D.A.G.P., Paris, 1995. p. 78h, Kunstsammlungen zu Weimar. p. 78-79b, Atelier Schneider - Bauhaus-Archiv, Museum für Gestaltung, Berlin. p. 79hg, Bartsch H.-J. - Bauhaus-Archiv, Museum für Gestaltung, Berlin. p. 79hd, AKG, Berlin. p. 79b, Lepkowski G. - Bauhaus-Archiv, Museum für Gestaltung, Berlin. p. 80, M.N.A.M. - Centre G.-Pompidou, Paris. © A.D.A.G.P., Paris, 1995. p. 81, The Granger Collection, New York. p. 82, Dagli Orti G. p. 83d, Charmet J.-L. p. 83g, Charmet J.-L. p. 84, Collection Ringart. p. 84-85, Hulton Deutsch - Sipa Press. p. 85h, Kharbine Tapabor. p. 85b, Charmet J.-L. p. 86g, AKG, Berlin. p. 86d, AKG, Berlin - Edimedia. © A.D.A.G., Paris, 1995. p. 87, Kharbine Tapabor. p. 88, Edimedia. p. 88-89h, Hulton Deutsch - Sipa Press. p. 88-89b, Archive Photos. p. 89h, Archive Photos. p. 89b, U.P.I. - Bettmann Archive. p. 90, Hulton Deutsch - Sipa Press. p. 90-91, Charmet J.-L. p. 91, Hulton Deutsch - Sipa Press. p. 92, Collection Ringart. p. 92-93, Collection Ringart. p. 93, Mary Evans Pict. Lby. p. 94, Edimedia. p. 95g, APN/Novosti - Gamma. p. 95d, Kharbine Tapabor. p. 96-97, Roger-Viollet. p. 96, Charmet J.-L. p. 97, Charmet J.-L. p. 98, Reichel J.-N. - Top. p. 98-99h, Kharbine Tapabor. p. 98-99b, Collection Ringart. p. 99hg, Collection Ringart. p. 99hd, Charmet J.-L. p. 99b, Sioen G. - Top. p. 100, Archive Photos. p. 101, Charmet J.-L. p. 102-103d, Michaud R. et S. - Rapho. p. 102g, Charmet J.-L. p. 103, Sygma - Keystone l'Illustration. p. 104g, Harlingue - Roger-Viollet. p. 104-105, Dagli Orti G. p. 105, Roger-Viollet. p. 106g, Passet S. - Coll. Albert Kahn. p. 106-107d, Sygma - Keystone l'Illustration. p. 108hg, Dumas R. - Coll. Albert Kahn. p. 108-109h, Sygma - Keystone l'Illustration. p. 108-109b, Charmet J.-L. p. 108-109m, Dumas R. - Coll. Albert Kahn. p. 109h, Charmet J.-L. © S.P.A.D.E.M. - 1995. p. 109b, Edimedia. p. 110g, Harlingue - Roger-Viollet. p. 110-111d, Archive Photos. p. 111, Edimedia. p. 112g, Courau J.-P. - Explorer. p. 112d, Sygma - Keystone l'Illustration. p. 113g, Sygma - Keystone l'Illustration. p. 113d, Keystone. p. 114g, Sygma - Keystone l'Illustration. p. 114-115d, Gadmer F. - Coll. Albert Kahn. p. 115, Sygma - Keystone l'Illustration. p. 116, Sygma - Keystone l'Illustration. p. 117h, Sygma - Keystone l'Illustration. p. 117b, Léon A. - Coll. Albert Kahn. p. 118m, Charmet J.-L. p. 118-119m, Charmet J.-L. p. 118-119h, Coll. Albert Kahn. p. 118b, Charmet J.-L. p. 119h, Charmet J.-L. p. 119m, Gadmer F. - Coll. Albert Kahn. p. 119b, Keystone. p. 120, Daniel Bouteiller, TCD. p. 121, Coll. Cilarc / Gamma. p. 122g, Camera Press - Imapress. p. 122d, Gesgon A. - Cirip. p. 122-123, L'Illustration - Sygma. p. 123, Charmet J.-L. p. 124h, Coll. Cilarc - Gamma. p. 124b, Bildarchiv Preussischer Kulturbesitz. p. 125, Coll. Cilarc - Gamma. p. 126, Bildarchiv Preussischer Kulturbesitz. p. 126-127, L'Illustration - Sygma. p. 127, Gesgon A. - Cirip. p. 128h, Kharbine Tapabor. p. 128b, Collection Ringart. p. 128-129, Coll. Larousse. p. 129b, L'Illustration - Sygma. p. 129m, Kharbine Tapabor. p. 129h, Bildarchiv Preussischer Kulturbesitz. p. 130, Dagli Orti G. p. 130-131, L'Illustration - Sygma. p. 131, Aigner L. - ANA. p. 132, L'Illustration - Sygma. p. 132-133, Roger-Viollet. p. 133, Edimedia. p. 134, Edimedia. © Condé Nast Publications Inc. p. 135b, Dagli Orti G. p. 135h, L'Illustration - Sygma. p. 136, Edimedia. © A.D.A.G.P., Paris 1995. p. 137, Bettmann Archive. p. 138h, D.R. © DC Comics. p. 138b, D.R. © King Features Syndicate. p. 138-139h, D.R. © Edgar Rice Burroughs Inc. p. 138-139b, D.R. © DC Comics. p. 139b, D.R. © Tribune Media Services. p. 139h, D.R. © King Features Syndicate. p. 140h, Kharbine Tapabor. p. 140b, Kharbine Tapabor. p. 141, Seymour D. - Magnum. p. 142, Charmet J.-L. p. 143g, Josse H. © A.D.A.G.P., Paris, 1995. p. 143d, Collection Ringart. p. 144g, Capa R. - Magnum. p. 144-145d, Seymour D. - Magnum. p. 145d, Gesgon A. - Cirip. A.D.A.G.P. p. 146g, Seymour D. - Magnum. p. 146d, Gesgon A. - Cirip. p. 147, Keystone. p. 148hg, Cartier-Bresson H. - Magnum. p. 148-149m, Dazy E. - Explorer. p. 148-149h, Sygma - Keystone l'Illustration. p. 148b, Aigner L. - ANA. p. 149h, Doisneau R. - Rapho. p. 149b, Keystone. p. 150, Edimedia. p. 151h, Charmet J.-L. p. 151bd, Collection Ringart. p. 152bg, AKG, Berlin. p. 152hd, Edimedia. p. 153h, Charmet J.-L. p. 153bg, Edimedia. p. 154g, Gesgon A. - Cirip. p. 154d, Sygma - Keystone l'Illustration. p. 155, Capa R. - Magnum. p. 156h, Gesgon A. - Cirip. p. 156b, Capa R. - Magnum. p. 157, Charmet J.-L. p. 158hg, Wyatt A.-J. - Coll. Larousse. © A.D.A.G.P., Paris, 1995. p. 158b, Capa R. - Magnum. p. 158-159h, Snark - Edimedia. p. 158-159b, Giraudon. © S.P.A.D.E.M., Paris, 1995. p. 159h, Sygma - Keystone l'Illustration. p. 159m, Edimedia. © A.D.A.G.P., Paris, 1995. p. 160, Daniel Bouteiller, TCD. p. 161, Tallandier. p. 162, Gesgon A. - Cirip. © S.P.A.D.E.M., Paris, 1995. p. 162-163, L'Illustration - Sygma. p. 163, Gesgon A. - Cirip. p. 164, Jonas - Kharbine Tapabor. p. 164-165, Réunion des Musées nationaux, Paris. p. 165, Charmet J.-L. p. 166, Réunion des Musées nationaux, Paris. p. 166-167, Charmet J.-L. p. 167, Charmet J.-L. p. 168h, Gesgon A. - Cirip. p. 168b, Gesgon A. - Cirip. p. 168-169h, Gesgon A. - Cirip. p. 168-169m, Gesgon A. - Cirip. p. 169b, Gesgon A. - Cirip. p. 169hd, Gesgon A. - Cirip. p. 169hg, Gesgon A. - Cirip. p. 170, Edimedia. p. 170-171, L'Illustration - Sygma. p. 171, Lapi - Roger-Viollet. p. 172, Süddeutscherverlag Bilderdienst. p. 172-173, U.P.I. - Bettmann Archive. p. 173, Edimedia. © A.D.A.G.P., Paris, 1995. p. 174, AKG, Berlin. p. 174-175, AKG, Berlin. p. 175, Süddeutscherverlag Bilderdienst. p. 176-177, Bildarchiv Preussischer Kulturbesitz. p. 177, Keystone. p. 178, Gesgon A. - Cirip. p. 178-179h, Keystone. p. 178-179b, Charmet J.-L. p. 179b, Roger-Viollet. p. 179m, Kharbine Tapabor. p. 179h, Charmet J.-L. p. 180h, Kharbine Tapabor. p. 180b, Kharbine Tapabor. p. 181, Goursat J.-G. - Rapho. p. 182g, Ferry S. Liaison - Gamma. p. 182-183d, Keystone. p. 183, Gesgon A. - Cirip. p. 184, Edimedia. p. 185h, Jaeger H. - Time-Life Picture Agency. p. 185b, Black-Star - Rapho. p. 186g, Sygma - Keystone l'Illustration. p. 186-187d, Seruzier - Rapho. p. 187, Sygma - Keystone l'Illustration. p. 188-189h, Edimedia. p. 188-189m, AKG, Berlin. p. 188-189b, Edimedia. p. 189mg, Dagli Orti G. p. 189h, Charmet J.-L. © A.D.A.G.P., Paris, 1995. p. 189b, Sygma - Keystone l'Illustration. p. 190-191d, AFP. p. 190g, De Sazo - Rapho. p. 191, Coll. Larousse. p. 192m, Steinlen J.-M. - Explorer. p. 192-193b, Keystone. p. 193, Black-Star - Rapho. p. 194g, Imapress. p. 194-195d, Edimedia. p. 195, Imapress. p. 196g, Keystone. p. 196d, Sygma - Keystone l'Illustration. p. 197, Charmet J.-L. p. 198m, Keystone. p. 198-199h, Keystone. p. 198bg, Gesgon A. - Cirip. p. 198-199b, Royal Collection H.M., Londres. p. 199h, Keystone. p. 199b, Sygma - Keystone l'Illustration. p. 200, Sygma - Keystone l'Illustration. p. 201, Kharbine Tapabor. p. 202, Tallandier. p. 203h, Tallandier. p. 203b, Gesgon A. - Cirip. p. 204g, Tallandier. p. 204-205d, Tallandier. p. 205, Charmet J.-L. p. 206g, Roger-Viollet. p. 206-207b, Sygma - Keystone l'Illustration. p. 207, Dagli Orti G. p. 208g, Gamma. p. 208b, Charmet J.-L. p. 208-209h, AKG, Berlin. p. 209hg, Bildarchiv Preussischer Kulturbesitz. p. 209d, Zucca A. p. 209bg, Tallandier. p. 210g, Sygma - Keystone l'Illustration. p. 210-211d, Gesgon A. - Cirip. p. 211, AKG, Berlin. p. 212, Josse H. © S.P.A.D.E.M., Paris, 1995. p. 213, Sygma - Keystone l'Illustration. p. 214g, Lapi-Viollet - Roger-Viollet. p. 214-215d, Keystone. p. 215, Charmet J.-L. p. 216, Namur G. - Explorer. p. 217, Charmet J.-L. p. 218h, Tallandier. p. 218bg, Steinlein J.-M. - Explorer. p. 219h, Séruzier J.-G. - Rapho. p. 219b, Gesgon A. - Cirip. p. 220, Charmet J.-L. p. 221, Keystone. p. 222g, Archive Photos. p. 222d, Kharbine Tapabor. p. 223, AKG, Berlin. p. 224, Paris-Match. p. 225, Josse H. p. 226g, Ullstein-Bilderdienst. p. 226h, Imapress. p. 226-227b, Kessel D. - Time-Life Picture Agency. p. 227, Keystone. p. 228-229h, Gamma. p. 228m, Keystone. p. 228-229b, Sygma - Keystone l'Illustration. p. 229h, Imapress. p. 229b, Dagli Orti G. p. 230g, Edimedia. p. 230-231d, Rodger G. - Magnum. p. 231, Rodger G. - Magnum. p. 232h, Imapress. p. 232-233b, Imapress. p. 233, Edimedia. p. 234g, Gesgon A. - Cirip. p. 234-235d, Imapress. p. 235, Gesgon A. - Cirip. p. 236h, Boyer - Roger-Viollet. p. 236-237b, Roger-Viollet. p. 237, Keystone. p. 238g, Gesgon A. - Cirip. p. 238h, Gesgon A. - Cirip. p. 238b, Tweedy - Sipa Press. © A.D.A.G.P., Paris, 1995. p. 239hg, ET Ciné-Armées - Tallandier. p. 239b, U.S. Office of War Information - Tallandier. p. 239hd, Charmet J.-L. p. 240h, Bouteiller D., TCD. p. 240b, Bouteiller D., TCD. p. 241, Depardon R. - Magnum. p. 242, Baitel E. et Landmann P. - Gamma. p. 243g, Dagli Orti G. p. 243hd, Keystone. p. 244h, Tallandier. p. 244-245b, Camera Press - Imapress. p. 245, Tallandier. p. 246g, Camera Press - Imapress. p. 246-247d, Depardon R. - Magnum. p. 247, Tallandier. p. 248m, Joubert L. - Tallandier. p. 248b, Archives du C.D.J.C., Paris. p. 248-249h, Tallandier. p. 249h, Archives du C.D.J.C., Paris. p. 249m, Archives du C.D.J.C., Paris. p. 249b, Archives du C.D.J.C., Paris. p. 250g, Imperial War Museum, Londres. p. 251, Camera Press - Imapress. p. 252g, Coll. Larousse. p. 252-253d, Camera Press - Imapress. p. 253, Capa R. - Magnum. p. 254g, Trankham Mikhail - Magnum. p. 254-255d, Novosti. p. 255, B.D.I.C. - Coll. Larousse. p. 256g, Alinari - Giraudon. © S.P.A.D.E.M., Paris, 1995. p. 256-257d, Baltermants Dimitri - Magnum. p. 257, Edimedia. p. 258-259h, Centre culturel américain - Coll. Larousse. p. 258g, Bildarchiv Preussischer Kulturbesitz. p. 258-259b, Camera Press - Imapress. p. 259h, AKG, Berlin. p. 259m, Jaeger Hugo - Time-Life Picture Agency. p. 259b, Bildarchiv Preussischer Kulturbesitz. p. 260, Lauros - Giraudon. © S.P.A.D.E.M., Paris, 1995. p. 261, Camera Press - Imapress. p. 262g, Charmet J.-L. p. 262-263d, Owen DB - Rapho. p. 263, Usis - DITE. p. 264g, Usis - DITE. p. 264-265b, Usis - DITE. p. 265, Gamma. p. 266-267d, Gamma. p. 267, Gesgon A. - Cirip. p. 268mg, Keystone. p. 268b, Keystone. p. 268-269h, Usis - DITE. p. 268-269d, Keystone. p. 269h, Usis - DITE. p. 269b, Gamma. p. 270, IPS - DITE. p. 271h, Keystone. p. 271b, Edimedia. p. 272g,

Gamma. p. 272-273h, Teliatnikow - Sipa Press. p. 273h, IPS - DITE. p. 273b, IPS - DITE. p. 274b, Rosenthal Joe - Imapress. p. 274md, Gamma. p. 275, Smith Eugene - Magnum. p. 276g, Keystone. p. 276-277d, Gamma. p. 277, Holmes-Lebel - Imapress. p. 278h, Young - Archive Photos. p. 278bg, Griffiths P.-J. - Magnum. p. 278-279b, Shunkichi Kikuchi - Magnum. p. 279hg, Keystone. p. 279md, Smith Eugene - Magnum. p. 279b, Miller Wayne - Magnum. p. 280b, Doisneau R. - Rapho. p. 280h, CCI Centre Georges-Pompidou, Paris. © A.D.A.G.P., Paris, 1995. p. 281, Capa R. - Magnum. p. 282, AKG, Berlin. p. 282-283, Haas E. - Magnum. p. 283, I.P.S. - DITE. p. 284, Edimedia. p. 284-285, Cartier-Bresson H. - Magnum. p. 285, Keystone. p. 286, Keystone. p. 286-287, Camera Press - Imapress. p. 287, Gesgon A. - Cirip. p 288h, Lessing E. - Magnum. p. 288b, I.P.S. - DITE. p. 288-289, L'Illustration - Sygma. p. 289h, L'Illustration - Sygma. p. 289b, Keystone. p. 289m, Keystone. p. 290, Coll. Viollet - Roger-Viollet. p. 290-291, Rodger G. - Magnum. p. 291, Gesgon A. - Cirip., D.R. p. 292h, Nilsson L. - Rapho. p. 292b, Edimedia. p. 292-293, Keystone. p. 293, Roger-Viollet. p. 294, Gesgon A. - Cirip. p. 294-295, Hulton Deutsch - Sipa Press. p. 295, Keystone. p. 296g, Charmet J.-L. p.296d, L'Illustration - Sygma. p. 297, Gesgon A. - Cirip. p. 298-299b, Charmet J.-L. p. 298, Camera Press - Imapress. p. 298-299h, L'Illustration - Sygma. p. 299h, L'Illustration - Sygma. p. 299b, L'Illustration - Sygma. p. 300mh, Coll. Christophe L., D.R. p. 300b, L'Illustration - Sygma. p. 301, Charmet J.-L. p. 302, Cartier-Bresson H. - Magnum. p. 303, Cartier-Bresson H. - Magnum. p. 304b, Sygma - Keystone, l'Illustration. p. 304-305h, Charmet J.-L. p. 305, Keystone. p. 306g, Coll. Albert Kahn. p. 306-307d, Darbois D. - Edimages. p. 307, Cartier-Bresson H. - Magnum. p. 308-309h, Daniel Bouteiller, TCD. p. 308m, Kharbine Tapabor. p. 308bg, Bartholomew/Liaison - Gamma. p. 308-309b, Edimedia. p. 309h, Kharbine Tapabor. p. 309b, Cartier-Bresson H. - Magnum. p. 310, Gesgon A. - Cirip. p. 311h, Keystone. p. 311b, Keystone. p. 312g, Keystone. p. 312d, Sygma - Keystone, l'Illustration. p. 313, Keystone. p. 314g, Charmet J.-L. p. 314-315d, Sygma - Keystone, l'Illustration. p. 315, Charmet J.-L. p. 316-317d, Snark - Edimedia. p. 317, Charmet J.-L. p. 318g, Vioujard C. - Gamma. p. 318-319h, Charmet J.-L. p. 318-319b, Charmet J.-L. p. 319h, Edimedia. p. 319b, Gesgon A. - Cirip. p. 320d, Coll. Larousse. p. 320g, Sygma - Keystone, l'Illustration. p. 321, Capa R. - Magnum. p. 322, AKG, Berlin. p. 322-323, Edimedia. p. 323, Keystone. p. 324, Keystone. p. 324-325, Keystone. p. 325, Gesgon A. - Cirip. p. 326-327, Lorette P. - Gamma. p. 327, Edimedia. p. 328, Burri R. - Magnum. p. 328-329h, U.P.I. - Bettman Archive. p. 328-329m, Josse H. © S.P.A.D.E.M., Paris, 1995. p. 329h, Keystone. p. 329m, Keystone. p. 329b, AKG, Berlin. p. 330, U.P.I. - Bettman Archive. p. 330-331, Bettman Archive. p. 331, Roger-Viollet. p. 332, Burri R. - Magnum. p. 332-333h, Burri R. - Magnum. p. 332-333b, Keystone. p. 333, Capa R. - Magnum. p. 334, Edimedia. p. 335h, Capa R. - Magnum. p. 335b, l'Illustration - Sygma. p. 336, Keystone. p. 336-337, Lessing E. - Magnum. p. 337, Capa R. - Magnum. p. 338b, Gesgon A. - Cirip. p. 338h, L'Illustration - Sygma. p. 338-339, Seymour D. - Magnum. p. 339hg, Keystone. p. 339hd, Capa R. - Magnum. p. 339b, Seymour D. - Magnum. p. 340h, Coll. Christophe L. p. 340b, Serraillier - Rapho. © S.P.A.D.E.M., Paris, 1995. p. 341, Lessing E. - Magnum. p. 342g, Riboud M. - Magnum. p. 342-343d, Baltermans D. - Magnum. p. 343, Novosti - Sipa Press. p. 344-345h, Raskin S. - Magnum. p. 344b, Gesgon A. - Cirip. p. 345, APN. p. 346hg, Andersen A.E. - Rapho. p. 346-347b, Stevenson J.F. - Magnum. p. 347h, Andersen A.E. - Rapho. p. 347b, Gesgon A. - Cirip. p. 348h, APN. p. 348bg, Ablamski Vladimir - Musée d'Histoire contemporaine, Paris. p. 348-349b, APN. p. 349hg, Ablamski Vladimir - Musée d'Histoire contemporaine, Paris. p. 349hd, Ablamski Vladimir - Musée d'Histoire contemporaine, Paris. p. 349b, Ablamski Vladimir - Musée d'Histoire contemporaine, Paris. p. 350g, Gesgon A. - Cirip. p. 350-351b, Coll. Larousse. p. 351, Keystone. p. 352g, Séruzier J.G. - Rapho. p. 352-353d, Bischof W. - Magnum. p. 353, Keystone. p. 354, Sygma - Keystone l'Illustration. p. 355hg, Keystone. p. 355b, Doisneau R. - Rapho. p. 355hd, Gesgon A. - Cirip. p. 356bg, Sygma - Keystone l'Illustration. p. 356h, Sygma - Keystone l'Illustration. p. 356-357b, Ciccione - Rapho. p. 357, Coll. Larousse. p. 358g, Sygma - Keystone l'Illustration. p. 358-359h, Gamma. p. 359bg, Gesgon A. - Cirip. p. 359h, Sygma - Keystone l'Illustration. p. 359b, Gamma. p. 360, Sygma - Keystone l'Illustration. p. 361, Larrain S. - Magnum. p. 362, Harbutt C. - Rapho. p. 362-363, I.B.M. - Coll. Larousse. p. 363, Ken Heyman - Rapho. p. 364, Dassault-Aviaplans - Coll. Larousse. p. 365g, Dieuzaide J. p. 365d, Edimedia. p. 366, Keystone. p. 366-367, Stock D. - Magnum. p. 367b, Rio Branco - Magnum. p. 367h, Edimedia. p. 368, Gesgon A. - Cirip. D.R. p. 368-369m, Jaubert B. - Sipa Press. p. 368-369b, Peress G. - Magnum. p. 369h, Habans - Paris Match - Scoop. p. 369b, Keystone. p. 370, Lessing E. - Magnum. p. 370-371, Yamashita M. - Rapho. D.R. p. 371, Erwitt E. - Magnum. p. 372, Belzeaux - Rapho. p. 373h, Edimedia. © A.D.A.G.P., 1995. p. 373b, Coll. Christophe L. © Warner Bros. p. 374, Pradier-Dalmas - Sipa Press. p. 374-375, Dalmas - Sipa Press. p. 375, Gesgon A. - Cirip. D.R. p. 376, Tikhomiroff N. - Magnum. p. 377h, Gesgon A. - Cirip. p. 377b, Gesgon A. - Cirip. D.R. p. 378, Gesgon A. - Cirip. D.R. p. 378-379h, Riboud M. - Magnum. p. 378-379b, Keystone. p. 379h, Riboud M. - Magnum. p. 379b, Keystone. p. 380h, Burri R. - Magnum. p. 380b, Everts R. - Rapho. p. 381, Erwitt E. - Magnum. p. 382g, Keystone. p. 382d, Gesgon A. - Cirip. p. 383h, Charmet J.-L. p. 383b, Kharbine Tapabor. p. 384-385d, AKG, Berlin. p. 384g, Cartier-Bresson H. - Magnum. p. 385, Capa C. - Magnum. p. 386h, Capa C. - Magnum. p. 386b, Lochon F. - Gamma. p. 387h, Raskin S. - Magnum. p. 387b, Dalmas - Sipa Press. p. 388-389h, Tass, Paris. p. 388mg, ambassade d'Allemagne, Paris. p. 388-389m, Dassault Aviation. p. 388b, Garanger M. p. 389h, p. 389m, APN. p. 389b, Sipa Press. p. 390g, Lessing E. - Magnum. p. 390-391d, Barbey B. - Magnum. p. 391, Barbey B. - Magnum. p. 392g, CIRIC. p. 392-393d, CIRIC. p. 393, Guler - Magnum. p. 394, Burri R. - Magnum. p. 395, Henriques B. - Magnum. p. 396, Burri R. - Magnum. p. 397g, Tatiner - Sipa Press. p. 397d, Frilet P. - Sipa Press. p. 398h, Arnold E. - Magnum. p. 398m, Gesgon A. - Cirip. p. 398b, Tatiner - Sipa Press. p. 399hg, Arnold E. - Magnum. p. 399hd, Larrain S. - Magnum. p. 399b, APN. p. 400h, Holmes-Lebel - Imapress. p. 400b, Archive Photos. p. 401, Miller W. - Magnum. p. 402, Camera Press - Imapress. p. 402-403, Keystone. p. 403, Gesgon A. - Cirip. p. 404, Sipa Press. p. 404-405, Camera Press - Imapress. p. 405, Koch P. - Rapho. p. 406h, Gesgon A. - Cirip. p. 406b, Burri R. - Magnum. p. 407, Koch P. - Rapho. p. 408, Cauquelin - Sipa Press. p. 408-409h, Sipa Press. p. 408-409m, Camera Press - Imapress. p. 408-409b, Gamma-Pékin - Gamma. p. 409d, Deshayes R. - Rapho. p. 409g, Gesgon A. - Cirip. p. 410, Paris-Match/Biot J.-P. - Scoop. p. 411g, Sipa Press. p. 411d, Berry I. - Magnum. p. 412h, Barbey B. - Magnum. p. 412b, Depardon R. - Magnum. p. 413, Freed L. - Magnum. p. 414, Capa C. - Magnum. p. 415b, J.-F. Kennedy Library - Sipa Press. p. 415h, Gesgon A. - Cirip. p. 416, Riboud M. - Magnum. p. 416-417, Freed L. - Magnum. p. 417, Keystone. p. 418h, Adelman B. - Magnum. p. 418b, BSNY/Moore C. - Rapho. p. 418-419, Adelman B. - Magnum. p. 419h, Gesgon A. - Cirip. p. 419bg, Snark - Edimedia. D.R. p. 419bd, Dalmas - Sipa Press. p. 420h, Edimedia. © A.D.A.G.P., Paris 1995. p. 420b, Ellis R. - Rapho. p. 421, Berretty - Rapho. p. 422g, Glinn B. - Magnum. p. 422-423d, Errignton - Imapress. p. 423, Mac Cullin - Imapress. p. 424, Sygma. p. 425, Riboud M. - Magnum. p. 426hg, Landy Elliot - Magnum. p. 426bd, Keystone. p. 427, Edimedia. p. 428-429h, Cats - Kipa. p. 428mg, Cats - Kipa. p. 428md, Col - Kipa. p. 428-429b, Cats - Kipa. p. 429h, Schapiro S. - Sygma. p. 429b, Sunset - Kipa. p. 430g, Green R. - Imapress. p. 430-431d, Keystone. p. 431h, Keystone. p. 432, Keystone. p. 433g, Steen D. - Imapress. p. 433d, Gigli O. - Imapress. p. 434g, Sygma. p. 434-435d, Depardon R. - Magnum. p. 435h, Bureau H. - Sygma. p. 436g, Dalmas - Sipa Press. p. 436-437d, Deejean - Sipa Press. p. 437, Archive Photos. p. 438m, Imapress. p. 438-439h, Vilain G. - Imapress. p. 438bg, Spitzer - Kipa. p. 438-439b, Imapress. p. 439h, Weiss S. - Rapho. p. 439m, Vilain G. - Imapress. p. 439b, Bataillon - INA. p. 440h, CIRIC, p. 440b, Archive Photos. p. 441, Barbey B. - Magnum. p. 442, AKG, Berlin. p. 443h, Camera Press - Imapress. p. 443b, Topham Picture Library - Imapress. p. 444h, Delahaye P. - Sipa Press. p. 444b, Barbey B. - Magnum. p. 445h, Pavlovsky J. - Rapho. p. 445b, Cartier-Bresson H. - Magnum. p. 446h, Gamma. p. 446b, Sipa Press. p. 447h, Gesgon A. - Cirip. p. 447b, Camera Press - Imapress. p. 448b, Coll. Larousse. p. 448h, Coll. Larousse. p. 448-449, Coll. Larousse p. 449h, Gesgon A. - Cirip. p. 449bg, Gesgon A. - Cirip. p. 449b, Gesgon A. - Cirip. p. 450, D.R. p. 451g, Lawson K. - Rapho. p. 451d, Agip - Archive Photos. p. 452, Black Star/Abbas - Rapho. p. 453, Gamma. p. 454, Gerster G. - Rapho. p. 454-455, Nasa - DITE. p. 455, Gesgon A. - Cirip. p. 456g, Novosti. p. 456-457, Nasa - DITE. p. 457h, Novosti. p. 457b, Black Star/Moore - Rapho. p. 458, Coll. Larousse. p. 458-459h, p. 458-459m, Coll. Christophe L. p. 458-459b, Coll. Christophe L. p. 459b, D.R. - Coll. Larousse. p. 459hd, Blake et Mortimer / E.P. Jacobs. p. 460g, Freed L. - Magnum. p. 460d, Gesgon A. - Cirip. p. 461, Korody T. - Sygma. p. 462g, Chauvel P. - Sygma. p. 462-463b, Nakad G. - Gamma. p. 463, Franklin S. - Sygma. p. 464, Gaillarde R. - Gamma. p. 465, Leloup V. - Sygma. p. 466, Zhiping W. - ANA. p. 467h, Gubin - Gamma. p. 467b, Hamilton L. - Gamma. p. 468g, Gesgon A. - Cirip. p. 468-469h, Compoint S. - Sygma. p. 468-469b, Benali R. - Gamma. p. 469h, Andanson J. - Sygma. p. 469b, Bisson B. - Sygma. p. 470, Brucelle A. - Sygma. p. 471, Gesgon A. - Cirip. p. 472, Jules J.-G. - ANA. p. 473h, Karel W. - Sygma. p. 473b, Chito - ANA. p. 474, La Penna - Gamma. p. 475h, Paireault J.-P. - ANA. p. 475b, Gerretsen Ch. - Gamma. p. 476h, Salgado Jr. - Magnum. p. 476b, Burri R. - Magnum. p. 477, Meiselas S. - Magnum. p. 478-479h, Soderstrom E. - Gamma. p. 478mg, Held S. p. 478-479b, Zimmermann G. - ANA. p. 479mg, Nickelberg R. - Gamma. p. 479bg, Held S. p. 479bd, Held S. p. 480, Vioujard C. - Gamma. p. 481, Keler A. - Sygma. p. 482g, Sygma. p. 482d, Keystone - Sygma. p. 483h, Sygma. p. 483b, Zal S. - Sygma. p. 484g, Marlow P. - Magnum. p. 484d, Marlow P. - Magnum. p. 485, Simon D. - Gamma. p. 486, Nogues A. - Sygma. p. 487b, Bossu R. - Sygma. p. 487h, Gesgon A. - Cirip. p. 488h, Manoukian P. - Sygma. p. 488b, Abbas - Magnum. p. 488-489, McCurry S. - Magnum. p. 489h, Nachtwey J. - Magnum. p. 489m, Robert P. - Sygma. p. 489b, Bureau H. - Sygma. p. 490, Pavlovsky J.-A. - Sygma. p. 490, Pavlovsky J.-A. - Sygma. p. 491g, Pavlovsky J.-A. - Sygma. p. 491d, Bureau H. - Sygma. p. 492, Depardon R. - Gamma. p. 493b, Keystone. p. 493h, Argyropoulos - Sipa Press. p. 494, Nogues A. - Sygma. p. 495g, De Decker M.-L. - Gamma. p. 495d, Depardon R. - Magnum. p. 496, Chauvelot P. - Sygma. p. 496-497, Pavlovsky J. - Sygma. p. 497, Simonpietri Ch. - Sygma. p. 498, Lettau E. / Photo Researcher - Explorer. p. 498-499h, Vaisse C. - Hoa-Qui. p. 498-499m, Gloaguen H. - Rapho. p. 498-499m, Pavard C. - Hoa-Qui. p. 499h, Salgado S. - Magnum. p. 499m, Boutin G. - Explorer. p. 499b, Brun J. - Explorer. p. 500, Pavlovsky J. - Sygma. p. 501, Franklin S. - Sygma. p. 502, Sipa Press. p. 503h, Laffont J.-P. - Sygma. p. 503b, Peress G. - Magnum. p. 504h, Murray W. - Sipa Press. p. 504b, Arnold E. - Magnum. p. 505b, Giannini - Sipa Press. p. 505h, Sipa Press. p. 506hg, Pool - Gamma. p. 506hd, Levy Jon - Gamma. p. 506b, Dallas Morning News - Gamma. p. 507, Barros/Liaison - Gamma. p. 508-509b, Sipa Press. p. 508mg, Berry I. - Magnum. p. 508bg, Liaison - Gamma. p. 508-509h, Haley T. - Sipa Press. p. 509m, Alfred - Sipa Press. p. 509b, Shone V. - Gamma. p. 510g, Sipa Press. p. 510-511b, Ledru - Sygma. p. 511, Morvan - Sipa Press. p. 512, Levy Jon - Sipa Press. p. 513h, Dréano L. p. 513b, Franklin S. - Sygma. p. 514g, Davis G. - Sygma. p. 514-515d, Simmons B. - Sipa Press. p. 515, Gamma. p. 516h, Simmons B. - Sipa Press. p. 516b, Clopet - Sipa Press. p. 517h, Burri R. - Magnum. p. 517b, Frilet P. - Sipa Press. p. 518g, Barbey B. - Magnum. p. 518-519h, Simmons B. - Sipa Press. p. 518-519m, Simmons B. - Sipa Press. p. 518-519b, Simmons B. - Sipa Press. p. 519, Simmons B. - Sipa Press. p. 520, Demulder F. - Gamma. p. 521, Alfred - Sipa Press. p. 522, Ledru - Sygma. p. 523h, Alix - Sipa Press. p. 523b, Gyori A. - Sygma. p. 524, Borrel A. - Gamma. p. 525h, Brucelle A. - Sygma. p. 525b, Pitchal F. - Sygma. p. 526h, Chamussy - Sipa Press. p. 526b, Gourbeix J. - Rapho. D.R. p. 527, Ginies - Sipa Press. p. 528h, Grégoire J.-Y. - Archipress. D.R. p. 528b, Couturier S. - Archipress. D.R. p. 528-529, Couturier S. - Archipress. D.R. p. 529d, Couturier S. - Archipress. D.R. p. 529hg, Couturier S. - Archipress. D.R. p. 529bg, Couturier S. - Archipress. D.R. p. 530, Kazemi - Rapho. p. 530-531, Chip Hires - Gamma. p. 532, Reza - Sipa Press. p. 533h, Manoocher - Sipa Press. p. 533b, Farnood/Kaynan - Sipa Press. p. 534, Sichov P. - Sipa Press. p. 535h, Novosti - Sipa Press. p. 535b, Nogues A. - Sygma. p. 536, Forestier P. - Sygma. p. 536-537, Makarov A. - Sygma. p. 537, Deville M. - Gamma. p. 538h, Bossu R. - Sygma. p. 538-539b, Nogues A. - Sygma. p. 538-539h, Orban - Sygma. p. 539-539m, Piel P. - Gamma. p. 539b, Chip Hires - Gamma. p. 539h, Ferry S./Liaison - Gamma. p. 540h, Hernandez A. - Sygma. p. 540b, Matsumoto H. - Sygma. p. 541, Foster J. - Photo Researchers, Inc. p. 542g, Atlan J.-L. - Sygma. p. 542-543d, Gale Dr - Sygma. p. 543, Black-Star - Rapho. p. 544b, LCI/TF1 - Gamma. p. 544-545h, Kraft B. - Sygma. p. 545, Tannenbaum A. - Sygma. p. 546h, Sygma. p. 546b, Turpin J.-M. - Gamma. p. 547h, Schultz R. - Sygma. p. 547b, Epix - Sygma. p. 548hg, Tannenbaum A. - Sygma. p. 548bg, Langevin J. - Sygma. p. 548-549h, Franklin - Magnum. p. 548-549b, Welcher D. - Sygma. p. 549h, Zoufarov-Shone - Gamma. p. 549m, Sygma. p. 549b, Abbas - Magnum. p. 550g, Buu A. - Gamma. p. 550-551b, Beirxe - Sygma. p. 551, Goldberg D. - Sygma. p. 552h, Bilderber Burkard - Studio X. p. 552-553b, Epix - Sygma. p. 553, Salgado S. - Magnum. p. 554-555d, Ribeiro A. - Gamma. p. 554g, Forestier Y. - Sygma. p. 555, Merillon G. - Gamma. p. 556h, Daher K. - Gamma. p. 556b, Origlia F. - Sygma. p. 557h, Baldeu - Sygma. p. 557b, Zebar N. - Gamma. p. 560, Baitel E. - Gamma. p. 562h, Sygma. p. 562b, Letellier - Paris Match. p. 563bg, Bossu R. - Sygma. p. 563hd, Charmet J.-L. p. 563bd, Baldeu - Sygma. p. 564hg, Rieussec - Archives Marchand. p. 564mh, Sygma. p. 564mb, Strong B. - Sipa Press. p. 565hg, Fridman P. - Sygma. p. 565m, Pavlovsky J. - Sygma. p. 565hd, Gamma. p. 565bd, Persson M. - Gamma.

IMPRIMERIE GRAFICA EDITORIALE - Bologne
Dépôt légal avril 1996 - N° de série éditeur 18828
IMPRIMÉ EN ITALIE - *Printed in Italy* - 209005 avril 1996